STALIN
ROBERT SERVICE

STALIN
ROBERT SERVICE

Tradução de
CRISTINA CAVALCANTI

1ª edição

EDITORA RECORD
RIO DE JANEIRO • SÃO PAULO
2022

CIP-BRASIL. CATALOGAÇÃO NA PUBLICAÇÃO
SINDICATO NACIONAL DOS EDITORES DE LIVROS, RJ

S514s
Service, Robert
Stalin: uma biografia / Robert Service; tradução Cristina Cavalcanti. - 1. ed. - Rio de Janeiro: Record, 2022.

Tradução de: Stalin: a biography
Inclui bibliografia e índice
ISBN 978-65-5587-187-6

1. Stalin, Iosif, 1879-1953. 2. Chefes de Estado - União Soviética - Biografia. 3. União Soviética - História - 1925-1953. I. Cavalcanti, Cristina. II. Título.

21-73717

CDD: 923.1
CDU: 929:32

Meri Gleice Rodrigues de Souza - Bibliotecária - CRB-7/643

Copyright © Robert Service, 2004

Créditos das ilustrações do encarte: Adele Biagi: 1, 3, 4, 5, 6, 29, 30, 35, 36, 37, 40, 41, 45, 46 e 47 | Corbis: 18, 19, 38, 39 e 44 | David King Collection: 9, 10, 11 e 15 | Hoover Institution Archives, Ru/SU2237, Poster Collection: 42 | Hulton Getty: 2, 7, 17 e 31 | Popperfoto: 20.

Título original em inglês: Stalin: a biography

Todos os direitos reservados. Proibida a reprodução, armazenamento ou transmissão de partes deste livro, através de quaisquer meios, sem prévia autorização por escrito.

Texto revisado segundo o novo Acordo Ortográfico da Língua Portuguesa.

Direitos exclusivos de publicação em língua portuguesa para o Brasil adquiridos pela
EDITORA RECORD LTDA.
Rua Argentina, 171 – 20921-380 – Rio de Janeiro, RJ – Tel.: (21) 2585-2000, que se reserva a propriedade literária desta tradução.

Impresso no Brasil

ISBN 978-65-5587-187-6

Seja um leitor preferencial Record.
Cadastre-se em www.record.com.br e receba informações sobre nossos lançamentos e nossas promoções.

EDITORA AFILIADA

Atendimento e venda direta ao leitor:
sac@record.com.br

SUMÁRIO

Prefácio   9

Nota sobre as traduções   13

Mapas   15

PARTE I: O REVOLUCIONÁRIO

1. STALIN COMO O CONHECEMOS   23
2. A FAMÍLIA DJUGHASHVILI   34
3. A EDUCAÇÃO DE UM SACERDOTE   45
4. POETA E REBELDE   54
5. MILITANTE MARXISTA   66
6. O PARTIDO E O CÁUCASO   81
7. EM FUGA   94
8. NO CENTRO DO PARTIDO   108
9. KOBA E O BOLCHEVISMO   120
10. OSIP DA SIBÉRIA   132
11. REGRESSO A PETROGRADO   145

PARTE II: LÍDER DO PARTIDO

12. O ANO DE 1917   161
13. OUTUBRO   175
14. COMISSÁRIO DO POVO   186
15. AO FRONT!   200
16. O CORREDOR POLONÊS   214
17. COM LENIN   226
18. NAÇÃO E REVOLUÇÃO   238
19. O TESTAMENTO   250
20. AS OPORTUNIDADES DE LUTA   262
21. JOSEF E NADYA   275
22. UM FACCIONÁRIO CONTRA AS FACÇÕES   287

PARTE III: DÉSPOTA

23. O FIM DA NEP   301
24. A ECONOMIA DO TERROR   314
25. ASCENSÃO À SUPREMACIA   326
26. A MORTE DE NADYA   340
27. O FEITICEIRO DA MODERNIDADE   351
28. TEMORES NA VITÓRIA   364
29. O GOVERNO DAS NAÇÕES   378
30. MENTE DE TERROR   393
31. O GRANDE TERRORISTA   404
32. O CULTO DA IMPESSOALIDADE   416
33. INDULTO BRUTAL   427

PARTE IV: SENHOR DA GUERRA

34. O MUNDO À VISTA   439

35. MAIS PERTO DA GUERRA   452

36. A CEIA DO DIABO   462

37. BARBAROSSA   474

38. A LUTA CONTINUA   485

39. DORMINDO NO DIVÃ   496

40. À MORTE!   506

41. O COMANDANTE SUPREMO   517

42. OS TRÊS GRANDES   528

43. AS ÚLTIMAS CAMPANHAS   539

44. VITÓRIA!   549

PARTE V: O IMPERADOR

45. O GOLPE   563

46. O INÍCIO DA GUERRA FRIA   573

47. O LESTE EUROPEU SUBJUGADO   584

48. O REGIME STALINISTA   595

49. POLÍTICAS E EXPURGOS   606

50. O CULTO AO IMPERADOR   617

51. LIGAÇÕES PERIGOSAS   628

52. *VOJD* E INTELECTUAL   638

53. O DÉSPOTA DOENTE   650

54. MORTE E EMBALSAMAMENTO   661

55. DEPOIS DE STALIN   672

Glossário 687

Notas 691

Bibliografia seleta 757

Índice 781

Prefácio

Francesco Benvenuti, Adele Biagi, Geoffrey Hosking e Arfon Rees leram o rascunho e, como tantas outras vezes, fizeram sugestões inestimáveis. Katya Andreyev (sobre a Segunda Guerra Mundial), Jorg Baherowski (sobre a "questão nacional"), Yoram Gorlizki (sobre os anos posteriores a 1945), Mark Harrison (sobre a economia soviética), George Hewitt (sobre a língua e a cultura georgianas), Stephen Jones (sobre o marxismo e a cultura georgiana), John Klier (sobre os judeus) e David Priestland (sobre a década de 1930) leram vários capítulos. Também recebi conselhos valiosos sobre determinados assuntos de Bob Allen, Rosamund Bartlett, Vladimir Buldakov, Bob Davies, Norman Davies, Simon Dixon, Richard Evans, Israel Getzler, Ali Granmayeh, Riitta Heino, Ronald Ringley, Vladimir Kakalia, Oleg Khlevnyuk, Vladimir Kozlov, Slava Lakoba, Melvyn Leffler, Hugh Lunghi, Rosalind Marsh, Claire Mouradiane, Zakro Megreshvili, Simon Sebag Montefiore, Silvio Pons, Al Rieber, David Saunders, Harry Shukman, Peter Stickland, Martin Stugart, Ron Suny, Steve Wheatcroft, Jerry White, Faith Wigzell e Jackie Willcox. Sou grato a Matthew Ringley por ter gravado em CD os meus discos de 78 rpm com os discursos de Stalin, e a Vladimir Kakalia por presentear-me com alguns desses discos. Na parte editorial, Georgina Morley, Kate Harvey e Peter James foram invariavelmente prestativos com suas sugestões para melhorar o texto. Agradeço a Hugh Freeman, George Hewitt, Ron Hill e Brian Pearce por apontar certos erros, que foram corrigidos para esta edição em brochura.

Este livro se beneficiou com discussões no Instituto de História Russa da Academia de Ciências, no Instituto de História Mundial e no Arquivo Estatal

Russo para a História Sociopolítica e, recentemente, com discussões sobre Stalin na Universidade Internacional de Verão, perto de Gagra, na Abecásia, e na Biblioteca Nacional em Tbilisi. (Como aluno do Seminário Teológico, no final dos anos de 1890, Stalin foi proibido de usar essa biblioteca.)

O Colégio de Estudos Russos e Eurasianos de St. Antony foi um ambiente de pesquisa excelente. Os meus colegas Archie Brown, Alex Pravda e Jackie Willcox me aconselharam e estimularam constantemente. Também foram de grande proveito os seminários de segunda-feira do nosso centro, onde diversos artigos meus sobre Stalin foram discutidos. Os bibliotecários de Oxford, Jackie Willcox e Angelina Gibson, procuraram materiais publicados da Rússia. Simon Sebag Montefiore partilhou generosamente suas anotações sobre as memórias inéditas de Kandide Charkviani. Heinz-Dietrich Löwe e Shaun Morcom conseguiram outros materiais para mim. Liana Khvarchelia e Manana Gurgulia, que organizaram a Universidade de Verão de Abecásia com Rachel Clogg e Jonathan Cohen, da ONG Conciliation Resources, me ajudaram a ter acesso à *datcha* de Stalin em Kholodnaya Rechka, e por meio de Rachel Polonsky visitei o apartamento de Molotov, no centro de Moscou — agradeço a todos eles. Zakro Megreshvili ajudou-me a obter e traduzir memórias políticas georgianas; Elin Hellum traduziu para o inglês um artigo de um jornal sueco.

A linha de interpretações influentes sobre Stalin e sua carreira tem uma homogeneidade notável que há tempos deveria ter sido questionada. Este livro tenta mostrar que ele foi uma figura mais dinâmica e diversa do que se costuma supor. Foi um burocrata e um assassino; mas também líder, escritor e editor, teórico (de certo modo), um pouco poeta (na juventude), seguidor das artes, homem de família e até sedutor. A outra razão para escrever esta biografia é que a partir da década de 1980 as portas dos arquivos russos foram entreabertas. Ainda há dificuldade de acesso, mas muitos trechos empoeirados da vida e da trajetória de Stalin já podem ser examinados. Surgiram coleções documentais que ainda não foram integradas a uma bibliografia abrangente. Os historiadores e arquivistas da Federação Russa estão debruçados sobre um trabalho importante que ainda não foi amplamente discutido.

PREFÁCIO

A vida de Stalin suscita questões de abordagem histórica. A maior parte dos relatos cai em uma de duas categorias. Alguns enfocam sua personalidade, motivos e suas consequências para a política e a sociedade; outros tratam da história geral da URSS e outros países, supondo que já sabemos quase tudo o que é preciso sobre ele como indivíduo. Nenhuma das duas categorias é suficiente, e nos capítulos seguintes apresento uma síntese de ambas. Assim, se é vital examinar sua personalidade peculiar, é igualmente necessário analisar o ambiente em que atuou. Os relatos também costumam se dividir entre a especificidade de um período dado e os fatores mais duráveis de sua carreira e da história de seu partido. Com este livro, pretendo franquear essa dicotomia artificial. Assim, embora seja essencial investigar o Grande Terror em detalhes, o mesmo vale para o conjunto de circunstâncias produzidas pela Revolução de Outubro (e por situações anteriores). O objetivo é reunir o que se costuma denominar intencionalismo e estruturalismo, e combinar as chamadas abordagens sincrônica e diacrônica.

Diversas partes do livro exigiram o exame de registros de arquivos e recopilações documentais recentes sobre diversos aspectos: a infância de Stalin em Gori; sua educação; seu "Credo" de 1904; a campanha de roubo à mão armada; o tempo que passou na Sibéria; suas atividades em 1917 na Guerra Civil e na Guerra Soviético-Polonesa; a política de 1922-3; seus casamentos; seus motivos no Grande Terror; sua liderança na Segunda Guerra Mundial; os discursos e as manobras em 1952-3. Nesse processo, dados factuais de peso foram desenterrados. O livro também reinterpreta certos ângulos importantes da vida de Stalin: a origem nacional georgiana; seu desenvolvimento cultural; a autoridade política de que gozou antes, durante e logo após a Revolução de Outubro; a ruptura com Lenin em 1922--3; a origem e as consequências do Grande Terror; o "culto" estranhamente impessoal; seu estilo de governo e as limitações desse poder despótico; a multidimensionalidade de sua trajetória política. Um último ponto é que o livro foi pensado como descrição e análise gerais. Do nascimento, em 1878, à morte, em 1953, Stalin foi um terremoto humano. Cada episódio de sua vida impactante requer atenção especial. Mas também é preciso extrair sentido da relação de sua longa existência — longa demais — com a sua época.

Gostaria de destacar uma experiência pessoal durante a pesquisa. Em dezembro de 1998, acompanhado por Sheila Dillon, da BBC, entrevistei Kira Allilueva, sobrinha de Stalin, para um programa de rádio, no apartamento dela no norte de Moscou. Recordo vividamente sua recusa em se deixar amargar por ter sido encarcerada pelo tio, e a sua alegria e amor à vida. Naquele dia, ela me ofereceu um exemplar com poemas do tio. (Os primeiros capítulos mostram que os versos de Stalin são importantes para compreendê--lo.) Foi a primeira vez que encontrei alguém que o conhecera intimamente. (Em 1974, tentei entrevistar Lazar Kaganovich, que reconheci na Biblioteca Lenin, em Moscou, e fui secamente rechaçado. Mas valeu a pena tentar.) A insistência de Kira Allilueva em que era preciso conhecer todas as facetas de Stalin para compreendê-lo é o princípio que inspira este livro.

Oxford, junho de 2004

Nota sobre as traduções

Stalin trocou de nome diversas vezes antes da Grande Guerra e só passou a se chamar assim permanentemente em 1912. Para maior clareza, chamo-o Djughashvili até 1912 e Stalin a partir dessa data, embora muitos conhecidos se referissem a ele por apelidos (Soso, Soselo e Koba) e pseudônimos (Ivanovich e vários outros) antes e depois de 1912. Embora tenha sido batizado Yoseb Djughashvili, usou principalmente o mais conhecido: Josef Djughashvili. Os nomes de outros georgianos aparecem em uma transliteração mais convencional para o inglês, mas sem os sinais diacríticos.* O território ao sul da cadeia montanhosa do Cáucaso apresenta uma dificuldade de nomenclatura. Para enfatizar seu significado intrínseco, especialmente na Parte I, refiro-me a ele como o sul do Cáucaso e não Transcaucásia — como no linguajar geográfico e administrativo russo —, à exceção das designações soviéticas oficiais, tais como Federação Transcaucasiana. Quanto à transliteração do russo para o inglês, usei a versão simplificada do sistema da Biblioteca do Congresso, e as notas se baseiam no sistema completo. As datas seguem o calendário oficial russo da época. O calendário juliano esteve em uso até 1918, quando foi substituído pelo gregoriano.

---

* A grafia dos nomes russos segue a notação inglesa, com algumas adaptações. [N. *da T.*]

Mapas

1. O Cáucaso: norte e sul em 1921   16

2. O último exílio de Stalin, 1913-17   17

3. Lugares associados à carreira de Stalin   18

4. A URSS e o Leste Europeu após a Segunda Guerra Mundial   19

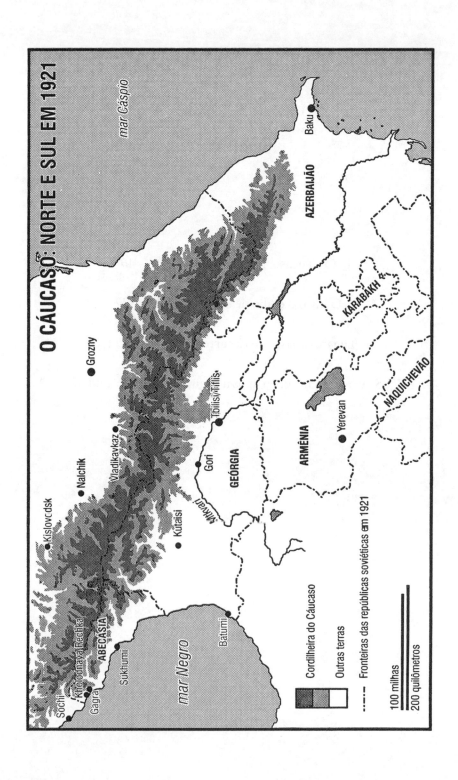

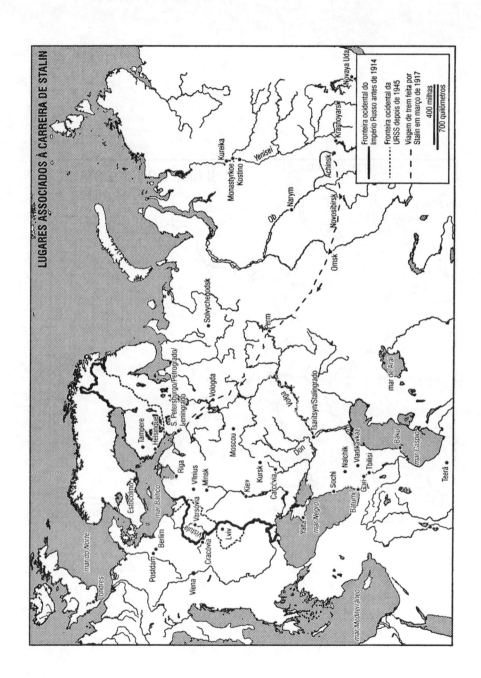

PARTE I
O REVOLUCIONÁRIO

1. STALIN COMO O CONHECEMOS

Josef Stalin é uma das figuras mais notórias da história. Ordenou o assassinato sistemático de pessoas em escala massiva. Durante os seus anos de poder e pompa, do final da década de 1920 até sua morte, em 1953, encarnou a ordem comunista soviética. A Revolução de Outubro de 1917 na Rússia deu lugar à ditadura de um partido e a uma ideologia que serviram de modelo de transformação social para um terço da superfície do globo após a Segunda Guerra Mundial. Lenin fundou a URSS, mas foi Stalin quem reforçou e consolidou decisivamente sua estrutura. Sem ele a União Soviética poderia ter entrado em colapso décadas antes de ser desmantelada, em 1991.

Após a morte de Lenin, em 1924, muita gente se surpreendeu quando Stalin emergiu vitorioso do conflito intrapartidário. No final da década, ele rejeitou os compromissos assumidos relutantemente pelo partido para sobreviver no antigo Império Russo após a Guerra Civil. Ele conduziu a União Soviética na direção da industrialização. Milhões de camponeses morreram quando da coletivização da agricultura. A rede de campos de trabalho foi ampliada e seu despotismo cresceu com o Grande Terror, no final da década de 1930. A Operação Barbarossa de Hitler contra a União Soviética, em 1941, pegou-o desastrosamente de surpresa. Porém, o Exército Vermelho lutou e, tendo Stalin como comandante supremo, derrotou a Wehrmacht. Após a Segunda Guerra Mundial, a URSS garantiu seu domínio na metade oriental da Europa. Para o bem ou para o mal, a reputação de Stalin chegou ao auge. Quando morreu, em 1953, foi pranteado por milhões de cidadãos com razões de sobra para detestar as suas políticas e ele próprio. Deixou a União Soviética como uma potência mundial e um colosso industrial dotado de uma sociedade letrada. Legou instituições de terror e doutrinamento cuja abrangência tinha poucos rivais. Após sua morte, a história da URSS consistiu, principalmente, em uma série de tentativas de conservar, modificar ou liquidar seu legado.

Stalin não escreveu as suas memórias. Antes do final dos anos de 1920, ninguém se preocupara em escrever nada além de um breve esboço sobre ele. Os que chegaram a publicar o desprezavam. Nikolai Sukhanov, o insuperável cronista russo, descartou-o em 1917 como "um nada raso e pardo".[1] Trotski e seus simpatizantes, como Boris Souvarine e Isaac Deutscher, ridicularizaram-no como um burocrata sem opinião nem personalidade; assim o viam líderes de outros partidos revolucionários — mencheviques e socialistas revolucionários — forçados a se exilar no estrangeiro.[2] Apesar de ter orientações políticas diversas, esses escritores concordavam na caracterização do sucessor de Lenin. A falta de talento de Stalin parecia-lhes axiomática. Os seus defeitos saltavam à vista. Ele não fora obrigado a emigrar antes da queda da monarquia imperial na Revolução de Fevereiro! Não era um poliglota nem um orador decente! Tratava-se de um mero administrador! Essas características eram esgrimidas para provar que merecia um status de segunda categoria entre os líderes do partido. Até para os camaradas não hostis a ele na década posterior à Revolução de Outubro, sua única habilidade forte era a administração e, portanto, as decisões importantes de Estado deviam estar a cargo deles, não de Stalin.[3]

Ambicioso e ressentido, Stalin tentou melhorar sua reputação. Em 1920 afirmou que, ao conhecer Lenin em 1905, este lhe parecera uma figura discreta. O objetivo era claro. Ele estava indicando que aquele era o tipo de homem que havia fundado o Partido Comunista, e que ele buscava emular: estava apresentando um autorretrato. Não gostava de se exibir. Um ajudante, Ivan Tovstukha, produziu um esboço biográfico, em 1924, em que mencionou os seus postos na Revolução de Outubro e na Guerra Civil;[4] mas o escrito carecia de *coloratura*. Stalin e seus associados sempre ressaltaram o desejo de se encaixar em um coletivo político. Os protagonistas políticos da União Soviética — Leon Trotski, Grigori Zinoviev, Lev Kamenev e Nikolai Bukharin — foram comparados com o modesto secretário-geral do partido.

Dando seguimento à sua ascensão na política, Stalin conseguiu que reivindicações importantes fossem feitas em seu nome. Surgiram biografias autorizadas, cada uma mais hagiográfica que a outra. Um relato grandioso, escrito por títeres do Comitê Central do partido e editado anonimamente por Stalin, foi publicado em 1938.[5] O texto o apresentava como um gênio contemporâneo do comunismo mundial; a tendência crescente era descrevê-lo em pé de igualdade com Lenin como líder partidário, expoente da teoria marxista e estadista global. Essa imagem foi acatada no Ocidente por comentaristas impressionados com o progresso industrial e educacional da URSS na década de 1930. A partir de 1941, quando o país entrou na luta contra a Alemanha nazista, o louvor a Stalin só aumentou. A revista *Time* o elegeu o Homem do Ano, cuja tenacidade levara seu país ao triunfo militar. Após a Segunda Guerra Mundial, quando irrompeu a Guerra Fria e os Aliados o transformaram de herói em vilão, o número de admiradores de Stalin caiu drasticamente. No entanto, entre os críticos, poucos ainda o consideravam medíocre. Reverenciado ou detestado, ele foi reconhecido como um dos mais notáveis políticos do século XX.

Alguns viram nele um sucessor autêntico, que impulsionou a Revolução pela rota traçada por Lenin. Para outros, foi um grande traidor do leninismo. Stalin jogou com os interesses nacionais russos e foi pintado como não muito diferente dos antigos imperadores. Ele supostamente pretendia alcançar os objetivos inalcançados pelo maior dos Romanov.[6] Esse desejo se refletiu na política externa de expansão para o oeste. Na URSS, isso adquiriu a forma de privilégios aos russos étnicos em cargos, educação e status. Stalin foi retratado como um expoente do imperialismo russo tradicional.

Outra imagem o apresenta principalmente como um assassino sedento de poder. Após obter a autoridade suprema, suas necessidades psicóticas latentes teriam sido liberadas e a carnificina na década de 1930 começou. Alguns alegam que isso não poderia ter ocorrido se as doutrinas e práticas do Estado soviético de partido único não estivessem instaladas; mas insistem também em que esse caos não teria ocorrido em 1937-8 se não houvesse um ditador instável no controle do partido e da polícia política.[7] Stalin não se limitou a encarcerar e assassinar. Ao aplicar tormentos físicos e mentais às suas vítimas, ele as degradou do modo mais humilhante, o que lhe dava uma profunda satisfação. Embora não agredisse pessoalmente aqueles que a polícia mantinha na prisão de Lubyanka, ele incentivou as medidas mais brutais. Deliciava-se mantendo até mesmo os seus sequazes mais próximos em um estado de medo sem trégua. As definições de insanidade são controversas, mas, inegavelmente, a personalidade de Stalin era seriamente transtornada, e forneceu o combustível de alta octanagem para chegar ao Grande Terror.

Ou ele teria sido um mero burocrata medíocre que protegia os interesses dos quadros administrativos do Estado de partido único? Segundo essa interpretação, os administradores do partido, a polícia e os comissários econômicos almejavam ampliar sua autoridade e seus privilégios. Desde a década de 1920 haviam abandonado o compromisso revolucionário. Assim, Stalin entendia o que queriam, e usava sua posição no secretariado do Comitê Central para satisfazê-los. Como o supremo burocrata da URSS, ele também se beneficiava. O fato de os quadros administrativos chegarem a exercer tal poder foi atribuído às profundas tensões no Estado e na sociedade soviéticos. A Revolução de Outubro de 1917 se dera em nome da classe trabalhadora e dos setores mais pobres do campesinato. No entanto, esses grupos não conseguiram se estabelecer no poder. As tensões daí resultantes criaram uma situação favorável à "burocracia". Inescrupulosos e bem disciplinados, os funcionários do partido e do Estado se configuraram em uma casta à parte, e a eminência parda de Stalin era sua encarnação máxima.[8]

Mal transcorrera um ano da morte de Stalin, em 1953, quando mais uma biografia sua foi publicada. Por três décadas, todos tiveram acesso aos mesmos materiais: memórias, velhas e novas, e documentos escavados nos arquivos sob o comando de Nikita Kruschev — o sucessor de Stalin no Kremlin — que, a partir de meados da década de 1950, empurrou Stalin do pedestal da estima comunista. Em 1985, Mikhail Gorbachev tornou-se secretário-geral do partido. Ele retomou a campanha contra Stalin e sua obra, e uma enxurrada de dados documentais foram liberados. Mas foi preciso que Boris Yeltsin chegasse ao poder, em 1991, para que os pesquisadores tivessem acesso aos arquivos. Foi um período estimulante para as pesquisas. O inconcebível tornara-se realidade: o Arquivo Central do Partido, na rua Pushkin, em Moscou, tinha sido aberto para pesquisas independentes, e uma vasta quantidade de material fora dessegredada.[9] Ainda há um longo caminho a percorrer nesse processo, e tem havido retrocessos ocasionais. Contudo, qualquer comparação com anos anteriores é salutar. Agora é possível explorar a vida política, ideológica, cultural e privada de Josef Stalin em um grau de intimidade até então impensável.

Na Rússia, os escritores aproveitaram a oportunidade. O pioneiro foi o dissidente comunista soviético Roy Medvedev, que escreveu denunciando Stalin em meados da década de 1960.[10] Seu livro foi proibido na URSS e circulou em cópias ilegais. Sua análise básica não era novidade: Medvedev argumentou que Stalin fora um cínico e um burocrata de personalidade desajustada que sufocou os ideais revolucionários de Lenin. No governo de Gorbachev houve outras tentativas de analisá-lo. Dmitri Volkogonov mostrou que ele fora um ditador assassino, mas ressaltou que suas virtudes como impulsor da industrialização e líder militar deveriam ser reconhecidas.[11] Biógrafos posteriores da URSS objetaram esse equívoco, e Edvard Radzinski produziu um relato popular com foco nas peculiaridades psicóticas de seu objeto de estudo.[12] Embora tenham acrescentado novos detalhes factuais, as análises de Volkogonov e Radzinski não apresentaram nada que fosse desconhecido no Ocidente.

A maior parte dos historiadores ocidentais deixou de lado a sabedoria básica convencional desenvolvida em 1920 e 1950. As diferenças entre os relatos se centraram em aspectos particulares de sua personalidade, suas atitudes e suas políticas. As disputas foram muito acirradas. Discutiu-se inclusive se Stalin seria ou não responsável pelo Grande Terror. O pesquisador americano J. Arch Getty afirmou que as medidas terroristas do Estado não teriam sido iniciativas de Stalin, mas de pressões exercidas por um grupo do Politburo que almejava aumentar a taxa de expansão industrial e se ressentia da resistência passiva dos escalões mais baixos do partido e dos funcionários governamentais.[13] Alegou que Stalin seria um mero corretor do poder entre os políticos do Kremlin. Supostamente, ele teria instigado os assassinatos em massa ao ceder às fortes opiniões expressadas pelo grupo governante supremo. Foi uma alegação insólita, pois até mesmo o grande número de escritores que negara que as vítimas do *gulag* se contassem aos milhões atribuiu a responsabilidade definitiva a Stalin.

Hoje, praticamente todos aceitam que ele iniciou o Grande Terror. As exceções, contudo, não carecem de apoio. Entre elas estão os nacionalistas russos, saudosos da vitória soviética na Segunda Guerra Mundial, que lamentam o colapso da URSS. Muitos georgianos também se ressentem de quaisquer ataques ao seu compatriota mais famoso, embora reconheçam abusos terríveis contra a sociedade soviética. No entanto, entre o restante de nós ainda há muita controvérsia. Espero iluminar os cantos obscuros da vida de Josef Stalin de diversos modos. Um deles implica examinar sua criação, sua vida familiar, suas esposas, seus filhos e outros parentes. Até pouco tempo isso era difícil; ele tratou de extirpar as referências à sua vida privada das publicações, e executou ou encarcerou muitos que o conheciam bem. Até a cunhada, Anna Allilueva, que teve a cautela de enviar-lhe o rascunho de suas memórias para que ele as comentasse, foi jogada na prisão de Lubyanka. A personalidade de Stalin foi misteriosa durante a sua vida, como ele quis que fosse; e muitas das melhores fontes a seu respeito, especialmente as memórias de Trotski e Kruschev, trazem relatos permeados de hostilidade política.

Desde o final da década de 1980 tem sido possível fazer uma análise mais minuciosa. Simon Sebag Montefiore e Miklós Kun[14] investigaram a vida privada de Stalin e de seu entourage. As suas preferências culinárias e de diversão não eram extremamente anormais, ao menos antes de alcançar o poder despótico. Para muitos dos que o cercavam, os inimigos exageravam os seus defeitos de personalidade. Esse tipo de informação abre o caminho para entender sua trajetória. Não me desculpo por aprofundar o exame de sua vida escolar, no seminário, nos grupos iniciais do partido e na intimidade da família. Sua condição de saúde e seu perfil psicológico também merecem atenção. São aspectos que contribuem para avaliar seus motivos e seu comportamento na carreira pública.

Outro tema do livro é o grau da influência exercido por Stalin antes da morte de Lenin. Todas as biografias menosprezam as habilidades que ele já possuía como político. Este livro se beneficia dos esclarecimentos políticos e psicológicos de Robert Tucker, Adam Ulam, Robert McNeal e Ronald Hingley.[15] No entanto, até esses autores supõem que os bolcheviques não o levavam muito em conta antes de 1917. Tucker afirma que ele se limitou a venerar Lenin como herói até a década de 1930.[16] O domínio irrefutável de Lenin também é um tema-chave no estudo de Robert Slusser, que caracterizou Stalin em 1917 como "o homem que perdeu a revolução".[17] Ele supostamente teria sido o garoto de recados de Lenin antes e durante 1917. A mesma abordagem foi mantida para os anos posteriores à Revolução de Outubro, pois os biógrafos insistiram em que Stalin foi um burocrata casmurro nos bastidores do bolchevismo. No máximo, ele tem sido descrito como o quebra-galho de Lenin — o homem enviado em situações de emergência com instruções específicas do Kremlin. Contudo, raramente se dá crédito à possibilidade de que, sendo membro dos corpos supremos do partido bolchevique e do governo soviético, Stalin já fosse um membro consolidado do grupo comunista governante. Os capítulos seguintes questionam essa opinião histórica estabelecida há muito tempo.

Embora enfatizem, com razão, que Stalin chegou a deter um poder enorme a partir da década de 1930, os historiadores costumam omitir que ele não era onipotente. Tinha de operar a maquinaria do sistema de poder que herdou. Podia modificá-la, mas não podia transformá-la sem desmantelar a base do "poder soviético". Durante o Grande Terror de 1937-8, ele tentou eliminar as tendências políticas que limitavam o exercício da autoridade central: o clientelismo, o localismo e a resistência administrativa passiva. Também tentou dar cabo das tendências obstrutivas que permeavam a sociedade soviética, contrapondo-se às políticas do Kremlin. Não só os administradores, mas também os operários e os trabalhadores das fazendas coletivas encontravam meios de se defender de Moscou e suas exigências. A introdução de novas políticas a partir da década de 1920 foi acompanhada de ajustes na ordem comunista. Contudo, tais ajustes levaram a conflitos de interesses que obstruíram novas mudanças. Costuma-se retratar Stalin como um déspota incontrolável. Não há dúvidas de que pôde introduzir políticas internas e externas sem oposição por parte do Politburo. Mas mostrarei que esse governo pessoal dependia da disposição de conservar o sistema administrativo que havia herdado. Ele também precisou se moldar às idiossincrasias da população da União Soviética para continuar governando sem provocar uma revolta.

Custódio principal da ordem soviética, Stalin foi também seu prisioneiro. Para governar despoticamente na ditadura comunista precisou refrear o impulso de eliminar as práticas que inibiam a imposição de um sistema de comando vertical perfeito. Embora fosse poderoso, seu poder não era ilimitado. Essa consideração não é um bom argumento acadêmico, mas ajuda a entender as vicissitudes de sua carreira. No final da vida, ele tentou manter a ordem soviética em uma condição de agitação controlada. Buscando conservar o despotismo pessoal e a ditadura do partido, lutou para romper uma tendência à estabilização que poderia entrar em conflito com os seus propósitos mais amplos. Porém, havia limitações do poder até para ele.

Os propósitos de Stalin provinham não só de seus impulsos psicológicos e cálculos práticos, mas também de sua visão de mundo. O marxismo foi a diretriz filosófica de sua vida adulta. Mas não era o único ingrediente de seu pensamento. A origem georgiana, os interesses culturais e o treinamento eclesiástico deixaram marcas. As tradições nacionais russas também tiveram uma importância crescente, especialmente a partir da década de 1930. Ele não foi um acadêmico original. Longe disso: as poucas inovações que promoveu na ideologia marxista foram rasas e duvidosas. Em certos casos, elas surgiram do interesse político pessoal, não da reflexão intelectual. Mas não há dúvidas quanto ao seu genuíno fascínio pelas ideias. Stalin lia voraz e ativamente. Suas inserções de temas nacionalistas na ideologia oficial soviética devem ser levadas em consideração. Ele fazia uso do nacionalismo que considerava adequado. Não se tratava do nacionalismo de igreja, camponês e aldeia. Tampouco era o nacionalismo dos tsares; embora exaltasse Ivan, o Terrível, e Pedro, o Grande, ele execrava a maior parte dos antigos governantes. O seu era o nacionalismo do Estado, da tecnologia e da intolerância, do ateísmo, das cidades, do poder militar. Era uma compilação tão idiossincrática que parecia praticamente uma invenção sua — e se sobrepôs substancialmente ao marxismo soviético desenvolvido desde a morte de Lenin.

No entanto, ele continuou sendo pragmático, e sua capacidade de decidir grandes questões internacionais com os líderes dos maiores poderes do mundo fez com que alguns historiadores chegassem à conclusão de que Stalin teria sido um estadista na tradição dos tsares. Havia algo disso. Ele ansiava ser levado a sério pelos líderes norte-americanos e europeus, e buscou obter concessões aos interesses soviéticos na mesa de negociação. Esforçou-se também para entender as complexidades dos problemas administrativos, econômicos e sociais da URSS. Foi um líder muito diligente que intervinha nas minúcias da política sempre que podia.

Porém, a questão de sua sanidade permanece. Sua obsessão com o controle pessoal era tão extrema e brutal que muitos conjeturaram se não teria sido psicótico. Roy Medvedev, o historiador e dissidente soviético, negou que Stalin fosse insano.[18] Robert Tucker também foi cauteloso e argumentou que, embora não fosse clinicamente louco, experiências infantis haviam afetado sua personalidade. Robert Conquest concorda, mas ressalta seu apetite insalubre de vingança e assassinato. Tudo isso traz à tona a questão da natureza dos "inimigos" que Stalin buscava eliminar. Seriam fantasmas de sua imaginação, sem existência nem realidade objetiva? Medvedev, Tucker e Conquest concordam em que ele possuía uma personalidade profundamente desajustada. Desde que as portas dos arquivos foram abertas, a estranheza de seu comportamento no seu círculo íntimo foi ficando cada vez mais clara. A atmosfera familiar na década de 1920 era altamente carregada, e o fato de Nadejda, sua esposa, ser mentalmente instável piorou as coisas. Na política, ele era excepcionalmente desconfiado, vingativo e sádico. Stalin tinha um grave transtorno de personalidade.

Seria o seu comportamento um mero reflexo da criação georgiana? Ideias de dignidade pessoal e vingança eram disseminadas na sua terra natal, especialmente nas áreas rurais. Praticamente todos os biógrafos supõem que isso tenha influenciado sua carreira. Contudo, a cultura georgiana não era uniforme nem imutável. Stalin absorveu ideias em Gori e Tbilisi que foram rejeitadas por outros, e não cabe atribuir exclusivamente à origem nacional o seu comportamento pessoal e político. A disfuncionalidade da família Djughashvili foi comentada por seus amigos. Seu caráter estranho piorou quando, mais tarde, foi subestimado pelos camaradas do movimento revolucionário; e os princípios e práticas do comunismo confirmaram suas tendências mais duras. (Todos os principais bolcheviques aprovaram o Terror Vermelho em 1918: este foi outro motivo pelo qual tenderam a ignorar o extremismo de Stalin até o final da década de 1920.) Ele também foi influenciado pelas leituras sobre antigos governantes russos, principalmente Ivan, o Terrível; e fez notações sobre *O príncipe*, de Maquiavel. São diversos os fatores que contribuíram para a sua extraordinária ferocidade.

Embora Stalin exagerasse quanto à força e à intenção da oposição que enfrentava, esta possuía um potencial considerável. Havia método na sua suposta loucura. Conquest e Medvedev apontaram a existência de grupos de críticos no seio do partido.[19] Getty sublinhou que Stalin estava desgostoso com a resistência passiva às suas políticas entre parte dos funcionários do partido nas províncias.[20] Khlevnyuk indicou a preocupação constante com membros antigos e atuais da liderança central comunista.[21]

Este livro pretende mostrar que as preocupações de Stalin eram mais vastas e profundas do que a ideia fixa com os críticos do partido. Ele realmente possuía uma multidão de inimigos. Nenhum tinha muita chance contra ele. Os oponentes derrotados fofocavam, e alguns subordinados no partido formavam pequenos grupos conspiratórios. Para muitos delegados dos congressos do partido, seu poder se ampliara demasiadamente após o Plano Quinquenal de 1928-32. Fora do partido, uma enorme quantidade de pessoas tinha razões para detestá-lo: bolcheviques expulsos do partido; sacerdotes, mulás e rabinos; mencheviques e socialistas revolucionários; nacionalistas não russos — e também os russos; camponeses, e até operários e soldados. Sua impopularidade era tão grande quanto o seu poder no auge, e o fato de propiciar o culto ao indivíduo em benefício próprio significou que ninguém podia deixar de identificá-lo como pessoalmente responsável pelas políticas que haviam levado sofrimento ao país. Era improvável que essa situação melhorasse no futuro próximo. No momento da vitória política, Stalin tinha vários motivos para se preocupar.

Os próximos capítulos oferecem um retrato amplo de Stalin na sua época. Eles investigam não só o que fez, mas por que fez e como pôde fazê-lo. Ele é examinado simultaneamente como líder, administrador, teórico, escritor, camarada, marido e pai. Sua origem social, escolarização, nacionalidade e seus modos de trabalho e ócio são analisados. Também é preciso considerá-lo como um tipo psicológico, e os seus hábitos cotidianos — assim como a ampla escala de suas manobras políticas e sua condição de estadista — são levados em conta.

Tem sido sugerido que essa abordagem corre o risco de "humanizar" os líderes comunistas. Confesso a minha culpa. Stalin promoveu campanhas de carnificina descritas com palavras alheias ao léxico da nossa espécie: monstruosas, diabólicas, viperinas; mas a lição que se aprende ao estudar vários políticos assassinos do século XX é que é errado retratá-los como seres absolutamente incomparáveis conosco. Não é só errado: é perigoso. Se gente como Stalin, Mao Tsé-tung e Pol Pot forem representados como "animais", "monstros" ou "máquinas de matar", nunca conseguiremos reconhecer os seus sucessores. De vários modos, Stalin comportava-se como um "ser humano normal". Na verdade, ele estava longe de ser "normal". Tinha um enorme desejo de dominar, punir e matar. Muitas vezes fazia ameaças torpes em privado. Mas também sabia ser sedutor; sabia despertar paixão e admiração entre os camaradas próximos ou um público imenso. Às vezes podia ser modesto. Era trabalhador. Era capaz de ser amável com os parentes. Pensava muito no bem da causa comunista. Antes de começar a morrer pelas mãos de Stalin, a maioria dos comunistas na URSS e no Comintern acreditava que ele funcionava dentro dos limites aceitáveis da conduta política.

Claro, não davam atenção ao outro lado de Stalin. Era um lado que estivera evidente após a Revolução de Outubro. Ele matou inúmeros inocentes na Guerra Civil. Causou centenas de milhares de mortes com o Primeiro e o Segundo Planos Quinquenais. Foi um assassino de Estado muito antes de instigar o Grande Terror. A negligência ante essas propensões parece inexplicável, a menos que se considere o homem e o político complexos por trás da "figura cinzenta amorfa" que ele foi para uma grande quantidade de observadores. Stalin foi um matador. Foi também intelectual, administrador, estadista e líder de partido; foi escritor e editor. À sua maneira, na vida particular, foi um pai e marido dedicado e genioso. Mas era doente de corpo e mente. Possuía muitos talentos, e empregou sua inteligência para exercer os papéis que achava adequados aos seus interesses em um momento dado. Ele desconcertou, chocou, enfureceu, atraiu e fascinou seus contemporâneos. Contudo, a maioria dos homens e mulheres de sua época o subestimara. É tarefa do historiador examinar suas complexidades e sugerir o melhor modo de entender sua vida e sua época.

2. A FAMÍLIA DJUGHASHVILI

A biografia oficial de Stalin foi publicada em 1938. Sua infância é descrita nas cinco frases iniciais:

> Stalin (Djughashvili), Josef Vissarionovich, nasceu em 21 de dezembro de 1879 na cidade de Gori, na província de Tiflis. Seu pai, Vissarion Ivanovich, de nacionalidade georgiana, descendia de camponeses da aldeia de Didi-Lilo, na província de Tiflis, e foi um sapateiro autônomo que mais tarde trabalhou na fábrica de calçados Adelkhanov. A mãe, Yekaterina Georgievna, provinha da família Geladze de camponeses, ligada à aldeia de Gambareuli.
> No outono de 1888, Stalin entrou para a escola religiosa de Gori. Em 1894, terminou a escola e entrou para o seminário ortodoxo de Tiflis.[1]

Quando o livro foi publicado, a mídia soviética abarrotou os cidadãos da URSS com manifestações exageradas de louvor a ele; mas sua infância e adolescência não chamaram atenção.

Comunistas da cepa de Stalin desencorajavam a exposição de aspectos pessoais de sua vida. Para eles, a política estava acima de tudo. Stalin, porém, era de uma meticulosidade extrema até para os padrões do partido, e chamou ao Kremlin os autores da biografia para discutir o rascunho.[2] Evidentemente, ele insistiu para que sua infância fosse reduzida a dois parágrafos. Como um georgiano que governava russos, a última coisa que queria era chamar atenção para sua origem nacional. A infância o constrangia por outros motivos. Filho de uma família infeliz, não queria que o mundo conhecesse os danos que isso lhe causara — e estava longe de orgulhar-se do pai. Revolucionário e militante ateu, não queria reconhecer a contribuição do regime imperial e da Igreja ortodoxa para o seu desenvolvimento pessoal. A frugalidade dos fatos servia a outro propósito. Ao se envolver no mistério aos olhos dos cidadãos soviéticos, esperava alimentar admiração pela sua pessoa como líder. Dos seus estudos sobre a história russa, ele sabia que os tsares mais eficazes haviam censurado informações sobre as suas opiniões e vida privada. Ao limitar o que os biógrafos podiam divulgar, pretendia subir na estima dos cidadãos soviéticos.

A falsificação não lhe era desconhecida. A primeira frase daquela biografia era mentira, pois Josef Djughashvili não veio ao mundo em 21 de dezembro de 1879, mas em 6 de dezembro de 1878. A verdade veio à tona após buscas nos registros paroquiais de Gori.[3] Não está claro por que ele forjou esse engano. Mas não se tratou de um erro: ele sempre foi cioso de detalhes semelhantes. Só resta especular a uma grande distância no tempo. Aparentemente, ele começou a mentir sobre seu aniversário quando deixou o Seminário Teológico de Tbilisi, talvez para evitar o alistamento militar: naquela época, alguns georgianos falsificavam os registros para escapar do Exército. Outra possibilidade é que estivesse tentando confundir a polícia a respeito de quando entrara para o movimento revolucionário.[4]

Ele contou a verdade sobre alguns aspectos. Seu pai, Besarion (Vissarion em russo), de fato era um sapateiro casado com Ketevan (Yekaterina em russo), e ambos viviam em Gori. Os Djughashvili eram súditos dos tsares russos. A conquista completa da região do Cáucaso tinha ocorrido em meados da década de 1860, com a captura do rebelde islâmico Shamil, das forças imperiais do Daguestão, em 1859. Partes da Geórgia só perderam o status de autônomas na segunda metade do século XIX. Em 1783, o governante georgiano do leste, Irakli II, requisitou que seu reino se tornasse um protetorado russo. Houve outras adesões do território dos georgianos. Os tsares foram repelindo paulatinamente os acordos que garantiam isenções no padrão de governo vigente no resto do império. Foram criadas guarnições militares. A autocefalia da Igreja ortodoxa georgiana foi abolida em 1811. Camponeses russos receberam terras na Geórgia. O ensino da língua georgiana foi restringido às escolas e seminários. A imprensa foi censurada. A dignidade nacional dos georgianos foi roubada pelos administradores e comandantes russos enviados ao sul do Cáucaso.

A pequena cidade de Gori, no centro da Geórgia, se localiza junto ao caudaloso rio Mtkvari (ou Kura, como os russos o chamam). Está rodeada de colinas. Na mais alta delas, ao norte, há um grande forte medieval — Goristikhe — que, no século XIX, era quase tão grande quanto a cidade mais abaixo: as suas muralhas e torres ameadas espalham-se vertente abaixo como um polvo gigantesco. O vale é amplo em Gori, e nas colinas próximas há bosques de avelãs, nozes, abetos e castanhas. Em dias claros se veem ao longe as montanhas do Cáucaso. Quando Josef era criança, a cidade tinha pouco mais de 20 mil habitantes. A maior parte das igrejas pertencia à Igreja ortodoxa georgiana; porém, também viviam lá muitos armênios, algumas centenas de russos e vários judeus — e havia até uma colônia religiosa de *dukhobors*, dissidentes dos ortodoxos russos.[5] A melhor educação local, disponível apenas para meninos, era a da escola religiosa. A maior parte dos empregos em Gori estava relacionada ao comércio com os camponeses que levavam à cidade sacas de uvas, batatas, tomates, nozes, romãs e trigo, além de gado, porcos e carneiros. A cidade se localiza a mais de 80 quilômetros da capital, Tbilisi, a dois dias de viagem a pé. Havia muita pobreza em Gori. Havia séculos essa era a norma entre os camponeses; porém, no final do século XIX, a maior parte dos nobres também enfrentava tempos difíceis.

Em Gori, não havia grandes empreendimentos; a economia estava dominada pelo artesanato e o comércio. Cebola, alho, pepino, pimentão, repolho, batatas e berinjelas cresciam em um clima perfeito, e o vinho Atenuri, produzido com a uva *saperavi*, era muito apreciado. Carneiros e vacas criados em fazendas nas vertentes das colinas eram famosos pela suculência. Havia um comércio florescente de couro e lã, e de calçados, casacos e tapetes artesanais. Havia lojas e bancadas por toda parte. A maioria pertencia a alfaiates, sapateiros e carpinteiros. Os empregos profissionais estavam limitados principalmente ao sacerdócio e à docência. A polícia mantinha a ordem. Havia várias tabernas onde os homens buscavam consolo na garrafa. Era uma cena que pouco havia mudado desde que os russos entraram na Geórgia, a pedido de seus vários governantes, a partir do final do século

XVIII. No entanto, até Gori estava mudando. Em 1871, surgiu uma estação ferroviária junto ao rio Mtkvari. Por trem, chegava-se a Tbilisi em duas ou três horas. A penetração comercial e industrial da área era uma questão de tempo.

Georgianos como os Djughashvili vestiam-se com simplicidade. As mulheres usavam saias pretas longas e na igreja cobriam a cabeça com lenços. Os sacerdotes usavam batinas pretas. Os demais homens não eram mais coloridos. Casacos, camisas e calças pretos eram comuns, e não havia pressão para que os homens da classe trabalhadora se vestissem bem. Esperava-se que governassem seus lares com a total obediência das esposas — e Besarion era notório pelo mau gênio e a violência. As mulheres realizavam todas as tarefas domésticas, além de preparar a comida. Esta era uma das glórias da velha Geórgia, cuja culinária era uma combinação surpreendente dos sabores do Mediterrâneo oriental e do Cáucaso. Pratos notáveis incluíam esturjão ao molho de romã, kebab picante e berinjela com pasta de nozes. As saladas básicas também eram excelentes. A combinação cutaisi de tomate, cebola, coentro e nozes moídas era em si uma refeição. Mas as famílias pobres, mesmo quando mantinham o vínculo com o campo, raramente tinham a oportunidade de se deleitar com essa dieta. Na verdade, gente como os Djughashvili subsistia principalmente à base de feijão e pão. Como para a maioria dos habitantes de Gori, a vida deles era difícil e havia poucas perspectivas de prosperar.

Besarion casou-se com Ketevan Geladze, de 19 anos, em 17 de maio de 1874. O pai morreu quando ela era pequena, e ela e a mãe sobreviveram como puderam na pequena aldeia de Gambareuli.[6] Ketevan — conhecida pela família e os amigos como Keke — engravidou em seguida. Na verdade, teve dois filhos antes de Josef. O primeiro foi Mikhail, que morreu com um ano. Depois veio Giorgi, que também morreu cedo. Só Josef sobreviveu aos primeiros anos da infância. Levado à igreja em 17 de dezembro de 1878, foi batizado pelo arcipreste Khakhanov e o diácono Kvinikadze.[7]

Batizado como Josef, era conhecido por todos como Soso. Pouco se sabe sobre os seus primeiros anos de vida — na verdade, nada. Seria de esperar que, após perder dois filhos na primeira infância, os pais tratassem o terceiro com cuidado e afeto especiais. Isso estaria de acordo com a tradição georgiana de mimar o novo bebê da família. Na educação infantil, os georgianos se parecem mais com italianos e gregos que com os povos do norte da Europa. Besarion Djughashvili, contudo, era uma exceção, já que nunca demonstrou afeto pelo filho. Keke tentava compensar essa carência. Embora fosse uma mãe rígida e exigente, ela o fazia sentir-se especial e o vestia do melhor modo que suas economias permitiam. Besarion se ressentia disso. Keke fazia de tudo para garantir que Josef recebesse educação e entrasse para o seminário, ao passo que Besarion queria que fosse sapateiro, como ele próprio. Quase desde o início os Djughashvili tiveram uma relação ruim; em vez de aliviar a situação, a chegada de Josef exacerbou a tensão entre o casal.

O temperamento de Besarion com frequência explodia em uma violência raivosa contra a esposa. Suas ambições comerciais não se cumpriram. Sua loja de calçados não acompanhou os tempos e, em vez de produzir sapatos ao estilo europeu, os quais estavam se tornando populares, seguia produzindo os calçados georgianos tradicionais.[8] Tudo que tentava realizar terminava em fracasso, e o insucesso como artesão independente e a perda da estima local provavelmente agravaram sua tendência aos ataques vulcânicos. O consumo de bebida ficou fora de controle. Ele passava mais tempo tomando vinho na taberna de Yakob Egnatashvili do que cumprindo suas obrigações familiares.[9]

Segundo a maior parte dos relatos, Keke era uma mulher devota. Ia à igreja, consultava os sacerdotes e almejava que o filho se tornasse um deles. Porém, certos rumores a viam com outra luz. Sergo Beria, filho do chefe de polícia de Stalin a partir de 1938, escreveu que a avó — que na velhice ficou amiga de Keke — a descrevia como uma mulher de vida desregrada e linguajar indecente: "fiz faxina na juventude, e quando encontrava um rapaz bonito eu não perdia a oportunidade." Quando Besarion não ganhava dinheiro suficiente para os gastos familiares, supostamente Keke vendia seu corpo.[10] Uma versão menos extrema dizia que, embora não fosse promíscua, ela mantinha um caso com uma personalidade proeminente de Gori. Os candidatos eram o taberneiro Yakob Egnatashvili e o chefe da polícia local, Damian Davrishevi.[11] Como costuma ocorrer em situação semelhante, não há provas; mas evidências circunstanciais preenchem as lacunas dos fofoqueiros. Quando Stalin chegou ao poder supremo, promoveu os filhos do Egnatashvili a cargos altos, e isso costuma ser apontado como sinal de uma relação especial com eles.[12]

Às vezes, a paternidade de Soso era atribuída a Damian Davrishevi. Josef, o filho de Damian, amigo de infância de Josef Djughashvili, reparava na semelhança entre ambos; anos mais tarde, ele não excluiu a possibilidade de serem meios-irmãos.[13] Na década de 1950 foram feitas indagações para reunir evidências condenando Stalin; e as autoridades buscaram descobrir se a imagem de Keke como uma camponesa simples temente a Deus seria um mito. Se fosse possível jogar lama na mãe, uma parte cairia nele. Mas nada foi encontrado.

No entanto, rumores semelhantes foram constantes durante a infância de Stalin, e dificilmente teriam acalmado a mente perturbada de Besarion. Podem ter sido o motivo fundamental por trás de sua queda na bebedeira, no vandalismo e na violência doméstica. Conhecido como Beso Doido, ele passou maus bocados quando sua loja começou a falir. Ia de mal a pior, e Keke buscava consolo na igreja local. Ela também se sustentou trabalhando como faxineira e costureira: estava determinada a não deixar a família afundar por culpa do marido genioso e incompetente. Beso também entendeu que não havia futuro comercial para ele em Gori. Como outros artesãos, buscou trabalho no pujante setor industrial de Tbilisi. Em 1884, empregou-se como operário na grande fábrica de calçados de Emile Adelkhanov. Trabalhava longas horas, e o salário era escasso. Continuou a beber muito, e não há sinal de que enviasse muito dinheiro a Keke. Quando visitava Gori, não levava alegria à esposa e ao filho: a bebedeira e a violência eram só o que podiam esperar do vadio. Quanto mais ele se degenerava, mais Keke se refugiava emocional e espiritualmente entre os muros da igreja paroquial.

Há outras versões dos antecedentes de Josef. A mais estranha sugere que um dos maiores exploradores e etnógrafos da época, o nobre Nikolai Przewalski, teria tido uma relação ilícita com Keke Djughashvili, e Josef seria o fruto desta relação. Isso não só é improvável como fisicamente impossível. Przewalski não estava na Geórgia quando Josef Djughashvili foi concebido.[14] Nada disso surpreende. Quando governantes com passados obscuros se tornam famosos, é comum que surjam lendas a respeito deles, e muitas vezes o rumor começa com uma parentela ilustre.

Em uma variação de sua origem, o líder não tem a nacionalidade que se pensa. No caso de Stalin, o rumor era de que não seria georgiano, mas osseta. Com isso, a ancestralidade da família Djughashvili (mas não a Geladze) teria origem nas montanhas além da fronteira setentrional da Geórgia. O sobrenome em si poderia ter uma raiz não georgiana desse tipo. Os povos do Cáucaso circularam pela região durante séculos e até a sonolenta cidade de Gori teve forasteiros muito antes de os russos se imporem. Por trás da história da ascendência osseta, porém, está a insinuação de que ela explicaria a selvajaria da tirania posterior de Stalin, já que os povos das montanhas são considerados menos civilizados que os habitantes das cidades localizadas nos vales. Além disso, para alguns georgianos, essa genealogia mitiga o constrangimento da associação com um déspota tão notório. Os colegas de escola dele não mencionam isso em suas memórias, mas na sua infância certamente isso chamou atenção.[15] Embora Josef Djughashvili tenha crescido orgulhoso de pertencer ao povo georgiano por nascimento e cultura, ele pode ter disfarçado o sentimento inicial de ser diferente da maior parte dos meninos da cidade.

As histórias que Stalin contou a amigos e parentes a partir da década de 1930 são uma das principais fontes para saber o que ocorreu na sua infância. Contudo, não é preciso enfatizar que ele era um mentiroso inveterado — e, mesmo quando não mentia diretamente, muitas vezes exagerava ou distorcia a verdade. Na história que contava sobre sua infância havia frequentes referências aos ataques da violência ébria de Besarion, mas todas as suas histórias devem ser encaradas com cautela. Quando, em 1931, o escritor Emile Ludwig indagou sobre sua infância, ele rejeitou enfaticamente as sugestões de maus-tratos. "Não", asseverou, "os meus pais eram gente sem educação, mas não me trataram mal."[16] Isso não encaixava em suas outras lembranças. Ele contou à filha Svetlana que enfrentou o pai e atirou uma faca nele quando o viu surrar Keke. A faca errou o alvo. Besarion lançou-se sobre o jovem Josef, mas era lento demais para agarrá-lo. Josef fugiu e foi protegido por vizinhos até a ira paterna amainar.[17]

As memórias dos amigos afirmam, sem exceção, que Beso era brutal com o filho. Keke também o espancava.[18] Se isso for verdade, o lar dos Djughashvili estava tomado pela violência, e o pequeno Josef deve ter crescido pensando que essa era a ordem natural das coisas. Talvez tenha negado isso na entrevista a Ludwig por sentir que estava sendo sondado em busca da origem psicológica de sua severidade política. Não é preciso muita sofisticação psicanalítica. Como muitos que sofreram abusos na infância, Josef cresceu procurando alguém para maltratar. Nem todos os que são espancados pelos pais desenvolvem uma personalidade assassina. Mas alguns sim e, aparentemente, com mais frequência que na sociedade em geral. O que piorou as coisas para o desenvolvimento subsequente de Josef foi que a violência do pai não era nem merecida nem previsível. Não surpreende que tenha crescido com uma forte tendência ao ressentimento e à retaliação.

Keke Djughashvili era rígida com ele, mas também lhe prodigava atenção e afeto. Em um momento de distração com o comandante do Exército Soviético Georgi Jukov, na Segunda Guerra Mundial, ele contou que até completar 6 anos ela nunca lhe permitiu que ficasse fora de sua vista. Contou também que tinha sido uma criança enfermiça.[19] Era um eufemismo. Por volta dos 6 anos ele teve varíola. A mãe ficou fora de si. A varíola costumava ser uma doença fatal, e por um tempo pareceu que ela o perderia. Famílias pobres como a deles não podiam pagar visitas médicas e remédios. De qualquer modo, a maioria dos habitantes de Gori mantinha a fé nos modos tradicionais de lidar com as doenças. Uma curandeira — Stalin a chamava de *znakharka* quando falava em russo — foi chamada para tratá-lo. Contra todas as expectativas, ele se recobrou. As sequelas se limitaram às marcas no rosto. Josef Djughashvili escapou por pouco. Esse seria o padrão nos anos seguintes. Embora tivesse tendência a adoecer, a resiliência física o levou adiante.[20]

Não seria surpresa se a crise fortalecesse a proteção materna. A decepção de Keke com o marido foi sublimada pelas grandes esperanças depositadas em Josef — e o fato de ser o seu único filho sobrevivente aumentava sua preocupação. Não havia uma oportunidade realista de romper o círculo vicioso da pobreza. O melhor que ela podia fazer era ganhar uns trocados com faxinas e costuras para famílias mais bem remediadas. Isso aliviava a pobreza. Mas a melhoria básica teria de esperar até a próxima geração. Josef era a sua única esperança.

Contudo, ela não podia mantê-lo dentro de casa para sempre. Josef tinha ideias próprias e queria ser aceito pelos outros meninos. Quando começou a sair para a rua, porém, precisou enfrentar outro desafio. Existiam gangues infantis em cada pequeno distrito, e muitas brigas. Havia muita mistura dos diversos grupos nacionais. Os que conseguiam se valer por si mesmos nos concursos de luta, organizados longe da vista dos adultos, granjeavam o respeito dos demais. As brigas de socos eram comuns. Josef, que estivera preso à saia da mãe, demorou a se afirmar. Kote Charkviani, seu contemporâneo, escreveu: "Antes de entrar para a escola, não passava um dia sem que alguém o socasse, e ele voltava para casa chorando ou batia em alguém."[21] Mas, como Charkviani observou, ele estava determinado a vencer. Não importava quantas vezes fosse derrubado, erguia-se e seguia brigando. Quebrava as regras quando isso o ajudava a triunfar. Ele era ardiloso. E também ambicioso: queria liderar a gangue, e se ressentia quando não conseguia o que queria.

A mãe continuava adorando-o e orientando-o na direção da carreira eclesiástica; ele era obrigado a obedecer quando ela estava por perto; era obrigado a frequentar a igreja. Logo Josef chamou atenção de figuras influentes na cidade. Ele era temente a Deus, e esperto, exatamente o tipo de garoto que os sacerdotes queriam ter na escola religiosa de Gori, especialmente em vista do desejo da mãe de que entrasse para o clero. Ele conseguiu uma vaga no verão de 1888, aos 10 anos. Os estudos começariam em setembro.

Apesar da pobreza da família, Josef teve a chance que apenas um punhado de meninos na cidade partilhava: o acesso à educação. Ele receberia um pequeno estipêndio de 3 rublos por mês.[22] As memórias de Vano Ketskhoveli o retratam no início dos estudos:

> Eu [...] vi que entre os alunos havia um garoto que eu não conhecia, vestido com um *akhalukhi* longo [um casaco simples de tecido] que lhe chegava aos joelhos, com botas novas de cano alto. Ele usava um cinto de couro grosso na cintura. Na cabeça levava um boné preto com uma aba envernizada que brilhava ao sol.[23]

A FAMÍLIA DJUGHASHVILI

Ninguém usava um *akhalukhi* e botas como aquelas, e os outros alunos o cercaram, curiosos. Obviamente, a mãe quis vesti-lo da melhor forma que podia; ela o havia mimado desde que nascera. Ela própria nunca frequentara a escola, e provavelmente não entendia que, ao vesti-lo daquele jeito, não o favorecia aos olhos dos colegas.

Aos poucos, ele começou a confrontá-la. Quando ela estava longe, ele arrancava o colarinho branco e se juntava aos outros meninos nas ruas.[24] E adotou a mesma rotina na escola. Todos os relatos de primeira mão registram sua belicosidade com os rivais. Mas ele também era devoto, trabalhador e estava determinado a vencer; o caminho à sua frente oferecia uma oportunidade de sair da pobreza em que vivera em casa.

Sua inteligência e diligência foram reconhecidas. Os que o cercavam observaram suas peculiaridades: era volátil, ardiloso e ressentido. Porém, ninguém pensou que essas características fossem anormais. Ele tivera uma criação mais dura que a maioria dos outros meninos da cidade, e muito lhe era perdoado. Só em retrospectiva ficou claro o coquetel do dano permanente à sua personalidade. Fora maltratado pelo pai, e o detestava. Ao mesmo tempo, a mãe o tratara como alguém muito especial; ela esperava muito dele. Filho único, ele foi mimado. Isso só pode ter aumentado o ressentimento devido ao modo como o pai o tratava. O excesso de cuidados de Keke protegeu-o por um tempo dos jogos pesados dos garotos locais. Mas o desejo de se afirmar não diminuiu, e a violência recorrente do pai espelhou o tipo de homem que queria ser. Embora almejasse se tornar sacerdote, ele também queria provar que era durão. Stalin não conheceu a benevolência pelos olhos do pai; e não teria nenhuma com quem se interpusesse no seu caminho. Ele não era o lutador mais forte da rua, mas compensava isso empregando métodos que os outros evitavam. O que queria era chegar ao topo, e lá permanecer: era uma das poucas atitudes compartilhadas pelo pai e pela mãe, cada um ao seu modo.

A criação do jovem Djughashvili não predeterminou a carreira de Josef Stalin. Houve demasiadas contradições na sua personalidade e no tratamento que recebeu dos pais para que um único resultado fosse previsível. Muito ainda teria de acontecer para forjar seu perfil psicológico, incluídas as suas experiências particulares e os eventos mundiais. Contudo, sem a experiência infantil de Josef, não teria havido Stalin. Para que a árvore cresça, tem de haver uma semente.

3. A EDUCAÇÃO DE UM SACERDOTE

Josef tardou em se beneficiar amplamente de sua oportunidade educacional. Como não falava russo em casa, passou dois anos em aulas preparatórias. Porém, demonstrou que podia aprender rapidamente e passou para a classe dos iniciantes. O curso começou em setembro de 1890.[1] Beso Djughashvili nunca gostou da ideia de o filho se tornar um acadêmico. Depois que Josef entrou para a escola religiosa de Gori,[2] ele teve uma briga terrível com Keke. Furioso, o pai venceu e levou Josef a Tbilisi para trabalhar com ele na fábrica de calçados Adelkhanov. Josef se tornaria aprendiz e abandonaria o plano de Keke de entrar para o sacerdócio.[3] Beso era um bêbado e um artesão fracassado; mas sua atitude não foi incomum. Ele insistia que se um emprego era bom para ele, era bom para o filho também.

As autoridades consideravam a fábrica de calçados Adelkhanov, com oitenta empregados, uma das mais bem pagas da Geórgia já que, diferentemente das fábricas rivais, contava com atendimento médico próprio. No entanto, a maioria das pessoas pensava que Emile Adelkhanov, que havia fundado a empresa em 1875, explorava demais sua força de trabalho. Os salários eram baixos e as condições especialmente difíceis para os meninos — de fato, as autoridades se preocupavam com o grande número de jovens empregados por Adelkhanov, e com os efeitos sobre sua saúde e sua criação, por permanecerem fechados na escuridão daquele lúgubre prédio retangular.[4] O empresário não era um filantropo. Quando as condições do comércio se viraram contra ele, no final do século, imediatamente cortou os salários. O resultado foi uma greve amargamente negociada.[5] Para Beso Djughashvili, porém, o recrutamento de menores com o fim de cortar custos era um forte atrativo. O dinheiro extra, apesar de minguado no início, seria útil: Josef poderia começar a se sustentar. Ele não veria muito do centro de Tbilisi, com seus palácios, catedrais e grandes lojas. Pai e filho se alojavam em um quarto barato no distrito de Avlabari, na margem esquerda do rio Mtkvari, diariamente caminhavam diante da prisão de Metekhi e cruzavam a ponte para as ruas de paralelepípedos do distrito de Ortchala, onde ficava a fábrica. O primeiro encontro de Josef com o capitalismo foi cru, duro e desanimador.

No entanto, ele não deve ter deixado de observar as diferenças entre Tbilisi e Gori. Havia uma mistura de culturas ao redor da fábrica de calçados Adelkhanov. Além de sua rival, a fábrica de calçados Mantashëv, havia sinagogas, várias igrejas armênias e meia dúzia de igrejas georgianas. Ali perto ficavam os banhos de enxofre frequentados pelo grande poeta russo Alexander Pushkin no início do século. Toda a área, inclusive o trecho suavemente borbulhante do rio Mtkvari, se assentava sobre fontes termais valorizadas por suas propriedades medicinais. Durante o tempo que trabalhou na fábrica, Josef Djughashvili descobriu que havia um mundo de experiências muito mais vasto do que poderia ter imaginado quando estudara em Gori.

Se Beso tivesse vencido a disputa, não teria havido Stalin — e a história mundial teria sido diferente. Para chegar ao topo do Partido Comunista russo na década de 1920, era essencial uma pena fluente e plausível; apesar do ressentimento com os sacerdotes que lhe ensinaram, Stalin devia-lhes sua educação. Ele também se beneficiou com a recusa da mãe em aceitar a derrota. Saudosa do filho que partira, ela procurou os sacerdotes de Gori e os convenceu a ajudá-la a pressionar Beso para que liberasse Josef do trabalho na fábrica. Ele cedeu, e meses depois Josef voltou à escola religiosa. Como era de esperar, ele não tinha se tornado um sapateiro habilidoso naquele breve período. Limitara-se a levar e trazer coisas para os adultos na fábrica. Mas tinha visto o suficiente da manufatura contemporânea para evitar repetir a experiência. Foi sua única oportunidade de conhecer diretamente o trabalho industrial, mas nunca se referiu a ela em seus escritos. Embora anos depois tenha escrito sobre "a classe trabalhadora" e "o sistema fabril", baseou-se principalmente em conversas com trabalhadores do tipo que nunca chegou a ser.

Beso Djughashvili começou a desaparecer das vidas de Keke e Josef. Não se sabe quantas vezes ele regressou a Gori, ou mesmo se o fez. O certo é que nunca voltou a viver lá. A bebida aparentemente se apoderou dele enquanto ia de um emprego a outro. Existe uma lenda sobre Josef ter matado Beso. Não há evidência a respeito, e provavelmente a verdade é muito mais prosaica: tendo estragado a própria vida, ele terminou só. Trabalhou em fábricas, bebeu em tavernas, até que, por fim, perdeu totalmente o controle de seus atos. Segundo alguns relatos, ele morreu antes da virada do século; o mais provável é que, só e miserável, Beso tenha morrido de cirrose do fígado em 1909.[6]

Na ausência de Beso, Josef passou a ocupar-se exclusivamente da mãe. Não está claro como lidou com o final do casamento dos pais e com a partida do pai. Mas há pistas. Quando publicou poemas em 1895-6, "Besoshvili" foi um de seus pseudônimos. Obviamente, a escolha não foi ao acaso. Tampouco a referência, em um de seus primeiros artigos, à enorme pressão comercial exercida pela economia capitalista sobre os artesãos independentes, forçando a maioria a desistir de suas oficinas e se empregar nas fábricas. A conclusão é inevitável. Josef não partilhava da ambição do pai. Não gostava de ser espancado. Tinha irrompido em fúria ante as exigências e o comportamento genioso de Beso. Mas era um menino amável e sensível. Quando começou a pensar como um marxista, passou a ver o pai como vítima da história.[7] Isso certamente não teria acontecido se, no fundo, não tivesse afeição e compreensão pelo pai. Isso pode soar paradoxal. Stalin, vítima de Beso, teve sentimentos afetuosos pelo homem que o maltratou. Não é uma reação incomum. A morte do pai certamente contribuiu para depurar as suas recordações.

De volta a Gori, Josef retomou a vida de igreja, escola e rua. Foi um período agitado. Certo dia, parado diante da igreja, ele foi derrubado por um *faeton* — uma carruagem ligeira, tracionada por cavalos, com dois ou três assentos para os ocupantes, suspensão primitiva e um conjunto simples de eixos. Descoberta, era uma das carruagens mais baratas. Naquele dia, o condutor perdeu o controle do cavalo. O *faeton* avançou na direção das pessoas diante do muro da igreja e o jovem Josef não se afastou a tempo. O acidente poderia ter sido fatal.[8]

Embora o braço esquerdo e as pernas do menino tenham ficado seriamente machucados, ele se recobrou com rapidez.⁹ Logo voltou à escola. Porém, o dano físico foi permanente. Seu braço esquerdo ficou mais curto e perdeu a flexibilidade. Esse foi um dos motivos pelos quais não se alistou no Exército Imperial em 1916-17. Assim, um cavalo desgovernado, ao atropelar o jovem de Gori, salvou-o da provável aniquilação na Grande Guerra. O acidente deixou-o desajeitado e aparentemente envergonhado da própria figura. Outro motivo de estresse psicológico somou-se à lista. A lesão tampouco contribuiu para melhorar sua habilidade nas provas de força com os meninos da cidade. Mas ele estava determinado a se afirmar. Seu colega de escola Josef Iremashvili recordou que o jovem Djughashvili continuava usando métodos sujos para vencer.¹⁰ Ele só aceitava a posição de liderança. Não tolerava que o amigo David Machavariani mandasse na gangue de rua. Às vezes, ia embora e se juntava a outra gangue para não acatar as ordens de Machavariani. Esse tipo de atitude o fez ficar conhecido pelo seu "mau caráter".

Como isso não o levava a lugar nenhum, ele terminou por aceitar a liderança de David Machavariani. Como qualquer um, precisou passar por uma série de provas de iniciação para se juntar à gangue. Os candidatos deviam demonstrar seu valor fazendo uma longa corrida, cometendo um roubo e submetendo-se a uma surra de chicote. Os outros na gangue eram Peter Kapanadze e Josef Davrishevi.¹¹ O jovem Djughashvili nunca esqueceu aqueles dias e manteve contato com Peter até a velhice.¹² Segundo os amigos, Josef era muito desajeitado. Nunca aprendeu as danças tradicionais georgianas. A dança caucasiana *lekuri* (conhecida na Rússia como *lezginka*) estava além de sua capacidade. Havia competição entre os meninos da cidade para dançá-la bem. Quando alguém a dançava melhor, Josef afrontava o rival e chutava suas pernas.

A mãe começou a trabalhar como costureira para os Davrishevi, e Josef Djughashvili passou a encontrar Josef Davrishevi com frequência. Às vezes, subiam até a fortaleza no alto da montanha para ver os pássaros que se aninhavam nas muralhas. Mas nem sempre se davam tão bem. Josef às vezes roubava a comida do amigo. Quando brigavam, o pai de Davrishevi lhes dava outro prato. Djughashvili justificava a falta dizendo ao amigo que, daquele modo, eles recebiam comida em dobro.[13] Porém, às vezes ele exagerava. Desejoso de provar que era durão, desafiava garotos mais fortes para a briga. Certa vez, derrubado dez vezes por um menino de outra gangue, ficou bastante machucado. A mãe levou-o para casa e queixou-se com o chefe de polícia Davrishevi, que respondeu: "Quando uma panela de barro se choca com uma de ferro, é a panela de barro que quebra."[14]

Os pequenos delitos de Josef não se limitavam às brigas com outros meninos. O estudante brilhante na escola era um malandro nas ruas. Dentre as suas vítimas estava uma mulher deficiente mental chamada Magdalena. Seu parceiro no crime era o jovem Davrishevi. Magdalena tinha um gato persa, e os dois a amolavam amarrando uma frigideira no rabo do gato. Um dia, invadiram a cozinha enquanto ela estava na igreja e roubaram um bolo enorme.[15] O assunto foi resolvido sem muita dificuldade, mas Davrishevi, que não podia alegar inocência, concluiu que aquilo comprovava que Josef Djughashvili era estranho e perverso. Outro memorialista da infância, Josef Iremashvili, chegou à mesma conclusão. Os dois imputaram a responsabilidade principal a Josef. Igualmente, asseveraram que ele tinha um papel de liderança, embora nunca tenha alcançado a meta de liderar a gangue. O jovem Djughashvili era grosseiro, volúvel e ambicioso, e vivia frustrado: nunca suplantou David Machavariani na gangue. Aparentemente, não aceitava essa situação e se ressentia por isso. Tinha talento e queria que os demais o reconhecessem. Ele relutava em esperar a sua vez. Os outros deveriam demonstrar-lhe mais respeito.

Havia outro aspecto mais amplo na formação de seu caráter. Ele foi criado junto às montanhas da Geórgia, onde persistiam tradições de vinganças sangrentas, e foi sugerido que sua propensão à violência, à conspiração e à vingança provinha dessa cultura. Aqui há uma dificuldade óbvia. A maioria dos georgianos que entraram em instituições educacionais no final do período imperial se acomodou a uma visão de mundo menos tradicional. Se, de fato, a cultura das montanhas exercesse influência sobre ele, Josef seria peculiar por não conseguir evoluir. Nem todos os georgianos eram obsessivamente vingativos. A compensação pelo dano não precisava implicar o princípio do olho por olho, dente por dente. As negociações entre vítima e perpetrador do dano — ou os seus parentes — eram outro modo de lidar com o problema. Havia algo extraordinário na ânsia de vingança de Josef. Enquanto crescia, ele ficou conhecido por esta característica: desfrutava esmagar os rivais — não bastava derrotá-los. A cultura popular georgiana punha forte ênfase na honra. Isso implicava lealdade à família, aos amigos, aos clientes. Josef, pelo contrário, não se sentia obrigado com ninguém. Mais tarde, executaria parentes políticos, colegas, líderes veteranos e grupos inteiros de comunistas dos quais tinha sido patrono. Na superfície, era um bom georgiano. Nunca deixou de reverenciar a poesia que amou na juventude. Ao chegar ao poder, organizou lautos jantares à maneira caucasiana. Gostava de farrear; punha crianças no colo. Mas não tinha o sentido de honra tradicional. Reteve certos costumes e atitudes da infância, mas outros ele abandonou. A história do século XX teria sido menos sangrenta se Josef Djughashvili tivesse sido um georgiano melhor.

Não só a cultura popular o influenciou, mas também a literatura georgiana. Ele amava os clássicos nacionais, especialmente a poesia épica do século XIII de Shota Rustaveli (reverenciado pelos georgianos como o seu Dante).[16] Outro favorito era *O parricida*, a história de Alexander Kazbegi, publicada em 1883 e muito aclamada. Josef a adorava. O personagem principal chamava-se Koba. O enredo continha episódios da história da grande resistência liderada por Shamil contra o poder imperial russo na década de 1840. Koba era um *abrek*. O termo significa não só ladrão, mas homem das montanhas, abertamente hostil a qualquer autoridade. Os *abreks* vivem da esperteza e da violência, mas não predam gente comum. Seu código de honra permite e estimula a impiedade. Eles punem a traição. Não esperam que a vida seja fácil nem que Deus os salve do infortúnio; *O parricida* sugere que se pode esperar traição de amigos e conhecidos. Mas a vingança é doce; os *abreks* perseguirão até a morte quem os prejudicar. Koba declara: "Farei a mãe deles chorar!"

Os *abreks* causaram mais danos à sociedade civil do que Kazbegi admitiu. Como um contador de histórias urbano, ele tentou sugerir que os antigos costumes do Cáucaso tinham certa nobreza. Escritores russos como Pushkin, Lermontov e Tolstoi também retrataram ladrões caucasianos em suas obras, mas raramente — até *Hadji Murat*, de Tolstoi, em 1912 — ofereceram um panorama convincente da mente dos marginais das montanhas. Kazbegi não estava à sua altura como figura literária, mas a sua popularidade imediata entre os leitores georgianos foi enorme. Seu tratamento da resistência de Shamil ignorou a referência ao propósito islamista. Ele deu aos georgianos um sentido de orgulho nacional. Kazbegi ofereceu um retrato admirável das tradições violentas das montanhas: vinganças sangrentas, honra pessoal e vida fora da lei. Era uma visão romântica, mais extrema em certos aspectos que as de Walter Scott, lorde Byron e Alexander Pushkin. Kazbegi implicava que os valores dominantes nas cidades e aldeias da Geórgia — cristianismo, comércio, educação, lei e administração — eram inferiores às crenças e costumes selvagens das montanhas.

Gori localiza-se em um vale, e seus habitantes não eram montanheses brutos que viviam de roubos, sequestros e assassinatos. Porém, um colega de escola rememorou a impressão que a obra de Kazbegi causou em Josef:

> Koba era o ideal de Soso e a imagem dos seus sonhos. Koba tornou-se o Deus de Soso, o sentido de sua vida. Ele queria ser o segundo Koba, um lutador e herói — como ele — coberto de glória [...] Dali em diante quis se chamar Koba, e definitivamente não quis que o chamássemos por outro nome.[17]

As obras literárias permitem diversas interpretações. A história de Kazbegi é incomumente direta, e a preocupação posterior de Stalin com a vingança e a honra pessoal indica que a mensagem básica foi transmitida com sucesso.

É nesse contexto que um dos acontecimentos mais horripilantes da infância de Josef deve ser interpretado. Quando ele era estudante, dois "bandidos" foram enforcados no patíbulo do centro de Gori.[18] O acontecimento deixou uma marca profunda na mente do menino, e anos depois — quando seus detalhes biográficos foram publicados — ele permitiu que o enforcamento fosse mencionado. Seus biógrafos com frequência apresentavam essa recordação como uma evidência de sua peculiaridade psicológica. É inegável que Josef desenvolveu um enorme transtorno de personalidade. Mas ele não foi o único a testemunhar ou recordar o enforcamento. Aquele foi o evento mais marcante de Gori no último quarto do século XIX. O que ocorreu foi o seguinte. Um policial montado perseguiu dois montanheses para se apossar da vaca deles. Ambos resistiram e, na altercação que se seguiu, mataram-no. Em Gori e seus arredores, as rixas entre bandoleiros e a polícia não eram incomuns e os tiros não eram infrequentes. O ódio às autoridades era generalizado. Defender a família, a propriedade e a aldeia nativa era algo justificável, independentemente da legislação imperial. Então, quando os bandoleiros capturados foram condenados à morte, o interesse popular — e não só o de Josef — foi intenso.[19]

O chefe de polícia Davrishevi havia previsto o potencial dos distúrbios ao redor do patíbulo e proibiu o próprio filho de sair à rua. Josef Djughashvili foi acompanhado de dois amigos. O que viram? Ante a popularidade dos condenados, as autoridades ordenaram aos tamboreiros que marchassem até a praça com estardalhaço. A sentença foi anunciada em russo. Isso não contribuiu para acalmar os ânimos dos espectadores. Alguém na multidão atirou uma pedra quando o verdugo, defendido pelos soldados, fez o seu trabalho. O alvoroço começou. A polícia estava a ponto de entrar em pânico quando os condenados foram dependurados. Eles tiveram uma morte lenta. As cordas tinham sido mal atadas e as vítimas levaram um tempo insuportável para morrer.[20] Os habitantes consideraram a punição injusta. Os montanheses não haviam ofendido o código de honra local: estavam protegendo o que era deles. Eles eram heróis locais. O jovem Davrishevi, filho de um dos mais altos funcionários da cidade, descreveu-os como "mártires sagrados".[21] Assistindo ao enforcamento, Josef e seus amigos partilharam da atmosfera geral.

Isso não significa negar que Josef sentisse uma atração incomum pela violência ao lidar com inimigos. O império estava punindo os seus súditos recalcitrantes. Os moradores de Gori se ressentiam disso, mas não podiam fazer nada para deter o processo. Nem Josef nem os seus amigos deixaram registradas as suas impressões. Mas não seria improvável que ele tivesse concluído que o poder de Estado era um fator determinante e crucial na vida da sociedade, e que para provocar uma mudança básica na sociedade seria necessário usar a força para enfrentar o status quo. Ele também poderia ter pensado que a punição drástica dos delinquentes contribuía para afiançar o regime. Certamente, durante sua infância, poucos acontecimentos desencorajaram o emprego da violência intencional no trato das questões humanas.

A EDUCAÇÃO DE UM SACERDOTE

Quando Josef terminou o curso, no final do verão de 1894, a diretoria da escola religiosa lhe entregou um certificado e recomendou que ingressasse no Seminário Teológico de Tbilisi.[22] Seu comportamento nas ruas não era o mesmo que em sala de aula, onde era um garoto ajuizado que aprendia com facilidade e recebia elogios sinceros. Ele aprendeu o russo rapidamente, embora com um forte sotaque georgiano; estudou aritmética, literatura e a Bíblia. Seu rendimento escolar foi exemplar, e ele possuía excelente memória e intelecto ágil. Ia à igreja regularmente e tinha uma voz razoável, vantagem para um aspirante a sacerdote, já que o culto na Igreja ortodoxa punha ênfase no canto coral. Os sermões eram raros e os deveres pastorais fora da liturgia, poucos. Josef cumpria seus deveres. Em Gori o tinham como "muito devoto". Um de seus colegas, indagado sobre suas recordações em 1939, contou que Josef comparecia pontualmente aos serviços religiosos e liderava o coro da igreja: "Recordo que ele não só cumpria os ritos como sempre nos apontava seu significado religioso."[23]

Apesar das interrupções causadas pela doença e o trabalho na fábrica, Josef conseguiu alcançar os outros alunos. A diretoria da escola ficou impressionada. Ele obteve as melhores notas em todas as disciplinas, exceto em aritmética. (Não foi um problema permanente: mais tarde, ele se mostrou minucioso e eficaz ao examinar tabelas estatísticas apresentadas por seus subordinados.)[24] O diretor marcou "excelente" em comportamento no boletim. Em outros quesitos, ele também obteve notas altas: Velho Testamento, Novo Testamento, catecismo ortodoxo, liturgia, russo e eslavo eclesiástico, georgiano, geografia, caligrafia e música litúrgica russa e georgiana. Por outro lado, obteve nota 4 em vez de 5 em grego antigo.[25] Mas as imperfeições eram mínimas. Josef Djughashvili terminou com louvor o curso na escola religiosa de Gori. O mundo eclesiástico georgiano estava aos seus pés. Contudo, ele tinha uma personalidade complexa, que deixava muitas pessoas incomodadas. Academicamente talentoso, queria ser admirado nas ruas como um garoto durão. Amava a mãe e acatava as ambições que depositava nele e, ao mesmo tempo, era inteligente e tinha ideias próprias. Os sacerdotes escreviam elogiando-o. No entanto, os amigos que escreveram memórias trouxeram à tona fatos que mais tarde ecoaram em sua carreira. Eles podem ter inventado ou exagerado. Mas talvez tivessem razão em dizer que certamente Josef Djughashvili fora a semente de Stalin.

4. POETA E REBELDE

Josef Djughashvili partiu para Tbilisi em setembro de 1894, aos 15 anos. Dessa vez não foi para a fábrica de calçados Adelkhanov, mas para o Seminário Teológico de Tíflis. Usada não só em russo como em outras línguas europeias, a palavra "Tíflis" era a variante estrangeira convencional do nome georgiano Tbilisi. Criado pela autoridade imperial russa, o seminário ficava no alto da rua Pushkin, no coração da cidade. Embora recebesse alojamento e alimentação gratuitos, Josef precisava pagar a anuidade. Isso teria sido um problema se ele não fosse capaz de obter 5 rublos regularmente por cantar na Catedral Zion, à margem do rio Mtkvari.[1] Ele não foi o único aluno da escola religiosa de Gori a partir para Tbilisi. Com ele foram também Peter Kapanadze, Josef Iremashvili, Vano Ketskhoveli e M. Davitashvili.[2] (Josef Davrishevi, cujo pai tinha um salário decente, podia arcar com as mensalidades do primeiro ginásio clássico de Tbilisi.) A solidão não seria um problema para Josef Djughashvili.

Ele fora viver na capital do poder imperial russo no sul do Cáucaso. No final do século XIX, Tbilisi era a maior cidade da região, com 350 mil habitantes — só Baku, no mar Cáspio, com 220 mil, se equiparava a ela. O vice-rei vivia lá, e em nome do imperador Nicolau II governava dezenas de povos da região, das vertentes nortenhas da cordilheira do Cáucaso à fronteira otomana. Os reis do leste da Geórgia haviam escolhido Tbilisi como capital por uma boa razão. Como Gori, ela se estendia por ambos os lados do rio Mtkvari, que corria para o norte vindo das montanhas da Turquia; ainda mais importante, nos séculos anteriores, fora o fato de estar situada em uma antiga rota de caravanas e comércio entre a Ásia Central e a Europa. Para consolidar o lugar permanente da Geórgia no Império Russo, o governo de S. Petersburgo construiu a estrada militar georgiana ligando Vladikavkaz a Tbilisi. Essa rota ia de norte a sul. (A ferrovia ligando o sul do Cáucaso à Rússia ia de Baku à costa do mar Cáspio.) Havia dois corpos do Exército aquartelados na margem leste de Tbilisi. Tendo completado a conquista da região na primeira metade do século XIX, os Romanov alocaram pessoal, comunicações e a força necessários para afiançá-la.

Diferentemente de Gori, em Tbilisi havia uma população multinacional e os georgianos eram minoria. Lá viviam russos, armênios, tártaros, persas e alemães. Os russos moravam no centro, na margem oeste. Os bazares armênios e persas ficavam por ali perto. O distrito dos georgianos estava localizado do outro lado do rio. Ao norte, habitavam os imigrantes alemães, vindos principalmente de Württemberg a convite de Alexandre I.

Portanto, Josef se deparou com um choque de culturas muito mais intenso que em Gori. No bairro russo, no centro, se localizavam a prefeitura, o palácio do vice-rei, o quartel-general do Estado-Maior, a catedral ortodoxa e outras igrejas, o banco imperial, a biblioteca pública e o Museu Militar. As ruas eram retas, os prédios altos e recentes. O bairro alemão se distinguia pelo asseio e a ordem social. Armênios e persas, os maiores empreendedores da cidade, contavam com bazares barulhentos e fervilhantes onde comerciavam artigos de prata, tapetes e especiarias. Os lojistas georgianos se especializavam em comestíveis, peixes e calçados. Do lado sudeste da cidade, se encontravam as fábricas e a prisão, conhecidas de Josef do tempo em que trabalhara para Adelkhanov. Havia também uma grande estação e oficinas ferroviárias no distrito de Didube. A cidade se alvoroçava com os soldados russos calçados com botas de cano alto, os tártaros de turbantes verdes e brancos (e as esposas com o pescoço coberto) e os alemães vestidos com apuro no estilo centro-europeu. Esses habitantes eram ofuscados pelo resplendor dos comerciantes do alto do Cáucaso em seus trajes tradicionais: ossetas, cabardianos, chechenos e inguches.

Os georgianos exerciam influência limitada nos assuntos da cidade. Aqueles nomeados por S. Petersburgo, em geral russos, cuidavam da administração e das forças armadas. Os bancos estavam nas mãos de russos e judeus, e as maiores empresas comerciais pertenciam a armênios. A hierarquia russa dominava a Igreja ortodoxa georgiana desde que o imperador Alexandre I sancionou sua incorporação à Igreja ortodoxa russa, em 1811. O seminário teológico estava sujeito à autoridade eclesiástica de S. Petersburgo.

O seminário ficava em um edifício grande com um pórtico alto de colunas jônicas arrematadas por um frontão. Construído pelo milionário do açúcar Zubalishvili, a Igreja ortodoxa russa comprou-o em 1873 e o reformou para uso eclesiástico. Arquitetonicamente, a fachada era básica. Não havia degraus para o pórtico, puramente decorativo. Os povos do Cáucaso deviam se impressionar com a grandeza do poder imperial, e o seminário simbolizava a suserania dos Romanov sobre os assuntos espirituais e temporais da região. O restante do prédio era como um quartel.³ Havia quatro pisos. Perto da entrada ficavam a chapeleira e o refeitório. No primeiro piso, uma sala grande fora convertida em capela. No segundo e terceiro pisos ficavam as salas de aula, e no quarto piso os dormitórios. A decoração era simples, e os seminaristas não tinham privacidade. Um corredor aberto ligava os dormitórios; os objetos pessoais ficavam à vista de todos. Casacos, livros e bíblias eram o padrão. Como os colegas do primeiro ginásio clássico na rua Golovin, os seminaristas eram treinados para servir a Deus, ao tsar e ao império.

Quando Djughashvili chegou, o exarco da Geórgia era o arcebispo Vladimir. O reitor em 1898 era Germogen, um russo. O inspetor do seminário era o georgiano Abashidze. O clero russo não era conhecido por suas convicções políticas e sociais liberais. Os indicados ao exarcado georgiano eram ainda mais reacionários que a norma na Rússia, e anos depois vários deles se identificaram publicamente com a causa do nacionalismo russo. Muitos eram antissemitas virulentos e propagavam ideias que hoje podem ser consideradas protofascistas. Embora exercessem as suas funções na Geórgia, consideravam seu dever extirpar quaisquer sinais de afirmação nacional georgiana.⁴ Eles levavam a intolerância ao extremo. A língua georgiana era rigidamente limitada no seminário teológico; quando não falavam e escreviam em russo, os estudantes eram punidos. O arcipreste Ioann Vostorgov, que influenciou a política educacional eclesiástica em todo o Império Russo, foi quem traçou essas diretrizes. Segundo ele, Tbilisi era altamente multiétnica e não tinha sentido privilegiar o georgiano em detrimento de outras línguas.⁵ Alguns sacerdotes menos gentis referiam-se ao georgiano como "uma língua suja".⁶

As regras eram rígidas. Os seminaristas só podiam ir à cidade por uma hora ao dia. O reitor e sua equipe eram saudados com ademanes respeitosos. A disciplina era administrada pelo escritório do inspetor Abashidze, à esquerda do vestíbulo. Os insubordinados eram punidos com o confinamento em uma cela solitária. As autoridades recrutavam informantes entre os seminaristas para esmagar a insubordinação. Só os livros autorizados podiam entrar no prédio. Havia inspeções regulares nos armários. A comida era simples, e apenas os que viviam em alojamentos se livravam da dieta baseada principalmente em feijão e pão. Os seminaristas se deitavam cedo e despertavam cedo pela manhã. Não se pode exagerar o choque que foi para Josef e seus amigos. Em Gori, depois da escola, eles iam e vinham como queriam. O regime do reitor Germogen proibia isso. O que piorava as coisas para Josef era a sua idade. Ele já estava na segunda metade da adolescência quando deixou Gori. Em geral, o seminário recebia garotos de 13 anos. Por ser três anos mais velho que o comum dos seminaristas no primeiro ano, ele era menos maleável.

Seus biógrafos tendem a menoscabar a qualidade do currículo. A razão é a de sempre: reproduzem acriticamente o que os inimigos de Stalin no movimento revolucionário publicaram a respeito. Para eles, Josef não passava de um ignorante insuficientemente escolarizado. Ele próprio reforçou essa ideia. Como revolucionário, não gostava de chamar atenção para os benefícios a que teve acesso com a ordem imperial. Na verdade, apenas meninos muito inteligentes eram admitidos no Seminário Teológico de Tiflis, cuja educação tinha um nível mais alto que o de instituições eclesiásticas de menor prestígio. Havia dois seminários desse tipo em Tbilisi: um para georgianos, outro para armênios; atraíam jovens sem meios para entrar no primeiro ginásio clássico. Na verdade, alguns pais inscreviam os filhos no seminário na esperança de que se qualificassem para obter uma educação superior secular.

O currículo ajudou a formar a pessoa que Stalin se tornou. Esperava-se o domínio das línguas russa e eslava eclesiástica.⁷ Os estudantes, os melhores das igrejas georgianas locais, aprendiam uma grande variedade de disciplinas. No início, o treinamento vocacional cristão não era predominante: estudavam não só literatura e história russa, mas também grego e latim.[8] Claro, a pedagogia tinha uma orientação política. Da literatura secular eram escolhidas as obras consoantes com o governo imperial; e o curso de história se baseava no livro de D. I. Ilovaiski, que enaltecia os tsares e suas conquistas.[9] O currículo-padrão exigia que os pupilos dominassem *Anábase*, de Xenofonte e, no quarto ano, entendessem *Apologia de Sócrates* e *Fedro*, de Platão.[10] Embora o currículo secular não fosse tão extenso como nos ginásios, dava aos alunos uma educação bastante ampla para os padrões europeus da época.

Josef começou bem. No quarto ano obteve as notas mais altas em todos os exames, à exceção de um:[11]

Escritura sagrada	5
Literatura russa	5
História secular	5
Matemática	5
Língua georgiana	5
Latim	—
Grego	4
Canto eslavo eclesiástico	5
Canto georgiano-imereciano	5

A escolarização em Gori o deixara mais fraco em grego do que em outras matérias (e talvez a entrada tardia no seminário tenha levado à exclusão do latim).

Os últimos anos do currículo enfatizavam a fé cristã e a preparação prática para o sacerdócio. No sexto ano, Josef Djughashvili tinha apenas um período semanal de grego, nada de literatura secular e história russa, tampouco ciências e matemática. O hiato era preenchido por história eclesiástica, liturgia, homilética, dogma, teologia comparada, teologia moral, trabalho pastoral prático, didática e, como antes, escritura sagrada e canto litúrgico.[12] O currículo deixava os jovens seminaristas irritados. As obras da literatura russa autorizadas eram anteriores a Alexander Pushkin. Outros clássicos banidos eram os romances de Leon Tolstoi, Fiodor Dostoievski e Ivan Turgueniev. A poesia e a prosa georgianas eram proibidas. Até Shota Rustaveli, o poeta do século XIII, fora vetado.[13] As sensibilidades nacionais e as aspirações culturais eram afrontadas pelo currículo e as regras do seminário, e o reitor respondia reforçando a vigilância e as punições. À medida que Josef Djughashvili avançava de um ano ao outro, as suas simpatias se deslocavam para os que se rebelavam contra o regulamento. Inteligente e patriótico, ele se recusava a aceitar aquelas condições. Em segredo, confabulava com alunos que pensavam como ele. Sempre que podiam, eles minavam o regime impositivo.

 O desenvolvimento pessoal de Josef vinha de uma longa tradição. Poucos anos depois de sua fundação, o seminário criou problemas para as autoridades. Havia rebeliões constantes. Silva Djibladze, um futuro marxista, foi expulso em 1884 por atacar fisicamente o reitor. Dois anos depois, Largiashvili, seminarista de Gori, foi além e matou o reitor a punhaladas.[14] Na quaresma de 1890, quando Josef ainda estava na escola religiosa de Gori, os seminaristas de Tbilisi entraram em greve. Fartos das refeições de feijão que nunca mudavam, recusaram-se a assistir às aulas a menos que a dieta fosse trocada. Dentre os líderes da greve estavam Noe Jordania e Pilipe Makharadze.[15] Jordania viria a ser líder do menchevismo georgiano e Makharadze um bolchevique georgiano proeminente. As exigências de ambos incluíram o ensino na língua georgiana e cursos de história e literatura da Geórgia. O boicote às aulas durou uma semana, e Jordania e Makharadze produziram um jornal manuscrito para obter apoio.[16] Outra greve por comida irrompeu em 1893, levando à expulsão de Akaki Chkhenkeli, Vladimir Ketskhoveli e Severian Djugheli. Todos se tornaram marxistas de renome. Mikha Tskhakaya e Isidore Ramishvili também entraram no movimento marxista ao deixar o seminário.[17]

 A Igreja ortodoxa russa tinha se transformado na melhor agência de recrutamento para as organizações revolucionárias. Todos os anos, as queixas dos seminaristas se repetiam: o currículo era limitado, a cultura georgiana era difamada, a disciplina era rígida e as refeições ruins na quaresma. O antagonismo dos sacerdotes a tudo que era secular, nacional e moderno era simplesmente contraproducente. O reitor Germogen e o inspetor Abashidze trabalhavam para Karl Marx.

Não houve greves enquanto Josef frequentou o seminário. Mas a resistência às regras era sistemática e ele logo se juntou aos rebeldes. As suas mentes ansiavam por alimento intelectual além do cardápio do currículo oficial. Pela cidade eles encontravam o que queriam. Os seminaristas temiam ser denunciados se tomavam emprestados livros na biblioteca pública. Então recorreram às redações dos periódicos *Iveria* e *Kvali* e à livraria de Zakaria Chichinadze. Lá podiam ler e conversar sobre assuntos proibidos pelos sacerdotes. *Iveria* era editada pelo poeta e comentarista Ilya Chavchavadze. Este clamava pela liberdade cultural georgiana e se inclinava por reformas sociais e econômicas moderadas. *Kvali*, de Giorgi Tsereteli, era mais radical. Saía aos domingos e atraía contribuições de socialistas agrários e marxistas (em janeiro de 1898, Tsereteli entregou a editoria a Noe Jordania sem impor condições políticas).[18] Zakaria Chichinadze era simpatizante do socialismo. Ele, Tsereteli e Chavchavadze tiveram muitos desentendimentos, apesar de concordarem com a necessidade de algumas reformas pelas quais os georgianos deveriam lutar. Para eles, a chave para o êxito estava na campanha para ganhar os corações e mentes de jovens como Josef.

Como editores, eles eram muito empreendedores. A censura imperial era um fenômeno desigual. Rígida e invasiva em S. Petersburgo, era mais branda na Geórgia e na Finlândia. O estrito controle sobre as ideias no seminário não se repetia extramuros. Embora as obras abertamente nacionalistas chamassem atenção, era possível publicar sobre temas econômicos, sociais e históricos. Além disso, antes da virada do século pensava-se que o principal perigo para os Romanov provinha dos intelectuais que clamavam pela luta armada, por autonomia regional e, inclusive, pela secessão do Império Russo. Chavchavadze não representava uma ameaça direta à monarquia nem à ordem social. Tampouco os marxistas pareciam ser uma ameaça, já que estavam preocupados com reivindicações sociais e econômicas; não exigiam a autonomia territorial da Geórgia, muito menos sua independência. O principal censor de Tbilisi, Giorgi Jiruli, admitiu candidamente que não conhecia o marxismo. Em um ambiente assim, era possível manter um debate público animado. Na Rússia, os marxistas tinham de se contentar com os jornais grossos publicados em S. Petersburgo e os jornais dos emigrados, que apareciam de vez em quando.[19] O debate pela alma da nação georgiana era intenso, com conservadores, liberais e socialistas disputando entre si.

Josef Djughashvili era mais confiante que a maioria dos seminaristas do primeiro ano. Tinha começado a escrever versos, e pouco depois de chegar a Tbilisi tentou publicá-los. Seus temas eram a natureza, a terra e o patriotismo. Ilya Chavchavadze apreciava seu talento. O primeiro poema impresso de Josef, "À lua", apareceu na revista *Iveria*, em junho de 1895. O diretor de *Kvali* também se entusiasmou com a sua obra, e em 1895-6 Josef — que escrevia com pseudônimos como "I. Dj-shvili" e "Soselo" para não ser descoberto pelo reitor e o inspetor — já tinha seis poemas publicados.[20]

O poema "Manhã" era uma peça tocante, escrita no estilo romântico convencional dos círculos literários georgianos de então:

> O botão rosado se abre,
> Logo passa para o azul violáceo
> E, movido pela brisa ligeira,
> O lírio do vale curva-se sobre a relva.
>
> A cotovia canta no escuro azul,
> Voa mais alto que as nuvens,
> E o rouxinol de som doce
> Do arbusto canta para as crianças.
>
> Flor, ó minha Geórgia!
> Que a paz reine na minha terra natal!
> E vocês, amigos, façam a fama
> Da nossa pátria com o vosso esforço![21]

Não se pode dizer que, traduzido, seja arte de qualidade; mas o original georgiano possui uma pureza linguística reconhecida por todos. Natureza e nação eram temas apreciados pelos leitores. O educador Yakob Gogebashvili, que mantinha contato com os revolucionários de Tbilisi,[22] valorizou tanto o poema que o incluiu nas reedições de seu livro didático *Língua materna* (*deda ena*).[23]

Os poemas de Josef tinham uma veia nacionalista, embora ele se reprimisse para não irritar o censor de Tbilisi. Suas imagens eram as de outros escritores de países europeus e asiáticos oprimidos da época: montanha, céu, águia, pátria, canções, sonhos e o viajante solitário. O mais perto que ele chegou de expor sua orientação política foi em uma peça sem título dedicada ao "poeta e cantor do trabalho camponês, o conde Raphael Eristavi". Em sua opinião, Eristavi se identificava com a luta dos trabalhadores pobres do campo georgiano:

> Não à toa o povo te glorificou,
> Tu cruzarás o limiar dos tempos —
> Ó que o meu país se erga.[24]

Nascido em 1824, Eristavi foi etnógrafo, folclorista e poeta. No Império Russo, o foco na necessidade de reformas econômicas e sociais fez dele um oponente inconfundível do status quo. Segundo um colega seminarista de Josef, o poema dedicado a Eristavi foi considerado carregado de conteúdo revolucionário.[25] Pode ser exagero. Porém, certamente Josef escrevera uma obra que pretendia questionar a ordem das coisas.

A lenda do jovem georgiano rejeitado foi criada pela imaginação de Stalin. Ele foi bem recebido pela elite cultural da Geórgia. Depois de deixar Gori, só regressou para passar férias. Tbilisi oferecia a promessa de realizar suas ambições. Os amigos, provenientes de ambientes ricos ou pobres, sentiam a mesma coisa. Estavam ansiosos para deixar uma marca no mundo, longe das cidades natais.

Mais tarde, Stalin inventou que ele e seus camaradas entraram na loja de Chichinadze e, sem dinheiro, copiaram sub-repticiamente em seus cadernos os textos proibidos. Supostamente teriam feito isso se revezando, para poupar as mãos. É difícil imaginar algo menos provável em uma empresa bem organizada. (Não que isso tenha impedido os biógrafos de tomar a história como verdadeira.) Chichinadze estava do lado dos que se opunham ao poder russo em Tbilisi. Quando os seminaristas iam lá, ele certamente os recebia bem; e, se houve cópias, tudo deve ter acontecido com sua permissão direta ou implícita.[26] Para o intelectual da elite metropolitana, a disseminação de ideias era mais importante que o lucro. Era uma luta que os liberais dificilmente venceriam. Sua loja era um tesouro, com o tipo de livros que os jovens cobiçavam. Josef Djughashvili gostava de *Noventa e três*, de Victor Hugo. Ele foi punido por contrabandeá-lo para o seminário; quando, em novembro de 1896, uma inspeção encontrou *Os trabalhadores do mar*, de Hugo, o reitor Germogen determinou uma "estadia prolongada" na solitária.[27]

Segundo o amigo Iremashvili, o grupo também se apossou de textos de Marx, Darwin, Plekhanov e Lenin.[28] Stalin contou isso em 1938, quando disse que cada um pagara 5 copeques para tomar emprestado o primeiro volume de *O capital* de Marx por duas semanas.[29] Por mais que gostassem de Ilya Chavchavadze e Giorgi Tsereteli, não eram seus seguidores intelectuais. Algumas obras de Marx e seus partidários foram publicadas legalmente no Império Russo. Outras circulavam secretamente de mão em mão. A Igreja ortodoxa havia perdido a peleja para assegurar a lealdade dos seminaristas mais curiosos na capital da Geórgia. A verdadeira luta ocorria entre as diversas tendências políticas e culturais fora do seminário. Chavchavadze, um reformista conservador, esperava uma renovação da cultura nacional; Tsereteli, liberal radical, queria uma reforma socioeconômica de base. Nos anos de 1890, porém, eles competiam com diversas correntes do socialismo. O marxismo estava em ascensão na Geórgia, e Josef Djughashvili já se sentia atraído por seus princípios.

Quando o curso no Seminário Teológico de Tiflis chegou ao fim, Josef já estava completamente afastado das autoridades. A partir do segundo ano ele deixara de estudar com afinco, dedicando-se a escrever e publicar.[30] Afastou-se também do mundo da literatura. Apesar do patrocínio de Ilya Chavchavadze e Giorgi Tsereteli, desistiu de ser poeta e descartou a possibilidade de juntar-se à elite cultural georgiana. Em vez disso, estudou intensamente socialismo, política e economia. Depois de cruzar como um meteorito a cena literária de Tbilisi, em 1895-6, ele simplesmente desapareceu. Parecia ter abandonado totalmente a poesia. Além de seus editores e amigos íntimos no seminário, poucos sabiam que alguma vez ele havia publicado algo. (Quando Yakob Gogebashvili republicou "Manhã", em

1912, o fez com o pseudônimo original.)³¹ Djughashvili buscou um tipo de vida diferente do que ofereciam o sacerdócio e os círculos literários de Tbilisi. Começava a emergir seu alter ego militante de voz forte, proveniente das profundezas da sociedade; pelo que se sabia, essa *persona* era o único Djughashvili existente.

Ele detestava o regime disciplinar do seminário. Em 28 de setembro de 1898 estava no centro de um grupo que foi flagrado lendo materiais proibidos. Ele chegara a tomar notas.³² Exasperado com as infrações, o inspetor Abashidze informou:

> Durante uma busca entre os pertences de certos pupilos da quinta série, Djughashvili, Josef (V. I.) dirigiu-se várias vezes aos inspetores, expressando seu descontentamento com as buscas periódicas entre os seminaristas. Certa vez ele afirmou que isso não acontecia em nenhum outro seminário. Em geral, o pupilo Djughashvili é rude e desrespeitoso com pessoas de autoridade, e nega-se sistematicamente a se curvar ante um professor (A. A. Murakhovski), como este relatou mais de uma vez aos inspetores. Repreendido e confinado à cela por cinco horas por ordens do Sacerdote Reitor.

O comportamento de Josef criava problemas e a reação do reitor agravou a tensão no jovem. Era questão de tempo para que ele descartasse a vocação ao sacerdócio.

Ele aguentou quase até o fim do curso. Havia razões pragmáticas para tal. Um pedaço de papel certificando o término dos estudos no seminário, mesmo que não entrasse para o sacerdócio, o teria qualificado (se tivesse o dinheiro necessário) para estudar em uma universidade do Império Russo. Mas Josef não contava com uma fonte privada de renda nem com o respaldo de nenhuma organização. Ele teria de sobreviver por conta própria. Consequentemente, seu desaparecimento do seminário, em maio de 1899, quando os exames finais estavam a ponto de começar, foi uma escolha existencial. Anos depois ele alegou que havia sido expulso por portar "propaganda marxista";³³ mas a verdade é que saiu por vontade própria. Ele era voluntarioso. Havia perdido a fé religiosa e começava a descobrir um modo diferente de interpretar o mundo pelo prisma do marxismo. Era também impulsivo. Josef Djughashvili disse basta: abandonou o ambiente clerical. Ele sempre quis que o mundo funcionasse segundo seus desejos. Se deixasse uma bagunça para trás, azar. Tinha tomado uma decisão.

Ele abominava as autoridades imperiais. Tinha orgulho nacional. Em Tbilisi, respondeu à efervescência intelectual da vida pública georgiana de final do século XIX. Já se considerava um homem de uma habilidade extraordinária. Já havia demonstrado sua ambição ao publicar seus poemas.

Os traços da personalidade posterior de Josef estavam começando a se delinear. Ele tratou de se aperfeiçoar estudando diariamente. Sua capacidade de trabalhar com afinco, quando pensava que isso seria útil, era imensa. A ordem imperial lhe dera uma educação ampla, apesar de marcada pela liturgia cristã e a lealdade ao tsar. Ele estava alfabetizado e dominava a matemática; possuía um estilo poético agradável. No seu tempo livre estava se familiarizando com ideias mais amplas sobre a sociedade e estudando textos marxistas. Leu também os romances clássicos russos e europeus. Obviamente era capaz de entrar para a universidade e possuía uma mente agudamente analítica. O problema era o que fazer com sua vida. Depois de abandonar o cristianismo, ele não tinha uma carreira adiante; sua família carecia dos recursos e do desejo de ajudá-lo a procurar uma profissão alternativa. Nos anos seguintes, ele viria a gastar muita energia tentando decidir a questão fundamental para os rebeldes no Império Russo: o que fazer? Outra questão que agitava sua mente era: com quem fazê-lo? Recém-saído do Seminário Teológico de Tiflis, o jovem Djughashvili ainda precisava encontrar as respostas.

5. MILITANTE MARXISTA

Ao deixar o seminário Josef Djughashvili teve de encontrar um emprego rapidamente. Gori não o atraía. Só Tbilisi oferecia oportunidades reais e, de qualquer modo, ele queria combinar o trabalho com a atividade revolucionária. Por um tempo sobreviveu dando aulas particulares;[1] mas em 28 de dezembro de 1899 os amigos lhe conseguiram um emprego no Observatório Físico, na rua Mikhailovski. Ele trabalhou lá por três meses. Foi seu único emprego fixo até a Revolução de Outubro. Josef comprou uma tradução russa de *Astronomia*, de sir Norman Lockyer, publicado originalmente em 1874, como referência.[2] Sua tarefa consistia em registrar a temperatura e o tempo quatro vezes por dia. A única exigência técnica era ler a fita magnética, que devia assinar diariamente antes de incorporá-la aos arquivos do observatório.[3]

Desde outubro, de vez em quando ele dormia no observatório, quando Vano Ketskhoveli — um amigo da escola de Gori — começou a trabalhar lá. No final do ano, M. Davitashvili, outro colega de Gori e ex-seminarista, se juntou a eles na mesma sala.[4] O aperto se aliviava porque Davitashvili frequentemente ia dormir em casa de parentes na cidade. Em janeiro de 1900, Josef e Vano receberam um apartamento de dois quartos no térreo, que dava para um agradável jardim nos fundos do prédio. Em pouco tempo hospedaram o ex-seminarista V. Berdzenishvili no apartamento.[5] Todos eram hostis à ordem imperial e queriam uma mudança revolucionária. O apartamento tornou-se um lugar de reunião de dissidentes. A rua Mikhailovski era a via mais movimentada na margem esquerda de Tbilisi, então os amigos iam e vinham sem despertar suspeitas. Dentre os que se mantinham em contato estava o irmão mais velho de Vano Ketskhoveli, Lado (que havia sido expulso do seminário em 1893).[6] Josef e Lado se conectaram, apesar da diferença de idade. Ambos eram voluntariosos e ambiciosos. Eram organizadores práticos em formação. Foi uma questão de tempo para que desejassem aprofundar as discussões no Observatório Físico.

Após repudiar o seminário e seu código de conduta, Josef queria parecer um revolucionário durão e nada sentimental. O pai havia trabalhado em uma fábrica. Ele também, por um breve período; não precisava de ninguém para lhe ensinar os costumes da classe trabalhadora no Império Russo. Ele se recusou a vestir o terno de três peças típico do teórico marxista:

> [Ele] usava uma camisa preta russa básica com uma gravata vermelha, típica dos social-democratas. No inverno, vestia um sobretudo longo marrom. Na cabeça, portava apenas um gorro russo [...] Só andava com a camisa amassada e os sapatos sem engraxar. De um modo geral, ele queria mostrar que não tinha uma mentalidade burguesa.[7]

Seu desalinho assinalava a rejeição deliberada dos valores "pequeno-burgueses". Por outro lado, havia uma complicação. O corte de sua camisa era russo, mas o fato de ser preta o marcava como georgiano. A ambiguidade nacional refletia a vontade de viver segundo as próprias regras. Ele queria parecer "proletário" e, ao mesmo tempo, ser considerado um "intelectual". Para os trabalhadores, ele era um professor e organizador; para os camaradas acadêmicos era um organizador e aluno em potencial.

Os grupos de marxistas em Tbilisi se viravam para conseguir os textos políticos de que precisavam. As obras de Marx, Engels, Lassalle e Dickstein, além das de Georgi Plekhanov e Alexander Bogdanov, eram estudadas atentamente na década de 1890.[8] Eles também analisavam obras de revolucionários russos de gerações anteriores sobre a Comuna de Paris de 1871 e a Revolução Francesa.[9] Dentre os grupos marxistas havia um liderado por Lev Rozenfeld e Suren Spandaryan. Mais tarde, Rozenfeld ficou conhecido pelo pseudônimo Kamenev. Ele e Spandaryan se tornariam camaradas de Djughashvili. Kamenev tinha sido pupilo do primeiro ginásio clássico. O pai era um engenheiro e empreendedor proeminente que ajudou a construir o oleoduto de Baku a Batumi. Confiante, ele dava palestras sobre a teoria marxista. Djughashvili assistiu a uma delas por sugestão do amigo de Davrishevi, e ficou impressionado.[10] Foi uma ironia histórica: Kamenev, que contribuiu para atraí-lo para o marxismo, seria morto pela polícia política de Stalin (naquele tempo conhecida como NKVD) em 1936. De qualquer modo, os ex-estudantes do seminário e do ginásio clássico percebiam que havia um mundo a ser explorado. Os trabalhadores estavam no cerne das análises, mas ainda não eram o fulcro da atividade marxista.

Embora devesse permanecer no observatório por longas horas todos os dias, as tarefas de Josef não eram difíceis; ele podia ler o que quisesse enquanto cumpria a jornada de trabalho; foi uma boa mudança após o seminário. Empregava o ócio produtivamente. Dentre os livros recém-publicados que adquiriu estava *Curso breve de ciência econômica*, de Alexander Bogdanov. Nem todos os livros na sua biblioteca em expansão eram marxistas. Havia também *Filosofia geral da alma*, de Alexander Herzen, aristocrata russo exilado de meados do século XIX. E também literatura georgiana, russa e europeia. Mas o marxismo estava no centro de seus planos para o futuro. Ele sempre fazia as coisas com um propósito definido. Nesse caso, o propósito estava claro. Josef planejava reviver a carreira de escritor com contribuições às discussões marxistas na Geórgia.

Dentre suas possibilidades na virada do século, a melhor era o hebdomadário *Kvali*, deixado nas mãos de um atônito Noe Jordania em 1898 (e publicara alguns poemas de Djughashvili antes de este abandonar as ambições literárias). *Kvali* exercia impacto na intelligentsia georgiana com análises críticas das condições sociais e econômicas. O escritório caucasiano da censura imperial o via com bons olhos, e Jordania repreendia diretamente o censor chefe quando este objetava alguma questão na publicação.[11] No entanto, foi Josef Iremashvili quem, assim como Djughashvili, havia abandonado a formação sacerdotal, o primeiro a propor um artigo. Josef felicitou-o por sua análise da questão agrária.[12] Iremashvili, por sua vez, observou que Djughashvili estudava com afinco. Na mesa do apartamento do Observatório Físico havia uma pilha de obras de Plekhanov e Lenin (cujo nome verdadeiro era Vladimir Ilich Ulyanov), que Djughashvili já admirava.[13] Mas ele ainda não tinha muito a dizer. Tornara-se cauteloso.

Jogou-se na atividade de propaganda entre os trabalhadores de Tbilisi. Era uma norma entre os intelectuais marxistas. Enquanto se educavam com as obras de Marx e Engels, eles divulgavam as ideias marxistas entre ferroviários, sapateiros e operários têxteis. Djughashvili foi indicado para liderar dois círculos operários.[14]

O progresso de Josef foi interrompido na noite de 21 de março de 1901. A polícia invadiu diversas casas habitadas por marxistas, e o observatório estava na lista. Josef vinha sendo vigiado praticamente desde que começara a trabalhar lá.[15] Na cidade, vários amigos seus foram presos, mas ele não. Não foi a única vez em que teve sorte (o que mais tarde levou à suspeita de que seria um agente da polícia política imperial, a Okhrana).[16] Porém, obviamente, não podia regressar ao observatório sem se arriscar a ser detido. Ele optou por viver em fuga. Estava decidido. Vivia para a revolução e sabia que, com frequência, haveria situações desconfortáveis. Mais adiante, a prisão e o exílio seriam inevitáveis. Nas semanas seguintes, ele pernoitou nas casas de diversos correligionários.

Os marxistas georgianos levavam a sério o desenvolvimento de sua nação. Porém, a Geórgia representava problemas. Primeiramente, a maioria dos georgianos não se considerava como tal. Eles se enxergavam como parte de outro dos grandes grupos étnicos da Geórgia, e alguns, especialmente os mingrélios, falavam uma língua própria. Já os marxistas georgianos acreditavam que estimular a consciência nacional promoveria o desenvolvimento político e, consequentemente, a disseminação das ideias marxistas. A outra dificuldade era geopolítica. Os marxistas pensavam que a independência da Geórgia poria o país à mercê do Império Otomano. De qualquer modo, o marxismo os ensinara a ver a salvação não na secessão da Rússia, mas no avanço das classes trabalhadoras em todos os países. Eles queriam que o marxismo fosse a força unificadora de todo o Cáucaso, independentemente das origens nacionais. Georgianos, armênios e azerbaijanos seriam estimulados a lutar juntos contra a monarquia Romanov e sua ordem política e social. Os marxistas do Cáucaso também deviam aderir ao Partido Operário Social-Democrata Russo, fundado em 1898, que cobria todo o Império Russo.

Em meados da década de 1880, a influência do marxismo estava crescendo entre os intelectuais e operários dissidentes. Eles se inspiravam nas ideias do emigrado político Georgi Plekhanov, segundo o qual o capitalismo estava se desenvolvendo rapidamente no império e a classe operária era o grupo social mais apto para dar cabo da monarquia Romanov e iniciar as mudanças que levariam à conquista do socialismo. Outros socialistas seguiam uma tendência russa anterior, aquela que Plekhanov havia abandonado. Eram revolucionários que miravam principalmente no campesinato para derrubar a ordem opressiva do Estado e da sociedade. Esses revolucionários, guiados por Viktor Chernov, fundaram o Partido dos Socialistas Revolucionários em 1901. Chernov compartilhava ideias com os marxistas, mas acreditava que a estrutura social do Império Russo ainda não havia mudado tanto como afirmava Plekhanov; ele também considerava os trabalhadores industriais pouco distintos, social e culturalmente, dos camponeses. Também havia grupos políticos liberais ativos no Império Russo. Eles inicialmente foram liderados por Pëtr Struve, que começara sua vida pública como marxista. Em 1905, fundaram o Partido Constitucional Democrático. Conhecidos como cadetes, defendiam a democracia liberal e o capitalismo para solucionar os problemas do país.

Os marxistas, porém, dominavam o debate político na Geórgia. Triunfaram sobre os liberais e os conservadores que já existiam. Os Socialistas Revolucionários não tiveram seguidores ao sul do Cáucaso. Os principais rivais do marxismo eram os Social-Federalistas, socialistas georgianos com uma forte orientação nacionalista que exigia a transformação do Império Russo em um Estado federal com a Geórgia como membro constituinte. Contudo, eles não conseguiram atrair a maioria dos dissidentes. Noe Jordania era a voz dominante entre os marxistas georgianos. Tinha personalidade marcante, força moral e estilo para escrever.[17] Na Geórgia, o marxismo era, principalmente, fruto de suas ideias e atividades. Ele entendia que a independência dos georgianos os exporia à invasão do Império Otomano. Não era invulnerável aos desafios à sua autoridade. Pilipe Makharadze, Mikha Tskhakaya e outros marxistas o consideravam condescendente demais com os liberais georgianos. Porém, Jordania encarava os marxistas georgianos como líderes de um movimento nacional contra o sistema político e econômico do tsarismo. Para combatê-lo, cooperava com todas as tendências anti-Romanov na Geórgia. Isso foi o que induziu o liberal Giorgi Tsereteli a entregar-lhe a propriedade do *Kvali*.

Lado Ketskhoveli, amigo de Djughashvili, concordava com os críticos de Jordania e estava ansioso por contrapor-se a essa tendência mediante a ação prática. Propôs a criação de um jornal clandestino. Embora o *Kvali* fosse útil, não propagava uma mensagem plenamente revolucionária por temer a censura imperial.[18] Ele e Djughashvili defendiam formas mais rígidas de organização "clandestina" que aquelas aprovadas por Jordania. Enquanto este esperava ampliar a oportunidade para que operários comuns se juntassem aos marxistas e contribuíssem ativamente para a vida do partido, para os seus jovens críticos era arriscado demais deixar a autoridade escapar das mãos de organizadores experientes como eles próprios. Essa disputa afetou todo o Partido Operário Social-Democrata Russo na virada do século. O início da discordância que ocorreu em 1903 entre bolcheviques e mencheviques já era detectável. Havia o acordo de que as técnicas da atividade clandestina do partido seriam respeitadas. Além desse ponto, havia sintomas de uma cisão que viria a se tornar uma ferida aberta no marxismo georgiano.

Lado Ketskhoveli descartou o controle de Jordania e criou um jornal marxista ilegal, *Brdzola* ("Luta") em Baku, na costa do mar Cáspio. Jordania havia impedido esse tipo de aventura na Geórgia por temer pôr em risco a publicação de *Kvali*. Para Ketskhoveli, esse temor era mais uma indicação de que a liderança marxista em Tbilisi fazia concessões demais. Entre a população de Baku havia russos, armênios e georgianos, além da maioria azerbaijana. Ele logo achou uma gráfica na cidade,[19] forjou documentos atestando que vinha da parte do governador de Yelizavetgrad e conseguiu que os donos imprimissem o jornal.[20] Astuto e determinado, Ketskhoveli criou o tipo de jornal em georgiano que queria. Exemplares foram enviados a grupos marxistas em todo o Cáucaso. Anos depois, Djughashvili mentiu dizendo que fora cofundador do *Brdzola*. Na verdade, tudo tinha sido obra exclusiva de Ketskhoveli. Djughashvili também exagerou o grau de antagonismo entre eles e Jordania. Certamente houve tensões, e elas aumentavam; mas a cooperação prosseguiu, e mais adiante Ketskhoveli pediu a Jordania que escrevesse o editorial de um dos números de *Brdzola*.[21]

Enquanto isso, Djughashvili só criava problemas na capital da Geórgia. O comitê de Tbilisi do Partido Operário Social-Democrata Russo estava inundado de disputas políticas e pessoais. (Os marxistas georgianos, que não queriam a secessão do Império Russo, referiam-se à sua capital pelo nome russo Tiflis.) Mas Djughashvili piorava as coisas. Sem referir-se a ele, algumas memórias identificam um "camarada jovem, confuso, da intelligentsia, 'enérgico' em todos os assuntos". Segundo esse relato, o indivíduo, "invocando considerações conspiratórias, além do despreparo e da falta de consciência [política] dos trabalhadores, negou-se a admitir operários no comitê".[22] Para os marxistas de Tbilisi aquela foi uma opinião desagradável emitida de modo desagradável — e o contexto praticamente aponta que Djughashvili era o camarada em questão. Outro contemporâneo, Grigol Uratadze, escreveu mais claramente que ele havia sido processado pelos camaradas e considerado culpado de "calúnia".[23]

Em novembro de 1901, depois de ser afastado do trabalho de propaganda pelo Comitê Municipal, Djughashvili partiu para Batumi, na costa do mar Negro, para tentar disseminar as suas ideias em um meio mais receptivo. No entanto, muitos marxistas em Batumi o rejeitaram. Ele seguiu com suas diatribes sobre os pecados por comissão e omissão do Comitê de Tiflis. Aquilo era sério. Os camaradas em Batumi não suportaram "seus caprichos pessoais e a tendência ao comportamento despótico".[24] Aqui chama atenção que as objeções tenham menos relação com a política e mais com a atitude dele. A grosseria com os conhecidos era sua marca desde a infância. A ambição era outra forte característica. Contudo, ele queria chegar à eminência revolucionária segundo seus próprios termos; quando alguém o contrariava, dizia que a pessoa estava errada e era estúpida. Ele era um jovem inteligente que acreditava ter respostas para as dificuldades enfrentadas pelos propagandistas marxistas no sul do Cáucaso. Com sua ênfase na necessidade da atividade clandestina, na propaganda ilegal e no controle dos trabalhadores, Djughashvili era um bolchevique em formação.

Ele não foi inútil em Batsumi. Trabalhou com colegas marxistas e operários do oleoduto e do porto para fomentar uma revolta contra os patrões. Fez contato com prováveis recrutas para o partido. As empresas Rothschild e Mantashëv eram seus pontos favoritos. Ao mesmo tempo, ele manteve contato com Ketskhoveli, a centenas de quilômetros ao leste, em Baku. Eclodiram greves em Batumi em que Djughashvili e seu grupo estavam envolvidos. Ele estava agindo levado pela sua ideologia e suas políticas. Também se envolveu na organização de um protesto operário em 8 de março de 1902. Os trabalhadores exigiam a libertação de seus líderes, detidos dias antes. A manifestação teve consequências fatais. As autoridades locais entraram em pânico ao topar com a marcha de 6 mil operários, e a polícia abriu fogo contra eles. Quinze manifestantes foram mortos. Seguiu-se uma ampla investigação da Okhrana. Houve centenas de detenções. Espiões da polícia se infiltraram na organização marxista de Batumi, e era questão de tempo para que soubessem do paradeiro de Djughashvili. Ele foi detido no dia 5 de abril e levado à prisão de Batumi.

Hashim Smyrba lamentou a partida de Djughashvili, que passara um tempo clandestinamente com Hashim, um camponês que provavelmente era abecásio, se afeiçoou a ele e lamentou que não fosse muçulmano: "Porque, se adotasse a fé muçulmana, eu encontraria várias esposas bonitas para você."[25] Essa cena foi repetida diversas vezes para mostrar que Djughashvili sempre estivera em contato com o povo. Mas Smyrba era um camponês idoso, alheio ao movimento revolucionário. Certamente era significativo que poucos operários testemunhassem a favor de Djughashvili décadas após sua estada em Batumi. Ele se fechava em copas. Era autossuficiente, e não queria depender de outrem se não fosse preciso. Naquela época já era um solitário.

De qualquer modo, Djughashvili não dependia mais da boa vontade dos camaradas de Batumi ou Tbilisi. Seguia em contato com o amigo Ketskhoveli em Baku. Seu artigo sobre "O Partido Operário Social-Democrata Russo e suas tarefas imediatas", que cobria muitas questões políticas e organizacionais do momento, foi a peça principal no segundo número do *Brdzola*.[26] Ketskhoveli não se importou. Embora continuasse como editor-chefe, sabia que era melhor organizador do que escritor ou editor. Eles formavam uma dupla dinâmica. O *Brdzola* tornou-se um sucesso editorial no movimento marxista clandestino no sul do Cáucaso. Segundo o próprio Stalin, ele foi atraído para a vida de escritor e considerou seriamente abandonar a atividade política clandestina e entrar para a universidade — e não só como estudante, mas como professor.[27] (Sem explicar quem o financiaria para tal.) Outro aspecto de sua carreira literária inicial seguiu vivo na sua velhice. Tratava-se do conteúdo "pacífico" de vários dos seus escritos. Até no *Brdzola*, que não passava pelo escritório do censor, ele evitou o chamado direto à revolução.

Ketskhoveli o enxovalhava por ser moderado demais; mas ele viria a alegar que seu tom moderado se justificara até o assassinato de operários em Batumi, em março de 1902. Depois disso, tudo mudou: "O tom se alterou." Djughashvili nunca mais se conteve ao disputar com oponentes do marxismo na Geórgia, nem no Império Russo como um todo.[28] Os dois estavam descobrindo por si mesmos que suas inclinações fundamentais não eram exclusivamente suas nem da Geórgia. Em dezembro de 1900, por iniciativa de Lenin, alguns emigrados marxistas russos fundaram o jornal *Iskra* ("A Chispa") em Munique. Para os partidários do jornal, a atividade política clandestina era a chave para um futuro golpe. Um dos contatos do *Iskra* no sul do Cáucaso era Lev Galperin, que trabalhava no *Brdzola*. Em 1901-2 começaram a chegar a Batumi materiais provenientes da Alemanha.[29] O *Iskra* fazia campanha pelo controle do Partido Operário Social-Democrata Russo. Suas ideias eram mais desenvolvidas que as de Ketskhoveli. Lenin e seus camaradas não queriam compromissos com a pequena-burguesia. Instavam pela formação de grupos militantes fortemente organizados. Defendiam a centralização, a disciplina e a ortodoxia doutrinária. Contudo, o *Brdzola* foi destruído pela Okhrana antes mesmo da prisão de Djughashvili: em 14 de março de 1902, todo o grupo editorial e de apoio, à exceção de Abel Enukidze e Bogdan Knunyants, foi detido e levado a Baku.[30]

Enquanto o grupo do *Brdzola* mofava nos cárceres de Batumi e Baku, Noe Jordania continuava elaborando a estratégia e a tática do marxismo georgiano. Ele e Lenin pensavam que os pais fundadores do marxismo no Império Russo — Georgi Plekhanov, Pavel Axelrod e Vera Zasulich — não tinham percebido as vantagens de conclamar o campesinato. Lenin atraiu a simpatia dos camponeses ao se oferecer para restaurar as faixas de terra perdidas para os latifundiários aristocratas mediante o Decreto de Emancipação de 1861. Muitos marxistas russos acharam a proposta indulgente demais com o campesinato; preferiam a ênfase ortodoxa na campanha com a classe operária. Contudo, Jordania criticava a pouca audácia de Lenin. Ele defendia que todas as terras agrícolas passassem para as mãos dos camponeses. Os Estados dinásticos, eclesiásticos e nobiliárquicos deveriam ser expropriados. A maioria dos operários georgianos tinha ligações com o campo. Aquela era uma sociedade predominantemente agrária. Além disso, Jordania instava os marxistas georgianos a procurar os camponeses e recrutá-los para as fileiras do marxismo organizado.[31] Os camaradas responderam rapidamente ao seu chamado. A campanha vingou. Em nenhum outro lugar do Império Russo os camponeses estavam tão dispostos a ouvir os marxistas. Estes podiam se vangloriar de ser hegemônicos na oposição política georgiana à monarquia Romanov.

Djughashvili não aprovava a estratégia de Jordania. Ele estava de acordo em prometer entregar aos camponeses todas as terras agricultáveis, e também achava a proposta de Lenin tímida demais. Porém, não gostava da ideia de gastar tanta organização e propaganda com camponeses. Ele insistia na necessidade de atuar junto aos "operários". Também pensava que os marxistas precisavam divulgar e explicar as vicissitudes do movimento operário fora do Império Russo, principalmente na Europa central e ocidental.[32]

Contudo, Djughashvili sempre foi extraordinariamente reticente quanto a outro aspecto de discórdia com Jordania. Ele ainda estava longe de abandonar o patriotismo georgiano. Queria formar um partido marxista próprio na Geórgia. Enquanto Jordania buscava uma organização regional que abarcasse todo o Cáucaso, cruzando as fronteiras étnicas e nacionais, Djughashvili exigia a demarcação territorial georgiana no partido.[33] A diferença entre eles era grande; ainda maior eram as que havia entre Djughashvili e outros camaradas que se tornariam bolcheviques, como Mikha Tskhakaya. Este concordava que livros, panfletos e jornais deviam ser escritos na língua georgiana — caso contrário, os trabalhadores nacionais não conheceriam o marxismo —, porém, como outros marxistas radicais, pensava que a preocupação de Jordania com o desenvolvimento nacional e cultural da Geórgia exalava um odor nacionalista. A ideia de Djughashvili de uma organização territorialmente demarcada ao sul do Cáucaso tampouco agradava aos radicais que abraçaram o marxismo, pois abria caminho para a modernidade longe da luta nacionalista.

Essa ideia ecoou mais amplamente no Partido Operário Social-Democrata Russo. O judaico *Bund* — uma organização marxista baseada nas fronteiras ocidentais no Império Russo e dedicada exclusivamente ao trabalho entre judeus — era criticado pelo grupo do *Iskra* por exigir autonomia territorial dentro do partido, apesar de outros grupos étnicos viverem na mesma região. (Os marxistas no sul do Cáucaso evitavam fazer exigências em nome de um só grupo étnico ou nacional.) A exigência foi discutida no II Congresso do Partido, em agosto de 1903. Quando os representantes do *Iskra* se opuseram a quaisquer princípios nacionais e territoriais de organização, os da Associação Judaica se retiraram. Voluntarioso e independente, Djughashvili se arriscava a ser visto como um marxista que não aceitava o compromisso do Partido Operário Social-Democrata Russo com o internacionalismo.

Porém, ele estava decidido e começava a se afirmar. Tendo deixado Tbilisi involuntariamente, ele não granjeara a reputação de um camarada simpático; isso, contudo, não o impediu de se impor. Em Batumi, conheceu um grupo de operários maduros para ser influenciados pelo seu chamado à atividade revolucionária; e ajudou a organizar greves e manifestações contra a monarquia. De Batumi ele mantinha contato com Baku, e desenvolveu habilidades na propaganda marxista. A detenção na prisão de Batumi cortou sua carreira literária, mas continuou a discutir as suas controversas inclinações estratégicas e a escrever artigos sobre elas.[34] Ele passou um ano preso em Batumi antes de ser transferido para Kutaisi. Mais tarde, enviado de volta a Batumi, por fim, no outono de 1903, ele foi parar no sul da Sibéria. O destino era Novaya Uda, na província de Irkutsk, onde chegou em 27 de novembro. Djughashvili escapou no início de 1904 e foi para Tbilisi. (Fez duas tentativas. Na primeira, tolamente, não fugiu com roupas quentes o suficiente para o inverno siberiano e foi recapturado com as orelhas e o rosto enregelados.)[35] A segunda tentativa deu certo. De Tbilisi ele viajou por todo o sul do Cáucaso.

Grigori Uratadze, companheiro de prisão em Kutaisi, deixou um testemunho valioso daqueles anos. Ele escreveu suas memórias muito depois de Djughashvili se tornar Stalin e ditador da URSS; ambos haviam sido oponentes políticos por um longo tempo. Ainda assim, suas memórias têm certa credibilidade, já que ele não afirma que Djughashvili já parecia um ditador em potencial. Ele começa dizendo: "Como indivíduo, Stalin não possuía características peculiares." Mas em seguida ele se contradiz:

> Era uma pessoa muito seca; pode-se dizer ressecado. Por exemplo, quando saíamos para nos exercitar e os nossos grupos se juntavam em algum canto do pátio da prisão, Stalin permanecia só, andando de lá para cá com passos curtos, e, se alguém tentasse falar com ele, abria a boca e dava aquele seu sorriso frio, e talvez dissesse um par de palavras. Essa antissociabilidade chamava atenção de todos.[36]

Tratava-se de um comportamento extraordinário para um prisioneiro com oportunidades limitadas de falar com outrem. Ele havia chegado à prisão de Kutaisi como o único "intelectual" do grupo de prisioneiros transferidos de Batumi.[37] No entanto, não ajudou a levantar o moral do grupo nem buscou contato com intelectuais de seu próprio partido.[38]

Os detentos recordaram-se nostalgicamente da prisão de Kutaisi como uma "universidade".[39] Os prisioneiros marxistas liam e discutiam ideias. Djughashvili, contudo, mantinha-se isolado. Sua estranheza impressionou Uratadze:

> Ele era desleixado, e o rosto marcado pela varíola não lhe dava uma aparência muito asseada [...] Na prisão, usava barba, e o cabelo longo penteado para trás. Tinha um jeito arrastado de andar, com passos curtos. Nunca abria a boca para rir, no máximo para sorrir. O tamanho do sorriso dependia do volume da emoção que um acontecimento específico provocasse nele; mas o sorriso nunca se convertia em um riso aberto. Ele era totalmente imperturbável. Convivemos na prisão de Kutaisi por mais de meio ano e, nem uma vez o vi se agitar, perder o controle, irritar-se, gritar, xingar ou — em resumo — se revelar de outro modo que não fosse de uma calma absoluta. E sua voz correspondia exatamente ao "caráter glacial" que os que o conheciam bem lhe atribuíam.[40]

Se esse fosse o único testemunho a seu respeito, poderia ser facilmente descartado. Mas encaixa perfeitamente com tudo que foi dito sobre sua personalidade antes e depois desse período de confinamento.

Ao escapar, por fim, de Novaya Uda, Djughashvili voltou ao convívio dos camaradas bolcheviques disposto a impor sua visão.[41] Na sua ausência tinham ocorrido mudanças fundamentais no Partido Operário Social-Democrata Russo e Lenin saiu vencedor por um tempo. No II Congresso do Partido, que ocorreu em Bruxelas e Londres, entre julho e agosto de 1903, o grupo do *Iskra* de Lenin derrotou as outras tendências. Porém, no momento do triunfo, os do *Iskra* racharam. Os que apoiavam Lenin defenderam um conjunto de condições particularmente rígidas para a admissão no partido. Yuli Martov, até então associado a Lenin e que o ajudara a expulsar o *Bund*, ficou em minoria. Martov concordava com a necessidade da clandestinidade, com o centralismo, a disciplina e a unidade ideológica. Porém, assim como Jordania na Geórgia, não estava de acordo com políticas que restringissem o número de membros do partido. Em sua opinião, Lenin iniciara uma campanha organizativa autoritária e contraproducente. Ambos, com os seus respectivos partidários, votaram um contra o outro. Lenin venceu e denominou seus seguidores majoritários (*bol'sheviki* ou bolcheviques), e Martov, em um surto de abnegação, permitiu que seus homens e mulheres passassem a ser conhecidos como minoritários (*men'sheviki* ou mencheviques).

Levou um tempo para os detalhes do desenlace do II Congresso do Partido chegarem à Geórgia. O cisma dos exilados entre bolcheviques e mencheviques não se reproduziu em Tbilisi nem na maior parte das cidades russas. No entanto, surgiram duas tendências gerais em todo o Império Russo, e a Geórgia não foi exceção. Mikha Tskhakaya foi um dos primeiros a se declarar bolchevique. Djughashvili também se alinhou com Lenin. Porém, depois de fugir de Novaya Uda ele não foi bem recebido em Tbilisi. O motivo era a sua insistência em um partido georgiano autônomo. Foi preparada uma admoestação vigorosa, e ele quase foi expulso da facção bolchevique antes mesmo de sua criação. Deram-lhe uma opção: para continuar com os bolcheviques ele teria de declarar por escrito suas crenças, cuja ortodoxia seria examinada pelos camaradas da liderança.[42] Foi uma experiência humilhante para um homem orgulhoso como Djughashvili, mas ele era realista. Precisava provar que era um bolchevique disciplinado e ortodoxo. Para voltar ao partido, tinha de se retratar e fazer o que mais tarde, quando governou a URSS, ficou conhecido como autocrítica. Setenta cópias de seu "Credo" foram produzidas e enviadas a marxistas radicais na Geórgia. O "Credo" repudiava definitivamente a campanha dos marxistas georgianos por um partido autônomo próprio, e a retratação foi um êxito: ele sobreviveu à censura esperada.

Na década de 1920, ele enviaria emissários ao Cáucaso para buscar as cópias do "Credo" que havia escrito em 1904.[43] É quase certo que tenha destruído todas elas. (No prefácio do primeiro volume de suas obras completas, datado de 1946, os editores afirmam que todas as cópias haviam desaparecido.)[44] No entanto, as memórias inéditas de Sergei Kavtaradze, um bolchevique de Tbilisi que se associou a Stalin após a Revolução de Outubro, indicam claramente o conteúdo do "Credo" de Djughashvili.[45] Após se retratar, uma nuvem de suspeita ainda pairava sobre sua cabeça. Nem a promessa de não repetir os erros anteriores conseguiu calar as críticas. Ele era chamado de "bundista georgiano"[46] (algo peculiar para quem, mais tarde, seria chamado de antissemita por muitas pessoas). Tskhakaya procurou os marxistas radicais e advogou em seu favor.[47] Djughashvili sobreviveu e prosperou na facção bolchevique. Era enérgico, determinado e ambicioso. E extravagante: não aceitava ideias de que ouvia falar por outros; só mudava de política sob extrema pressão. Era genioso e conspirador. Alimentava o forte sentimento de que as sensibilidades nacionais georgianas e de outros povos deviam ser respeitadas. Ele havia começado à sombra de Lado Ketskhoveli, mas agora já se distinguia por suas próprias opiniões e atividades. Nenhum marxista georgiano duvidava de seu talento.

Os acontecimentos no Império Russo estavam a ponto de pôr à prova sua coragem revolucionária. Desde a virada do século, os camponeses vinham sendo prejudicados por condições comerciais adversas; eles ainda se ressentiam da quantidade de terras concentradas nas mãos da nobreza. Os operários exigiam melhores salários. A intelligentsia estava frustrada com a recusa do imperador e de seu governo de reformar o sistema político. Várias nacionalidades não russas — especialmente poloneses, finlandeses e georgianos — queixavam-se do tratamento que recebiam de S. Petersburgo.

A agitação rural aumentava. As greves industriais cresceram em número e intensidade. Formavam-se partidos políticos e sindicatos clandestinos. Nessa situação, em 1904 Nicolau II decidiu entrar em guerra contra o Japão. Ele calculou que uma guerra curta e vitoriosa reviveria o prestígio da monarquia Romanov. Foi um erro crasso. As forças armadas russas logo viram que não conseguiriam derrotar os japoneses, os quais pouco antes haviam fortalecido sua capacidade militar e industrial.

6. O PARTIDO E O CÁUCASO

No início de 1905, a monarquia imperial enfrentou uma situação emergencial. Em 9 de janeiro, ocorreu uma manifestação política em S. Petersburgo. O objetivo era apresentar uma petição de direitos civis ao imperador. O resultado foi um massacre: as forças de segurança receberam ordens de atirar nos manifestantes. Foi grande o número de vítimas. Nicolau II não podia ser culpado pelo massacre, mas foi considerado responsável em todo o país. A polícia e o Exército assistiram impotentes às manifestações de protesto. Houve várias greves. A Polônia e a Geórgia eram pontos importantes de tensão. Os camponeses se mobilizaram para enfrentar a nobreza latifundiária. O monarca e seus ministros, já desacreditados pelas derrotas na guerra não resolvida com o Japão, subitamente pareciam vulneráveis. Os operários elegeram seus próprios conselhos (ou "sovietes"). As forças armadas da Ferrovia Transiberiana ameaçaram se amotinar. Os esforços da Okhrana foram inúteis: os partidos políticos agiam com destemor crescente ante as detenções e, embora seu contato com o povo tivesse sido frágil até ali, em pouco tempo granjearam a confiança popular. Foi uma prova de força inédita para o regime dos Romanov desde a revolta de Pugachëv, em 1773-5.

Para o Partido Operário Social-Democrata Russo, a surpresa foi tão grande quanto para os outros grupos. Na Suíça, Lenin estava atônito; o mesmo se passava com seus partidários em S. Petersburgo e no resto do Império Russo. No entanto, os emigrados relutaram em regressar, até Nicolau II emitir o Manifesto de Outubro, em que prometeu reformas. Enquanto isso, os militantes revolucionários se viraram por conta própria. Os bolcheviques organizaram o III Congresso do Partido em Londres, em abril de 1905, quando estabeleceram uma estratégia geral. Preconizaram a revolta armada e a formação de uma ditadura revolucionária provisória. Aspiravam à expropriação total das terras nas mãos da monarquia, da Igreja e da nobreza.

Djughashvili não esteve entre os participantes georgianos: as dúvidas dos bolcheviques a seu respeito ainda não tinham se dissipado. Mikha Tskhakaya, um amigo e camarada mais velho, liderou o grupo do país, e criticou o culto a Lenin que aumentava na facção bolchevique. Havia um aspecto prático nisso. Muitos delegados do congresso objetavam a relutância de Lenin em transferir a base do Comitê Central para a Rússia e pensavam que os emigrados viviam com um conforto excessivo; eles obtiveram a promessa de transferência. De volta à Geórgia, Djughashvili foi um dos que argumentaram que, para que a revolução tivesse êxito, os esforços deviam se concentrar no Império Russo. Ele vinha se firmando desde antes das irrupções revolucionárias. Antes de se estabelecer em Tbilisi, ele viajou a Baku e Kutaisi. Publicou artigos no recém-criado *Brdzola Proletária* ("Luta proletária"), inclusive um sobre a questão nacional segundo as linhas bolcheviques oficiais. Escreveu aos bolcheviques emigrados. Quando houve greves e manifestação após o Domingo Sangrento de 9 de janeiro de 1905, dedicou-se ativamente a escrever e organizar, e liderava o Comitê Bolchevique de Tíflis, cuja política de revolta armada o separava definitivamente dos mencheviques da cidade. Às vezes, isso o punha em disputas abertas sobre os méritos respectivos do bolchevismo e do menchevismo; em outras ocasiões, ele brandia argumentos marxistas gerais contra os rivais locais do partido: anarquistas, social-federalistas e socialistas revolucionários. Aonde quer que fosse na capital georgiana, ele estava envolvido.

Para muitos camaradas, porém, ele continuava disposto demais a fazer compromissos quanto à "questão nacional". Quando se recusou a ajudá-los na disputa com o Comitê Sindical Caucasiano, de acordo com a política bolchevique local, Sergei Kavtaradze acusou-o de "traição". Contudo, Djughashvili não deixou de se manifestar. Para ele, Kavtaradze e outros não conseguiam distinguir entre as questões de importância primária e secundária. "Não pretendo discutir isso com o Comitê Sindical [...] Faça como achar melhor." Então acendeu um cigarro barato e encarou Kavtaradze sem pestanejar; ele queria que seus críticos soubessem que não aceitaria mais pressões. Kavtaradze entendeu a atitude dele e nunca a esqueceu.[1] Djughashvili só se metia em disputas quando havia alguma chance de vencê-las. A retidão ideológica era muito boa. Mas os resultados práticos também eram importantes, e as pelejas desnecessárias deviam ser evitadas. Sua dificuldade estava na incapacidade de reunir um grupo de seguidores. Aos seus olhos, os bolcheviques georgianos eram rígidos demais em seu leninismo, ao passo que os mencheviques propunham políticas equivocadas.

Quando chegou ao sul do Cáucaso, a revolução pegou as autoridades de surpresa, como em outras partes. I. I. Vorontsov-Dashkov foi enviado como vice-rei e se deparou com uma situação ingrata. As greves e manifestações afetavam quase todas as cidades e zonas industriais. A resistência às forças imperiais tinha se disseminado. O ímpeto revolucionário mais forte provinha de Noe Jordania e os mencheviques georgianos, que se apresentavam como marxistas e defensores nacionais contra o poder russo. As aldeias da Guria, no oeste da Geórgia, responderam vivamente ao apelo menchevique. Mas em todo o Cáucaso houve revoltas nacionais e étnicas. De ambos os lados da cadeia de montanhas, os líderes até então reprimidos passaram a desafiar Nicolau II e seu governo. O conflito não se limitava ao atrito com S. Petersburgo. As tensões interétnicas, havia muito contidas pelas forças armadas russas, e a camisa de força da economia capitalista em crescimento chegaram ao auge. No norte do Cáucaso, o tradicionalismo religioso ocupou o primeiro plano e os conflitos entre muçulmanos e seus rivais ganharam intensidade. Ao redor da grande cidade petrolífera de Baku, o ódio entre armênios e azerbaijanos eclodiu em uma violência terrível quando azerbaijanos muçulmanos massacraram armênios cristãos, apesar das precauções tomadas por Vorontsov-Dashkov.[2]

Em Baku, assim como em Tbilisi, os armênios eram liderados por pessoas muito ricas, enquanto os azerbaijanos compunham a parte mais pobre da força de trabalho. Vorontsov não subestimou as dificuldades e decidiu minimizar o uso da violência para assegurar a restauração da ordem imperial.[3] Em outras partes do Império Russo, no último quarto de 1905 as forças armadas atuavam intensamente. Os sovietes operários foram reprimidos com vigor e o levante armado do soviete de Moscou foi derrubado com violência. Os camponeses rebeldes estavam sendo cercados.

As cidades rebeladas na Polônia "russa" foram sitiadas. Os amotinados no Exército e na Marinha foram presos e fuzilados. A Geórgia se alçou. Jordania e seus mencheviques, e também bolcheviques como Djughashvili, ficaram exultantes. Suas organizações incharam com novos recrutas. Elas já não ocultavam suas atividades, e o vice-rei agiu com uma combinação de força e diálogo. Os marxistas georgianos dominaram a cena política. Já não buscavam a secessão, como os bolcheviques. Pensavam que o destino da Geórgia estava ligado aos desenvolvimentos revolucionários na Rússia.

Contudo, Djughashvili havia feito uma escolha: a estratégia bolchevique parecia-lhe a mais recomendável. Seus conhecidos se espantavam com a crueza extraordinária com que polemizava. Ele não tinha muito humor. Seus discursos eram secos e agressivos. Estava fortemente alinhado com o bolchevismo e detestava os mencheviques com que topava. "Contra eles", declarou, "quaisquer métodos servem!"[4] Ele se distinguia pela capacidade prática; e, à exceção de Leon Trotski, que liderou o soviete Petersburgo a partir do outono de 1905, teve um papel muito mais influente nos acontecimentos daquele ano turbulento que qualquer outro membro do primeiro Politburo do partido, criado após a Revolução de Outubro. Djughashvili debatia com frequência com os mencheviques georgianos. Manifestava-se nas reuniões operárias. Era um dos escritores mais produtivos do *Brdzola Proletária*. Não deixava de insistir com os marxistas para que se opusessem à violência entre as nacionalidades. Promovia ativamente as políticas bolcheviques e chamava à derrubada da monarquia mediante uma revolta que levasse ao poder um governo revolucionário provisório. Os marxistas deveriam formar uma aliança política com os operários e os camponeses. Deviam rejeitar os compromissos com a pequena-burguesia segundo o modelo menchevique.

Porém, as perspectivas do bolchevismo no sul do Cáucaso nunca tinham sido tão fracas. Em maio, Djughashvili escreveu a Lenin, desanimado:

> Estou atrasado na correspondência, camarada. Não tenho tido tempo nem vontade de escrever. Todo esse tempo precisei viajar pelo Cáucaso, debater, estimular os camaradas etc. Os mencheviques estão na ofensiva por toda parte e precisamos repeli-los. Quase não tínhamos

gente (e agora há muito pouca, duas ou três vezes menos do que têm os mencheviques), então preciso fazer o trabalho de três indivíduos [...] Nossa situação é a seguinte. Tiflis está quase totalmente nas mãos dos mencheviques. Metade de Baku e Batumi também está com eles [...] Guria está nas mãos dos conciliadores, que decidiram se aproximar dos mencheviques.[5]

Evidentemente, ele pensava que o camarada em Genebra devia conhecer a amarga verdade sobre o equilíbrio entre as facções marxistas no sul do Cáucaso.

Durante todo o ano, sob a égide de Jordania, os mencheviques da Geórgia avançaram como a principal força rebelde contra a monarquia imperial. O bolchevismo era minoria entre os revolucionários georgianos. Portanto, Djughashvili escolhera aliar-se a uma facção que parecia condená-lo à obscuridade. O campesinato na Geórgia seguia os mencheviques; embora continuasse argumentando que a estratégia deles desviava a atenção da propaganda e da organização junto à classe trabalhadora, ele era apenas uma voz clamando no deserto. De certo modo, Djughashvili deve ter atribuído a fraqueza do bolchevismo na Geórgia ao fracasso em se apresentar como defensor dos interesses nacionais, apesar do conselho que dera em 1904. No entanto, ele próprio não era infinitamente flexível e também queria concentrar a atividade revolucionária nas cidades, nos operários e na ortodoxia marxista. O bolchevismo progredia mais onde a indústria estava bem desenvolvida no sul do Cáucaso. Era o caso de Baku. Mas ele não se desesperou: decidira que a estratégia básica dos bolcheviques estava correta e triunfaria mais cedo ou mais tarde. Para o resto do ano ele previu a iminência da derrubada da monarquia Romanov. Como todos os bolcheviques, declarou que a insurreição violenta e uma ditadura revolucionária eram essenciais para esse fim.

Nicolau II começou a entrar em pânico em outubro de 1905. Os trabalhadores tinham formado conselhos (ou "sovietes") que começaram a organizar greves e suplantaram os órgãos oficiais do autogoverno. Os camponeses se alçaram contra a nobreza latifundiária pondo seu gado para pastar ilegalmente e roubando lenha das florestas. Na Polônia e na Geórgia, as autoridades estavam a ponto de perder o controle. Aconselhado pelo conde Witte, Nicolau II emitiu o "Manifesto de Outubro", prometendo reformas. Nas semanas seguintes, ficou claro que isso exigiria a eleição de um parlamento, a Duma Estatal, e uma Lei Básica estabelecendo uma estrutura para definir e limitar os poderes do imperador, do governo e da Duma. As concessões deram tempo e apoio à monarquia; os bolcheviques transferiram para Moscou a organização da insurreição, mas as forças armadas reafirmaram sua autoridade em todo o império.

A impaciência revolucionária de Stalin não havia diminuído: ele continuava defendendo a adesão irredutível à estratégia do bolchevismo. Seu sucesso em Tbilisi crescera tanto que ele foi a escolha natural como delegado na conferência de facções bolcheviques em Tampere (Tammerfors), na Finlândia, em meados de dezembro de 1905. Foi onde finalmente conheceu Lenin. Segundo seu relato posterior, ficou surpreso com a aparência pouco atraente do líder do bolchevismo. Esperava um homem alto e com amor-próprio. Em vez disso, topou com um homem não mais alto que ele e sem a altivez dos emigrados proeminentes.[6] A Conferência de Tampere foi difícil para Lenin. A maioria dos bolcheviques, inclusive Djughashvili, rejeitou sua proposta de que a facção concorresse às eleições para a Duma Estatal. Eles defendiam a insurreição armada e a formação de uma "ditadura democrática do proletariado e do campesinato", e não viam sentido em dispender energia em eleições convocadas segundo os termos de Nicolau II. A exigência de sutileza tática por parte de Lenin não os convenceu. Eles eram bolcheviques atraídos pelo radicalismo de Lenin, e se decepcionaram ao vê-lo fazer concessões às instituições da ordem imperial. Para não perder partidários na conferência, Lenin por fim recuou.[7]

Djughashvili foi insuflado pelo ânimo faccionário. Ainda estava se desenvolvendo como político. Suas dificuldades com os bolcheviques georgianos em 1904 demonstraram que não lhe faltava flexibilidade estratégica (e ele seguiu sugerindo compromissos políticos nos anos seguintes). Porém, em 1905, ele vivia e respirava ideias de insurreição armada e ditadura revolucionária. Acreditava genuinamente que a monarquia imperial podia ser substituída. Portanto, recusava-se a concordar com uma política de acomodação à ordem política prescrita por Nicolau II. Na verdade, um número crescente de bolcheviques terminou reconhecendo que fora um erro não acatar a proposta de Lenin. Este, por sua vez, decidiu pressionar mais sua facção ao acordar a reunificação com os mencheviques em um congresso do partido — ele não suportava ver tantos bolcheviques pretendendo ser mais "leninistas" do que ele próprio. Essa atitude também foi precipitada pelo fato de que as duas facções, apesar de manter existências separadas no estrangeiro, cooperavam com frequência no Império Russo.

O local escolhido para o IV Congresso do Partido foi Estocolmo. Djughashvili foi o único bolchevique entre os dezesseis delegados indicados para representar a Geórgia. Eles seguiram secretamente via Moscou e S. Petersburgo até Helsinque. Lá, disfarçados de professores em excursão, tomaram um barco a vapor para o porto de Abo. Depois se dividiram em pequenos grupos.[8] Djughashvili embarcou no vapor *Wellamo* e navegou até a capital sueca. Ele se hospedaria no Hotel Bristol com o camarada bolchevique Kliment Voroshilov. Os esquemas "conspiratórios" bolcheviques foram descobertos pela polícia de Estocolmo. Um bando de forasteiros sem objetivos comerciais ou profissionais aparentes chamava atenção. Djughashvili foi detido e interrogado pelo comissário Mogren, um agente de polícia e intérprete chamado Alexei. Disse que se chamava Ivan Ivanovich Vissarionovich e alegou ser refugiado político nacionalista e democrata. Assegurou à polícia que não era financiado pelos finlandeses (o que era uma preocupação das agências de segurança suecas à época). Prometeu reportar-se regularmente às autoridades durante sua estadia. Afirmou que pretendia ir a Berlim antes de voltar para casa. Assim como os demais, foi considerado um visitante inofensivo e então liberado.[9]

Depois ele foi se divertir com o resto da delegação bolchevique. Suas modestas despesas foram cobertas pelo partido. Aquela foi sua primeira estadia fora do Império Russo. O partido tinha boas relações com os social-democratas suecos e, com a ajuda deles, ocupou a Casa do Povo para realizar o congresso. Não houve muito esforço para evitar que a Okhrana soubesse do evento — de qualquer modo, ela mantinha informantes suficientes e recebia relatórios detalhados sobre a atuação do Partido Operário Social-Democrata Russo, independentemente das precauções dos revolucionários. Cada facção discutiu seus assuntos internos. Houve também negociações entre as facções.

A atmosfera foi agradável, embora não houvesse tempo para os delegados visitarem a cidade além dos arredores dos hotéis e da Casa do Povo. Para Djughashvili, porém, isso não importava. Ele lia os artigos dos luminares do partido — Plekhanov, Axelrod, Lenin, Martov, Bogdanov e Maslov — havia muitos anos. (Alexander Bogdanov, filósofo e organizador, tinha se tornado quase tão influente entre os bolcheviques quanto o próprio Lenin.) Agora Djughashvili os via reunidos no mesmo salão. A tarefa acordada foi resolver os problemas entre bolcheviques e mencheviques, além de esboçar um conjunto de políticas comuns, e Djughashvili pôde fazer seu papel.

Embora defendesse a reunificação, Lenin não se desarmou politicamente. Manteve um Centro Bolchevique à parte de qualquer órgão partidário envolvendo os mencheviques. Continuava sancionando os roubos à mão armada praticados pelos bolcheviques para reunir fundos com fins políticos. O IV Congresso proibiu as duas coisas. Lenin e seus partidários concordaram *pro forma*, mas na verdade ignoraram a proibição — e Djughashvili, principal organizador da campanha bolchevique de roubos e extorsão na Geórgia, foi uma figura de peso nesse engano sistemático.

Foi no IV Congresso que — com o codinome Ivanovich — ele conseguiu ser levado a sério pelos líderes partidários em ascensão. Foi eleito para a comissão que acompanhava os mandatos dos delegados. Questionou a confiabilidade dos relatórios dos mencheviques georgianos sobre a situação na Geórgia, o que gerou controvérsia. Seu discurso foi questionado pelos mencheviques, e ele foi desafiado a se justificar. "Darei a explicação quando achar conveniente!"[10] E declarou: "Não é segredo para ninguém que no desenvolvimento da vida sociopolítica russa dois caminhos foram assinalados: o caminho das quase reformas e o caminho da revolução." Para ele, os mencheviques tinham sido tolos ao abraçar ideias que os afastavam da estratégia marxista:

> Pelo contrário, se os interesses de classe do proletariado levam à sua hegemonia, e se o proletariado precisa ir não a reboque, mas na dianteira da atual revolução, é evidente que não pode evitar nem a participação ativa na organização da insurreição armada nem na tomada do poder. Esse é o "esquema" dos bolcheviques.[11]

Com a confiança de um fanático, ele atacou abertamente os veteranos do movimento marxista russo, inclusive Plekhanov e Axelrod.[12]

Também participou ativamente do debate sobre a "questão agrária", e suas contribuições foram mencionadas por outros participantes.[13] O especialista menchevique Petr Maslov tinha proposto uma campanha pela "municipalização" da terra como um modo de atrair o campesinato. Esse esquema transferiria solo agricultável aos conselhos distritais. Lenin, por sua vez, tinha ampliado as suas ideias sugerindo a nacionalização da terra; queria que o governo central fosse o proprietário da terra. Tanto Maslov quanto Lenin tinham a intenção de expropriar a nobreza sem ressarci-la e colocar todo o campo à disposição do campesinato a preços baixos. Eles visavam a estipular os termos dessa propriedade da terra. No entanto, a maioria dos bolcheviques, seguindo certo S. A. Suvorov, considerou a proposta de Lenin tão impraticável quanto a de Maslov. Dentre eles estava Djughashvili. Ele subiu no estrado e defendeu que os camponeses simplesmente tomassem as terras, sem restrições. Isso faria a aliança do proletariado e do campesinato se tornar realidade, e os marxistas conseguiriam competir com os socialistas revolucionários pelo apoio popular rural.[14] Suvorov e Djughashvili queriam que a terra fosse declarada "propriedade comum de todo o povo". A disputa interna bolchevique, contudo, não saiu de controle porque os mencheviques tinham maioria no congresso e a municipalização da terra tornou-se a política oficial do partido.

Mais uma vez, Djughashvili havia defendido o bolchevismo com confiança, ainda que sem ceder automaticamente a tudo que Lenin defendia. Reconhecia-o como líder de sua facção, mas sem uma obediência cega: considerava que sua experiência cotidiana direta do Império Russo o mantinha em maior contato com as possibilidades revolucionárias, em comparação com os emigrados.

De qualquer modo, Djughashvili tinha um motivo externo à política para estar alegre: encontrara a mulher com quem queria se casar. Estava no fim da segunda década de vida, e quase todos os seus amigos já estavam casados. A mulher que o atraiu era Ketevan Svanidze, irmã de Alexander, um amigo do seminário teológico. Alexander Svanidze era bolchevique como ele; portanto, Djughashvili podia esperar que ela compreendesse as exigências da vida de um revolucionário. A corte não durou muito. Ketevan trabalhava como costureira para a costureira francesa madame Hervieu, no distrito Sololaki de Tbilisi. Procurado pela polícia, Djughashvili precisava ser cauteloso ao encontrá-la; contudo, para sua sorte, a patroa de Ketevan era uma boa alma e deixava que se encontrassem na sala dos fundos da loja. Certa vez, porém, ela quase se arrependeu de sua indulgência, quando o tenente Pëtr Stroev entrou a passos largos acompanhado de dois pastores-alemães treinados para caçar humanos. Ela correu para avisá-lo, e ele escapou por um triz pela porta traseira.[15] Ketevan tinha uma bela estampa e era uma mulher compassiva e gentil; estava contente com a vida doméstica: não tinha a ambição de participar do movimento revolucionário. Não se sabe o que viu nele. Ninguém da família Svanidze, que chegou a ter proeminência na vida pública soviética na década de 1930, mencionou o assunto. Talvez ela o achasse galante, após a proeza na loja de costura. De qualquer modo, ele era fisicamente magro e mentalmente intenso, e, como demonstrou após a morte dela, para muitas mulheres sua aparência e sua personalidade podiam ser atraentes.

Ketevan e Josef seguiram o costume religioso, e em 16 de julho de 1906 trocaram votos em uma cerimônia completa, segundo a ortodoxia georgiana, na Catedral Zion, à margem do rio Mtkvari. Se sabia que vários assistentes eram ateus militantes (e ex-seminaristas), o sacerdote foi discreto. Após o casamento, houve a recepção georgiana de praxe, com muito vinho e comida, e o *tamada* (mestre de cerimônia) foi o mais velho bolchevique da Geórgia, Mikha Tskhakaya.[16] As expectativas de Djughashvili eram convencionais: a função de Ketevan seria cozinhar, limpar e varrer os cômodos e dar-lhe descendência — e ela parecia estar totalmente satisfeita com o arranjo. Isso era conveniente. Djughashvili nunca gostou que parentes ou amigos o superassem intelectualmente. O casal teve um filho, em 18 de março de 1907. Chamaram-no Yakob.[17]

O papel de marido não o reteve, e ele continuou ocupado com seus escritos e a organização em Tbilisi. Ele produziu uma longa série de artigos sobre "Anarquismo ou socialismo".[18] Os resultados de sua atividade de organização incluíam o crime e, usando Semën Ter-Petrosyan como ladrão-chefe bolchevique, presidiu uma série de roubos à mão armada.[19] No início de 1907, ainda na capital da Geórgia, ajudou a fundar o jornal *Mnatobi* ("A tocha"). Assim como Lenin, gostou do panfleto do teórico marxista Karl Kautski, *As forças motrizes e as perspectivas da revolução russa*, que, inadvertidamente, apoiou a proposta bolchevique de aliança revolucionária entre operários e camponeses; Djughashvili escreveu um prefácio para a edição georgiana. Na época, ele era o principal bolchevique da Geórgia. As dúvidas sobre sua ortodoxia doutrinária eram coisa do passado. Tanto na Geórgia como na Finlândia, onde o Centro Bolchevique continuava a funcionar, seus méritos eram reconhecidos por outros membros da facção. Porém, o destino político do bolchevismo na sua terra natal era desanimador; quando soube que o V Congresso do Partido teria lugar em Londres, em abril de 1907, ele adivinhou que os participantes mencheviques questionariam seu direito de representar os grupos marxistas de Tbilisi. Havia trabalhado intensamente e tivera poucas recompensas práticas, exceto a melhoria na estima dos bolcheviques.

Na expectativa de uma contenda por causa de seu mandato como delegado, Djughashvili viajou a Londres com documentos do "sr. Ivanovich". Como ainda não era uma figura proeminente do partido fora da Geórgia, os organizadores do congresso não pensaram em alojá-lo perto dos líderes — Plekhanov, Axelrod, Lenin e Martov — em Bloomsbury, bairro de classe média. Em vez disso, ele se uniu às massas de delegados, no extremo leste da cidade. Na virada do século, lá viviam milhares de famílias judias emigradas do Império Russo (as quais, como os irlandeses, formavam uma minoria considerável).[20] Era o melhor lugar para os delegados não chamarem atenção do órgão de inteligência, o Special Branch. Lá eles também podiam conseguir alojamentos baratos, e não importava que não falassem inglês.

Ele nunca revelou as suas impressões sobre Londres. Talvez a visita tenha sido muito rápida ou ele tenha se ocupado demais para formar uma opinião. Hospedou-se em um quarto na rua Jubilee 77, em Stepney. O congresso aconteceu na Igreja Brotherhood, quase 5 km ao norte, na esquina das ruas Southgate e Balmes.[21] Os ateus militantes do Império Russo discutiram a derrubada dos Romanov em um local de culto cristão, cuja congregação era formada por pacifistas e seguidores de William Morris, artista, escritor e socialista moderado.[22] Quando regressava ao seu quarto à noite, Djughashvili se dedicava a escrever e planejar. O locador era um sapateiro, talvez judeu, que falava russo e havia fugido do Império Russo. Uma testemunha daquela estadia breve deixou um relato. Trata-se do jovem Arthur Bacon, que ganhava uns trocados no bairro como mensageiro ou fazendo pequenas tarefas. Ele costumava ir à casa do sapateiro para limpar a lareira e enchê-la de carvão e lenha, e Djughashvili empregou-o para levar mensagens aos vários delegados bolcheviques hospedados na vizinhança. A esposa do sapateiro escrevia os endereços, já que o inglês de Djughashvili não dava para tanto.

Embora na idade adulta Bacon votasse nos conservadores, lembrava-se de Djughashvili com afeto. Este gostava dos *toffees* que o rapaz lhe trazia. A afeição tinha motivos financeiros: em vez do meio pêni de praxe, ele recebia uma moeda de 20 centavos para levar mensagens aos camaradas.[23] Como isso era 4.700% acima do usual, aparentemente a perspicácia financeira de Djughashvili não era muito boa.

Embora tivesse deixado uma marca no Congresso de Estocolmo ao acossar os líderes mencheviques e se distanciar da política agrária de Lenin, Djughashvili não se esforçou para sobressair em Londres. Como esperado, houve uma disputa quanto ao seu mandato. No final, ele obteve permissão para assistir ao congresso, mas sem direito ao voto.[24] Houve outras controvérsias quanto aos procedimentos. Três dias foram gastos na discussão da agenda. A situação se complicou ainda mais com a inclusão de várias organizações das fronteiras "nacionais" — poloneses, letões, armênios e os judeus do *Bund*. Consequentemente, bolcheviques e mencheviques não tinham uma maioria firme, e houve muita discussão nos bastidores para chegar a um acordo. Lenin propôs um trato a Jordania e aos mencheviques georgianos: eles conduziriam o partido na Geórgia sem interferências, em troca de não se opor aos bolcheviques no Partido Operário Social-Democrata Russo como um todo. Jordania disse não.[25] Se tivesse conhecimento da proposta, Djughashvili teria se irritado. Um trato entre Lenin e Jordania teria arruinado aquilo pelo qual ele lutava no sul do Cáucaso desde que se tornara bolchevique. Também teria entendido que a região não tinha muita importância para a liderança bolchevique. Um atrito entre ele e Lenin teria sido inevitável.

De qualquer modo, os bolcheviques foram atacados por manter o seu centro à parte, e por continuar com os assaltos à mão armada e a se negar a dividir os fundos do partido com os mencheviques. Porém, eles foram igualmente agressivos. Embora agora concordassem que convinha participar das eleições da Duma, negaram-se a cooperar com os liberais na Câmara, e acusaram os mencheviques de vender a causa revolucionária. O congresso foi eivado de polêmicas. Formou-se um Comitê Central de quinze membros, cinco dos quais eram bolcheviques e quatro mencheviques. O equilíbrio de poder estava com as organizações "nacionais" do partido. Um jornal central conjunto, *Sotsial-demokrat*, seria ressuscitado. Mas isso não enganou ninguém. O Partido Operário Social-Democrata Russo era uma casa cindida contra si mesma.

7. EM FUGA

Josef Djughashvili voltou da viagem a Londres para uma revolução em processo de retrogradação. Nos últimos anos, sua carreira refletia essa situação. Ele escolheu Baku como base, e por vários meses organizou, escreveu e editou para apoiar a facção bolchevique entre os operários petroleiros. A opinião geral entre os líderes bolcheviques no sul do Cáucaso era que, embora fosse a sede administrativa e cultural da região, Tbilisi oferecia menos oportunidades para o tipo de propaganda e organização que faria avançar a causa bolchevique. Ele foi para lá com Stepan Shaumyan.[1] Fazia troça dos mencheviques da Geórgia porque se preocupavam com os habitantes e a economia mais atrasados de sua terra natal; e seu desenvolvimento político prosseguia.[2] Mas a Okhrana o alcançou. Em 25 de março de 1908, ele foi detido enquanto operava com o nome "Gaioz Nijeradze", e enviado à prisão de Bailov, nos arredores de Baku.

Seguiram-se anos de prisão, exílio, fuga e nova detenção. Em 9 de novembro, ele foi escoltado até Vologda, no norte da Rússia. Tratava-se de uma pequena capital provinciana, conhecida apenas pela produção de renda, localizada a 600 quilômetros ao leste de S. Petersburgo. Ao chegar, ele foi transferido 640 quilômetros para o leste, para Solvychegodsk, uma antiga cidade a 25 quilômetros da estação ferroviária mais próxima, à margem do rio Vychegda. Djughashvili chegou em 27 de fevereiro de 1909 e imediatamente planejou sua fuga. Teve êxito em 24 de junho, e depois de passar uns dias em S. Petersburgo voltou ao sul do Cáucaso, e à tarefa de organizador bolchevique clandestino em Baku e Tbilisi. Porém, ele não permaneceu em liberdade por muito tempo. Em 23 de março de 1910, a polícia o detêve novamente e o mandou à prisão de Bailov. Desta vez, seu pseudônimo era Zakhar Melikhyants. As autoridades tardaram seis meses em ditar a sentença. (Enquanto isso, ele escreveu uma "Carta do Cáucaso", publicada no órgão central do partido em Paris, o *Sotsial-demokrat*.)³ Em 23 de setembro, ele foi mandado de volta a Solvychegodsk. Em 27 de junho de 1911, recebeu autorização para voltar a Vologda.⁴ Em 6 de setembro, fugiu novamente, disfarçado de P. A. Chijikov. Chegou a S. Petersburgo e entrou em contato com um velho amigo de Tbilisi, Sergei Alliluev.⁵ Porém, a Okhrana foi informada. Mais uma vez foi preso, em 9 de setembro. Em 25 de dezembro, despacharam-no com escolta para Vologda.

As autoridades imperiais estavam esmagando o movimento revolucionário. Rebeldes camponeses foram julgados por uma corte marcial e executados. As greves industriais foram sufocadas. Motins no Exército e na Marinha imperiais foram violentamente reprimidos. Cada vez que as províncias se sublevavam as forças de emergência eram entregues a governadores e comandantes militares. A agitação revolucionária foi brutalmente subjugada, e os principais líderes socialistas — dos partidos Operário Social-Democrata Russo e Socialista Revolucionário — voltaram para a Suíça e outros países europeus para recobrar forças até a próxima grande crise política.

Nicolau II não revogou a Lei Básica que havia promulgado no início de 1906. Mas arrependeu-se de ter permitido um sistema eleitoral que atraiu um grande contingente de socialistas na Primeira e na Segunda Duma Estatal. Em 3 de junho de 1907, Pëtr Stolypin, o primeiro-ministro, redesenhou o sistema de modo a produzir uma maioria conservadora na Terceira Duma Estatal, que se reuniria em novembro. Contudo, ele considerava essencial uma reforma agrária. Depois de governar a província de Saratov, ele via nas terras das aldeias locais uma fonte de instabilidade social crônica; Stolypin introduziu uma lei que permitiu aos camponeses se assentarem como fazendeiros independentes e financiou esquemas de estímulo à migração para terras virgens na Sibéria. Com o consentimento do imperador, ele se esforçou para estabelecer uma relação de trabalho na Terceira Duma, especialmente com o Partido Outubrista, dirigido por Alexander Guchkov. Ele também permitiu a formação de sindicatos locais e de uma imprensa mais livre do que antes de 1905. Porém, a propaganda e a organização revolucionárias diretas e abertas continuaram sendo reprimidas. O governo de Stolypin foi uma tentativa enérgica e inteligente de preservar a ordem imperial. Ele era detestado não só pelos revolucionários, mas também por aqueles na corte que viam na sua colaboração com a Duma uma redução do poder do imperador. Contudo, ele sobreviveu. À medida que o Estado retomava o controle, o Partido Operário Social-Democrata Russo, que na primavera de 1907 contava com 150 mil membros, foi paulatinamente reduzido a um punhado de milhares.[6]

A existência de Djughashvili estava povoada de camaradas, espiões, policiais, namoradas e latifundiários. Tudo era feito na suposição de que uma palavra imprudente poderia resultar em prisão. Conhecidos podiam ser informantes da polícia. Apesar de ser uma organização pequena, a Okhrana geria bem seus recursos e se infiltrou em todos os partidos revolucionários. Djughashvili só podia confiar nos velhos amigos e na sua família imediata.

Ele havia se acostumado a se virar sozinho; embora tivesse esposa e um filho pequeno, os deveres partidários o mantiveram longe de casa quando regressou do V Congresso do Partido. Porém, a paz doméstica foi abruptamente interrompida em 22 de novembro de 1907, quando Ketevan morreu, após semanas de sofrimento. A causa provável foi tuberculose. Josef e Ketevan estavam casados havia menos de dois anos. Sua morte o abalou. Seu colega de escola Josef Iremashvili o acompanhou ao funeral religioso e registrou a cena em Tbilisi, quando o viúvo agarrou-o pelo braço: "Soso, este ser abrandou meu coração de pedra; ela se foi e, com ela, vão-se os meus últimos sentimentos afetuosos pelas pessoas!" Depois Djughashvili pousou a mão direita no peito e disse: "Aqui tudo está vazio, tão indizivelmente vazio!"[7] Iremashvili concluiu:

> Expressei minhas condolências a Koba do modo mais sincero e honesto que pude, mas sabia que dali em diante ele se livraria de quaisquer restrições morais e se entregaria inteiramente aos seus planos fantásticos, ditados apenas por ambição e vingança.[8]

Segundo Iremashvili, o luto teve a consequência profunda de endurecer as atitudes dele com relação ao resto da humanidade.⁹

Iremashvili redigiu suas memórias anos depois de fugir da Geórgia soviética; dificilmente poderia recordar as palavras exatas de Josef no pátio da igreja. Ele se tornara inimigo político e pessoal de Stalin, e queria vender o maior número possível de exemplares do livro. Terá exagerado? Outras memórias sobre o período anterior a 1917 retratam um Josef Djughashvili diferente: introvertido, sigiloso, taciturno e frio.¹⁰ No entanto, mesmo que Iremashvili tenha exagerado ou inventado um pouco, não se pode descartá-lo. Conhecia o lado emocional da personalidade de Djughashvili desde a primeira infância. Eles foram seminaristas juntos, quando Djughashvili compunha poemas com um viés romântico. Além disso, eram georgianos participando de um funeral ortodoxo, e Josef agiu do modo convencional: demonstrando à família e aos amigos o quão profundamente sentia a perda da esposa.

De qualquer modo, o suposto comentário é um clichê que indica um viúvo mais preocupado consigo mesmo que com Ketevan ou o filho. Ele nem se preocupara em acompanhá-la nos últimos meses da doença. Mas é inegável que a perda o abalou. Menos plausível é que esse tenha sido o ponto de inflexão que o levou a tentar se vingar da humanidade em geral. Houve vários acontecimentos semelhantes na sua longa vida. Seus amigos e agregados observaram que a cada acontecimento ele ia ficando mais duro no trato com o mundo. Segundo Iremashvili, mesmo antes da morte de Ketevan, era óbvio que Josef demonstrava desprezo por todos, exceto pela mãe, pela esposa e pelo filho.¹¹ O falecimento dela deixou-o sozinho com o pequeno Yakob. Porém, ele não permitiu que o luto se interpusesse às atividades políticas. Tendo optado pela vida de revolucionário em tempo integral, não deixaria a paternidade atrapalhá-lo. Isso exigia liberdade pessoal total, e ele pediu aos parentes, os Svanidze, que criassem Yakob. Ketevan tinha três irmãs e um irmão. Para alívio de Josef, os parentes receberam o menino com alegria. Também o ajudavam quando ele ficava sem dinheiro.¹²

Ele deve ter se comparado aos bolcheviques exilados em pequenas colônias na Suíça e na França. A maior parte dos líderes tinha renda própria. Eles podiam visitar bibliotecas, manter uma correspondência entre si e sair de férias, sem se preocupar em ser seguidos pela Okhrana. (Os agentes da polícia que viviam em seu meio não alteravam muito seus hábitos cotidianos, embora todos soubessem de sua existência.) Tinham tempo para escrever e oportunidades de publicar. Podiam conhecer revolucionários estrangeiros. Não precisavam se sustentar enquanto iam de um lado a outro. Nem eram ameaçados com a prisão ou o exílio na Sibéria.

À exceção dos camaradas, Djughashvili estava só no mundo. Não visitava a mãe, que continuava vivendo em Gori. Havia muito tempo não tinha mais contato com o pai. Não que isso o impedisse de pensar nele. Em um de seus primeiros artigos, ele fez o seguinte relato:

> Vamos usar um exemplo simples. Imagine um sapateiro que teve uma loja minúscula, mas não conseguiu sobreviver à competição com os patrões mais abastados. Fechou a loja e foi trabalhar na fábrica de calçados de Adelkhanov, em Tiflis. Ele foi trabalhar para Adelkhanov não para se tornar um operário com contrato permanente, mas para poupar um pouco de dinheiro, juntar um pouco de capital e reabrir sua loja. Como pode ver, esse sapateiro *já* tem uma condição proletária, mas sua consciência *ainda não* é proletária: é absolutamente pequeno-burguesa.[13]

Esse padrão é tão próximo da vida de seu pai que Josef certamente o estava descrevendo. O destino de Beso foi infeliz. Depois de se afastar de Keke e de Josef, ele continuou trabalhando e bebendo em Tbilisi, e mais tarde Josef afirmou que ele morrera esfaqueado em uma briga na taberna, em 1909.[14]

Se sofreu com a perda, Josef não deu sinal; de fato, não se sabe quando ele soube da morte de Beso. Naquele período, seu foco estava em evitar a prisão. Para isso, tinha suas técnicas. Mas seu êxito recorrente em enganar a polícia provocou outro rumor de que mantinha uma associação dúbia com as autoridades imperiais. Seria ele empregado da Okhrana? O menchevique Isidore Ramishvili acusou-o em 1905 de ser "um agente do governo, espião e provocador".[15] Essas lendas sem fundamento foram repetidas ao longo dos anos. Houve até a alegação de que em 1920 sua ficha na Okhrana havia circulado no partido e ele teria instigado o Grande Terror principalmente para eliminar aqueles que sabiam de seu emprego.[16] Na verdade, uma análise mais minuciosa das evidências não leva a crer que Djughashvili fosse um agente da polícia. Isso não significa que não pudesse ter explorado nenhum tipo de vínculo com a Okhrana. Ele foi detido e interrogado diversas vezes. É fácil pensar que teria soltado informações incriminando inimigos de sua facção e até seus rivais na facção. Houve indagações recorrentes, particularmente a respeito da detenção de Stepan Shaumyan, e tudo indica que alguns camaradas bolcheviques tentaram julgar Djughashvili em um tribunal do partido. A prisão e o exílio o livraram disso.[17] Shaumyan era a outra figura marcante do bolchevismo no sul do Cáucaso; teria sido coerente com a ambição de Djughashvili afastá-lo do caminho.

Contudo, a Okhrana preferia manter seus principais informantes fora da prisão; e, embora às vezes tivesse sentenças leves, Djughashvili foi encarcerado ou exilado demasiadas vezes, e por um tempo demasiado longo para ser um informante da polícia. Ele passou da Grande Guerra à revolução de fevereiro de 1917 na Sibéria, embora as autoridades pudessem tê-lo empregado de modo produtivo se ele realmente trabalhasse para elas.

A atividade política clandestina era complexa e exigia muito, e a posição destacada de Djughashvili o obrigava a manter uma ampla rede de conhecidos e fontes de informação. Os camaradas faziam parte dela; eram indispensáveis para manter um núcleo revolucionário sólido. Mas ele também precisava buscar informações em um plano mais amplo. Morando em áreas operárias onde havia muitos informantes e o perigo constante de detenção, um líder revolucionário precisava saber se virar — e Djughashvili era notável pelo grande número de contatos que mantinha. O menchevique georgiano Artëm Gio deixou um relato sobre a detenção de militantes marxistas em Tbilisi. Djughashvili entrou no apartamento de um amigo e ficou atônito ao topar com Gio. "Não esperava por isso", enfatizou. "Como é possível? Você não foi preso?"[18] Gio estava explicando como conseguira escapar, e nisso entrou um estranho. Djughashvili o acalmou: "Pode falar [...] ele é meu camarada." O recém-chegado era um georgiano que trabalhava como intérprete na polícia. Fora procurá-lo com a última notícia: vários camaradas próximos a ele (inclusive Sergei Alliluev, seu futuro sogro) tinham sido detidos. Na verdade, havia um destacamento designado para prender

Djughashvili durante a noite. O intérprete, porém, desconcertado com a presença de Gio, passou a informação e foi embora imediatamente.[19]

O episódio é obscuro, mas significativo da carreira de Djughashvili. Mostra que ele se metia em assuntos muito pouco ortodoxos, pois o intérprete não era um militante marxista e sim — nas palavras de Djughashvili — "um grande nacionalista".[20] Odiava tanto o governo imperial russo que colaborou com outros oponentes do tsarismo: alterava deliberadamente o que traduzia para salvar militantes georgianos do perigo. As memórias de Gio são incomuns. Os bolcheviques eram convencionalmente descritos como não tendo nenhuma relação com a polícia, e não se pode descartar que seu livro foi publicado em 1925, em Leningrado, só porque Zinoviev, adversário na facção de Djughashvili, controlava a imprensa naquela cidade e queria manchar sua reputação. Ainda assim, fazer a revolução no Império Russo exigia talentos multifacetados e um código moral flexível. Djughashvili estava qualificado.

Contudo, aquele era um jogo perigoso. Outro contato de Djughashvili era um tal Kornev. Djughashvili deu-lhe a senha que Gio usaria ao encontrá-lo. No entanto, Kornev pareceu esquivo aos olhos de Gio, que pensou: "Ou ele é agente da Okhrana, ou é um grande covarde!"[21] Embora trabalhasse em um ateliê de alfaiate, Kornev obviamente não tinha experiência em corte e costura. Tudo nele era suspeito. Dali não tardou em concluir que "nas suas mãos está o fio com o qual ele [pensava] se infiltrar nas nossas organizações".[22] Gio deu uma desculpa e se escondeu; seu instinto lhe dizia que o contato em que Djughashvili confiava era espião da polícia, e Djughashvili fora enganado. Pode ter sido assim. Outra possibilidade é que Djughashvili estivesse mais disposto que outros revolucionários a colocar a vida dos camaradas em risco. Egoísta e calculista, ele avaliava as situações segundo seus interesses. As pessoas só lhe interessavam na medida em que podia usá-las para o bem da causa, seu avanço político ou seu conforto e prazer particulares. Essa temeridade no trabalho revolucionário clandestino era compatível com outros traços de sua personalidade.

A relação de Djughashvili com a polícia conserva certo mistério, mas já não há dúvidas quanto a outro aspecto nebuloso de suas atividades. Antes da Grande Guerra, ele foi acusado de participar da organização de roubos à mão armada e de ter prosseguido nessa atividade mesmo depois de sua proibição pelo V Congresso do Partido. Por muito tempo, as evidências foram frágeis. No entanto, ele nunca negou expressamente ter participado dessa atividade criminosa. Passou anos simplesmente tratando de desviar o interesse do público pelo assunto; quando chegou ao poder supremo, suprimiu qualquer menção ao fato.

Suas tarefas na Geórgia a favor do bolchevismo iam muito além da atividade puramente política. Também estava envolvido na organização das "exes" — abreviatura do partido para expropriações ou, mais diretamente, roubos. Na Revolução de 1905-6, muitos grupos marxistas no Império Russo se envolveram em tentativas de financiar o partido roubando bancos. Os bolcheviques estavam entre eles, e a Geórgia era o centro de seus esforços. Havia motivos para tal. A bandidagem era comum nas montanhas, e a opinião popular estava longe de considerar tais ações algo desprezível. Ainda era forte a tradição dos *abreks*, que roubavam e matavam enquanto zombavam da autoridade oficial e distribuíam parte do butim entre os pobres locais. (Esse é o cerne do romance *O parricida*, de Alexander Kazbegi, que tanto deleitou o jovem Josef Djughashvili.) Na Geórgia, os bolcheviques se consideravam canalizadores daqueles costumes com um proposito genuinamente altruísta: a expropriação dos lucros do capitalismo em benefício de um partido dedicado à causa do povo. O último Congresso do Partido havia banido firmemente a organização dos exes. No entanto, o Centro Bolchevique continuava a exigir o butim. Lenin e seus camaradas precisavam do dinheiro.

Djughashvili era o encarregado de operações bolcheviques na Geórgia, e quem agia era o armênio Semën Ter-Petrosyan, que se ocultava sob o pseudônimo Kamo.[23] Djughashvili e o amigo de escola Josef Davrishevi lideravam grupos rivais de ladrões políticos de residências no monte David, em Tbilisi. A polícia sabia o que estava acontecendo. Davydov, protegido de Damian Davrishevi, o policial de Gori pai de Davrishevi, estava encarregado de policiar a área. Ele pediu a Josef Davrishevi que parasse de causar problemas em sua área — e este supôs que o mesmo tinha sido pedido a Djughashvili. Josef Davrishevi era apto e ousado, e, embora pertencesse aos Social-Federalistas (que eram socialistas, mas também antimarxistas e supernacionalistas), Djughashvili tentou atraí-lo para o bolchevismo. Mas o outro se recusou. (Obviamente, os bolcheviques georgianos suspeitavam que Djughashvili estava atraído pelo nacionalismo georgiano. Teria sido o apelo a Davrishevi outra evidência contra ele?) De qualquer modo, Djughashvili e seus sequazes bolcheviques não atenderam o pedido de Davydov. Os incidentes eram recorrentes em monte David. Os dois grupos continuaram inchando as finanças de seus respectivos partidos mediante a persuasão, a fraude, a extorsão e o assalto à mão armada. Era fácil intimidar os negociantes. Até os Zubalov, a família de empreendedores que havia erguido o prédio onde depois se instalou o seminário teológico, subvencionou Davrishevi.[24] Djughashvili mantinha o nome de seus provedores em sigilo. Mas não é improvável que os Zubalov, em uma de cujas *datchas* no campo de Moscou ele se instalou com a segunda esposa a partir de 1919, tenha cedido às exigências bolcheviques no período de insurreição revolucionária.

Eles deram seu maior golpe na praça Ierevan, a poucos passos do Seminário Teológico de Tiflis, em 12 de junho de 1907. Kamo chegou disfarçado de general imperial, em uma ampla carruagem puxada por cavalos. Eles sabiam que uma diligência estava a ponto de trazer uma grande quantidade de cédulas de dinheiro. Atiraram bombas nos guardas. Kamo e seus cúmplices agarraram sacas de linho contendo um quarto de milhão de rublos, e Kamo conduziu a carruagem para longe dali a toda velocidade, aproveitando-se da cena caótica e sangrenta. Ele levou o fruto do roubo à sede do Centro Bolchevique em Kuokkala, na Finlândia. Lenin ficou encantado.

Pouco antes, Djughashvili tinha feito uma viagem curta a Berlim,[25] provavelmente para consultar a liderança bolchevique no exterior. Depois disso, Lenin, Djughashvili e Kamo mantiveram sigilo absoluto sobre o roubo. Os dois últimos sentiam-se especialmente vulneráveis, já que vários marxistas em Tbilisi sabiam quem organizava os roubos. Os mencheviques, que ainda tinham mais peso que os bolcheviques na Geórgia, começaram a fazer investigações em novembro de 1907. Silva Djibladze ficou encarregado da comissão que julgaria os suspeitos de participar do crime. Ele próprio não tinha um passado muito pulcro; fora expulso do Seminário Teológico de Tiflis por agredir fisicamente o reitor.[26] Mas separou as coisas por se tratar da política partidária. Djughashvili foi identificado como a eminência parda indubitável no roubo da praça Ierevan.²⁷ Porém, naquele ínterim, ele andava sumido. Temendo ser procurado pela polícia ou ter de prestar contas aos mencheviques, ele fugira para Baku.²⁸ Os mencheviques queriam que ele fosse expulso do partido.²⁹ O fato é que, depois de acumular tanto dinheiro com os roubos, os bolcheviques suspenderam essa atividade criminosa e Djughashvili ganhou ainda mais proeminência na política bolchevique no sul do Cáucaso. Ele e Kamo continuaram amigos, e se viram com frequência antes e após 1917. Justificadamente, pensavam que haviam sido muito diligentes ao levar a cabo as instruções de Lenin.

Djughashvili resolveu se dedicar a acossar os mencheviques. A disputa entre facções era tão importante para ele quanto a organização revolucionária junto aos operários de Baku e a supervisão das expropriações. Seu zelo e sua inteligência o levaram à linha de frente do bolchevismo na região. Na Geórgia, era conhecido como "o segundo Lenin".³⁰ Ele costumava menosprezar o orgulho dos mencheviques pelos seus êxitos entre o campesinato georgiano em 1905-6. Dizia que a luta de classes era mais bem organizada em Baku, na costa do mar Cáspio, com uma grande concentração de habitantes da classe operária. Enquanto Jordania e os mencheviques dirigiam suas energias para atividades entre os georgianos na Geórgia, Djughashvili se movia entre russos, armênios e azerbaijanos, além de gente de sua própria nacionalidade. Ele tinha uma *chutzpah* (audácia) genuína, inclusive quando dizia que os mencheviques de Tbilisi relutavam em debater com os bolcheviques. Isso era injusto: Jordania estava sempre disposto a aceitar o desafio. Djughashvili, porém, não pretendia ser justo. Queria desacreditar o menchevismo, e para tanto faria qualquer coisa. Ele costumava acusar Jordania de ser obcecado com a atividade legal, o que equivalia a acusá-lo de fechar a rede clandestina do partido.³¹

Jordania retrucava que os mencheviques não tinham descuidado Baku nem a classe operária, e que na verdade tinham mais peso lá que os bolcheviques.³² A verdade estava a meio caminho entre Jordania e Djughashvili. Os mencheviques enxergavam a Geórgia como sua cidadela. No entanto, trabalhavam em outros lugares, inclusive em Baku, e às vezes eram mais eficazes que os bolcheviques. Mas as diferenças de estratégia mantinham as facções separadas. Enquanto os bolcheviques operavam quase exclusivamente entre operários, os mencheviques levavam mais a sério outras classes, como o campesinato, e eram muito mais propensos a usar a Duma Estatal como instrumento de propaganda e organização política. Apesar do fracasso da revolução de 1905-6, os bolcheviques acalentavam o sonho de organizar uma insurgência armada contra a monarquia imperial.

Djughashvili estava na linha de frente dos ataques ao menchevismo em uma das regiões mais importantes para a causa revolucionária no Império Russo. Ele tinha a intransigência que Lenin buscava em um partidário. Ampliara sua perspectiva da política ao assistir às reuniões do partido em Tampere, Estocolmo e Londres, e sua preferência por trabalhar em Baku, mais do que em Tbilisi, era significativa. Já não se enxergava como primordialmente um marxista georgiano; seu papel agora era o do marxista que pode trabalhar em qualquer parte no sul do Cáucaso ou no império como um todo. Ao informar sobre o V Congresso do Partido, ele comentou:

> A composição nacional do congresso era muito interessante. Segundo as estatísticas, os judeus são maioria na facção menchevique, seguidos pelos georgianos e os russos. Na facção bolchevique, porém, os russos são maioria [...] seguidos pelos judeus, georgianos etc. Um delegado bolchevique (creio que o camarada Alexinski) brincou dizendo que os mencheviques eram judeus, e os bolcheviques uma autêntica facção russa; então não seria nada mau se nós, os bolcheviques, fizéssemos um pequeno *pogrom* no partido.[33]

Esse é um dos primeiros sinais de que Djughashvili reconhecia a importância da propaganda, do recrutamento e da organização revolucionários entre os russos, o maior grupo nacional do império.

Mais tarde, esses comentários foram esgrimidos como prova de seu antissemitismo. Certamente, ele foi torpe e insensível. Porém, dificilmente expressou ódio aos judeus — ou aos georgianos. Ele, um georgiano, estava repetindo o que um bolchevique russo dissera sobre russos e judeus. Mais adiante, ele seria, por muitos anos, amigo, colaborador ou líder de inúmeros indivíduos judeus. Para ele, o que contava era a marcha da História; em sua opinião, para derrubar a monarquia imperial, russos, judeus e georgianos deviam ser encorajados a exercer um papel ativo. Além disso, ele publicou o comentário três décadas antes do extermínio de judeus do Leste Europeu por Hitler. Antes da Grande Guerra, ele podia não ter um carinho especial pelos judeus, mas também não os rejeitava. Essa era a sua atitude ante toda a humanidade. Ele nem gostava de nem odiava um povo em particular; seu princípio era julgar como podia ser estimulado ou levado a ser cúmplice para alcançar o tipo de Estado e sociedade que ele aprovava. Apesar dessas reservas, o comentário foi desconsiderado. Um *pogrom* era um *pogrom*, e implicava violência popular de massa contra judeus. No mínimo, foi uma galhofa política desagradável. Ele também sugeriu implicitamente que a influência judaica no Partido Operário Social-Democrata Russo deveria ser neutralizada. Seu compromisso com o internacionalismo não era claro.

Ainda assim, sua confiança nacional estava em declínio, e ele começou a escrever não em georgiano, mas em russo. O primeiro artigo apareceu depois do regresso de Londres, no jornal de Baku chamado *Bakinski rabochi*.[34] Dali em diante, limitou o georgiano às cartas para os camaradas e os parentes. Deixou de escrever na língua materna para o público político. Era uma atitude comum entre os bolcheviques georgianos. Pertencer às fileiras do bolchevismo envolvia comprometer-se com o internacionalismo e o meio russo, no marco do marxismo organizado no império. Por um tempo, ele estudou esperanto por conta própria. Para ele e muitos revolucionários, essa língua, criada pelo judeu polonês Ludwig Zamenhoff, proporcionava uma das bases culturais para a ordem socialista que pretendiam criar em todo o mundo.[35]

De qualquer modo, não era o antissemitismo de Djughashvili o que mais incomodava seus conhecidos. Semën Vereschchak conhecera-o na prisão de Bailov, perto de Baku, e ficou chocado com sua antipatia. Djughashvili punha um prisioneiro contra o outro. Em duas ocasiões, isso terminou em violência:

> Um jovem georgiano estava sendo surrado no corredor do bloco político [da prisão]. Quem pôde se juntou à surra com o que tinha em mãos. A palavra correu pelo bloco: provocador! [...] Todos pensavam que era seu dever dar golpes. Por fim, os soldados vieram e

puseram fim à briga. O corpo ensanguentado foi levado na maca para o hospital da prisão. A administração trancou os corredores e as celas. O promotor assistente chegou e começou a investigar. Ninguém foi apontado como responsável. As paredes do corredor estavam cobertas de sangue. Quando tudo tinha se acalmado, começamos a nos perguntar quem tínhamos espancado. Quem sabe se ele era um provocador? Se era, por que não o mataram? [...] Ninguém sabia nem entendia nada. Só muito tempo depois ficou claro que Djughashvili havia espalhado o rumor.[36]

Em outra ocasião, um criminoso conhecido como Mitka Grek matou um jovem operário a facadas. Supostamente, Djughashvili teria lhe dito que o homem era um espião.[37]

Os revolucionários não tinham escrúpulos em eliminar informantes ou quem atrapalhasse suas atividades. A questão com Djughashvili, porém, era que ele fazia isso na surdina. Não havia o interrogatório habitual do acusado. Ele simplesmente decidia e incitava a violência.[38] Colocava os colegas conspiradores na trilha do perigo e mantinha-se a distância. Era taxativo, cruel e extremamente confiante. Porém, também era valente. Isso costuma ser descartado pelos que pretendem lhe atribuir todos os defeitos possíveis. Até Semën Vereshchak, seu detrator, reconheceu que Djughashvili agia com coragem e dignidade ante as autoridades. Na Páscoa de 1909, uma unidade de soldados irrompeu no bloco político para espancar todos os prisioneiros. Djughashvili não demonstrou medo. Decidiu mostrar aos soldados que a violência nunca o dobraria. Portando um livro nas mãos, manteve a cabeça erguida enquanto o espancavam.[39]

Sua atitude foi suficientemente extraordinária para que Vereshchak a recordasse com assombro. Outros aspectos incomuns no comportamento de Djughashvili são menos apreciáveis. Ele recuperou-se da morte da mulher com uma rapidez inusitada e, quando estava fora da prisão, corria atrás das saias com entusiasmo. Esbelto, sigiloso e confiante, sempre atraiu as mulheres. Em 1909, ele teve uma namorada, Tatiana Sukhova, em Solvychegodsk. Ele chegara lá trajando roupas do sul, inadequadas para o tremendo inverno do norte da Rússia. Sukhova o ajudou; chegou a lhe dar dinheiro e o ajudou a escapar.⁴⁰ Em outra estadia na cidade, ele saiu com uma moça local, Pelageya Onufrieva. Tinha só 17 anos — e não foi a última adolescente que ele conquistou.⁴¹ Nem todos os camaradas as aprovaram, naquela época ou depois. Menos aceitável foi o modo como tratou Maria Kuzakova. Ela era proprietária de uma grande casa de madeira em Solvychgodsk, onde ele se alojou. Era uma viúva jovem. Em pouco tempo, ela teve um bebê, que batizou Konstantin. Não havia muitas dúvidas quanto à paternidade. Os que conheceram Konstantin na idade adulta comentaram que ele lembrava Stalin na aparência e até nos gestos.⁴²

Djughashvili não pretendia se prender a uma mãe e uma criança. As mulheres eram uma fonte de gratificação sexual e conforto doméstico. Ele gostava de relaxar socialmente com elas quando tinham as características que apreciava. Suas parceiras deviam apoiá-lo, não desafiá-lo. Exigia que a mulher se devotasse inteiramente a ele, e Kuzakova o serviu por um tempo. Mas a relação deles rompeu um código. Como outros revolucionários, os bolcheviques acreditavam que tinham a missão de construir um mundo melhor segundo o princípio do bem coletivo. Djughashvili usou Kuzakova de um modo egoísta para gratificar sua luxúria, e nunca pensou que sua atitude fosse condenável. Desse modo, junto ao rio Vychegda, ele esperou que saísse sua sentença; em 27 de junho de 1911 ele foi autorizado a se mudar para Vologda. Viajou para Kotlas e embarcou em direção ao oeste na nova ferrovia. Nunca mais regressou a Solvychegodsk.

8. NO CENTRO DO PARTIDO

Os líderes emigrados do Partido Operário Social-Democrata Russo tardaram em reconhecer Josef Djughashvili como um dirigente talentoso. A composição da elite não era rígida, mas sem o patrocínio de um membro era difícil fazer parte dela. Djughashvili não tinha muito futuro se permanecesse no sul do Cáucaso e da Rússia. Nas reuniões de Tampere e Estocolmo ele opinara de modo direto. Em todas as ocasiões fez objeções a Lenin,[1] o único líder que poderia sugerir sua inclusão no Comitê Central. O foco Lenin continuava sendo a Rússia; ele estava inclusive disposto a deixar a Geórgia nas mãos dos mencheviques locais se estes concordassem em manter o nariz fora das questões marxistas russas.[2] Djughashvili discordava. Para ele, a expansão industrial e comercial de Baku, Tbilisi e Batumi dava à região uma importância semelhante à das regiões do norte e do centro da Rússia; e sua atitude não mudou até a facção bolchevique lhe dar trabalhos em outras partes. Ele deixara clara sua disposição a defender suas opiniões nas reuniões do partido fora da região. Não tinha se unido ao movimento marxista para enterrar seus talentos sob a política oficial.

Quando chegou, a promoção veio pelas mãos de Lenin. Após anos de cooperação incerta e irregular com os mencheviques, Lenin deu um basta. Em 1911, as desvantagens de compartilhar um partido com eles e com várias organizações regionais não russas eram maiores que as vantagens. Em resumo, planejava transformar a facção bolchevique — ou os bolcheviques que lhe permaneciam leais — no Partido Operário Social-Democrata Russo e tratar as demais facções como se tivessem se colocado fora das fileiras do partido.

Os mencheviques haviam denunciado a sanção de Lenin aos roubos de bancos para financiar o bolchevismo. Queriam sua parte na herança de duas irmãs de sobrenome Schmidt, dinheiro que pertencia ao partido como um todo. Lenin, porém, pretendia manter todos os fundos nas mãos dos bolcheviques. Esse não era o único problema. Os partidos marxistas não russos — poloneses, letões, lituanos e o *Bund* — estavam criando problemas ao criticar suas políticas. Até na facção bolchevique havia discrepâncias. Lenin expulsara Alexander Bogdanov e descobrira que muitos bolcheviques achavam aqueles cismas desnecessários e contraproducentes. Confiante e astuto, ele convocou uma reunião em Praga. Apesar de se assegurar de que todos, exceto um par de participantes, eram leninistas leais, denominou-a Conferência Partidária. Na prática, estava abandonando a aparência de colaboração com os mencheviques no partido. O processo teve início em janeiro de 1912. A tática decisiva de Lenin deixou os delegados desconcertados, e alguns não se esquivaram de condenar sua polêmica de emigrado obsessiva. Mas ele conseguiu o que queria. O Comitê Central foi eleito e ele passou a agir como se os mencheviques não existissem.

Naquela época, Djughashvili estava detido em Vologda; mas a cidade tinha uma linha férrea direta com S. Petersburgo, e Lenin não se esquecera dele. Em 1911, havia organizado uma "escola de partido" em Longjumeau, nos arredores de Paris, e Djughashvili foi uma das pessoas que quis ter por perto. "Gente como ele", comentou com o menchevique georgiano Giorgi Uratadze, "é exatamente o que preciso."[3] Longjumeau era uma aldeia tranquila onde Lenin havia programado palestras e recrutou diversos luminares marxistas, além de si mesmo, para ensinar a doutrina e a história do partido a jovens bolcheviques. O objetivo era inculcar neles uma lealdade inabalável ao bolchevismo; Djughashvili, que ainda precisava se destacar como escritor nos níveis mais altos da facção, foi uma escolha natural. Outro georgiano na mira de Lenin era o futuro associado de Djughashvili, Sergo Ordjonikidze, que estudara em Longjumeau e chamara sua atenção. Por algum motivo, porém, Djughashvili não recebeu o convite. Talvez Lenin não tenha conseguido alguém para levar o recado até Vologda. De qualquer modo, Ordjonikidze o deixou tão impressionado que Lenin o encarregou de organizar a Conferência de Praga.[4]

Se Djughashvili tivesse comparecido ao curso em Longjumeau, talvez tivesse ficado com essa tarefa. Certamente teria ido a Praga, e talvez até tivesse sido eleito para o Comitê Central. Suas habilidades eram mais abrangentes que as de seu amigo Ordjonikidze, principalmente como escritor e editor. Contudo, isso não o teria favorecido. Para o novo Comitê Central foi eleito certo Roman Malinovski, um agente pago pela Okhrana. Todos os membros do Comitê Central que regressaram ao Império Russo foram detidos semanas depois, exceto ele. No mesmo ano de 1912, Malinovski, líder sindicalista dos metalúrgicos de S. Petersburgo, foi o candidato bolchevique à Quarta Duma Estatal, e obteve uma vitória acachapante. A Okhrana se manteve informada sobre os órgãos mais influentes do bolchevismo — o Comitê Central e a facção da Duma — e conseguiu permear as discussões.

Contudo, a prisão da maior parte dos membros do Comitê Central que regressaram mudou a sorte de Josef Stalin. Depois de perder a chance de participar da escola partidária em Longjumeau e da Conferência de Praga, ele estava disponível para atividades do mais alto nível. Lenin o via como alguém que podia agir em seu nome em diversos campos. Djughashvili tinha boa reputação como organizador. Nunca se queixou de suas tarefas: era conhecida sua capacidade de trabalhar duro. Houve desacordos políticos com Lenin, de fato, mas ele não tinha sido o único, e, ainda assim, eles haviam concordado em 1911-12 quanto à maioria das questões práticas que afetavam os bolcheviques. Ele possuía uma compreensão básica da teoria marxista. Era um escritor fluente e um editor hábil. Era direto quando havia necessidade de fazer um indivíduo ou comitê se submeter à linha oficial da facção. Lenin e Grigori Zinoviev — que estavam de passagem por Paris antes de transferirem a sede estrangeira do Comitê Central para a Cracóvia, nas terras polonesas da monarquia Habsburgo — decidiram cooptar Djughashvili (ou Ivanovich, como costumavam chamá-lo) para o Comitê Central. Em fevereiro de 1912, Sergo Ordjonikidze foi a Vologda para lhe transmitir a notícia pessoalmente.[5]

A comunicação com os emigrados era lenta, e Lenin se inquietava: "Não tenho notícias de Ivanovich. O que houve com ele? Onde está? Como está?"[6] Djughashvili fora classificado como um dos raros camaradas úteis. Mas Lenin não precisava se preocupar. Ordjonikidze não teve dificuldade para encontrá-lo e informou-lhe que o Comitê Central queria que deixasse a cidade para trabalhar como um de seus principais líderes no Império Russo. Ele por fim iria se juntar à elite da facção bolchevique.

Djughashvili saiu de Vologda com documentos falsos em 29 de fevereiro de 1912. Sua primeira parada foi no Cáucaso. Lá escreveu artigos justificando a formação do novo Comitê Central, apesar da exclusão ilegítima dos mencheviques e outras facções do Partido Operário Social-Democrata Russo. Concentrou seus esforços em Baku e Tbilisi. Porém, as novas tarefas significavam que já não podia se restringir a uma região do Império Russo. Em 1º de abril, depois do acordo com Lenin, ele partiu para Moscou, onde se reuniu com Ordjonikidze. Depois foi para S. Petersburgo. Suas tarefas eram onerosas e importantes. Escreveu e ajudou a editar o jornal bolchevique *Zvezda* ("A Estrela"); sua fluência literária era muito apreciada pelos bolcheviques metropolitanos em dificuldades. Ao mesmo tempo, vinculou-se a representantes bolcheviques na Terceira Duma Estatal para fundar um jornal diário mais popular, *Pravda* ("A Verdade"), do qual passou a ser o editor. A redação do jornal ocupava três salas, e a gráfica mais duas salas em outra parte.[7] Não se pode dizer que ele se manteve fora do alvo da Okhrana. Restava-lhe a esperança de que a polícia, por qualquer motivo, não quisesse prendê-lo.

O *Pravda* foi lançado em 22 de abril de 1912, e Djughashvili colaborou com um artigo, "Nossos objetivos", na edição inicial. Ele fez o que lhe mandaram de Cracóvia e se inseriu no núcleo da liderança bolchevique de S. Petersburgo. O *Pravda* era o jornal diário legal da facção. Seu objetivo era obter apoio entre os operários industriais em um momento de crescente descontentamento popular com o tsar e os empregadores. No dia 4 de abril, os mineiros em greve nas minas de ouro de Lena, na Sibéria, tinham sido alvejados pelas autoridades. Uma onda de manifestações de protesto varreu o império. S. Petersburgo estava tumultuada. O longo período de quietude no movimento operário desde 1906 chegava ao fim. O apelo dos militantes bolcheviques começou a suplantar o dos mencheviques. Consequentemente, os primeiros deixaram de ter utilidade para a Okhrana como força divisionista no Partido Operário Social-Democrata Russo. Pode não ter sido coincidência que uma ordem de prisão contra Djughashvili tenha sido emitida assim que o *Pravda* saiu à venda. A verdade ainda não tinha sido desenterrada dos arquivos do Ministério do Interior. Djughashvili foi detido em 22 de abril e trancafiado na Casa de Detenção Primária da capital. Em 2 de julho foi escoltado até o distrito de Narym, perto de Tomsk, no oeste da Sibéria, onde foi condenado a passar três anos. Após uma longa jornada no "vagão gradeado" pela Ferrovia Transiberiana até Tomsk, ele embarcou no vapor *Kolpashevets* e desceu o vasto rio Ob até Narym.

Antes de ser confinado, Djughashvili vinha escrevendo mais intensamente que em outros períodos de sua vida. Foi também quando alguns de seus versos da adolescência foram republicados na última edição da antologia literária georgiana *Língua materna*, de Yakob Gogebashvili.[8] Mas ele não contou isso a ninguém. (Não é certo que tenha sabido da publicação.) Sobravam poucos lampejos de seu lado poético. Em uma proclamação que escreveu para o Dia do Trabalho,[9] em 1912, ele dizia: "A natureza está despertando de seu sono invernal. As florestas e montanhas enverdecem. Flores adornam as pradarias e os pastos. O sol brilha mais calidamente. Sentimos no ar a nova vida, e o mundo começa a dançar de alegria." Foi o último brote romântico que publicou. Pelo resto da vida ele não repetiu essa verbosidade efusiva. Na verdade, havia muito tempo não se permitia esse tipo de expressão.[10]

A proclamação não se referia a outras regiões do Império Russo — só à Rússia. Tinha por foco exclusivo os operários russos, e conclamava-os a "alçar a bandeira da revolução russa [*russkoi*]". Não é preciso interpretar muito (o que não impediu alguns biógrafos de tentar). Djughashvili trabalhava na capital russa, escrevia em russo e dirigia-se a operários industriais russos. Naturalmente, a Rússia estava no cerne da mensagem, o que não teria sido o caso se ainda vivesse em Tbilisi. De qualquer modo, nessa época deu-se uma mudança perceptível em sua *persona* política. A partir de 1912, seu pseudônimo principal passou a ser Stalin. Trata-se de um nome russo derivado da palavra "ferro" (*stal*). Embora não fosse a primeira vez que ele usava a língua russa para criar uma identidade, em geral logo retomava os nomes georgianos. Agora, porém, estava construindo sua imagem no Partido Operário Social-Democrata Russo e já não queria ser conhecido apenas como um homem do Cáucaso. Estava pondo ainda mais ênfase na necessidade de uma solução geral para os problemas do Império Russo, e pretendia ter um papel integral nessa solução.

Claro que, pessoalmente, Stalin não poderia se fazer passar por um russo. Ele sabia que se parecia com, soava como e se comportava feito um "sulista". Adorava os clássicos literários georgianos. Nunca seria russo e, à diferença do que se sugere amplamente, nunca tentou.[11] Se ele realmente quisesse eliminar a característica georgiana de seu perfil político entre os bolcheviques, teria deixado de escrever sobre a "questão nacional". Judeus como Zinoviev e Kamenev queriam ser reconhecidos como internacionalistas, e quase nunca chamavam atenção para sua origem étnica. Stalin também queria ser visto como um internacionalista; também queria ser levado a sério na política socialista russa. Mas continuava instando o partido a promover interesses de não russos na futura administração socialista. Em 1913, o folheto "A questão nacional e a social-democracia" contribuiu para elevar sua reputação no partido e para solidificar sua relação com Lenin, que o descreveu em uma carta ao escritor Maksim Górki como "o maravilhoso georgiano".[12] O que fica claro é que, havia muito tempo, Stalin deixara de defender os georgianos em suas declarações sobre a questão nacional. Quando escrevia ou dizia algo, não os tratava melhor ou pior do que outros povos não russos. Ele não dava primazia aos seus conterrâneos, embora continuasse sendo georgiano na aparência, no sotaque, no comportamento e na cultura residual.

Tudo isso significava pouco para Stalin quando se dirigiu a Narym escoltado. Passou uns dias em Kolpashevo, aldeia onde vários líderes bolcheviques viviam exilados. Entre eles estavam Mikhail Lashevich e Ivan Smirnov. Lá Stalin encontrou o amigo bolchevique Semën Surin e outro que conhecera da prisão de Bailov, Semën Vereshchak. Jantou com eles, recobrou-se e partiu para o nordeste, pelo rio Ob, rumo ao seu destino em Narym.[13] Não era o pior lugar de exílio no Império Russo. Diferentemente de outras cidades ao norte, Narym estava situada nos arredores de uma zona agrícola. Contudo, as condições podiam ter sido melhores. O inverno era gélido. A vida econômica girava em torno da caça e da pesca. O contato com S. Petersburgo era infrequente e sujeito à vigilância policial.

Quando chegou, o colega do Comitê Central Yakov Sverdlov saudou-o e ofereceu-lhe um quarto. Eles não se deram bem. Até o acordo sobre as tarefas domésticas falhou. Sverdlov queria um mínimo de ordem, mas Stalin era desmazelado, e egoísta. Eles combinaram que um buscaria a correspondência, e o que ficasse se encarregaria de arrumar a casa. Anos depois, compararam suas memórias sobre como Stalin se virou com esse arranjo:[14]

> *Stalin*: Eu gostava de sair sorrateiramente para o correio [no dia de Sverdlov fazê-lo]. Sverdlov tinha de cuidar da casa, quisesse ou não — manter o fogão aceso e limpar [...] Quantas vezes tentei chutar você e fugir das tarefas domésticas. Eu [também] costumava acordar quando era a minha vez, e continuar deitado como se estivesse dormindo.
> *Sverdlov*: E você acha que eu não notava? Eu notava muito bem.

Sverdlov riu, de bom humor, mas na época não achou nenhuma graça. O comportamento de Stalin era duplamente egoísta. Quem ia aos correios encontrava os camaradas, o que amenizava a melancolia do exílio. As condições eram deprimentes para todos, e o egocentrismo de Stalin era amplamente ressentido.

Os dois planejaram fugir de Narym para retomar a atividade política clandestina. O Comitê Central na Cracóvia os encorajou. Havia dois "escritórios" de fuga, um em Kolpashevo, outro em Narym. Sverdlov fez a primeira tentativa, mas foi detido perto de Tomsk. Então Lashevich se atreveu, seguido por Stalin e Sverdlov, em 1º de setembro.[15] Foi uma viagem repleta de incidentes. Eles haviam montado um esquema perspicaz, em que o miúdo Sverdlov se esconderia em uma cesta de lavanderia. Stalin foi parado por um policial, que fez um gesto com a baioneta para examinar o cesto. Stalin o fez desistir, subornando-o. A história contada por Stalin, três décadas depois, não pôde ser verificada.[16] Mas não era implausível. Os revolucionários fugitivos exploravam constantemente a ineficiência e a venalidade das agências imperiais da lei e da ordem.

Stalin e Sverdlov foram recebidos pela família Alliluev em S. Petersburgo.[17] Em pouco tempo, retomaram os vínculos com as organizações do partido e a seção "estrangeira" do Comitê Central na Cracóvia. Durante todo esse tempo precisaram avançar ao menos um passo adiante da Okhrana. A campanha eleitoral para a Quarta Duma Estatal estava a todo vapor. Stalin permaneceu na capital para ajudar e dirigir as atividades bolcheviques, e voltou a escrever para o *Pravda*. Em 19 de outubro, publicou o artigo principal do jornal, "A vontade dos delegados dos eleitores", e Lenin escreveu "O mandato dos operários de S. Petersburgo" para o jornal dos emigrados *Sotsial-demokrat*. No dia da eleição, 25 de outubro, os bolcheviques conseguiram seis assentos. A coordenação era fundamental, então Stalin fez uma viagem de última hora a Moscou para conversar com Roman Malinovski e outros recém-eleitos. Com o fim da campanha eleitoral, era urgente fortalecer o contato com a Cracóvia. Após retornar brevemente a S. Petersburgo e se assegurar de que os arranjos para a Duma estavam em andamento, ele comprou passagem de trem para a Polônia no início de novembro. Precisava consultar Lenin. Pela primeira vez, ambos se encontrariam como membros do Comitê Central.

Para ele, a viagem foi memorável. Quando o trem se aproximou da fronteira com a Polônia austríaca, ele estava em um vagão onde um passageiro lia em voz alta um jornal nacionalista russo. Stalin não se conteve e gritou: "Por que o senhor lê essa porcaria? Deveria ler outros jornais!"[18] Ao desembarcar do trem, teve de buscar ajuda para cruzar a fronteira e chegar até a Cracóvia. Vagou pelo mercado até topar com um sapateiro amável. Stalin empregou seu charme: "Meu pai também era sapateiro na minha terra natal, a Geórgia." O sapateiro recusou a gorjeta, levou Stalin para casa, alimentou-o, e, ao anoitecer, conduziu-o por um caminho tortuoso pelas montanhas até a Polônia austríaca.[19]

Ele chegou a tempo para uma reunião entre membros do Comitê Central e três deputados bolcheviques na Duma. Não gostou da experiência. Em novembro, os bolcheviques tinham de fazer uma greve política de um dia e uma manifestação diante do palácio Tauride, em S. Petersburgo. Quando os mencheviques se opuseram, alegando que aquilo seria perigoso e improdutivo, os bolcheviques retrocederam. Lenin foi informado disso na Cracóvia e esboçou um artigo irado.[20] Seu mau humor não amainou enquanto os três deputados não chegaram à Polônia. Stalin admitiu que a facção bolchevique havia errado, mas tinha dúvidas se o melhor a fazer para enquadrá-la seria intimidá-la:[21]

> Illich recomenda "uma política dura" para o grupo dos seis [deputados bolcheviques na Duma] da facção, uma política de ameaçar a maioria da facção, uma política de apelar às bases *contra* a maioria da facção; mas Illich cederá, pois é evidente que os seis ainda não estão bem-preparados para uma política tão dura, e é preciso *começar* fortalecendo-os e só depois usá-los para criticar a maioria da facção, como Ilya [Muromets] usou um tártaro para criticar os tártaros.

Stalin acreditava que os bolcheviques podiam convencer os mencheviques na facção da Duma. Ele tinha assistido a uma reunião da facção e podia testemunhar que isso era possível. A persuasão poderia realmente funcionar. Ele achou Lenin inepto e mal-informado por insistir na intransigência tática.[22]

Stalin se dava muito melhor com Lev Kamenev, que conhecera nos tempos de Tbilisi e também era membro do Comitê Central. Sentindo-se solitário na Cracóvia, escreveu-lhe o que só pode ser considerado uma carta de amor: "Dou-lhe um beijo de esquimó no nariz. Que o diabo me carregue! Sinto sua falta — juro de pés juntos. Não há ninguém, absolutamente ninguém, com quem eu possa ter uma conversa de coração aberto, droga! Será que você conseguiria vir à Cracóvia?"[23] Ainda consolidando sua posição na liderança do Partido Operário Social-Democrata Russo, ele estava em busca de amigos em potencial que o ajudassem.

Ele regressou brevemente a S. Petersburgo e trabalhou com os seis deputados bolcheviques na Duma antes de voltar para a Cracóvia, no final de dezembro, para outra reunião do Comitê Central com o grupo bolchevique na Duma. Foi quando Stalin passou mais tempo no estrangeiro; lá estabeleceu uma relação mais amigável com Lenin. No entanto, embora tivesse sido convidado por Lenin para jantar com sua esposa, Nadejda Krupskaya, Stalin insistiu em procurar um restaurante. Atônito com essa atitude, Lenin foi procurá-lo. Encontrou-o jantando com uma garrafa de cerveja sobre a mesa. Dali em diante, Lenin passou a ter sempre álcool em casa, e eles retomaram as conversas políticas em um ambiente social. Entretanto, o comportamento de Stalin tornara-se assunto de fofocas locais. Ao pedir uma refeição em uma estação de trem na linha que ligava a Cracóvia e Zakopane, observou que outros fregueses entravam no restaurante e logo eram servidos, enquanto ele continuava esperando. Sua sopa chegou após uma espera excessiva. Ofendido, ele derramou o conteúdo da tigela na mesa e saiu. Lenin teve de explicar ao suposto especialista do partido na questão nacional que os poloneses não gostavam de falar russo.[24]

Lenin tinha o dom de colocar os bolcheviques à vontade. E Stalin foi se acomodando. Os dois tinham conversas intermináveis. Ele servia aos propósitos de Lenin como o bolchevique por antonomásia. Era duro, e não se queixava. (Até então, ele não havia exibido seu lado autocomiserativo e vociferante.) Parecia se moldar ao estereótipo do operário. Era também um revolucionário dedicado e leal à facção bolchevique. Obviamente, Stalin era inteligente e Lenin, engajado em controvérsias sobre a questão nacional com Jordania e outros mencheviques, estimulou-o a se desincumbir de suas outras tarefas e dedicar-se a redigir um longo artigo sobre o assunto. Já em 1910, Lenin o havia citado (com o pseudônimo de K. S.) como um analista do Cáucaso mais acreditado que Jordania, o qual era mais famoso.[25] Agora, encorajava-o a aprofundar suas análises e publicar o resultado.

Com isso em mente, na segunda semana de janeiro de 1913, Stalin viajou a Viena, onde podia consultar bibliotecas com mais títulos da literatura marxista do que o que havia disponível na Cracóvia. Ele passou algumas semanas com companheiros bolcheviques no extremo sul da cidade, não muito longe do Palácio de Schönbrunn, em um apartamento térreo na Schönbrunner Schlossstrasse. Os camaradas separaram vários livros para ele, e deram-lhe uma mesa e um divã.[26] (Ele nunca se negou a dormir em camas muito simples.)[27] Passou várias semanas em bibliotecas vienenses e escreveu o artigo no apartamento. Consultou frequentemente os camaradas locais sobre textos em alemão de Bauer, Kautski e do jornal marxista *Die Neue Zeit*.[28] Ele era um homem com uma missão. Vivia a questão nacional e dissertava sobre ela até em reuniões sociais. A filha de seus anfitriões, Galina, de 16 anos, se entediava durante os passeios pelos parques bem-cuidados de

Viena: "Você não vai falar de novo sobre a nação!"[29] Separado do filho Yakob na Geórgia, Stalin afeiçoou-se a ela, como lhe ocorria com outras crianças vivazes. Mas ela era páreo duro: não acreditou quando ele, com seu forte sotaque, prometeu, brincando, que lhe traria "chocolate verde" do Cáucaso.[30]

Ele fez longas anotações e redigiu a maior parte do texto antes de regressar à Rússia. Inicialmente, publicou "A questão nacional e a social-democracia" na revista marxista de S. Petersburgo *Prosveshchenie* ("Ilustração").[31] De volta à capital, em meados de fevereiro de 1913, Stalin retomou seu papel no complexo jogo entre os partidos revolucionários e a Okhrana. A polícia já havia entendido que não funcionava tentar reprimir totalmente o movimento revolucionário, e desde a década de 1880 agia de acordo com esse entendimento. (O problema era que a Okhrana podia mudar as regras do jogo à vontade, e o resultado podia ser a prisão ou o exílio dos revolucionários.) Stalin teve de correr os riscos de sempre. Dessa vez não foi para os bairros menos agradáveis da capital, mas para o centro, na rua Shpalernaya nº 44, o apartamento alugado pelos deputados bolcheviques na Duma F. Samoilov e Alexander Badaev.[32] A Okhrana sabia que ele seguia instruções da liderança emigrada na Cracóvia — ou que as acatava como lhe parecia. Stalin entendeu que sabiam quem ele era e o que fazia. A Okhrana esperava obter pistas dos círculos mais amplos das atividades bolcheviques; Stalin não queria dar pistas enquanto estivesse guiando a facção na Duma para o fim desejado.

Evidentemente, sua presença em S. Petersburgo não era segredo. Ele podia ser detido a qualquer momento. Com a benção de Lenin, dirigia a atividade da facção na capital. Contudo, não podia se vangloriar disso. Precisava se manter alerta. Sua obscuridade voluntária em 1912-13 fez muitos suporem que fora um joão-ninguém circulando entre os bolcheviques antes da Grande Guerra. Essa noção é totalmente equivocada. Ele alcançara o topo do Comitê Central e via seus talentos assentarem as bases do que poderia realizar no Império Russo.

O inevitável aconteceu em 23 de fevereiro de 1923. Stalin foi a um baile do Dia Internacional das Mulheres, no mercado Kalashnikov. Tratava-se de uma ocasião importante, e muitos militantes compareceram. Contudo, a Okhrana decidira que chegara a hora de prendê-lo. Aparentemente, Malinovski avisara a seus chefes do paradeiro de Stalin naquele dia, que ao chegar foi detido e algemado. Ele havia terminado seu longo artigo sobre "A questão nacional e a social-democracia" (mais tarde republicado como "O marxismo e a questão nacional"), que já estava no escritório da revista *Prosveshchenie*,[33] uma revista marxista autorizada que apresentava questões da teoria doutrinária e análises contemporâneas. O fato de seus editores aceitarem o artigo indicou que sua importância entre os marxistas do Império Russo vinha aumentando. O artigo foi considerado suficientemente bom para ser publicado como um folheto. Stalin também deixou para trás um artigo, bem mais curto, para o *Pravda*.[34] Tratava-se do informe "A situação no grupo social-democrata da Duma". Seu conteúdo justificava a linha dura adotada pelos bolcheviques, comparada à atitude dos mencheviques. Quando da sua publicação, Stalin estava fora de circulação, na Casa de Detenção Preliminar da capital.

Ele não tinha noção de que não voltaria a desfrutar as delícias da liberdade durante exatamente quatro anos. Mas foi justamente no Dia Internacional das Mulheres, em 1917, que operárias têxteis entraram em greve na capital, forjando o primeiro elo da corrente que, dias depois, derrubaria a monarquia imperial. Entre a sua prisão e a abdicação de Nicolau II, nenhum artigo de Stalin foi publicado. Ele mal havia entrado no espaço da facção bolchevique quando foi jogado no turbilhão da Justiça tsarista. Ainda assim, estava ciente dos riscos. A prisão recorrente e o exílio eram a norma entre os revolucionários que não emigravam. Ele deve ter imaginado que seria outra vez enviado para algum lugar como Solvychegodsk ou Narym, e que o Comitê Central o ajudaria a fugir para retomar suas importantes funções políticas. Ele não seria julgado. Seu futuro imediato dependia da polícia. Stalin aguardou a decisão com a impavidez costumeira.

9. KOBA E O BOLCHEVISMO

Djughashvili não era absolutamente um pensador notável. Não seria novidade se seus partidários não o tivessem enaltecido como uma figura de significado intelectual universal. Ele sempre teve muitos detratores. Os primeiros foram, em grande parte, pessoas que — ao menos por insinuação — sugeriram que eles, sim, eram pensadores distintos. Enganaram-se. Praticamente nenhuma figura de destaque no Partido Operário Social-Democrata Russo deixou uma contribuição intelectual original. Plekhanov, Lenin e Trotski foram sintetizadores brilhantes de ideias alheias — nem todas marxistas. Cada um levou sua síntese pessoal a um extremo idiossincrático. Isso também se aplicava a Bukharin, que tentou aprofundar a perspectiva marxista à luz da filosofia, da sociologia e da economia. Só Bogdanov pode ser considerado um pensador original. Sua amálgama de Marx e Engels com a epistemologia de Ernst Mach o fez rejeitar o determinismo econômico em troca de um jogo dinâmico de fatores objetivos e subjetivos nas "ciências" sociais. Seu trabalho sobre a importância das ideias no controle das sociedades pelas elites no curso da história humana foi significativo, e seu *empiriomonismo* foi um *tour de force*.[1]

No entanto, outras figuras conseguiram convencer os camaradas de que eles também tinham um significado cultural excepcional. Antes da Grande Guerra, Stalin não tentou fazer isso. E nos anos seguintes não sugeriu que tivesse feito nenhuma contribuição original. Ele sempre afirmou que apenas fora um leninista leal.[2] Dizia que era um *praktik*, isto é, um revolucionário prático, mais do que um teórico. Quando publicou "Anarquismo ou socialismo", em 1906-7, vários leitores pensaram que dificilmente seria o verdadeiro autor. Seu colega de escola Davrishevi achou que outro bolchevique, talvez Suren Spandaryan, seria o autor do texto. Mas Suren esclareceu as coisas: o artigo era realmente de Stalin.[3] "Anarquismo ou socialismo" não era um artigo brilhante. Stalin reconheceu isso em particular após a Segunda Guerra Mundial (quando o comentário foi considerado extremamente modesto).[4] Contudo, à época da publicação, ele teve uma importância prática. Isso tem sido negligenciado por seus biógrafos, que ignoram o fato de que os anarquistas eram ativos em Tbilisi após a virada do século. A Geórgia era reconhecida como o lugar onde haveria um desafio fundamental à monarquia imperial. Líderes anarquistas emigrados enviavam propagandistas em missões a Tbilisi. Stalin mergulhou na literatura disponível sobre o marxismo antes de definir sua resposta urgente.[5]

Na verdade, antes da Grande Guerra, ele se ateve às linhas gerais do bolchevismo. Endossou os preceitos da estrita disciplina partidária formulados em *Que fazer?*, de Lenin; em 1905, compartilhou o ponto de vista leninista sobre as etapas revolucionárias, a ditadura e as alianças de classes. Declarou que versões rivais do marxismo no Império Russo eram traições à fé. Acentuou a necessidade de uma liderança e uma vanguarda revolucionárias, e de evitar o reboquismo. A vanguarda deveria organizar a insurreição e tomar o poder. Tampouco temeu se opor a projetos apresentados por Lenin e de fazer isso debatendo abertamente. Na maior parte dos casos, porém, concordava com Lenin; este, por sua vez, precisava urgentemente da contribuição de Stalin sobre a questão nacional. Enquanto os mencheviques contavam com diversos teóricos que discorriam sobre as nacionalidades no império, os bolcheviques só tinham Djughashvili (ou Stalin, como passou a ser conhecido em público a partir desse período). Não surpreende que Lenin se entusiasmasse com ele.

Embora diversos aspectos de seu pensamento só tenham emergido quando chegou ao poder, é improvável que não existissem antes. Stalin cresceu enquanto os países imperiais em todo o mundo aplicavam abertamente a força militar. O que governava era a força baseada na superioridade tecnológica e organizativa. O Império Britânico cobria um quinto da superfície terrestre. A era do sangue e do aço tinha chegado. O capitalismo triunfara. Os marxistas acreditavam que o socialismo alcançaria a vitória e que o capitalismo estava destinado ao fracasso. Uma nova etapa na história da humanidade era iminente. Os marxistas radicais antecipavam uma guerra civil em escala global entre a pequena burguesia e as classes trabalhadoras. Desse conflito surgiria o bem para as futuras gerações. O marxismo justificava o sacrifício de milhões de seres humanos na busca da revolução.

A sociedade perfeita seria possível com o fim do conflito militar. Os pobres herdariam a terra. Isso seria possível com a "ditadura do proletariado". A necessidade de métodos repressivos persistiria enquanto a resistência das antigas classes proprietárias não fosse esmagada. A ditadura seria impiedosa, mas Stalin e outros bolcheviques não anteviam muitos problemas. Acreditavam que o peso numérico e organizativo do proletariado eliminaria qualquer oposição. A velha sociedade desapareceria e os privilégios de classe seriam erradicados. O Estado incorporaria a "modernidade" em todos os setores da vida, e seria superior às variantes capitalistas existentes.[6] Haveria educação universal gratuita. A produção material seria padronizada e o desperdício do capitalismo eliminado. Todos os cidadãos teriam trabalho, alimentação, moradia, atenção à saúde e educação. Esse conjunto de ideias militantes convinha a Stalin. Ele vivia para o conflito. Constantemente tentava dominar os que o rodeavam. Havia encontrado uma ideologia condizente com suas inclinações. Tudo no bolchevismo encaixava em seus propósitos: luta, repressão, hegemonia proletária, rivalidade interna, liderança e modernidade; ele já se via como um verdadeiro líder em um partido que, por sua vez, queria conduzir as "massas proletárias" para o admirável mundo novo.

Contudo, Stalin não era um leninista cegamente obediente. Em diversas questões importantes ele pensava e dizia que Lenin estava equivocado. Na conferência bolchevique na cidade industrial finlandesa de Tampere, em dezembro de 1905, ele rejeitou o plano de Lenin para que o partido apresentasse candidatos nas eleições para a Primeira Duma Estatal. Como a maior parte dos delegados, considerou uma perda de tempo participar da campanha eleitoral — só mais tarde, como muitos outros, chegou a aceitar a ideia.[7] Lenin defendia que, após a derrubada da monarquia, a "ditadura revolucionário-democrática do proletariado e do campesinato" deveria transformar todas as terras agricultáveis em propriedade do Estado. Stalin pensava que isso era ingênuo e irrealizável. Propôs que a ditadura permitisse que os camponeses ocupassem e dispusessem das terras como lhes aprouvesse.[8] Ele acreditava também que a exigência de Lenin de uma ruptura radical com os mencheviques simplesmente iria confundir e contrariar os bolcheviques da Duma. As duas facções eram fanáticas e pragmáticas. Em questões importantes divergiam quanto ao fato de onde o fanatismo terminava e onde começava o pragmatismo. As discordâncias giravam em torno de assuntos operacionais, não de princípios revolucionários. No entanto, eram intensamente debatidas no bolchevismo. Lenin odiava que seus seguidores interpretassem o leninismo sem sua condução. Stalin foi um dos que não temiam defender as próprias opiniões sem abandonar a facção.

Ele também tinha reservas quanto às prioridades intelectuais na filosofia de Lenin. Este publicou uma obra de epistemologia em 1908, *Materialismo e empiriocriticismo*. Em seu âmago, havia um ataque feroz a Alexander Bogdanov, seu colaborador próximo. Ele se opôs ao suposto relativismo filosófico de Bogdanov. Para Lenin, era axiomático que o "mundo externo" existia independentemente do conhecimento da mente humana individual. Portanto, a "realidade" era um fenômeno objetivo e discernível. Ele argumentou que o marxismo constituía um conjunto irrefutável de conhecimentos sobre a sociedade, e a mente seria como um aparelho fotográfico, que registrava e transmitia com precisão os dados de uma verdade absoluta. A detração dessas premissas criava um movimento de afastamento do materialismo marxista e abria uma porta intelectual para o idealismo filosófico e até para a religião. Bogdanov, cujo compromisso com todas as afirmações de Marx e Engels estava longe de ser absoluta, foi condenado como inimigo do marxismo.

Na opinião de Stalin, Lenin perdia tempo com assuntos de importância marginal para a Revolução. Em carta a Vladimir Bobrovski, enviada de Solvychegodsk, em janeiro de 1911, afirmou que aquela controvérsia epistemológica era "uma tempestade num copo d'água". Ele costumava ridicularizar os emigrados.[9] Pensava que Bogdanov havia feito um trabalho filosófico convincente e "assinalado corretamente certos erros particulares de Ilich".[10] Queria que os bolcheviques se concentrassem nos grandes assuntos práticos, e havia muitos a discutir antes de formular políticas adequadas. Stalin queria criticar "a política organizativa da comissão editorial" de *Proletari*.[11]

Esta, por determinação de Lenin, havia expulsado Bogdanov. Stalin estava indicando que discordava não só da epistemologia de Lenin, mas também de seu entusiasmo em romper a facção em pedaços menores. Aconselhou moderar a polêmica e recomendou aos líderes que se opunham na controvérsia faccional — Lenin e Bogdanov — a concordar que "o trabalho conjunto é possível e necessário".[12] Essa ideia o motivou nos anos seguintes. De fato, ele a alimentou em 1917; quando Lenin exigiu severas medidas disciplinares contra Kamenev e Zinoviev, Stalin liderou a oposição a ele.

Naquele tempo, ele era conhecido como um conciliador no seio do bolchevismo. Desprezava os embustes migratórios (no sentido de que não deveriam se separar) e queria que os bolcheviques, onde quer que vivessem, permanecessem juntos. Era uma questão de prioridade. A filosofia não era tão importante quanto a revolução. Para tal, era essencial manter os bolcheviques unidos, e Lenin não devia ser autorizado a colocar em perigo este objetivo.

Ainda assim, Lenin tolerava Stalin, e muito de sua atitude positiva pode ser atribuída ao folheto "O marxismo e a questão nacional" deste último. Mais tarde, os inimigos de Stalin descartaram o folheto sem cerimônia. Disseram que ele não podia ser o verdadeiro autor ou que tivera ajuda para escrevê-lo. Supostamente, o *ghost-writer* teria sido Lenin. É inegável que este e outros fizeram sugestões depois de ler o rascunho. Trata-se de um procedimento normal entre escritores sensatos: é melhor conhecer as críticas antes do que depois da publicação. Outra hipótese é que o desconhecimento de línguas estrangeiras, à exceção de algumas frases com a ajuda do dicionário, significava que não poderia ter lido as obras dos marxistas austríacos citadas nos rodapés. Contudo, quem leu "O marxismo e a questão nacional" sabe que a maior parte das referências aos livros de Otto Bauer, Karl Renner e outros remetiam a traduções russas amplamente disponíveis. Outro ponto é que Lenin era um autor orgulhoso. Se o livro fosse seu, ele o teria publicado com algum pseudônimo.

Lenin gostou de "O marxismo e a questão nacional" porque concordava com seu postulado básico. Uma vantagem adicional era que Stalin não era russo, mas georgiano. Com a virada do século, os marxistas da dinastia Habsburgo — principalmente Bauer e Renner — argumentaram que o império era uma colcha de retalhos de nacionalidades onde não se distinguiam claramente os Estados-nações. A resposta era oferecer a cada nação um corpo representativo próprio no império com o objetivo de promover os interesses nacionais. Os mencheviques, estimulados pelo *Bund* e por Noe Jordania, adotaram o plano de Bauer como a base futura da estrutura do Estado no Império Russo após a derrubada dos Romanov. Stalin, contudo, aderiu à posição bolchevique oficial de que os não russos deviam ter autonomia administrativa nas áreas em que se concentravam. Os exemplos de sempre eram os finlandeses na Finlândia e os ucranianos na Ucrânia. Desse modo, os bolcheviques esperavam manter um Estado centralizado ao mesmo tempo que cediam às aspirações nacionais e étnicas.

Stalin não estava simplesmente repetindo os primeiros escritos de Lenin. Em "O marxismo e a questão nacional" há um trecho que merece atenção por tratar da Geórgia. Ele merece ser citado integralmente:

> Consideremos os georgianos. Aqueles dos anos anteriores às Grandes Reformas [da década de 1860] viviam em um território comum e falavam a mesma língua, mas, no sentido estrito, não constituíam uma nação, pois, estando divididos por diversos principados, não podiam ter uma vida econômica em comum; guerrearam entre si, arruinaram uns aos outros, fomentaram problemas entre persas e turcos. A unificação efêmera e acidental dos principados, que um tsar exitoso conseguiria levar a cabo, cobriu no máximo a esfera administrativa — e foi rapidamente derrubada pelos caprichos dos duques e a indiferença dos camponeses.[13]

Tudo isso pela ideia de que os georgianos eram uma nação primordial, totalmente desenvolvida, antes de serem incorporados ao Império Russo.

A argumentação prossegue:

> Como nação, a Geórgia surgiu apenas na segunda metade do século XIX, quando o colapso da lei feudal e o surgimento da vida econômica do país, o desenvolvimento dos meios de comunicação e o nascimento do capitalismo criaram uma divisão do trabalho entre as

regiões georgianas, rompendo por fim o isolamento econômico dos principados e unindo-os em um todo.[14]

Isso é materialismo histórico em estado bruto, mas agrega contundência ao quadro analítico construído por Stalin para examinar a nacionalidade. Para ser considerados uma nação, os georgianos tinham de partilhar não só o histórico "psíquico" e o território, mas também a vida econômica.

Essa não era uma argumentação nova entre os marxistas georgianos. Jordania também sempre apontara que fortes contrastes separavam as várias regiões da minúscula Geórgia.[15] Porém, entre os dois havia uma diferença na ênfase. Jordania queria que a maioria dos habitantes se assimilasse à identidade georgiana, e para Stalin a georgianização estava longe de acontecer. Ambos eram socialistas internacionalistas. No entanto, Stalin não se enganou ao apontar os ingredientes nacionalistas — ainda que inconscientes — na perspectiva de seus adversários mencheviques. Ele questionou particularmente se os mingrélios e os adjaros, que viviam no oeste da Geórgia, deveriam ser considerados georgianos.[16] O que devemos entender disso? A primeira lição certamente é que Stalin era um analista mais profundo de sua Geórgia natal e a região circundante do que se costuma pensar. (Não que devamos nos compadecer: mais tarde ele foi o governante mais brutal que o Cáucaso conheceu desde Tamerlão — e por isso, claro, sua sofisticação inicial foi negligenciada.) De qualquer modo, ele rejeitou a política menchevique por considerar simplistas as suas soluções baseadas em dados demográficos inexatos.

Stalin ressaltou que a nacionalidade era um fenômeno contingente. Viria com o capitalismo. Porém, poderia também desaparecer em situações de mudança. Certos grupos nacionais poderiam se assimilar a uma nação mais poderosa; outros não. Ele foi firme a esse respeito:

> Não pode haver dúvidas de que o "caráter nacional" não é um fato dado permanente, mas muda segundo as condições da vida [...] Então é fácil entender que a nação, como qualquer fenômeno histórico, tem uma história própria, com começo e fim.[17]

Em consequência, seria insensato para marxistas de qualquer nação se identificar permanentemente com uma nação em particular. A história estava em movimento. O futuro estava com o socialismo, os Estados multinacionais e, por fim, com a comunidade humana mundial.

Ao escrever sobre os marxistas, ele dizia muito sobre si mesmo e o desenvolvimento das suas ideias. Não existia mais o jovem poeta que dissera aos seus compatriotas georgianos "façam a fama da nossa pátria com o vosso esforço".[18] Em seu lugar havia um internacionalista que lutava pela causa do proletariado de todas as nações. O Stalin de "O marxismo e a questão nacional" não via os russos como um problema. Ao descrever a Geórgia contemporânea, afirmou:[19]

> Se as campanhas de repressão [do governo] tocarem os interesses da "terra", como aconteceu na Irlanda, as amplas massas camponesas logo se reunirão sob a bandeira do movimento nacional.
>
> Por outro lado, se não existe um nacionalismo antirrusso realmente sério na Geórgia, isso se deve, acima de tudo, à ausência de latifundiários russos ou grandes burgueses russos para alimentar o nacionalismo entre as massas [georgianas]. O que há na Geórgia é o nacionalismo antiarmênio, mas isso se deve à existência de uma grande burguesia armênia que, ao esmagar a pequena burguesia georgiana, reduzida e fraca, empurra esta última para o nacionalismo.

A análise de Stalin apontou para a complexidade da questão nacional no Império Russo. Ela antecipou a reunião harmoniosa de russos e georgianos no mesmo Estado multinacional.

Evidentemente, pressupunha que, quando a revolução por fim derrubasse os Romanov, o Império Russo não deveria ser dividido em Estados separados. Até a Polônia russa, cuja independência, junto com outras terras polonesas habitadas, Marx e Engels desejavam, deveria, em sua opinião, permanecer na Rússia.[20] Sua regra de ouro era que deveria ser oferecido o "direito à secessão", mas nenhuma nação deveria ser encorajada a levá-lo adiante.

O que o motivava era o objetivo de empurrar "as nações e nacionalidades atrasadas para o canal geral de uma cultura mais elevada". Em seu folheto, a frase aparece em itálico. A proposta menchevique de "autonomia nacional e cultural" permitiria às forças religiosas e sociais mais reacionárias aumentar sua influência, e o projeto socialista seria postergado durante anos:

> Aonde leva ["a autonomia nacional e cultural"] e quais são os seus resultados? Tomemos o exemplo dos tártaros transcaucasianos, com uma porcentagem mínima de alfabetizados, escolas dirigidas por mulás onipotentes e a cultura infiltrada pelo espírito religioso [...] Não é difícil entender que organizá-los em uma união nacional e cultural significa deixá-los a cargo dos mulás para que sejam devorados por mulás reacionários, e da formação de um novo bastião para a estultificação [*zakabalenie*] reacionária das massas tártaras pelas mãos de seu pior inimigo.[21]

Sua argumentação não era implausível.

Em seguida, ele levanta algumas questões pertinentes:

> E os mingrélios, adjaros, suanos, lezguianos e outros que falam diferentes línguas, mas não têm literatura própria? Como se relacionar com essas nações? Será possível organizá-los em uniões nacionais? Mas em torno de quais "questões culturais" podem ser "organizados"?
>
> E os ossetas, dentre os quais os ossetas transcaucasianos, vão se assimilando como georgianos (mas estão longe de estar totalmente assimilados), enquanto parte dos ossetas do norte do Cáucaso vão se assimilando como russos e outra parte desenvolve uma literatura própria? Como podem ser "organizados" em uma única união nacional?
>
> A que união nacional deveriam pertencer os adjaros que falam georgiano, vivem segundo a cultura turca e professam o islamismo? Eles deveriam ser "organizados" à parte dos georgianos *com base em questões religiosas* ou com os georgianos *com base em questões culturais*? E os kobuleti? Os inguches? Os ingilos?[22]

Jordania não tinha resposta para essas indagações.

A contraproposta de Stalin era o autogoverno regional, como Lenin aconselhava desde 1903. Isso seria feito de modo a dar a cada grupo étnico, por pequeno que fosse, o direito de usar a própria língua, ter as próprias escolas, ler a própria imprensa e praticar a própria fé.[23] A resposta do antagonista Jordania a ambos foi amarga. Para ele, o importante era que o desenvolvimento econômico capitalista havia espalhado nações por vastas áreas. Portanto, era impraticável proteger direitos étnicos e nacionais em uma base unicamente territorial. Por isso, o leninismo era uma doutrina do "velho mundo".[24] Ele também alegou que "a parte russa do partido", com o qual se referia aos bolcheviques, era insensível à gravidade da opressão nacional no Império Russo.[25] Na verdade, bolcheviques e mencheviques eram melhores criticando uns aos outros que procurando soluções que não levassem a resultados repressivos. Se os ucranianos recebessem a oferta de um autogoverno regional ao estilo bolchevique, os judeus e poloneses teriam motivos para se preocupar. Porém, se os ucranianos adquirissem o direito à auto-organização transterritorial ao estilo menchevique, a perspectiva de um governo supranacional seria caótica. Stalin e Jordania lutavam com uma questão sem uma solução teórica definitiva.

Em linhas gerais, contudo, a discussão foi conduzida com rigor intelectual, embora a linguagem de ambos fosse desmedida. O comentário de Stalin sobre o Cáucaso foi levado a sério até por quem discordava dele. Ele não disse nada ofensivo, exceto aos ouvidos dos nacionalistas mais extremos. De fato, mais tarde, quando seus inimigos tentaram rebaixá-lo, não houve muitas críticas a esse folheto.

Entretanto, os trechos sobre os judeus foram uma exceção. Segundo suas categorias, os judeus não podiam ser considerados uma nação porque não viviam em um território definido. Eles tinham uma língua — o ídiche — e religião próprias, e eram conscientes de seu judaísmo. Mas a questão territorial era crucial para Stalin, que levou as ideias bolcheviques sobre a nacionalidade à sua conclusão lógica. Ele fez um ataque diretamente ao *Bund*:

> Mas [a autonomia nacional e cultural] torna-se ainda mais perigosa ao ser imposta a uma "nação" cuja existência e cujo futuro são sujeitos a dúvidas. Nessas circunstâncias, os que apoiam a autonomia nacional

devem guardar e preservar todas as peculiaridades da "nação", não só as úteis, mas também as prejudiciais, para que que "a nação seja salva" e "protegida" da assimilação.

Inevitavelmente, o *Bund* foi obrigado a trilhar esse caminho perigoso. E por esse caminho ele de fato avançou.[26]

Stalin comentou que enquanto outros partidos marxistas defendiam o direito das nações de falarem a própria língua, ter escolas próprias e seguir os seus costumes, o *Bund* só mencionava os judeus. Portanto, em sua opinião, tornara-se uma organização nacionalista.[27]

Ele execrou a preocupação do *Bund* com o ídiche e o *shabat* judaico. Comentou que inclusive alguns membros do *Bund* queriam hospitais separados para os judeus. Aquilo era uma afronta para os marxistas, que desejavam unir grupos nacionais e étnicos de trabalhadores em uma só organização política. Para Stalin, era ir longe demais sugerir que os trabalhadores judeus fossem dispensados do trabalho do anoitecer de sexta-feira ao anoitecer de sábado.[28]

Stalin jogou lenha na fogueira: os mencheviques e os do *Bund* ficaram furiosos. Mas ele não recuou, e publicou uma autodefesa, se explicando na mesma revista.[29] A maior parte dos líderes mencheviques era de judeus. Os ataques de Lenin tinham levado à acusação de que os bolcheviques eram antissemitas,[30] passando por alto o fato de muitos líderes bolcheviques também serem judeus — o próprio Lenin tinha um avô judeu.[31] Porém, na política, as aparências importavam tanto quanto a realidade, e pareceu outro caso de hostilidade aos judeus rejeitar suas demandas de ser reconhecidos como nacionalidade e ter direito a se autogovernar. Também circularam histórias de que Stalin fazia comentários antissemitas em particular. Contra isso está o fato de que houve judeus entre seus amigos e parceiros antes e depois da Grande Guerra. Contudo, antes da Grande Guerra, o *Bund* judeu esteve do lado oposto ao dos bolcheviques na maioria das disputas no Partido Operário Social-Democrata Russo. Stalin e Lenin estavam ansiosos para atacá-lo, e também às suas aspirações. Havia considerações faccionais e ideológicas na controvérsia entre bolcheviques e mencheviques. Seria difícil culpar Stalin de antissemitismo apenas pelo que escreveu em sua *Meisterwerk* sobre a questão nacional.

10. OSIP DA SIBÉRIA

Os meses de espera acabaram quando a polícia de S. Petersburgo sentenciou Josef Stalin a quatro anos de exílio. Levado da prisão em 2 de julho de 1913, ele embarcou em um vagão gradeado em direção à Sibéria. Os condenados costumavam se despedir de parentes e amigos, que da plataforma lhes gritavam palavras de apoio junto às grades laterais do vagão. Porém, ninguém na capital se dispôs a dar adeus a Stalin. Sua esposa Ketevan estava morta e sua mãe longe, em Gori; e a família Alliluev, que apoiava ativamente os bolcheviques, evitou ir à estação. Mal chegara ao topo da organização e sua sorte mudou. De líder responsável pelas atividades da facção na Duma e da linha editorial do *Pravda*, ele se viu reduzido ao anonimato no meio de centenas de revolucionários presos. Foi algemado. Dormiu em um beliche duro de madeira. Ele e os outros foram alimentados e beberam água como gado enquanto o trem avançava para o leste pela planície eurasiana. Espreitaram por entre as grades enquanto o trem sacolejava. Minutos depois da partida perderam de vista o último sinal da capital russa, a cúpula na Catedral de São Isaac. A tundra e a taiga da Sibéria os esperavam.[1]

O governo observava com preocupação os lemas do bolchevismo que atraíam operários descontentes, e bolcheviques como Stalin eram uma ameaça à ordem imperial, com a expansão do movimento grevista industrial. Sua ficha policial também foi levada em conta. O ministro do Interior não tinha motivo para ser indulgente com um revolucionário destacado que havia escapado várias vezes de outros lugares de exílio. Ele e seus camaradas foram encaminhados para o distrito de Turukhansk, na província de Yenisei, no nordeste da Sibéria, cuja reputação era terrível. Era o local de detenção dos revolucionários de décadas anteriores que haviam violado os termos de suas punições. Os períodos de exílio de Stalin em Novaya Uda, Solvychegodsk, Vologda e Narym iam parecer agradáveis em comparação. Nenhum lugar da administração imperial era pior que Turukhansk.²

Com quase 1,5 milhão de quilômetros quadrados, a província de Yenisei era maior do que Grã-Bretanha, França e Alemanha juntas. Estendia-se da cidade de Yenisei, ao norte do rio Yenisei, ao oceano Ártico. A população era escassa no distrito de Turukhansk. Antes da Primeira Guerra Mundial havia menos de 15 mil habitantes, quase todos pertencentes a tribos que viviam lá havia séculos. Na capital do distrito, Monastyrskoe, havia menos de cinquenta casas (embora a companhia de peles Revillion, de Nova York e Montreal, tivesse uma filial lá e houvesse minas de grafite mais ao norte).³ O clima era severo. O inverno, com nevascas frequentes, durava nove meses; às vezes a temperatura caía a 18 °C abaixo de zero e o dia durava pouco. O verão trazia incômodos, porque o sol não se punha e os mosquitos picavam por cima das roupas. Plantar era impossível, já que o solo estava sempre congelado, independentemente da estação. Farinha e vegetais eram importados de climas mais amenos na Rússia, e não havia criação de gado. O povo do distrito de Turukhansk caçava e pescava para subsistir.⁴

Era excepcionalmente difícil escapar das aldeias remotas. A linha telegráfica, que terminava em Monastyrskoe, facilitava a vigilância policial.⁵ A tundra era tão pesada que fugir para o oeste, para o rio Ob, ou para o leste, em direção ao rio Lena, não eram opções realistas. Os que tentavam escapar por via fluvial enfrentavam todo tipo de dificuldades. A rota para o norte era árdua, principalmente no vasto trecho acima do Círculo Ártico. As autoridades verificavam a identidade de todos os passageiros, os barcos eram escassos e a água só derretia durante algumas semanas por ano. A alternativa em direção ao sul era um pouco melhor. O vapor era constantemente vigiado; quando alguém ia de uma aldeia a outra de barco ou em um trenó puxado por cães os camponeses tinham ordens de informar à polícia.⁶ Havia mais de 970 quilômetros entre Monastyrskoe e Yeniseysk e 289 quilômetros entre esta e Krasnoyarsk. A chance de subir o rio até Krasnoyarsk sem ser notado era pequena. Como lugar de detenção, Monastyrskoe era quase tão eficaz quanto a Ilha do Diabo ou Alcatraz.⁷ Stalin e os outros prisioneiros tiveram bastante tempo para pensar nisso durante a longa viagem pela Ferrovia Transiberiana até Krasnoyarsk.

De lá foram rio abaixo em um vapor. Antes de Stalin, Yakov Sverdlov, membro do escritório russo do Comitê Central e seu companheiro de outro período de exílio, havia chegado a Monastyrskoe. Por ordens administrativas, ambos foram enviados a aldeias nos arredores. Stalin para Kostino, Sverdlov para Selivanikha.[8] Kostino ficava a 16 quilômetros e Selivanikha a 5 quilômetros de Monastyrskoe.

Nas aldeias dos arredores havia uma grande colônia de revolucionários. A maioria chegara recentemente. Até a Revolução de 1905, o Ministério do Interior costumava enviar os condenados a Tobolsk, Narym ou Yakutia. Ficou claro que era fácil fugir desses lugares. Não era difícil subornar policiais que ganhavam pouco e camponeses pobres com uma pequena gorjeta. O distrito de Turukhansk fora usado intermitentemente na década de 1890 — o futuro líder menchevique Yuli Martov cumprira pena lá. Quando Stalin chegou, a colônia revolucionária havia crescido. Os exilados residentes pertenciam principalmente aos partidos considerados mais ameaçadores à ordem política e civil, entre os quais estavam não só bolcheviques e mencheviques, mas também anarquistas e socialistas revolucionários. Em consequência, Manstyrskoe era uma colmeia de ideologias variadas. As disputas não costumavam ser polêmicas demais. Os exilados tinham alianças partidárias definidas. Cada partido compartilhava livros e outras coisas entre seus membros, transmitia mensagens da Rússia e encaminhava solicitações em nome de indivíduos com a saúde abalada ou sem dinheiro. Os revolucionários mantinham-se intelectualmente alertas, tendo em vista a volta à atividade política quando fossem libertados.

Embora as condições da detecção fossem ruins com os Romanov, não eram nada opressivas em comparação com o que Stalin criou na década de 1930. Os revolucionários podiam manter o moral elevado fazendo reuniões sociais. Alguém chegou a compor uma "Marcha de Turukhansk". A letra era mais emotiva que poética, e o refrão dizia:

> Com ousadia, irmãos, com ousadia,
> Enfrentaremos a tormenta ruim

Com nosso riso
E uma canção bravia!⁹

A "tormenta ruim" referia-se menos ao clima local do que ao regime tsarista repressivo. Os militantes exilados ansiavam deixar a Sibéria e derrubar os Romanov, mas enquanto isso encontravam quartos para alugar com facilidade. Eles recebiam um estipêndio de 15 rublos por mês. Era o suficiente para cobrir o aluguel, que custava aproximadamente 2 rublos, e uma alimentação básica.¹⁰ Mas havia muita caça, e os revolucionários tinham consigo equipamento de pesca e para montar armadilhas. Eles também podiam trabalhar para os camponeses locais.¹¹ Muitos tinham parentes na Rússia que lhes enviavam dinheiro; outros — como Stalin — confiavam principalmente no subsídio do partido. Em Turukhansk, o regime penal não era o mais duro, mas nem por isso mais fácil.

Sverdlov, membro do Comitê Central, deu as boas-vindas a Stalin. Eles se conheciam e antipatizavam um com o outro desde que estiveram exilados no distrito de Narym, em 1912. Stalin fechou-se como antes e se manteve isolado de todos. Ignorou o costume de apresentar um informe detalhado da política e das perspectivas da revolução com base na experiência recente direta na Rússia. Os outros bolcheviques exilados foram privados de informações recentes que só ele poderia dar.

Meses depois de chegar, Stalin e Sverdlov foram mandados mais para o norte. Em meados de março de 1914, o novo governador da província de Yenisei os transferiu para um lugar ainda mais distante. Ele fora alertado dos planos de fuga de ambos.¹² Em 10 de abril de 1914, Stalin tentou despistar as suspeitas escrevendo para Malinovski:

> Aparentemente, alguém anda espalhando o rumor de que não ficarei no exílio até o final da minha pena. Besteira! Informo-lhe, e juro de pés juntos, que permanecerei no exílio até o final da sentença [1917]. Já pensei em fugir, mas hoje rejeito a ideia, rejeitei-a definitivamente. Há vários motivos para tal e, se você quiser, escreverei a respeito mais adiante.¹³

Na mesma carta, ele se oferece para escrever para o *Pravda* sobre "Os fundamentos do marxismo" e "O aspecto organizativo da questão nacional".[14] Mas a Okhrana não caiu. Lenin queria que Stalin e Sverdlov recebessem ajuda para fugir da Sibéria, e camaradas do partido na Rússia estavam levando até Monastyrskoe uma boa quantidade de dinheiro para eles.[15]

Teria sido melhor se o Comitê Central tivesse enviado o dinheiro não a eles diretamente, mas a intermediários. De qualquer modo, o Comitê Central estava infiltrado. Malinovski, o agente da Okhrana com quem Stalin se correspondia, avisou ao departamento de polícia em S. Petersburgo, em novembro de 1913, que eles estavam organizando uma fuga. Stalin e Sverdlov eram presos importantes. Por ordens administrativas, foram removidos para o desolado vilarejo de Kureika.[16] Lá eles seriam os únicos presos, e a maior parte dos habitantes eram ostíacos.

Ambos ficaram deprimidos. Quaisquer chances que tivessem de subir o rio até Krasnoyarsk seriam eliminadas em Kureika. Sverdlov tinha um motivo pessoal para sentir-se desolado, como explicou em carta à sua irmã Sarra:

> Josef Djughashvili e eu seremos transferidos para um lugar 100 quilômetros mais ao norte, a 80 quilômetros do Círculo Ártico. Estaremos só os dois lá, e teremos dois guardas. Eles reforçaram a vigilância e cortaram nossa correspondência. O correio chega uma vez por mês em um malote que costuma atrasar. Na prática, não há mais de oito ou nove entregas ao ano.[17]

O conhecimento geográfico de ambos era falho. Ao norte de Monastyrskoe havia dois lugares chamados Kureika. O que Sverdlov tinha em mente ficava junto ao rio do mesmo nome, muito além do Círculo Ártico. O governador apontara outra Kureika, na margem oeste do rio Yenisei, logo abaixo do Círculo. Ainda assim, ficava 120 quilômetros rio abaixo de Monastyrskoe, o que era suficientemente longe para desanimá-los.[18]

Embora a localização não fosse tão terrível quanto temiam, era bastante ruim. Stalin contribuiu para torná-la ainda mais desagradável. Em Monastyrskoe, ele tinha se apossado de livros doados aos bolcheviques residentes pelo camarada exilado Innokenti Dubrovinski. Ao se transferir para Kureika, ele simplesmente carregou os livros. Outro bolchevique, Filip Zakharov, saiu para protestar com ele e foi tratado "mais ou menos como um general tsarista receberia um cabo raso que ousasse fazer-lhe uma exigência".[19]

Stalin e Sverdlov se incomodavam com o barulho na casa da família onde se alojaram em Kureika. Eles não tinham querosene e precisavam usar velas para ler no longo inverno.[20] Contudo, o pior era a relação entre os dois. Sverdlov escreveu: "Uma questão é que não tenho um quarto para mim. Somos dois. O georgiano Djughashvili está comigo, é um velho conhecido que encontrei em um exílio anterior. É um bom sujeito, mas individualista demais na vida cotidiana."[21] A palavra "individualista" era condenatória entre os marxistas, que exigiam a subordinação das inclinações pessoais às necessidades coletivas. Agoniado com a situação, Sverdlov decidiu se mudar. Ele escreveu a um amigo em maio de 1914:

> Há um camarada comigo. Mas nos conhecemos demais. Além disso, e é a parte mais triste, em condições de exílio e encarceramento, a pessoa fica nua diante de você, exposta em todos os detalhes. O pior de tudo é que ele é visível apenas do ponto de vista dos "detalhes da vida cotidiana". Não há espaço para que os grandes traços da personalidade se revelem. Agora moro em um apartamento separado deste cam[arada] e raramente nos vemos.[22]

No final de setembro, Sverdlov foi transferido de volta a Selivanikha por questões de saúde.[23]

Enquanto isso, Stalin continuou vivendo de seu jeito egocêntrico. Ele sempre se sentira atraído por adolescentes. Ao se instalar com a família Pereprygi, comportou-se de um modo extremamente escandaloso e seduziu a filha deles, de 14 anos. E foi além, e a engravidou. Mesmo naquela área mal-administrada era impossível manter as coisas em sigilo. A polícia foi chamada. Ele foi interrogado e teve de se casar com a infeliz garota, livrando-se de um processo.[24] Mais tarde, anulou o acordo. Para Stalin, aquilo não passava de um modo de aliviar as frustrações sexuais do exílio. Ele vivia como um cavaleiro feudal em meio à pobre família Pereprygin e tomava o que lhe dava na veneta quando queria. Agia como se tivesse direitos, mas nenhuma obrigação. Desprezava todas as condutas humanas, exceto as suas. Sua atividade política minguou, já que o contato com o mundo fora de Kureika era intermitente.[25] Aquilo era profundamente irritante, porque a guerra irrompera na Europa. O assassinato do arquiduque Francisco Ferdinando da Áustria por um nacionalista sérvio, em julho de 1914, provocou uma crise diplomática geral. O governo austríaco apresentou um ultimato humilhante à Sérvia. A Rússia, que se mantivera à margem em emergências anteriores nos Bálcãs, decidiu apoiar os sérvios. A expansão da Áustria na região por fim seria confrontada. As coisas se complicaram quando a Alemanha optou por ficar do lado da Áustria se houvesse uma crise nos Bálcãs. O Exército Imperial russo se mobilizou e Nicolau II recusou-se a desmobilizá-lo quando a Alemanha enviou um ultimato a S. Petersburgo. As forças russas invadiram o leste da Prússia em direção a Berlim. A Áustria ocupou a Sérvia. A França e a Grã-Bretanha cumpriram suas obrigações contratuais e declararam guerra à Alemanha e à Áustria-Hungria. O Exército Imperial alemão se defendeu no leste e, violando a neutralidade da Bélgica, atravessou-a para chegar ao norte da França. Sem que ninguém pretendesse isso, uma guerra europeia havia começado.

Stalin e os camaradas exilados não podiam participar da campanha contra a participação russa na guerra lançada por Lenin e seus seguidores. Seguro na Suíça, Lenin instou os marxistas a trabalharem para derrotar as forças de Nicolau II. Houve greves em fábricas, principalmente na capital (rebatizada de Petrogrado, pois decidiu-se que S. Petersburgo soava germânico demais). Os bolcheviques enviaram propaganda contra a guerra aos soldados russos na Alemanha e na Áustria. Na imprensa de Petrogrado, os principais escritores bolcheviques debateram as motivações econômicas e políticas dos beligerantes. A Okhrana retaliou e os grupos bolcheviques locais foram repetidamente devassados; embora Lenin fosse incansável, ele perdeu muitos seguidores devido à desmoralização e ao sistema carcerário.

Stalin não se preocupava com esses perigos; queria voltar à ação na Rússia, e estava profundamente frustrado com o exílio prolongado. Escreveu a Malinovski pedindo ajuda ao partido:

Saudações, meu amigo!

Estou um pouco constrangido em escrever isso, mas preciso fazê-lo. Acho que nunca vivi uma situação tão terrível. Meu dinheiro acabou, tenho uma tosse horrível porque o congelamento piorou (menos 37), a saúde está em queda; e não tenho pão, açúcar, carne nem querosene estocados: todo o meu dinheiro se foi nas despesas cotidianas e em roupas e calçados. Sem um estoque, tudo aqui é muito caro: o pão de centeio custa 4½ copeques o meio quilo, o querosene 15 copeques, a carne 18 copeques, o açúcar 25 copeques. Preciso de leite, preciso de lenha, mas [...] dinheiro, não tenho dinheiro, meu amigo. Não sei como vou passar o inverno nessas condições [...] Não tenho parentes nem conhecidos ricos, e ninguém a quem apelar, então apelo a você, e não só a você, mas também a Petrovski e Badaev.[26]

Ele pediu aos deputados bolcheviques na Duma — Malinovski, Petrovski e Badaev — que enviassem dinheiro do "fundo dos oprimidos" que eles e os mencheviques mantinham. Talvez pudessem enviar-lhe 60 rublos.

Stalin contou que esperava que Nikolai Chkheidze — líder dos deputados mencheviques — visse com bons olhos seu conterrâneo georgiano.[27] Foi uma mensagem desesperada: ninguém era mais odiado pelos mencheviques georgianos que Stalin. Enquanto isso, ele punha os pensamentos em ordem na Sibéria. Lia vorazmente; não havia tempo para se entristecer com a sua sorte.[28] Cooptado pelo Comitê Central em 1912, continuava recebendo assistência financeira, com transferências bancárias de Petrogrado. Apesar da vigilância da Okhrana, a facção bolchevique não descuidou de Stalin, Sverdlov e outros.[29] A polícia local monitorava as transações. A regularidade das transferências, que não eram segredo para o Ministério do Interior, naturalmente levou a pensar que Stalin planejava uma fuga. Para ter sucesso, ele precisaria subornar policiais e comprar passagens de trem.

Se conseguisse chegar a Petrogrado, ele sabia que poderia contar com a ajuda de Sergei e Olga Alliluev (cuja filha caçula, Nadya, viria a ser a sua segunda esposa, após a Revolução de Outubro). Ele escreveu uma carta afetuosa a Olga em 25 de novembro de 1915:

Sou-lhe tão grato, respeitada Olga Yevgenevna, pelos seus sentimentos bons e puros por mim. Nunca esquecerei sua atitude atenciosa comigo! Espero ansiosamente o momento de ser libertado do exílio para ir a S. Petersburgo [como os bolcheviques continuam a chamar a capital] e agradecer pessoalmente a você e a Sergei por tudo. Ainda tenho dois anos adiante, no máximo.

Recebi o pacote. Muito obrigado. Só peço uma coisa: não gaste mais comigo; vocês precisam do dinheiro. Ficarei contente se de vez em quando me enviarem cartões-postais com cenas de natureza e coisas assim. Neste local amaldiçoado a natureza é assombrosamente erma. No verão o rio, no inverno a neve — é só o que a natureza oferece, e fico louco de saudades de cenas da natureza, mesmo que sejam em papel.[30]

Stalin nem sempre era gentil, mas sabia sê-lo quando queria.

Ele não estava totalmente isolado das atividades políticas. O julgamento da facção bolchevique na Duma e de seu conselheiro, Lev Kamenev, no início de 1915, provocou rupturas. As acusações tinham relação com a política e a etiqueta revolucionária. Em vez de limitar-se a denunciar o governo imperial, Kamenev se distanciara da política de Lenin segundo a qual, para o movimento marxista europeu, o melhor resultado da guerra na Europa seria a derrota das forças armadas russas pelos alemães. Ainda assim, Kamenev não escapou da condenação ao exílio siberiano. Ao chegar ao distrito de Turukhansk enfrentou outro "processo partidário". Isso ocorreu em Monastyrskoe, e Sverdlov e Stalin estiveram presentes, além de membros da facção bolchevique na Duma. A maioria optou por apoiar a política de Lenin.[31] Stalin e Kamenev eram amigos, e assim continuaram durante todo o exílio siberiano, e por muitos anos depois. No entanto, ele escarneceu o fracasso de Kamenev em demonstrar solidariedade com a política oficial da facção durante o processo em Petrogrado. Provavelmente tinha reservas quanto ao chamado de Lenin à "guerra civil europeia" como algo militar e politicamente pouco factível; contudo, Kamenev precisava ser enquadrado. Disciplina era disciplina. Ele havia cometido uma infração e precisava ser punido.

Stalin começou a desfrutar a vida em Kureika. Passou a pescar, o que melhorou sua dieta e era um verdadeiro prazer. Aprendeu com os ostíacos e, em pouco tempo, segundo ele, já pescava melhor que os locais. Eles supostamente lhe teriam perguntado qual era seu segredo.[32] De qualquer modo, foi aceito pelos ostíacos e passou a ser chamado de Osip (ou, em uma versão menos gentil, Oska, o bexiguento).[33]

A pesca no exílio siberiano podia ser perigosa, como ele rememorou mais tarde: "acontece que a tempestade me pegou no rio. Em certo momento, pensei que fosse morrer. Mas alcancei a margem. Não pensei que fosse chegar: o rio estava muito caudaloso."[34] Em outra ocasião, houve uma tormenta. Ele tivera um dia bom à beira d'água com os ostíacos da aldeia, e conseguira recolher uma rede abarrotada de esturjões e salmões.[35] Impensadamente, voltou para casa antes dos demais. A tempestade — conhecida na Sibéria como *purga* — chegou de repente. Era muito tarde para voltar, e até Kureika o caminho era muito longo, e ele quase não via nada. Se tivesse sido sensato teria largado os peixes. Mas eram sua alimentação para todo o mês; e, de qualquer modo, Stalin era teimoso. Avançou em meio à neve espessa, a cabeça inclinada sob o vento cortante. À luz da lua nova, pensou ver umas figuras por perto; gritou-lhes, confiando na tradição local de ajudar estranhos em necessidade. Porém, as figuras seguiram adiante. Na verdade, eram os aldeões com seus cães que ele deixara para trás; ao verem aquela forma coberta de neve que gesticulava, supuseram, credulamente, que se tratava de um demônio da água. Stalin tampouco tinha certeza de que os outros fossem figuras humanas, e não tentou alcançá-los.[36]

Ele seguiu caminhando com dificuldade. Havia a possibilidade clara de não encontrar a aldeia mesmo se sobrevivesse ao frio. Mas ele conseguiu. Infelizmente, continuava com o aspecto de uma aparição, branco do rosto barbado às botas. Aquela figura bizarra se arrastou até a choça mais próxima. "Osip", gritou um assustado aldeão encurralado contra a parede, "é você?" Stalin retrucou: "Claro que sim, não sou um espírito da floresta!"[37] Milhões de camponeses no Império Russo conservavam antigas superstições pagãs, apesar de pertencerem à Igreja ortodoxa russa ou a alguma outra denominação cristã. A crença em espíritos, demônios e bruxas era comum, e no leste da Sibéria a Igreja não tivera muito impacto nas crenças populares.

Stalin constatou mais uma vez que vivia em uma sociedade onde as ideias do Iluminismo praticamente não tinham sido difundidas. Ele se desenregelou; comeu e bebeu. Deitou-se e dormiu 18 horas seguidas.[38]

Muitos anos depois, ele contou uma história semelhante. Em 1935, em uma recepção no Kremlin, recordou que estava sentado à margem do rio quando alguns homens da aldeia saíram para pescar, no início das enchentes de primavera do rio Yenisei. Quando regressaram, faltava um deles. Ninguém fez menção ao fato; mas Stalin perguntou, e lhe responderam que o homem tinha se afogado. O que o surpreendeu, disse, foi como pensaram pouco naquela morte. Se não tivesse perguntado, eles teriam voltado para as suas choças sem fazer nenhum comentário. Stalin meditou sobre o acontecimento. Estava certo de que se uma vaca tivesse adoecido eles teriam feito tudo para salvá-la. Mas a perda de um homem era uma "trivialidade". A questão, afirmou, é que era fácil fazer um homem, ao passo que animais eram uma tarefa mais complexa.[39] Aquilo não fazia sentido. Talvez Stalin também pensasse assim; mas o fato de contar a história duas décadas depois indicava ou que ele acreditava naquilo, ou que se tratava de uma invenção que convinha ao seu interesse político do momento: em meados da década de 1930, ele queria enfatizar a importância de conservar os quadros bolcheviques.[40]

Stalin recordava seu tempo de exílio com carinho. Apesar do que alegava nas cartas queixosas aos camaradas do partido, em geral sua saúde era boa. Ele era tratado como um membro respeitável de uma comunidade que estava de visita. Pela primeira vez conviveu de perto com pessoas que não eram georgianas nem intelectuais. Os aldeões eram quase todos ostíacos, mas uns poucos eram russos. A experiência lhe serviu, anos depois, quando se tornou o governante supremo. Pelo resto da vida, ele falou sobre o tempo passado na Sibéria, a pesca, o clima, as conversas e o povo. Embora tenha ido contra a sua vontade, aquelas experiências o inspiraram. Ele se refestelava com o espanto e a admiração que despertava entre os aldeões de Kureika. Sabiam que ele era "sulista", mas não tinham ideia de onde ficava a Geórgia. Viam seus livros adorados: em uma cultura de tradição oral, aquilo o assinalava como diferente. Até seu cachimbo era objeto de espanto. Sentado na choça à noite, ele o oferecia para que os outros dessem uma baforada. Os visitantes dos aldeões apareciam só para experimentar aquele modo inusitado de fumar. Depois de conversar com o revolucionário, todos partiam contentes.[41]

Obviamente, o contato com a liderança central da facção bolchevique complicou-se ainda mais durante a Grande Guerra. Em 1915, Stalin e Suren Spandaryan, também membro do Comitê Central, escreveram a Lenin. O trecho de Stalin na carta foi o seguinte:

> Saudações, caro Vladimir Ilich, saudações calorosas! Saudações a Zinoviev, saudações a Nadejda Konstantinovna! Como estão as coisas, como vai de saúde? Eu vivo como antes, mastigo o meu pão e já estou quase no meio da pena. É tedioso, mas o que se pode fazer? E como estão as coisas com você? Deve estar passando por momentos mais alegres [...] Recentemente li os artigos de Kropotkin — o velho sem-vergonha enlouqueceu completamente. Também li um artigo curto de Plekhanov em *Rech* — que velha fofoqueira incorrigível! Ai! [...] E os liquidacionistas com seus deputados-agentes da Sociedade Econômica Livre [na Duma]? Não tem ninguém para dar uma surra neles? Que diabo. Mas eles certamente não vão continuar impunes, não é?! Anime-nos e diga que em breve haverá um órgão que dará uma boa surra direto nas suas bocarras — e sem trégua.[42]

Aquilo era a diatribe de um homem que queria exibir um estilo militante ao seu líder. As referências às surras se repetem. As frustrações do exílio saltam aos olhos. Stalin queria deixar claro para Lenin que, quando sua pena terminasse, ele poderia ser um braço direito útil na clandestinidade política russa; porém, não perdeu a oportunidade de recordar a Lenin como as circunstâncias de ambos eram diferentes.

O exílio teve seus momentos de brilho, mas em geral despertou o pior que havia em Stalin. Ele era emocionalmente carente: as pessoas à sua volta podiam ser objeto de sua língua ferina ou de sua insensibilidade e egoísmo costumeiros. Pertencia a um partido revolucionário que considerava uma virtude colocar as necessidades do bem coletivo acima da satisfação individual. O partido também valorizava a camaradagem bem-humorada. Stalin não era verdadeiramente associal. Tinha amigos. Gostava de piadas e era um mímico engraçado. Mas os amigos precisavam reconhecer sua primazia. Ele tinha uma profunda necessidade de dominar. Por isso, os colegas no exílio o achavam insuportável. De perto, era difícil lidar com ele; a estadia na Sibéria chamou atenção de todos para aspectos antipáticos de seu caráter que, em outras circunstâncias, seriam esquecidos em vista dos benefícios que ele trazia à causa da Revolução.

11. REGRESSO A PETROGRADO

O caleidoscópio da vida de Stalin deu dois giros abruptos no inverno de 1916-17. O primeiro foi uma experiência desagradável; o segundo trouxe alegria. Em dezembro, quando o Exército Imperial alistava novos recrutas, o governo ampliou o leque do alistamento. Os ministros decidiram usar inclusive presos políticos. Foi uma decisão difícil. Aquela gente não tinha sentado praça para a guerra porque podia fazer propaganda hostil entre as tropas. O recrutamento compulsório sempre tinha sido problemático. Em 1915, o alistamento de muçulmanos tinha provocado uma insurreição na Ásia Central russa. Enquanto isso, a luta contra os poderes centrais se estabilizara em uma disputa estática, e as baixas eram enormes de ambos os lados das trincheiras. Contudo, o moral no Exército Imperial continuava elevado. Os percalços iniciais na produção, no transporte e no provimento militar estavam resolvidos. O comando supremo planejava inovar na estratégia para garantir ofensiva exitosa, e o general Brusilov pôde provar seu valor. Não havia escassez de alimentos nem de equipamentos na linha de frente. Porém, precisavam de mais homens. Stalin estava entre os revolucionários que tiveram de se submeter a um exame médico com vistas a ser incluído no Exército de Nicolau II.

Eles tiveram de viajar para Achinsk. Tratava-se de uma cidade a 1,5 quilômetro da Ferrovia Transiberiana e 160 quilômetros a oeste de Krasnoyarsk. Stalin, Kamenev e outros bolcheviques — além de muitos mencheviques, socialistas revolucionários e anarquistas exilados no distrito de Turukhansk — percorreram o difícil trajeto rio Yenisei acima até Krasnoyarsk nos meses mais frios. A viagem levaria semanas. Nenhum deles apoiava os objetivos militares do governo imperial (embora muitos mencheviques e socialistas revolucionários apoiassem prontamente um governo democrático pós--Romanov na defesa do país).[1]

Stalin despediu-se de Kureika e partiu para Monastyrskoe. Não há indícios de que tenha percebido a ruína emocional que deixou para trás no seio da família Pereprygin. Em Monastyrskoe juntou-se a um grupo de recrutas em potencial. O chefe da polícia os perfilou na rua, e foram saudados por camaradas cientes de que provavelmente não voltariam a vê-los. Os vapores não navegavam no inverno, e a viagem pelo Yenisei seria em trenós puxados por cães de uma aldeia até outra. Antes da partida alguém os procurou. Era o contador do escritório da companhia Revillion, trazendo um bandolim e um violão que os bolcheviques tinham esquecido.[2] Stalin adorava cantar. Não faltaria diversão na viagem. Porém, a temperatura estava sempre vários graus abaixo de zero, e o vento lanhava os rostos dos viajantes. O longo trecho entre Kureika e Achinsk foi um dos mais exaustivos que Stalin já havia percorrido. Ao chegar a Achinsk, ele estava magro como nunca; e as longas noites invernais no norte profundo deram à sua tez uma palidez notável.[3] Mas ele se divertiu. O grupo se deteve em várias aldeias. Ele cantou à vontade e, rompendo as regras, fez pregações políticas.[4]

Seu ânimo decaiu ao chegar a Krasnoyarsk e encarar a possibilidade de se alistar. Ele só tinha uma opção: pedir autorização ao seu guarda Kravchenko para passar uma semana lá antes de ir ao quartel se alistar.[5] A autorização foi concedida. (Será que subornou Kravchenko?) Porém, ele se preocupou à toa. Os médicos do Exército o rejeitaram para o serviço militar por causa de seu braço defeituoso. Ele nunca empunhou um rifle para o tsar e a pátria.

Como sua pena iria terminar em meados de 1917, Stalin foi autorizado a permanecer em Achinsk com outros revolucionários incapacitados para o serviço militar. Entre eles estava o amigo Lev Kamenev. Stalin frequentou assiduamente a casa alugada por Kamenev. O bolchevique Anatoli Baikalov mais tarde fez um retrato nada atraente da situação. Stalin trazia o cachimbo sempre aceso. Ele fumava *makhorka*, um tabaco pungente usado por operários e camponeses. A fumaça e o cheiro incomodavam Olga, esposa de Kamenev. Segundo Baikalov, "ela espirrava, tossia, resmungava, implorava" a Stalin para que apagasse o cachimbo, mas ele a ignorava. Era seu comportamento típico. Transformava a atitude mal-humorada em uma forma artística quando uma mulher fazia exigências incômodas. Delas ele esperava admiração e conformidade — e então sabia ser charmoso. Mas ninguém que usasse saia, nem mesmo a bela Olga, iria lhe dar ordens.[6] Pode não ter ajudado o fato de ela ser inteligente, articulada e irmã de Trotski, inimigo jurado dos bolcheviques. O fim do isolamento em Kureika não tinha melhorado seu humor nem seu comportamento; sua grosseria aumentava em proporção direta ao rebaixamento do respeito apreciativo pelo qual ansiava.

Os que o conheciam não tinham muito que apreciar. Stalin era taciturno e lúgubre. Embora ouvisse com atenção, não contribuía muito durante as discussões sobre a guerra e as relações internacionais. Baikalov era atraído pela presença vivaz de Kamenev e seu modo de argumentar;[7] mais de duas décadas depois, ele rememorou que Kamenev descartava os raros apartes de Stalin "com comentários breves e quase depreciativos".[8]

Os Kamenev e Baikalov alimentavam preconceitos que os impedia de enxergar que Stalin não era ignorante. Eles eram grandes conversadores. Provinham de famílias abastadas nas quais estas trocas eram normais: o pai de Kamenev era engenheiro e empresário, o de Baikalov era dono de uma mina de ouro. Eles tinham sido educados em *gimnazias*.[9] Sentiam-se confiantes na sua cultura em público, ao passo que Stalin ainda tropeçava no russo,[10] e quatro anos entre os ostíacos não contribuíram para aprimorar sua capacidade linguística. Baikalov deplorou a incapacidade de Stalin de ser arguto. (Supostamente os intelectuais deveriam ser conversadores brilhantes.) Kamenev e Baikalov também subestimaram as virtudes do silêncio. Quando ouvia Kamenev, Stalin sentia que estava aprendendo. Ele passou a vida acumulando conhecimento. Tinha muito boa concentração, memória e capacidade analítica, embora não se vangloriasse disso; e mesmo que seu marxismo não fosse abrangente como o de outros líderes, ele tentava se aprimorar. De qualquer modo, entre gente que o deixava relaxado, Stalin era um piadista e mímico extraordinário. Além disso, entendia perfeitamente o russo escrito e era excelente editor de manuscritos em russo.[11] Ele era desvalorizado, e se ressentia disso em silêncio.[12]

Isso não teria importância nos anais da história russa e mundial se um segundo acontecimento, no inverno de 1916-17, não o tivesse afetado.

A causa foi o tumulto político em Petrogrado. Nicolau II tivera um Natal infeliz. A única coisa boa foi a ofensiva de Brusilov em dezembro de 1916, que fez os alemães recuarem vários quilômetros — um êxito havia muito esperado. Porém, o restante da notícia era ruim. Líderes dos partidos liberais e conservadores na Quarta Duma Estatal diziam cada vez mais abertamente que era necessária uma mudança de regime para que as forças armadas conseguissem derrotar as Potências Centrais. Um desses líderes, Alexander Guchkov, sondou os generais sobre um golpe de Estado. A reputação da dinastia estava em frangalhos. Rasputin, o "homem santo" que tinha ajudado a aliviar os efeitos da hemofilia de Alexei, o herdeiro do trono, fora assassinado em dezembro, mas as histórias a seu respeito — jogos de apostas, aventuras sexuais, blasfêmias e corrupção política — continuavam coladas às figuras de Nicolau e da imperatriz Alexandra. Na verdade, é duvidoso que liberais e conservadores tivessem feito melhor. A prolongação da guerra punha uma pressão imensa e inevitável no transporte e na administração, e tornava inevitável a emissão de dinheiro para financiar o esforço de guerra, o que causava inflação. Nicolau II dissolveu a Duma em 26 de fevereiro de 1917. Estava determinado a manter o controle da situação.

Poderia ter funcionado — se a opinião popular não fosse tão hostil aos Romanov. Os camponeses se queixavam dos preços fixos dos grãos e do déficit de bens industrializados em decorrência da prioridade dada à produção de armamentos e equipamentos militares. Os soldados aquartelados não gostavam da ideia de ser mobilizados para o front. Os operários estavam insatisfeitos com o declínio das condições de vida e de trabalho. Os salários eram mais altos, mas a desvalorização da moeda anulava os aumentos. Em dezembro de 1916 houve greves nas fábricas, posteriormente reprimidas com severidade. Contudo, as reclamações persistiam.

Os revolucionários em Achinsk não sabiam que o conflito industrial havia recrudescido na última semana de fevereiro de 1917. Os problemas tiveram início entre trabalhadoras têxteis no Dia Internacional das Mulheres e se espalharam rapidamente entre a força de trabalho da fábrica de armamentos Putilov. Tropas aquarteladas foram enviadas para controlar a turba, algo contraproducente, já que os soldados se aliaram aos grevistas juntando-se a eles ou entregando-lhes as armas. A ordem entrou em colapso na capital.

A polícia debandou, e os generais entraram em pânico. Os políticos da Quarta Duma Estatal dissolvida viram uma oportunidade de acertar contas com a monarquia Romanov, mas não tiveram coragem de agir. Até os partidos revolucionários estavam em um dilema. A supressão das greves de dezembro os fez parar para pensar. As redes clandestinas de mencheviques, bolcheviques e socialistas revolucionários ainda não haviam sido refeitas, e o moral continuava baixo. No entanto, o fervor dos grevistas era inabalável, e em pouco tempo surgiram propostas de formar um soviete em Petrogrado.

Nicolau II tardou em avaliar a magnitude da oposição. Correndo de volta de Mogilëv para Petrogrado, soube que o jogo tinha terminado. Aconselhou-se com o Comando Supremo; consultou o porta-voz da Duma Estatal, Mikhail Rodzianko. A princípio, quis preservar a dinastia transferindo o trono para o filho hemofílico, Alexei. Ninguém na corte achou a ideia sensata. Então ele o ofereceu ao irmão, o grão-duque Mikhail, que recusou a oferta. Nicolau II sucumbiu e em 2 de março abdicou, para o delírio do povo em todo o império. Massas eufóricas tomaram as ruas das cidades e povoados.

A notícia chegou à Sibéria pela linha telegráfica mais rapidamente que os jornais trazidos pelo trem. O grupo bolchevique em Achinsk ficou jubiloso. Nicolau, o Sangrento, tinha sido derrubado. A dinastia chegara ao fim. Assim que souberam da recusa do grão-duque Mikhail, os revolucionários da cidade se reuniram, independentemente de suas filiações. Seguiu-se uma discussão animada. Sentindo a necessidade de contribuir ativamente para o resultado político, vários exilados assinaram um telegrama congratulando o grão-duque pelo gesto cívico. Mais tarde, Stalin alegou que seu amigo Kamenev acrescentou sua firma. Este rejeitou veementemente a acusação; mas Stalin admitiu que Kamenev havia se arrependido logo em seguida. De qualquer modo, em março de 1917 os dois acordaram seus objetivos estratégicos. Foi criado um Governo Provisório em 3 de março, com a sanção do soviete de Petrogrado, liderado pelos mencheviques. O primeiro-ministro seria o príncipe liberal Georgi Lvov e os liberais, especialmente os constitucional-democratas (ou cadetes), dominaram o gabinete. Apenas um socialista revolucionário, Alexander Kerenski, tornou-se ministro. O esquema bolchevique original da criação de uma "ditadura revolucionária democrática" tinha sido frustrado, e Kamenev e Stalin — bem como a maior parte dos mencheviques e socialistas revolucionários e muitos bolcheviques — queriam apoiar o Governo Provisório, sempre que os ministros promulgassem as liberdades civis básicas e se limitassem a uma guerra defensiva contra os Poderes Centrais.

Assim que puderam comprar passagens, os bolcheviques em Achinsk rumaram para Krasnoyarsk pela Ferrovia Transiberiana até Moscou e, de lá, para Petrogrado. Entre eles estavam Kamenev, Stalin e o ex-deputado na Duma, Matvei Muranov. A experiência foi muito diferente da viagem anterior que haviam feito na direção contrária. Eles viajaram como passageiros comuns, não no vagão gradeado. Devido à sua detenção recente perto da principal ferrovia, chegariam a Petrogrado antes da maioria dos exilados mais eminentes, para não falar dos emigrados. Kamenev e Stalin eram aliados dedicados; concordavam quanto à política, e Stalin não queria ressuscitar a velha história do comportamento de Kamenev no julgamento de 1915. A intenção de ambos era assumir o controle do Comitê Central bolchevique na capital. Queriam compensar os anos perdidos no exílio siberiano.

Em 12 de março de 1917, os três desembarcaram na Estação Nicolau, no centro-leste de Petrogrado. Caía uma neve ligeira, mas eles mal repararam. Kureika os tinha acostumado a coisa muito pior. Por fim, estavam de regresso a Petrogrado! Stalin levava uma maleta de junco de tamanho médio; seus pertences eram poucos, e ele não tinha nada em seu nome. Trajava o mesmo terno que usara em sua partida, em julho de 1913.[13] A única diferença era que levava *valenki* nos pés, as botas de cano alto acolchoadas que os russos usam no inverno.[14] Estava macilento após a longa viagem de trem, e envelhecera visivelmente nos quatro anos de exílio. Saíra um jovem revolucionário e voltava como um veterano de meia-idade. Stalin alertara por escrito o velho amigo Sergei Alliluev da chegada deles.[15] Esperava que ele estivesse na estação e, talvez, tivesse transmitido a mensagem ao Escritório Russo do Comitê Central. Vários passageiros e funcionários da ferrovia congratularam Stalin, Kamenev e Muranov como lutadores heroicos contra o regime derrubado. Eles esperavam uma recepção de honra.

Na verdade, ninguém apareceu na Estação Nicolau. Não havia bandas, discursos nem escolta cerimonial até o quartel-general do partido, na casa da ex-amante do imperador, Matilda Kshesinskaya.[16] Eles tiveram de se virar por conta própria. Quando deixaram a capital em direção à Sibéria eram membros do Comitê Central, e esperavam ser tratados com o devido respeito. Tiveram uma surpresa desagradável.

Não foi por acaso que Shlyapnikov e Molotov, que dirigiam o Escritório, não foram recebê-los. Kamenev, Muranov e Stalin esperavam assentos no Escritório Russo junto com outros membros de menor estatura no bolchevismo; mas o Escritório tinha outras ideias. Stalin podia fingir ignorar a falta de etiqueta revolucionária de Kamenev, mas o Escritório não era tão indulgente. Ele pecara e não se arrependera. Parecia também que a informação sobre o comportamento pouco camarada de Stalin o havia precedido. A luta pela liderança no Escritório Russo era inevitável. Havia também um ângulo político. O Escritório Russo, dirigido por Shlyapnikov e Molotov, havia recusado qualquer apoio, ainda que condicional, ao Governo Provisório. Eles defenderam a oposição direta. Sabiam que havia muitos militantes bolcheviques não só nos distritos da capital, mas também nas províncias, que pensavam do mesmo modo. Com base nisso, editaram o novo jornal da facção, *Pravda*, e tentaram atrair os bolcheviques para seu lado. Não estavam muito contentes com a chegada de Kamenev, e ao saberem de que lado ele — e Stalin e Muranov — se posicionava no atual debate político, decidiram evitar que se sobrepusesse a eles.

As posições ficaram claras em 12 de março, quando o Escritório decidiu incluir apenas os membros novos "que considerar úteis segundo seu credo político".[17] Muranov entrou facilmente nessa categoria e obteve um lugar. Então o caso de Stalin foi considerado:[18]

> Sobre Stalin, foi informado que era um agente do Comitê Central em 1912 e, portanto, desejável como membro do Escritório do Comitê Central. Porém, à luz de certas características pessoais básicas, o Escritório do Comitê Central decidiu convidá-lo [a se unir] como conselheiro.

Stalin fora esnobado. Até sua carreira tinha sido distorcida; ele não era um mero "agente" do Comitê Central, mas um membro pleno, cooptado desde 1912. Não foram especificadas quais "características" haviam irritado o Escritório. A dissimulação no trato político e pessoal provavelmente o tinha condenado. Kamenev, por sua vez, foi totalmente rejeitado como membro: foi autorizado a escrever para o *Pravda* na condição de fazê-lo anonimamente, e chamado a apresentar uma explicação satisfatória para seu comportamento anterior.[19]

Após a reunião no Escritório, Stalin foi ao apartamento da família Alliluev. Tinha escrito a Olga Alliluev em 1915 dizendo que os visitaria assim que terminasse o exílio.[20] Quando tocou à porta, só a filha Anna estava em casa. Os pais e o irmão Pavel estavam trabalhando, e a filha caçula, Nadya, fazia aula de piano em outro lugar. O irmão Fëdor (ou Fedya) tampouco estava.[21] No final do dia, toda a família voltou. Conversaram com o visitante até tarde da noite. Ofereceram-lhe uma cama na sala, onde Sergei também dormia; Olga e as moças foram para o quarto. Josef deixou todos bem impressionados. Anna e Nadya sentiram-se muito à vontade com ele. Nadya, de 16 anos, gostava especialmente de sua alegria. O barulho no quarto perturbou Sergei, que no dia seguinte ia trabalhar na estação de eletricidade. Josef interveio em favor das moças: "Deixe-as, Sergei! Elas são jovens [...] deixe-as rir!" No dia seguinte, antes de sair para o Escritório Russo, ele perguntou se poderia se alojar na casa deles. O apartamento não era suficientemente grande para todos, mas a família gostava tanto dele que decidiu procurar um apartamento maior. Anna e Nadya ficaram encarregadas disso. Josef também se entusiasmou: "Não deixem de separar um quarto para mim no novo apartamento."[22]

A prioridade de Stalin era resolver sua situação no Escritório Russo. Ao deixar os Alliluev, ele correu para o quartel-general e armou uma confusão. Dessa vez teve mais êxito. Chegaram a um acordo para encontrar trabalho para Kamenev com base em que os emigrados bolcheviques, incluído Lenin talvez, o valorizavam imensamente. Stalin entrou para o conselho editorial do *Pravda*. Kamenev juntou-se a ele em 15 de março, e no mesmo dia Stalin foi indicado para o Presidium do Escritório.[23] A persistência e a experiência começavam a render frutos. Molotov foi expulso do Escritório.[24] Evidentemente houve uma disputa acérrima, e Shlyapnikov e Molotov perderam. O *Pravda* começou a seguir a linha aprovada por Stalin e Kamenev, e o Escritório Russo deixou de exigir a remoção do Governo Provisório.

Pouco tempo depois, essa posição seria motivo de constrangimento para ambos, e Stalin pediria perdão por não ter adotado uma visão mais radical. Ele, contudo, não tinha sido tão moderado como seus inimigos, principalmente Trotski, gostavam de apontar. É verdade que se recusou a atacar os mencheviques publicamente. Também é inegável que adotou a política de apenas "pressionar" o Governo Provisório.[25] Porém, denunciou sistematicamente os mencheviques que pugnavam pela defesa direta do país. Ele exigiu mais; propôs que os bolcheviques cooperassem apenas com os mencheviques que aceitassem as diretrizes das conferências de Zimmerwald e Kienthal, e fez campanha pelo fim da Grande Guerra. Não queria a unidade a qualquer custo.[26] Além disso, queria que o Soviete de Petrogrado continuasse intimidando o Governo Provisório. O Soviete, declarou, deveria trabalhar para unir "a democracia metropolitana e provinciana" e para "se transformar, chegada a hora, em um órgão de poder revolucionário que mobilize todas as forças populares saudáveis contra a contrarrevolução". O objetivo imediato era garantir que o Governo Provisório não se inclinasse para a contrarrevolução. Era essencial convocar de imediato uma assembleia constituinte.[27]

Stalin não deixou de introduzir um tema que o *Pravda* ainda não havia tratado: a questão nacional. Exigiu igualdade linguística para as nações não russas. Clamou pelo autogoverno regional. Mais do que qualquer outro bolchevique em Petrogrado, em março de 1917, ele entendeu que o bolchevismo devia apelar aos povos das fronteiras. Opôs-se deliberadamente ao federalismo.[28] Os bolcheviques ortodoxos buscavam formar um Estado unitário, e Stalin concordava com isso; mas a "autodeterminação" era possível no quadro da política que ele e Lenin haviam proposto antes da guerra. A "opressão nacional" devia ser erradicada, e o Governo Provisório, que defendia os interesses do capitalismo, não havia demonstrado a simpatia necessária.[29]

Kamenev e Stalin prosseguiram em seu programa combativo na reunião não oficial de bolcheviques e mencheviques de todo o país, realizada em março de 1917. O Escritório Russo o indicou para falar no debate sobre o Governo Provisório. Sua crítica do regime pós-Romanov foi implacável:

As elites — a nossa burguesia e a europeia — se uniram para mudar a decoração e substituir um tsar por outro. Elas queriam uma revolução fácil, como a turca, e um pouco de liberdade para fazer a guerra — uma pequena revolução para uma grande vitória. No entanto, as camadas mais baixas — operários e soldados — aprofundaram a revolução, destruindo o fundamento da antiga ordem. Assim, havia duas correntes em ação — de baixo e de cima — que puseram adiante dois governos, duas forças distintas: 1) o Governo Provisório, apoiado pelo capital anglo-francês, e 2) o Soviete de Deputados Operários e Soldados. O poder foi dividido entre esses dois órgãos e nenhum deles detém totalmente o poder. Há tensões e conflitos entre eles — não poderia ser de outro modo.[30]

Stalin terminou dizendo que era desejável a ruptura política com a "burguesia" e que "o único órgão capaz de tomar o poder é o Soviete de Deputados Operários e Soldados de toda a Rússia".[31] Houve uma sessão apenas para os bolcheviques, separadamente. Foi quando Kamenev denunciou a acolhida oficial menchevique ao Governo Provisório e instou todos a apoiar o Soviete de Petrogrado.[32] Após todas as divisões organizativas desde 1903, bolcheviques e mencheviques voltavam a pertencer ao mesmo partido. Eram as duas maiores facções no Partido Operário Social-Democrata Russo. No plano central, mantinham órgãos separados, mas no resto do país — principalmente fora de Petrogrado — trabalhavam juntos. Essa situação era insustentável. A ala direita do menchevismo propunha a defesa vigorosa da nação, ao passo que os bolcheviques queriam uma campanha robusta pela paz multilateral. Kamenev e Stalin planejavam resolver a questão chamando os mencheviques contrários à guerra para que se separassem da ala direita de sua facção.

Entre os bolcheviques, Kamenev foi franco a respeito de seus cálculos:

É errado se adiantar às coisas e evitar os desacordos. Não existe vida partidária sem desacordos. No seio do partido enfrentamos pequenos desacordos. Mas há um ponto em que é impossível unificar o não unificável. Temos um só partido juntos com os que concordam com as diretrizes de Zimmerwald e Kienthal, i. e., os que são contrários ao defensismo revolucionário.

Precisamos alertar os mencheviques de que esse desejo é só do grupo de pessoas aqui reunidas, e não é obrigatório para todos os bolcheviques. Devemos ir à reunião e evitar apresentar plataformas particulares. [Devemos fazer isso] dentro do quadro do desejo de convocar uma conferência com base no antidefensismo.[33]

A declaração, feita três dias antes da chegada de Lenin a Petrogrado, indica que Kamenev e Stalin estavam longe de ter consideração com o menchevismo. Implicitamente, apontaram um cisma em torno da política de guerra e paz, que levaria o partido ao conflito direto com o Governo Provisório.

Era uma estratégia plausível, e só foi esquecida porque em seguida os bolcheviques começaram a agir sozinhos e, meses depois, fizeram a sua Revolução de Outubro. Após 1917, Kamenev e Stalin tiveram de abjurar da estratégia, quando a política mais radical de tomar o poder sem a participação dos mencheviques se tornou uma das premissas sagradas da história bolchevique. De qualquer modo, o episódio é importante por jogar luz na carreira de Stalin. Ele e Kamenev, apesar da hostilidade do Escritório Russo, tinham aberto caminho para a liderança e elaboraram uma estratégia que, se tivesse sido levada a cabo, poderia ter desembocado em um partido de oposição radical ao Governo Provisório. As alianças faccionais estavam extremamente fluidas em março e abril. A esperta ideia de atrair mencheviques de esquerda para o bolchevismo tinha um potencial político sólido. Kamenev e Stalin foram ágeis e determinados. Viram muito mais da Rússia no século XX que Lenin; viveram a atmosfera política revolucionária em Petrogrado desde a revolução de fevereiro. O plano de ambos para uma campanha favorável a políticas radicais sobre paz, pão, terra e governo tinha o potencial de ser enormemente popular.

Lenin discordou violentamente. Ainda na Suíça, redigiu as "Cartas de longe", em que exigia a derrubada do Governo Provisório. A estratégia original do bolchevismo, enunciada desde 1905, era que os operários derrubariam a monarquia e criariam uma ditadura revolucionária temporária unindo todos os partidos socialistas, os quais acionariam todas as liberdades cívicas imagináveis e estabeleceriam uma economia capitalista. A estratégia leninista se tornara obsoleta com a formação do Governo Provisório liderado pelos liberais, que promulgou as liberdades cívicas. Lenin nunca explicou exatamente por que subitamente pensou que a Rússia estava pronta para a segunda grande etapa de seu desenvolvimento revolucionário planejado — isto é, a "transição para o socialismo". Mas insistiu em que era a única política genuína para o bolchevismo. Lenin teve a oportunidade de lutar por suas ideias quando, no final de março, o governo alemão autorizou que ele e um grupo de marxistas contrários à guerra cruzassem a Alemanha até a Escandinávia, antes de rumar para Petrogrado.

Ele foi precedido de telegramas, e o Escritório Russo preparou uma recepção adequada. Kamenev e outros bolcheviques eminentes de Petrogrado viajaram para encontrá-lo em Beloostrov, quando o trem se deteve brevemente na fronteira administrativa fino-russa, em 3 de abril. Lenin não mediu suas palavras. Acusou Kamenev de ser o responsável pelo apoio condicional do Escritório Russo ao Governo Provisório e o insultou duramente.[34] (Stalin só não foi repreendido porque não foi a Beloostrov.)[35] O humor de Lenin não tinha melhorado quando, depois da meia-noite, o trem se deteve na Estação Finlândia, em Petrogrado. Irritado, ele denunciou novamente o gabinete de Lvov e foi rude com o líder menchevique Nikolai Chkheidze, que encabeçava a delegação do Soviete de Petrogrado enviada para saudá-lo como um renomado revolucionário de regresso. Em seguida, ele foi ao Palácio Taurido, onde falou em uma reunião da facção bolchevique e exigiu mudanças na estratégia. Os bolcheviques o ouviram incrédulos. Mas nada o deteria; declarou, em uma reunião conjunta de bolcheviques e mencheviques, que nenhum compromisso com o Governo Provisório era tolerável. Ele passou o dia 4 de abril possesso, e Kamenev e Stalin assistiam-no impotentes. De líderes dominantes tinham se tornado espectadores.

Os membros do Escritório Russo afastados por Kamenev e Stalin estavam encantados. Finalmente havia alguém com status suficiente para exigir o ultrarradicalismo. Ficaram fascinados com Lenin e suas ideias, as quais ele reduziu a uma centena de palavras e publicou como *Teses de abril*. Em outras partes do país havia muitos outros na facção contrariados com a política de apoio condicional ao Governo Provisório. O bolchevismo sempre defendera o extremismo revolucionário. Para os bolcheviques de Petrogrado e de outras partes do país que aprovavam o apoio condicional ao Governo Provisório, a chegada de Lenin foi como um touro entrando em uma loja de porcelanas. De ambos os lados do debate, todos estavam pasmos com o líder que regressara, genioso e confiante; para os membros do partido, ficou claro que teriam de optar definitivamente entre as estratégias rivais de Kamenev e Lenin.

Como muitos outros, Stalin se alinhou imediatamente com Lenin. Nunca se preocupou em justificar essa decisão. Pulando de reunião em reunião nos primeiros dias após sua chegada, Lenin atraía os ultrarradicais e persuadia os indecisos. Foi um *tour de force* político. Ao mesmo tempo, enfrentou menos dificuldades do que pareceu à época. O bolchevismo sempre se inclinara a uma agenda extremista. De fato, até 1917, a facção tinha antecipado a formação de uma "ditadura democrática provisória do proletariado e do campesinato" após a derrubada da monarquia imperial. Um governo de cadetes sempre fora uma possibilidade odiosa para eles. Kamenev e Stalin, defensores de um acordo com elementos da facção menchevique, sempre tiveram um motivo ulterior. Stalin mudou de campo em 4 de abril, mas não a ponto de subitamente passar de "moderado" a "extremista". Mesmo se curvando ao vento leninista, não aceitou inteiramente as propostas. Continuou pensando que Lenin tinha muito a aprender sobre a Rússia revolucionária (e até sobre a Europa não revolucionária!).

No entanto, ele não podia deixar de ver a diferença entre Kamenev e Lenin. O primeiro tinha sido o bolchevique sênior de Stalin, seu amigo e aliado. Mas Lenin era um verdadeiro líder. De abril de 1917 até sua incapacitação médica, em 1922, Stalin foi seu aliado. Com frequência a relação enfrentou problemas. Eles discutiram todos os anos, até a morte de Lenin. Mas, entre fevereiro e outubro, conseguiram se dar bem. Lenin pôs Stalin sob sua proteção, e promoveu sua carreira no bolchevismo.

PARTE II
LÍDER DO PARTIDO

12. O ANO DE 1917

Os meses entre as revoluções de fevereiro e outubro foram cruciais para a Rússia. A política tornara-se livre e visível. Petrogrado estava engalanada com bandeiras vermelhas e sem polícia. Havia festas da liderança socialista do Soviete de Deputados Operários e Soldados da capital. A *Internacional* era entoada em ocasiões solenes. Havia fanfarrice por todo lado e o socialismo estava no auge da popularidade. O Governo Provisório, dirigido pelo liberal Georgi Lvov, só agia com autorização do Soviete de Petrogrado. A extrema-direita desapareceu com a queda da monarquia. "Organizações de massas", como a Guarda Vermelha, mantinham a ordem nas ruas. Oficiais do Exército aprenderam a consultar as tropas. A vida pública passou a servir ao povo. Exigia-se camaradagem em todas as ocasiões oficiais. Supostamente, quaisquer decisões seriam precedidas de debates em que operários, camponeses e soldados influenciariam os resultados. Surgiram sovietes nas cidades por todo o país. Eleitos pelas camadas sociais mais baixas, eles intervinham nas questões públicas quando os líderes — os mencheviques e os socialistas revolucionários — percebiam que os órgãos do governo central ou local contrariavam o acordo com o Governo Provisório sobre liberdade civil e guerra defensiva.

Stalin trabalhou com Lenin na preparação de uma conferência bolchevique em abril. Ele foi um dos muitos bolcheviques eminentes de Petrogrado e das províncias a mudar de opinião com o impacto do debate provocado por Lenin e a se unir, e que sempre tinham se negado a apoiar o Governo Provisório. Muitos mencheviques se converteram ao bolchevismo, descartando a política oficial de sua liderança, e a Organização Interdistrital, que antes tinha sido antibolchevique, se uniu a eles em maio.¹ O hiato entre bolcheviques e mencheviques sempre fora amplo, mas à ruptura original dos emigrados em 1903 seguiram-se diversas tentativas de reunificação. Embora a Conferência de Praga de 1912 tivesse dividido o Partido Operário Social-Democrata Russo mais uma vez, após a Revolução de Fevereiro, em muitas cidades, bolcheviques e mencheviques continuaram cooperando entre si durante várias semanas. Contudo, aos poucos a diferença radical de políticas começou a pesar, e as facções se cindiram em dois partidos diferentes.

Apesar de acatar as *Teses de abril*, de Lenin, Stalin não adotou todas as políticas do líder. Lenin exigia a propriedade estatal da terra. Stalin seguia argumentando que isso alienaria os camponeses, que queriam ter total controle do campo.² Ele insistia que a terra deveria ser transferida incondicionalmente aos camponeses,³ e talvez pensasse que Lenin entenderia isso quando adquirisse experiência direta das condições russas. Stalin também rejeitava o lema mais provocativo de Lenin sobre a guerra. Como Kamenev, ele omitia o chamado aos soldados e proletários para transformar a "guerra imperialista" em curso em uma "guerra civil europeia" entre os proletariados europeus e suas respectivas burguesias.⁴ Kamenev e Stalin entendiam que para aumentar sua popularidade os bolcheviques deviam enfatizar que formavam o único partido na Rússia capaz de trazer a paz. Igualmente digno de nota é que Stalin evitava termos como "ditadura do proletariado".⁵ Ele tinha os ouvidos atentos para as respostas da sociedade. Para operários e soldados, a queda da monarquia inaugurava uma ordem de liberdade e democracia. As ideias de ditadura eram parte da derrubada da monarquia, em fevereiro de 1917. Stalin defendia suas ideias — e não foi ele, mas Lenin, quem ao final mudou de posição.⁶

Enquanto isso, o Governo Provisório estava mergulhado em dificuldades. A guerra prosseguia, e as tropas do Exército russo pareciam cada vez mais fracas ante o inimigo alemão. O desmantelamento da economia piorou. O abastecimento de alimentos caiu. Fábricas ameaçavam fechar porque não havia fornecimento de matérias-primas como metal e petróleo. Os bancos deixaram de dar garantias a empreendimentos industriais. O sistema administrativo civil, que já estava em dificuldades com a guerra, começou a entrar em colapso. O transporte e as comunicações ficaram instáveis. Ao mesmo tempo, as demandas populares se intensificaram. Os operários exigiam melhores salários e empregos estáveis. Os soldados nos quartéis apoiavam a política de paz: temiam ser mandados para a linha de frente. Os camponeses queriam preços mais altos por suas colheitas, e insistiam na posse de todas as terras agrícolas e no final da guerra. Comerciantes e artesãos queriam proteção contra os interesses dos grandes negociantes. Ucranianos, finlandeses e georgianos demandaram provas de que as autoridades de Petrogrado não os estavam colocando em desvantagem. O Governo Provisório fazia concessões. Introduziu tribunais de arbitragem para disputas industriais. Elevou os preços dos grãos. Passou por alto a insubordinação nos quartéis. Deu autonomia aos órgãos locais de autogoverno. Prometeu fazer eleições para uma assembleia constituinte o mais breve possível.

Os ministros se recusavam a sancionar mais reformas enquanto os Poderes Centrais não fossem derrotados. O problema, manifestado desde a Revolução de Fevereiro, era que o Governo Provisório não era capaz de conter os grupos sociais que demandavam reformas imediatas. A permissão do Soviete de Petrogrado tinha sido fundamental para a criação do primeiro gabinete, e os sovietes, comitês de fábricas-ateliês, comitês do Exército e comunas rurais passaram a restringir a capacidade dos ministros de governar. As forças armadas não podiam impor a vontade do Governo Provisório devido à insistência dos soldados aquartelados em ignorar as ordens que não lhes agradassem. A polícia sempre fora inútil para confrontar a desobediência civil — e, de qualquer modo, ela praticamente tinha debandado com a derrubada da monarquia imperial.

Se tinha dúvidas quanto a seguir Lenin, Stalin as dissipou com os acontecimentos em Petrogrado. O ministro de Assuntos Exteriores, Pavel Milyukov, enviara uma nota diplomática a Londres e Paris afirmando que os objetivos da guerra russa permaneciam inalterados. Como incluíam a expansão territorial à custa do Império Otomano, houve muitas revoltas populares entre os proletários e soldados na capital. O Governo Provisório tinha chegado ao poder com o apoio do Soviete de Petrogrado no entendimento de que a guerra seria defensiva e que o expansionismo estava desautorizado. Em 20-21 de abril, as lideranças menchevique e socialista revolucionária do Soviete de Petrogrado organizaram uma manifestação política contra o gabinete. Houve manifestações semelhantes por todo o país. Alguns bolcheviques de Petrogrado conclamaram uma revolta armada contra o Governo Provisório, e Lenin precisou desacreditá-los como representantes do partido. De qualquer modo, a polêmica criada por Milyukov favoreceu Lenin. Para muitos bolcheviques céticos, e um número crescente de proletários e soldados, pareceu uma prova de que ele tinha razão, e os mencheviques e os socialistas revolucionários tinham culpa por ter confiado no Governo Provisório.

As opiniões sobre o bolchevismo passaram a ser definitivamente favoráveis a Lenin, à medida que ele obtinha o apoio dos que haviam sido afastados por Kamenev e Stalin em março. Isso só foi possível porque ele impôs sua posição e personalidade aos ouvintes e leitores, com a vantagem de que muitos bolcheviques veteranos, embora não compartilhassem totalmente suas ideias sobre estratégia, sentiam-se incomodados em apoiar, ainda que condicionalmente, o Governo Provisório liderado pelos liberais.[7] Kamenev também ficou do seu lado. Por sua parte, Lenin abandonou alguns lemas mais radicais. Deixou de exigir a transformação da "guerra imperial em uma guerra civil europeia". Temporariamente parou de instar à "ditadura" e à "guerra revolucionária"[8] em público. Embora ainda não tivesse feito todos os ajustes necessários ao ambiente político russo, Kamenev acreditou que ele já não era o fanático revolucionário que desembarcara na Estação Finlândia, e Stalin pensou o mesmo. Kamenev pôs de lado a atitude conciliatória anterior para com o Governo Provisório e tornou-se um defensor decidido do leninismo. Milyukov terminou seu trabalho; quando a Conferência do Partido Bolchevique começou, em 24 de abril, Lenin sabia que a vitória seria sua.

Ele e Kamenev se aliaram para defender a oposição incondicional ao Governo Provisório. Exigiram medidas drásticas que pusessem fim à Grande Guerra. Lenin insistiu na política de nacionalização da terra, e a conferência votou a seu favor. Embora tivesse contestado isso no *Pravda*, Stalin manteve-se em silêncio. Pouco tempo depois, sentiu-se justificado: em meados do verão, Lenin convenceu-se de que a terra deveria ser entregue ao campesinato mediante a "socialização da terra".

Stalin e Lenin tinham sido aliados na questão nacional desde antes da Grande Guerra e foi o primeiro quem discorreu sobre isso na Conferência.

Ambos tentavam tornar o bolchevismo atraente para os habitantes não russos do antigo Império Russo. Contudo, o resultado foi o debate mais acirrado da conferência. A comissão preparatória votou em peso contra Stalin e a favor de Georgi Pyatakov. A maioria dos bolcheviques não apreciava o compromisso de Lenin e Stalin com a autodeterminação nacional, incluída a possibilidade de secessão do antigo Império Russo. Parecia que a política oficial ignorava os princípios internacionalistas e estimulava o nacionalismo; isso parecia negligenciar as tendências econômicas mundiais e os interesses das classes trabalhadoras do mundo. Supostamente, a política bolchevique deveria dar precedência à revolução proletária em detrimento da autodeterminação nacional. Segundo Lenin, Pyatakov subestimava o ódio pela Rússia e os russos nas terras fronteiriças. A hostilidade só se dissiparia se ucranianos e finlandeses soubessem que tinham direito à independência. Ele previu que uma oferta semelhante apaziguaria os sentimentos antirrussos e reconciliaria não só a Ucrânia e a Finlândia com a ideia de permanecerem unidas à Rússia, como também outros territórios não russos.

Stalin retomou esses temas e acrescentou outro. Quaisquer políticas formuladas pelo antigo Império Russo, afirmou, tinham implicações no estrangeiro. Se os bolcheviques tratassem decentemente suas minorias nacionais, encorajariam movimentos de liberação nacional em todo o mundo. A política seria uma "ponte entre Oriente e Ocidente". Sua contribuição estimulante foi um triunfo.[9] Ele precisava do apoio de Lenin e Zinoviev. Ainda assim, saíra-se bem ao apresentar seu primeiro relatório em uma conferência do partido. Não se apoucou ao ser criticado pelo veterano bolchevique georgiano Pilipe Makharadze, que o questionou sobre como lidaria com as "aspirações separatistas" das nações ao sul do Cáucaso. Ele também quis saber se a criação de administrações locais com base nacional-territorial resolveria o problema da complexa mistura na Geórgia e em outras partes.[10] Justo quando Stalin se regozijava como o especialista do partido na questão nacional, outro georgiano pegou no seu pé. Ele não demonstrou irritação. Centrou o fogo em Pyatakov e Dzierżyński, e ignorou o questionamento espinhoso de Makharadze. Pyatakov era um jovem teórico bolchevique que havia criticado a estratégia revolucionária de Lenin durante toda a Grande Guerra; Dzierżyński vinha de uma organização marxista polonesa, se unira aos bolcheviques recentemente e não estava de acordo com a política bolchevique oficial sobre a questão nacional.

Sem o apoio de Lenin, porém, talvez Stalin não tivesse sido eleito para o Comitê Central. A maior parte dos delegados não sabia quem ele era; foi preciso explicar que um de seus pseudônimos era Koba — nem todos o conheciam como Stalin. Mas seu problema básico era a possibilidade de que alguém retomasse as objeções a seu respeito apresentadas em março. Lenin saiu adiante: "Conhecemos o cam[arada] Koba há muitos anos. Costumávamos encontrá-lo na Cracóvia, onde tínhamos um escritório. Ele teve uma atividade importante no Cáucaso. Desempenha bem qualquer tarefa que exija responsabilidade." Com essa recomendação, ele respirou aliviado e evitou os confrontos pelos quais passaram candidatos menos conhecidos, mas controversos, tais como Teodorovich, Nogin, Bubnov e Glebov-Avilov. Lenin tampouco precisou fazer o longo discurso com que defendeu a candidatura de Kamenev. Stalin estava no topo do partido: ficou em terceiro lugar, depois de Lenin e Zinoviev, na votação para o Comitê Central.[11]

A intensidade do trabalho político era febril desde que ele chegara a Petrogrado. Em um dia típico havia reuniões no escritório do Comitê Central, na mansão Kshesinskaya, que costumavam varar a noite. Stalin não era um orador; segundo um companheiro, "evitava fazer discursos em encontros de massas".[12] Suas fraquezas eram evidentes. Sua voz não se projetava sem um microfone,[13] e ele tinha um sotaque forte. Não declamava nem se pavoneava como um ator. Quando era preciso um orador do Comitê Central, a escolha costumava cair em Grigori Zinoviev (ou Leon Trotski e Anatoli Lunacharski, que tinham se juntado aos bolcheviques no verão). Às vezes, Lenin também comparecia às reuniões abertas, depois de superar a timidez inicial. Stalin passava ao largo dessas funções, a menos que o Comitê Central o convocasse expressamente. Suas atividades preferidas eram o planejamento de políticas e a organização. Ele também gostava de tarefas associadas à edição do *Pravda*. Embora seu trabalho fosse de bastidores, não se limitava à administração interna do partido. Esse papel cabia a Yakov Sverdlov, que chefiava o Secretariado do Comitê Central. Stalin estava galgando espaço no partido sem ser notado. Os que viam nele um mero "borrão cinzento" demonstraram ignorar a vida central do partido.[14]

Ele não chegou a se mudar com a família Alliluev como haviam combinado em março.¹⁵ Mas eles mantiveram o quarto à sua disposição, e os jovens — especialmente Anna e Nadya — esperavam ansiosos a sua chegada. Assim como outros líderes bolcheviques, ele dormia onde e quando podia. Estava fazendo novos amigos. E saía com as mulheres que o atraíam. Era uma vida desorganizada e cansativa, mas tinha seus prazeres.

Enquanto isso, depois de abril, o Governo Provisório não conseguiu se manter longe de problemas, como o conflito entre socialistas e liberais. Os mencheviques Irakli Tsereteli e Mikhail Skobelev e o socialista revolucionário Viktor Chernov insistiam em que a Finlândia e a Ucrânia deviam se autogovernar. Os cadetes saíram em 2 de julho para não assumir a responsabilidade do gabinete. Dias antes, o ministro de Assuntos Militares, o socialista revolucionário Alexander Kerenski, havia iniciado uma ofensiva contra os Poderes Centrais. Seguiu-se uma crise política. Após constranger o Governo Provisório na primavera, os bolcheviques resolveram sondar as águas políticas novamente. Organizaram uma grande manifestação de protesto no dia 4 de julho com seu lema "Todo o poder aos sovietes!", e queriam suplantar o governo. Os marinheiros no quartel de Kronstadt foram convidados a participar portando armas. O Governo Provisório, apoiado pelos mencheviques e os socialistas revolucionários, proibiu a manifestação. Contudo, o descontentamento popular era tal que a multidão não parava de crescer em Petrogrado. No último momento, o Comitê Central bolchevique temeu que as autoridades recorressem ao uso da força e tentou suspender a manifestação. Porém, o Governo Provisório perdera a paciência. Os vínculos financeiros de Lenin com o governo alemão vieram à tona e foi emitida uma ordem de prisão contra ele. Os bolcheviques de Petrogrado se esconderam e figuras proeminentes, como Leon Trotski, Lev Kamenev e Alexandra Kollontai foram detidos.

Os Alliluev puseram o quarto vazio à disposição de Lenin. Na fuga das autoridades nos "dias de julho", ele refugiou-se primeiro com o ativista bolchevique Nikolai Poletaev. Como ex-deputado na Duma, Nikolai era muito conhecido, e Lenin ficou agradecido de poder se refugiar, por fim, na casa dos Alliluev. Passou uns dias lá antes de acertar a fuga para o campo em Razliv, no norte. Precisava se disfarçar e decidiu se livrar da barba e do bigode. Stalin, que fora à casa dos Alliluev para se despedir dele, fez as vezes de barbeiro-chefe do partido.[16] (Faltavam uns anos para que se convertesse em seu carniceiro-chefe.) Lenin ficou satisfeito ao se fitar no espelho: "Está muito bom. Pareço um camponês finlandês, e praticamente ninguém vai me reconhecer."[17] Enquanto Lenin se hospedava com os Alliluev, Stalin se mudou com companheiros solteiros — Vyacheslav Molotov e Pëtr Zalutski — além de Ivan Smilga e sua esposa para um apartamento bastante amplo nos arredores de Petrogrado.[18] Molotov e Stalin deixaram as altercações para trás quando Stalin admitiu: "Você era o mais próximo de Lenin no estágio inicial, em abril."[19] Contudo, houve outras rusgas entre eles. Na velhice, Molotov recordou que, enquanto partilharam um apartamento, Stalin roubou-lhe uma namorada — certa Marusya.[20]

Mais ou menos uma semana depois da partida de Lenin, apesar da preocupação de que sua presença poderia colocar em risco a família,[21] Stalin mudou-se para a casa dos Alliluev. Eles viviam em um bairro próximo do centro, em um apartamento muito mais amplo no número 17 da rua 10 Rojdestvenskaya. Havia três quartos, uma cozinha e um banheiro, e a entrada do prédio era "luxuosa", com um porteiro uniformizado. Subia-se de elevador ao quinto piso, onde a família vivia. Stalin recebeu um quarto só para ele.[22] Grande parte do tempo ele passava sozinho, pois Anna e Nadya tinham deixado a cidade para as férias de verão, e Fedya trabalhava tanto quanto os pais, Sergei e Olga.[23] Stalin levou seus pertences — manuscritos, livros e algumas roupas — em uma maleta de junco. Olga insistiu com Josef (como ela o chamava) para que comprasse um terno novo. Quando ele alegou falta de tempo, ela e a irmã Maria foram à rua e lhe trouxeram um. Ele pediu-lhes que pusessem um pouco de enchimento térmico no paletó. Explicou que uma infecção na garganta deixava o colarinho e a gravata incômodos. Olga e Maria estavam contentes em fazer a vontade dele, e Maria costurou no paletó dois colarinhos verticais em veludo. Embora não parecesse um dândi, sua aparência certamente melhorou.[24]

Nadya voltou no final do verão para o início do ano escolar. Completaria 16 anos em setembro e já estava cansada da escola, pois tivera de aguentar gozações porque sua família tinha simpatias bolcheviques.[25] De volta em casa, ela desenvolveu uma paixão pelos afazeres domésticos. Certo dia, o barulho da movimentação de mesa e cadeiras tirou Stalin de seu quarto: "O que está acontecendo? Por que tanto barulho? Ah, é você! Vejo que uma verdadeira dona de casa está trabalhando!" Isso desconcertou Nadya, que perguntou: "O que houve? Isso é ruim?" Stalin rapidamente a tranquilizou: "Claro que não! É uma coisa boa! Arrumar, vá em frente [...] mostre a eles!"[26]

Stalin gostava que a mulher cuidasse da casa. Ele também esperava e precisava ser admirado, e estava buscando um enclave em sua vida política muito ocupada onde pudesse relaxar. Talvez estivesse começando a sentir-se atraído por Nadya. Ele podia ter mais do dobro da idade dela, mas isso não o havia inibido com as adolescentes na Sibéria. Por enquanto, porém, ele continuou agindo quase como um pai para ela durante a noite. Lia "Camaleão", de Chekov e outros contos para os jovens Alliluev, e recitava Pushkin. Maksim Górki era outro favorito. Quando amigos dos jovens vinham de visita ele os divertia também.[27] Antes de ir dormir, ele retomava o trabalho; às vezes, estava tão cansado que dormia com o cachimbo aceso; certa vez, chamuscou os lençóis e quase toca fogo no apartamento.[28] Mas a mistura de trabalho e atmosfera familiar lhe era agradável. Era uma nova experiência (se excetuarmos os períodos no exílio). Ele estava no final de seus 30 anos. Raramente desfrutara de uma vida estável entre pessoas que lhe tivessem afeto. Com os Alliluev ele por fim encontrou um santuário. Fechava-se uma lacuna em seus sentimentos; não surpreende que logo desposasse alguém da família.

Mas ele ainda tinha muito a fazer por si mesmo. A família passava o dia atarefada e, de qualquer modo, sua rotina era imprevisível. Portanto, ao voltar do trabalho, ele comprava comida. Na esquina da rua Rojdestvenskaya ele se detinha em uma barraca e comprava pão, peixe defumado ou linguiça. Isso era seu jantar — ou, quando as atividades no partido eram demasiadamente frenéticas, o almoço que não comera.[29]

Contudo, a política era o grande objeto de seus afetos. Poder e prestígio satisfaziam suas mais profundas necessidades. Ele não tinha desistido da ambição de ser um teórico marxista. Mas suas inclinações se dirigiam a questões práticas, como ajudar a liderar o Comitê Central, editar o *Pravda* e planejar as manobras dos bolcheviques em Petrogrado. A recepção desagradável do Escritório Russo que tivera em março era coisa do passado;

ele estava solidamente estabelecido na liderança do partido. Trabalhava loucamente. O trabalho no Comitê Central e no *Pravda* envolvia escrever tanto a lápis ou caneta que ele criou calos nos dedos da mão direita.[30] Com o trabalho, veio a autoridade. Lenin e Zinoviev eram fugitivos. Trotski, Kamenev e Kollontai estavam presos. A liderança do partido caiu nas mãos de Stalin e Sverdlov, os únicos membros do núcleo do Comitê Central que ainda estavam em liberdade. Essa situação poderia ter deixado muitos membros desconcertados. Mas Stalin e Sverdlov estavam muito confiantes tentando emendar os danos causados ao partido pelos dias de julho — e Stalin viu a oportunidade de demonstrar que tinha habilidades políticas, o que poucos no partido haviam detectado.

Quando, clandestinamente, o VI Congresso do partido teve início, no final de julho, já não havia dúvidas da eminência de Stalin. Ele foi apontado pelo Comitê Central para apresentar o relatório oficial, além de outro sobre a "situação política". As hostilidades mútuas já não atrapalhavam Stalin e Sverdlov. Como secretário do Comitê Central, Sverdlov não era exatamente um rival para Stalin. Era um administrador por excelência e, embora pudesse ser convocado para fazer discursos inflamados em sua voz de baixo tonitruante, não aspirava a criar uma *persona* política independente: deixava a política para outrem. Era o tipo de parceiro ideal para Stalin, que buscava a ribalta no partido bolchevique.

Os dias de julho em Petrogrado haviam causado um impacto negativo no partido nas províncias, onde os delegados resmungavam que o Comitê Central havia agido mal na capital e negligenciara as necessidades do resto. Stalin ergueu-se impávido. A crítica, observou:

> [...] resume-se a comentários de que o Comitê Central não manteve contato com as províncias e se concentrou em Petrogrado. A acusação de isolamento das províncias não deixa de ter fundamento. Mas não houve oportunidade de cobrir toda a rede provincial. A acusação de que o Comitê Central se transformou em um Comitê de Petersburgo é parcialmente válida. Assim foi. Mas era em torno de Petrogrado que a política russa girava.

Depois de lidar com as objeções, ele insistiu em que o Congresso deveria focar nas estratégias futuras. No momento, os sovietes permaneciam sob controle dos mencheviques e dos socialistas revolucionários, e Lenin — ainda refugiado na Finlândia — queria desistir do lema "Todo o poder aos sovietes!". Stalin resistia a isso em silêncio. Pensava que, para ganhar popularidade, o partido precisava se projetar como o agente entusiasta das "organizações de massas".

Stalin também fez uma contribuição notável ao debate "sobre a situação política". Yevgeni Preobrajenski, um jovem delegado promissor (que em 1919 viria a formar parte do Comitê Central), queria mais ênfase na necessidade de revoluções em outras partes da Europa. Stalin discordou:

> Não está excluída a possibilidade de que a Rússia seja o país a pavimentar o caminho para o socialismo. Até o momento, nenhum país desfruta de tanta liberdade quanto a Rússia nem tentou estabelecer o controle dos operários sobre a produção. Além disso, a base da nossa revolução é mais ampla que na Europa Ocidental, onde o proletariado confronta diretamente a burguesia em total isolamento. Aqui os proletários são apoiados pelos estratos mais pobres do campesinato. Por fim, o aparato de poder do Estado na Alemanha funciona incomparavelmente melhor que o aparato imperfeito da nossa burguesia, que é um apêndice do capital europeu. Devemos rejeitar a ideia antiquada de que só a Europa pode nos mostrar o caminho. Há o marxismo dogmático e o marxismo criativo. Eu defendo o segundo.[31]

Essa declaração adquiriu importância anos depois, quando Stalin, então secretário-geral do partido, exigiu que o foco das políticas partidárias se centrasse na construção do "socialismo em um só país".[32]

Fora do partido bolchevique a política passava por mudanças. Alexander Kerenski, que se tornara primeiro-ministro após os dias de julho, tentou restaurar a ordem política. Ele organizou uma conferência de Estado para obter apoio de partidos e outras organizações políticas. Lavr Kornilov, seu comandante em chefe, foi bem recebido nos círculos políticos de direita. Kerenski e Kornilov urdiram um plano para transferir unidades do front para

Petrogrado (onde as tropas aquarteladas eram notoriamente pouco fiáveis). No último momento, em 28 de agosto, Kerenski, sem motivos, suspeitou que Kornilov planejava um golpe de Estado e ordenou-lhe que mantivesse suas tropas no front. A ordem convenceu Kornilov de que Kerenski já não era capaz de governar o país em guerra, e decidiu derrubá-lo. O pânico se espalhou pela cidade. Os recursos militares de Kerenski eram fracos e ele dependia de agitadores socialistas para receber os trens e convencer as tropas a desobedecerem Kornilov. Dentre os agitadores havia bolcheviques, mencheviques e socialistas revolucionários. Kornilov foi detido. Kerenski sobreviveu, mas parecia ter os dias contados.

O bolchevismo voltou a crescer como uma força política aberta. Porém, isso já não se deu sob a liderança dual de Stalin e Sverdlov. Em 30 de agosto, o Comitê Central analisou um pedido confidencial de Zinoviev para voltar ao trabalho. Isso implicava riscos. Não só ele podia ser preso como sua volta ao Comitê Central poderia provocar um novo ataque das autoridades ao partido. Responderam-lhe que o Comitê Central estava "fazendo vários esforços para que ele se mantivesse o mais próximo possível do partido e do trabalho no jornal".[33] Isso não o desanimou, e ele compareceu à reunião do Comitê Central no dia seguinte.[34] O Comitê Central reconheceu que precisava de um líder revolucionário com seu talento. O mesmo se aplicava a Trotski, embora muitos bolcheviques lhe continuassem hostis. Libertado da prisão, ele ansiava por exercer impacto público. Em 6 de setembro, o Comitê Central tomou novas decisões quanto ao seu pessoal. O comitê editorial do *Pravda*, até então dirigido por Stalin, passou a incluir Trotski, Kamenev, Sokolnikov e um representante do Comitê de Petersburgo. Trotski também foi indicado para ajudar a editar o *Prosveshchenie* e para o Comitê Executivo Central do Congresso dos Soviets. Embora Stalin também tivesse sido indicado, suas deficiências como orador significaram que Trotski seria a principal figura do partido no comitê.[35]

Os dias de Stalin à luz da política tinham chegado ao fim. A seguinte tarefa do Comitê Central foi organizar os bolcheviques para a Conferência Democrática convocada por Alexander Kerenski em 14 de setembro no Teatro Alexandrinski. Kamenev seria o principal orador bolchevique. Stalin juntou-se a Trotski, Kamenev, Milyuin e Rykov na comissão que redigiu a declaração.³⁶ A Conferência Democrática Estatal reuniu os partidos socialistas de todo o antigo império. Crescia o descontentamento com o Governo Provisório entre mencheviques e socialistas revolucionários por sua incapacidade de aliviar a tensão social e pela recusa em intensificar as reformas. Para eles, Kerenski estava quase se tornando a *bête noire* que já era para os bolcheviques. A estratégia do Comitê Central era persuadir os delegados da conferência de que Kerenski devia ser substituído por um governo socialista. Os mencheviques e os socialistas revolucionários continuavam encarregados da maioria dos sovietes na Rússia urbana, embora o Soviete de Petrogrado e o Soviete de Moscou tivessem caído nas mãos dos bolcheviques. Portanto, a declaração precisava conclamar todos os socialistas, inclusive os bolcheviques, a unirem forças em torno dos objetivos comuns. Isso foi acordado, supondo-se que estava alinhado com o compromisso estratégico acatado por Lenin na Finlândia.

As exigências específicas dos bolcheviques eram compreensíveis, e inevitavelmente levariam a disputas com os mencheviques e os socialistas revolucionários. Embora pretendesse criar uma administração exclusivamente socialista, o Comitê Central bolchevique insistia que as políticas deveriam ser radicais. Era preciso expropriar a nobreza latifundiária. Introduzir o controle proletário e nacionalizar a indústria de larga escala. Oferecer a "paz democrática universal" aos povos do mundo. Proclamar a autodeterminação nacional. Criar um sistema de seguro social abrangente.³⁷

O Comitê Central não barganhou algo em que Lenin tinha deixado de acreditar, se é que alguma vez acreditara: na possibilidade do desenvolvimento pacífico da revolução. Em 15 de setembro, o Comitê Central discutiu uma carta dele exigindo o início dos preparativos para a insurreição armada.³⁸ Não dizia nada sobre a coalizão socialista. Para ele, tratava-se de derrubar Kerenski e criar uma administração revolucionária. Suas frustrações estavam claras na carta. Fluíam artigos de sua pena em Helsinque estipulando que os bolcheviques não deveriam fazer qualquer concessão na Conferência Democrática Estatal: o tempo das conversas tinha se acabado. Em "Marxismo e insurreição" ele fez um chamado à "transferência imediata do poder aos *democratas revolucionários chefiados pelo proletariado revolucionário*".³⁹ O chamado causou consternação entre vários membros do Comitê Central.

Em reunião, discutiram acirradamente, e Stalin confirmou o apoio a Lenin, propondo que a carta fosse enviada às mais importantes organizações partidárias para ser discutida; porém, no final o Comitê Central decidiu queimá-la e guardar apenas uma cópia para arquivo. Isso foi votado por seis a quatro.[40]

A política partidária bolchevique sobre a questão central do poder governamental estava mudando. A opinião radical foi reforçada pelo retorno de Trotski às atividades. Além disso, por todo o país, muitos líderes e ativistas socialistas queriam a remoção do Governo Provisório. Um número crescente de sovietes nas cidades, nos sindicatos e nos comitês de fábricas e ateliês obteve maioria bolchevique no final de setembro e início de outubro. Mais cedo ou mais tarde teria de haver uma resposta à questão: os bolcheviques iriam tomar o poder? Em caso positivo, quando o fariam? Se o fizessem, agiriam por conta própria ou em algum tipo de aliança socialista? Stalin tinha feito sua escolha. Não via mais sentido em nenhum acordo com os mencheviques. (Trotski fizera a mesma transição.) Seu futuro estava com os bolcheviques, e só com eles. Sua posição no Comitê Central bolchevique era firme, mas ele praticamente não detinha autoridade política fora dali. Era um dos bolcheviques mais influentes, e um dos mais obscuros. Se tivesse morrido em setembro de 1917, certamente ninguém teria escrito sua biografia.

13. OUTUBRO

Em outubro de 1917, Petrogrado estava mais calma do que nunca desde a queda dos Romanov. Escolas e escritórios funcionaram sem interrupção. Lojas abriram normalmente. O correio e o sistema ferroviário operaram sem problemas. A temperatura começava a esfriar; as pessoas se agasalhavam bem antes de sair à rua, mas ainda não havia neve. A calma reinava na capital russa e as manifestações de massa inflamadas eram coisa do passado. Os líderes bolcheviques que haviam planejado a insurreição tinham razão em se preocupar. E se Lenin estivesse errado e o povo já não quisesse apoiar a mudança revolucionária do regime?

Contudo, as camadas subterrâneas da política estavam em movimento. Refugiado em Helsinque desde meados de julho, Lenin se frustrara quando o Comitê Central bolchevique se recusou a organizar uma insurreição contra o Governo Provisório. O instinto lhe dizia que o tempo de agir tinha chegado, e ele decidiu arriscar e voltar a Petrogrado clandestinamente. Os bolcheviques que o encontraram sigilosamente na capital tiveram de aguentar a ira com que exigia a insurreição. Ele os estava preparando para o confronto no Comitê Central em 10 de outubro. Doze membros compareceram, e todos sabiam que haveria problemas. O tempo da reunião foi mesquinhamente registrado — e com isso não houve registro da contribuição de Stalin. Aparentemente, só Lenin e Sverdlov fizeram declarações importantes. Este último, o secretário do Comitê Central, detinha informações sobre as condições organizativas do partido e a campanha política em todo o país. Convencido pelos argumentos de Lenin a apoiar a revolta, ele acrescentou uma anotação positiva ao informe, sublinhando um aumento no número de membros do partido. Isso deu oportunidade a Lenin: "A maioria da população agora está conosco. A situação está politicamente madura para a transferência do poder."¹

Dois membros do Comitê Central se opuseram. Um foi Kamenev, que nunca fora um radical, nem em 1917 nem antes da guerra. Surpreendentemente, o outro foi Zinoviev, assistente de Lenin no estrangeiro antes da Revolução de Fevereiro.² Ambos enfrentaram Lenin. Rebateram seu otimismo extremo e assinalaram que muitos sovietes urbanos ainda não tinham sido cooptados pelos bolcheviques. Ressaltaram que os eleitores do partido estavam concentrados nas cidades. Puseram em dúvida a premissa de que o resto da Europa estaria à beira da revolução. Temiam que irrompesse uma guerra civil na Rússia.³

No entanto, a votação, vencida por dez a dois, foi favorável a Lenin. Stalin foi um dos que o apoiaram; ele havia deixado completamente para trás a associação com Kamenev. Estava convencido de que era hora de tomar o poder. Seu ânimo transpareceu no artigo que publicou em *Rabochi put* ("O modo dos proletários" — sucessor do *Pravda* e sob seu controle editorial). Stalin tinha grandes esperanças:

> A revolução está viva. Depois de romper o "motim" de Kornilov e sacudir o front, ela inundou as cidades e animou os bairros industriais — e agora se espalha pelo campo, varrendo o apoio odioso ao poder dos latifundiários.⁴

Não se tratava de um chamado explícito à insurreição. Stalin não queria dar motivos a Kerenski para fechar outra vez a imprensa bolchevique; mas ele alertou que a ação de Kornilov tinha sido a primeira tentativa de contrarrevolução, e outras viriam. O colaboracionismo, com o qual se referia à assistência dos mencheviques e socialistas revolucionários ao Governo Provisório, estava politicamente arruinado. Estava provado que os cadetes eram "um ninho e disseminadores da contrarrevolução". Os sovietes e os comitês do Exército deveriam se preparar para repelir "uma segunda conspiração do *Kornilovshchina*". Stalin afirmou peremptoriamente que "todo o poder da grande revolução" estava a postos para a luta.⁵

O Comitê Central voltou a se reunir em 16 de outubro. Representantes dos órgãos partidários em Petrogrado e nas províncias foram convidados a participar. Lenin voltou a defender a insurreição. Afirmou que era a hora, apesar dos informes de que os proletários não se entusiasmavam com a tomada do poder. Ele argumentou que "o ânimo das massas" era sempre instável e o partido devia se guiar pela evidência de que "todo o proletariado europeu" estava do seu lado. Acrescentou que a classe trabalhadora russa buscara os bolcheviques depois do caso Kornilov. Membros do Comitê Central inspirados por Kamenev e Zinoviev se alinharam contra ele. Seus críticos negavam que os bolcheviques estivessem fortes o suficiente para se insurgir contra o Governo Provisório e que houvesse condições revolucionárias em outras partes da Europa. Até Petrogrado era uma cidadela insegura para o bolchevismo. Zinoviev alegou: "Não temos o direito de arriscar e apostar em tudo de uma só vez."[6]

Stalin apoiou Lenin:

> Poder-se-ia dizer que é preciso esperar um ataque [contrarrevolucionário], mas devemos entender em que consiste um ataque: no aumento do preço do pão, no envio de cossacos ao distrito de Donets, e coisas como essas constituem um ataque. Até quando vamos esperar, se não houver um ataque militar? O que Kamenev e Zinoviev propõem dá objetivamente à contrarrevolução a oportunidade de se organizar; seguiremos em um recuo interminável e perderemos toda a revolução.[7]

Ele conclamou o Comitê Central a ter "mais fé": "Aqui há duas linhas: a que segue o curso da vitória da revolução e confia na Europa, e a que não acredita na revolução e só pretende permanecer na oposição."[8] Sverdlov e outros membros do Comitê Central também apoiaram Lenin; embora Trotski estivesse ausente cumprindo tarefas no Comitê Militar Revolucionário do Soviete de Petrogrado, Lenin ganhou o debate depois da meia-noite. Novamente os votos foram de dez a dois a seu favor.

Lenin voltou à clandestinidade e escreveu cartas furiosas aos camaradas do Instituto Smolny, instalado em uma antiga escola secundária para meninas, no centro da capital, onde estavam sediados o Soviete de Petrogrado e diversos órgãos centrais. Lenin continuava pressionando pela ação armada. Kerenski estava ponderando suas opções e concluiu que era preciso adotar uma atitude drástica antes que os bolcheviques se mobilizassem contra ele. A tensão cresceu em 18 de outubro, quando Kamenev rompeu a disciplina partidária e argumentou contrariamente à insurreição no jornal de esquerda radical *Novaya jizn* ("Vida nova").[9] Embora sem revelar exatamente o que o Comitê Central bolchevique havia decidido, ele deu várias pistas. Lenin escreveu ao Instituto Smolny exigindo a expulsão do partido dos "fura-greves" Kamenev e Zinoviev.[10] Em 19 de outubro, Zinoviev entrou no pleito com uma carta ao *Rabochi put*. Seu conteúdo diferia da posição que defendera pouco antes. Ele afirmou que Lenin havia explicado mal sua posição, e os bolcheviques deviam "cerrar fileiras e postergar nossas disputas até que as circunstâncias estejam mais propícias".[11] Não está claro o que pretendia. Talvez quisesse continuar discutindo o caso no Comitê Central (ao passo que Kamenev tinha quebrado definitivamente a confidencialidade, pondo em risco a segurança do partido).

A discussão foi parar nas mãos de Stalin, na condição de editor-chefe do *Rabochi put*. Ele decidiu acatar a atitude conciliatória de Zinoviev e publicar sua carta.[12] Mas nenhum dos dois explicou como Kamenev e Zinoviev, opositores da ação armada, podiam trabalhar com Lenin, Trotski e outros comprometidos com a insurreição. Em 20 de outubro, o Comitê Central tomou uma decisão. Foi uma sessão feroz, e a primeira vez em que Stalin e Trotski se enfrentaram de verdade. Trotski foi franco. Insistiu que Stalin tinha agido mal ao publicar a carta de Zinoviev. Sokolnikov, editor do *Rabochi put*, negou ter participado da decisão editorial. Stalin foi exposto como responsável.[13] Kamenev se demitiu do Comitê Central, aflito com a política de insurreição. Stalin continuou apoiando a política de Lenin, mas a baixaria do debate o levou a apresentar sua demissão do conselho editorial.[14]

Ele só recobrou a pose quando teve o pedido de demissão recusado. Aquilo parecia o fim da questão; ninguém tinha ideia do quão profundamente ele se ressentia de um golpe à sua autoestima — e em 1940 Trotski pagaria o preço mais alto por isso. Em termos da estratégia política bolchevique, não está claro por que foi indulgente com Kamenev e Zinoviev. Ele nunca explicou o que pensava. Mas isso teria estado de acordo com sua atitude usual de ver ambos como aliados na disputa para reduzir a influência de Trotski. A crescente aproximação entre Lenin e Trotski ameaçava a autoridade dos veteranos do Comitê Central. Outra possibilidade é que Stalin percebesse que, no final, os oponentes da insurreição continuariam no partido. Milyutin rapidamente voltou a se alinhar à política oficial. Talvez Stalin acreditasse que um partido desunido não poderia levar a cabo as necessárias manobras armadas contra o Governo Provisório. De qualquer modo, estava em boa forma quando regressou ao Comitê Central, em 21 de outubro. Stalin, e não Trotski, preparou a agenda do II Congresso dos Soviets. Em seu esquema, Lenin falaria sobre "terra, guerra e poder", Milyutin sobre controle dos proletários, Trotski sobre "a situação atual" e ele trataria da "questão nacional".[15]

Nessa mesma reunião, Stalin figurava na lista dos dez membros nomeados para reforçar o Comitê Executivo do Soviete de Petrogrado. Ele estava no centro das operações políticas.[16] Já pertencia ao Comitê Militar Revolucionário; exercia uma influência dinâmica no Comitê Central do partido; e, apesar dos contratempos em torno de Zinoviev, era um de seus líderes mais confiáveis.

O Governo Provisório agiu primeiro na contenda com os bolcheviques. Na manhã de 24 de outubro, por ordem de Kerenski, tropas invadiram as redações de *Soldat* e de *Rabochi put*, quebraram parte das máquinas e confiscaram equipamentos. Stalin estava lá. Viu ser confiscado o exemplar que acabava de ser impresso, e um guarda se postar diante da porta da redação. Ele não se surpreendeu com a atitude de Kerenski. Seu editorial anônimo dizia:

> O atual governo de terra-tenentes e capitalistas deve ser substituído por um novo governo, um governo de proletários e camponeses.
>
> O atual pseudogoverno, que não foi eleito pelo povo e não presta contas ao povo, deve ser substituído por um governo reconhecido pelo povo e eleito por representantes dos proletários, soldados e camponeses que responda aos seus representantes.
>
> O governo Kishkin-Konovalov deve ser substituído por um governo de sovietes e proletários, soldados e camponeses.[17]

Kishkin era o ministro do Interior, Konovalov ministro da Indústria. Stalin recomendou aos leitores "organizar reuniões e eleger suas delegações", e terminou com a invocação: "Se todos agirem firme e incondicionalmente, ninguém ousará resistir à vontade do povo."[18] A intenção revolucionária era óbvia, mesmo que Stalin, pragmaticamente, tenha evitado explicitá-la.

Supostamente, seus deveres editoriais o impediram de comparecer ao Comitê Central naquele mesmo dia. Trotski também faltou, o que não o impediu de aviltar Stalin como alguém que evitava participar de decisões e atividades relacionadas à tomada do poder.[19] Por muito tempo, circulou a história de que Stalin era "o homem que perdeu a revolução".[20] A prova eram as tarefas que o Comitê Central distribuiu entre seus membros:

Bubnov	— estradas de ferro
Dżierzyński	— correios e telégrafos
Milyutin	— abastecimento de víveres
Podvoiski (objetou e foi substituído por Sverdlov)	— supervisão do Governo Provisório
Kamenev e Vinter	— negociação com esquerda dos S-R [os extremistas radicais do Partido Socialista Revolucionário]
Lomov e Nogin	— informações para Moscou[21]

Trotski pensava que isso deixava claro que Josef Stalin era uma figura marginal na ocasião histórica que estava sendo planejada.

No entanto, se a inclusão na lista era crucial, por que Lenin e Trotski tinham sido omitidos? Se o compromisso com a insurreição fosse um critério, por que o Comitê Central envolveu Kamenev? A questão era que Lenin tinha de permanecer escondido e Trotski estava ocupado com o Comitê Militar Revolucionário. Como editor de jornal, Stalin também tinha tarefas que não eram insignificantes. Assim que pôde, ele voltou ao Instituto Smolny e se juntou aos camaradas. Recebeu imediatamente uma tarefa, e acompanhou Trotski para informar os delegados bolcheviques que haviam chegado ao prédio do II Congresso dos Sovietes. Stalin deu as informações que chegavam aos escritórios do Comitê Central. Enfatizou o apoio das forças armadas à insurreição e a desorganização no Governo Provisório. Ambos cumpriram bem suas tarefas. O Comitê Central reconhecia que era necessário ter sutileza tática. Era preciso evitar uma insurreição prematura e, para obter a concordância dos socialistas revolucionários de esquerda, seria sensato agir como se todas as medidas fossem uma mera tentativa de defender os interesses da revolução contra seus inimigos.[22]

A situação em Petrogrado era perigosamente fluida. Fora da capital as tropas estavam a caminho para apoiar o Comitê Militar Revolucionário, que já controlava a central dos correios. Stalin pensava que seria possível restabelecer a redação do *Rabochi put*, apesar da devassa daquele dia.[23] Tudo dependeria do equilíbrio de forças reunidas pelo Comitê Militar Revolucionário e o Governo Provisório. Kerenski estava diante de uma prova de força decisiva.

À noite, Stalin voltou para o apartamento dos Alliluev. Não tinha tempo para brincadeiras nem histórias. Estava exausto. Cumprira suas tarefas de modo muito satisfatório. Anna Alliluyeva ouviu-o dizer: "Sim, está tudo pronto. Amanhã entraremos em ação. Todos os bairros da cidade estão nas nossas mãos. Vamos tomar o poder!"[24] Ele se deitou para aproveitar as últimas horas de descanso ininterrupto que teria por vários dias. Mas não dormiu muito tempo. Estava programada uma reunião de emergência do Comitê Central antes do amanhecer do dia 25 de outubro, e ele precisava comparecer. Até os "fura-greves" Kamenev e Zinoviev participaram. Os minutos não sobreviveram à Revolução de Outubro, mas a agenda certamente deve ter sido dedicada aos aspectos práticos da tomada do poder. O planejamento militar foi finalizado e a discussão se centrou no novo governo revolucionário, seu pessoal e seus decretos. Lenin foi encarregado de esboçar decretos sobre terra e paz. Chegado o momento, o Conselho dos Comissários do Povo deveria estar pronto para esclarecer seus propósitos.[25]

O fato de Stalin não ter sido chamado a liderar nenhuma atividade armada perpetuou a lenda de que era insignificante no Comitê Central. Isso equivale a ignorar a abrangência maior da reunião. O Comitê Militar Revolucionário já tinha tomado decisões quanto aos quartéis e à Guarda Vermelha. As funções de Stalin tinham-no impedido de se envolver nisso antes, e teria sido tolo inseri-lo no último momento. No entanto, a reunião discutiu também o que ocorreria quando o Governo Provisório fosse derrubado no final daquele dia. Stalin participou das deliberações durante o amanhecer. Sabia que teria tarefas imensas pela frente quando raiasse o dia.[26] A expectativa aumentava. Ele e os camaradas do Comitê Central comiam e bebiam enquanto conversavam. Seguiram consultando uns aos outros. Saudavam mensageiros de toda a Petrogrado e enviavam outros com recados. Embora tivessem os olhos vermelhos pela falta de sono, sua concentração era aguda. Aquele era o auge da vida deles. A Ditadura do Proletariado estava a ponto de ser proclamada e a Revolução se espalharia por toda a Rússia e, em breve, pela Europa.

Os acontecimentos de 25 de outubro de 1917 são históricos por qualquer ângulo que se analise. Por meio do Comitê Militar Revolucionário do Soviete de Petrogrado, Trotski e outros líderes bolcheviques controlaram os quartéis da capital e enviaram tropas leais para tomar os correios e telégrafos, prédios governamentais e o Palácio de Inverno. Na noite de 24 para 25, Lenin regressou ao Instituto Smolny e reassumiu o comando do Comitê Central. Persuadiu e ordenou aos bolcheviques que se ativessem ao objetivo acordado. Deviam tomar o poder sem demora. Em toda a capital, o Comitê Militar Revolucionário se apossou de prédios importantes da administração e das comunicações. Enquanto isso, centenas de delegados se reuniam para a abertura do II Congresso dos Sovietes dos Deputados, dos Operários e Soldados. Por insistência de Lenin, a derrubada do Governo Provisório foi levada adiante. Ele percebeu que poderia haver problemas no congresso se a tomada do poder não fosse um *fait accompli*, e continuou instigando os camaradas do Comitê Central à ação. O Governo Provisório não existia mais. Embora os bolcheviques não fossem maioria absoluta no Congresso, eram o maior partido — e os mencheviques e socialistas revolucionários estavam tão contrariados com os acontecimentos que foram embora. O poder caiu facilmente nas mãos do partido bolchevique.

Stalin não teve um papel notável. Não discursou no congresso. Não dirigiu o Comitê Militar Revolucionário. Não circulou por Petrogrado. Por mais que tivesse desfrutado da política da revolução nos meses anteriores, não foi muito visto naquela noite histórica. Caracteristicamente, prosseguiu com suas tarefas e não meteu o nariz nos assuntos alheios. A seguir, um testemunho de Fëdor Alliluev:

> Quando [a tomada do poder em] Outubro aconteceu, o camarada Stalin não dormiu durante cinco dias. Finalmente, exausto, caiu dormindo numa cadeira diante de sua mesa. O entusiasmado Lunacharski foi até ele, pé ante pé, enquanto dormia e beijou-lhe a testa. O camarada Stalin acordou e ambos riram alegremente por um bom tempo.[27]

Essa jovialidade parece estranha se levarmos em conta os mitos posteriores sobre ele. Quando voltou da Sibéria, os conhecidos alertaram para aspectos desagradáveis de seu caráter, discutidos na conferência de abril do partido. Porém, nos meses seguintes, sua reputação melhorou. Nenhuma vez ele chamou atenção pelo gênio ruim, a insensibilidade ou o egocentrismo. Se havia algo contra ele, era que apoiava Lenin demais na questão nacional.

Stalin cumprira suas tarefas — tarefas importantes do partido — com diligência e eficiência. Em julho e agosto, dirigiu o Comitê Central com Sverdlov. Editou o jornal central do partido até a tomada do poder, em outubro. Desde abril, contribuía para os ajustes pragmáticos da política partidária da Rússia revolucionária; e, quando voltou ao apartamento da família Alliluev, foi saudado por admiradores. Ele escrevia, editava, discutia e planejava com afinco.

A composição da nova autoridade revolucionária refletiu isso. O Conselho dos Comissários do Povo — ou Sovnarkom, no acrônimo russo — foi anunciado em 26 de outubro. O título foi ideia de Lenin e Trotski. Lenin estava encantado: "É maravilhoso: tem o terrível odor da revolução!"[28] Os bolcheviques não queriam se associar à cultura política "capitalista", com seus gabinetes, ministros e pastas. Não haveria um primeiro-ministro, e sim um chefe de governo. Esse seria Lenin. O comissário do povo para Assuntos Exteriores seria Trotski. Rykov, Shlyapnikov, Lunacharski, Milyutin e Nogin foram alguns dos primeiros membros. Stalin também estava na lista. Seu posto foi criado, e não tinha precedente com Nicolau II nem Kerenski. Ele seria comissário do povo para Assuntos das Nacionalidades. Embora suas funções e poderes estivessem por ser definidos, o objetivo era criar uma instituição que atraísse para o Sovnarkom os não russos do antigo império. Quando o *Pravda* voltou a ser publicado, Stalin foi liberado da publicação. Suas energias tinham de ser canalizadas para o Comitê Central, o Sovnarkom e o comissariado do povo. Sua posição no centro da política revolucionária estava assegurada.

Inicialmente, Lenin pensara em compartilhar os cargos com a esquerda dos socialistas revolucionários, impressionados com a determinação dos bolcheviques de impor a reforma agrária imediatamente, beneficiando o campesinato. Contudo, as negociações logo deram em nada. Ele estava menos disposto a se coligar com os mencheviques e os outros socialistas revolucionários. Ainda assim, no Comitê Central, muitos pensavam de outra forma; de fato, muitos bolcheviques em Petrogrado e nas províncias supuseram que a derrubada do Governo Provisório levaria à formação de um governo revolucionário que uniria todos os partidos socialistas. Durante vários dias, o Comitê Central bolchevique conversou com eles. Lenin e Trotski queriam que cedessem; quando isso ocorreu, vários comissários do povo demonstraram seu desagrado demitindo-se do Sovnarkom. Entre eles, Rykov, Milyutin e Nogin. Isso ocorreu tendo como pano de fundo uma emergência militar e política. O sindicato dos ferroviários, liderado pelos mencheviques, ameaçou entrar em greve até que se formasse uma ampla coalizão. Depois de escapar do Palácio de Inverno, Kerenski reuniu uma força de cossacos e avançou sobre Petrogrado. Nas cidades provinciais houve conflitos armados em que os bolcheviques que apoiavam o Sovnarkom enfrentaram seus adversários.

Os ferroviários não tiveram a determinação necessária, e Kerenski foi derrotado nas colinas de Pulkovo. Embora fosse culpado, o colapso das conversas sobre a coalizão dera a Lenin um pretexto para consolidar um governo central exclusivamente bolchevique. Em novembro, os socialistas revolucionários de esquerda reconheceram a situação e concordaram em se unir ao Sovnarkom como parceiros menores na coalizão bipartidária. Stalin passou a ser visto por Lenin sob uma luz ainda mais brilhante, e ele nunca vacilava. Lenin pediu-lhe que explicasse a linha oficial do partido a bolcheviques que tinham ido a Petrogrado para o II Congresso dos Sovietes.[29] Quis sua assinatura nos decretos do Sovnarkom que confirmavam o fechamento de jornais hostis ao governo revolucionário.³⁰ Stalin havia resistido aos chamados para deixar o Sovnarkom quando os bolcheviques conquistaram o monopólio do poder. Não havia muitos como ele no Comitê Central bolchevique. Lenin precisava de todos os talentos disponíveis; ansioso por dominar o Sovnarkom, pensou que lhe convinha contar com Stalin e outros como um contrapeso ao carismático Trotski.

14. COMISSÁRIO DO POVO

O decreto anunciando sua indicação como comissário do povo para Assuntos das Nacionalidades o apresentou como Djughashvili-Stalin. A publicidade gratificou um homem até então desconhecido pela maioria dos cidadãos. Lenin e Trotski eram as figuras mais proeminentes no Sovnarkom e no Comitê Central bolchevique; Zinoviev, Kamenev, Bukharin e Lunacharski também eram conhecidos. Apesar da projeção recém-adquirida, porém, Stalin seguiu trabalhando à sombra dos outros líderes. Fëdor Alliluev, seu primeiro assistente pessoal, recordou:

> Naqueles dias, o camarada Stalin só era realmente conhecido pelo pequeno círculo de pessoas que o viram trabalhando no subterrâneo da política ou que — depois de outubro [de 1917] — haviam distinguido o trabalho e a devoção verdadeiros à causa do barulho, da conversa fiada, do falatório e da autopromoção.[1]

Stalin reconheceu que outros haviam tido maior reconhecimento entre as revoluções de fevereiro e outubro. Admitiu que não era um grande orador. Mas transformou isso em um escalpelo para cortar seus rivais. Em sua opinião, ele não se jactava nem se exibia, mas se concentrava em assuntos práticos.[2] Porém, gostava mais de dizer essas coisas sobre si que de ouvi-las de outrem, e por isso os escritos de Fëdor foram parar nos arquivos dos inéditos.

Ele precisava ser engenhoso. Sua instituição não carecia apenas de pessoal: não havia dinheiro nem para o próprio escritório. A equipe trabalhava em salas no Instituto Smolny por falta de algo mais espaçoso. Os fundos ainda eram escassos, porque todos os bancários tinham entrado em greve. Stalin enviou seu assistente Stanisław Pestkowski para pleitear uma subvenção junto a Trotski, que havia se apossado das cédulas do cofre principal do antigo Ministério de Relações Exteriores. Quando ele e Petskowski por fim se apossaram de um prédio adequado, afixaram uma nota peremptória na parede reivindicando-o para o Comissariado do Povo para Assuntos das Nacionalidades.[3]

As coisas não melhoraram quando o governo soviético se transferiu para Moscou, em março de 1918, a fim de escapar do alcance da ameaça militar alemã imediata. Os escritórios do Comissariado do Povo foram distribuídos em dois prédios separados, em ruas diferentes, apesar dos protestos de Stalin. Ele recorreu à medida extrema de requisitar o Grande Hotel Siberiano, na rua Zlatoustinskaya. Porém, o Conselho Supremo da Economia Popular, chefiado por Nikolai Osinski, tinha chegado antes. Stalin e Pestkowski não se acovardaram. Rasgaram o anúncio de Osinski e puseram o seu. Acenderam fósforos para andar por lá, e entraram no prédio pelos fundos. Mas Osinski queixou-se ao Sovnarkom, e Stalin teve de deixar o local. "Foi um dos poucos casos", recordou Pestkowski, "em que Stalin saiu derrotado."[4] Ainda mais difícil era conseguir pessoal. A maioria dos militantes não queria participar de um órgão dedicado às sensibilidades nacionais — nem mesmo Pestkowski gostava de estar ligado a ele.[5] Stalin dependia cada vez mais da família Alliluev, e pediu a Nadya, irmã mais nova de Fëdor, que fosse sua secretária.[6] Um dia ela era uma escolar entediada com as lições do *gimnazia*;[7] no outro, funcionária do governo revolucionário.

A ambiguidade da política partidária era problemática. Embora os objetivos bolcheviques tivessem sido declarados, não havia medidas precisas. Stalin teve de detalhar a implementação da política para a questão nacional por conta própria. Seu grande trunfo foi contar com a confiança de Lenin. No final de 1917, quando Lenin saiu de férias para a Finlândia, as negociações com a autoridade regional ucraniana — a Rada — foram extremamente tensas. O general Kaledin estava reunindo e treinando uma força contrarrevolucionária no sul da Rússia. A situação ao sul do Cáucaso estava em ebulição. Conflitos revolucionários na Estônia exigiam atenção. Alguns líderes bolcheviques se mostraram à altura das tarefas designadas pelo Sovnarkom; outros não aguentaram e trocaram os pés pelas mãos. Stalin cresceu com as responsabilidades.

Obviamente, Lenin era quem chefiava a liderança bolchevique coletiva. Até Trotski ficava à sua sombra. A contragosto, Stalin reconhecia que Lenin era o centro da maquinaria governamental do Sovnarkom, e em 27 de dezembro escreveu-lhe pedindo que voltasse urgentemente das férias na Finlândia para ajudá-los em Petrogrado.[8] Lenin insistiu que Stalin devia dar conta sozinho; e continuou seu breve período de descanso com a esposa Nadejda e a irmã Maria. Stalin seguiu reafirmando os objetivos que ele e Lenin tinham abraçado antes da Revolução de Outubro. Haveria autodeterminação para todos os povos do antigo Império Russo. Haveria a confirmação de que nenhum privilégio seria concedido aos russos. Cada povo teria o direito e os recursos para desenvolver a própria cultura, criar escolas na própria língua e ter a própria imprensa. A liberdade de credo e organização religiosa seria garantida. (A exceção era que igrejas, mesquitas e sinagogas perderiam suas extensas propriedades.) Os grupos étnicos e nacionais concentrados em uma área determinada teriam uma autoadministração regional. Como povo, os russos quase não foram mencionados. A era imperial tinha chegado ao fim.

Lenin e Stalin fizeram aquelas promessas extraordinárias para dissipar suspeitas entre os não russos de que os bolcheviques os discriminavam. Ao oferecer o direito à secessão, o Sovnarkom tentou assegurar aos não russos que o Estado revolucionário trataria igualmente todos os grupos nacionais e étnicos. Em consequência, esperava-se, outras nações chegariam à conclusão de que podiam confiar nos russos. O enorme Estado multinacional seria preservado de um modo novo e revolucionário.

Havia exceções. Seguindo o precedente do Governo Provisório, Lenin e Stalin aceitaram o pleito pela independência polonesa. Seria estúpido não fazer isso. A Polônia estava sob o governo alemão e austríaco. O Sovnarkom reconhecia um *fait accompli*; também deixava claro que, embora os poderes centrais tivessem subjugado os poloneses, o governo revolucionário de Petrogrado apoiava sua libertação política e econômica. Em um domínio dos Romanov havia a prova cabal desse compromisso. Era a Finlândia. As relações entre os marxistas russos e finlandeses sempre tinham sido boas, e os bolcheviques tinham se beneficiado do refúgio finlandês. O partido bolchevique havia apoiado o movimento popular na Finlândia e sua campanha massiva pela autonomia do governo russo. A independência total não era amplamente exigida. No entanto, para o assombro do mundo, Lenin e Stalin encorajaram os finlandeses a assumir essa postura. Uma delegação de ministros finlandeses foi convidada à capital russa, e a declaração formal de secessão foi firmada em 23 de novembro (ou 6 de dezembro, segundo o calendário gregoriano adotado pelo Sovnarkom no início de 1918). Foi uma política sem paralelo na história. O antigo poder imperial insistia que uma de suas possessões saísse de seu controle, quisesse ou não.

Os motivos de Lenin e Stalin eram menos indulgentes do que aparentavam. Eles calcularam que os marxistas finlandeses seriam uma excelente oportunidade de dominar a Finlândia independente. Isso permitiria aos bolcheviques e seus camaradas finlandeses retomar os laços operacionais e, mais tarde, reincluir o país no Estado multinacional governado de Petrogrado. Havia outro aspecto nessa política. Era o cálculo de que um ato de secessão do antigo Império Russo seria uma propagada excelente da revolução socialista em outras partes, principalmente no leste e no centro-leste europeu.

Lenin e Stalin também começaram a modificar suas ideias, de modo a aumentar o atrativo do partido em regiões habitadas principalmente por povos não russos. Descartaram antigos supostos bolcheviques e passaram a abraçar a causa federalista. Não explicaram o que queriam dizer com federalismo. Os inimigos apontaram que a nova política não se adequava ao compromisso permanente do bolchevismo com o centralismo e a ditadura; mas eles não se acomodaram: tinham chegado à conclusão de que, para expandir sua autoridade até as fronteiras do antigo Império Russo, os bolcheviques precisavam adotar o federalismo. Davrishevi, o velho amigo de Stalin dos tempos de Gori, que era social-federalista, sempre quisera transformar o Império Russo em uma federação socialista. Na verdade, Lenin e Stalin não tinham se convertido aos princípios federalistas. Não tinham a intenção de transformar a Ucrânia, a Geórgia e outros países em membros igualitários de uma união federal. Queriam, sim, que sua propaganda causasse impacto, e para tal estavam dispostos a mudar a terminologia. O controle central das "terras fronteiriças" continuava sendo imperativo. Essencialmente, ambos esperavam atraí-las e trazê-las de volta ao domínio da capital russa. Eles roubaram lemas. Mas suas ideias e propósitos básicos permaneciam intactos.

Conforme a área sob o controle soviético se expandia, ao menos nas cidades, o Comissariado do Povo para Assuntos das Nacionalidades adquiria importância adicional. Stalin presidia as reuniões quando seus outros afazeres no governo e no partido não o distraíam, e indicou Stanislaw Pestkowski e Ivan Tovstukha para cuidar do Comissariado na sua ausência. Dezenas de departamentos foram criados para cuidar de nacionalidades específicas. A liderança enérgica de Stalin superou os problemas iniciais, e as províncias começaram a ver os primeiros resultados no início de 1918. Ele enviou fundos para grupos étnicos e nacionais, para que criassem uma imprensa em suas línguas. O mesmo ocorreu com as escolas. Essa tendência tinha começado no Governo Provisório; os bolcheviques a reforçaram e a colocaram no centro de sua propaganda. Foi criado um jornal central, *Jizn natsionalnostei* ("Vida das nacionalidades") para difundir a mensagem aos rincões do país onde a presença bolchevique era fraca. Às nações que constituíssem maioria em qualquer região seria concedida a autoadministração, e Stalin esperava criar uma república tártara-basquíria junto ao rio Volga. Ele fazia concessões em nome do Comitê Central para mostrar que estavam construindo um autêntico Estado internacionalista.[9]

Outros bolcheviques se apresentaram como representantes dos interesses das nações às quais pertenciam.[10] Mas a participação era fluida e as sessões caóticas; frequentemente os indicados eram novatos no partido. Muitas vezes os departamentos não cooperavam entre si. Em pouco tempo ficou claro que os funcionários podiam usar o Comissariado do Povo para defender o caso de suas nações de modo mais incisivo do que o Sovnarkom havia previsto.[11]

Havia o perigo de que as coisas saíssem do controle. Stalin logo percebeu. Um jovem tártaro inteligente chamado Sultan-Galiev juntou-se ao partido em novembro de 1917. Orador e escritor fluente, era uma pessoa óbvia a recrutar para o comissariado. Ele estava ansioso por levar a bandeira da Revolução aos muçulmanos em geral. Infelizmente, era difícil controlá-lo. Como comissário para Assuntos Muçulmanos no interior da Rússia, as iniciativas rapidamente desagradaram outros membros do comissariado, e sua lealdade ao bolchevismo foi questionada.[12] De fato, sua campanha para disseminar o socialismo entre os muçulmanos o levou a propor uma república panturca, separada do controle do Sovnarkom. (Ele foi encarcerado em 1923 e executado pelo Grande Terror.) Embora Sultan-Galiev fosse uma notória fonte de problemas para os bolcheviques, não era o único recruta considerado excessivamente tolerante com o nacionalismo e a religião. Stalin e Lenin tinham se arriscado ao insistir em atrair os não russos ao bolchevismo mediante diversas concessões. Em 1917, ambos foram criticados durante a Conferência de Abril do partido, e em 1918-19 as dificuldades de pôr essa política em prática eram patentes. O trabalho no Comissariado do Povo era um sofrimento.

Stalin não se acovardou. No III Congresso dos Sovietes, em janeiro de 1918, ficou orgulhoso quando o governo proclamou o "direito de todos os povos à autodeterminação mediante a total secessão da Rússia". Ele comparou favoravelmente a questão nacional no Sovnarkom ao Governo Provisório e suas "medidas repressivas". Segundo ele, os conflitos surgidos desde a Revolução de Outubro provinham de enfrentamentos de classe e poder, mais que entre nacionalidades.[13] Ainda assim, sua atitude foi criticada pelos socialistas revolucionários por estar "imbuída do poder centralista". Ele não recuou: retrucou que o país estava diante de uma escolha simples entre "a contrarrevolução nacionalista de um lado e o poder soviético do outro".[14]

Sua capacidade de enfrentar líderes de outros partidos, a experiência editorial e os conhecimentos sobre a questão nacional faziam de Stalin a escolha óbvia — junto com Sverdlov — para presidir as sessões da comissão que estava esboçando a Constituição da República Socialista Federativa Soviética da Rússia (RSFSR). Os detalhes não tinham sido pensados antes da Revolução de Outubro. Até seus princípios gerais eram pouco claros: Lenin e Stalin defenderam o federalismo, e ao mesmo tempo se esquivaram de esclarecer suas implicações. Longe dos ouvidos dos fanáticos do seu Comissariado do Povo, Stalin admitiu que muitos grupos não russos não exigiam autonomia: a Rússia não estava atormentada pela luta nacionalista. Ele admitiu também que até mesmo os tártaros e basquires, a quem pretendia conceder uma república autônoma, demonstravam "total indiferença". Portanto, preferia evitar especificar os aspectos nacionais na Constituição enquanto essa situação persistisse.[15] Mas e Sverdlov e Stalin insistiram em introduzir algo substancial para atrair os não russos, apesar da oposição da esquerda bolchevique.[16] Os bolcheviques precisavam ser pragmáticos ao disseminar o poder e a ideologia da Revolução. A questão nacional era uma oportunidade de ganhar convertidos para o socialismo.

Isso não livrou Stalin de ataques pessoais. Os socialistas revolucionários de esquerda tinham representantes na comissão que não se furtaram a criticá-lo. A. Shreider objetou que ele não tinha um compromisso com os direitos nacionais e havia empregado a retórica federalista para ocultar objetivos imperialistas. A política bolchevique oficial seria pouco distinta das medidas de Nicolau II:

> As estruturas de Stalin são tipicamente imperialistas; ele é um *kulak* [camponês rico] típico que, sem pudor, diz que não é *kulak*. O camarada Stalin se acostumou tanto a essa postura que chegou a assimilar perfeitamente o jargão imperialista: "Eles pedem e nós damos." E, claro — segundo ele —, se não pedirem, então não lhes daremos nada![17]

Aquilo era uma calúnia; Stalin estava oferecendo a autonomia inclusive a grupos nacionais que não a demandavam. Já se pode imaginar o que aconteceu com Shreider anos depois. Stalin não esquecia muitas coisas. Como principal perseguidor dos *kulaks* a partir do final da década de 1920, ele não gostou de ser comparado a eles ou a qualquer outro "inimigo do povo", e jamais esquecia uma afronta.

Sua hipersensibilidade foi exposta em março de 1918. Nessa ocasião, o líder menchevique Yuli Martov publicou um artigo sobre os pecados anteriores dos bolcheviques dizendo que antes da Grande Guerra Stalin havia sido expulso de sua facção por organizar assaltos à mão armada a bancos. Stalin processou Martov por calúnia no Tribunal Revolucionário de Moscou.[18] O fato de gastar tanta energia tentando refutar a acusação indica sua insegurança, mesmo estando no ápice da carreira política. Ele era dono de um sentido georgiano de honra pessoal; na verdade, o seu era exacerbado. Martov havia manchado sua reputação. A corte bolchevique a limpou. (É notável que Stalin não tenha negado o envolvimento na organização dos roubos: não quis se arriscar a que Martov convocasse testemunhas.)[19] O Tribunal Revolucionário de Moscou arbitrou a favor de Stalin, mas não antes de Martov trazer à luz outros episódios constrangedores de seu passado. Ele contou que camaradas na prisão de Baku tinham processado Stalin por participar na campanha de roubos; e Isidore Ramishvili foi chamado para testemunhar. Martov também citou que Stalin mandara surrar um trabalhador até quase matá-lo.[20]

O caso da difamação foi a reação exagerada de um homem melindroso. Se ele não tivesse armado aquele circo, provavelmente quase ninguém teria prestado atenção ao texto de Martov. Seu ressentimento não terminou com a conclusão do processo. Em 1922, Lenin pediu-lhe que transferisse fundos de Berlim para o tratamento médico de Martov, que estava à morte. Stalin se recusou abertamente: "O quê? Desperdiçar dinheiro com um inimigo da classe trabalhadora? Busque outro secretário para fazer isso!"[21]

Esse não foi o único aspecto de sua vida íntima revelado naquele momento. Em um debate sobre nações e estrutura administrativa na comissão constituinte, ele declarou: "Os judeus não são uma nação!" Argumentou que não havia nação sem um território definido onde um povo formasse a maioria dos habitantes. Essa sempre fora sua opinião,[22] que excluía a possibilidade de outorgar aos judeus uma "república autônoma regional" como ele propunha para outrem.[23] Seria evidência de ódio aos judeus por ser judeus? Stalin diferia de Lenin, pois jamais — nenhuma vez — disse que era preciso evitar impulsos antissemitas. No entanto, seu Comissariado do Povo para Assuntos das Nacionalidades tinha uma seção judaica e criou jornais em ídiche, clubes e grupos folclóricos de canto. Muitos judeus pertenceram ao seu entourage em suas décadas seguintes. Em ampla medida ele estava simplesmente se atendo a uma versão dogmática do marxismo. Provavelmente havia mais por trás disso. Não se pode provar, mas talvez se sentisse incomodado ao lidar com judeus porque eles não estavam sujeitos ao controle administrativo com base no território, além da rivalidade crescente que mantinha com vários líderes de origem judaica: Trotski, Kamenev e Zinoviev.

De qualquer modo, os registros da comissão fazem poucas referências a Lenin. As questões eram debatidas no quadro das ideias bolcheviques e da esquerda dos socialistas revolucionários. Stalin agia por conta própria. De fato, foi o socialista revolucionário M. A. Reisner quem trouxe o nome de Lenin à tona. Ele alegou que o projeto de Stalin refletia as tendências "anárquicas" incorporadas em *O Estado e a revolução*, de Lenin, recém--publicado. A resposta de Stalin foi acintosamente altaneira: "O camarada Lenin foi mencionado. Decidi me permitir comentar que, pelo que sei — e sei muito bem —, Lenin afirmou que [o projeto de Reisner] não serve!"[24] O resto da comissão concordou e aceitou o rascunho de Stalin defendendo as unidades administrativas nacionais-territoriais.[25] A proposta de Sverdlov foi suplantada pela de Stalin.[26] Sverdlov foi o principal responsável por integrar as estruturas gerais da administração da república soviética após a Revolução de Outubro. Esse era outro sinal da crescente importância de Stalin entre os bolcheviques, e seu conhecimento sobre a questão nacional era uma escada para galgar cada vez mais alto.

Embora fosse um bolchevique moderado na questão nacional, Stalin era extremista ao defender a violência e a ditadura estatal. Ele estava convencido de que deviam aplicar medidas severas contra os inimigos do Sovnarkom. Expressava-se de uma maneira apocalíptica: "Definitivamente, devemos dar uma surra nos cadetes já, ou eles nos darão a surra definitiva, já que foram eles que abriam fogo sobre nós."[27] Violência, ditadura e centralismo não haviam desaparecido da mente política russa — e muitos conservadores, liberais e social-democratas já começavam a pensar que tinham errado ao se aferrar aos princípios dos direitos civis universais, gradualismo e democracia após a Revolução de Fevereiro. O bolchevismo nunca carregara esse legado inibidor. De um modo geral, era possível persuadir os bolcheviques que sonharam com uma revolução suave a aceitar o autoritarismo. Stalin não precisava ser persuadido.

Os bolcheviques sempre falaram com naturalidade sobre o terror e seu emprego na administração revolucionária. Porém, quando tiveram nas mãos o poder, o entusiasmo com que recorreriam a ele não estava claro. Se houve dúvidas, Lenin e Trotski rapidamente as dissiparam nas semanas posteriores à derrubada do Governo Provisório. Lenin criou uma Comissão Extraordinária de Toda a Rússia para o Combate da Contrarrevolução, da Especulação e da Sabotagem (Cheka, no acrônimo russo) — que ficou fora da supervisão regular do Sovnarkom. Nos anos seguintes, ele apoiou todos os pedidos de Felix Dzierżyński e outros chefes da Cheka para ampliar a aplicação de métodos de terror de Estado. Nem todos os líderes bolcheviques aprovaram. Para Kamenev à direita e Bukharin à esquerda da liderança ascendente do partido, a violência devia ter uma base mais previsível e uma abrangência reduzida. Stalin nunca pensou assim. O terror o atraía como o perfume da flor atrai a abelha. Ele não tinha opinado sobre o assunto antes da Revolução de Outubro de 1917, mas sua preferência pela violência estatal arbitrária era cada vez mais evidente. Quando bolcheviques estonianos telegrafam-lhe falando da erradicação dos "contrarrevolucionários e traidores", ele respondeu afirmativamente: "A ideia de um campo de concentração é excelente."[28]

O terrorismo de Estado era um item permanente em sua mente, o que era coerente com sua personalidade áspera. Mas a atração não era apenas psicológica; baseava-se também na observação e na ideologia. Stalin e outros bolcheviques cresceram em uma época em que as grandes potências mundiais haviam empregado o terror contra os povos que conquistaram; quando o terror foi excluído como método, essas potências não tiveram escrúpulos em fazer guerras com um imenso custo em vidas humanas. Desse modo, disseminaram um sistema econômico superior por todo o mundo, defendido mediante a aplicação de uma autoridade brutal. Os povos coloniais a sofreram. As classes trabalhadoras das potências imperiais também eram exploradas e oprimidas. A Grande Guerra empobrecera muitos e enriquecera uns poucos. Para Stalin, a violência era uma arma eficaz para o capitalismo, e devia ser empregada para alcançar os fins do Estado revolucionário soviético. Ao chegar ao poder na Rússia, os bolcheviques deviam ser realistas. A liderança bolchevique acreditava que a Comuna de Paris de 1871 fracassara por não ter sido implacável. Os bolcheviques não repetiriam esse erro. Eles tinham pensado que sua revolução seria mais fácil, mas sempre estiveram dispostos a enfrentar fogo com fogo. Stalin não precisava ser convencido disso.

No entanto, era na política externa que Lenin mais apreciava Stalin. Na virada do ano, Lenin e Trotski reconheceram que não contavam com forças armadas para levar o socialismo à Europa Central por meio da "guerra revolucionária". Trotski queria manter o compromisso do partido com a guerra revolucionária, ao passo que Lenin chegara à conclusão de que era preciso mudar de política. Quando a Alemanha e a Áustria-Hungria deram um ultimato ao Sovnarkom, Lenin instou o Comitê Central bolchevique a firmar a paz separadamente. A maioria dos membros do Comitê Central — e o Partido Socialista Revolucionário de Esquerda em peso — rejeitou o argumento de que deviam priorizar a preservação do Estado soviético. Para eles, a paz separadamente significava trair os ideais internacionalistas. Seria melhor continuar lutando pela revolução socialista europeia do que conspirar com os governos capitalistas ladrões dos Poderes Centrais.

Stalin sempre fora cético ante o prognóstico das revoluções iminentes na Europa, e a incapacidade dos proletariados europeus de se insurgir contra seus governos não o surpreendia. A propensão ao acordo estratégico e tático que ele sempre demonstrara nas questões internas do partido agora se aplicava à política do Estado revolucionário. Se os Poderes Centrais não podiam ser derrubados pela revolução nem derrotados na guerra, a alternativa sensata era assinar a paz com eles. Essa já era a opinião de Lenin, cuja reputação era menor que a de Stalin quando se tratava de ceder nas disputas partidárias internas, mas que sempre insistira que era necessário ter mais margem de manobra no campo maior da política. Sverdlov, Kamenev, Zinoviev e alguns outros do Comitê Central pensavam como ele. Porém, a votação no Comitê Central os derrotou na discussão preliminar de 11 de janeiro de 1918. Trotski levou a melhor ao defender uma política baseada na seguinte fórmula: "Estamos detendo a guerra, não estamos concluindo a paz; estamos desmobilizando o Exército." Isso, sugeriu, tinha o mérito de evitar um acordo intolerável com as forças do imperialismo internacional.[29]

Lenin manteve sua argumentação, criticando sem fazer referências pessoais. Stalin foi menos inibido. Como a maior parte dos outros líderes bolcheviques, não gostava nem confiava em Trotski, e naquele momento deixou isso claro:

> A posição do camarada Trotski não é uma posição. Não há movimento revolucionário no Ocidente: tais fatos não existem; existe apenas o potencial — e não podemos agir com base em algo potencial. Se os alemães começarem a atacar, isso vai reforçar a contrarrevolução

aqui [na Rússia]. A Alemanha seria capaz de atacar, já que tem seus próprios exércitos kornilovitas, sua guarda. Em outubro, falamos da nossa "cruzada" porque nos diziam que a simples menção da palavra "paz" despertaria a revolução no Ocidente. Mas ficou demonstrado que essa suposição era injustificada.[30]

Foi o primeiro golpe em uma disputa política que só terminou em agosto de 1940, quando o agente soviético Ramón Mercader enfiou uma picareta de alpinismo no crânio de Trotski em Coyoacán, no México.

Ainda assim, a declaração de apoio de Stalin irritou Lenin. Ele objetou o comentário de que não existia um "movimento de massas" no Ocidente, e afirmou que os bolcheviques seriam "traidores do socialismo internacional se mudassem suas táticas por causa disso". Lenin quis assegurar aos defensores da guerra revolucionária que, se porventura a ruptura das conversações de paz pudesse servir para levar a classe operária alemã à revolução, "teremos de nos sacrificar, já que uma revolução alemã será muito mais poderosa que a nossa".[31] Stalin não dissera que as iniciativas revolucionárias eram impossíveis no Ocidente. Tampouco dissera em 1917.[32] Contudo, relutou em apostar na "revolução socialista europeia" —, e para Lenin isso era transigir demais com a estratégia revolucionária elaborada por ele no partido antes de 1917. À época, essas tensões não tiveram muita importância. Lenin precisava de todo o apoio possível. Nos dias seguintes, mais de uma vez Stalin votou com ele.[33] Sua fala era sempre que os bolcheviques precisavam ser práticos: não podiam derrotar militarmente os alemães, e o Estado soviético recém-nascido seria esmagado se não houvesse uma paz em separado com os Poderes Centrais.

Ele estava tão frenético quanto Lenin. Em 18 de fevereiro de 1918, protestou junto ao Comitê Central: "A questão formal é supérflua. Deve ser feita uma declaração aberta sobre a essência da questão; os alemães estão atacando, não contamos com forças; é hora de dizer abertamente que as negociações devem ser retomadas!"[34] Ele apreciava vividamente o poderio armado do inimigo: "Eles só precisam abrir fogo como um furacão durante cinco minutos e não teremos um só soldado de pé no front. Temos de pôr fim a essa insensatez."[35] Em 23 de fevereiro, ele protestou: "A questão está assim: ou a derrota da nossa revolução e o fim da revolução na Europa, ou abrimos espaço para respirar e nos fortalecer. Não é isso o que está impedindo a revolução no Ocidente. Se não temos como impedir um ataque alemão com uma força armada, devemos empregar outros métodos. Se Petrogrado tiver de se render, não será uma rendição total, e isso não despedaçará a revolução. Não há saída: ou abrimos espaço para respirar, ou será a morte da Revolução."[36]

Os leninistas só obtiveram maioria no Comitê Central em 23 de fevereiro. As condições alemãs tinham endurecido. A paz em separado exigiria que o Sovnarkom desistisse da soberania nas fronteiras oeste do antigo Império Russo. Nas palavras de Lenin, era uma paz obscena. Ucrânia, Lituânia, Letônia e Estônia seriam autorizadas a passar às mãos dos Poderes Centrais. Para não ser derrubado pelos alemães, o Sovnarkom teria de renunciar à metade dos recursos humanos, industriais e agrícolas dos domínios de Nicolau II na pequena cidade de Brest-Litovsk. Nenhum outro partido político na Rússia acataria aqueles termos. Os socialistas revolucionários de esquerda, já aborrecidos com as expropriações locais forçadas dos grãos produzidos pelos camponeses, abandonaram a coalizão do Sovnarkom e organizaram um *coup d'état* malsucedido contra os bolcheviques, em julho de 1918. Ainda assim, Lenin e seus sequazes foram adiante com a estratégia escolhida. Firmaram o Tratado de Brest-Litovsk em 3 de março de 1918. Para Lenin, a paz traria aos bolcheviques um "espaço para respirar", fortalecer e ampliar a revolução em casa, e para se preparar para a guerra revolucionária no centro da Europa — até então impraticável. A formação do Exército Vermelho teve início; e Trotski, que havia condenado a paz em separado, concordou em ser comissário do povo para Assuntos Militares. Outros bolcheviques que haviam se oposto ao tratado voltaram ao Comitê Central e ao Sovnarkom.

As tarefas de Stalin na primavera de 1918 confirmaram sua posição elevada na liderança partidária. Ele havia apoiado Lenin nas questões internas e externas. Não o fez com subserviência. Na disputa sobre Brest-Litovsk, ele escolheu outro viés de argumentação; contrariamente ao estereótipo convencional, isso prosseguiu após a assinatura do tratado. Quando, em maio, os exércitos alemães avançaram sobre a linha demarcada entre a Ucrânia e a Rússia, ele reconsiderou o tratado de paz. Diferentemente de

Lenin, sugeriu retomar as hostilidades armadas. Levou o caso ao Comitê Central e ao Sovnarkom.³⁷ Lenin, porém, ganhou a discussão, e a dissenção entre eles desapareceu. À luz dos futuros acontecimentos, Lenin devia ter aprendido com esse episódio que seu comissário do povo para Assuntos das Nacionalidades era um político que conhecia o próprio valor e estava determinado a se impor. Stalin abriu caminho para o Comitê Central e dominou seu Comissariado do Povo. Sua competência e adaptabilidade tinham sido testadas no calor da Revolução de Outubro, que ainda não estava assegurada. Sua defesa de medidas implacáveis era tão feroz quanto as propostas por Lenin, Trotski ou Dzierżyński. Ele esperava que os outros reconhecessem o que podia fazer pelo bem da causa.

15. AO FRONT!

Em 31 de maio de 1918, Stalin recebeu uma importante tarefa. O abastecimento de alimentos na Rússia estava em um nível criticamente baixo, e o Sovnarkom estava à beira do pânico. Ficou decidido que enviariam dois dos melhores organizadores do partido, Stalin e seu antigo oponente bolchevique Alexander Shlyapnikov, para obter grãos no sul da república soviética. A região do Volga e o norte do Cáucaso eram áreas tradicionais de abundância agrícola, e eles receberam amplos poderes para negociar alimentos onde quer que os encontrassem. Stalin iria a Tsaritsyn, e Shlyapnikov a Astrakhan.

Ele iria acompanhado de dois Alliluev: Fëdor como assistente e Nadya como secretária. Eles chegaram com as bagagens à Estação Kazan de Moscou dois dias depois. O caos esperava por eles e os Guardas Vermelhos. Mendigos e batedores de carteiras lotavam o saguão das bilheterias e as plataformas. Havia também vários "homens do saco", que iam a Moscou vender farinha, batatas e vegetais no mercado clandestino. Às vezes, os passageiros esperavam dias inteiros para conseguir embarcar nos trens. Quando uma partida era anunciada, todos corriam para conseguir um assento ou um espaço no corredor. Todos os compartimentos iam apinhados, e era comum que viajantes com passagens compradas trepassem no teto dos vagões e viajassem sem se proteger do calor do verão ou do frio invernal. Stalin portava um maço de documentos indicando que tinha prioridade sobre os demais passageiros. Mas o comissário do povo precisou perder a paciência para que os funcionários da estação conseguissem um compartimento para ele e seus acompanhantes. Ele experimentou outra demonstração da extrema desordem da Rússia revolucionária.[1]

Após várias paradas, os viajantes chegaram ao seu destino, em 6 de junho.[2] Tsaritsyn, que mais tarde se chamou Stalingrado e agora — desde a denúncia póstuma de Stalin por Kruschev — Volgogrado, era uma cidade à beira do Volga, construída no final do século XVII como um posto avançado cossaco. Em vários sentidos, era um lugar comum. Não era capital de província, mas estava sujeita às autoridades administrativas de Saratov. Porém, geográfica e economicamente, a cidade tinha importância estratégica. Nela se dava o comércio regional de grãos, madeira e gado. Era também um entreposto vital. Localizada no primeiro grande ângulo do Volga para os barcos que iam rio acima em direção ao centro da Rússia provenientes do mar Cáspio, desde sua fundação Tsaritsyn era um grande ponto de paragem. A construção de ferrovias aumentou sua importância. Uma linha principal ia diretamente do sul de Moscou a Rostov-on-Don, e de Kozlov saía um ramal para Tsaritsyn e Astrakhan, na costa caspiana. Também havia ramais de Tsaritsyn para o oeste, para Rostov-on-Don e o sudeste, até a junção de Tikhoretskaya e as montanhas no norte do Cáucaso. O controle da cidade e seus arredores permitiria ao Sovnarkom obter suprimento de grãos de uma vasta área.

As instruções do Sovnarkom eram ampliar o suprimento de grãos. Stalin fora antecedido por Andrei Snesarev, ex-general que tinha desertado do Exército Imperial para se juntar aos Vermelhos. As funções de ambos deveriam ser complementares. A combinação de músculos políticos e militares seria o melhor meio para garantir pão para Moscou e Petrogrado.[3]

O Sovnarkom julgou mal seu comissário do povo. Stalin entendeu que, para obter grãos com o apoio do Exército Vermelho, tinha o direito de se impor sobre todos os comandantes militares da região. Ter sido rejeitado como recruta pelo Exército Imperial não o intimidou ante a ideia de se apossar do front do norte do Cáucaso. Um mês depois, ele informou a Lenin:

> A questão do suprimento de alimentos está naturalmente ligada à questão militar. Para o bem da causa, necessito de plenos poderes militares. Já escrevi a respeito e não tive resposta. Muito bem, então. Nesse caso, sem formalidades, destituirei os comandantes e comissários que estão atrapalhando a causa. Estou sendo empurrado pelos

interesses da causa e, claro, a falta de um pedaço de papel de Trotski não irá me deter.⁴

Ele aproveitou a oportunidade com avidez. Seu nome não era conhecido como o dos camaradas mais eminentes do Sovnarkom e do Comitê Central do partido. Aquela era uma oportunidade para mostrar sua fibra militar e política. Ele estava determinado a enfrentar o desafio.

Em meados de 1918, havia diversas ameaças aos bolcheviques na república soviética. Um "Exército Voluntário" russo estava sendo treinado em Novocherkassk. Era comandado pelos generais Alexeev e Kornilov, que tinham fugido de Petrogrado e planejavam marchar sobre Moscou. Foi o primeiro dos Exércitos Brancos que se opuseram ao socialismo e ao internacionalismo, e tentaram restaurar a ordem social anterior a 1917 mediante a destruição militar dos vermelhos. Em setembro, outra força armada, comandada pelos socialistas revolucionários, foi expulsa de Kazan — 1.100 quilômetros ao norte de Tsaritsyn — pelo Exército Vermelho. O sistema de comando e recrutamento que Trotski reorganizou começava a provar sua eficácia. No entanto, os regimentos dos socialistas revolucionários não foram esmagados. Eles recuaram para os Urais, onde se reagruparam e se uniram a outras forças que Alexeev e Kornilov estavam organizando no sul. Em novembro, houve um golpe em Omsk, e o almirante Kolchak se livrou dos socialistas revolucionários para reorganizar o exército à sua maneira. Esses exércitos denunciaram o bolchevismo como uma traição à Mãe Rússia. Cossacos liderados pelo general Krasnov estavam atacando os bolcheviques e seus simpatizantes em uma área ao sul de Tsaritsyn. Vinham bem equipados e tinham o moral elevado; detestavam o Sovnarkom de Lenin pelo seu socialismo e ateísmo, e pela hostilidade às tradições nacionais. A missão de Stalin o pusera em perigo pessoal — e ele e seus companheiros Alliluev estiveram sempre cientes dos riscos.⁵

Mais tarde, os inimigos não fizeram caso da coragem que ele havia demonstrado durante a Guerra Civil. Ele não era fisicamente covarde; fez sombra a Lenin, Kamenev, Zinoviev e Bukharin por se recusar a se esquivar dos riscos da guerra. Contudo, não foi um herói de guerra, e seus aduladores posteriores exageraram ao pintá-lo como um comandante genial que, à margem do Volga, salvou a Revolução de Outubro.

A missão de Stalin no sul era importante. Sem alimentos, o regime soviético estaria condenado. A ocupação alemã da Ucrânia e a presença de Alexeev e Kornilov em Rostov-on-Don haviam estreitado perigosamente a base agrícola do Estado soviético. Os ataques de Krasnov no final de julho interromperam a comunicação com Tsaritsyn. O sul da Rússia e o norte do Cáucaso eram áreas cruciais de produção de trigo, e Lenin estava determinado a solucionar os empecilhos à obtenção e expedição dos grãos. Os exércitos brancos não eram a única ameaça. Vários grupos armados locais também interferiam no comércio e no transporte; embora alguns fossem meros bandidos, outros tinham motivações políticas ou religiosas. As nacionalidades da área queriam autonomia de Moscou. A desintegração do Estado russo em 1917 lhes dera a oportunidade de voltar ao autogoverno e ao banditismo. Encarregado de restaurar o tráfico de grãos naquela região turbulenta, Stalin tinha um fardo pesado. Mas nunca titubeou; levou a cabo suas tarefas com orgulho e contagiou os companheiros de viagem com sua determinação.

As autoridades de Tsaritsyn pensaram que ele seria o terrível "olho de Moscou".[6] Mas estavam equivocadas. Stalin demonstrou desprezo pelas instruções da capital. Assim que chegou tratou de purgar o Exército Vermelho e as agências de arrecadação de alimentos dos "especialistas" de classe média, os quais detestava. Aquilo era flagrantemente contrário à política oficial. Stalin não se preocupou com as possíveis objeções de Lenin: "Conduzo todos adiante e maldigo quem precisar." Ele se referia aos especialistas como "sapateiros".[7] Era uma metáfora significativa para o filho do sapateiro que queria provar sua valentia como comandante do Exército; era também a ruptura da diretriz aprovada pelo Comitê Central.

Apesar de ter poderes unicamente como comissário de Abastecimento Alimentar, Stalin se impôs a todas as autoridades civis e militares dos arredores: Andrei Snesarev, comandante da Frente do Norte do Cáucaso; Sergei Minin, presidente do Soviete de Tsaritsyn; e Kamil Yakubov, líder das missões de abastecimento alimentar na região. Se quisesse ficar conhecido como um lutador, precisava fazer algo incomum. Os brancos tinham cortado a linha férrea entre Tsaritsyn e Kotelnikovo. Stalin enfrentou o perigo quando foi inspecionar a situação. Aquilo não era típico dele: durante o resto da Guerra Civil e em toda a Segunda Guerra Mundial ele evitou aventuras como aquela.[8] Em Tsaritsyn, embarcou em um trem blindado com destino a Abganerovo-Zutovo, onde uma brigada ferroviária estava trabalhando para consertar a via. Colocando a vida em risco, voltou dois dias depois com a reputação melhorada;[9] ele reuniu os funcionários da cidade e, desfilando sua autoridade de membro do Comitê Central do partido e do Sovnarkom, anunciou a reorganização total do comando militar da cidade. Ele estava apostando na supremacia da Frente do Norte do Cáucaso. Astutamente, trouxe os camaradas bolcheviques para o seu lado. Sergei Minin foi um deles. Outro foi Kliment Voroshilov, que estava ansioso para assumir o comando no campo, apesar da falta de experiência militar. Ambos ficaram contentes em se aliar a Stalin na formação do Conselho Militar que supervisionaria as operações na região (renomeada Frente Sul). Em 18 de julho, Stalin e seus novos associados enviaram um telegrama a Lenin exigindo a demissão de Snesarev e a confirmação de seu Conselho Militar.[10]

O pedido foi concedido. Lenin e os camaradas em Moscou concordaram que uma coordenação mais firme das medidas militares e econômicas era vital em Tsaritsyn para assegurar o suprimento de alimentos. Stalin ficou satisfeito. Acomodado não em um hotel, mas em um vagão de trem sequestrado e estacionado diante da estação, parecia outro homem. Ao chegar a Tsaritsyn, ele chamou um sapateiro e encomendou um par de botas pretas de cano alto que combinassem com sua túnica preta. O sapateiro foi ao vagão tomar as medidas dele. "Bem", perguntou Stalin, "quando ficarão prontas?" "Em cinco dias", respondeu o artesão. "Ah, não pode ser! Meu pai fazia dois pares de botas por dia!"[11] O episódio mostra que Stalin não tinha aprendido nada sobre a confecção de calçados. Ainda assim, do verão de 1918 até o dia de sua morte, em geral vestiu-se no estilo militar. Ele ficou conhecido não só pelas botas de cano alto como pelas túnicas sem colarinho de cores claras. Deixou para trás definitivamente os ternos, as camisas sociais e os sapatos.[12] Adotou um comportamento soldadesco. Portava arma. Ensaiou um passo enérgico, como o de um comandante. Aquilo lhe caía muito bem; ele se divertiu em Tsaritsyn, apesar dos perigos.[13]

Ele também estava contente na vida pessoal. Nadya Allilueva, que fora com ele de Moscou, já não era simplesmente sua secretária, mas sua esposa. Segundo o relato da filha deles, feito muitos anos depois, eles viviam como um casal em Petrogrado desde a Revolução de Outubro.[14] É impossível saber a partir de quando exatamente. Naqueles dias, os bolcheviques rejeitavam o casamento como uma farsa burguesa. O certo é que, quando voltou da Sibéria, não pretendia permanecer solteiro. Muitas mulheres bolcheviques o atraíam, e ele saiu com algumas em 1917.[15] Mas queria a vida doméstica estável que sua existência nômade não havia permitido. (Suas coabitações na Sibéria tinham sido como as de um senhor feudal.) No auge da paixão, eles foram juntos servir à Revolução no norte do Cáucaso e nas frentes do sul.

Josef era um comunista líder de partido a cuja causa a família de Nadya se dedicava. Ele era divertido, estava na plenitude do vigor físico, e provavelmente seu talento nos negócios políticos atraía Nadya. O fato de sua família ser constantemente afetada por seus compromissos políticos também pode ter feito Nadya se sentir atraída por um homem mais velho que, aparentemente, lhe oferecia segurança. Ela pode tê-lo visto como o pai com o qual pouco convivera enquanto crescia.[16] Não enxergava o egoísmo grosseiro de Stalin que, por sua vez, não conhecia os sintomas da volatilidade mental de Nadya.[17] Então, enquanto ele brilhou na chama da admiração dela, ela desfrutou de suas atenções. Ela não era uma beleza; tinha o cabelo longo partido ao meio e amarrado em um coque; seus lábios eram grossos, os olhos gentis, e os dentes incisivos "separados".[18] Ele gostava de mulheres encorpadas e curvilíneas, como Nadya. Não o incomodava que ela tivesse menos da metade da sua idade. Ele tinha lido e visto mais da vida que ela, e certamente pensou que sempre seria o dominante no casamento. Os Alliluev o tinham socorrido, e eles se davam bem. Stalin estava ganhando não só uma esposa como também — por fim — uma família grande, estável e solidária.[19]

Só uma coisa em Tsaritsyn o aborrecia naquele momento: a interferência de Moscou em suas atividades, e ninguém o irritava mais do que Trotski. Stalin havia criado o Conselho Revolucionário da Frente Sul em 17 de setembro. Imediatamente, Trotski, seu superior na condição de presidente do Conselho Revolucionário-Militar da República, ordenou-lhe que parasse de desafiar suas decisões.[20] Stalin telegrafou a Lenin dizendo que Trotski não estava lá e não conhecia as condições na região:

> A questão é que, de modo geral, Trotski não consegue deixar de fazer barulho. Em Brest[-Litovsk] deu um golpe na causa com seu gesto incrivelmente "esquerdista". Na questão dos tchecoslovacos também prejudicou a causa comum em maio com sua diplomacia ruidosa. Agora ele deu outro golpe com suas atitudes sobre a disciplina, mas na realidade sua disciplina se resume a pôr os líderes mais proeminentes na linha de frente para inspecionar os traseiros dos especialistas militares do campo dos contrarrevolucionários "sem partido" [...]

Stalin mencionou o passado antibolchevique de Trotski; seu ressentimento com aquele intrometido arrogante era óbvio. Em sua opinião, Trotski não era confiável.

Ele pediu medidas severas:

> Portanto, peço-lhe, antes que seja tarde, que remova Trotski e o enquadre, pois temo que, caso se repitam, suas ordens volúveis [podem] provocar um desacordo entre o Exército e o comando e destruir totalmente o front [...]
> Não admiro o clamor e o escândalo, mas sinto que se não pusermos um freio imediatamente Trotski terminará por arruinar todo o Exército, impondo uma disciplina "esquerdista" e "vermelha" que vai deixar doentes até os camaradas mais disciplinados.[21]

Essa análise visava aos líderes bolcheviques que conheciam a história da Revolução Francesa. Um líder militar, Napoleão Bonaparte, havia tomado o poder e rejeitara grande parte do radicalismo social introduzido por Maximilien Robespierre. No drama da Revolução de Outubro, Trotski parecia o candidato militar mais provável para esse papel. Havia uma forte contrariedade entre membros do partido com sua insistência em empregar antigos oficiais do Exército Imperial. Ele também era criticado por fuzilar comissários políticos por desobediência ou covardia. No final de 1918, uma oposição militar informal começou a surgir contra ele.

No entanto, Trotski tinha motivos para se horrorizar com o que sucedia em Tsaritsyn, e Lenin passou a apoiá-lo. Na Frente Sul, Stalin era a própria lei, e a sua nem sempre era lei sancionada pela liderança oficial do partido. Segundo Lenin, para ganhar a Guerra Civil, os camponeses médios russos (e não só os mais pobres) tinham de passar para o lado dos vermelhos. Eles deveriam priorizar a persuasão, não a violência. Suas declarações estavam coalhadas de contradições. Ele havia criado os altamente impopulares "comitês dos pobres do campo" como uma maneira de introduzir a "luta de classes" no campo, e também havia alistado camponeses no Exército e expropriado grãos com o apoio de esquadrões urbanos armados. Porém, ao mesmo tempo, queria granjear apoio entre as massas do campesinato.

Stalin era menos ambíguo. Para ele, estava certo empregar a força que era eficaz e econômica como recurso. Ele incendiou aldeias para intimidar as aldeias vizinhas a obedecerem às exigências dos vermelhos. Empregou o terror contra os camponeses descritos na propaganda oficial como um dos pilares do Estado soviético. Ele tratava os cossacos como inimigos. O termo descossaquização era corrente.[22] Ele escreveu ao seu antigo rival bolchevique Stepan Shaumyan:

> Com relação aos daguestaneses e outros bandos que obstruem a movimentação dos trens no Cáucaso setentrional, seja absolutamente impiedoso. Várias aldeias deles precisam ser incendiadas e destruídas para ensiná-los a não atacar os trens.[23]

Essa tinha sido a ferocíssima tradição do Exército Imperial no Cáucaso sob o general Yermolov, no início do século XIX, e do general Alikhanov, na Geórgia, em 1905.[24] Stalin estava ordenando a Shaumyan que conduzisse uma campanha de terror exemplar. Se algum "bando" atacasse um trem, as aldeias próximas deviam ser totalmente destruídas. A mensagem era que só a colaboração irrestrita salvaria as aldeias da selvageria do Exército Vermelho. Embora pretendesse conciliar os grupos nacionais não russos de todo o país, ele prescreveu medidas brutais contra aqueles que não controlavam seus impulsos antibolcheviques.

Ele submeteu seus próprios recrutas do Exército Vermelho — inclusive russos — a uma disciplina severa. Pouco preocupado com a persuasão, supôs que nunca ajudariam os vermelhos sem o uso da força.[25] Lançou exércitos em ação sem muita cautela. Agiu como se a superioridade numérica garantisse a vitória. Não se importou com as baixas proporcionalmente muito maiores de soldados vermelhos em relação às dos brancos. Lenin comentou sobre o desprezo pelas vidas na Frente Sul; embora sem mencionar Stalin, era óbvio que o considerava responsável.[26] Ele isentou Trotski de culpa pelo comando do Exército Vermelho e confirmou a política do Comitê Central sobre o recrutamento de oficiais imperiais.[27] Trotski mandou seu ajudante Alexei Okulov para averiguar o que estava acontecendo em Tsaritsyn. Seu relatório foi chocante. Depois de expulsar os oficiais imperiais dos postos de comando, Stalin detivera dezenas deles e os mantivera em uma barcaça no rio Volga. Dentre eles estava Snesarev, que Stalin acusou de liderar uma conspiração para sabotar o esforço de guerra vermelho e colaborar com os brancos.[28] A intenção aparente de Stalin era afundar a barcaça e afogar os oficiais detidos.[29] Por ordem de Moscou, Snesarev foi libertado e o Conselho Revolucionário Militar da República transferiu-o para o comando da Frente Ocidental. Furioso, Stalin, junto com Voroshilov, continuou a exigir sanções contra os oficiais supostamente contrarrevolucionários. Voroshilov alegou que se ele e Stalin não tivessem agido assim, os brancos teriam tomado toda a Ucrânia.[30]

Stalin acreditava piamente que havia conspirações por toda a Rússia. Ele tendia a suspeitar de complôs mesmo quando não havia provas diretas. E não estava só. Lenin e Trotski também se referiam casualmente aos vínculos organizados entre os inimigos do partido; e Trotski era conhecido por tratar como traidores até os ativistas bolcheviques, caso pertencessem a regimentos do Exército Vermelho que não haviam obedecido às suas ordens. Stalin se parecia mais com ele do que gostaria. Quando um carregamento de munição não chegou a Tsaritsyn, em setembro de 1918, ele esbravejou com Lenin: "Isso é uma espécie de negligência ou uma traição uniformizada [*formennoe predatel'stvo*]."[31] Segundo ele, quando as coisas davam errado, sempre havia uma intenção ou uma maldade deliberada por trás. Portanto, havia traidores até na liderança dos comissariados do povo em Moscou.

Stalin empregava violência, e até o terror, em uma escala mais ampla do que a maioria dos líderes comunistas aprovava. Só Trotski teve uma sede de sangue remotamente semelhante à sua, ao exigir o fuzilamento de comissários políticos junto com oficiais do Exército quando recuavam sem autorização — e ele também introduziu a política romana de dizimar os regimentos que não cumprissem ordens superiores. Ambos invariavelmente ignoravam pedidos para interceder em favor de indivíduos detidos pela Cheka. Até Lenin, que resistira à maioria das tentativas de Kamenev e Bukharin de impor um controle sobre a Cheka, intervinha às vezes.[32] Porém, o entusiasmo de Stalin com a violência praticamente indiscriminada fazia Trotski parecer contido. Essa é uma característica que os camaradas esqueceram na década de 1930 e que lhes custou caro.

Havia também um contraste na atitude ante o bolchevismo de Stalin e Trotski. Este último, que se juntara aos bolcheviques mais tarde em sua carreira, não dava muita atenção ao partido. Stalin meditava muito sobre o lugar do partido no Estado soviético. Ele levou consigo um exemplar da segunda edição de *O Estado e a revolução*, de Lenin, para a Guerra Civil. O livro não diz nada sobre o Partido Comunista na transição para o socialismo. Stalin estava ciente dessa lacuna. Suas anotações nas margens indagavam: "O partido pode tomar o poder contra a vontade do proletariado? Não, não pode e não deve."[33] E acrescentou: "O proletariado não pode alcançar sua ditadura sem uma vanguarda, sem um partido único."[34] Lenin não disse isso no livro. Mas, assim como ele, desde outubro de 1917 Stalin tinha modificado e desenvolvido suas ideias. O partido se tornara a instituição suprema do Estado. Stalin estava entre os muitos bolcheviques que buscavam incorporar isso à doutrina comunista. A teoria era que o proletariado governaria seu próprio Estado socialista. O incômodo de Stalin se refletia no comentário de que "o partido não pode simplesmente substituir a ditadura do proletariado".[35]

Na Guerra Civil, porém, ele não teve tempo para escrever panfletos; e nenhum de seus artigos para o *Pravda* teve o alcance do que escreveram Lenin, Trotski, Zinoviev e Bukharin. Porém, continuou pensando em grandes temas. Dentre eles, a política partidária para a questão nacional era uma prioridade. Outra era o quadro institucional do Estado soviético.

O relatório que escreveu em janeiro de 1919 com Dzierżyński sobre um desastre militar em Perm foi um exame das relações caóticas nas forças armadas e, entre estas, o partido e o governo. As recomendações de ambos influenciaram as decisões que estabeleceram o partido como a agência suprema do Estado e para regularizar as linhas de comando do partido em todas as instituições públicas.[36] O fato de os propagandistas de Stalin terem exagerado ao mencionar o relatório levou os historiadores a descartar sua importância. Na verdade, ele foi um político reflexivo e decisivo, e por isso Lenin o apreciava tanto.

Nessa viagem, Stalin fez amizade com Stalisław Redens, o assistente pessoal de Dzierżyńsk. Nadya o acompanhou a Perm, e logo Redens se apaixonou por Anna, a irmã mais velha de Nadya, com quem se casou. Ele se tornou uma figura de proa na Cheka.[37] Durante a Guerra Civil, a vida pessoal, política e militar dos bolcheviques se entrelaçou, e Stalin não foi exceção. Seu casamento recente não tivera impacto em suas atividades públicas; ele passou a Guerra Civil principalmente nas linhas de frente ou perto delas. Chamado a Moscou em outubro de 1918, retomou o trabalho no Comitê Central do partido e no Sovnarkom. Em dezembro, partiu novamente. O Exército Branco do almirante Kolchak tinha invadido a cidade de Perm, nos Urais, e dizimado as unidades do Exército Vermelho por lá. Stalin e Dzierżyński foram enviados para investigar o motivo do desastre militar. Voltaram e redigiram um relatório no final de janeiro de 1919. Stalin permaneceu em Moscou até ser despachado outra vez, em maio, para Petrogrado e a Frente Ocidental, contra a invasão do general Yudenich, da Estônia. Em julho foi para outro setor da mesma frente, em Smolensk. Em setembro foi transferido para a Frente Sul, onde ficou até 1920.[38]

Stalin era a própria lei. Ao ser transferido para a Frente Ocidental, em Petrogrado, em meados de 1919, demonstrou uma inventividade macabra para lidar com a desordem e a desobediência. Lá, o Exército Vermelho não o impressionou nem um pouco. Pouco depois de sua chegada, o terceiro regimento se bandeou para os brancos. Ele foi implacável. Em 30 de maio, mandou um telegrama a Lenin do Instituto Smolny para contar que estava capturando os renegados e desertores, acusando-os coletivamente de traição ao Estado e fazendo um espetáculo público de seu fuzilamento coletivo.

Agora que todos viam as consequências da traição, argumentou, os atos traiçoeiros diminuiriam.[39] Nem todos estavam satisfeitos com a intervenção de Stalin. Alexei Okulov, transferido para a Frente Ocidental depois de ter apontado os delitos de Stalin em Tsaritsyn, voltou a causar-lhe problemas. Em 4 de abril, Stalin enviou um telegrama furioso exigindo que Lenin escolhesse entre ele e Okulov. Disparou que as condições eram "insensatas"; ameaçou deixar Petrogrado caso seu ultimato não fosse atendido.[40]

Sua atividade militar estava centrada nos Conselhos Militares Revolucionários ligados às várias linhas de frente, e a partir de 1919 ele se juntou a eles como enviado do Comitê Central do partido. Seu tipo de luta envolvia dar ordens: nunca esteve diretamente envolvido na violência física. Sua inexperiência era total, e ninguém conseguiu encontrar evidências de que folheasse livros sobre guerra[41] (ao passo que Lenin havia estudado Clausewitz, e Trotski havia coberto as guerras nos Bálcãs antes de 1914 como correspondente jornalístico). Mas ele estava doentiamente ansioso por se afirmar como comandante. O Comitê Central reconheceu seu valor ao enviá-lo sucessivamente à Frente Sul, à Frente Ocidental, novamente à Frente Sul, à Frente Sudoeste e à Frente Caucasiana. As qualidades que lhe valeram elogios foram o caráter decisivo, a determinação, a energia e a disposição de assumir responsabilidades em situações críticas e imprevisíveis.

Isso tinha um preço. Stalin odiava operar em equipe, a menos que fosse o líder. Só havia um companheiro comunista a quem mostrava deferência — Lenin. Mas até Lenin o achava uma pessoa difícil. Stalin era presunçoso e extremamente suscetível. Detestava Trotski. Odiava toda a elite de oficiais imperiais. Tinha uma necessidade quase patética de se sentir valorizado, e à menor provocação apresentava sua demissão. Seu egocentrismo era tal que estava disposto a desconsiderar ordens, mesmo que viessem do Comitê Central ou dos subcomitês. Era extremamente caprichoso. Quando determinava um curso de ação seguia em frente. Desperdiçava um tempo extraordinário do Comitê Central exigindo a remoção de um comandante ou a alteração de estratégias e táticas. As medidas repressivas que impunha a grupos sociais hostis ao Estado soviético eram excessivas até para os padrões da liderança comunista russa em tempo de guerra; e, mais do que Trotski, tendia a considerar inimigo do povo quem não lhe demonstrasse respeito.

A imagem convencional da ascensão de Stalin ao poder supremo não convence. Ele não passou a maior parte do tempo em escritórios durante a Guerra Civil, nem consolidou uma posição como burocrata eminente do Estado soviético. Ele certamente era membro do Comitê Central do partido; era também comissário do povo para Assuntos das Nacionalidades. Em nenhum desses papéis suas responsabilidades foram meramente administrativas. À medida que se complicavam os assuntos públicos ele foi ocupando cargos mais elevados. Presidiu a comissão que esboçou a Constituição da RSFSR. Foi o principal comissário político em uma sucessão de frentes militares em 1918-19. Envolveu-se com regularidade em decisões sobre as relações com Grã-Bretanha, Alemanha, Turquia e outros países; e lidou com planos para estabelecer novas repúblicas soviéticas na Estônia, Letônia e Lituânia. Conduziu o inquérito sobre o colapso do Exército Vermelho em Perm. Quando o Comitê Central do partido criou subcomitês, em 1919, ele foi escolhido para o Escritório Político (Politburo) e o Escritório de Organização (Orgburo). Foi chamado para chefiar a Inspetoria de Trabalhadores e Camponeses, criada em fevereiro de 1920.

Longe de se encaixar no estereótipo burocrático, ele foi um líder dinâmico que participou de quase todas as principais discussões sobre política, estratégia militar, economia, segurança e relações internacionais. Lenin telegrafava ou telefonava para os membros do Politburo quando havia alguma questão controversa.[42] Houve poucos espaços nos assuntos públicos em que Stalin não tenha influído, e o Politburo com frequência o chamava quando havia uma emergência. Os outros grandes líderes — Lenin, Trotski, Kamenev, Zinoviev, Sverdlov, Dzierżyński e Bukharin — tinham tarefas determinadas, as quais exerceram durante a Guerra Civil e depois dela. Na maior parte dos casos envolviam aparições públicas — no Exército Vermelho, Trotski fazia isso com gosto e a aprovação geral. Também havia o prestígio dos líderes da tomada do poder na Revolução de Outubro de 1917 — Lenin, Trotski e Sverdlov eram exemplos disso. Como os bolcheviques eram liderados por doutrinários, o prestígio também tocava aos que escreviam muito e com fluência. Lenin, Trotski, Kamenev, Zinoviev e Bukharin continuaram publicando durante a Guerra Civil. Stalin não podia competir nessas arenas. Estava sempre em movimento. Era um orador medíocre em qualquer sentido formal, e tinha poucas oportunidades de escrever.

Seus méritos tenderam a ser negligenciados, embora ele fosse parte integral do grupo político ascendente. O problema era que ele ainda precisava mostrar sua importância aos olhos do grupo, do partido e da sociedade como um todo. Poucas vezes ele demonstrou seu ressentimento. Em novembro de 1919, Stalin tentou se demitir da presidência do Conselho Militar Revolucionário da Frente Sul. Alarmado, Lenin se apressou a obter uma decisão do Politburo implorando-lhe que reconsiderasse. Ele era útil demais para ser descartado. Contudo, o que atraía Lenin horrorizava os inimigos do bolchevismo. Na Guerra Civil, Stalin foi uma primeira versão do déspota que instigou o Grande Terror de 1937-8. Sua personalidade desajustada não sobressaiu apenas porque todos os líderes comunistas empregaram a política de violência após a Revolução de Outubro. Isso não é desculpa. Quem conhecesse Stalin em 1918-19 não poderia se surpreender com seu "desenvolvimento" posterior.

16. O CORREDOR POLONÊS

A Guerra Civil na Rússia entre brancos e vermelhos terminou no final de 1919. Depois da conquista das terras russas foi questão de tempo até que o Exército Vermelho invadisse as regiões periféricas do antigo império. Os vermelhos encurralaram o último Exército Branco, comandado pelo general Anton Denikin, na península da Crimeia. Denikin entregou o comando a Pëtr Wrangel, que imediatamente mudou as políticas para a sociedade civil. Dentre elas estava a promessa aos camponeses de que a terra não seria devolvida aos nobres após a Guerra Civil. Se os brancos pretendiam melhorar sua perspectiva militar, precisavam encarar a *Realpolitik*. Ainda assim, a posição material e logística das forças de Wrangel era desalentadora, a menos que o comando político e militar vermelho cometesse um erro fundamental. Os homens de Wrangel estavam se preparando para fugir para o estrangeiro.

A vitória na Guerra Civil encorajou os líderes comunistas a buscar oportunidades de expandir o "poder soviético" ao Ocidente. Estavam ansiosos por espalhar a revolução. Em março de 1918, Lenin — com o apoio de Stalin, Kamenev, Zinoviev e Sverdlov — havia instado o partido a ser paciente quando a maioria dos bolcheviques queria a "guerra revolucionária". Contudo, mesmo antes do colapso militar alemão, em novembro de 1918, ele mandara reunir uma enorme quantidade de suprimentos e recrutas, de modo que o Exército Vermelho pudesse intervir com força na Alemanha.[1] As ideias expansionistas não desapareceram com o Tratado de Brest-Litovsk. A Internacional Comunista (conhecida como Comintern) tinha sido formada por iniciativa de Lenin em Petrogrado, em março de 1919, para inaugurar, expandir e coordenar as atividades dos partidos comunistas na Europa e no mundo. A liderança do partido bolchevique no Kremlin enviou conselheiros e dinheiro aos governos que se estabeleceram por um breve período em Munique e Budapeste, e o Exército Vermelho teria estado disponível para a luta se a Guerra Civil na Rússia tivesse permitido.² No verão de 1920, Lenin se animou ao contemplar a situação na Tchecoslováquia, na Romênia, na Hungria e no norte da Itália. Parecia que a cadeia do capitalismo ocidental na Europa finalmente estava se rompendo. Antecipou-se uma campanha militar para "sovietizar" esses países.³

Os bolcheviques teriam realmente recursos para fomentar a criação de Estados socialistas fraternos? A resposta deles teria sido não: o antigo Império Russo estava bagunçado, econômica e administrativamente. Contudo, o triunfo na Guerra Civil alimentara um excesso de confiança. Eles tinham expulsado os brancos, e as forças expedicionárias britânica e francesa foram derrotadas. Quem resistiria a eles? Havia uma segunda consideração. O Estado soviético estava isolado. A expansão da Revolução de Outubro não era um mero objetivo: era uma necessidade básica, fruto não só da ideologia, mas também de um dilema prático. O Politburo — e até o cauteloso Stalin concordava com isso — reconhecia que a Revolução permaneceria em perigo enquanto não contasse com Estados aliados no Ocidente.

Nas primeiras campanhas da Guerra Civil, a suposição operacional fora que o território estrangeiro começava nas fronteiras do antigo Império Russo. Por esse motivo o Politburo agiu como se esperasse que o Exército Vermelho conquistasse as fronteiras assim que a luta interna chegasse ao fim. Em 1920, o progresso parecia muito satisfatório. O Azerbaijão e a Armênia foram subjugados — e Stalin e seu amigo Sergo Ordjonikidze envolveram-se regularmente em discussões políticas e estratégicas do mais alto nível.⁴ Mas a região do Báltico continuava sendo um problema. Ocorreram diversas tentativas de estabelecer repúblicas soviéticas na Estônia, na Letônia e na Lituânia; mas sempre houve contragolpes, e esses países recuperaram sua independência em 1918-19.⁵ A Estônia estabeleceu relações diplomáticas plenas com a RSFSR em fevereiro de 1920. A situação internacional era instável. Assim como nas fronteiras do sul, os bolcheviques não percebiam as fronteiras ocidentais como terra estrangeira, e Stalin se aferrava a isso com uma tenacidade notável.⁶ O que viesse a acontecer nesses países dependeria do quadro mais amplo da guerra e da paz na Europa. Os líderes bolcheviques precisavam adotar uma política permanente.

A situação chegou a um ponto crítico com o conflito armado entre a Polônia e a RSFSR. Durante a Guerra Civil houve enfrentamentos, e havia muito tempo que o comandante em chefe polonês Josef Piłsudski pretendia formar uma união federal com a Ucrânia. Na primavera de 1920, Piłsudski penetrou no território ucraniano. Em 7 de março, suas forças ocuparam Kiev, surpreendendo oficiais do Exército Vermelho parados em um ponto de ônibus. O Sovnarkom conclamou uma guerra de defesa patriótica. Sergei Kamenev assumiu o comando militar supremo; seu principal comandante no front foi Mikhail Tukhachevski, que tinha 25 anos. Os voluntários se reuniram ao redor das bandeiras do Exército Vermelho. Kiev foi retomada em 10 de junho e, após um acordo com o governo lituano, uma ofensiva conjunta tomou Vilnius e entregou a cidade à Lituânia. O avanço dos vermelhos praticamente não encontrou oposição. O governo britânico advertiu a liderança soviética para que detivesse suas tropas, mas em 16 de julho o Comitê Central do partido tomou a decisão estratégica de levar a guerra ao território polonês, e Lenin informou a Stalin e aos demais naquele mesmo dia.[7] (Stalin não pôde comparecer porque estava baseado em Kharkov, no leste da Ucrânia.)[8] O comando militar da Frente Ocidental se preparava para cruzar o rio Bug e avançar sobre Varsóvia. A revolução socialista europeia batia à porta, e em 23 de julho o Politburo criou na Polônia o Comitê Revolucionário Provisório, chefiado por Julian Marchlewski.[9]

O governo britânico tentou evitar que o comunismo se espalhasse fazendo um chamado a negociações de paz e sugerindo uma nova fronteira entre o Estado soviético e a Polônia. Tratava-se da Linha Curzon, nome do secretário de Relações Exteriores britânico em 1920. Era preciso deter o avanço do Exército Vermelho na Europa Central. O Politburo tinha levado mais a sério aquelas aproximações no começo da guerra, quando parecia que Piłsudski venceria. No entanto, o rápido avanço dos vermelhos pela Ucrânia mudou a postura de Lenin, que começou a propugnar a invasão da Polônia.

Stalin não se entusiasmou. Durante todo o verão ele vinha alertando para o ressurgimento da capacidade militar dos brancos na Crimeia e questionou a ideia de atacar os poloneses quando Wrangel continuava sendo uma ameaça.¹⁰ Até Trotski e Radek, que se opuseram a Lenin quanto ao Brest-Litovsk, ficaram desconcertados com sua atitude.¹¹ As objeções de Stalin não se deviam ao seu ceticismo crônico quanto à revolução socialista europeia e à preocupação com Wrangel. Ele duvidava que o Exército Vermelho estivesse adequadamente organizado e coordenado. Preocupava-se com a extensão e a força das linhas de abastecimento.¹² De sua base com as forças vermelhas na Ucrânia ele tinha motivos para pensar que sabia sobre o que estava escrevendo. O Estado soviético estava inseguro ante os ataques dos brancos. Os planos de atacar militarmente a Polônia e a Alemanha não eram realistas. Ele falou repetidas vezes do perigo que Wrangel representava para a Crimeia.¹³ Advertiu Lenin para não subestimar a força do nacionalismo entre a classe trabalhadora polonesa. Surpreendeu-se porque Lenin, seu aliado na questão nacional, não percebera o perigo que espreitava o Exército Vermelho. Ele queria que tomassem a decisão sobre a guerra ou a paz com a Polônia com o mesmo cuidado que tiveram em Brest-Litovsk, em 1918.

Lenin não se deixaria frustrar. Ele nunca considerara a guerra revolucionária um conflito despojado de conquista. Supunha que em toda a Europa os trabalhadores se alçariam em apoio ao Exército Vermelho. Acreditava que os elementos de esquerda nos partidos socialistas europeus se uniriam à causa comunista, e os obstáculos à criação de governos revolucionários seriam eliminados. O Exército Vermelho contava com apenas 35 divisões. O Exército Imperial havia reunido quase uma centena delas contra a Alemanha e a Áustria-Hungria ao irromper a Primeira Guerra Mundial. Lenin descartou isso. O conflito de classes na Europa permitiria superar amplamente as carências do Exército Vermelho. A decisão foi tomada pelo Politburo. Varsóvia seria invadida, abrindo caminho para avançar sobre Berlim onde, ele pensava, os vermelhos encontrariam uma confusão política que poderiam explorar. Os comunistas alemães fariam aliança com a extrema-direita para varrer o Tratado de Versalhes de 1919, que tomara territórios e colônias da Alemanha, impusera reparações pesadas e limitara a reconstrução militar do país. Depois, se voltariam contra a direita e instalariam o Estado revolucionário.¹⁴

Tendo perdido a discussão a distância com o Politburo, Stalin acatou a decisão. Na verdade, estava ansioso por provar a si mesmo na campanha.

Passara muito tempo nos meses anteriores em outra disputa sobre seu cargo e suas responsabilidades. Em novembro de 1919, mais uma vez ele tentara intimidar Lenin e o Politburo, ameaçando se demitir.[15] A explicação dessa vez foi mais floreada: "Sem isso, meu trabalho na Frente Sul não terá sentido, e será desnecessário, o que me dá o direito, ou me impõe o dever, de ir para qualquer lugar — até para o inferno —, mas não permanecer na Frente Sul."[16] Habituado àqueles ataques, o Politburo rejeitou o ultimato.[17] Em janeiro de 1920, a Frente Sul foi convertida em Frente Sul-Ocidental, com a incumbência de defender a Ucrânia dos poloneses e das forças da Crimeia de Wrangel. Porém, em fevereiro, Stalin foi transferido para a Frente Caucasiana. Ele não gostou;[18] queria agir onde a sorte da revolução estava sendo ameaçada. Não gostou de ser considerado um homem do Cáucaso, com conhecimentos limitados aos assuntos locais. Em 26 de maio, sua tenacidade foi recompensada ao ser enviado à Frente Sul-Ocidental, onde esperavam batalhas contra os poloneses.

Em 12 de julho, Lenin enviou-lhe uma mensagem em Kharkov:

> Solicito a Stalin: 1) que acelere os preparativos a fim de intensificar furiosamente a ofensiva; 2) que me comunique sua opinião. Pessoalmente, penso que [a proposta de Curzon] não passa de um embuste para anexar a Crimeia.[19]

Até então cético quanto à campanha polonesa, Stalin concordou, em um telegrama eufórico:

> Os exércitos poloneses estão em colapso total, perderam as comunicações e a administração, e as ordens polonesas, em vez de chegar aos destinatários, caem frequentemente em nossas mãos; em resumo, elas estão vivendo um colapso do qual não se recuperarão facilmente.[20]

Ele desdenhou da proposta de lorde Curzon de uma trégua seguida por conversações de paz em Londres:

Penso que o imperialismo nunca esteve tão fraco como agora, no momento da derrota polonesa, e nós nunca estivemos tão fortes. Portanto, quanto mais firmes formos, melhor será para nós e para a revolução internacional. Envio a decisão do Politburo.²¹

Defensores da cautela em Brest-Litovsk em 1918, Lenin e Stalin agora eram os belicosos da liderança bolchevique.

Para Stalin, antes de qualquer cessar-fogo, era imperativo "tomar o máximo que pudermos". Ele queria tomar Lviv.²² Era uma preferência pessoal, e não só beneficiaria a causa soviética como lhe traria renome como conquistador da cidade. A questão era que, como ele havia alertado, as forças de Wrangel continuavam sendo uma séria ameaça. Tipicamente, Stalin defendeu a execução dos oficiais dos brancos prisioneiros de guerra.²³ Ao saber que as coisas não iam bem para o Exército Vermelho na Crimeia,²⁴ atribuiu o fracasso à covardia do comandante em chefe Sergei Kamenev. Ele só pensava na glória na Polônia enquanto avançava para o oeste com seus comandantes.²⁵

Stalin e Lenin também se dedicaram ao planejamento primário do tipo de Europa que queriam quando os socialistas tomassem o poder. Suas visões grandiosas são de tirar o fôlego. Antes do II Congresso do Comintern, Lenin mencionou a necessidade de uma federação geral que incluísse a Alemanha, e deixou claro que a economia dessa federação seria "administrada por um só órgão". Stalin rechaçou a ideia por considerá-la impraticável.

> Se você pensa que conseguirá que a Alemanha entre para uma federação com os mesmos direitos que a Ucrânia está enganado. Se acha que até a Polônia, constituída como um Estado burguês, com todos os seus atributos, entraria na união com os mesmos direitos que a Ucrânia, está enganado.²⁶

Lenin se irritou. O comentário de Stalin implicava que considerações sobre o orgulho nacional impeliriam a Alemanha e a Rússia a se manter como Estados separados no futuro próximo. Lenin enviou-lhe uma "carta ameaçadora" acusando-o de chauvinismo.²⁷ Seu objetivo era estabelecer a União das Repúblicas Soviéticas da Europa e da Ásia. Sua visão de "revolução socialista europeia" não mudara desde 1917. Stalin, porém, não se intimidou. O Politburo precisava reconhecer as realidades da nacionalidade para que fosse viável a disseminação do socialismo na Europa.

Essas discussões eram hipotéticas, já que o Exército Vermelho ainda não tinha chegado à Polônia, e muito menos estabelecido um governo revolucionário em Varsóvia. O próprio Stalin havia criado um obstáculo operacional. Isso ocorreu quando ordenou aos seus subordinados políticos e militares que considerassem Lviv uma prioridade, sem explicar que isso alteraria o plano estratégico aprovado por Trotski, Tukhachevski e Lenin. Stalin estava ignorando o precedente dado por eles à captura de Varsóvia; em vez disso, desviou as forças armadas da Frente Sul-Ocidental para longe da linha de convergência com a Frente Ocidental.

A batalha por Varsóvia se deu em quatro setores. Durou de 12 a 25 de agosto, e determinou o resultado da guerra.[28] O plano original de Tukhachevski tinha sido atacar mais cedo, antes de os poloneses se reagruparem para defender a capital. Suas perdas tinham sido consideráveis. Era improvável que recebesse suprimentos e reforços. Exausto, fustigado pelos habitantes poloneses, o Exército Vermelho precisava de uma vitória muito rápida ou perderia tudo.[29] Piłsudski aproveitou a oportunidade. Repeliu o avanço dos vermelhos em sucessivos setores. Sergei Kamenev, o comandante supremo, tinha planejado avançar em duas frentes: a Ocidental, comandada por Tukhachevski, e a de Smilga, no Sul-Ocidental, liderada por Yegorov e Stalin. Kamenev não conseguiu coordená-las. A Frente Sul-Ocidental ainda estava encarregada de proteger o Estado soviético contra Wrangel, na Crimeia — portanto, mirava em duas direções ao mesmo tempo. Além disso, em 22 de julho, Yegorov apontou sua linha de marcha na direção de Lublin e Lviv, e a cada dia aumentava a distância entre ele e Tukhachevski. Aquilo era uma receita para a confusão e as desavenças, e Stalin não era alguém que soubesse se conter para evitar piorar uma situação difícil.

O Exército Vermelho precisava urgentemente revisar seu plano estratégico, que só podia ser traçado no nível político mais alto. Em 2 de agosto, o Politburo resolveu dividir a Frente Sul-Ocidental em duas e entregar a metade das forças à Frente Ocidental e a outra metade à Frente Sul reformada, encarregada de defender a Ucrânia de Wrangel.[30] No entanto, não houve movimentação até 14 de agosto, quando Sergei Kamenev ordenou a transferência imediata das forças da Frente Sul-Ocidental.[31]

A ausência de sentido prático na ordem de Kamenev deixou Stalin furioso. Yegorov e ele já estavam atacando Lviv antes do início da batalha de Varsóvia. Embora a distância entre Lviv e Varsóvia fosse de 320 quilômetros em linha reta, a geografia da região impedia a rápida movimentação das tropas. Havia pântanos, mas não estradas. Os poloneses eram quase universalmente hostis aos vermelhos, considerados apenas como mais uma força invasora russa. Stalin, que sempre fora rápido em criticar os militares profissionais herdados do Exército Imperial, disse a Kamenev: "Sua ordem frustra inutilmente as operações da Frente Sul-Ocidental, que já tinha começado a avançar."[32] Quando Yegorov obedeceu à ordem de Kamenev, Stalin se recusou a referendar as últimas disposições, e deixou a tarefa a cargo de seu ajudante, R. Berzins.[33] Mas a cavalaria do camarada Semën Budënny estava muito envolvida na luta nos arredores e só em 20 de agosto o ataque a Lviv foi abandonado. A batalha de Varsóvia estava perto do fim catastrófico para Tukhachevski e a Frente Ocidental.

Não há dúvidas de que a reação de Stalin à mudança de estratégia foi escandalosa. Mas em seguida ele foi acusado de algo mais grave. Dizia-se que a obsessão com a glória militar o havia levado a conter as forças que deviam ajudar Tukhachevski. Portanto, seria culpado pela derrota dos vermelhos. É um veredito forte demais. Na verdade, ele não bloqueou a transferência de tropas — simplesmente recusou-se a referendá-la. Certamente não estava livre de culpa. Em 12 de agosto, apoiou o deslocamento do Exército de Cavalaria contra Lviv, embora estivesse ciente da intenção do Politburo de dividir as forças da Frente Sul-Ocidental entre a Frente Ocidental e uma Frente Sul. Ainda assim, é pouco provável que as forças remanejadas para a Frente Ocidental tivessem alcançado Varsóvia a tempo para a batalha, mesmo se Stalin não tivesse aprovado a operação em Lviv.[34] No entanto, sem se insubordinar, ele certamente fez muito — e deve tê-lo feito sabendo — para que fosse quase impossível para Kamenev e Tukhachevski comandar outros deslocamentos das forças da Frente Sul-Ocidental. Ele agiu como tinha agido durante a Guerra Civil. Comportou-se como se detivesse o monopólio das decisões militares, e quem se opusesse a ele era considerado louco ou vilão. Quando o cerco a Lviv foi erguido, Stalin estava longe. Voltou a Moscou para uma reunião no Politburo, em 19 de agosto, e estava iracundo para se justificar. Lenin e Trotski estavam presentes. A luta por Varsóvia prosseguia; Wrangel vinha do norte pela Crimeia. Ao mesmo tempo, havia uma abertura para que as unidades vermelhas na Frente Caucasiana avançassem pelo Azerbaijão até a Pérsia. A situação militar estava fluindo em três direções. O item número um, porém, era a confusão estratégica que ficara para trás em Lviv. Stalin decidiu que o ataque político era a melhor defesa: repreendeu toda a campanha. Ressaltou a negligência com os exércitos que enfrentavam Wrangel e observou que o resultado podia ser a volta da Guerra Civil na Rússia. Seu ataque feroz produziu resultado; apesar do relatório contrário de Trotski, o Politburo decidiu "reconhecer a Frente Wrangel como a principal".[35] Foi um fraseado extraordinário na semana em que o destino da campanha polonesa estava por um fio. Aparentemente, Stalin havia surrado o inimigo Trotski no Politburo e assegurado a reorientação estratégica que preferia.

No entanto, seu triunfo não foi o que parecia. O Politburo não considerou adequados nem os seus planos nem o seu comportamento durante a Guerra Soviético-Polonesa. Lenin e Trotski continuaram culpando-o. Uma pista sobre a intensidade da disputa era outro item da agenda, relacionado ao seu cargo. Após alguma discussão, ele foi formalmente agraciado com duas semanas de férias.[36] Voltou a alegar exaustão e, certamente, não se sentia valorizado. Aquele era seu padrão de comportamento desde a Guerra Civil quando não conseguia fazer as coisas do seu jeito.[37]

A ira de Stalin continuou borbulhando. Ele não tirou férias,[38] nem desistiu de brigar com o Comando Supremo e seu chefe, Trotski. Sentia-se humilhado, e quando voltou ao Politburo, em 1º de setembro, apresentou sua demissão das "atividades militares". Ninguém esperava que servisse no Exército Vermelho após o fim das hostilidades armadas na Polônia, mas a demissão foi concedida e ele deixou o Conselho Militar Revolucionário da República.[39] Era seu desejo participar do órgão desde que fora criado. Porém, se seus conselhos eram ignorados, não lhe serviria mais para nada.

Recusava-se a esquecer o menosprezo que pensava ter sofrido. Na mesma sessão do Politburo houve uma discussão acalorada sobre política externa, e Trotski propôs um "acordo de paz com a Polônia".⁴⁰ Para Stalin, aquilo foi demais. Segundo ele, Trotski e o Comando Supremo eram corresponsáveis pelo manejo desastroso da guerra. Aparentemente, ele agora queria desfrutar dos aplausos da época de paz. Stalin dera o alerta contra a campanha polonesa. Soara o alarme quanto a Wrangel. Tinham-lhe dito para lidar com duas frentes militares como se fossem uma, e depois lhe disseram para dar conta de uma terceira frente.

Ele mergulhou por uns dias nos assuntos que lhe tinham granjeado respeito antes da Guerra Civil. Por sugestão sua, o Politburo estava planejando atrair os povos indígenas do Cáucaso, em detrimento dos cossacos. A decisão estava tomada em princípio, e ele foi encarregado de supervisionar sua execução em nome de Moscou.⁴¹ Ele também se encarregou do complicado caso Bascortostão. O Comitê Revolucionário basquir havia sido desleal com o Estado soviético, e vários de seus membros foram detidos. Stalin propôs transferi-los para Moscou para ser interrogados.⁴² Era um trabalho político de peso. Mas, ao mesmo tempo, ele não queria ficar marcado como o georgiano especializado na questão nacional. Pertencia ao Comitê Central e ao Sovnarkom por direito próprio, e queria que isso fosse reconhecido. Tinha suas opiniões sobre a política em geral. Pensava que sabia tanto como qualquer outro sobre a política e a sociedade nas províncias. Seu ressentimento crescia como a ferrugem no prego. Como todos no Politburo, ele também sentia o impacto físico e emocional dos esforços dos últimos anos. Diferentemente dos demais, sentia-se subestimado. Nada indica que seus sentimentos seriam poupados na próxima IX Conferência do Partido.

Lenin chegou à conferência no dia 22 de setembro e demonstrou um remorso insólito. Precisavam encarar a realidade: estavam diante de "uma profunda derrota, uma situação catastrófica". O projeto secreto da "sovietização da Polônia" fora um desastre. Em vez de ser saudado pelos operários e camponeses poloneses, o Exército Vermelho foi repelido por uma "revolta patriótica". Como fora possível aquele erro de cálculo? Lenin admitiu que pensara que a Alemanha estava se insurgindo e que a Polônia seria uma simples cabeça de ponte para Berlim. Ele também reconheceu: "Não pretendo, absolutamente, ter o mínimo conhecimento da ciência militar." O Exército Vermelho, admitiu, tinha sido encarregado de uma tarefa impossível. Provavelmente, o Politburo deveria ter aceitado a proposta de Curzon e entrado em conversações de paz. A melhor opção era propor um tratado e esperar uma mudança dos acontecimentos "na primeira oportunidade".[43]

A última demissão de Stalin tinha sido demais para o estressado Lenin. Sua arrogância e volatilidade lhe pareciam excessivas; em contraste, Trotski ao menos era confiável em uma crise. Ele aproveitou a chance e criticou abertamente a atitude de Stalin na Guerra Soviético-Polonesa, acusando-o de "erros estratégicos".[44] Informações trazidas por comissários políticos que regressavam confirmaram a acusação, e Lenin a repetiu nas primeiras sessões.[45] O Politburo se revelou um ninho de invejas e críticas. Muitos dos presentes sabiam que Lenin não tinha sido franco sobre sua parte no fracasso. O erro fundamental tinha sido invadir a Polônia, e se devia principalmente a Lenin. Na verdade, Trotski e Stalin o haviam alertado para as prováveis consequências. O primeiro argumentara que o Exército Vermelho estava exausto, e Stalin apontara que os poloneses se rebelariam contra a invasão.[46] Alguns delegados da conferência criticaram Lenin diretamente, e a sessão terminou com uma discussão acalorada. Ao retomarem no dia seguinte, Stalin insistiu no seu direito de resposta. Foi um discurso breve. Assinalou que manifestara dúvidas quanto à invasão, mas não defendeu sua atitude durante a campanha, e a conferência seguiu para outros assuntos.[47]

Do ponto de vista de Stalin, aquilo fora muito insatisfatório. Ele tivera a oportunidade de fazer sua defesa e a desperdiçou no último momento. Como consequência duradoura, a responsabilidade principal pela campanha desastrosa na Polônia fora atribuída apenas a ele. No passado, houve controvérsias agudas. A decisão de tomar o poder em outubro de 1917 e a rejeição, em novembro, de um governo de ampla coalizão socialista tinham provocado protestos no Comitê Central, e por algumas semanas diversos membros se recusaram a se sentar junto a Lenin no governo. A disputa sobre o Tratado de Brest-Litovsk tinha sido ainda mais estridente: Bukharin e seus sequazes contemplaram seriamente formar um governo sem Lenin. Mas a controvérsia em torno da Guerra Soviético-Polonesa trouxe um elemento novo. Stalin, um membro eminente do grupo governante, foi acusado de insubordinação, ambição pessoal e incompetência militar. Era uma lista considerável de faltas.

É difícil explicar a reação malconcebida de Stalin. Ele era extremamente vaidoso. E também invejoso — em um grau extraordinário. Ressentia-se profundamente com as críticas, e se ofendia com facilidade. Era também muito belicoso. Então por que balbuciou um par de palavras sobre a pré-história da invasão e voltou ao seu assento? Se fosse por eles, nem Lenin nem Trotski teriam deixado de fazer um longo discurso para se autojustificar.[48] Talvez na hora H Stalin tenha se sentido em terreno pantanoso e sofrido um colapso de confiança. As provas de que agira mal eram irrefutáveis e, de qualquer modo, não era a primeira vez que criticavam sua contumácia. No VIII Congresso do Partido, Lenin o repreendera por empregar táticas que provocaram baixas excessivas no Exército Vermelho.[49] A diferença na IX Conferência é que nada positivo foi dito sobre ele para contrabalançar as críticas. Ele fora desacreditado; nenhum de seus amigos se dera o trabalho de falar a seu favor. Ele não viu sentido em prolongar sua infelicidade arrastando a discussão. Odiava que o vissem se lamentando.[50] Precisava parecer sempre resistente, determinado e prático.

Contudo, não pretendia esquecer, muito menos perdoar. A acusação de Trotski tinha somado mais uma afronta à sua lista de ruminações. A única surpresa nesse episódio é que ele não cultivou ressentimentos com relação a Lenin. Até o fim de seus dias, Stalin expressou admiração por ele. Tem sido proposto que Stalin via Lenin não só como um herói, mas como um pai substituto a ser emulado. Isso é improvável. Em muitas ocasiões, antes e depois de outubro de 1917, Stalin teve enfrentamentos virulentos com Lenin. Contudo, não há dúvidas quanto à sua estima fundamental. Não havia deferência, muito menos servilismo; mas Stalin isentou Lenin do tratamento que reservou ao resto da raça humana — e estava esperando a oportunidade para se vingar de Trotski.

17. COM LENIN

As desavenças entre Lenin e Stalin desapareceram como a neve sob o sol. A razão era política. Em novembro de 1920, Trotski atacou os sindicatos soviéticos, e subitamente Lenin precisou da assistência de Stalin. Segundo Trotski, o sindicalismo convencional não tinha lugar no Estado revolucionário; a questão era que o Sovnarkom protegia os interesses dos trabalhadores e os sindicatos deviam ser constitucionalmente subordinados a ele. A sugestão encolerizou a Oposição Operária, que fazia campanha para que a classe proletária controlasse fábricas, minas e outras empresas. Lenin fez objeção à Oposição Operária e, na prática, esperava que os sindicatos obedecessem ao partido e ao governo. No entanto, a exigência de Trotski de que esse arranjo fosse formalmente imposto afrontaria os operários de maneira desnecessária. Em vão Lenin tentou fazê-lo recuar. As facções se juntaram ao redor de um e de outro enquanto eles redigiam folhetos furiosos e polemizavam em reuniões estridentes. Bukharin formou um "grupo amortecedor" entre ambos, mas que também se converteu em facção. Não só a Oposição Operária, mas também os Centralistas Democráticos (que, desde 1919, faziam campanha pela restauração dos procedimentos democráticos na vida partidária), entraram na peleja. O partido foi tomado por um conflito amargo que se arrastou por todo o inverno de 1920-21.

Para organizar o apoio nas províncias, Lenin indicou Stalin, que se ocupava da função descartada por Sverdlov na disputa em torno do Brest-Litovsk em 1918. Houve um esforço especial para desacreditar as outras facções. As regras do partido foram torcidas, mas não rompidas; ele sabia que Stalin — que ele chamava jocosamente de "faccionário selvagem" —

faria o que fosse preciso para vencer.¹ O Secretariado do Comitê Central era chefiado por Preobrajenski, Krestinski e Serebryakov, simpatizantes de Trotski e Bukharin. Portanto, Stalin enviou sequazes de Lenin às províncias para fomentar a agitação entre seus seguidores e orientá-los a organizar a campanha contra Trotski. Enquanto ele fazia arranjos em Moscou, Zinoviev viajou pelo país discursando em nome de Lenin. Trotski fez uma viagem semelhante, mas, pouco antes do X Congresso do Partido, foi ficando claro que a vitória seria dos leninistas. Stalin coordenou a facção e os delegados reunidos em Moscou. Os leninistas listaram seus candidatos para o Comitê Central. Para Stalin, aquilo foi gratificante. Trotski, que fora encomiado por Lenin durante a Guerra Soviético-Polonesa, perdera benefícios.

As guerras entre as facções tinham impedido os bolcheviques de enxergar que havia uma ameaça fundamental ao seu poder. Os quartéis se amotinavam. Nas principais cidades industriais os operários estavam em greve. Em todo o Estado havia problemas com o campesinato. Províncias inteiras na Ucrânia, na região do Volga e no oeste da Sibéria se sublevaram contra a ditadura partidária bolchevique. As demandas dos revoltosos, grevistas e lutadores das aldeias eram praticamente as mesmas. Queriam uma democracia multipartidária e o fim do confisco de grãos. A revolta dos camponeses na província de Tambov por fim fez o Politburo cair em si, e em 8 de fevereiro de 1921 foi aprovada uma mudança colossal em sua política. O confisco de grãos seria substituído por um imposto gradual em espécie. Os camponeses poderiam comercializar o resto da colheita nos mercados locais. Essa Nova Política Econômica eliminaria o descontentamento rural e permitiria ao Exército Vermelho se encarregar das rebeliões. Não haveria concessões políticas: o objetivo era salvar o Estado soviético, tal como estava, da destruição. Foi criada uma comissão para esboçar uma política plena, a ser discutida no X Congresso. Não houve discussões no Politburo. Era preciso mudar as medidas para evitar o desastre.

O Congresso do Partido, que começou em 8 de março, foi surpreendentemente calmo. Em sua forma rudimentar, a Nova Política Econômica (NEP) foi aprovada quase por unanimidade, e os leninistas venceram o debate sobre os sindicatos sem dificuldade. As críticas da Oposição Operária foram facilmente repelidas; nem Alexander Shlyapnikov nem Alexandra

Kollontai conseguiram comover o congresso com seus apelos para que os operários tivessem mais influência na política do Kremlin e nas condições de trabalho. O motivo para a vitória fácil da facção leninista teve pouco a ver com a eminência de Lenin ou com a astúcia de Stalin.[2] Em 28 de fevereiro, o quartel naval de Kronstadt, localizado a 56 quilômetros da costa de Petrogrado, iniciara um motim. Em 1917, aqueles marinheiros tinham sido alguns dos mais fervorosos apoiadores do partido. O motim chocou o congresso e o fez reconhecer que todo o regime soviético estava ante uma ameaça fundamental. Os delegados se ofereceram para se juntar às tropas enviadas para reprimir os de Kronstadt. Trotski liderou a ofensiva militar no local. A unidade era tudo. Lenin praticamente não teve opositores quando afirmou que a NEP — um retrocesso do sistema econômico da Guerra Civil, que ficou conhecido como "comunismo de guerra" — viria acompanhada de medidas econômicas drásticas. Nenhuma atividade faccional seria permitida no partido, e as facções foram chamadas a se dissolver.

Após o congresso, Lenin pediu a Stalin que garantisse o controle do grupo de Lenin no aparato central do partido. Devido às suas outras obrigações — no Politburo, no Orgburo, no Comissariado do Povo para Assuntos das Nacionalidades e na Inspetoria dos Camponeses — aquela não seria sua tarefa principal, mas acrescentaria um fardo considerável à sua pesada carga laboral. Com certa relutância, ele aceitou supervisionar o Departamento de Agitação e Propaganda no Secretariado do Comitê Central.[3]

Esse aspecto da atividade política, porém, era vital para o partido governante em um Estado que pretendia impor uma ideologia única. Um dos problemas era o grande número de instituições envolvidas. A mais influente era o Comissariado do Povo para a Educação, cuja subchefe era Nadejda Krupskaya, esposa de Lenin. Ela se incomodou com a tentativa de Stalin de afirmar a autoridade do partido, e recorreu a Lenin. Stalin escreveu a Lenin diretamente:

> Aqui estamos lidando com um mal-entendido ou com uma abordagem negligente [...] Interpretei seu bilhete de hoje em meu nome (ao Politburo) como se você perguntasse se vou deixar o Agitprop. Você deve se recordar que esse trabalho com agitação e propaganda me foi

imposto (eu não o busquei). Segue-se que não devo fazer objeções à minha saída. Mas se *objetivamente agora* fizer a pergunta relacionada ao mal-entendido esboçado acima, colocará a si mesmo e a mim em uma posição incômoda — Trotski e os demais pensarão que você faz isso "por Krupskaya" e que exige uma "vítima", que eu estou disposto a ser "vítima" etc. — e nada disso é desejável.[4]

A paciência de Stalin tinha se esgotado. Isso ficou óbvio porque, ao mesmo tempo, ele se demitiu do Comissariado do Povo para Assuntos das Nacionalidades.[5] Ele queria e precisava ser valorizado. Apresentar a renúncia era seu modo de assinalar isso. Lenin entendeu a deixa e recuou. Stalin era um membro importante demais da equipe para deixá-lo ir.

Lenin passou a desconfiar de Trotski após a disputa sobre os sindicatos. Também temia que ele quisesse aumentar a influência do planejamento econômico estatal na NEP. Mas ele não era o único problema de Lenin; toda a liderança central tornava sua vida difícil. Quando até o chefe do movimento sindicalista soviético, Mikhail Tomski, se recusou a seguir a linha do partido, Lenin pediu sua expulsão do Comitê Central.[6] Desde 1918, o grupo na liderança não era tão separatista. Ao ter seu pedido rejeitado, ele ficou frustradíssimo, e não se incomodou de manifestar tal frustração. Vários camaradas estavam mal de saúde, pagando o preço do imenso esforço físico dos anos recentes, o que agravava a situação. Zinoviev sofrera dois infartos. Kamenev padecia de uma doença cardíaca crônica. Bukharin andava muito mal, e Stalin tivera apendicite. Na falta desses vigorosos apoiadores da NEP, Lenin teve de pôr em prática sozinho as medidas decididas pelo Politburo.[7] Estava ansioso por ter Stalin de volta ao seu lado. Tendo-o recrutado para a causa leninista na disputa sobre os sindicatos, ele apoiou a proposta de indicá-lo para secretário-geral do Partido Comunista russo.

O ano de Molotov a cargo do Secretariado não fora bem-sucedido;[8] na verdade, desde a morte de Sverdlov, em março de 1919, ninguém dera conta da tarefa.[9] Lenin estava decepcionado. Ele e Molotov vinham conspirando regularmente nas reuniões do Comitê Central. Ele enviou a seguinte ordem a Molotov, por meio de um bilhete: "Você vai fazer um discurso — bem, seja o mais duro que puder com Trotski!" E acrescentou: "Rasgue este bilhete!"

Seguiu-se uma briga furiosa entre Molotov e Trotski, ciente de que o outro obedecia a ordens.[10] A saúde de Lenin lhe deu trabalho em 1921. Ele duvidava da capacidade de Molotov de conter Trotski em sua ausência. Concluiu então que faltava uma mão mais firme no Orgburo e no Secretariado.

Foi nessa atmosfera que a candidatura de Stalin ao Secretariado-Geral do partido, com Vyacheslav Molotov e Valeryan Kuibyshev como assistentes, foi informalmente apresentada no XI Congresso do Partido, em março-abril de 1922. Yevgeni Preobrajenski, um dos aliados de Trotski, enxergou o que estava por vir. Subiu ao estrado e fez objeções à multiplicidade de cargos de Stalin.[11] Reclamou do modo como Stalin acumulava poder em excesso; porém, acima de tudo, quis dizer que alguém com tantos cargos não poderia ser eficiente no cumprimento de suas funções. De qualquer modo, não houve uma decisão formal do congresso sobre o Secretariado; e quando o assunto foi discutido na seguinte plenária do Comitê Central, em 3 de abril, surgiu a queixa de que Lenin e seus associados haviam esvaziado o debate ao concordar com a indicação de Stalin para o cargo. Aparentemente, Lenin havia escrito "secretário-geral" junto ao nome de Stalin na lista de candidatos que apresentou para votação ao Comitê Central.[12] Porém, Kamenev acalmou os ânimos e a indicação de Stalin foi confirmada, mas sob a condição de que ele delegasse mais funções aos seus representantes na Inspetoria dos Operários e Camponeses (ou Rabkrin) e no Comissariado do Povo para Assuntos das Nacionalidades. O partido vinha primeiro.[13]

Convencionalmente, supõe-se que Stalin ocupou o cargo por ser um burocrata experiente, com a capacidade incomum de não se entediar com o trabalho administrativo. Os fatos não corroboram isso. Ele foi editor do *Pravda* em 1917 e planejador de políticas junto com Lenin logo após a Revolução de Outubro. Durante a maior parte da Guerra Civil foi comissário político. Saiu em campanhas militares na Ucrânia e na Polônia em 1920; e, embora tivesse cargos em Moscou no Orgburo, no Comissariado do Povo para Assuntos das Nacionalidades e no Rabkrin, nunca houve muito tempo para se dedicar a eles. Além disso, era conhecido pela inquietação quando as reuniões administrativas na capital se alongavam demais. Claro que precisava participar de muitas delas, assim como Lenin, Kamenev, Zinoviev, Trotski e os demais líderes. Eles chefiavam um Estado que ainda não se consolidara. Se não cuidassem da implementação e da supervisão das decisões administrativas como cuidavam das políticas, o Estado cairia antes de se erguer. O motivo pelo qual Lenin indicou Stalin era menos administrativo que político. Ele queria um aliado em um cargo crucial para a manutenção de suas políticas.

Lenin enfatizou que o Secretariado-Geral não equivalia à liderança suprema do partido, e que este nunca tivera um presidente.[14] Estava sendo evasivo. O que quis dizer foi que ele continuaria sendo o único líder dominante. Lenin e Stalin tiveram diversas altercações antes, durante a Revolução de Outubro, e depois.[15] Isso era comum no Comitê Central. Lenin estava certo de que não perderia o controle.

Stalin concordava com as linhas gerais da NEP. Ele não se enxergava como um mero administrador e opinava livremente sobre os temas debatidos pela liderança; contrariamente às descrições posteriores de sua pessoa, a cautela na política externa não o fez se abster de correr riscos no estrangeiro. Mesmo depois do Tratado Anglo-Soviético de março de 1921, ele foi favorável ao envio de instrutores militares e provisões ao Afeganistão com o objetivo de solapar o Império Britânico.[16] Também seguiu considerando os novos Estados bálticos — principalmente a Letônia e a Estônia — como territórios ilegitimamente arrancados da Rússia "que entram no nosso arsenal como elementos integrais, vitais para a restauração da economia russa".[17] É uma falsa ideia a de que Stalin não se importava se o Estado soviético permanecesse isolado. Ele aceitava o isolamento como um fato da vida política e militar que ainda não podia ser alterado. Em uma situação assim, pensava, cabia ao Politburo prosseguir com a reconstrução do pós-guerra do melhor modo possível, até que surgissem novas oportunidades revolucionárias no estrangeiro. Essa foi sua atitude nos anos seguintes.

Porém, assim como Lenin, ele queria evitar problemas no futuro próximo. Lenin enxergou a oportunidade de o Estado soviético fazer um acordo com a Alemanha. Houve conversações entre os países europeus em Gênova, no norte da Itália. A RSFSR e a Alemanha foram tratadas como párias, e Lenin acenou com um tratado comercial à parte entre os dois países, devidamente assinado perto dali, em Rapallo, em abril de 1922. Ambos os Estados tinham outros objetivos além do comércio. Impedida de se rearmar pelo Tratado de

Versalhes, a Alemanha concordara em secretamente testar equipamentos e treinar unidades militares em solo soviético. Outros no Politburo, principalmente Zinoviev, relutavam em aceitar que a "insurreição revolucionária" fora contida na Europa. Apesar do Tratado de Rapallo, o Comintern, em 1923, por ordem de Zinoviev, encorajou um levante armado contra o governo alemão no sexto aniversário do golpe bolchevique em Petrogrado. Stalin não teve nada a ver com aquelas aventuras.

Contudo, o acordo de trabalho entre Lenin e Stalin já tinha sido posto à prova de modo crítico. Isso ocorreu com a súbita deterioração da saúde de Lenin, em 25 de maio de 1922, após um severo derrame cerebral, justo quando ele se recuperava de uma cirurgia para remover uma bala, alojada em seu pescoço desde o atentado contra sua vida, em agosto de 1918. Lenin perdeu a mobilidade do lado direito do corpo; não conseguia falar com clareza e, era óbvio, sua mente estava confusa. Juntas médicas, inclusive com especialistas caros trazidos da Alemanha, consultaram-se mutuamente sobre a natureza da enfermidade de Lenin. As opiniões se dividiram. Dentre as possibilidades consideradas havia doença cardíaca hereditária, sífilis, neurastenia e até os efeitos da operação recente no pescoço. Em certos momentos, ele perdeu totalmente a esperança e achou que "tinha chegado ao fim". Porém, recuperou-se psicologicamente com a ajuda da esposa Nadya e da irmã, Maria Ulyanova. Ele recebia, contente, diversos visitantes para se manter a par dos assuntos públicos.

Como secretário-geral, Stalin era o mais frequente visitante, mas não era um amigo. Lenin não o tinha em alta conta fora do relacionamento político entre os dois. Ele disse a Maria que Stalin "não era inteligente". Disse também que era "asiático". Lenin não suportava a maneira como ele mascava seu cachimbo.[18] Lenin era exigente, um homem típico de sua classe profissional; esperava que os camaradas se comportassem com a polidez da classe média europeia. Ele recorreu à linguagem da superioridade nacional. Stalin não só era um mero georgiano, mas um oriental, um não europeu, e, portanto, inferior. Lenin não era consciente de seus preconceitos — eles só emergiam quando estava distraído. Contribuíram para sua incapacidade, até aquele momento, de enxergar que Stalin poderia ser um forte candidato a sucedê-lo. Quando pensava no poder no partido, ele tendia a supor que

apenas os grandes conhecedores na doutrina tinham alguma chance. Para ele, as únicas figuras que valia a pena levar em conta em qualquer partido eram os teóricos. O exemplo clássico era sua obsessão com Karl Kautski. Antes e depois da Grande Guerra, ele superestimou a influência de Kautski no movimento marxista alemão. Contudo, embora fosse uma figura de peso, Kautski estava muito longe de moldar as políticas do Partido Social-
-Democrata alemão.[19]

De qualquer modo, enquanto convalescia na aldeia de Gorki, 30 quilômetros ao sul de Moscou, Lenin tinha em Stalin um intermediário com o distante mundo da política do Kremlin. Quando Stalin combinava de visitá-
-lo para uma conversa, Lenin pedia à irmã Maria que buscasse uma garrafa de vinho decente para o visitante. Stalin era um homem ocupado; precisava ser bem-tratado. Maria estudara fotografia para capturar Lenin na câmera, e fotografou-os durante uma visita.[20] Eles se davam bem, e se sentavam no terraço para discutir. Havia alguns temas que, em outras circunstâncias, teriam sido resolvidos a favor de Lenin no Comitê Central; a doença o levou a confiar seus objetivos a Stalin. Porém, houve um pedido que o deixou muito perturbado. Antes do derrame, Lenin havia lhe solicitado um pouco de veneno, pois queria poder se suicidar caso viesse a ficar paralisado. No dia 30 de maio, ele repetiu a encomenda. Stalin deixou o cômodo. Bukharin o esperava. Ambos consultaram Maria. Concordaram que, em vez de se recusar abertamente, Stalin voltaria e lhe diria que os médicos tinham um prognóstico muito otimista que tornava o suicídio totalmente descartável.[21] O episódio passou, e Stalin retomou as visitas para manter Lenin informado sobre a política na capital.[22]

Lenin era um paciente resmungão e pediu ajuda a Stalin para afastar os médicos que o amolavam:

> Se você tiver deixado Klemperer por aqui, então recomendo ao menos
> 1) deportá-lo da Rússia até sexta-feira ou sábado, junto com Förster,
> 2) encarregar Ramonov, Levin e outros de usar esses médicos alemães e vigiá-los.[23]

Trotski elogiou a "vigilância" de Lenin, mas — junto com o resto do Politburo — votou pela rejeição do pedido. Havia outros oitenta bolcheviques eminentes sendo tratados pelos alemães. A deportação teria sido um despautério.²⁴ A veleidade de Lenin subiu de tom. Exasperado com a recusa dos camaradas de ceder às suas preferências quanto às políticas, propôs uma reorganização total do Comitê Central. Sua sugestão absurda foi expulsar a maior parte de seus membros. Os veteranos seriam imediatamente removidos e substituídos por Vyacheslav Molotov, Alexei Rykov e Valeryan Kuibyshev. Seriam expulsos não só Stalin como também Trotski, Kamenev e Zinoviev.²⁵

A debilidade física e a inatividade política frustravam Lenin. Suas diatribes provinham da irritação que lhe provocavam as mudanças na política oficial. Stalin esteve sempre em desacordo com ele. Um desentendimento sobre comércio exterior estava cozinhando desde novembro de 1921.²⁶ Embora Lenin tivesse promovido a expansão do setor privado com a NEP, não abriu mão do monopólio estatal da importação e exportação comercial. No Comitê Central, outros membros, liderados pelo comissário financeiro Sokolnikov e apoiados por Stalin, consideravam isso impraticável. Sokolnikov tinha razão. A burocracia estatal arruinada era incapaz de buscar oportunidades comerciais no estrangeiro. As fronteiras não estavam bem resguardadas; contrabandistas faziam negócios sem ser taxados pelas autoridades. Se o objetivo da NEP era restaurar a economia, era preciso permissão para ampliar os limites das atividades privadas legais no comércio exterior. Lenin não quis ouvir. Para ele, transformar o Estado soviético em uma fortaleza econômica contra a infiltração de influências estrangeiras não supervisionadas era um artigo de fé.

Lenin precisava buscar amigos fora de seu antigo grupo. Sokolnikov estava com ele. Firme ao seu lado estava também o comissário do povo para o Comércio Exterior, Lev Krasin. Contudo, ele não tinha peso no Comitê Central. Na verdade, o defensor mais influente da posição similar à sua era quem o havia criticado por eliminar demasiadas regulamentações estatais da economia: Trotski.

A crescente aliança por conveniência entre Lenin e Trotski formou-se lentamente. Persistiam suspeitas de lado a lado quanto às atuais medidas econômicas. Contudo, no verão de 1922, outro assunto atrapalhou a relação de Lenin e Stalin, quando as discussões constitucionais sobre o futuro do Estado soviético atingiram um ponto crítico. Para Lenin, era crucial que as repúblicas soviéticas criadas desde 1918 se unissem em pé de igualdade em uma estrutura federal. Formalmente, era preciso dar a impressão de que, embora o centro de comando estivesse em Moscou, os governantes comunistas rejeitavam todas as tendências do "grande chauvinismo russo". Vasta como era, a RSFSR seria apenas mais uma república soviética, junto com as repúblicas soviéticas da Ucrânia, Bielorrússia e da Federação Transcaucasiana. Lenin queria que o novo Estado federal se chamasse União das Repúblicas Soviéticas da Europa e da Ásia. Essa sempre fora a sua meta. (Como ele havia explicado em correspondência confidencial com Stalin em meados de 1920.)[27] Ele não queria apequenar a influência dos bolcheviques no Comintern. Porém, seu objetivo de médio prazo era genuinamente internacionalista, e o nome e a estrutura do Estado federal projetado deveriam espelhar isso.

Stalin, no entanto, queria expandir a RSFSR por todo o território controlado pelas repúblicas soviéticas e dar a Ucrânia, Bielorrússia e Transcáucaso o mesmo status das "repúblicas autônomas" existentes, tais como a República Autônoma Socialista Soviética do Bascortostão. O Estado continuaria a se chamar RSFSR. Stalin poderia argumentar que estava propondo o que os bolcheviques tinham prometido oferecer no seu Estado socialista: "autonomia regional". Desde antes da Grande Guerra, ele e Stalin haviam acordado que essa seria a resposta do partido aos anseios das "minorias nacionais". Stalin queria evitar que as repúblicas soviéticas privilegiassem as nações que deram nome a cada república. Por isso havia proposto que as repúblicas soviéticas formadas no Azerbaijão, na Armênia e na Geórgia em 1920-1 se juntassem na federação Transcaucasiana dentro da RSFSR. Esse era seu artifício para evitar que os nacionalismos locais saíssem do controle, como sucedera anteriormente. Em sua opinião, a exigência de Lenin de uma estrutura federal formal teria o potencial de minar a ordem do Estado. Com a brusquidão característica, ele a descartou como "liberalismo".

Stalin continuou planejando a "autonomização". Em setembro de 1922, seus parceiros Sergei Kirov e Sergo Ordjonikidze conseguiram pressionar as lideranças comunistas do Azerbaijão e da Armênia para aprovarem o esquema. O mesmo ocorreu com o Comitê Regional transcaucasiano.[28] Contudo, o Comitê Central georgiano, que nunca aprovara esse esquema, rejeitou-o, por entender que ele minguaria ainda mais a sua já baixa popularidade na Geórgia. Havia também sinais de que as lideranças comunistas ucranianas e bielorrussas — e até mesmo, de modo discreto, a liderança armênia — o aceitavam com enorme relutância.[29] Stalin contra-atacou, alegando que rejeitar sua proposta levaria à continuidade do "caos" nos assuntos governamentais soviéticos.[30] Ele impôs o esquema mediante uma comissão do Orgburo, em 23 de setembro.[31] A notícia chegou a Lenin, que falou diretamente com Stalin em 26 de setembro.[32] Ele insistiu que as mudanças deveriam ser feitas segundo o esboço aprovado pela comissão do Orgburo. Clamou pelo abandono da "autonomização". Exigiu novamente a União das Repúblicas Soviéticas da Europa e da Ásia; continuou martelando que a Rússia (na forma da RSFSR) deveria se unir a essa federação em bases igualitárias com as outras repúblicas soviéticas.[33]

Lenin tinha sido informado por Budu Mdivani e outros comunistas georgianos. Stalin estava perdendo o controle. Ele apreciava Mdivani, e em julho de 1921 conseguiu fazer dele presidente do Comitê Revolucionário da Geórgia, no lugar de Pilipe Makharadze,[34] crítico de Stalin no partido. Lenin começou a apoiar os comunistas georgianos quando eles discordavam de Stalin. Mas não foi até o fim com Mdivani. Ainda apoiava Stalin no concernente à Federação Transcaucasiana, como um artifício para sufocar as manifestações dos nacionalismos no sul do Cáucaso. Stalin, por sua vez, com relutância voltou atrás na exigência de que a RSFSR "autonomizasse" as demais repúblicas soviéticas. Quando Kamenev o aconselhou a ceder, ele retrucou: "Na minha opinião, o que precisamos é de firmeza contra Ilich." Kamenev, que conhecia Lenin, objetou e argumentou que isso apenas pioraria as coisas. Por fim, Stalin admitiu: "Não sei. Que faça o que achar melhor."[35] O Estado seria denominado União das Repúblicas Socialistas Soviéticas (ou URSS). Stalin não gostou da ideia, mas parou com as objeções.

Ele tinha motivos para se sentir abandonado por Lenin. As questões que os separavam não tinham importância crucial, apesar do que Lenin dissera à época (e do que escreveram desde então os historiadores).[36] Eles concordavam quanto à política básica. Não questionavam o Estado de um só partido, o seu monopólio ideológico, nem o seu direito de empregar métodos ditatoriais e terroristas. Estavam de acordo quanto à necessidade de uma NEP provisória. Também chegaram ao acordo implícito de que Stalin tinha um importante trabalho a fazer no aparato central do partido, bloqueando o avanço dos trotskistas e fortalecendo a ordem administrativa. Lenin lhe confiara tais tarefas. Stalin também fora o camarada no qual confiara quando quis cometer suicídio. Sempre que precisou de dureza e engodo, Lenin recorreu a ele. Trabalharam bem desde a disputa dos sindicatos, e nunca divergiram quanto aos princípios básicos. No verão de 1922, Lenin começou a se comportar de um modo estranho antes de se indispor com Stalin, que precisou lidar com a situação. Suas dificuldades com Lenin teriam desafiado a paciência de um santo.

As brigas dos dois por causa da Geórgia e do monopólio estatal do comércio exterior eram uma coisa secundária. Lenin não exigia independência para a Geórgia; sua exortação a favor dos comunistas georgianos se referia ao grau de autonomia que deveriam ter — era quase uma disputa sobre cosmética política. Stalin também brandia o argumento razoável de que o regime comunista georgiano tinha sido pouco igualitário no trato com os não georgianos. A Federação Transcaucasiana era um esquema plausível para evitar a opressão nacional na Geórgia, na Armênia e no Azerbaijão. A disputa sobre o comércio exterior tampouco era tão clara quanto Lenin alegava. O monopólio estatal não conseguira impedir o crescimento do contrabando e da especulação monetária; Stalin e seus sequazes tinham razão em dizer que isso fazia o Estado perder receitas. No entanto, embora Stalin se ressentisse da intervenção de Lenin, não conseguia impedir que o Velho Bolchevique agisse como lhe aprouvesse, de acordo com o que sua condição física permitia.

18. NAÇÃO E REVOLUÇÃO

Era exasperante para Stalin que Lenin tivesse se voltado contra ele na questão nacional. A colaboração entre ambos na tentativa de resolvê-la começara antes da Grande Guerra, e Lenin não teria avançado sem ele. Embora não esperasse gratidão, Stalin tinha motivos para esperar uma troca de opiniões mais sensata. Os desacordos políticos entre eles não eram novidade,[1] mas ambos concordavam quanto à orientação estratégica do governo no Estado multinacional soviético. Stalin fora comissário do povo para Assuntos das Nacionalidades e especialista do Politburo na vinculação entre nacionalidade, religião e fronteiras territoriais durante a Guerra Civil. Com o fim de seus deveres militares, manteve o controle das decisões sobre as nacionalidades. Ele teve um papel central quando a liderança começou a planejar a estrutura constitucional permanente do país, em 1922.

Já havia algum tempo que o Sovnarkom definira seus princípios sobre diversos aspectos da política "nacional". Os não russos podiam ter suas próprias escolas e sua imprensa, e jovens promissores de quaisquer nacionalidades que apoiassem os bolcheviques eram treinados para ocupar cargos políticos destacados. Stalin supervisionava a política, embora, durante a Guerra Civil, muitas vezes estivesse fora de Moscou. Na sua ausência, as reuniões do colegiado do Comissariado do Povo para Assuntos das Nacionalidades foram caóticas. Também eram barulhentas às vezes, e longas demais, quando ele estava presente. Seu assistente, Stanislaw Pestkowski, relembrou:

> Não era de espantar que às vezes ele perdesse a paciência. Mas nunca demonstrou isso nas reuniões. Quando sua cota de paciência se es-

gotava por causa das discussões intermináveis nas nossas reuniões, ele simplesmente desaparecia. Fazia isso com uma habilidade extraordinária. Dizia: "Volto já." Então desaparecia e se enfiava em algum quartinho do [Instituto] Smolny ou do Kremlin.[2]

Ainda não tinha chegado o momento em que antecipar a irritação de Stalin fazia todos tremerem nas botas. Ele era um líder bolchevique como qualquer outro. Só Lenin, com seu enorme prestígio pessoal, podia enfrentar os canalhas.

Quando estava muito aborrecido, Stalin escapava até do Sovnarkom. (Até aqui chega o mito do grande burocrata com uma paciência inesgotável.) Pestkowski, que conhecia seus hábitos melhor que ninguém, era instruído a arrancá-lo da cova: "De vez em quando, eu o encontrava espichado no divã do apartamento do camarada marinheiro Vorontsov, fumando cachimbo e pensando em suas teses."[3] Às vezes, Stalin queria voltar às linhas de frente da Guerra Civil para se livrar da tagarelice do comissariado.

De qualquer modo, as decisões cruciais sobre a questão nacional provinham da liderança central do partido. Quando o Exército Vermelho reimpôs a autoridade central nas regiões remotas do antigo Império Russo, o Kremlin precisou esclarecer e disseminar suas políticas para tentar granjear a simpatia dos não russos. Era uma tarefa difícil. Em 1917, os que mais votaram nos bolcheviques tinham sido os operários e soldados russos. A conduta violenta do Exército Vermelho não dissipara a lembrança do imperialismo russo, e demorou para que a série de decretos do Comissariado do Povo para Assuntos das Nacionalidades surtisse efeito. Outro problema tinha origem na situação internacional. Embora os aliados ocidentais tivessem deixado de afrontar o antigo Império Russo em 1919, as potências regionais no Leste Europeu e no oeste da Ásia ainda representavam uma ameaça militar, e o Politburo temia que a Grã-Bretanha e a França as manipulassem para derrubar o comunismo soviético. Turquia, Finlândia e Polônia poderiam ser nações invasoras em potencial. Nessas circunstâncias, em 1919, o Comitê Central e o Politburo criaram Estados independentes na Ucrânia, na Lituânia e na Bielorrússia, e, em 1920-1, no Azerbaijão, na Armênia e na Geórgia. Com isso, os líderes comunistas em Moscou esperavam demonstrar que seu compromisso com a autodeterminação nacional era genuíno.

A divisão em Estados separados do Azerbaijão, da Armênia e da Geórgia se dera em virtude das inimizades nacionais na Federação Transcaucasiana antibolchevique, criada após a Revolução de Outubro. Formalmente, antes de o Partido Musavet, que era panturco, assumir o poder em Baku, em 1918, o Azerbaijão não existia.[4] As fronteiras entre Azerbaijão, Armênia e Geórgia foram disputadas durante a primeira administração soviética. No entanto, os rudimentos de uma situação de Estado tinham sido incorporados. Os invasores bolcheviques pretendiam operar com base nisso.

Em dezembro de 1918, Stalin formulou os decretos que reconheceram as repúblicas soviéticas da Estônia, Lituânia e Letônia.[5] Ele aceitou aquilo como um expediente provisório; depois disse que se tratou de uma política de "liberalismo nacional".[6] Colocar isso em prática foi complicado. Não havia muitos líderes e ativistas bolcheviques locais, e às vezes eles eram judeus, não da nacionalidade titular. Stalin foi arrastado à discussão mesmo que não pudesse atender às reuniões na capital. Ele teve o direito de veto quanto à designação da organização Hümmet como novo Partido Comunista do Azerbaijão. Acreditavam que só ele saberia se os humetistas seriam confiáveis como poder territorial.[7] Com o final da Guerra Civil surgiu a questão do futuro constitucional permanente. Stalin não tinha dúvidas. Até então, a RSFSR e as repúblicas soviéticas haviam firmado tratados bilaterais. Todos favoreciam a hegemonia da RSFSR; de qualquer modo, o Comitê Central do partido controlava os partidos comunistas nas outras repúblicas.[8] O Estado centralizado governado a partir de Moscou era uma realidade. Stalin desejava alinhar as estruturas governamentais com as do partido incorporando as repúblicas soviéticas à RSFSR.

Inicialmente, ele conseguiu o que queria. O "tratado de união" negociado após a Guerra Civil entre a RSFSR e a República Socialista Soviética da Ucrânia unificou os comissariados do povo nas questões militares, econômicas e de transportes — e os comissariados da RSFSR ganharam autoridade sobre os ucranianos. No entanto, o Comitê Central freou secamente a aprovação de seu objetivo fundamental de incorporação abrangente.[9] Kamenev foi o principal oponente naquela ocasião. Mas Lenin também o criticou. Abria-se uma lacuna na colaboração de longa data entre eles. Com a Guerra Civil,

Lenin chegara à conclusão de que deviam manter as concessões constitucionais formais aos territórios remotos. As repúblicas soviéticas na Ucrânia e em outras partes precisavam ser preservadas. O que Stalin queria era expandir a RSFSR e transformar a Ucrânia em uma das suas "repúblicas autônomas". Uma imensa disputa estava em formação.

A formação das repúblicas autônomas tivera início na Guerra Civil, e a política foi amplamente levada a cabo a partir de 1920, quando o princípio nacional-territorial dos governos locais foi estendido aos basquires, tártaros, quirgures, chuvaches, maris, calmucos, vots e aos finlandeses carelianos.[10] Isso não foi alcançado sem controvérsias. A concessão de autoridade aos grupos étnicos e nacionais contrariava os habitantes russos das regiões e províncias autônomas, que temiam ser reduzidos a cidadãos de segunda categoria. No entanto, o Politburo retrocedeu para parecer que melhorava as condições dos não russos. Muitas cidades cujas populações eram majoritariamente russas foram incluídas em uma república autônoma, cuja intenção específica era torná-la econômica e administrativamente autossuficiente.[11] Tudo isso suscitou discussões complexas em Moscou, e raramente havia respostas fáceis a oferecer. Os bolcheviques estavam tentando desmontar o antigo império sem desintegrá-lo em Estados-nações separados. Não havia modelos a seguir. Eles estavam estabelecendo um precedente, e Stalin era o especialista no assunto do Politburo.

Seu envolvimento frequentemente era complicado. A República Tártara-Basquir, criada na RSFSR em 1919, logo teve problemas. Tártaros e basquires não eram grandes amigos, e os habitantes russos não gostaram de perder influência. A violência interétnica incendiou a região. O Exército Vermelho foi chamado para restaurar a ordem e Stalin decidiu, sensatamente, que tártaros e basquires deveriam ter unidades territoriais e nacionais separadas. A orientação básica da política foi mantida. Stalin seguiu criando repúblicas autônomas mesmo se isso ofendesse os russos locais.[12]

Nenhuma região foi tão problemática quanto o seu Cáucaso natal. A mistura interétnica — tanto ao norte quanto ao sul da cordilheira — era intensa, e as rivalidades crônicas agudas. Ele não podia resolver as coisas do Kremlin, e em 14 de setembro o Politburo o enviou ao norte do Cáucaso em uma missão. Depois das decepções da Guerra Soviético-Polonesa, ele teve muito espaço para iniciativas.¹³ Aquele era o tipo de missão de que gostava. Ao chegar à região, ele aprovou a existente República das Montanhas — gostava de sua capacidade de unir chechenos, ossetas, cabardianos e outros. Mas não incluiu os cossacos.¹⁴ Grande parte dos problemas no norte do Cáucaso provinha da prática imperial de assentar cossacos — descendentes de camponeses russos refugiados — em aldeias para controlar as nações autóctones. Com a participação deles, a República das Montanhas dificilmente funcionaria. Stalin jactou-se com Lenin, em outubro de 1920, de ter dado "uma punição exemplar a vários assentamentos cossacos" por suas atividades rebeldes.¹⁵ Apesar de sua reputação posterior, ele não nutria grande estima pelos russos, e a continuação da limpeza étnica dos cossacos refletia isso.¹⁶

No Congresso dos Povos do Terek, em novembro de 1920, Stalin considerou os futuros arranjos constitucionais:

> Que tipo de autonomia será outorgada à República das Montanhas? [...] Ela pode variar: há a autonomia administrativa, como a que têm os carelianos, os cheremis, os chuvaches e os alemães do Volga; há também a autonomia política, como a que os basquires, quirguizes e tártaros desfrutam. A autonomia da República das Montanhas é política.¹⁷

Ele disse claramente que os povos do norte do Cáucaso poderiam não só administrar suas unidades territoriais como também cuidar de seus interesses nacionais e étnicos.

Stalin explicou essa política no X Congresso do Partido, em março de 1921, ao introduzir o debate sobre a questão nacional. Em seu discurso, comparou a Europa Ocidental, onde os Estados-nações eram a norma, e a Europa Oriental, onde os Romanov, Habsburgo e Hohenzollern haviam governado vastos Estados multinacionais. Ele exagerou na homogeneidade dos Estados no Ocidente, mas tinha razão ao dizer que a mistura de nações era mais densa no leste. De qualquer modo, declarou que a luta contra o império havia se intensificado após a Grande Guerra, quando a Turquia apoiou movimentos de libertação nacional nas colônias das potências europeias. Porém, supostamente apenas a Rússia soviética podia fazer algo prático. Ele afirmou:

> A essência da questão nacional na RSFSR consiste em eliminar o atraso (econômico, político, cultural) das nacionalidades, herdado do passado, e dar uma oportunidade aos povos atrasados de se atualizarem com a Rússia Central no que se refere ao Estado, à cultura e à economia.[18]

Ele identificou dois perigos: o primeiro era óbvio para alguém como ele, nascido na periferia do Império Russo. Era o "chauvinismo do grande poder russo". O outro era o nacionalismo dos não russos fora da Rússia, que ele enfatizou se tratar de um nacionalismo amplamente partilhado pelos comunistas locais. Esses perigos precisavam ser enfrentados pelo Partido Comunista russo.

"No Estado federativo soviético", disse, "já não há nacionalidades oprimidas e outras que governam: a opressão nacional foi eliminada."[19] O conteúdo do discurso foi ineditamente vago. Talvez estivesse ocupado demais para prepará-lo, pois organizava a facção leninista na controvérsia sobre o sindicalismo. Na ocasião, sofria de fortes dores estomacais.[20] Mais uma vez, demonstrou uma enorme capacidade de trabalho e reuniu suas forças para um grande discurso. O mais provável é que, sabendo que as paixões em torno da questão nacional se inflamavam rapidamente, ele tenha tentado apaziguar as coisas.

Se essa tinha sido sua intenção, ele não teve êxito. Os críticos prepararam o ataque. Censuraram seu relatório abstrato, "fora do tempo e do espaço", suas concessões às demandas nacionalistas "pequeno-burguesas", e a falta de firmeza contra o centralismo russo.[21] Não importava o que dissesse, Stalin tinha problemas. Alguns delegados queriam a descentralização e mais espaço para a expressão nacional. Outros queriam a centralização mais firme em Moscou, e atacaram uma suposta indulgência com o nacionalismo desde a Revolução de Outubro. Stalin foi acusado de "implantar artificialmente a nacionalidade bielorrussa". Esse comentário o enfureceu. Ele retorquiu:

Isso não é verdade, pois a nacionalidade bielorrussa existe; ela tem uma língua própria, que difere do russo, em vista do qual é possível elevar a cultura do povo bielorrusso apenas com base em seu idioma. Esses discursos foram feitos cinco anos atrás sobre a Ucrânia, sobre a nacionalidade ucraniana. Não faz muito tempo, as pessoas diziam que a república e a nacionalidade ucranianas eram uma invenção alemã. No entanto, é claro que existe a nacionalidade ucraniana, e o desenvolvimento de sua cultura é um dever dos comunistas.[22]

Stalin não ia permitir que a política que desenvolvera com Lenin fosse ridicularizada, difamada ou descartada.

Seus argumentos eram demográficos e políticos. Ele previu que as cidades da Ucrânia deixariam de ser russas quando fossem invadidas pelos recém-chegados, assim como Riga fora predominantemente uma cidade alemã e aos poucos tinha se tornado letã. Asseverou também que para ser aceita nas franjas do antigo Império Russo, a mensagem do marxismo precisava ser divulgada nos idiomas dos receptores locais. Não faz sentido a ideia de que Stalin teria sido um "grande chauvinista russo" na década de 1920. Mais do que qualquer outro líder bolchevique, inclusive Lenin, ele lutou pelo princípio de que cada povo do Estado soviético deveria desfrutar de liberdade de expressão nacional e étnica.

Contudo, era tremendamente difícil pôr em prática esse princípio. O Cáucaso continuava preocupando o Politburo; qualquer esquema geral aplicado na região traria consequências para toda a estrutura constitucional do Estado soviético (ou Estados). Quando a Geórgia caiu nas mãos do Exército Vermelho, em março de 1921, os bolcheviques reclamaram a parte do antigo Império Russo, que mantiveram até as anexações de 1939 e 1940. A Polônia havia repelido os vermelhos na Batalha do Vístula. Estônia, Letônia e Lituânia aboliram suas repúblicas soviéticas e se aferraram à sua independência. O Politburo estava determinado a não deixar isso acontecer no Cáucaso. Repúblicas soviéticas tinham sido criadas no Azerbaijão, na Armênia e na Geórgia, e paulatinamente Moscou foi aumentando o controle sobre a região. Porém, os antigos problemas se repetiam. Havia poucos bolcheviques veteranos, e o apoio popular aos regimes comunistas era frágil. As tradições religiosas eram fortes. As hierarquias sociais tradicionais estavam arraigadas. Além disso, o Exército Vermelho entrara em uma região que estava se desintegrando, com terríveis conflitos armados desde 1918. Várias guerras haviam eclodido nas fronteiras. Também havia perseguição das minorias nacionais e étnicas em cada Estado. Houve limpeza étnica.[23] O Politburo ainda precisava promover um acordo final.

Havia várias possibilidades. Cada pequena área poderia ser transformada em uma província da RSFSR. Isso traria a vantagem da clareza administrativa e do controle centralista. Uma opção era criar várias repúblicas soviéticas segundo o modelo da Ucrânia na Guerra Civil. Não só a Geórgia, a Armênia e o Azerbaijão, mas também a Abecásia, o Daguestão, a Chechênia e outras partes do norte do Cáucaso poderiam ser administrados assim. Outra possibilidade seria ressuscitar a breve Federação Transcaucasiana de 1918, que tinha sido antibolchevique, como uma entidade pró-soviética — e, talvez, agregar o norte do Cáucaso a essa composição. Não houve planos antes ou depois da Revolução de Outubro. Em 1920-1, porém, Stalin defendeu a inclusão do norte do Cáucaso na RSFSR; também queria manter as repúblicas soviéticas da Geórgia, da Armênia e do Azerbaijão, e, ao mesmo tempo, forçá-las a entrar para a Federação Transcaucasiana (que, por sua vez seria subordinada à RSFSR). Ele nunca explicou por que excluiu o norte do Cáucaso do esquema para o resto da região. Provavelmente queria uma fronteira defensável na RSFSR contra uma invasão em potencial dos turcos ou dos Aliados. O motivo pelo qual se inclinou a favor da Federação Transcaucasiana é mais fácil de entender: era um instrumento para assegurar o fim dos conflitos entre Estados e etnias da região. A Geórgia, a Armênia e o Azerbaijão não seriam confiáveis como repúblicas soviéticas apartados.

No verão de 1921, Stalin, convalescendo em Nalchik, no norte do Cáucaso,[24] fez uma visita ao sul do Cáucaso. Até então as coisas na região tinham sido manejadas por ele a partir do Kremlin e pelo Escritório do Partido sediado em Tbilisi. Os chefes do escritório eram seus amigos Sergo Ordjonikidze e Sergei Kirov. Ordjonikidze insistiu que a presença de Stalin era imprescindível para resolver vários problemas urgentes.[25] Foi sua primeira visita à Geórgia desde a Grande Guerra. Ele não alimentava ilusões quanto à recepção que teria. Muitos bolcheviques georgianos havia muito antipatizavam com ele, e sua identificação com as forças armadas "russas" de ocupação — o Exército Vermelho — não ajudava a melhorar sua situação entre os georgianos em geral. Mas ele não se intimidou. Se Ordjonikidze e Kirov, representantes do Kremlin, não conseguiam fazer isso, Stalin, membro do Politburo, imporia as decisões necessárias.

O Escritório Caucasiano estava dividido em diferentes assuntos territoriais. Além das pressões recorrentes da liderança comunista georgiana para incorporar a Abecásia à República Soviética da Geórgia, havia a demanda da liderança comunista azerbaijana em Baku para que Karabag, um enclave habitado por armênios que se sobrepunha ao Azerbaijão, fosse incorporado a este último. Os comunistas armênios se opunham ferozmente, alegando que Karabag pertencia à Armênia. Nunca seria fácil governar o Cáucaso depois das lutas entre azeris e armênios desde 1918. Stalin, no entanto, pensava que as autoridades azerbaijanas deviam ser apaziguadas. Seu principal motivo era o pragmatismo revolucionário. O Comitê Central do partido em Moscou priorizava a obtenção de apoio para a Internacional Comunista em toda a Ásia. A indulgência bolchevique com o Azerbaijão "muçulmano" seria aprovada pelos países que faziam fronteira com as novas repúblicas soviéticas. De qualquer modo, o governo turco de Kemal Pasha estava sendo cortejado por Moscou; os exércitos turcos haviam invadido a Geórgia, a Armênia e o Azerbaijão em anos recentes, e ainda representavam uma ameaça à segurança soviética. Apaziguar o Azerbaijão era considerado necessário para manter Istambul tranquila.

Isso significava problemas no futuro. Se fosse possível decidir a questão sem se referir à situação no resto da Ásia, Stalin provavelmente teria deixado Karabag na Armênia, apesar dos protestos do Azerbaijão. Se tivesse conseguido, na mesma reunião do Escritório Caucasiano, teria entregado a Abecásia à Geórgia, com direito à autonomia interna.[26] Mas os líderes bolcheviques abecases Yefrem Eshba e Nestor Lakoba, que haviam negociado um tratado entre a RSFSR e a Turquia de Kemal Pasha,[27] tinham feito um forte lobby em Moscou para criar sua República Soviética da Abecásia. O governo menchevique da Geórgia anexara a Abecásia e maltratara sua gente. Eshba e Lakoba insistiram que a reincorporação de seu país à Geórgia traria impopularidade ao bolchevismo. Diante disso, Stalin cedeu e permitiu que tivessem sua república soviética. No entanto, isso contrariou o Comitê Central do partido georgiano (o qual também argumentara que o bolchevismo granjearia a hostilidade popular caso cedesse a Eshba e Lakoba).

Ao se dirigir à Organização do Partido da Cidade em Tbilisi, no dia 6 de julho, ele confirmou a situação. O público já estava irritado com ele, e seu discurso piorou as coisas. Stalin argumentou que a economia georgiana era incapaz de se recuperar no pós-guerra sem uma assistência específica da Rússia.[28] Aquilo era inverídico e ofensivo, pois o investimento e o comércio com o Ocidente poderiam ter ajudado a recuperar a indústria e a agricultura. Intelectualmente, ele pisou em terreno mais firme quando asseverou:

> Agora, ao chegar a Tiflis [Tbilisi], impressionou-me a ausência da antiga solidariedade entre os proletários das diversas nacionalidades do Cáucaso. O nacionalismo cresceu entre os operários e camponeses, e a desconfiança dos camaradas de outras nacionalidades se fortaleceu; antiarmênios, antitártaros, antigeorgianos, antirrussos e qualquer outro nacionalismo que se possa pensar.[29]

Porém, essa argumentação tampouco foi bem-recebida. Essencialmente, Stalin advertira os líderes e ativistas comunistas georgianos que precisariam provar que mereciam o apoio de Moscou. Abecases, ossetas e adjares tinham sofrido com o governo menchevique, que tratou suas terras como províncias da Geórgia histórica. Eles insistiam que os abecases eram uma tribo georgiana, embora seus idiomas não estivessem relacionados entre si. Para alcançar a harmonia, a liderança comunista georgiana precisava dar o exemplo.

Stalin teve ainda mais problemas quando falou em uma manifestação operária em Tbilisi. O filho pródigo da Geórgia foi ouvido em silêncio quando defendeu a sovietização. Isso contrastou com a reação à presença de Isidore Ramishvili, ministro do Interior menchevique deposto e antigo inimigo pessoal de Stalin, que foi recebido com uma longa ovação.[30] Stalin tinha pavio curto e, protegido pelos guardas da Cheka, deixou o local, furioso. Sua carreira política em Tbilisi estava coalhada de rejeições. Esse último episódio era humilhante demais. Como de costume, ele sublimou o ressentimento atacando outrem. Acusou Pilipe Makharadze, presidente do Comitê Revolucionário Georgiano, de ser o responsável pelo distúrbio. Makharadze foi afastado e substituído por Budu Mdivani.[31] À época, Stalin pensou que tinha promovido um bolchevique mais leal e obediente. Obviamente, julgou mal aquele homem. Mdivani estava longe de ser maleável, e incitou Lenin, acamado, a agir contra Stalin na questão nacional.

A briga tempestuosa entre Lenin e Stalin em 1922-3 tende a ocultar o fato de que Stalin cumpriu o acordo geral a que chegaram quando fez as concessões exigidas pelo outro. A decisão de formar a União das Repúblicas Socialistas Soviéticas foi ratificada em 31 de dezembro de 1922, e a Nova Constituição entrou em vigor oficialmente no início de 1924. O sistema federal era apenas uma fachada. O Politburo do Partido Comunista russo tomava as principais decisões sobre cada república soviética. Stalin tinha uma inclinação crescente pela Rússia e os russos. Contudo, a outorga de autoridade, prestígio e melhoria aos outros povos permanecia intacta. As repúblicas soviéticas foram conservadas, e as repúblicas autônomas proliferaram. Os grupos étnicos e nacionais podiam ter a imprensa e as escolas em seu idioma — e Stalin e seus assistentes forneceram recursos para que filólogos pudessem criar alfabetos para as línguas de diversos pequenos povos no Cáucaso e na Sibéria, com a finalidade de dar início à escolarização. O partido também tentou recrutar jovens autóctones. Stalin explicou isso detalhadamente em uma conferência do Comitê Central com líderes comunistas "nacionais" republicanos e provinciais, em junho de 1923.[32]

Foi um experimento extraordinário. Embora o Politburo tentasse evitar a secessão de qualquer região da União Soviética, queria demonstrar a todos, em casa e no estrangeiro, que a Revolução de Outubro tinha criado condições para solucionar definitivamente os problemas nacionais. Stalin não estava apenas seguindo a política. Acreditava nela, e foi um de seus expoentes mais dedicados. Sua origem georgiana e as primeiras atividades marxistas tinham semeado nele a ideia de que os povos do antigo Império Russo precisavam ser escolarizados, doutrinados e recrutados para que o marxismo se arraigasse entre eles. Ele e Lenin haviam chegado a essa conclusão em 1912-13. Stalin não estava apenas jogando com essas ideias. Já antes de 1917 ele havia entendido a importância das línguas nacionais e de contar com pessoal nacional para fazer avançar o comunismo. Descartara algumas ideias iniciais, mas insistia que o marxismo precisava incorporar um compromisso sério com a solução da questão nacional. Suas altercações com Mdivani e a liderança comunista georgiana não derivavam do "chauvinismo" (como Lenin dissera à época e Trotski repetira depois), mas de um conjunto de objeções específicas à negligência imprudente de Mdivani com os desejos de Moscou e os interesses dos não georgianos na Geórgia.[33]

As medidas oficiais sobre a questão nacional sempre foram desagradáveis para muitos líderes comunistas, e Stalin teve de carregar a maior parte do opróbrio. Trotski, Zinoviev e Kamenev concordavam com a linha oficial. Sendo judeus, porém, se inibiam de assumir um papel preponderante nos debates sobre nacionalidade. Embora Bukharin fizesse comentários ocasionais, também se mantinha longe da ribalta. Assim, apesar da acusação de Lenin de que era um grande chauvinista russo, Stalin foi o principal responsável pela política nacional do partido. Mdivani e outros comunistas georgianos logo brigaram com ele. A imposição de uma Federação Transcaucasiana lhes parecia intragável, e as manipulações de Stalin os ofendiam. Não era a primeira vez, desde 1917, que ele assumia tarefas antipáticas que os demais evitavam.

19. O TESTAMENTO

A tensão entre Stalin e Lenin cresceu no outono de 1922. O ânimo do primeiro não andava muito conciliatório. Repreendeu Lenin por ter explicado mal a política do partido em entrevista ao *Manchester Guardian*.[1] O pupilo admoestava o professor. Nenhum membro do Politburo, à exceção de Trotski, dirigiu-se a Lenin de um modo tão rascante. Essas amolações se somavam às preocupações de Lenin com o secretário-geral, e ele ficou aflito com a ideia de deixar o Partido Comunista nas mãos de Stalin. À medida que se esvaía a esperança de se recobrar fisicamente, ele ditava anotações que seriam divulgadas depois de sua morte.[2] Elas levaram o título de "Carta ao Congresso" porque ele queria que fossem lidas no próximo Congresso do Partido. Ficaram conhecidas como o testamento de Lenin.

A parte principal são as frases que ele compôs em 25 de dezembro de 1922 sobre os companheiros do partido — Stalin, Trotski, Zinoviev, Kamenev, Bukharin e Pyatakov. Molotov foi um que se aborreceu por não entrar na lista.[3] Lenin estava deixando um registro para a história. Na verdade, a maior preocupação no testamento era com dois indivíduos:

> O camarada Stalin, ao se tornar secretário-geral, concentrou um poder ilimitado e não estou convencido de que saberá usá-lo sempre com o devido cuidado. Por outro lado, o camarada Trotski, como demonstrou sua luta contra o Comitê Central ligada ao Comissariado do Povo para os Meios de Comunicação, não se distingue apenas por seus talentos notáveis. Pessoalmente, ele decerto é o mais capacitado

no atual Comitê Central, mas é muito autoconfiante e tem uma preocupação excessiva com o lado puramente administrativo das coisas.[4]

Lenin temia pela rivalidade entre eles:[5] "As qualidades dos dois líderes proeminentes do Comitê Central podem provocar uma ruptura não intencional [no partido] e, a menos que o partido tome medidas para evitá-la, ela pode ocorrer de uma forma inesperada." A ruptura, argumentou, poria em perigo a existência do regime soviético.

Ele prosseguiu: "Nosso partido se fundamenta em duas classes sociais, e é isso o que causa sua instabilidade e torna inevitável seu colapso, a menos que haja acordos entre elas."[6] O perigo a que se referia era que Trotski e Stalin promovessem políticas que favorecessem classes diferentes — o proletariado e o campesinato — levando a conflitos que poderiam solapar o regime.

Para vários membros do partido que conheciam o teor do testamento, essa análise parecia extravagante. Eles reconheciam o isolamento do Estado soviético no sistema internacional e não tinham se esquecido da intervenção estrangeira na Guerra Civil. Também podiam entender que Lenin apontasse Trotski como alguém capaz de semear a desunião na liderança central do partido. Mas a preocupação com Stalin causou surpresa. Segundo relatórios da GPU (como a Cheka era conhecida desde 1921), a opinião popular sugeria Trotski, Zinoviev, Kamenev, Rykov, Bukharin e até Dzierżyńki como prováveis vencedores da disputa pela sucessão política.[7] Nem no seio do grupo governante Stalin era levado a sério como deveria. Lenin, porém, havia compreendido, afinal, o caráter dele; em 4 de janeiro de 1923, quando a disputa pela Geórgia se acirrou, ele ditou um adendo à sua análise:

> Stalin é muito grosseiro; e esse defeito, totalmente suportável no nosso meio e nas relações entre nós, torna-se intolerável no cargo de secretário-geral. Portanto, proponho aos camaradas encontrar um modo de removê-lo e, em seu lugar, nomear alguém que se distinga dele em todos os aspectos pela característica superior de ser mais paciente, mais leal, mais gentil e cuidadoso com os camaradas, menos caprichoso etc.[8]

O sentido atravessou a sintaxe tortuosa de Lenin — ele queria expelir Stalin do Secretariado-Geral.

Seu esquema tinha uma abrangência limitada. Ele não propunha a remoção de Stalin da liderança central do partido, muito menos do partido como um todo. A ideia teria sido recebida com o mesmo desdém que a proposta que fizera, em julho de 1922, de remover a maior parte dos membros do Comitê Central.[9] Lenin tampouco era o astrólogo infalível de sua época. No testamento, não há absolutamente nada que indique a escala do terror surgido a partir de 1928. Principal proponente do terror na Guerra Civil, Lenin não detectou o potencial de Stalin de aplicar o governo pelo terror em tempos de paz de um modo ainda mais profundo. O testamento de 1922-3 limitou-se à tentativa de privá-lo do cargo administrativo mais importante.[10]

Lenin examinou os documentos do Caso Georgiano. E chegou a um veredito: Stalin e seus assistentes eram culpados de chauvinismo grão-russo, embora ele, Ordjonikidze e Dzierżyński não fossem russos. Desde o final do ano anterior, em um artigo sobre a questão nacional, Lenin havia reconhecido:

> Parece que sou imensamente culpado ante os proletários da Rússia por não intervir com energia e agudeza suficientes na questão notória da autonomização, oficialmente conhecida, ao que parece, como a questão da união das repúblicas socialistas soviéticas.[11]

Ele também ditou um artigo sobre a burocracia nos órgãos do partido e do governo com fortes críticas à Inspetoria dos Proletários e Camponeses. Para observadores informados, era óbvio que Stalin, chefe da inspetoria, era seu alvo principal. Os editores do *Pravda* mitigaram o artigo; mas a intenção geral foi preservada.[12] Lenin ditou outro artigo, "Melhor menos, mas melhores", em que exigiu a imediata promoção dos operários industriais comuns a cargos políticos. A lógica era que só eles seriam capazes de levar harmonia ao Comitê Central do partido e pôr fim às práticas burocráticas. Foi outra mensagem com o intuito de prejudicar Stalin.

Lenin continuou ditando a Maria Volodicheva e Lidia Fotieva. Embora tivesse deixado de falar de assuntos delicados diante de Nadya Allilueva, não tomou outras precauções além de dizer às suas secretárias que guardassem segredo e trancassem seus papéis. Foi como ele planejou a queda de um indivíduo que considerava o maior perigo para a revolução. Sua excessiva autoconfiança — o mesmo defeito que atribuía a Trotski — não o abandonara.

Ele teria ficado menos despreocupado se conhecesse melhor suas secretárias. Volodicheva ficou desconcertada com o conteúdo dos seus ditados de 23 de dezembro e consultou a colega Fotieva, que a aconselhou a entregar uma cópia a ninguém menos que Stalin. Este ficou chocado, mas não desanimado. Tivera uma altercação com Krupskaya no dia anterior ao descobrir que ela estava ajudando Lenin a se comunicar com Trotski e outros sobre questões políticas. Ela estaria desobedecendo às ordens do Politburo, e Stalin, encarregado de assegurar o cumprimento do regime ditado pelos médicos, desqualificou-a verbalmente. Krupskaya retrucou que só ela sabia o que era melhor para Lenin. Se lhe fosse negado o contato político com outros líderes, sua recuperação tardaria ainda mais. Nesses termos, ela escreveu a Kamenev, acrescentando que ninguém no partido a tinha insultado de um modo tão vil quanto Stalin. Mas não falou sobre isso com Lenin, para não agitá-lo; e Stalin não tentou impedir que Lenin continuasse com seus ditados. Ressentiu-se por ter sido considerado culpado quando apenas cumprira ordens do Politburo;[13] mas supôs que os temas que o afastavam de Lenin se resolveriam com o tempo.

Semanas depois, contudo, Krupskaya contou a Lenin como Stalin a tratara. Ele ficou furioso. Embora ele próprio vituperasse frequentemente,[14] não se excedia com as mulheres. O comportamento de Stalin o ofendeu, e em 5 de março de 1923 ele ditou uma carta virulenta:

> Você teve o descaramento de chamar minha esposa ao telefone e ofendê-la. Embora ela tenha lhe dito que esqueceria o acontecido, Zinoviev e Kamenev souberam do fato por ela. Não pretendo esquecer facilmente o que foi feito contra mim, e não preciso dizer que uma afronta à minha esposa é uma afronta a mim. Portanto, peço-lhe que considere se está de acordo em se retratar e pedir desculpas ou se prefere romper relações conosco.

Stalin ficou estupefato. Ele havia tentado consertar as coisas ao permitir que Lenin continuasse ditando e pesquisando, embora os artigos resultantes o ferissem. Havia pedido à irmã dele, Maria Ulyanova, que intercedesse em seu favor: "Eu o amo de todo coração. Diga-lhe isso de alguma maneira." Com a carta em mãos, Stalin tentou dizer a si mesmo: "Não é Lenin quem fala, é sua doença!"

Ele rabiscou uma concessão pouco convincente. "Se a minha esposa tivesse se comportado de modo incorreto e você tivesse de puni-la", escreveu, "eu não teria me achado no direito de intervir. Mas, já que insiste, estou disposto a pedir perdão a Nadejda Konstantinovna." Depois de refletir, reescreveu a carta e admitiu ter gritado com Krupskaya, mas acrescentou que estava apenas cumprindo o dever que lhe fora transmitido pelo Politburo:

> Se você considera que a manutenção de nossas "relações" exige que eu "retire" as palavras acima mencionadas, posso retirá-las, embora me recuse a entender qual é o problema, em que consiste a minha "culpa" e o que está sendo exigido de mim.

Cada vez que começava a se desculpar ele jogava mais sal na ferida. É difícil imaginar que Stalin acreditasse que uma mensagem como aquela aplacaria Lenin. Mas ele era um homem orgulhoso. Não conseguia demonstrar arrependimento, e estava a ponto de pagar um alto preço.

Contudo, isso não ocorreu. Em 10 de março, agitado pela briga, Lenin teve um enfarte. Subitamente, Stalin já não precisava se preocupar com o motivo para Lenin estar fazendo uma campanha contra si. Lenin foi levado à mansão Gorki, nos arredores de Moscou, e nunca regressou. Era um aleijado indefeso, aos cuidados da esposa Nadejda e da irmã Maria. Embora os médicos afirmassem que nem tudo estava perdido, Nadejda já não acreditava neles. Seu estado de saúde continuava sendo vigiado pela segurança. Pelos relatórios dos agentes da GPU ao Kremlin, Stalin soube que estava livre: Lenin não se recuperaria; sua morte era questão de tempo.

Contudo, os pensamentos que ditou continuavam sendo uma ameaça. O líder moribundo mandara fazer diversas cópias, e os membros do Politburo e as secretárias do escritório de Lenin sabiam de sua existência. No

Politburo, nem todos simpatizavam com Stalin. Suas relações com Trotski nunca foram boas, e ele podia esperar problemas a esse respeito. Porém, a seu favor contava que Kamenev, Zinoviev e outros esperavam uma forte competição pelo poder supremo da parte de Trotski. Stalin era um cúmplice valioso e não pretendiam removê-lo do secretariado-geral. Eles conheciam seus defeitos tão bem quanto Lenin; mas estavam menos cônscios que este último de suas capacidades e de sua ambição; portanto, subestimaram as dificuldades que podiam vir a ter ao lidar com ele nos anos vindouros. Isso significou que, se jogasse bem, Stalin poderia sobreviver à tormenta. O XII Congresso do Partido foi marcado para abril de 1923. O Politburo pretendia demonstrar que o regime poderia funcionar eficientemente na ausência de Lenin. Trotski teve a honra de ser indicado para apresentar o relatório político em nome do Comitê Central, mas se negou a fazer isso. Zinoviev fez a apresentação. Ele, Kamenev e Stalin combinaram com antecedência o restante dos procedimentos.

Stalin apresentou o relatório organizacional. Espertamente, aceitou a proposta de reformas estruturais no Comitê Central do partido e na Comissão de Controle Central feita por Lenin; mas este tinha planejado trazer operários comuns para participar desses órgãos, ao passo que Stalin deu preferência a líderes partidários de origem proletária que já estavam afastados das fábricas e minas. Desse modo, esperava controlar o processo e emascular as intenções de Lenin.

Ele apresentou também o relatório sobre a questão nacional. Lapidou as palavras com astúcia e falou como um homem em posição de ataque. Condenou o nacionalismo grão-russo e o dos povos não russos. Sugeriu que a política do partido estava correta na doutrina, na política e na prática — o que implicava que ele simplesmente avançava na linha demarcada por Lenin. Budu Mdivani se ergueu para contestar que Stalin e seus sequazes haviam lidado com o assunto de modo injusto.[15] Porém, Stalin tivera tempo de organizar sua defesa e conseguira que líderes do sul do Cáucaso atacassem Mdivani. Zinoviev também ficou do lado dele, e exigiu que Mdivani e seus apoiadores se dissociassem do nacionalismo georgiano. Bukharin lembrou que deviam evitar ofender as sensibilidades dos nacionalistas não russos; mas tampouco apontou que Stalin tinha sido um obstáculo ao sucesso da política oficial. Até Trotski se absteve de atacar diretamente o secretário-geral, embora Lenin o tivesse estimulado a fazer isso. Contudo, a pressão sobre Stalin fora intensa e, com certo grau de autocomiseração, ele alegou que não pretendera apresentar o relatório sobre a questão nacional. Como sempre, figurou como um mero cumpridor dos deveres que lhe haviam sido confiados pela liderança.

Stalin sobreviveu à prova. Mas pagou um preço: teve de aceitar diversas emendas ao rascunho da resolução, e a maioria delas outorgava aos não russos mais direitos dos que ele teria preferido. No entanto, o caso georgiano foi rejeitado, e ele sobreviveu ao congresso. O testamento continuava sob sete chaves. Poderia ter sido revelado no XII Congresso, mas seus aliados Zinoviev e Kamenev impediram que isso acontecesse.[16] Para um secretário-geral que estivera a ponto de ser afastado do Comitê Central, isso podia ser celebrado como uma vitória. Zinoviev, Kamenev e Stalin pareciam governar o partido e o Estado em um triunvirato.

Trotski deixou passar a oportunidade de causar um distúrbio. Anos depois, seus correligionários o criticaram por não tê-la aproveitado durante o XII Congresso. Certamente ele tinha pouca perspicácia tática para assuntos internos do partido. Porém, é questionável se teria sido bom para ele romper com o resto do Politburo. Muitos líderes no centro e nas províncias o identificavam como uma figura semelhante a Bonaparte, capaz de liderar as forças armadas contra os principais objetivos da Revolução. Ninguém esquecera seu prontuário da Guerra Civil, que incluía a política de fuzilar líderes bolcheviques delinquentes do Exército Vermelho. Além disso, assim como ele, muitos subordinados que o admiravam no Conselho Militar revolucionário da República não pertenciam aos bolcheviques desde antes de 1917; e alguns nem eram revolucionários. Trotski tinha uma tendência intermitente ao nervosismo nas disputas de força no partido. Sabia também que qualquer tentativa de afastar um membro do Politburo teria sido interpretada como uma disputa pelo poder supremo antes mesmo da morte de Lenin. Decidiu esperar por uma oportunidade melhor nos meses seguintes.

De fato, a rivalidade entre seus inimigos cresceu quando o congresso acabou. Kamenev e Zinoviev tinham protegido Stalin porque queriam ajuda contra Trotski. Mas ficaram desconcertados com suas iniciativas individuais nas semanas seguintes ao infarto de Lenin. Baseado na longínqua Petrogrado, Zinoviev se opôs a que quaisquer decisões fossem tomadas sem consulta prévia. Na Guerra Civil e posteriormente era comum que Lenin consultasse a opinião de membros do Politburo por telefone ou telegrama antes de determinar uma política. Stalin fora adiante com suas preferências no conselho editorial do *Pravda*, na questão nacional, no Oriente Médio e no Comintern. Ele estava se dando demasiada importância, e Zinoviev decidiu tratá-lo com firmeza. De visita em Kislovodsk, no norte do Cáucaso, ele convocou uma reunião com outros líderes bolcheviques de férias na região. Entre eles estavam Bukharin, Voroshilov, Lashevich e Yevdokimov. Embora os dois últimos fossem seus assistentes de confiança e trabalhassem com ele em Petrogrado, Voroshilov era um cliente de Stalin que provavelmente lhe transmitiria o conteúdo das conversas. Talvez (como a maioria supunha) Zinoviev fosse ingênuo. Porém, o mais provável é que pensasse que Voroshilov levaria a Stalin a mensagem de que precisava mudar seu modo de agir, ou sofreria as consequências.

Em 30 de julho, ele escreveu a Kamenev:

Você simplesmente está deixando Stalin zombar de nós.
Fatos? Exemplos?
Permita-me!

1) *A questão nac[ional]*
[...] Stalin indica os plenipotenciários do Comitê Central (instrutores).

2) A Convenção do Golfo. Por que não consultou nós dois e Trotski sobre esse assunto importante? *Houve tempo suficiente.* Aliás, devo ser eu o responsável pelo Comissariado do Povo para as Relações Exteriores.

3) Comintern [...]
V. I. [Lenin] dedicava bem uns 10% de seu tempo ao Comintern [...] E Stalin chega, dá uma olhada rápida e toma uma decisão. E Bukh[arin] e eu somos "almas mortas": não nos consulta para nada.

4) *Pravda*

Esta manhã — e foi a gota d'água — Bukharin soube por um telegrama pessoal de Dubrovski que o conselho editorial] tinha sido substituído sem que ele fosse informado e sem que Bukh[arin] fosse consultado [...]

Não vamos mais tolerar isso.

Se o partido estiver condenado a atravessar um período (provavelmente *muito* breve) do despotismo pessoal de Stalin, pois que então seja. Da minha parte, não pretendo acobertar essa canalhice. Todas as plataformas se referem ao "triunvirato", na crença de que eu não sou a pessoa menos importante nele. Na verdade, não há um triunvirato, apenas a ditadura de Stalin.[17]

Segundo Zinoviev, estava mais do que na hora de agir.

Ele exagerou quanto ao poder do secretário-geral. Um simples voto no Politburo, presidido por Kamenev, ainda podia refreá-lo; e quando Zinoviev não pudesse assistir às sessões, não teria sido difícil insistir que fosse consultado previamente. Porém, estava certo quanto ao desejo crescente de Stalin de fazer o que queria, sem consultar os companheiros do Politburo. Stalin percebeu que era necessário um recuo tático. Concordou com mudanças — e, de fato, pareceu encorajá-las — na composição dos órgãos centrais do partido. Seus críticos perceberam que Stalin com frequência colocava correligionários em cargos de autoridade fora de Moscou. Ele comparecia às reuniões do Orgburo, onde eram decididas essas coisas. A solução era óbvia, Trotski, Zinoviev e Bukharin foram indicados para o Orgburo. Poderiam se opor aos esquemas de Stalin sempre que quisessem.[18]

Não fez muita diferença. A razão que costuma ser esgrimida é que Trotski e Zinoviev não viram motivo para frequentar o Orgburo, ao passo que Stalin era um participante ativo. No entanto, a questão básica é que, tendo identificado a fonte do poder burocrático de Stalin e exigido fazer parte do Orgburo, Trotski e Zinoviev não agiram contra ele. Isso, porém, conduz à outra questão. Terá sido a disposição de Stalin de participar de reunião após reunião o principal motivo para conseguir derrotá-los? A resposta certamente é não. Trotski, Zinoviev e Kamenev não negligenciavam o dever de participar das reuniões burocráticas. Toda a ordem soviética era burocrática, e as reuniões dos funcionários administrativos eram a norma. Os órgãos dirigentes do Comitê Central tinham sido recompostos principalmente com a ideia de dar um choque no secretário-geral. Seus colegas no Politburo pensavam que poderiam seguir em frente com suas campanhas individuais para substituir Lenin. Cada um deles esperava exercer sua hierarquia administrativa sem interferências. A carreira de Stalin não estava extinta, mas seu capital político fora reduzido ao mínimo.

Os acontecimentos o ajudaram. Todos os membros do Politburo, inclusive Trotski, queriam conservar a unidade na cúpula do partido. Isolados e criticados em todo o país fora do âmbito partidário, apresentavam uma fachada pública de consenso. Lenin ainda não estava morto, embora no Kremlin soubessem que suas chances de recuperação eram remotas. Os adversários de Stalin no Politburo não queriam virar a canoa do Partido Comunista tentando jogá-lo pela borda.

No entanto, nos bastidores, os desacordos persistiam, e se exacerbaram com o manejo da política econômica por Zinoviev, Kamenev e Stalin. Em meados de 1923, houve um repentino déficit de gêneros alimentícios nas cidades, resultado do que Trotski denominou "a crise da tesoura". Desde 1913, os preços dos produtos industrializados tinham subido três vezes mais que os preços dos produtos agrícolas. Assim se abriram as lâminas da tesoura da economia. Os camponeses preferiam estocar os grãos no campo a vendê-los às agências compradoras do governo. Eles aprovisionaram parte da colheita. Alimentavam melhor a si próprios e aos animais. Fabricavam a vodca. Recusavam-se a ceder aos bolcheviques, que tinham feito o preço das manufaturas subir demais. Os membros da maioria no Politburo cederam às demandas rurais e reduziram os preços dos bens industrializados. As rodas do intercâmbio entre cidade e aldeia voltaram a girar. Trotski criticou seus rivais pelo desastre econômico; para ele, os três tinham tornado realidade seus temores sobre a NEP como instrumento potencial para se desviar dos objetivos da Revolução de Outubro e ceder às exigências do campesinato.

Em outubro de 1923, os companheiros esquerdistas de Trotski no partido se mobilizaram contra o desenvolvimento da Nova Política Econômica. Yevgeni Preobrajenski e outros firmaram a Plataforma dos 46, em que criticaram as políticas organizativas e econômicas da liderança ascendente do partido. Exigiram maior liberdade de discussão e mais intervenção estatal no desenvolvimento industrial. Em novembro, Trotski se uniu aos dissidentes com uma série de artigos intitulados "O novo rumo". Em dezembro, a XIII Conferência do Partido qualificou sua Oposição de Esquerda de desleal. Os líderes ascendentes precisavam cada vez mais de Stalin como um contraponto de Trotski; todas as críticas do verão foram guardadas — e Zinoviev já não dizia que era preciso restringir a autonomia administrativa de Stalin. A supressão das atividades das facções nas províncias, pensavam, devia ficar nas mãos dele. Eles também lhe confiaram a apresentação de uma queixa contra Trotski durante a conferência. Dessa vez não quiseram ter essa honra. Sabiam que Stalin encarava Trotski, e era capaz de golpeá-lo politicamente — e talvez tenham calculado que ele ficaria mal por parecer divisionista, ao passo que eles estariam acima das pugnas das facções.

Stalin estava mais do que disposto a ajudá-los castigando Trotski. Suas palavras foram incisivas:

> O erro de Trotski consiste no fato de que se contrapôs ao Comitê Central e divulgou a ideia de si como um super-homem acima do Comitê Central, acima de suas leis e suas decisões, e, com isso, abriu espaço para que certo setor do partido trabalhasse para minar a confiança no Comitê Central.[19]

A conferência foi um triunfo para ele. Lenin sofria enquanto Trotski vacilava, e Kamenev e Zinoviev aplaudiam. Stalin havia garantido sua reabilitação.

Embora o testamento tivesse alertado contra uma divisão entre ele e Trotski, Stalin foi em frente e o denunciou. Se Lenin tivesse se recobrado, não teria aceitado a desculpa de Stalin de que só estava fazendo o que o resto do Politburo lhe pedira. No entanto, ele nunca se prostrou diante de Lenin, e tinha motivos para se sentir injustiçado por ele. Porém, tinha controlado o ressentimento com o tratamento que recebera, o que não era um comportamento comum nele. Possivelmente entendera que Lenin estava doente demais para se recobrar fisicamente; de qualquer modo, continuava tendo uma admiração genuína pelo líder que se apagava. Stalin limitou-se a monitorar o que ocorria na mansão Gorki, onde guarda-costas e enfermeiras se reportavam a Dzierżyński, o qual, por sua vez, o mantinha informado.[20] Ele ainda não estava livre de problemas. Nadejda Krupskaya podia recorrer a um de seus velhos truques e ler em voz alta os editoriais do *Pravda* sobre os procedimentos da XIII Conferência. Assim, Lenin saberia que a ruptura que previra entre Stalin e Trotski já havia ocorrido. Contudo, para Stalin, as coisas tinham mudado. Orgulhoso de sua atitude na conferência, ele era um líder supremo em formação, e começava a erguer a cabeça.

20. AS OPORTUNIDADES DE LUTA

Lenin morreu de enfarte em 21 de janeiro de 1924. Stalin teve a honra de organizar o funeral, o que o consolidou ainda mais no cargo. O Politburo havia determinado um tratamento extraordinário do cadáver. Seria embalsamado e exposto permanentemente em um mausoléu a ser erguido na Praça Vermelha. Krupskaya, em vão, objetou às implicações quase religiosas daquilo tudo. Stalin estava determinado a "transformar em mausoléu" o fundador do bolchevismo. Vários cientistas se apresentaram como voluntários, e teve início a corrida para encontrar um processo químico para o embalsamamento. Trotski indagou se deveria voltar de Tbilisi, aonde tinha chegado a caminho de Sukhumi, no mar Negro, para convalescer de uma forte gripe. Por telegrama, Stalin respondeu que isso não era necessário nem possível, já que o funeral seria no dia 26 de janeiro. A resposta tinha uma veia hostil: ele sabia que Trotski atrairia as atenções se aparecesse em Moscou para a cerimônia. Trotski seguiu para Sukhumi, onde Nestor Lakoba, sequaz de Stalin, o recebeu. Dzierżyński, que tinha ficado do lado de Stalin no Caso Georgiano, já enviara instruções para que ninguém o perturbasse durante sua estadia na *datcha* estatal.[1]

Muito se disse sobre o desejo de Stalin e Dzierżyński de tirar Trotski do caminho. Supostamente, a ausência dele no funeral de Lenin arruinou suas chances de sucedê-lo como líder supremo do partido, ao passo que o papel de Stalin na comissão do funeral deu-lhe uma vantagem crucial. Isso não convence. Embora, anos depois, Trotski tenha se queixado da artimanha de Stalin, não alegou ter feito nenhuma diferença. Ele se dedicou à sua convalescência, e passou semanas em Sukhumi antes de pegar o trem de volta a Moscou.

Na verdade, o funeral aconteceu em 27 de janeiro, e Stalin carregou o féretro, junto com Kamenev, Zinoviev, Bukharin, Molotov, Dzierżyński, Tomski e Rudzutak, trajando sua túnica quase militar. Como os demais, ele fez um discurso. Incluía uma série de promessas que terminaram com as seguintes palavras:

> Ao partir, o camarada Lenin deixou um legado de fidelidade aos princípios da Internacional Comunista. Juramos-lhe, camarada Lenin, não poupar nossa vida para fortalecer e ampliar a união dos proletários de todo o mundo — a Internacional Comunista![2]

Ele não foi o único a recorrer ao imaginário religioso,[3] e seu discurso ainda não era o de um orador lapidado. O significado do discurso está em outro aspecto. Finalmente ele falava como alguém que podia se dirigir ao partido como um todo. Estava se deslocando para o centro do palco — e teve a ousadia de se cobrir com a bandeira da lealdade ao homem que quisera destruir sua carreira. Poucos imaginaram que agiria com tanta compostura.

O Comitê Central pôs as disputas de lado, ao menos em público. Os bolcheviques sempre tinham falado das ameaças de outros partidos políticos. Era um medo exagerado após a Guerra Civil; a oposição organizada ao bolchevismo estava no ponto mais baixo. No entanto, Felix Dzierżyński, o chefe da GPU, e Stalin não baixaram a guarda, pensando que mencheviques, socialistas revolucionários e até os "Centenas Negras" (que haviam liderado *pogroms* antissemitas antes da Grande Guerra) poderiam organizar revoltas "antirrevolucionárias" contra os bolcheviques.[4] Essas suspeitas refletiam a atitude temerosa dos líderes comunistas. Eles haviam surpreendido seus oponentes ao tomar o poder na Revolução de Outubro, e não queriam que algo semelhante lhes sucedesse.

Stalin trabalhara estreitamente com a GPU desde que retornara da Guerra Soviético-Polonesa.[5] Isso refletia a interdependência entre partido e polícia, além de sua preocupação pessoal com a segurança. A ditadura soviética se mantinha pela repressão, e nenhum bolchevique — nem mesmo os mais "suaves", como Kamenev e Bukharin — deixava de apreciar a dependência do regime da GPU. Conforme Stalin demonstrava mais confiança, Krupskaya, a viúva de Lenin, mudou temporariamente sua atitude com relação ao secretário-geral. Deixou de dizer o que pensava dele. Não podia impedir a publicação de elaborações históricas sobre a carreira dele. Sua autoridade no Comissariado do Povo para a Educação estava em declínio.[6] Para se afirmar, ela se apresentou como a principal analista de Lenin à época. Assumiu isso como uma forma de lidar com a perda: havia escrito um esboço da biografia de Lenin pouco antes da morte dele. Em maio, enviou-a a Stalin, pedindo sua opinião sobre o projeto.[7] Ele, que tinha motivos para estender-lhe a mão, respondeu aprovando-o. Decerto o leu com atenção, já que corrigiu uma data equivocada.[8]

Krupskaya e Stalin estavam se firmando como sacerdotisa e sacerdote do culto a Lenin. A imagem dele era onipresente. Petrogrado foi rebatizada Leningrado, e uma enorme quantidade de livros e artigos sobre ele foi publicada. Paradoxalmente, o novo culto exigiu a censura de suas obras. Foram banidos seus comentários que divergiam das políticas de Stalin. Era intolerável que ele fosse considerado passível de errar. Um exemplo foi o discurso na IX Conferência do Partido, quando ele admitiu que a guerra polonesa tinha sido uma asneira, e declarou que as "forças russas" por si sós eram insuficientes para construir o comunismo na Rússia.[9] Isso não foi publicado. Stalin censurou também as próprias obras, para melhorar sua reputação de lealdade consistente. Na comemoração do 50º aniversário de Lenin, em 1920, a apologia de Stalin havia incluído referência a erros de apreciação no passado. Uma década depois, quando lhe pediram autorização para republicá-lo, Stalin negou: "Camarada Adoratski! O discurso está corretamente transcrito na sua essência, porém precisaria ser editado. Mas não quero publicá-lo: não é simpático falar dos erros de Ilich."[10] O cristianismo cedeu lugar ao comunismo, e Lenin foi apresentado como o novo Jesus Cristo. Ele também tinha de ser quintessencialmente russo, para que o apelo do comunismo se espalhasse entre o grupo nacional majoritário. Stalin proibiu a menção à ancestralidade mista de Lenin — o fato de ter um bisavô judeu foi mantido em segredo.[11]

Enquanto isso, Stalin ansiava se lançar como teórico. Desde antes de 1917, ele não conseguia escrever um artigo longo, e nenhum líder bolchevique era levado a sério no topo do partido a menos que desse uma contribuição às questões doutrinárias. Apesar de envolvido em diversas outras atividades que demandavam seu tempo e intelecto, ele escreveu, e — em abril de 1924 — ministrou o curso "Fundamentos do leninismo" na Universidade Sverdlov, que consistiu em nove palestras para ativistas do partido em treinamento.

Em seguida publicado como folheto, o texto era notavelmente conciso. Ele evitou o espalhafato das tentativas semelhantes de Zinoviev, Trotski, Kamenev e Bukharin, que em particular gostavam de falar mal dele. Correu o rumor de que embora suas palavras tivessem mérito, Stalin havia plagiado o texto de certo F. Xenofontov. Na verdade, ele era um escritor fluente e reflexivo, embora não tivesse estilo. Sua exegese das doutrinas de Lenin é concisa e objetiva, e as palestras têm uma sequência lógica. Ele fez o que Lenin não havia feito e, em linhas gerais, conseguiu codificar a miscelânea de escritos, discursos e políticas da obra de toda a vida de Lenin. Ele negou que as ideias bolcheviques fossem aplicáveis apenas à "realidade russa". Para Stalin, Lenin havia desenvolvido uma doutrina de significado universal:

> O leninismo é o marxismo da época do imperialismo e da revolução proletária. Mais precisamente, o leninismo é a teoria e a tática da revolução proletária em geral, e a teoria e a tática da ditadura do proletariado em particular.[12]

Stalin asseverou que Lenin era o único grande herdeiro das tradições de Marx e Engels.

Ele estabeleceu seus "ensinamentos" com um capricho catequístico. Foi essa qualidade que provocou o desdém de seus rivais, mas granjeou a aprovação dos jovens marxistas que ouviram as palestras. Não que o conteúdo do folheto fosse inequívoco. Seu resumo da teoria de Lenin na verdade expunha uma genuína precisão de vaguidade. Ele enfatizou certos temas. Citando Lenin, argumentou que a "questão camponesa" seria resolvida com um movimento constante na direção das cooperativas agrícolas em grande escala.[13] Instou o partido a ignorar os céticos que negavam que essa transição levaria à conquista do socialismo. Ele também mirou a questão nacional, e asseverou que só a ditadura socialista eliminaria a opressão das nações. O capitalismo supostamente teria disseminado ódios étnicos e nacionais como um meio de dividir e governar o planeta.

Stalin tinha pouco a dizer sobre temas geralmente importantes para os marxistas. Raramente tratava da "questão operária". Fez apenas breves comentários sobre o socialismo mundial. Porém, pela primeira vez após a Grande Guerra, deixou sua marca, com contribuições para as discussões teóricas marxistas. Estava progredindo na carreira. Porém, havia uma mosca na sopa. Lenin determinara que seu testamento fosse comunicado ao próximo Congresso do Partido. Apesar da reconciliação com Stalin, Krupskaya sentia que esse era um dever para com a memória do marido e levou o assunto à liderança central do partido.[14] O XIII Congresso estava previsto para maio de 1924. Stalin tinha motivos para se preocupar. Mesmo se Krupskaya não tivesse agido, havia o perigo de que Trotski visse uma vantagem tática em fazê-lo por ela. Stalin não podia confiar no apoio automático de Kamenev e Zinoviev — a saga de Kislovodsk deixara isso claro. Todos os seus avanços dos últimos meses iriam por água abaixo caso houvesse um debate aberto no congresso e decidissem seguir o conselho de Lenin de indicar outro secretário-geral.

Ele, porém, teve sorte. O Comitê Central do partido, com o aval de Kamenev e Zinoviev, determinou que o testamento fosse lido apenas para os líderes das delegações provinciais. Se não estivessem preocupados com Trotski, os dois poderiam ter acabado com Stalin. Em vez disso, eles o defenderam. Stalin permaneceu sentado, pálido como um fantasma, enquanto o testamento era revelado a uma audiência restrita. Mas a pedra foi retirada de seu caminho. Temendo parecer divisionista logo após a morte de Lenin, Trotski se conteve e não combateu a *"troika"* de Stalin, Kamenev e Zinoviev. O amor-próprio deste último foi afagado ao ser encarregado de apresentar o relatório político do Comitê Central, o que tinha sido feito por Lenin até sua doença final. Perdeu-se assim a melhor oportunidade de impedir o avanço de Stalin rumo ao poder. Talvez ele tivesse conseguido se defender eficazmente. Zinoviev e Kamenev não eram muito populares, e à época o comportamento de Stalin não era amplamente malvisto no partido. Contudo, ele gostava de brigar partindo de uma posição de força, e nos poucos dias do congresso esteve na posição mais fraca. É equivocada a ideia de que tenha sobrevivido graças às suas excentricidades, como um trapezista de circo. O que o salvou foi a rede de proteção armada pelos aliados temporários Zinoviev e Kamenev, e o fracasso de Trotski em atacar.

Foram poucos os momentos de proeminência de Stalin. Ele apresentou o relatório organizacional com a severa mescla habitual de detalhes estruturais e numéricos; mas não fez interveção durante as sessões restantes. O momento mais perigoso foi quando discorreu sobre a questão nacional em longas sessões fechadas. Era um assunto delicado, agora que os principais delegados conheciam as críticas feitas por Lenin em seu leito de morte. Os georgianos comunistas seus inimigos estavam se alinhando para atacar. Mas Stalin não se calou. Em vez de se desculpar, fez uma apologia espirituosa sobre a política oficial.

O sentimento de ter sido prejudicado diminuiu, mas não desapareceu. As tensões internas da *troika* o irritavam: sabia que Zinoviev e Kamenev o desprezavam e, se pudessem, o descartariam. Sua saúde tampouco ia bem. Sentindo-se humilhado, fez o de sempre: pediu uma licença. Em carta ao Comitê Central, de 19 de agosto de 1924, alegou que já não era viável o trabalho "honrado e sincero" com Zinoviev e Kamenev. Ele precisava de um período de convalescença. Mas pediu também ao Comitê Central que retirasse seu nome do Politburo, do Orgburo e do Secretariado.

> Quando o tempo [da convalescença] acabar, peço para ser enviado ao distrito de Turukhansk, à província de Yakutsk ou a algum lugar no estrangeiro, com um posto discreto.
>
> Peço à plenária que decida isso em minha ausência e sem explicações da minha parte, já que considero prejudicial à causa dar explicações além dos comentários que foram feitos na primeira parte desta carta.[15]

Ele voltaria a Turukhansk como um militante provincial comum, não mais como o líder do Comitê Central que era em 1913. Stalin estava solicitando um rebaixamento ainda maior do que o especificado no testamento.

Psicologicamente, ele era um homem complexo. É duvidoso que tenha contemplado voltar para o norte da Sibéria. Mas era impulsivo. Perdia a compostura quando sentia seu orgulho ferido. Ao oferecer sua renúncia, corria um risco imenso. Estava apostando na exibição de humildade para induzir o Comitê Central, onde tinha alguns amigos, a recusar o pedido. Precisava encurralar os inimigos. O plano funcionou perfeitamente.

O Comitê Central o manteve como secretário-geral, e o acerto de contas entre Stalin, Zinoviev e Kamenev foi adiado mais uma vez. Ao regressar das férias, no outono, ele voltara a ser dono de si. Antes das reuniões do Politburo, consultava Zinoviev e Kamenev. Quando o primeiro estava em Moscou, os três se reuniam a portas fechadas e, de modo conspiratório, chegavam separadamente ao Politburo. Stalin enfrentava Trotski com descaramento, cumprimentando efusivamente o arqui-inimigo. Ele se conteve e não deu mostras de ambição pessoal. Kamenev, e não Stalin, presidiu o Politburo após a morte de Lenin.[16] Contudo, Stalin já estava cuidando de seu futuro. Quando os rivais não se alinhavam com ele no Orgburo, podia substituí-los por outros mais afinados. O grupo de Stalin se formou sob sua égide; era como a gangue de rua que fora impedido de liderar na infância em Gori.[17] Nenhum deles era mais importante do que Vyacheslav Molotov e Lazar Kaganovich. Ambos eram secretários do Comitê Central; também chefiavam intermitentemente um departamento do comitê e colaboravam com Stalin no Orgburo. Quando a política comunista ucraniana deu trabalho ao Kremlin, em abril de 1925, Kaganovich foi enviado a Kiev como primeiro-secretário do Partido Comunista da Ucrânia.

Stalin formou um séquito no Comitê Central. Nele estavam Sergo Ordjonikidze, Kliment Voroshilov, Semën Budënny, Sergei Kirov e Andrei Andreev. Todos lhe eram leais, ainda que não fossem servis, e o chamavam de Koba.[18] Alguns haviam brigado com ele no passado. Molotov se indispusera com Stalin em março de 1917. Kaganovich criticara a política organizativa do Comitê Central em 1918-9, e Ordjonikidze nunca se calava quando cismava com alguma coisa.[19] Andreev tinha inclusive pertencido à Oposição Operária. Budënny e Voroshilov haviam servido sob suas ordens em Tsaritsyn; Ordjonikidze e Kirov foram seus subordinados no Cáucaso. Andreev o impressionara com seu trabalho administrativo no início da década de 1920. A gangue demorou a se amalgamar, e Stalin nunca deixava que se sentissem seguros nos cargos. Até os de Tsaritsyn tinham de provar seu valor aos olhos dele. Sergei Minin e Moisei Rukhimovich, cupinchas na Frente Sul, chegaram a parecer tão inúteis quanto tinta seca. Minin aliou-se à oposição à liderança partidária em ascensão, e Stalin já não via utilidade nele. Ele se suicidou em 1926. Quando a incompetência de Rukhimovich na organização do transporte ficou evidente, Stalin demitiu-o como um "burocrata arrogante".[20]

Ele exigia eficiência e lealdade dos membros da "gangue". Escolhia-os por suas qualidades individuais. Não queria ao seu lado alguém que o superasse intelectualmente. Escolheu homens comprometidos com a revolução, e estabeleceu um estilo com suas políticas implacáveis. Ninguém foi repreendido por crueldade com os inimigos. Ele criou um ambiente de conspiração, companheirismo e humor masculino vulgar. Em troca dos serviços, Stalin cuidava dos interesses deles. Era solícito com a saúde de todos. Passava por alto suas fraquezas, desde que o trabalho não fosse afetado, e para eles a sua palavra era lei.

Amakyan Nazaretyan escreveu, a respeito de trabalhar "sob a mão firme de Koba":

Não tenho como me ofender. Há muito a aprender com ele. Por conhecê-lo de perto, criei um respeito extraordinário por ele. Só se pode invejar seu caráter. Não tenho como me ofender. Sua severidade está coberta pela atenção com os que trabalham com ele.[21]

Em outra ocasião acrescentou:

Ele é muito astuto. É duro como uma noz e não quebra de primeira. Mas agora eu o vejo de um modo totalmente distinto de como o via em Tiflis. Apesar da selvageria racional, por assim dizer, é um indivíduo suave; tem coração e sabe valorizar os méritos alheios.[22]

Lazar Kaganovich compartilhava de sua opinião:

> Nos primeiros anos, Stalin era uma pessoa suave [...] Com Lenin e depois de Lenin. Ele passou por muita coisa.
> Nos primeiros anos após a morte de Lenin, quando Stalin chegou ao poder, todos o atacaram. Ele aguentou muita coisa na luta contra Trotski. Depois, seus supostos amigos Bukharin, Rykov e Tomski também o atacaram [...]
> Era difícil não ser cruel.[23]

Para Kaganovich, a personalidade de Stalin respondia a circunstâncias alheias à sua vontade.

Ele desestimulava qualquer menção à sua origem nacional. Nas províncias, seus acólitos jogavam com o fato de seus principais oponentes — primeiro Trotski, depois Kamenev e Zinoviev — serem judeus. Ele próprio nunca mencionou o fato, mas não impediu que outros o fizessem.[24] Tinha motivos para ser cuidadoso. Não só os judeus, mas também poloneses, georgianos e armênios tinham presença nas lideranças central e locais do partido bolchevique desproporcionalmente à demografia da URSS, provocando um ressentimento crescente no país. Além disso, Stalin conservava um sotaque forte. Trotski apontou isso com sua malícia típica: "A língua russa sempre foi para ele não só meio estrangeira e improvisada, mas — o que era pior para sua percepção — convencional e torcida."[25] Na década de 1920, sua capacidade linguística era esnobada com frequência.[26]

Contudo, ninguém na liderança central ascendente conseguiu se impor de um modo tão firme. Bukharin tinha correligionários, mas não uma rede clientelista consolidada. Zinoviev tinha essa rede, mas em sua maioria eram moradores de Leningrado. Kamenev nunca teve tendência a ser patrão. O único líder com capacidade semelhante à de Stalin para formar um grupo clientelista era Trotski. Ele ainda atraía membros do grupo interdistrital que se juntara aos bolcheviques em maio de 1917, e havia granjeado admiradores durante a Guerra Civil como comissário do povo para Questões Militares. A Oposição de Esquerda, que atacou o Politburo no último quadrimestre de 1923, se inspirara nele. Dela participaram Yevgeni Preobrajenski, Leonid

Serebryakov, Nikolai Krestinski, Adolf Ioffe e Christian Rakovski. Porém, Trotski não era acessível no cotidiano como Stalin. Tinha certa altivez que incomodava muitos seguidores em potencial. Tampouco desfrutava da mesma astúcia tática e beligerância de Stalin, e entre seus correligionários havia a suspeita de que as doenças do líder nas conjunturas cruciais de disputas entre facções tinham raiz psicossomática. No entanto, seu séquito era suficientemente amplo para avançar e derrotar Stalin, se a situação tivesse sido diferente. O problema era que Trotski havia perdido os primeiros rounds da briga. E estava sempre perdendo pontos.

Stalin seguiu boxeando cautelosamente. A derrota da Oposição de Esquerda no inverno de 1923-4 tinha sido obtida em uma luta aberta. Trotski e a Oposição de Esquerda atacaram, e Stalin, Zinoviev, Kamenev e Bukharin retaliaram. Stalin não precisava expulsar trotskistas e substituí-los por gente leal à liderança ascendente do partido.[27] Porém, nos meses seguintes, o Orgburo e o Secretariado — além da mais alta instância do Politburo — usaram de sua prerrogativa de mudar cargos. A liderança partidária manipulou diversas alavancas administrativas a seu favor. Aos poucos, a Oposição de Esquerda foi perdendo os últimos cargos estratégicos no partido, no governo, nas forças armadas e na polícia. As demissões foram acompanhadas de remoções que, frequentemente, envolveram a transferência para lugares remotos da URSS. Tratava-se de uma forma branda de exílio, por meio da qual a liderança ascendente consolidava seu poder. A Oposição de Esquerda também foi minada doutrinariamente. O Departamento de Agitprop do Secretariado divulgou disputas antigas entre Lenin e Trotski. Seus auxiliares imprimiram dezenas de panfletos antitrotskistas; leitor ávido, Stalin rabiscou lembretes na capa de uma obra sobre a Revolução de Outubro: "Dizer a Molotov que Tr[otski] mentiu sobre Lenin a respeito dos modos de fazer uma insurreição."[28]

Ele era tremendamente conspiratório. Segundo Boris Bajanov, secretário do Politburo, na mesa de Stalin havia quatro telefones, mas no interior da escrivaninha havia outro aparelho, que lhe permitia ouvir as conversas de dezenas dos mais influentes líderes comunistas. Isso ocorria sem passar pela mesa telefônica do Kremlin, e as informações que coletava devem tê-lo alertado das manobras em curso contra si.[29] Assistentes pessoais, como Lev

Mekhlis e Grigori Kanner, levavam adiante qualquer coisa que ele arquitetasse.³⁰ Ele era impiedoso com os inimigos. Quando Kamenev perguntou-lhe sobre a conquista da maioria no partido, Stalin desdenhou: "Sabe o que penso? Como cada um deles vota não importa. O que é extremamente importante é quem conta os votos, e como são registrados."³¹ Deixou implícito que o aparato central do partido deveria fraudar as votações contrárias a ele.

Esse tipo de comentário granjeou-lhe a reputação de ser um burocrata amoral. Em conversas com aliados, ele se deleitava com seus ardis. Mas ele não era só isso. Tinha o potencial de um verdadeiro líder. Era decisivo, competente, confiante e ambicioso. Que ele — e não Zinoviev ou Kamenev — tenha sido escolhido para chefiar o ataque a Trotski na XIII Conferência do Partido mostrou que os membros do Comitê Central começavam a entender isso. Stalin estava saindo das sombras. A partir do final de 1924, mostrou estar disposto a atacar Trotski e manter Zinoviev e Kamenev ao seu lado. Este último tivera um ato falho ao dizer *"nepman* Rússia" em vez de "NEP Rússia". *Nepman* era o típico comerciante privado que tirava vantagem das reformas econômicas desde 1921 e estava ressentido com os bolcheviques. Stalin se banqueteou com o ato falho na imprensa do partido. Na mesma época, Zinoviev descreveu o regime soviético como "a ditadura do partido". Como secretário-geral, Stalin repudiou de modo contundente aquele termo para descrever a realidade política.³² Kamenev e Zinoviev foram advertidos de que precisavam se cuidar. No outono de 1924, Stalin agiu contra seus principais colaboradores. I. A. Zelenski foi substituído como secretário do partido na cidade de Moscou pelo sequaz de Stalin Nikolai Uglanov.³³

Fatores estratégicos se interpunham entre Stalin, de um lado, e Zinoviev e Kamenev, do outro. O primeiro defendia a possibilidade de "construir o socialismo" na URSS mesmo durante a NEP. Isso contrariava a argumentação de Trotski, explanada em *As lições de outubro*, de 1924, de que a Revolução de Outubro expiraria se não fosse respaldada pela cooperação com regimes socialistas na Europa. Ele estava ampliando suas ideias pré-revolucionárias sobre a necessidade da "revolução permanente". Para Stalin, aquele folheto era antileninista na doutrina e pernicioso na prática para a estabilidade da NEP. Bukharin, um arquiesquerdista da liderança bolchevique na Guerra Civil, concordou com Stalin e foi promovido a membro pleno do Politburo depois do XIII Congresso do Partido. Ele e Stalin começaram a agir juntos contra Zinoviev e Kamenev. Ponderando sobre a política econômica depois de Lenin, ele pensava que a NEP fornecia a diretriz para que o país fizesse a "transição para o socialismo" de um modo mais pacífico e evoluído. Ele não punha atenção na hostilidade do partido aos *kulaks* e convocou-os a "enriquecer". Buscava a moderação dos métodos repressivos no modo como o Estado lidava com a sociedade, e desejava pôr ênfase no doutrinamento da classe operária urbana. Via as cooperativas camponesas como a base da "construção do socialismo".

Stalin e Bukharin rejeitaram Trotski e a Oposição de Esquerda como doutrinários cujos atos levariam o país à perdição. O empuxo esquerdista por uma política externa mais ativa podia provocar retaliações das potências ocidentais. Além disso, a exigência trotskista de elevar o crescimento industrial só poderia ser alcançada mediante o aumento da taxação do estrato mais abastado do campesinato. Como resultado, os vínculos entre o campesinato e o operariado, recomendados por Lenin, se romperiam. O recrudescimento das tensões sociais e econômicas poderia levar à queda da URSS.

Zinoviev e Kamenev sentiam-se desconfortáveis com uma virada tão drástica em direção à economia de mercado. Eles ainda temiam Trotski, e queriam manter o vínculo camponeses-operários. Mas não estavam dispostos a aprovar o programa evolucionista de Bukharin; não gostavam do movimento de Stalin para uma doutrina em que o socialismo seria construído em um só país — e ruminavam ressentimentos pela crescente acumulação de poder nas mãos de Stalin. Eram vulneráveis à acusação de que haviam traído o Comitê Central bolchevique em outubro de 1917. Precisavam provar seu radicalismo. Foi questão de tempo até desafiarem seus aliados antitrotskistas Stalin e Bukharin. Stalin estava pronto, à espera. Para a maior parte dos observadores, ele pareceu mais calmo que nas primeiras disputas internas do partido, quando havia se descontrolado. Mas não era o caso. Ele estava furioso e feroz, como sempre. O que mudou é que já não era o forasteiro nem a vítima. Dominava o Orgburo e o Secretariado. Dirigia o Politburo com Bukharin. Podia manter uma calma aparente e pegar os inimigos desprevenidos.

Ele continuou agindo assim. Mal havia sobrevivido às críticas de Lenin. Precisava mostrar aos demais que não era tão desqualificado como o pintavam. Sua gangue na liderança central do partido o ajudaria. Mas precisava ficar atento aos outros. Dzierżyński não lhe devia nenhum favor. Após as primeiras aberturas em sua direção, Krupskaya se recolhera. O próprio Bukharin não era de se fiar; continuava se relacionando amistosamente com Trotski, Zinoviev e Kamenev, embora condenasse as políticas deles. A política bolchevique flutuava perigosamente.

21. JOSEF E NADYA

As lutas entre as facções do Partido Comunista eram também disputas pela supremacia individual. Trotski, Zinoviev, Bukharin e Stalin se sentiam capazes de suceder Lenin, e até Kamenev tinha essa ambição. Stalin estava cansado de ver seus rivais se pavoneando na cena pública. Reconhecia que eram bons oradores, e que ele nunca se compararia a eles. No entanto, estava orgulhoso — ao seu modo precário e suscetível — de que sua contribuição ao bolchevismo fosse eminentemente prática: pensava que os *praktiki* como ele eram a espinha dorsal do partido. Os *praktiki* enxergavam Lenin como a águia que havia afugentado os oponentes como se fossem meras galinhas. Stalin não parecia impressionar os que não o conheciam, e mesmo muitos que o conheciam; contudo, estava determinado a voar na história como a segunda águia do partido.[1] Ele não apenas afugentou os rivais na sucessão: sempre que possível, arremetia e os despedaçava. Em conversa com Kamenev e Dzierżyński, em 1923, ele explicou sua atitude: "O maior prazer é escolher o inimigo, preparar todos os detalhes do golpe, saciar a sede de uma vingança cruel e depois ir para casa dormir!"[2]

Esse foi o homem que desposou Nadya Allilueva após a Revolução de Outubro. Não houve cerimônia de casamento, mas disseram para Svetlana, filha deles, que seus pais tinham vivido como marido e mulher por um tempo inespecífico antes da transferência do governo soviético de Petrogrado para Moscou, em 1918. (Aparentemente, o registro oficial só foi feito em 24 de março de 1919.)[3] Na época, Nadya tinha menos da metade da idade de Stalin, seu herói revolucionário; ela ainda viria a entender que os traços duros de seu caráter não estavam reservados apenas aos inimigos do comunismo.

No início, tudo correu bem. Alexandra Kollontai, que conheceu Nadya no inverno de 1919-20, ficou impressionada com sua "encantadora beleza de alma", e também com o comportamento de Stalin: "Ele lhe dá muita atenção."[4] Mas os problemas já estavam no ar. Josef queria uma esposa que tivesse o trabalho doméstico como prioridade; era uma das habilidades dela que tinham chamado sua atenção em 1917.[5] Nadya, porém, queria uma carreira profissional. Filha de um veterano bolchevique, cumprira tarefas técnicas importantes para o partido durante a Guerra Civil. Embora carecesse de qualificação profissional, fora escolarizada e mostrou ser uma funcionária competente em uma época em que havia poucas secretárias politicamente confiáveis.[6] Ela em pouco tempo aprendeu a decodificar telegramas com informações confidenciais trocadas entre os líderes soviéticos, incluindo seu marido.[7] Lenin empregou-a na sua equipe pessoal.[8] Até o outono de 1920, Josef esteve mais em campanha do que em casa, enquanto Nadya se dedicava aos seus afazeres no Sovnarkom. Ela ficou tão próxima do casal Lenin que quando Nadejda Krupskaya saía de viagem pedia-lhe para alimentar seu gato. (Ela não confiava em Lenin para isso.)[9] Nadya se afiliou ao partido, supondo que seu envolvimento de alto nível na administração bolchevique continuaria.

Sua esperança se frustrou quando Stalin regressou da Guerra Soviético-Polonesa e as tarefas domésticas aumentaram. Josef queria uma domesticidade tranquila no fim do expediente, à hora que fosse. As coisas chegaram a um ponto crítico no inverno de 1920-1. Grávida desde junho de 1920, Nadya continuou a trabalhar. Josef, por sua vez, havia adoecido. Durante a Guerra Civil, ele frequentemente se queixara de dores e "exaustão".[10] Ninguém o levou a sério, pois ele sempre fazia isso quando tentava se demitir durante um acesso de cólera. Seu cunhado Fëdor Alliluev, ao encontrá-lo antes do X Congresso do Partido, comentou que Josef parecia cansado. Stalin concordou: "Sim, estou cansado. Preciso ir para um bosque, um bosque! Para relaxar e descansar direito, e dormir como se deve!"[11] Ele tirou uns dias de descanso. Só quando se recolheu ao leito, ao terminar o congresso, ficou óbvia a necessidade de cuidados médicos. O professor Vladimir Rozanov, um dos médicos do Kremlin, diagnosticou apendicite crônica. Rozanov disse que o problema devia existir havia uma dezena de anos; ele mal podia crer que Stalin tivesse conseguido se manter de pé. A cirurgia era inadiável.

Naquele tempo, as operações de apendicite costumavam ser fatais. Rozanov temia que o procedimento infectasse o peritônio, e achava que Stalin estava perigosamente magro.[12] Inicialmente foi administrada anestesia local, devido à sua condição combalida. Porém, a dor se tornou insuportável, e a operação só foi adiante com uma dose de clorofórmio. De volta em casa, ele passou dois meses lendo e convalescendo em um divã. Ao melhorar, saiu em busca de companhia. Em junho já havia se recobrado. Topou com Mikhail Kalinin, que discutia a NEP com outros bolcheviques, e anunciou que voltaria ao trabalho: "É horrível ficar deitado sozinho, então me levantei; tudo fica muito chato sem os camaradas."[13] Essa declaração facilmente poderia ser incluída em qualquer coletânea de memórias sobre Stalin; mas o resto da história de Fëdor Alliluev era constrangedora demais para que sua publicação fosse autorizada. Josef Stalin não permitiria que se soubesse que não era forte de corpo e mente.

A doença e a recuperação de Josef coincidiram com a chegada do primeiro filho do casal. Vasili Stalin nasceu em Moscou, em 21 de março de 1921. Para Nadya, a alegria com seu nascimento sem complicações foi embotada pela pressão de Josef para que ela se dedicasse ao lar. Ninguém da família dela prestou ajuda: todos, inclusive a mãe, Olga, estavam ocupados com as atividades políticas. De qualquer modo, Olga não era um modelo de mãe. Quando Nadya e os irmãos eram pequenos, muitas vezes tiveram de se virar sozinhos porque os pais estavam se dedicando às suas profissões e à atividade revolucionária.

Nadya não podia pedir ajuda ao outro lado da família. Keke, a mãe de Stalin, se recusara terminantemente a se mudar para Moscou. Em junho de 1921, quando se recuperou da operação de apendicite, Stalin foi à Geórgia a trabalho e visitou a mãe. Saudou-a sem o carinho esperado após a longa separação.[14] Ela era determinada, e não titubeou em perguntar: "Filho, suas mãos não estão manchadas com o sangue do tsar, estão?" Confuso, ele fez o sinal da cruz, e jurou que não tivera nada a ver com aquilo. O amigo Sergo Ordjonikidze se surpreendeu com a recidiva religiosa, mas ele retrucou: "Ela é crente! Quem dera que o nosso povo acreditasse no marxismo como ela acredita em Deus!"¹⁵ Os dois haviam passado muitos anos separados; embora ele tivesse conseguido responder-lhe diretamente, a pergunta indicava que ela estava ciente de que o hiato da crença continuaria mantendo-os separados. Como cristã, Keke tinha motivos para lhe dizer que o Kremlin vermelho não era lugar para ela. Para sua segurança e seu conforto, Stalin a alojou em um apartamento dos criados, no antigo palácio do vice-rei, em Tbilisi. Budu Mdivani comentou que as autoridades locais intensificaram a vigilância em torno dela: "Para que não dê à luz outro Stalin!"¹⁶

Mas Josef não voltou desacompanhado. Na Geórgia, procurou também seu filho Yakov, que tivera com Ketevan, sua primeira mulher. Yakov estivera aos cuidados de Alexander Svanidze, irmão de Ketevan, e da esposa dele, Maria. Josef mal conhecia o garoto de 13 anos, mas queria finalmente colocá-lo sob seus cuidados — ou, ao menos, de Nadya. Esse não foi o fim da expansão da família. O líder bolchevique F. A. Sergeev, apelidado Artëm, morrera em um acidente de avião em julho de 1921 e deixara um filho pequeno. Era costume do partido que os órfãos fossem adotados por outros bolcheviques, e foi o que Stalin fez. Artëm Sergeev viveu com eles até a idade adulta (e foi general de brigada no Exército Vermelho durante a Segunda Guerra Mundial).¹⁷ Stalin também se interessou pela criação de Nikolai Patolichev, filho de um camarada que supostamente morrera em seus braços durante a Guerra Soviético-Polonesa de 1920.¹⁸ O jovem Patolichev não viveu com a família. Ainda assim, em poucos meses, o lar de Stalin cresceu de duas para cinco pessoas.

Nadya buscou assistência doméstica enquanto o marido ocupado dirigia suas energias para a política. Ela contratou uma babá para Vasili e empregou criadas. Ela própria era como um cão farejador quando buscava gêneros alimentícios. O regime administrativo do Kremlin, dirigido pelo velho amigo de Stalin, Abel Enukidze, designara uma cota de víveres a cada família residente. Josef, cuja saúde dera trabalho durante a Guerra Civil, tinha a recomendação médica de incluir aves na dieta. O resultado é que ele tinha direito a quinze galinhas por mês, um queijo de porco e sete quilos de batatas. Em meados de março de 1921, dias antes da chegada do novo bebê, a família já tinha consumido dez das quinze galinhas. (Ou as aves eram muito miúdas, ou os Stalin tinham o apetite de um leão.) Nadya escreveu solicitando um aumento da cota.[19] (Mesmo antes de se casar com Josef, ela já sabia lidar com a burocracia: em novembro de 1918, quando os Alliluev se mudaram para Moscou, ela escreveu a Yakov Sverdlov pedindo um quarto melhor para eles.)[20] Anos depois, ela fez outras solicitações. Uma delas foi para conseguir uma nova creche; nessa ocasião, o pedido foi recusado.[21]

Seu desejo de trabalhar fora era comum entre as jovens bolcheviques, que combinavam a dedicação à causa revolucionária com a luta pela emancipação da mulher. Nadya não se recusava a supervisionar a administração da casa, sempre que tivesse criados e pudesse continuar empregada no escritório de Lenin. A dupla jornada era muito pesada, e a falta de apoio da parte de Josef tornava-a quase insuportável. Com frequência ele chegava atrasado em casa. Tinha modos grosseiros, e quando se irritava usava uma linguagem obscena — que não se limitava a frases como "Vá para o inferno!". Como odiava ser contrariado, empregava xingamentos do mais baixo calão contra Nadya. Seus maus modos eram extremos, e não se pode descartar que, de alguma forma, estivesse compensando suas inseguranças pessoais. Depois de machucar o braço na infância, ele não pôde participar dos jogos agressivos naturais naquela idade. Na Grande Guerra fora rejeitado pelo Exército Imperial por problemas físicos. Stalin queria ser encarado como um homem com "h" maiúsculo. Na verdade, segundo seu sobrinho-neto Vladimir Alliluev, suas unhas estavam sempre cuidadosamente manicuradas e ele tinha "dedos quase como os de uma mulher".[22] Pelos critérios contemporâneos, teria Stalin alguma dúvida residual sobre a própria masculinidade? Se foi esse o caso, Nadya foi quem pagou o preço.

Como a maior parte dos homens seus contemporâneos, Stalin esperava que a esposa lhe obedecesse. Nesse ponto, ele se decepcionou, pois ela se negou a se submeter. As brigas entre os dois foram frequentes mais ou menos desde o início da coabitação estável. Ela também tinha seus humores. De fato, hoje está claro que sofria de problemas mentais. Talvez fosse hereditário. O lado materno da família parece ter sido afetado por algum tipo de esquizofrenia; e seu irmão dela Fëdor teve uma crise da qual nunca se recuperou.[23] Após a Guerra Civil, passou por uma situação traumática quando o ex-ladrão de bancos Kamo armou um tumulto e ameaçou atirar nele. Nadya tinha um temperamento volátil e, embora ainda amasse Josef, o casamento vivia imerso no rancor, com períodos de tranquilidade.

Alguém no aparato central decidiu que Nadya não se adequava ao partido. Segundo rumores, esse alguém seria o próprio Stalin. Em dezembro de 1921, ela foi excluída: aquilo era uma desgraça para alguém que, como ela, trabalhasse nos escritórios do Sovnarkom. Ela podia perder o emprego. A acusação era de que não tinha sido aprovada nos diversos testes aplicados aos membros do partido e não tinha se preparado para eles. Ela tampouco teria ajudado no trabalho partidário rotineiro; isso era inaceitável, já que ela era "uma pessoa da intelligentsia". Apenas um membro da Comissão de Controle Central falou a seu favor, embora o próprio Lenin a tivesse apoiado calorosamente por escrito.[24] Nadya implorou por outra chance e prometeu que se esforçaria mais como se exigia. Inicialmente, a decisão foi de "excluí-la como um lastro, totalmente desinteressada do trabalho partidário"; mas, por fim, a Comissão de Controle Central permitiu-lhe conservar o status secundário de "candidata" a membro do partido.[25] Em um ano repleto de problemas, ela podia ter passado sem aquele contratempo, mas ao menos a decisão permitiu que continuasse trabalhando no escritório de Lenin sem nódoas na sua folha corrida.

Não é possível provar que Josef estivesse por trás da decisão de tirar-lhe o carnê do partido, e Nadya nunca o culpou expressamente. Contudo, ele pertencia ao Politburo e ao Orgburo, e em 1921 já havia começado a intervir no trabalho do Secretariado.[26] Se quisesse, poderia ter intercedido a seu favor. Mas ela sobreviveu. Stalin aceitou a situação e evitou interferir novamente nas aspirações profissionais de Nadya. Além disso, ela continuou trabalhando como uma das secretárias de Lenin mesmo quando ele e Stalin se desentenderam. Krupskaya chegou a lhe pedir que falasse com Kamenev em nome de Lenin a respeito do Caso Georgiano.[27] Seria estranho que ela ocultasse isso do esposo. Talvez, por fim, ele tenha percebido as vantagens de ter uma mulher que trabalhava.

Em casa, Nadya era uma mãe severa e negava aos filhos o afeto que dedicava a Josef. Ela ditava padrões de comportamento rígidos. Yakov, que mal conhecera o pai antes de se mudar para Moscou, não reagiu bem a tudo isso. O trabalho de Josef o mantinha afastado de casa, e o vínculo entre eles nunca se firmou. Qualquer interesse que demonstrasse pelo filho tendia a envolver pressões. Empurrava-lhe livros e exigia que os lesse. "Yasha!", escreveu na capa de *A conquista da natureza*, de B. Andreev. "Leia este livro sem falta!"[28] Mas Nadya era quem lidava com ele no cotidiano e, como relatou em uma carta à mãe de Josef, em outubro de 1922, ela o achava irritante:

> Envio-lhe um grande beijo e as saudações de Soso: ele está muito saudável, sente-se muito bem, trabalha duro e sempre a recorda.
> Yasha [i.e., Yakov] estuda, se comporta mal, fuma e não me ouve. Vasenka [i.e., Vasili] também se comporta mal, insulta a mãe e tampouco me ouve. Ele ainda não começou a fumar. Certamente, Josef lhe ensinará, pois sempre o deixa dar uma baforada no seu *papiroska*.[29]

Papiroska é um cigarro com um canudo vazio na ponta, que funciona como uma piteira, para fumar usando luvas em temperaturas abaixo de zero. Era típico de Josef esperar que Nadya impusesse disciplina enquanto ele próprio a rompia.

Contudo, a vida tinha seu lado agradável. Após a Guerra Soviético-Polonesa, os Stalin passaram a viver em dois endereços: no apartamento do Kremlin e na *datcha* que denominavam Zubalovo, perto da serraria de Usovo, nos arredores de Moscou. Por uma estranha coincidência, o dono da *datcha* era da família de comerciantes Zubalishvili, que havia construído a casa onde depois se instalou o Seminário Teológico de Tíflis. Talvez Stalin e seu vizinho Mikoyan se divertissem por estar vivendo em casas erguidas por empresários do sul do Cáucaso contra os quais tinham ajudado a organizar greves.[30]

Diversas *datchas* foram confiscadas no mesmo distrito, em 1919, e os Stalin ocuparam a de Zubalovo-4. Stalin, que nunca tivera casa própria, derrubou árvores e arbustos para deixar o terreno ao seu jeito.[31] Perto dali corria o rio Moskva, onde as crianças nadavam no verão. Era um lugar bonito, que poderia ter figurado nas peças de Anton Chekhov; porém, este descrevera como a velha aristocracia rural tinha sido suplantada pelos *nouveaux riches* — nesse caso, os *nouveaux riches* estavam sendo expulsos pelos revolucionários. Stalin se deleitara com a partida forçada dos Zubalishvili, mas não teve o menor pudor em assumir um estilo de vida igualmente burguês. Quando possível, toda a família Stalin ia para Zubalovo. Eles extraíam mel. Colhiam cogumelos e morangos silvestres. Josef disparava ao léu em faisões e coelhos, e a família comia o que ele caçava. A casa ficava aberta e as visitas permaneciam o tempo que quisessem. Budënny e Voroshilov costumavam passar para beber e cantar com Josef. Ordjonikidze e Bukharin também passavam um tempo lá. O favorito de Nadya e as crianças era o gentil Bukharin: certa vez ele levou uma raposa cinzenta domesticada e fez uma pintura das árvores junto à *datcha*.[32]

No verão, eles costumavam ir de férias para o sul da URSS, para uma das várias *datchas* estatais à beira do mar Negro. Stalin recebia materiais pelo correio quando precisava ser consultado. Mas ele sabia se divertir. Sempre havia diversos pratos e vinhos caucasianos à mesa, e os políticos georgianos e abecásios faziam fila para se congraçar com ele. Seus cupinchas de Moscou se hospedavam nas *datchas* vizinhas e faziam visitas à família; e todos faziam piqueniques nas colinas ou à beira-mar. Embora não soubesse nadar, Stalin gostava do ar fresco e da praia.

Ele também aproveitava as férias para se recuperar. Seus problemas de saúde eram constantes, e desde 1917 ele recorria a diversas curas tradicionais. O reumatismo no braço e uma tosse incômoda — provavelmente causada pelo fumo do cachimbo — são mencionados em suas cartas.[33] Certa vez, ele foi a Nalchik, no norte do Cáucaso. Era um lugar visitado por pacientes de tuberculose.[34] No entanto, suas queixas específicas eram outras; quanto ao reumatismo, que sempre atacava seu braço na primavera, Mikoyan o aconselhou a tentar os banhos termais em Matsesta, perto de Sochi, na costa do mar Negro.[35] Stalin tentou e viu que as águas de lá funcionavam "muito melhor que a lama de Essentuki",[36] uma das cidades-spa no norte do Cáucaso, famosa pelos efeitos medicinais benéficos de seu solo. De qualquer modo, Stalin preferia ir a Sochi nas férias de verão.[37] A partir de 1926, ele se colocou nas mãos do dr. Ivan Valedinski, um grande adepto da "balneologia". Quando foi ao sul, no verão, levou instruções do médico: tomar uma dúzia de banhos em Matsesta antes de voltar para casa. Stalin pediu para animar a estadia com uma ou duas taças de conhaque nos fins de semana. Valedinski foi severo: poderia tomar uma taça aos sábados, mas definitivamente nada aos domingos.[38]

Talvez o médico tenha se esquecido de que o domingo não é sagrado para os ateus. De qualquer modo, Stalin não era um paciente obediente; carregava um monte de remédios e os tomava como achasse melhor, independentemente do conselho dos médicos.[39] É duvidoso que tenha seguido a prescrição de Valedinski ao pé da letra. Porém, certamente sentia-se melhor do que antes. Os banhos quentes amainaram a dor nas articulações, e a aspirina diminuiu a dor no pescoço. Um exame do coração em 1927 confirmou que ele estava são.[40]

Mais preocupante que a saúde ruim eram as dificuldades crescentes com Nadya. Os períodos de calma e carinho eram interrompidos por explosões de irritação mútua. Nadya e as crianças passavam tempos com ele no sul; e ela e Josef se escreviam quando, por algum motivo, ela não podia ficar.[41] Sua ausência tornou-se habitual quando ela começou um curso na Academia Industrial — o início do ano letivo coincidia com as férias anuais do marido. Ela era solícita com ele: "Imploro-lhe muito que se cuide. Beijo-o profunda, profundamente, como você me beijou quando nos despedimos."[42] Ela também escrevia à mãe dele em nome de Stalin, dando notícias das crianças e pequenos detalhes da vida em Moscou. Stalin escrevia pouco para a Geórgia. Estava preocupado demais com assuntos políticos, e de qualquer modo havia muitos anos ele não ligava para os parentes. Em geral, suas cartas à mãe eram tão breves que soavam bruscas, e terminavam com alguma frase como "Viva mil anos!".[43] Nadya fazia o que podia por ele, mas nunca teve o apreço e a compreensão que ansiava da parte do marido.

A aspereza dele teria desmoralizado o espírito mais otimista. A saúde mental de Nadya piorou, e ela passou a ter episódios de desespero. Os flertes de Stalin com outras mulheres provavelmente contribuíram para isso. Na equipe de secretárias do Politburo havia uma jovem, Tamara Khazanova, que ficou amiga de Nadya; ela ia ao apartamento no Kremlin e ajudava a cuidar das crianças. Em algum momento, parece que Stalin se sentiu atraído por ela e lhe fez a corte.[44]

Nadya foi invadida pela melancolia. Expôs seus pensamentos em carta à amiga Maria Svanidze, irmã da primeira mulher de Stalin:

Você escreveu dizendo que está entediada. Sabe, querida, é o mesmo em toda parte. Não tenho absolutamente nada a ver com ninguém em Moscou. Às vezes, parece estranho, depois de tantos anos, não ter amigos íntimos, mas isso obviamente depende do caráter de cada um. Além disso, é curioso, mas sinto-me mais próxima de não membros do partido (mulheres, claro), e a explicação óbvia é que é gente mais simples.

Arrependo-me imensamente de ter me prendido novamente a novas questões familiares. Nesses tempos isso não é muito fácil, pois em geral muitos dos novos preconceitos são estranhos e, quando você não trabalha, os outros a consideram uma "mulher velha".⁴⁵

"Novas questões familiares" era o estranho modo como Nadya se referia à sua nova gravidez. Por isso ela precisou postergar a obtenção da qualificação necessária para se empregar profissionalmente. Ela ainda pretendia fazer um curso. Aconselhou Maria a ter a mesma atitude ou que usasse seu tempo para ajudar outras pessoas.⁴⁶

A criança que ela esperava nasceu em 28 de fevereiro de 1926; era uma menina, batizada Svetlana. Contudo, Nadya continuava determinada a se livrar das tarefas domésticas e, no outono de 1929, iniciou um curso de especialização em fibras artificiais na Academia Industrial de Moscou. O lar dos Stalin ficou a cargo das criadas e babás.

Todas as manhãs, ela saía do Kremlin e se dirigia à Academia Industrial. Deixava para trás os privilégios. Deixava também um ambiente de meia--idade para se juntar à gente de sua faixa etária. A maioria dos estudantes não sabia que Nadya Allilueva era a esposa do secretário-geral do partido — e, mesmo que soubessem, não a teriam tratado de um modo especial. Ela saía sem chofer nem guarda-costas, e usava o transporte público. Nadya escreveu a Josef sobre uma viagem muito entediante em 12 de setembro de 1929:

> Hoje posso dizer que as coisas melhoraram, pois fiz uma boa prova escrita de matemática, mas em geral nem tudo é tão exitoso. Para dizer a verdade, tinha de estar na A[cademia] I[ndustrial] às 9h e, claro, saí de casa às 8h30, mas acontece que o bonde quebrou. Fui esperar

o ônibus, mas ele não passava, então decidi tomar um táxi para não me atrasar. Entrei e, veja você, quando tínhamos avançado uns 100 metros, o táxi se deteve; alguma coisa escangalhou.[47]

Embora alegasse achar graça naquele catálogo de enguiços nos serviços, ela se esforçou demais para ser convincente. Nadya tinha altos padrões para tudo, e estava amolada com a deterioração das condições de vida. Queria que Josef se inteirasse da vida que os habitantes metropolitanos comuns enfrentavam: o barulho, a bagunça, a desordem.[48]

Até Josef às vezes topava com essas coisas desagradáveis. Certa vez, no final da década de 1920, por algum motivo ele e Molotov estavam andando fora dos muros do Kremlin. Molotov nunca esqueceu o ocorrido:

Lembro-me que caía uma nevasca; a neve se amontoava, e Stalin e eu estávamos perto da Escola de Equitação. Andávamos sem guarda--costas. Ele vestia um casaco de pele, botas altas e gorro de orelheira. Ninguém sabia quem ele era. De repente, um mendigo se aproximou: "Deem-me uma moeda, meus bons senhores!" Stalin enfiou a mão no bolso, tirou uma nota de 10 rublos, entregou-a e seguimos em frente. Então o mendigo gritou: "Ah, seus malditos burgueses!" Ele começou a rir: "Diga-me se dá para entender o nosso povo. Se você dá pouco, é ruim; se dá muito, é ruim também!"[49]

Contudo, em geral, ele estava protegido desse tipo de experiências.

O que deixava Nadya preocupada era que ele tinha se desligado do compromisso duradouro com a família. Em casa, era agressivo e dominador. Ela suspeitava que Stalin tinha casos com mulheres atraentes que cruzavam seu caminho. Fora isso, só pensava em política. Sentia-se pleno não no apartamento deles no Kremlin ou em Zubalovo, mas no seu escritório, na Praça Velha, a poucos metros da Praça Vermelha. O Comitê Central se instalara lá em 1923. Ele tinha um escritório em um andar alto, junto ao de Molotov, Kaganovich e outros. Lá ele passava a maior parte do dia e, frequentemente, grande parte da noite. Nadya não se queixava de ficar sozinha, mas sentia que o comportamento dele em casa — quando estava presente — deixava muito a desejar. A infelicidade dela era compreensível. Stalin não tinha interesses fora do trabalho, do estudo ou das ocasionais expedições de caça. Diferentemente de Molotov e seus outros cupinchas, ele não jogava tênis ou boliche. Nem ao cinema ele ia. O casamento de Josef e Nadya parecia um divórcio anunciado.

22. UM FACCIONÁRIO CONTRA AS FACÇÕES

No ano de 1925, as disputas no Politburo desaguaram em uma crise. As rivalidades pessoais se transformaram em conflitos faccionais quando Zinoviev e Kamenev se opuseram abertamente a Bukharin e Stalin. Eles brigaram pela organização interna e as relações internacionais do partido. As medidas agrícolas oficiais também eram altamente controversas. Em seu entusiasmo com a Nova Política Econômica, Bukharin dissera aos camponeses mais abastados: "Enriqueçam!" Isso não coincidia com os comentários de Lenin sobre os *kulaks* ao longo do tempo. Mesmo nos últimos artigos que ditou, Lenin havia concebido um movimento contínuo do campesinato na direção de um sistema de cooperativas agrícolas; ele nunca defendeu abertamente o lucro como o motor da regeneração da agricultura. Bukharin parecia estar solapando as ideias básicas do leninismo, e Zinoviev e Kamenev não estavam apenas sendo oportunistas ao condená-lo. De modo geral, opunham-se aos crescentes compromissos da Nova Política Econômica tal como desenvolvida. Stalin e Bukharin se uniram para enfrentar os adversários de facção. Depois de lutar contra Trotski e a Oposição de Esquerda, investiram contra Zinoviev e Kamenev, defendendo uma interpretação mais radical da "união do operariado com o campesinato". A sobrevivência da NEP estava em jogo.

Houve choques no Comitê Central em outubro de 1925. Zinoviev e Kamenev chegaram com a garantia do apoio de Grigori Sokolnikov, comissário do povo para as Finanças, e da viúva de Lenin, Nadejda Krupskaya. Naquela ocasião, Stalin e Bukharin tinham a maioria. Mas nem Zinoviev nem Kamenev tinham perdido sequazes nos estratos mais altos do partido. Portanto, Stalin decidiu atacá-los abertamente no XIV Congresso do Partido, em dezembro de 1925. Montou um ardil e revelou que, certa vez, eles tentaram convencê-lo a concordar com a expulsão de Trotski do partido. Com modos de santarrão, Stalin negou ter propensão à carnificina, e anunciou:[1]

> Somos pela unidade, somos contrários ao desmembramento. A política do desmembramento nos parece repugnante. O partido quer unidade, e vai obtê-la junto com os camaradas Zinoviev e Kamenev, se for o que eles querem — ou sem eles, se não a quiserem.[2]

Apesar de Lenin tê-lo acusado de ser grosseiro e divisionista, Stalin aventou a sugestão de que a ameaça de cisão no partido estava encarnada no que estava ficando conhecido como Oposição de Leningrado.

Kamenev foi claro:

> Somos contrários à teoria do "líder" [*vojdya*]; somos contra fazer de alguém "o Líder". Somos contrários a que o Secretariado, ao combinar política e organização, se coloque acima do corpo político. Somos a favor da organização interna da liderança, para que o Politburo seja de fato onipotente e una os políticos do partido, que o Secretariado esteja subordinado a ele e, tecnicamente, cumpra seus decretos [...] Pessoalmente, opino que o nosso secretário-geral não é o tipo de pessoa capaz de reunir o alto comando bolchevique ao seu redor. Justamente por ter dito isto pessoalmente muitas vezes ao camarada Stalin e a um grupo de camaradas leninistas, repito aqui neste Congresso: cheguei à conclusão de que o camarada Stalin é incapaz de exercer o papel de unificador do alto-comando bolchevique.[3]

A advertência soou extravagante aos sequazes de Stalin e Bukharin. Mas Kamenev tinha razão. Ele percebeu que, por trás da superfície de amizade entre Stalin e Bukharin, o primeiro pretendia se tornar líder absoluto do partido.

Zinoviev deu o troco por Stalin ter revelado a conversa entre ambos ao divulgar detalhes do episódio de Kislovodsk, quando até alguns amigos de Stalin discutiram que era desejável limitar seus poderes;[4] ele confiou em seus floreios retóricos para granjear apoio, mas não se ouviram os aplausos habituais. Embora tivesse sido superado em astúcia, não podia atribuir seu infortúnio apenas ao secretário-geral. Ele pôs em marcha a máquina das suspeitas mútuas. Se alguém havia demonstrado uma ambição arrogante, esse alguém era ele. Ao mesmo tempo, tinha pouco a contrapor às políticas do duunvirato Stalin-Bukharin no comando do Politburo. Zinoviev e Kamenev podiam falar entredentes sobre as falhas do regime, mas até pouco antes tinham sido pilares que sustentavam seu frontão. Ao entregar ao Comitê Central um relatório complementar ao relatório oficial de Stalin, Zinoviev queixou-se do tratamento recebido nas mãos de Stalin e alertou para os futuros compromissos com o campesinato promovidos por este e Bukharin. Mas não esclareceu o que teria feito no lugar deles.

Zinoviev e Kamenev se indispuseram com a maioria dos líderes e militantes do partido. Eles tinham restaurado o faccionalismo em um momento perigoso. Trotski acabara de ser derrotado e eles criaram uma cisão na liderança partidária ascendente. O partido estava inseguro em toda a URSS. Sua vitória sobre os brancos na Guerra Civil o deixara desiludido quanto ao seu isolamento no país. Fora das fileiras bolcheviques, os operários estavam muito insatisfeitos. Os camponeses não estavam nem um pouco agradecidos aos bolcheviques pela NEP; havia um ressentimento profundo com os ataques contínuos à Igreja ortodoxa russa. Muitos membros de profissões técnicas operavam em instituições soviéticas, mas ansiavam pela "geração termidoriana". Termidor, em 1794, foi o mês em que os jacobinos que lideraram o governo revolucionário francês foram derrubados, e os experimentos sociais radicais chegaram ao fim. Os intelectuais mais criativos continuavam encarando o bolchevismo como uma praga a ser eliminada. Muitos não russos, depois de experimentar a independência da Rússia durante a Guerra Civil, queriam levar suas demandas étnicas e nacionais para além dos limites impostos pela constituição da URSS. Os *"nepmen"* faziam muito dinheiro com a NEP, mas queriam um ambiente comercial mais previsível. Os camponeses abastados — os chamados *kulaks* — tinham a mesma aspiração. À sombra da vida pública espreitavam legiões de membros dos partidos políticos banidos: mencheviques, socialistas revolucionários, cadetes e as várias organizações criadas por diversas nacionalidades.

O partido se viu cercado por inimigos em seu próprio país, e a liderança comunista soviética — inclusive Stalin — estava consciente de que a imposição de um Estado centralizado com um só partido ainda não havia provocado uma mudança revolucionária nas atitudes e práticas dos estratos mais baixos do partido, do Estado e da sociedade. As políticas eram formuladas em grande medida sem consultas fora do Kremlin. A oposição aberta se restringia às sucessivas oposições internas do partido bolchevique. Outras tendências, quando se expunham abertamente, eram reprimidas com vigor pelo OGPU (como a GPU passou se chamar em 1924). Os membros do Politburo, sem exceção, estavam cientes de que presidiam um Estado com métodos de governo imperfeitos. O antagonismo social, nacional e religioso ao bolchevismo estava amplamente disseminado. Até o partido tinha seus defeitos: eram evidentes as lutas faccionais e a desobediência administrativa passiva, além do declínio do fervor ideológico nos escalões mais baixos. Quem ganhasse a briga pela sucessão de Lenin enfrentaria de imediato uma tarefa séria: tornar a governança da URSS mais densa e irreversível. Stalin tinha poder sobre a formulação da política e a seleção de pessoal; conseguira vencer seus inimigos individuais no partido. Ele ainda não havia transformado a ordem soviética em um sistema de poder que cultuava a obediência e o entusiasmo generalizados.

A sensação de que, a qualquer momento, uma "cruzada" capitalista poderia ser declarada contra a URSS contribuía para essa preocupação fundamental. Estados estrangeiros interferiram na Rússia soviética em 1918-
-19, e poderiam fazê-lo outra vez. Certamente, o país mantinha tratados de comércio com o Reino Unido e outros Estados. Havia firmado o Tratado de Rapallo com a Alemanha derrotada. O Comintern contribuía gradualmente para aumentar e fortalecer os partidos comunistas afiliados. Ostensivamente, não havia ameaça à paz. Nem os franceses, que haviam causado problemas quando o governo se negou a saldar as dívidas de Nicolau II e do Governo Provisório, estavam dispostos a invadir. Contudo, enquanto a URSS fosse o único Estado socialista no mundo, haveria tensões diplomáticas que poderiam a qualquer momento sair do controle, e a União Soviética poderia ser invadida. Os bolcheviques estavam atentos para deflagrações militares em suas fronteiras. Pensavam que os poloneses haviam invadido a Ucrânia em

1920 instigados pelos Aliados ocidentais. (Embora isso não fosse verdade, havia de fato um conluio militar com assessores franceses e negociações diplomáticas com os britânicos.) Os bolcheviques pensavam que os próprios franceses e britânicos não tinham feito uma cruzada contra a URSS na década de 1920, mas poderiam muito bem armar e preparar exércitos invasores substitutos. As forças armadas da Polônia, Finlândia, Romênia e até da Turquia eram consideradas candidatas a esse papel.

Foi nessa situação, com a URSS pressionada por inimigos internos e de fora de suas fronteiras, que Zinoviev e Kamenev escolheram o caminho já trilhado por Trotski. Eles pareceram ameaçadoramente desleais, mesmo sem os discursos de Stalin contra eles. Em 1925, havia 1.025.000 bolcheviques em meio a uma população de 147 milhões.[5] Eles reconheciam que eram uma mera gota no oceano, e que as campanhas de recrutamento em massa durante e após a Guerra Civil haviam criado um partido com uns poucos milhares de líderes experientes e militantes, e a vasta maioria que não diferia muito do resto da sociedade em conhecimento político e capacidade administrativa. Zinoviev e Kamenev pareciam ambiciosos autocomplacentes, e estavam a ponto de pagar por isso.

Stalin seguia publicando artigos explicando seus objetivos. Precisava apresentar suas credenciais ideológicas; dentre os seus vários feitos, houve a continuação de suas palestras na Universidade de Sverdlov: em 1926, ele publicou *Questões do leninismo*. (Convencionalmente traduzido como *Em torno dos problemas do leninismo*.) O conteúdo não contribuiu para mudar o consenso entre os principais líderes bolcheviques de que ele era um intérprete sem imaginação das doutrinas de Lenin. Os panfletos e artigos mais exploratórios eram escritos por outros. Trotski escreveu sobre problemas da vida cotidiana, Preobrajenski sobre desenvolvimento econômico, Bukharin sobre epistemologia e sociologia. Não havia quase nada em *Questões do leninismo* que não pudesse ser encontrado nas principais obras publicadas de Lenin. Na verdade, o texto não passou de uma codificação. Apenas um item no livro chamou atenção à época: a afirmação de Stalin de que o socialismo podia ser construído em um só país. Até então, a suposição oficial do partido era que a Rússia não poderia fazer isso sozinha. Partia-se da noção de que enquanto o capitalismo fosse poderoso no mundo haveria sérios empecilhos para alcançar um imenso progresso social e econômico, mesmo no país socialista mais avançado.

Essa tinha sido a opinião de Lenin, e ele a expressara na política externa. Sempre que possível, tentou espalhar a Revolução para o oeste com propaganda, subsídios financeiros, assessoria ou guerra. Diversas vezes asseverou que a reconstrução econômica russa seria uma quimera, a menos que contasse com assistência da Alemanha, fosse ela socialista ou capitalista. Consequentemente, seu programa levava os bolcheviques a começar a construir o socialismo da Rússia na expectativa de que Estados estrangeiros, especialmente a Alemanha, mais tarde ajudassem a completar a construção. Em setembro de 1920, ele disse isso na IX Conferência do Partido. "As forças russas" sozinhas, insistiu, seriam inadequadas para tal; mesmo a recuperação econômica e muito menos o desenvolvimento econômico poderiam tardar entre dez e quinze anos se a Rússia soviética permanecesse isolada.[6]

Stalin, porém, argumentou que a construção do socialismo era viável, mesmo na ausência de um Estado socialista fraterno. Aqui, o grande codificador teve de empregar um subterfúgio. Citou equivocadamente publicações de Lenin e, aproveitando sua autoridade organizacional, evitou que fossem impressos discursos e textos inéditos que o contradissessem. Seus inimigos tinham um desprezo tal por seus escritos que não se dignaram a expor sua heterodoxia; de fato, só em retrospecto seus ensinamentos heréticos adquiriram um significado prático. Na década de 1920, não tiveram impacto direto na prática política. Todos os que apoiavam a NEP sabiam que a URSS tinha de seguir sozinha com a "construção socialista" em uma época em que não havia outro Estado socialista. A questão de até onde os bolcheviques conseguiriam avançar parecia desnecessariamente abstrata.

Trotski, Zinoviev, Kamenev e Bukharin, que também disputavam a liderança, escreveram seus próprios livros explicando o leninismo ao resto do partido. Todos evocaram a autoridade de Lenin, e afirmaram ter produzido uma estratégia leninista coerente. Não havia nada de intelectualmente surpreendente em nenhum dos livros deles, mas cada autor teve a habilidade de se apresentar como um intelectual notável. Quando se entediava no Politburo, Trotski pegava um romance francês e o lia ostensivamente em voz alta. Até para os padrões do Politburo ele era arrogante. Mas seu desprezo por Stalin, "ignorante" e "mal-educado", era compartilhado por todos. O que eles não entenderam foi que *Questões do leninismo* era um resumo competente da obra de Lenin, à parte o aspecto herético sobre o "socialismo em um só país". Era bem-construído, e continha formulações claras. Era um modelo de firmeza pedagógica: as ideias foram apresentadas e detalhadamente explicadas de vários ângulos. Quase todos os principais temas da obra de Lenin foram tratados. A exposição sucinta foi reconhecida, e o livro teve várias reedições.

Os rivais de Stalin subestimaram sua determinação em provar que estavam errados ao pensar mal dele. Ele conhecia as próprias deficiências. Falava um pouco de alemão, quase nada de inglês e nada de francês. Então, voltou a tentar aprender inglês por conta própria.[7] Ele não dominava o floreio oratório. Por isso, passou a elaborar intensamente seus discursos, e não deixava ninguém escrevê-los ou editar os rascunhos. Seu marxismo carecia de agudeza epistemológica. Por isso pediu a Jan Sten que lhe desse aulas semanais sobre os preceitos e métodos da filosofia marxista contemporânea.[8]

Enquanto isso, desenhava um perfil distinto para si no cume do partido. Sua ideia do "socialismo em um só país", visto à parte, era um leninismo pobre; mas encontrou eco entre muitos membros do comitê que não gostavam da insistência de Trotski em que a Revolução de Outubro murcharia e morreria a menos que chegasse ao poder em outros países poderosos do continente europeu. Stalin, um firme defensor da NEP, sugeriu acreditar seriamente no potencial básico de progresso da URSS sem assistência externa. O socialismo em um só país era a exposição de uma inclinação ideológica.[9] Igualmente importante eram certas tendências no seu pensamento. Seu compromisso com a NEP estava cada vez mais equivocado. Ele nunca a endossou com entusiasmo, como Bukharin, e estipulou níveis cada vez mais altos de investimentos na indústria estatal, e impostos cada vez mais pesados para os camponeses mais abastados. Ele também seguiu insistindo que os operários fossem promovidos da fábrica para cargos administrativos; continuava abominando os "especialistas burgueses".[10] Alinhado à política oficial do partido, indicava para cargos aqueles que tinham alianças com os bolcheviques anteriores a 1917.[11]

A questão é que essa configuração de tendências na ideologia e na política representava um atrativo cada vez maior para líderes do partido em Moscou e nas províncias. Stalin não chegou ao poder exclusivamente por meio da alavanca da manipulação burocrática. Ele certamente tinha vantagem, na medida em que podia substituir secretários locais do partido por pessoas de sua confiança. Também é verdade que o regime do partido lhe permitia controlar os debates no Comitê Central e nos congressos. Mas esses recursos teriam sido inúteis se ele não tivesse sido capaz de convencer o Comitê Central e o Congresso do Partido de que era o político mais viável para seguir. Não só como administrador, mas também como líder — em pensamentos e ação —, ele parecia cumprir os requisitos melhor do que ninguém.

Stalin e Bukharin se prepararam para a última e decisiva campanha contra a oposição interna do partido. Eles sempre odiaram Trotski e, em suas missivas, deleitavam-se porque cada vez conseguiam apequená-lo mais. Contudo, ainda lhe tinham certo temor. Sabiam que era talentoso e determinado; estavam cientes de que ele tinha um séquito pessoal no partido. Trotski ainda era um inimigo perigoso. Eles tinham menos respeito por Zinoviev, mas reconheciam que também era uma ameaça. Ainda mais perigoso era o efeito da reaproximação entre ambos. Como Zinoviev criticava Bukharin e Stalin do ponto de vista da esquerda, as diferenças entre os oposicionistas diminuíam. Em meados de 1926 foi criada a Oposição Unida. Quando Stalin soube que Krupskaya simpatizava com Zinoviev, escreveu a Molotov: "Krupskaya é uma divisionista. Por isso precisa levar uma surra se quisermos manter a unidade do partido."[12] Dois anos antes, ele havia agradecido o apoio dela quando ele se defendeu dos efeitos do testamento de Lenin. Depois de sobreviver àquela emergência, pretendia lidar com Krupskaya de um modo tão severo quanto com outros líderes da Oposição Unida.

Em meados de 1926, a cena estava montada para o acerto de contas, e Stalin estava ansioso por brigar. Quando Trotski resmungou com Bukharin que esperava ter a maioria do partido ao seu lado, o secretário-geral escreveu para Molotov e Bukharin: "Ele não sabe nada e desmerece Bukharin! Mas acho que em breve o partido vai dar um soco nos focinhos de Tr[otski], Grisha [Zinoviev] e Kamenev, e convertê-los em renegados, como Shlyapnikov."¹³ Ele os acusou de se comportar com ainda menos lealdade do que a Oposição Operária de Shlyapnikov. Era preciso confrontá-los. Zinoviev tinha de ser expulso do Politburo. A liderança ascendente do partido não precisava temer: "Garanto-lhes que essa questão vai avançar sem o menor problema para o partido e o país."¹⁴ Zinoviev seria atacado primeiro. Trotski podia ficar para depois.¹⁵

O grupo de Stalin estava bem-organizado. Ele próprio se deu o luxo de permanecer no mar Negro enquanto, no dia 3 de junho de 1926, uma briga terrível se arrastou por seis horas ao redor das teses propostas por Zinoviev.¹⁶ Stalin queria o controle total desse grupo. Queria estar a par dos acontecimentos e enviava instruções regularmente aos seus subordinados. Criara um sistema que lhe permitia chefiar mesmo estando de férias. Ele se afirmou de um modo ainda mais amplo. Em setembro de 1926, escreveu a Molotov, expressando reservas quanto ao seu aliado e suposto amigo Bukharin: "Bukharin é um porco, e certamente pior que um porco porque acha que seria indigno para ele escrever um par de linhas."¹⁷ Naquela época, ele também escreveu sobre o parceiro Mikoyan: "Mas Mikoyan é um patinho na política — um pato capaz, mas mesmo assim um patinho."¹⁸ Isso leva a crer que Stalin se considerava a única força indispensável na campanha contra a Oposição Unida. Aos seus olhos, ninguém mais conseguiria coordenar e guiar a liderança ascendente do partido nos futuros conflitos entre facções. Ele impôs a si mesmo o objetivo de derrotar Trotski e Zinoviev de uma vez por todas.

Contudo, o estresse das polêmicas constantes cobrou seu preço. Livre para lançar acusações à Oposição Unida, deixou-se afetar pelas injúrias que teve de enfrentar. Ele era um assediador extremamente suscetível. Quando a situação ficava muito ruim, seguia o padrão anterior a outubro de 1917 e tentava se demitir. Em 27 de dezembro de 1926, ele escreveu a Alexei Rykov, presidente do Sovnarkom: "Peço-lhe que me libere do cargo de secretário-geral do Comitê Central. Já não posso ocupá-lo, não estou mais em condições de continuar nesse cargo." Em 19 de dezembro de 1927, ele fez outra tentativa parecida.¹⁹ Obviamente queria ser persuadido a retirar a declaração de intenções — e os camaradas fizeram o que ele queria. Mas a máscara de absoluto autocontrole e autoconfiança caía nesses momentos.

A vacilação de Stalin era temporária e intermitente. A Oposição Unida ainda precisava ser derrotada, e ele voltou ao trabalho como secretário-geral com a beligerância pela qual era admirado. Ele e Bukharin estavam prontos para a briga (ainda que Bukharin tivesse a tendência inquietante de continuar tratando os oponentes de maneira amistosa). O fim político de Trotski, Zinoviev e Kamenev chegou surpreendentemente rápido. Na primavera de 1927, Trotski arquitetou uma "plataforma" ambiciosa, firmada por 83 opositores (inclusive ele), com uma crítica fulminante aos pecados da liderança ascendente do partido. Exigiu uma política exterior mais "revolucionária", e o crescimento industrial mais acelerado; se antes havia demonstrado preocupação com a "burocratização" do partido, agora ele e seus correligionários insistiam na necessidade de uma campanha abrangente de democratização não só do partido como também dos sovietes. Afirmaram que apenas assim alcançariam os objetivos iniciais da Revolução de Outubro. Portanto, segundo a Oposição Unida, o Politburo estava arruinando tudo que Lenin defendera. Era preciso uma última luta para recolocar os princípios do partido no topo da agenda política.

Stalin e Bukharin lideraram os contra-ataques no verão de 1927. O ânimo beligerante de ambos foi fortalecido pela consciência aguda de que a Oposição Unida, ao acusar o Politburo de negligência com seus deveres revolucionários, também condenava seus membros por incompetência. O Politburo estava determinado a se manter firme ante a intensificação das complicações internacionais. Durante meses, o governo conservador britânico buscava uma desculpa, e quando uma batida policial na companhia anglo-soviética Arcos encontrou evidências comprometedoras, o Reino Unido rompeu relações diplomáticas com a URSS e em maio expulsou o embaixador soviético. No mês seguinte, o embaixador soviético na Polônia foi assassinado. Não foi a primeira vez que circulou o temor de uma guerra na URSS. O OGPU reforçou a vigilância contra a subversão e a sabotagem. Os problemas surgiam rapidamente, e eram muitos. Em meados de julho, notícias provenientes da China diziam que o líder nacionalista Chiang Kai-shek havia massacrado comunistas em Shangai em abril. Embora o Politburo não fosse culpado pelo que ocorrera em Londres e Varsóvia, Stalin e Bukharin foram diretamente responsabilizados pelas políticas do Comintern impostas à liderança comunista chinesa. Pouco antes, eles tinham insistido em uma aliança com Chiang Kai-shek, contra o desejo dos comunistas chineses; em agosto de 1927, autorizaram uma insurreição contra ele. A Oposição Unida criticou o Politburo pela absoluta ausência de uma supervisão eficaz da política externa da URSS.

Stalin, contudo, viajou de férias para o sul. Supôs que poderia deixar a Comissão Central de Controle, presidida por Ordjonikidze, encarregada de disciplinar a Oposição Unida. Ele recebeu cartas regularmente. O que lia o deixava furioso. De algum modo, Zinoviev e Trotski tinham conseguido transformar os inquéritos da Comissão Central de Controle em uma oportunidade de desafiar o Comitê Central. Ordjonikidze parecia ter perdido a mão. "Que vergonha!", escreveu Stalin a Molotov, esperando uma atitude mais agressiva dos homens que deixara encarregados de Moscou.[20]

Em junho e julho, ele recheou suas cartas com instruções detalhadas sobre a Grã-Bretanha e a China.[21] Mas não tirou os olhos da ameaça interna: precisava resolver o assunto Trotski. Consultou Bukharin e Molotov se não seria melhor deportar o inimigo para o Japão.[22] A decisão foi tomada em etapas. Na plenária conjunta do Comitê Central e da Comissão Central de Controle, em outubro de 1927, alguns seguidores de Trotski gritaram que o Politburo estava enterrando o testamento de Lenin. Stalin estava preparado para lhes responder:

> A Oposição Unida está pensando em "explicar" sua derrota com fatores pessoais: a rudeza de Stalin, a atitude descompromissada de Bukharin e Rykov, e por aí vai. É uma explicação mesquinha! É menos uma explicação que uma tolice supersticiosa [...] No período entre 1904 e a Revolução de Fevereiro, Trotski passava todo o tempo dando piruetas na companhia dos mencheviques e conduzindo campanhas contra o partido de Lenin. Naquele período, ele sofreu uma série de derrotas nas mãos do partido de Lenin. Por quê? Talvez a rudeza de Stalin tenha sido a causa? Mas Stalin ainda não era secretário do C[omitê] C[entral]; naquele momento estava isolado e longe, conduzindo a luta na clandestinidade, enquanto a disputa entre

Lenin e Trotski ocorria no estrangeiro. Então, onde exatamente entra a rudeza de Stalin nisso tudo?²³

Essa manipulação da plenária foi uma obra-prima de persuasão. Ele recordou à Oposição Unida que tinha rejeitado pedidos para expulsar Trotski e Zinoviev do Comitê Central. "Talvez", sugeriu, viperino, "eu tenha exagerado na 'bondade' e cometido um erro."

A plenária excluiu Trotski, Zinoviev e Kamenev do Comitê Central. Em 14 de novembro de 1927, Trotski e Zinoviev foram expulsos do partido, decisão que foi ratificada pelo XV Congresso em dezembro. O eixo Stalin-Bukharin tinha triunfado. Sua versão das políticas revolucionárias dentro e fora do país havia prevalecido, após uma década de conflitos constantes entre facções bolcheviques. Bukharin preservou suas relações com os adversários derrotados. Mas Stalin se recusou a transigir. No XV Congresso do Partido foi anunciada a exclusão de outros 75 oposicionistas, dentre eles Kamenev. Stalin e Bukharin tinham se livrado da forte ameaça à NEP. Ninguém imaginava que dentro de um mês o acordo político seria destruído, e os dois vitoriosos se tornariam inimigos. Em janeiro de 1928, a Nova Política Econômica estava a ponto de ser demolida pelo secretário-geral do partido.

PARTE III
DÉSPOTA

23. O FIM DA NEP

No final da década de 1920, Stalin subitamente pisoteou a NEP como um touro feroz. O compromisso econômico assumido pelo Politburo de Lenin sete anos antes foi rechaçado. O sistema de fazendas coletivas foi introduzido à base da violência generalizada. O avanço forçado da industrialização teve início. A perseguição aos *kulaks*, *nepmen* e "especialistas burgueses" aumentou. A política também passou por mudanças. O regime interno do partido endureceu ainda mais e houve processos-show contra líderes dos partidos rivais moribundos. Iniciou-se uma ofensiva contra todo tipo de tendência nacionalista.[1] A expressão cultural foi drasticamente limitada, e a religião organizada passou a ser objeto de ataques violentos. O acordo controverso que vigorara desde 1921 caiu por terra.

Stalin apresentou essas mudanças quando a queda nos estoques de grãos se tornou crítica, no final de 1927. Em 6 de janeiro de 1928, o Secretariado emitiu uma ordem secreta ameaçando expulsar os líderes partidários locais que não aplicassem "punições severas" a quem estocasse grãos.[2] Ele manifestou suas convicções em carta a Sergei Syrtsov e à liderança siberiana do partido:

> Sustentamos que esse é o caminho para o pânico, para a alta de preços — a pior forma de negociar, quando é totalmente impossível suprir as necessidades de um campo repleto de camponeses que estocam grãos comercializáveis; isso reforça a capacidade de resistência do estrato

poderoso do campo [...] O camponês não entregará seu imposto por causa de um editorial do *Pravda* — para ele, é crucial a planificação compulsória.³

Os comunistas siberianos foram avisados de que se exigia um aumento imediato na oferta de grãos. À diferença da Ucrânia e do norte do Cáucaso, na Sibéria — que havia fornecido um terço das exportações soviéticas de trigo — o verão tinha sido quente. Stalin estava determinado a extrair grãos dos *kulaks*. Ele e um grupo seleto de funcionários partiram de Moscou, de trem, em 15 de janeiro de 1928. Políticos como Mikoyan, Kirov, Jdanov, Shvernik, Postyshev e Kosior viajaram com o mesmo intuito a diversas regiões agrícolas da URSS, acompanhados de milhares de oficiais do partido.⁴

A obtenção de grãos pelo Estado caíra para apenas 70% do total arrecadado no ano anterior. As dificuldades surgiram após os desmandos do Politburo na economia. A partir de 1926 foram introduzidas diversas medidas para recolher renda adicional dos setores privados. Foi criado um imposto de classe para os *kulaks*: o imposto sobre a renda deles subiu mais de 50% em 1926-7. O acúmulo "com más intenções" de produtos industriais e agrícolas foi considerado crime a partir de 1926, segundo o art. 107 do Código Penal. Surgiram taxas excedentes para transportar bens privados por via férrea. O governo expropriou diversos moinhos de trigo privados. Essas medidas seguiram a reorientação dos objetivos econômicos imediatos, proposta por Stalin e Bukharin no XIV Congresso do Partido, em dezembro. A política do partido visava a um ritmo acelerado de industrialização mediante a expansão constante da acumulação de capital pelo Estado. Essa ênfase foi reafirmada em julho de 1926. O Gosplan — Comitê de Planejamento Estatal, responsável por arquitetar o desenvolvimento econômico do país — foi incumbido de sujeitar as empresas a novas diretrizes e supervisão. Criaram-se medidas para colocar toda a economia sob a autoridade central do governo.⁵

Os membros do Politburo se impacientaram com a NEP; conforme direcionavam a economia para uma mudança radical, comprometiam-se com os objetivos socialistas e de industrialização dos mentores da Revolução de Outubro. Ao optar por mudanças rápidas e fundamentais, direcionaram a URSS pelo caminho da "modernidade". Os vestígios da velha ordem precisavam ser erradicados. Irritados com Trotski, eles queriam mostrar suas credenciais. Sabiam que a lentidão na transformação econômica criava solo fértil para a propaganda da Oposição Unida entre os líderes partidários nas províncias.[6] Apesar da crescente centralização desde meados de 1918, os novos líderes tinham motivos para temer uma resistência súbita à sua supremacia. Porém, acreditavam no que estavam fazendo. Stalin vivia para o bolchevismo, mas combinava a aderência ideológica a sentimentos de rivalidade — inveja, rancor e vingança — que estavam longe de ser puros.

A consequência previsível das medidas econômicas a partir de 1926 foi a quebra da economia de mercado. Mesmo antes de cortar as raízes da NEP, Stalin — lado a lado com Bukharin até as expropriações de janeiro de 1928 — já estava a golpeá-la. Desde antes vinha reduzindo os preços dos produtos das fábricas estatais para resolver a "crise das tesouras" de 1923. O efeito foi acumulativo. Houve escassez de bens de consumo, e os comerciantes compraram o que havia em oferta. Três anos depois, Stalin e Bukharin diminuíram o preço que estavam dispostos a pagar pelos grãos. O resultado foi o declínio na comercialização de cereais. Os dois líderes rivalizavam em incompetência. Bukharin percebeu o erro e indicou ao Comitê Central que os preços no varejo precisavam subir para evitar uma calamidade. Stalin o enfrentou. Estava farto: nos primeiros anos, a NEP havia restaurado a economia, mas não conseguira garantir o avanço industrial em um ritmo suficientemente rápido, segundo os membros do Politburo. A plenária do Comitê Central de fevereiro de 1927 respaldou as medidas tomadas no ano anterior.

Stalin e Bukharin tinham empurrado a economia ladeira abaixo, e o primeiro se recusava a reconhecer a asneira colossal. Em que pensaria em 1927? Ele nunca explicou sua estratégia em detalhes. Alguns sugeriram que só queria o poder, e que teria se engalfinhado com Bukharin em um terreno onde sabia que ele assumiria uma posição discrepante dos círculos partidários mais amplos. É uma possibilidade. Mas o mais plausível é que, depois de concordar com Bukharin quanto a uma abordagem mais militante da industrialização, ele tenha se recusado a retroceder. Sua capacidade de discernimento era nula. A NEP sempre tinha deixado um travo amargo nele e em muitos outros bolcheviques proeminentes do centro e das províncias. As emergências recorrentes deixaram-nos sobressaltados. Ocorrera uma fome terrível em 1922, e a "crise das tesouras" no comércio em 1923. O partido tentara espremer mais os operários nas fábricas e minas, racionalizando o processo de produção. Mas não bastou para satisfazer os críticos da esquerda. De diversos modos, os opositores — Centralistas Democráticos, Oposição Operária, Oposição de Esquerda, Oposição de Leningrado e Oposição Unida — irritavam o Politburo, recriminando-o de covardia e traição ideológica.

A NEP tinha conseguido mais do que os críticos queriam reconhecer. Segundo a maioria das estimativas, o volume da produção industrial e agrícola em 1926-7 tinha voltado, ou quase, ao nível do ano anterior à Grande Guerra, e o Estado soviético aumentara a taxa de investimentos em projetos cruciais. A NEP parecia capaz de gerar um ritmo moderado de desenvolvimento econômico nos anos futuros. Havia também estabilidade política e social. O partido, o OGPU e o Exército Vermelho detinham um poder incontestável. Fora uma rebelião na Geórgia e distúrbios na Ásia Central em 1924, de resto havia tranquilidade. As medidas drásticas contra a dissensão pública surtiram efeito.

Porém, persistia a questão de se o ritmo do desenvolvimento econômico seria suficiente para a URSS se proteger de potenciais inimigos externos. No final da década de 1920, os principais perigos eram a Grã-Bretanha (que rompeu relações diplomáticas em maio de 1927), a França (que continuava exigindo o pagamento dos antigos empréstimos russos) e o Japão (que cobiçava possessões soviéticas no Extremo Oriente). Era duvidoso que o Exército Vermelho estivesse adequadamente equipado para enfrentar qualquer um deles em uma guerra. Embora o desenvolvimento industrial prosseguisse, a lacuna tecnológica entre a União Soviética e as economias mais avançadas do Ocidente só crescia. Os bolcheviques haviam chegado ao poder acreditando firmemente na necessidade vital da ciência e da engenharia como veículos do progresso social. Uma década depois, nada sugeria que a lacuna fosse diminuir logo. Os EUA e a Alemanha estavam na dianteira. Stalin e seus sequazes estavam ocupados com o fracasso persistente do regime soviético.

O ânimo do partido não dependia apenas dos cálculos do desenvolvimento econômico. Os *nepmen* fizeram fortunas e manufaturaram pouco

O estrato de camponeses abastados, aos quais os bolcheviques se referiam como *kulaks*, reapareceu no campo. Sacerdotes, imames e rabinos disseminavam a palavra de Deus. O ateísmo marxista-leninista era impopular. Setores da intelligentsia, principalmente dos povos não russos, cultivavam ideias nacionalistas. Concessões à questão nacional haviam sido promovidas desde a Revolução de Outubro e reforçadas com a NEP. Na Ucrânia, havia uma campanha sistemática de "ucranização" de escolas, da imprensa e de funcionários públicos. Houve iniciativas semelhantes em outras repúblicas soviéticas. O nacionalismo crescia por toda parte na URSS e ia na dianteira da consciência socialista. A política básica de Lenin e Stalin saía espetacularmente pela culatra. Em 1926, Moscou respondeu endossando medidas para deportar líderes tribais e religiosos do Azerbaijão.[7] A questão nacional era tratada de modo cada vez mais duro, ao mesmo tempo que crescia o rigor na política econômica. Kaganovich, parceiro de Stalin, que presidira o Partido Comunista da Ucrânia em 1925-6, propôs deportar os poloneses que habitavam as fronteiras ocidentais para o interior da URSS. Queria evitar que a Ucrânia fosse infiltrada pelas agências de inteligência de Piłsudski.[8]

O partido que fizera a Revolução de Outubro em nome da classe operária e do campesinato pobre encarava uma sociedade em que o capitalismo, a religião e o nacionalismo adquiriam cada vez mais força. Até suas fileiras eram preocupantes. Em 1927, após intensa campanha de recrutamento, chegou-se a 1,2 milhão de membros. Embora fosse uma soma importante, ainda assim dissimulava a preocupação com a qualidade dos recrutas, cujo fervor ideológico e formação educacional deixavam muito a desejar.[9]

Com esse pano de fundo foram introduzidas medidas econômicas desestabilizadoras a partir de meados da década de 1920. Havia muito tempo Stalin se inclinava pela autarquia econômica. Se a política estatal não produzisse um crescimento industrial interno, pensava, não servia. Em junho de 1925, ele escreveu a Molotov:

> Ou resolvemos [essa questão séria] corretamente, no interesse do Estado e dos proletários e desempregados, os quais poderíamos incorporar à expansão da produção, ou, se não o fizermos correta-

mente, perderemos dezenas de milhões — além de tudo mais — para as manufaturas estrangeiras.¹⁰

Enquanto Bukharin defendia a industrialização em um ritmo mais lento e tentava desestimular as demandas de aceleração, Stalin demonstrava uma frustração crescente. A parceria entre eles estava se desintegrando sem que nenhum dos dois previsse que estavam a ponto de um rompimento definitivo. Continuavam a se entender no Politburo e se reuniam socialmente. Contudo, as ideias de Stalin estavam enrijecendo. Em dezembro de 1926, ele negou que a URSS levaria cinquenta anos ou mais para se equiparar ao volume das economias das potências capitalistas. De fato, declarou que poderiam e deveriam dar "passos de gigante".¹¹

Até janeiro de 1928, ele contribuíra pouco para as discussões de política econômica e — excetuando os ataques às oposições internas do partido — se comportara de modo equânime desde a morte de Lenin. Seus rivais tinham motivos para interpretar mal essa situação — mas esse foi um erro do qual não sairiam ilesos. Stalin estava sendo matreiro. Não disse uma palavra a Bukharin sobre a guerra no campo que estava prestes a iniciar. Contudo, trancado por dois dias na Ferrovia Transiberiana com seu assistente Alexander Poskrëbyshev e outros, tinha o ânimo belicoso. (Poskrëbyshev foi o último assistente pessoal de Stalin, posto que ocupou até 1953.) Quem se interpusesse em seu caminho durante aquela viagem seria tratado de modo atroz. Ao chegar a Novosibirsk, ele ordenou a detenção dos *kulaks* "antissoviéticos". As cotas de fornecimento de grãos tinham de ser cumpridas. A campanha começou a "expandir o estabelecimento" de fazendas coletivas.¹² No oeste da Sibéria e nos Urais, pelotões saíram em campo para recolher as cotas de grãos estabelecidas. Eles foram às fazendas armados até os dentes e confiscaram todos os produtos que encontraram. Como em 1918-20, os bolcheviques invadiram aldeias, reuniram os camponeses e exigiram obediência imediata à ponta de fuzil.

Stalin regressou a Moscou em 6 de fevereiro de 1928 com vagões abarrotados dos grãos confiscados dos "acumuladores". O *Pravda* comemorou o feito.¹³ Parecia que sua diretriz havia triunfado sem resistência da liderança central do partido. Ele e outros líderes insistiam que os "campesinos médios", além dos *kulaks*, precisavam ser coagidos a entregar suas colheitas.[14] Bukharin ficou indignado. A mudança de política nas províncias não tivera a sanção prévia do Politburo nem do Comitê Central. Aquilo não tinha precedentes na história do partido. Stalin regressara a Moscou como um ladrão com seu butim; em vez de reconhecer seu crime, esperava que elogiassem sua virtude. O Politburo ficou em alvoroço. Seus membros deixaram de se falar fora das reuniões oficiais. Questionado sobre aquela política, Stalin se enfureceu e assumiu uma atitude arrogante. Bukharin queixou-se de sua conduta em 16 de abril. Ele respondeu: "Você não me obrigará a calar nem a omitir a minha opinião com seus gritos porque '*eu quero ensinar todo mundo*'. Será que alguma vez os ataques contra mim cessarão?"[15] Suas palavras combinavam arrogância e suscetibilidade em uma mistura beligerante.

Stalin sabia explorar a situação. Queria que a coletivização agrícola e a industrialização planejada pelo Estado andassem mais rápido. A maioria dos dirigentes do partido nunca se sentiu confortável com a NEP. Eles queriam adotar uma linha mais "revolucionária". No Komsomol — a organização juvenil do partido — muitos militantes queriam que o Politburo abandonasse a NEP. Essa tendência também se difundiu no OGPU: muitos oficiais ansiavam por um regime com mais controle sobre uma sociedade desgovernada. No Exército Vermelho havia comandantes desejosos de transformações econômicas e do fim da limitação de suas restrições orçamentárias.[16] Embora a agricultura fosse o foco da iniciativa de Stalin em janeiro de 1928, ele planejou uma agenda muito mais ampla. Como os que o apoiavam no partido e em outros órgãos públicos, ele queria acelerar e aprofundar a transformação do país. Indústria, escolarização, construção urbana e doutrinação socialista teriam prioridade. O Estado seria mais penetrante, e os vínculos tradicionais com a religião e a nacionalidade deveriam desaparecer. A URSS se transformaria em uma potência militar capaz de se defender.

Indo além da política agrícola, Stalin organizou um processo contra engenheiros e "especialistas industriais" que incluiu vários estrangeiros de Shakhty, na bacia do Don. Eles foram acusados de sabotagem deliberada. Oficialmente, o OGPU, dirigido por Genrikh Yagoda, estava fazendo uma investigação independente. Na verdade, Stalin era o promotor e o juiz. Os procedimentos investigativos foram ignorados. O secretário-geral do partido ordenou que os indivíduos detidos fossem surrados para confessar crimes imaginários. Ele estava reordenando a máquina da política soviética. Estava rompendo a resistência dos especialistas industriais — gerentes, engenheiros e planejadores — às exigências de um crescimento industrial mais acelerado. Durante o processo de Shakhty, ele armou um caso de sabotagem generalizada. A sombra da suspeita recaiu sobre especialistas de toda a URSS.

Stalin deixou o trabalho sujo a cargo de outrem. Evitou exigir a execução dos acusados no Caso Shakhty. Manobrou de modo a obter os resultados que queria ao mesmo tempo que preservava a própria reputação.[17] Enquanto isso, o Gosplan elaborava diretrizes para a economia. O Sovnarkom tinha emitido instruções a esse respeito em junho de 1927, e o trabalho estava chegando ao final no verão de 1928. A primeira variante do Plano Quinquenal foi programada para ser inaugurada em outubro. As metas de produção eram assombrosamente altas: os bens de capital deveriam crescer em 161% e os bens de consumo em 83%.[18] Todos os setores da economia ficariam sujeitos ao controle estatal. Embora a prioridade fosse o desenvolvimento da indústria pesada, o Politburo previu que o padrão de vida popular nas cidades melhoraria simultaneamente. Houve também a expectativa de produzir 100 mil tratores agrícolas a ser distribuídos às fazendas coletivas que estavam a ponto de ser criadas. A renda desse esquema otimista viria dos principais beneficiários da NEP. Stalin queria extrair tributos do campesinato abastado. Bukharin qualificou o plano de "analfabetismo imbecil".

Em abril, Bukharin conseguiu uma decisão do Comitê Central, condenando os "excessos" nas práticas de obtenção de produtos. Quando o Comitê Central voltou a se reunir, em 4 de julho, a decisão oficial levou a um compromisso da NEP e à promessa de elevação dos preços dos grãos.[19] Para ele, porém, o problema era o fracasso de suas medidas para restaurar a estabilidade econômica. Os camponeses se recusavam a entregar seus estoques de grãos. A violência havia piorado as relações entre as aldeias e as autoridades administrativas. De qualquer modo, a escassez de produtos industriais em oferta não incentivava o campesinato a voltar ao mercado.[20] O Politburo esperava melhorar a situação importando trigo; mas foi insuficiente, e veio tarde demais para eliminar o déficit no fornecimento de víveres. Isso tampouco ajudou nas dificuldades com os camponeses. Enquanto isso, as cidades continuavam sem grãos e vegetais. O Politburo não podia ignorar os relatórios mensais — a URSS enfrentava um inverno de desnutrição urbana.

O que Bukharin não barganhou foi a reação de diversos líderes poderosos. Ele esperava que Voroshilov e Kalinin criticassem o ocorrido nos Urais e na Sibéria.[21] Até Ordjonikidze às vezes era desleal a Stalin nos bastidores.[22] Bukharin esperava obter o apoio de gente como o líder do OGPU, Yagoda, e do resto do partido. A volta ao comunismo de guerra tinha de ser exposta tal como era.[23] Contudo, Stalin trouxe todos para o seu lado. (Dizia-se que o fraco de Kalinin por bailarinas ajudou Stalin a pressioná-lo.) No verão de 1928, Bukharin estava ficando nervoso. Chegou a se preocupar com a possibilidade de Stalin reconduzir Kamenev e Zinoviev à política pública como aliados úteis. Ele sondou Kamenev para evitar essa situação. "Os desacordos entre nós e Stalin", disse-lhe, "são muitas vezes mais sérios que os que tivemos com você. Os direitistas [...] queriam Kamenev e Zinoviev de volta ao Politburo."[24] A sondagem foi um sinal de pânico. Ele não conseguia reunir apoio suficiente nos níveis mais poderosos do partido. Seus únicos aliados proeminentes contra o secretário-geral eram Rykov, Tomski e Uglanov.

Contudo, ele acreditava que o "método Urais-siberiano" seria renegado, e os mecanismos de mercado da NEP de Lenin seriam restaurados. Inicialmente, seu otimismo parecia justificado. Os "excessos" relatados na campanha de expropriação foram oficialmente condenados, e negou-se que as "medidas extraordinárias" implicassem o abandono da NEP. Embora Stalin insistisse em incluir nas declarações públicas o compromisso mais forte com a coletivização, disseminara-se a opinião de que ele se prejudicara politicamente.

Bukharin não desistiu. Depois de passar a maior parte da vida escrevendo em uma prosa inescrutável, pôs os pés no chão e publicou "Notas de um economista", condenando as ideias de "superindustrialização" que, segundo ele, eram trotskistas e antileninistas. Asseverou que apenas a relação equilibrada e firme entre os interesses da indústria e da agricultura garantiriam o desenvolvimento econômico saudável.[25] "Notas..." não questionava o que dissera Stalin até 1928 e, como ele ainda evitava renegar a NEP, Bukharin não precisava de permissão especial para publicar o que quisesse, na esperança de neutralizar o político que passara a ver como o Gêngis Khan da URSS.[26] Mas ele também julgou mal, supondo que Stalin só estava interessado em manter o poder.[27] O que começara como uma crise no fornecimento de víveres havia adquirido outras dimensões. O grupo de Stalin no Politburo e no Comitê Central não ficaria satisfeito com mudanças nas medidas agrícolas. Eles queriam progresso industrial rápido e segurança militar. Queriam esmagar o nacionalismo e a religiosidade. Buscavam erradicar a hostilidade ao regime soviético e se livrar dos remanescentes das antigas classes proprietárias. Era preciso fundar cidades, escolas e cinemas. O socialismo se espalharia como uma ideia e uma realidade prática.

Stalin e Bukharin se desentendiam sempre que se encontravam. Com grandes expectativas, Stalin aplicou seu programa às relações internacionais. Passou a negar que a "estabilização capitalista" fosse dominante, declarou que a economia mundial enfrentava outra emergência crucial e decidiu que isso deveria se refletir no movimento comunista mundial. Antes do VI Congresso do Comintern, em julho de 1928, ele declarou que os socialistas anticomunistas na Europa — os membros de partidos trabalhistas e social-democratas — eram os piores inimigos do socialismo. Chamou-os de "social-fascistas". Bukharin se horrorizou: ele compreendia os perigos que a ultradireita europeia representava. Por apreciar a diferença qualitativa entre conservadorismo e fascismo, queria que os nazistas de Hitler fossem o principal alvo do ataque do Partido Comunista alemão. Mas Stalin granjeou o apoio necessário no Politburo para mudar a política do Comintern. A brecha interna com a NEP adquiriu um aspecto externo. Até então, a linha oficial tinha sido que o capitalismo mundial havia se estabilizado após a Grande Guerra. Agora Stalin insistia que um "terceiro período" havia começado, que o capitalismo estava em uma crise terminal e surgiriam oportunidades revolucionárias na Europa.

O Politburo discutia isso havia um ou dois anos, mas sem nenhuma alteração nas instruções práticas do Comintern aos partidos comunistas europeus. Stalin tinha um interesse pessoal em mudar a política, para que Bukharin parecesse estúpido. Mas talvez não só por isso. Em 1917-18 ele tinha duvidado da "revolução socialista europeia". No entanto, seu ceticismo era absoluto, e às vezes ele era dominado por seus instintos bolcheviques. Na tentativa de transformar a URSS, ele podia estar voltando ao radicalismo. Contudo, a partir de meados de 1928, seu grupo ordenou aos comunistas de todo o continente que seguissem a atitude adotada pelos bolcheviques em 1917. O radicalismo extremo se tornou dominante novamente, e o Comintern, instigado pelo Politburo, expurgou os que duvidavam ou vacilavam — bem como os trotskistas — das fileiras do partido. O comunismo mundial estava se preparando para a insurgência revolucionária iminente.

Ao mesmo tempo que insistia que as revoluções estavam a ponto de eclodir na Europa, Stalin continuava estipulando que o Partido Comunista russo se dedicasse a construir o "socialismo em um só país". Para seus inimigos, isso provava que ele era hipócrita ou inepto. Trotski relembrou a todos as instruções inúteis de Stalin ao Partido Comunista chinês em 1927; Bukharin ficou desconcertado com a mudança de política. Não havia um paradoxo fundamental na mudança de política de Stalin. Seu compromisso controverso com o socialismo em um só país não implicava negligenciar a necessidade da revolução internacional. Ele sempre acreditou que a URSS enfrentaria problemas de segurança enquanto uma ou mais potências mundiais não passassem por uma revolução como a soviética. Contudo, isso não significava que quisesse arriscar uma intervenção direta na Europa; ele temia provocar uma cruzada contra a União Soviética. Mas já não pretendia limitar os partidos comunistas na Alemanha, França e Itália, que não escondiam a frustração com a insistência do Comintern para que colaborassem com os partidos social-democratas e trabalhistas em seus países.

Raramente Stalin fazia algo por um só motivo. Quando estava aliado a Bukharin, antes de 1928, deixara grande parte da direção do Comintern nas mãos dele. Nos partidos estrangeiros, muitos membros proeminentes apoiavam Bukharin. Ao alterar a política e expulsar os dissidentes, Stalin colocou sua gente no topo. Inclinado à emotividade, Bukharin pensou em se demitir como uma maneira de pressionar Stalin.[28] O próprio Stalin com frequência apresentara a própria demissão após a Revolução de Outubro; mas ele não teria tratado Bukharin com a indulgência que havia encontrado. Sua única ideia de vitória era esmagar e humilhar o inimigo.

Já havia muito terreno preparado para ele. Ao avançar na ampla propriedade e regulação estatais, a liderança ascendente do partido estava retrocedendo em direção ao sistema econômico soviético do período da Guerra Civil. O Conselho Supremo da Economia do Povo fora criado após a Revolução de Outubro para supervisionar todas as atividades econômicas.[29] Os setores bancário e industrial haviam sido confiscados pelo Estado na Guerra Civil, e depois grande parte foi retida. O Gosplan foi criado em fevereiro de 1921. Depois de iniciar o Plano Quinquenal, Stalin e seus correligionários alegaram que estavam iniciando uma estratégia baseada nessa transformação. A palavra "plano" implicava que disso se tratava. Não havia nenhum tipo de estratégia, e houve muitas idas e vindas no caminho da transformação. As políticas eram modificadas, e às vezes abandonadas. Depois de anunciadas, em geral as metas do crescimento econômico eram alteradas. Contudo, Stalin não estava sem rumo ao se livrar da NEP. Embora não possuísse uma estratégia calculada, sempre contava com um conjunto de suposições operacionais, compartilhadas por muitos nas lideranças central e local do partido.

Cedo ou tarde, como até Nikolai Bukharin pensava, o mercado teria de ser eliminado da economia e os elementos sociais hostis ao socialismo — os *kulaks*, os *nepmen*, o clero, os "especialistas burgueses", os nacionalistas e os que apoiavam todas as demais tendências políticas e culturais — precisavam desaparecer de alguma forma. Os líderes bolcheviques compartilhavam o objetivo de uma economia totalmente estatal e uma sociedade dirigida pelo Estado. Eles não hesitaram em usar a força. Endurecidos pelas experiências anteriores e posteriores à Revolução de Outubro de 1917, estavam dispostos a assegurar a conformidade por meios bárbaros. As frustrações da NEP eram imensas. A ameaça militar do estrangeiro não desaparecia, e o hiato tecnológico entre a URSS e o Ocidente crescia. Além disso, aqueles leais à liderança ascendente do partido eram constrangidos pelos opositores, que os acusavam de trair o objetivo da revolução liderada por Lenin. Isso criava o quadro de suposições em que, a partir de 1928, Stalin pôde gradativamente apresentar suas propostas e obter o apoio substancial do partido.

Começou com suposições básicas sobre o mundo. Elas provinham de sua reação peculiar e distorcida à sua origem georgiana, à experiência nos subterrâneos da revolução e à variante bolchevique do marxismo. Não importava o assunto a decidir, ele nunca se confundia a ponto de vacilar. Seus axiomas não prescreviam as políticas em detalhe. Ao pensar e ordenar suas ideias fundamentais, ele conseguia ser instantaneamente decisivo. Às vezes, uma situação podia exigir muito estudo — e ele trabalhou assiduamente, mesmo depois da Segunda Guerra Mundial, para se manter bem-informado. Porém, na maioria das situações, as decisões não davam muito trabalho; de fato, Stalin podia se dar o luxo de deixá-las para seus subordinados e receber relatórios sobre o que havia sido decidido. Ele se cercou de pessoas como Molotov e Kaganovich, que compartilhavam de seus princípios, e promoveu outros que podiam ser treinados para internalizá-los (ou concordar com eles por ambição ou medo). Esse cenário dá a pista do que, de outro modo, poderia parecer uma capacidade de manobra misteriosa de Stalin nas situações cambiantes da década de 1930.

Durante o Plano Quinquenal, a URSS passou por mudanças drásticas. A primeira foram as campanhas para divulgar as fazendas coletivas e eliminar os *kulaks*, clérigos e comerciantes privados. O sistema político endureceria. A violência se espalharia. O Partido Comunista russo, o OGPU e os comissariados do povo consolidariam seu poder. Remanescentes dos antigos partidos seriam erradicados. Os "burgueses nacionalistas" seriam encarcerados. O *gulag*, a rede de campos de trabalho sujeita ao Comissariado do Povo para Assuntos Internos (NKVD), se ampliaria e se tornaria um setor indispensável da economia soviética. Dezenas de novas cidades e povoados seriam fundados. Milhares de novas empresas seriam criadas. Um grande fluxo de pessoas das aldeias teria emprego quando as fábricas e minas buscassem força de trabalho. Os esquemas de alfabetização receberiam enormes fundos estatais. A promoção de operários e camponeses aos escritórios administrativos seria generalizada. O entusiasmo pelo abandono do compromisso político, social e cultural seria cultivado. O marxismo-leninismo seria intensamente propagado. A mudança seria obra de Stalin e de seus camaradas do Kremlin. Deles seriam o crédito e a culpa.

24. A ECONOMIA DO TERROR

Stalin estava determinado a alterar a estrutura e as práticas econômicas da URSS. O Gosplan foi sujeito às garras da política, encarregado de produzir versões ainda mais ambiciosas do primeiro Plano Quinquenal. O Politburo decidiu que as metas seriam alcançadas em quatro anos, e não em cinco, e os funcionários do Gosplan receberam ordens de levar adiante a tarefa colossal de adaptar os esquemas na indústria, na agricultura, nos transportes e no comércio. Os alertas dos especialistas contra o otimismo exagerado foram ignorados. Foram erguidas cidades novas, como Magnitogorsk. O canal que uniria o mar Branco ao mar Báltico começou a ser dragado. Em Moscou e Leningrado, fábricas planejadas no estrangeiro foram importadas e ampliadas; novas minas foram cavadas na Ucrânia, nos Urais e na bacia do Kuznets. Milhões de camponeses foram incorporados à força de trabalho em expansão. Operários especializados se converteram em gerentes. As fábricas passaram a funcionar sete dias por semana. Tecnologia alemã e norte-americana foi comprada com os lucros do aumento da exportação de grãos. Firmas estrangeiras foram contratadas para montar novas fábricas e ajudar a treinar a mão de obra soviética. As instalações educacionais foram expandidas. A juventude foi promovida. Uma vasta transformação econômica estava em marcha.

Os salários industriais deveriam subir 50%, mas a forte elevação dos preços dos alimentos minou esse aumento, principalmente com a introdução do racionamento do pão, no início de 1929. A construção de moradias estava muito aquém das necessidades da população urbana em expansão. Depois de estabelecer o objetivo de construir 100 mil tratores, considerações de segurança fizeram o Politburo e o Gosplan aumentarem a proporção orçamentária destinada aos armamentos. As necessidades dos consumidores também foram rebaixadas quando a demanda de carvão, ferro, aço e máquinas aumentou.[1]

Desde janeiro de 1928, o Politburo vinha arrancando os grãos dos camponeses à força, ignorando o chamado de Bukharin para retomar a Nova Política Econômica, e começou a tachar as ideias dele de desvio direitista dos princípios do marxismo-leninismo. Em 1929, o Politburo se decidiu pela coletivização em massa da agricultura. Na década de 1920, surgiram muitos tipos de fazendas coletivas. Stalin escolheu dois deles para ser introduzidos. O tipo mais "elevado" era o *sovkhoz*, cuja terra era propriedade do Estado e onde os trabalhadores eram meros equivalentes rurais da força de trabalho contratada nas fábricas. O outro tipo era o *kolkhoz*, que significa "fazenda coletiva"; a diferença entre os dois é que este último é arrendatário do Estado e paga ao governo uma cota fixa da colheita. Os trabalhadores do *sovkhoz* recebiam um salário regular, os do *kolkhoz* eram pagos segundo o número de dias em que trabalhavam na fazenda. Para os camponeses, a diferença real era mínima. A política do Politburo anunciada publicamente era que a participação em qualquer tipo de fazenda coletiva deveria ser voluntária. Os comitês locais do partido foram encarregados de fazer propaganda para estimular o fenômeno. Quando Bukharin foi expulso do Politburo, em novembro de 1929, Stalin intensificou a campanha.[2]

O Politburo frequentemente encurtava o tempo da implementação. O processo se acelerava até no verão, quando as autoridades tentavam obter os grãos exigidos das aldeias a preços que desagradavam os camponeses. Um artigo de Stalin de 7 de novembro, aniversário da Revolução de Outubro, alegou que muitas granjas viam vantagem nas fazendas coletivas sem que o Estado as obrigasse, e traçou um contraste com as propostas da Oposição Unida.[3] Foi criada uma comissão do Politburo para trabalhar na sua implementação. O objetivo era priorizar a formação de fazendas coletivas na região do baixo Volga (famosa pela fertilidade). O extremo norte da Rússia seria a última região a passar pela coletivização total, em 1933. O cronograma era curto, e encurtou ainda mais. Os quadros centrais e locais que demandavam um adiamento eram firmemente desautorizados. As instruções eram confidenciais e vagas; e os funcionários do partido e do governo, para que não fossem considerados desobedientes, trataram de impor a coletivização total com efeitos imediatos.⁴

Em julho de 1929, a política oficial era que o terror devia ser evitado, e os *kulaks* e a maioria do campesinato deveriam ser incorporados às fazendas coletivas. Stalin, porém, não queria nada daquilo. Em dezembro de 1929, anunciou que os *kulaks* seriam proibidos de trabalhar nas fazendas coletivas. Ele usou palavras ásperas:

> Agora temos a oportunidade de fazer um ataque decidido aos *kulaks*, quebrar sua resistência, eliminá-los como classe e substituir sua produção pela produção dos *kolkhozes* e os *sovkhozes* [...] agora a "desculaquização" será feita pelas próprias massas de camponeses pobres e médios, que estão levando adiante a coletivização total. Agora a desculaquização nas áreas de coletivização total não é mais uma simples medida administrativa; agora faz parte integral da criação e do desenvolvimento das fazendas coletivas. Quando a cabeça é cortada, ninguém chora por causa dos cabelos.⁵

Em 30 de janeiro de 1930, o Politburo aprovou a assustadora liquidação dos *kulaks* como classe. Uma diretriz do Comitê Central foi emitida em fevereiro. Três categorias de *kulaks* seriam desterradas. A primeira para os campos de concentração; a segunda a partes distantes da União Soviética; e a terceira a outras partes de suas províncias. O Politburo anunciou que, simultaneamente, os órgãos religiosos também seriam afetados.⁶ O OGPU era administrado do mesmo modo que a economia. Foram determinadas cotas de desculaquização nas regiões, e os destinos no norte dos Urais e no Cazaquistão foram designados. O Politburo formulou o cronograma das operações.⁷

Assim como outros bolcheviques, Stalin detestava os *kulaks*. Ele parece ter percebido que o campesinato não se uniria aos *sovkhozes* e *kolkhozes* a menos que temesse as consequências da resistência. A repressão de uma minoria relativamente grande levaria a isso — e, de qualquer modo, ele provavelmente pensava que os *kulaks* seriam um empecilho à operação das fazendas coletivas. Em julho de 1930, mais de 320 mil propriedades rurais já haviam sido submetidas à desculaquização. Prevaleceram a força das autoridades e o fato de a campanha ter sido inesperada. Toda uma forma de vida rural foi jogada no esquecimento.[8]

Já em 1927 o Politburo havia sancionado o uso de trabalho forçado para expandir a mineração de ouro. No ano seguinte essa iniciativa foi seguida nas madeireiras.[9] Stalin estabeleceu regras sobre o uso dos campos de concentração não só para a reabilitação social dos prisioneiros, mas também para que contribuíssem para o produto interno bruto em regiões onde não havia muita mão de obra livre. Ele nunca se negara a enxergar esses campos como um componente central do governo do Partido Comunista. Não hesitou em ordenar detenções, e encarregou o chefe do OGPU, Vladimir Menjinski, de criar uma estrutura institucional permanente para eles. Dentre as vítimas estavam categorias de pessoas que ele temia e das quais guardava rancor. Os membros dos partidos políticos banidos estavam no topo da lista. Ele também tinha em vista os "nacionalistas burgueses", sacerdotes e comerciantes privados, além de especialistas em economia recalcitrantes. Seu método era uma continuação das técnicas desenvolvidas em Shakhty. Indivíduos proeminentes e grupos da categoria "antissoviética" passaram por um julgamento-espetáculo. O objetivo era intimidar seguidores e simpatizantes para que desistissem das ideias opositoras, para não ser também detidos.

Em 1929-30 houve uma sucessão de julgamentos desse tipo. Eles envolveram muita criatividade política, e Stalin forneceu os principais impulsos. Os historiadores Sergei Platonov e Yevgeni Tarle foram presos e incluídos no que ficou conhecido como o Caso da Academia de Ciências, que levou à condenação da inexistente União de Todos os Povos para Lutar pela Regeneração da Rússia, em julho de 1929.[10] O Partido Industrial, fictício, que incluía o engenheiro Leonid Ramzin, foi levado ao tribunal em novembro de 1930. O Partido Trabalhista Camponês, também inexistente, foi processado em dezembro de 1930, e os principais réus foram os economistas Alexander Chayanov e Nikolai Kondratev.[11] O chamado Escritório Sindical dos mencheviques foi julgado entre fevereiro e março de 1931, tendo Nikolai Sukhanov como réu principal.[12] Fora da RSFSR houve processos contra nacionalistas. Muitos deles pouco antes haviam figurado no cenário político. Mas onde quer que encontrassem um sopro de nacionalismo, Stalin e seus sequazes recorriam aos processos judiciais. A Ucrânia, a Bielorrússia e o norte e o sul do Cáucaso passaram por procedimentos semelhantes. A tortura, as acusações absurdas e as confissões decoradas eram a norma. Centenas de acusados foram fuzilados ou condenados a longos períodos de encarceramento.[13]

A estratégia de Stalin era ampliar o controle político enquanto reforçava a ofensiva revolucionária geral. Seu zelo em subjugar todos os estratos de "especialistas" se exacerbou. Gerentes industriais, advogados, professores e oficiais militares tiveram problemas com ele. O Exército Vermelho mal escapou do julgamento dos seus comandantes, mas os interrogatórios, dos quais Stalin participou, foram suficientes para amedrontar o corpo de oficiais. Porém, generais foram perseguidos individualmente. Assim como o Exército Vermelho, a Igreja ortodoxa russa — além de outras denominações cristãs e também o islã, o judaísmo e o budismo — escapou de um julgamento-espetáculo. O que não significou que a repressão estivesse contida. Os ataques a líderes religiosos tornaram-se tão frequentes e sistemáticos que a Liga dos Ateus Militantes esperava que a crença em deidades fosse erradicada em poucos anos. A perseguição foi incessante, e em 1941 apenas um duodécimo de sacerdotes da Igreja ortodoxa ainda atuava em suas paróquias.[14]

Enquanto isso, operários e camponeses recém-treinados eram promovidos, com a ampliação do estrato administrativo. Dentre os jovens operários havia voluntários para colaborar com a coletivização. Armados e doutrinados, os chamados "25 mil" partiram para as aldeias dispostos a enfrentar o "inimigo de classe".[15] A base de recrutamento do partido aumentou. Em 1931, havia 1.369.406 afiliados.[16] A alfabetização e o ensino da matemática se disseminaram. Houve uma reprise do espírito revolucionário quando o regime propagou a mensagem de que o socialismo estava sendo criado na URSS enquanto no estrangeiro o capitalismo entrava na sua crise final. À época, a quebra de Wall Street de 1929 tornou a mensagem plausível. Havia por toda parte entusiastas incondicionais das políticas do Politburo. Mesmo muitos dos que detestavam a violência e o vilipêndio queriam crer que um mundo novo e melhor estava sendo criado. No partido estavam aliviados de que, por fim, tinham entrado em ação. O grupo de Bukharin tinha tão pouco apoio organizado que não merecia o nome de Oposição de Direita. O final da NEP foi bem-vindo. Os secretários locais do partido eram como Stalins em miniatura, tomando todas as decisões fundamentais no leque das políticas públicas — e o fato de quase toda a economia estar, de um modo ou de outro, nas mãos do Estado significava que seus poderes nunca tinham sido tão amplos.[17]

Enquanto promovia a industrialização e a coletivização, Stalin não descuidou do fato de que governava um antigo império. Discursando em uma conferência de funcionários industriais no dia 4 de fevereiro de 1931, ele declarou: "No passado, não tivemos e não podíamos ter uma pátria. Mas agora que derrubamos o capitalismo e o poder está em nossas mãos, o povo — e nós — temos uma pátria, e protegeremos sua independência."[18] O patriotismo voltava à lista de prioridades oficiais. Enquanto a sociedade era cindida pelas iniciativas políticas do final da década de 1920, Stalin reconhecia que era preciso algum cimento que mantivesse unido o povo da União Soviética.

O escopo de novas políticas era amplo, e em cada caso houve a mão interventora de Stalin, ativo até na "frente filosófica". Em 9 de dezembro, ele visitou o Instituto de Professores Vermelhos. Vários acadêmicos, dentre eles Abram Deborin, eram conhecidos por apoiar Bukharin. Stalin exigiu mais militância de seus seguidores na célula do partido no instituto: "Tudo que foi escrito aqui por vocês está correto; o problema é que nem tudo foi dito ainda. É possível dizer muito mais no aspecto crítico. Vocês fizeram a avaliação correta, mas é suave demais, e insatisfatória." E acrescentou: "Vocês têm força? Serão capazes de aguentar? Se tiverem forças, precisam golpear."[19] Ele estava determinado a romper a casca de noz da resistência intelectual às suas políticas. Sobre o grupo de Deborin, ele disse:

> Eles ocupam posições dominantes na filosofia, nas ciências naturais e em diversos temas interessantes da política. Vocês precisam entender isso. Só o diabo sabe o que fazem no campo das ciências naturais; escrevem sobre o weismanismo etc. etc. — e tudo isso é apresentado como marxismo.

É preciso dispersá-los e remover todo o esterco que se acumulou na filosofia e nas ciências naturais.[20]

Stalin tratava os filósofos da célula do partido como tropas a ser deslocadas em campanha contra o inimigo.

O motivo era manifesto: "Que tipo de marxismo é esse que separa a filosofia da política, a teoria da prática?"[21] De certa forma, ele era incoerente. Em outro trecho do comentário, acusa Bukharin e Deborin de disfarçar suas políticas com argumentações filosóficas. Mas não se preocupava com as próprias contradições. Queria a vida cultural livre de quaisquer traços de oposição às suas políticas. Faltava introduzir a tacanharia, a rigidez e o ritualismo. Lenin seria alçado como figura totêmica e inatacável na campanha. Seu *Materialismo e empiriocriticismo*, o texto tosco de epistemologia que Stalin descartara ao ser publicado em 1909, alcançaria o status de clássico filosófico, e os filósofos passariam a encarar seus postulados como axiomáticos.[22]

Contudo, nem mesmo Stalin podia ignorar por completo as imensas perturbações que suas políticas provocavam na agricultura. Alertadas da sorte que as esperava, unidades camponesas na Ucrânia, no norte do Cáucaso, no sul da Rússia e na Ásia Central pegaram em armas. Apesar das preocupações iniciais com a lealdade dos recrutas, o Exército Vermelho conseguiu reprimir essas insurreições; em nenhuma parte os rebeldes conseguiram se organizar em um território amplo, como haviam feito no final da Guerra Civil. Contudo, a imposição de fazendas coletivas causou uma indignação profunda. Era impossível erradicar o antagonismo às autoridades, e milhões de camponeses forçados a abrir mão de suas propriedades e de seus costumes se negaram a cooperar. A produtividade caiu. O sistema proposto como solução permanente para os problemas do setor agrícola poderia ter produzido mais grãos para as cidades, mas isso ocorria na ponta do fuzil, e o perigo de prosseguir com a coletivização massiva naquele ritmo ficou evidente.[23]

Muitos no entourage de Stalin testemunharam, em viagens pelo país, as consequências terríveis daquela política. (Eles o fizeram sem propor um retrocesso da linha geral, pois não eram bukharinistas.) Stalin foi irredutível quanto à linha geral da política agrária. Admitia apenas que a implementação local havia sido excessiva, e que os funcionários nas províncias não tinham entendido a política central. Em 2 de março de 1930, o *Pravda* publicou um artigo dele, "Atordoados com o sucesso", em que criticou os coletivizadores fanáticos:

> Significa que a tarefa do partido é consolidar os sucessos alcançados e usá-los do modo planejado para seguir avançando.
> Mas os êxitos têm um lado ruim, principalmente quando são alcançados "facilmente", e, para dizer assim, de modo "imprevisível".[24]

Enganosamente, asseverou que sempre quisera que a coletivização fosse conduzida segundo o princípio do voluntariado. Naquele momento, a proporção de domicílios rurais forçados à coletivização tinha chegado a 55%.[25] Segundo Stalin, os funcionários locais do partido eram os culpados pelos "excessos" e "distorções". Diferentemente da Oposição Unida, declarou que a liderança central do partido não quisera impor a coletivização à força nem por decreto.

"Atordoados pelo sucesso" foi uma hipocrisia colossal. Stalin não admitiu que fosse o principal culpado pela aceleração recente. Durante um ano, ele incitara funcionários do partido a assediar os camponeses para que aceitassem as fazendas coletivas. Traçara diretrizes assustadoras para a desculaquização. Expulsara e degradara políticos que criticaram o ritmo da coletivização; até seus cupinchas no Politburo o tinham deixado furioso. Contudo, seu instinto de autopreservação política era altamente desenvolvido. O rancor contra ele na sociedade era intenso. Era hora de jogar a culpa nos que, lealmente, tinham posto em prática seus desejos. Ele se safou com esse recurso. Funcionários confusos do baixo escalão permitiram que milhões de domicílios recuperassem a propriedade tradicional da terra. Rapidamente, a porcentagem de fazendas coletivas na agricultura soviética começou a cair: no início de junho, elas eram apenas 23.[26] Ainda assim, embora quisesse recuar taticamente, Stalin se aferrou à sua estratégia: a agricultura soviética seria enfiada na forma comunista de qualquer jeito. Depois do verão, a campanha pela coletivização total foi retomada e, em 1932, aproximadamente 62% dos domicílios rurais pertenciam a fazendas coletivas. Essa porcentagem chegou a 90% em 1936.[27] Isso foi possível mediante o aumento da força, exercida com mais amplitude e precisão que antes. O resultado foi o caos no campo. A combinação dos confiscos violentos dos estoques de grãos e da reorganização violenta da propriedade da terra e do emprego provocou a fome, que se estendeu por vastas áreas.

A premissa econômica dessa política não foi revelada, mas Stalin a esclareceu em uma instrução para Molotov: "Forçar a exportação de grãos ao máximo. Esse é o cerne da questão. Se exportarmos grãos teremos crédito."[28] Dias depois, em agosto de 1930, ele repetiu a mensagem, para o caso de seu conteúdo não ter sido totalmente aceito. Mikoyan havia redigido um relatório complacente sobre o nível de aprovisionamento de trigo na URSS. Para Stalin, aquilo era intolerável. A questão era continuar aumentando o nível, e "forçar" a exportação de grãos "selvagemente".[29] Ele não se daria por satisfeito com nada menos do que uma campanha feroz para obter e vender trigo no exterior.

Mais de uma vez ele fez recuos táticos temporários, como havia ocorrido com "Atordoados pelo sucesso". De férias no mar Negro, em agosto de 1931, sabia perfeitamente que a coletivização reduzira "*à fome* uma série de distritos no oeste da Geórgia". Porém, caracteristicamente, ele culpou o partido local e os funcionários do OGPU: "Eles não compreendem que os métodos ucranianos de coleta de grãos, que são necessários e sensatos nos distritos produtores, são imprudentes e prejudiciais nos distritos não produtores que, além disso, *não* contam com um proletariado industrial." Ele chegou a deplorar a prisão de centenas de pessoas — reação normalmente ausente na sua carreira.[30] Recomendou que os grãos fossem embarcados imediatamente para o oeste da Geórgia. Ao contrário do que se costuma pensar, sob sua liderança, o Politburo frequentemente tomava essas decisões em casos emergenciais. Mas o objetivo estratégico era mantido e, mais tarde, reaplicado. A industrialização e a coletivização eram dois lados da mesma moeda. O Estado precisava confiscar grãos para exportar, de modo a financiar a expansão da mineração e da produção manufatureira. Stalin não deixava que ninguém duvidasse disso no Kremlin.

Ele defendeu vigorosamente o ritmo frenético da transformação econômica ao discursar em uma conferência de funcionários e gerentes industriais, em 4 de fevereiro de 1931:

> Diminuir o ritmo seria ficar para trás. E os atrasados são fustigados. Não queremos ser fustigados. Não, não é o que queremos. A história da velha Rússia consistiu, entre outras coisas, em ser fustigada incessantemente por seu atraso. Ela foi fustigada pelos cãs mongóis. Foi fustigada pelos beis turcos. Foi fustigada pelos governantes feudais suecos. Foi fustigada pelos senhores poloneses e lituanos. Foi fustigada pelos capitalistas anglo-franceses. Foi fustigada pelos barões japoneses; todos a fustigaram por seu atraso. Pelo atraso militar, pelo atraso cultural, pelo atraso governamental, pelo atraso industrial, pelo atraso agrícola. Fizeram isso porque era lucrativo e podia ser feito impunemente. Vocês recordam as palavras do poeta pré-revolucionário: "Você é miserável, você é abundante, você é poderosa, você é impotente, Mãe Rússia."[31]

A linguagem carregava uma intensidade emocional que ele não empregara desde o funeral de Lenin. As frases sonoras tocaram fundo. O apelo patriótico era inconfundível. A simples metáfora do "fustigar", repetida uma e outra vez, expressava a urgência da luta futura.

Stalin advertiu a audiência: "Esta é a lei dos exploradores: fustigar os atrasados e os fracos. A lei do lobo do capitalismo. Se você é atrasado, você é fraco — então, está errado, e, portanto, pode ser fustigado e escravizado."[32] A solução, insistiu, era irresistível:

> Estamos cinquenta ou cem anos atrás dos países avançados. Temos de eliminar esse hiato em dez anos. Ou fazemos isso, ou seremos esmagados.
>
> Isso é o que as nossas obrigações ante os proletários e camponeses da URSS nos ditam.[33]

Ele não tinha dúvidas do que poderia ser alcançado. E declarou em uma recepção no Dia do Trabalho, em 1933:

> Se os russos estiverem armados com tanques, caças e uma frota naval, serão invencíveis, invencíveis.
> Mas não podem avançar insuficientemente armados por falta de tecnologia, e toda a história da velha Rússia se resume a isso.[34]

A voz do líder no discurso de 1931 aos funcionários e diretores industriais confirmou que não haveria vacilações. A via das céleres industrialização e coletivização estava traçada, e não se desviariam dela. Líder, partido e Estado estavam determinados a alcançar o destino planejado. Isso exigia firmeza e coragem. Mas Stalin estava confiante. Em uma frase que foi imediatamente usada pelos propagandistas oficiais, ele disse: "Não há fortaleza que não possa ser atacada pelos bolcheviques." Mirando seu público, chegou ao final do discurso:

> Realizamos uma série de tarefas muito difíceis. Derrubamos o capitalismo. Construímos uma indústria socialista em grande escala. Pusemos o camponês médio no caminho do socialismo. Fizemos o mais importante do ponto de vista da construção. Ainda há um pouco a fazer: aprender a tecnologia e dominar a ciência. E quando fizermos isso teremos tempos que agora nem ousamos sonhar.
> E o faremos se realmente quisermos![35]

Stalin era um burocrata, conspirador e assassino, e sua política era monstruosa. Contudo, ele era também inspirador. Ouvindo-o naquela ocasião, ninguém podia deixar de se impressionar com seu desempenho.

Ele estava convocando seus subordinados, na república e nas províncias, além de Moscou, para levar adiante uma mutação política e econômica descomunal. Sabia que não podia estar a par de tudo o que ocorria. Preferia fazer milhares de funcionários demonstrarem o zelo exigido estabelecendo uma política geral ou cotas fixas de entregas. Muitos se espantaram com os "excessos". Porém, muitos outros — por convicção, medo ou ambição —

cooperaram prontamente. Uma vez formulado o projeto, em 1928-9, o funcionalismo em todas as instituições soviéticas passou a competir entre si para obter uma porção dos recursos em aumento. Eles também aspiravam ao poder e aos privilégios, exibidos como uma isca diante de seus olhos. A direção da política estava absolutamente clara, e eles queriam aproveitar a viagem a ponto de começar.[36]

A convocação foi um sucesso. O Primeiro Plano Quinquenal, programado para durar até o final de 1933, terminou um ano antes. A renda nacional quase dobrou a partir do ano fiscal de 1927-8. O produto interno bruto cresceu impressionantes 137%. Na indústria, a produção de bens de capital registrou um aumento ainda mais notável, de 285%. O total da força de trabalho empregada inchou de 11,3 milhões, com a NEP, para 22,8 milhões. As cifras devem ser tratadas com cautela. Stalin e seus correligionários nunca se furtaram a alegar que foram além do planejado; de fato, suas informações provinham dos escalões mais baixos do partido e do governo, que os enganavam sistematicamente. Por toda parte havia perturbações na economia.[37] A Ucrânia, o sul da Rússia e o Cazaquistão passavam fome. O *gulag* estava abarrotado de prisioneiros. Com o governo de Stalin, a URSS estava definitivamente a caminho de se tornar uma sociedade industrial e urbana — eis o seu grande objetivo. Sua aposta se pagava, embora não para milhões de suas vítimas. Magnitogorsk e o canal mar Branco-mar Báltico foram construídos à custa da vida dos condenados no *gulag*, dos camponeses ucranianos e até dos operários fabris desnutridos e assoberbados de trabalho.

25. ASCENSÃO À SUPREMACIA

Uma vez Stalin se apresentara ao partido como paladino da Nova Política Econômica de Lenin. Como secretário-geral ele ordenou devassas nos arquivos e expôs todos os desacordos entre Lenin e seus inimigos — Trotski, Kamenev, Zinoviev e Bukharin. Ele próprio tivera um grave desentendimento com Lenin em 1922-3. Contudo, em 1925, quando o trotskista norte-americano Max Eastman publicou documentos sobre a briga, Stalin conseguiu que o Politburo obrigasse Trotski a rechaçá-los como falsos. Implicitamente estava alegando que só ele mantinha viva a chama da memória de Lenin com lealdade.

A prudência o impediu de anunciar o abandono da NEP. Na economia, porém, havia mais de um indício das ideias de Trotski nas novas medidas que adotou. Era mais conveniente fingir que estava erigindo o legado de Lenin. Ao mesmo tempo, queria afirmar seu status como líder supremo do partido. Já não bastava aparecer como a voz de seu líder. Ele queria impor sua própria *persona*. Surgiu uma boa oportunidade na comemoração de seu 50º aniversário, em dezembro de 1929.[1] O *Pravda* soltou uma saraivada de louvores à sua contribuição passada e presente à causa revolucionária. Não houvera algo semelhante desde o 50º aniversário de Lenin, em abril de 1920, quando Stalin fora um dos principais panegiristas. Ele podia se pavonear. Tinha sobrevivido às tormentas da censura no testamento de Lenin e à subsequente crítica pública daquela década. No banquete em sua homenagem, ouviu uma profusão de discursos louvando suas virtudes e conquistas. O outrora subestimado secretário-geral escalara até o cume do Partido Comunista, do Estado soviético e da Internacional Comunista.

Ele se comportou imperiosamente. Antes Stalin fora conhecido pelo trato simples, e parecera muito "democrático" em comparação com outros líderes do partido.² O jovem Nikita Kruschev nunca esqueceu a impressão que Stalin lhe causou no XIV Congresso do Partido, em 1925. Sua delegação ucraniana pediu-lhe uma foto de grupo. Petrov, o fotógrafo, gritou instruções para a pose que queria. Stalin brincou: "O camarada Petrov adora dar ordens. Dá ordens mesmo sabendo que isso agora é proibido aqui. Chega de dar ordens aos outros!"³ Kruschev e seus amigos ficaram encantados — Stalin parecia um deles. Era uma revolução proletária, pensaram, e um camarada da classe operária dirigia o partido que a empreendera. Mas o hiato entre ele e seus seguidores estava se alargando. Ele exigia obediência absoluta, e costumava interferir na vida particular dos outros. Cismou com a barba de Kaganovich e ordenou-lhe que a raspasse — e ainda ameaçou fazê-lo ele próprio, com a tesoura da esposa Nadya.⁴ Provavelmente queria que o Politburo fosse identificado com a modernidade imberbe, mas tinha um jeito rude de alcançar seus propósitos.

Ele havia galgado o poder, cujo ápice era o Politburo. Seus membros tomavam as grandes decisões políticas, econômicas, nacionais e militares. A agenda do Politburo costumava incluir assuntos de cultura, religião e leis. Stalin não tinha rivais entre seus membros. Esses incluíam Vyacheslav Molotov, Lazar Kaganovich, Anastas Mikoyan e Sergo Ordjonikidze. Embora dominasse o Politburo, Stalin não o presidia. Era tradição que o presidente do Sovnarkom ocupasse esse posto.⁵ Stalin compreendia os instintos do partido. Como o imperador romano Augusto, que evitou atribuir a si mesmo o título de rei (*rex*) ao mesmo tempo que fundou uma monarquia, ele sacrificou a vaidade pessoal em prol da realidade do poder supremo. Seu principal título era secretário-geral do partido, e às vezes assinava apenas secretário.⁶ Seus correligionários mais importantes eram Molotov e Kaganovich. Ambos eram políticos determinados e ideologicamente dedicados — e Stalin sempre lhes impôs sua vontade. Ambos se referiam a ele como Patrão (*Khozyain*). (Faziam isso pelas costas. Embora permitisse que alguns velhos camaradas o chamassem de Koba, ele cada vez mais queria ser chamado de "camarada Stalin" ou "Iosif Vassarionovich".) Raramente um assunto importante do Politburo era decidido contrariamente aos seus desejos.

Stalin nunca deixou de trabalhar, mesmo estando de férias no mar Negro. Seus assistentes pessoais o acompanhavam, e os assuntos importantes que exigiam sua sentença eram tratados via telegrama. Molotov e Kaganovich se mantinham regularmente em contato. Stalin consultava outros líderes comunistas enquanto veraneava — faziam fila para se reunir com ele. Mas isso era um espetáculo à parte do drama principal. Moscou era sua preocupação, e ele se certificava de que os dois homens que deixava na capital compartilhassem de sua visão geral sobre a revolução desejável. E ele escolhera bem.

Mesmo estando em Moscou, Stalin delegava muitas responsabilidades a Molotov e Kaganovich. Cada vez menos se dava o trabalho de convocar o Politburo. De 75 sessões em 1924, o número caiu para 53 em 1928, e para 24 em 1933. As decisões eram acordadas com os membros por telefone, o que aumentava a possibilidade de manipular e controlar.[7] Em geral, Kaganovich presidia o Orgburo e o Secretariado. Em setembro de 1930, Stalin escreveu a Molotov sobre a necessidade de se livrarem de Rykov; Molotov ocuparia o lugar dele.[8] Outros no entourage se sentiam insatisfeitos — e talvez invejosos — com o plano para promover Molotov, e Voroshilov sugeriu que o próprio Stalin presidisse o Sovnarkom, de forma a obter a "unificação da liderança". Molotov carecia "do dom do estrategista".[9] Stalin gostou do elogio, mas rejeitou o conselho, e entregou o cargo a Molotov. Queria concentrar suas energias no partido e no Comintern, ciente de que Molotov se encarregaria lealmente das tarefas que lhe fossem incumbidas.

O Orgburo, o Secretariado e o Sovnarkom tratavam de assuntos que tinham de ser remetidos ao Politburo quando surgiam disputas internas. Stalin era informado de tudo o que transgredisse a política geral ou seus interesses pessoais. De qualquer modo, os três líderes precisavam se manter unidos. A economia soviética tinha sido exposta à voragem da industrialização em marcha forçada e à coletivização compulsória. Os distúrbios populares eram comuns. A oposição interna do partido tinha sido esmagada, mas não liquidada, e havia a preocupação de que Zinoviev, Kamenev, Bukharin ou até Trotski voltassem para explorar a situação.

Os sequazes de Stalin também dirigiam os vários comissariados do povo e outras instituições estatais. Não sobrava espaço para a apatia. Para se manter nos cargos, os correligionários precisavam ceder por completo. Em setembro de 1929, Stanisław Redens, seu cunhado e oficial da Cheka, alertou Stalin de que o chefe do OGPU, Vladimir Menjinski, havia disciplinado seus funcionários por "fenômenos doentios" no trabalho. Tratava-se de uma tentativa de pôr freio à implementação das políticas oficiais. Stalin queria dedicação e resultados, não regularidade nos procedimentos. Escreveu a Menjinski apontando o "mal" em suas ações.[10] O assistente de Menjinski, Genrikh Yagoda, escapou de uma reprimenda similar um ano depois, quando escreveu a Stalin mencionando a "cruel coerção para que os camponeses pobres e médios se integrem aos *kolkhozes*".[11] Stalin também pressionava a Comissão de Controle Central do Partido. Esse órgão julgava casos de desobediência às políticas partidárias; também deveria proteger os bolcheviques de um aparato partidário central poderoso demais, mas tal função caíra em desuso. Stalin usou a comissão, presidida por Ordjonikidze, para dar cabo dos grupos opositores — e não demorou a admoestar seu aliado Ordjonikidze por não perseguir os encrenqueiros.[12]

As reuniões conjuntas do Comitê Central e da Comissão de Controle Central também eram aproveitadas para validar as políticas que Stalin favorecia. Ele usava esse truque sempre que achava que poderia ouvir críticas no Comitê Central. O resultado era satisfatório para ele. O OGPU, a Comissão de Controle Central e o Comitê Central supervisionavam toda a vida pública soviética, e estavam sob a autoridade de Stalin e seu grupo.

Após derrotar a Oposição de Esquerda e o Desvio de Direita, Stalin permitiu que os opositores voltassem à vida pública sob condições rígidas. Quando pediam para ser reabilitados, ele exigia que se retratassem, como um herege acusado pela Inquisição espanhola. Houve muitas autocríticas públicas abjetas. Os trotskistas em particular foram atraídos pela alta prioridade conferida ao crescimento industrial acelerado; como nunca tinham sido democratas com princípios, esqueceram as exigências de restauração da democracia no partido e nos sovietes, e se uniram ao grupo de Stalin. Pyatakov e Preobrajenski estavam entre eles. Independentemente do que dissessem em público, Stalin não confiaria neles. Em setembro de 1930, ele escreveu a Molotov:

É preciso manter por um tempo uma vigilância cuidadosa de Pyatakov, aquele trotskista verdadeiramente de direita (um segundo Sokolnikov), que agora representa o elemento mais prejudicial na composição do bloco Rykov-Pyatakov, além do ânimo kondratievita derrotista dos burocratas do aparato soviético.[13]

Ele estava incomodado com o reagrupamento das facções. Seu código operacional era: uma vez opositor, sempre opositor. Se encontrasse motivos para voltar a expulsar os adversários da vida pública, provavelmente não teria hesitado.

A tendência a enxergar vínculos conspiratórios em quem não estava do seu lado fica clara em um bilhete que enviou a Ordjonikidze em 1930. O OGPU havia interrogado um grande número de antigos oficiais do Exército Imperial, e descobriu que muitos haviam depositado suas esperanças políticas em Mikhail Tukhachevski. Embora não tenha sido encontrado um só indício de que Tukhachevski planejasse um *coup d'état*, a suspeita de Stalin aumentou:

> De qualquer modo, Tukhachevski demonstrou ser cativo dos elementos antissoviéticos nas fileiras direitistas. Isso é o que se vê nos materiais [dos interrogatórios]. Será possível? Claro que é possível, já que não foram descartados. Obviamente, os direitistas estão prontos para chegar ao ponto de uma ditadura militar, se isso os livrar do C[omitê] C[entral], dos *kolkhozes* e *sovkhozes*, dos índices de desenvolvimento industrial bolchevique.[14]

Ele não tinha dúvidas: Tukhachevski, Kondratev e Bukharin eram figuras de proa no "campo" desleal dos direitistas.[15] Só depois que o OGPU fez seu trabalho ele acreditou que Tukhachevski estava "100% limpo".[16]

Stalin lançava ideias na mente de seus acólitos como flechas de aço. Molotov, Ordjonikidze, Kaganovich, Voroshilov e alguns outros eram seus confidentes, e seu objetivo implícito era chefiar uma gangue fanática no Kremlin que o tivesse por chefe. Quem se interpusesse em seu caminho seria expulso. Em outubro de 1930, ele se ofendeu com o comissário do povo para as Finanças. Enviou uma ordem ao Politburo: "Dependurem

Bryukhanov pelas bolas, por seus pecados atuais e futuros. Se as bolas o segurarem, considerem-no absolvido na corte; caso contrário, afoguem-no no rio."[17] Stalin desenhou Bryukhanov suspenso no ar, amarrado com uma corda a uma polia que puxava seu pênis e seus testículos para trás, por entre as pernas. Às vezes, porém, ele ridicularizava a si mesmo. Em carta a Voroshilov, em março de 1929, zombou da própria imagem grandiosa: "Líder mundial [*Vojd*]? Ele que se foda!"[18]

Contudo, embora zombasse de si mesmo, Stalin não deixava ninguém na gangue fazer o mesmo: sua dignidade lhe era muito cara, bem como sua autoridade. Ele decidia quem podia entrar e quem devia sair da gangue. Também apontava quem era inimigo. Induziu os membros a enxergar os críticos como os piores renegados. Em 1932, disse a Kaganovich que fizesse o *Pravda* "maldizer de modo cruel e taxativo" não só os mencheviques e socialistas revolucionários, mas também os desviacionistas de direita e os trotskistas, por defenderem a restauração do capitalismo.[19] A intenção era evidente. Stalin e a gangue do Kremlin se consideravam os únicos depositários da sabedoria política e do compromisso socialista. O povo da URSS precisava acreditar que só a liderança ascendente do partido traria bem-estar material e social à sociedade, e os antistalinistas arrastariam o país para baixo, de volta aos dias ruins dos industrialistas, banqueiros e latifundiários gananciosos. O vilipêndio dos oponentes podia chegar à fantasia de que Bukharin e Trotski estavam aliados com o Ocidente capitalista.

Stalin transformava em drama quaisquer críticas à sua pessoa. As pequenas divergências de seus desejos eram tratadas como deslealdade pessoal e traição política. Ele transmitia essa atitude aos seus seguidores e os fazia ir contra aqueles que pretendia derrubar. Em setembro de 1929, durante suas férias, ele enviou um bilhete furioso a Molotov, Voroshilov e Ordjonikidze:

> Vocês leram o discurso de Rykov? Em minha opinião, ele representa o discurso de um burocrata soviético sem partido disfarçado pelo tom de alguém "leal" e "simpático" aos soviéticos. Nem uma palavra sobre o partido! Nem uma palavra sobre o Desvio de Direita! Nem uma palavra sobre as conquistas do partido, que ele, sujamente, credita a

si mesmo, e que na verdade foram obtidas mediante o embate com os direitistas, incluído o próprio Rykov [...] Descobri que ele continua sendo *presidente* [do Politburo] no lugar de vocês às segundas e quintas-feiras. Isso é verdade? Se for, por que permitem essa comédia? Quem precisa dela, e para quê?[20]

Molotov obedeceu imediatamente: "Para mim é óbvio [...] que S[talin] está certo. O meu único desacordo é que não estávamos "abrigando" Rykov. Devemos, contudo, corrigir a questão como St[alin] propõe."[21]

Para Stalin, contraparte soviética de Al Capone, era fácil recrutar novos membros para a gangue.[22] Quando seus acólitos demonstravam pouco entusiasmo ou eficiência, ele promovia terceiros. Alguns eram as figuras mais desagradáveis da vida pública soviética. Andrei Vyshinski, um ex-menchevique, tornou-se promotor-chefe em 1935. Sua proposta básica de que a confissão (que podia ser obtida sob tortura) era a rainha das provas judiciais parecia música aos ouvidos de Stalin. Lavrenti Beria, primeiro-secretário do partido da Federação Transcaucasiana até ser promovido, em 1938, à liderança do NKVD (que incorporou o OGPU em 1934), tinha uma inclinação por surrar pessoalmente os prisioneiros. Nikolai Yejov, bissexual promíscuo e alcoólatra, era ainda mais rápido do que Stalin para chegar às piores conclusões sobre alguém. Isso o levou à chefia do NKVD em 1936. Outros, como Nikita Kruschev, que chefiou o Comitê do Partido em Moscou a partir de 1935, tinham um lado decente (o que não impediu Kruschev de participar dos assassinatos no Grande Terror).

Stalin não descuidou do Comintern. Bukharin vinha supervisionando seu Comitê Executivo em nome do Politburo desde a expulsão de Zinoviev. Com a briga entre Stalin e ele, em 1928, o órgão se tornou um espaço de disputas, e Bukharin foi expulso do Comitê Executivo em abril de 1929. Durante um tempo, Stalin confiou em Dmitri Manuilski e Osip Pyatnitski para cuidar das coisas em seu nome no Comintern. Eles supervisionavam os principais partidos comunistas europeus. Uma hierarquia rígida controlava o que ocorria no comunismo alemão, no italiano e no francês. O sistema de comando era reforçado pela presença em Moscou de líderes leais transferidos de seus países de origem. Dentre eles estavam Ernst Meyer, Palmiro Togliatti e Maurice Thorez. Contudo, o Comintern não se limitava ao controle de longa distância. Agentes eram enviados em longas missões. Assim, o húngaro Eugen Fried foi despachado a Paris, onde manteve contato regular com o Politburo do Partido Comunista francês; e os comunistas na França pouco faziam sem sua aprovação.[23] O Comintern era estritamente controlado desde sua fundação, em 1919; mas o grau de interferência aumentou na década de 1930, quando Stalin tentou assegurar que nada empreendido pelos comunistas no exterior prejudicasse o que ele tentava fazer na União Soviética.

Para Stalin, não era fácil fazer uma crítica ponderada. De fato, isso nunca acontecia. Ele era um político de brigar nas ruas, sem limite nem controle, como pensava que a situação exigia. Embora apresentasse uma imagem risível aos inimigos, sua preocupação com sua posição e a de seus acólitos não era inteiramente irreal. Eles tinham arrancado o timão da política da NEP e estabelecido o curso de uma transformação econômica rápida e violenta. A gangue teria de arcar com as consequências. Eles não podiam esperar misericórdia, a menos que garantissem o aumento da capacidade econômica e militar. Fazia sentido vilipendiar os críticos se tudo desse errado. Ao citar as palavras de Lenin no X Congresso do Partido, em 1921, Stalin disse a Kaganovich que a dissensão faccional da liderança levaria ao surgimento de tendências de "Guarda Branca" e de "defesa do capitalismo".[24] Lenin não dissera isso. Mas não importava: ele queria avivar a mentalidade de acossamento que os camaradas do Politburo já tinham experimentado, e repetir acusações absurdas servia a esse propósito.

Se, por um lado, reabilitou vários membros arrependidos da Oposição Unida, Stalin não demonstrou indulgência para com um Trotski impenitente. Em janeiro de 1929, o Politburo discutiu o que fazer com o homem que mais poderia lhes causar problemas. De seu exílio em Alma-Ata, Trotski produzia marolas em Moscou. Os correligionários que lhe restavam cuidavam de sua memória, na esperança de que ele não tardaria em voltar ao poder. Até membros do entourage de Stalin instavam-no a trazer Trotski de volta, já que a orientação econômica básica era a que ele recomendara tempos antes (e Aaron Solts comentou com Ordjonikidze que Trotski traria mais lucidez a essas políticas).[25] Trotski não prometeu nada a Stalin, o qual, por sua vez, temia que, se não se livrasse do inimigo, sempre haveria o perigo de que explorasse quaisquer dificuldades que surgissem no Primeiro Plano Quinquenal.

Contudo, Stalin ainda não ordenara sua eliminação física. Nenhum bolchevique veterano fora executado por dissensão política. Uma alternativa à Alma-Ata seria a deportação da União Soviética. No verão de 1927, Stalin havia considerado enviá-lo ao Japão.[26] Em janeiro de 1929, o Politburo o expulsou por "atividades antissoviéticas".[27] O destino escolhido foi a Turquia. Trotski e família embarcaram no veleiro *Ilich*, no mar Negro. O Politburo calculou que ele seria evitado pelos partidos do Comintern (e foi), e ignorado pelas potências capitalistas (e foi). Mas ele não estava acabado. No estrangeiro, publicou o *Boletim da Oposição*. Expulso do partido e do país, não tinha nada a perder. Para Stalin, era desconcertante que o contato de Trotski com a URSS não se rompesse. O *Boletim* divulgava as controvérsias na liderança central do partido. Ele conhecia as fofocas políticas de Moscou; e cavou na memória exemplos da estupidez e antipatia de Stalin, e os incluiu em sua autobiografia,[28] ciente de que Stalin odiava ser ridicularizado ou criticado. A distribuição do *Boletim* era clandestina, mas isso também ocorrera com a facção bolchevique antes de 1917. A deportação não era a cura para os males do trotskismo.

Stalin não repetiu o erro de deixar um líder opositor longe de suas garras. No verão de 1929, soube que Vissarion Lominadze e outros bolcheviques de segundo escalão criticavam o estilo e as políticas de sua liderança. No ano seguinte, houve mais problemas. Lominadze vinha conversando com o presidente do Sovnarkom da RSFSR, Sergei Syrtsov. Stalin chegou à pior conclusão possível, e escreveu a Molotov:

> Envio-lhe as duas comunicações do [informante interrogado] Reznikov sobre o antipartido — e, em essência, desviacionista de direita —, a agrupação Syrtsov-Lominadze. De uma vileza inconcebível. Tudo indica que as comunicações de Reznikov correspondem à realidade. Eles brincavam de golpe de Estado, brincavam de ser o Politburo, e terminaram no mais completo colapso.[29]

Suas suspeitas eram fantasiosas demais até para Molotov. Porém, Lominadze e Syrtsov foram expulsos do Comitê Central.

A atmosfera de caça às bruxas estava piorando. Nikolai Bauman foi expulso do Secretariado do Comitê Central por ser moderadamente conciliatório com os antigos membros da Oposição Unida. Stalin, Molotov e Kaganovich ficaram tensos. Suas políticas representavam uma aposta fenomenal. Na tentativa de consolidar o regime e aprofundar a Revolução, estavam atacando uma frente ampla de inimigos na política, na economia e na sociedade. Isso requeria a atuação vigorosa do partido, das forças armadas e do OGPU. Os líderes dessas instituições precisavam ser confiáveis. Suas tarefas, para ser levadas a cabo, tinham de ser reforçadas com recursos humanos e materiais. Porém, com o aumento do poder do Estado, surgiu o perigo de que esses líderes fossem mais capazes de minar o Politburo. Stalin não tinha utilidade para seguidores mornos. Só lhe servia o apoio incondicional.

A firmeza que ele demonstrou em 1930-1 não conseguiu impedir as críticas confidenciais nos altos escalões do partido. Embora o grupo Syrtsov--Lominadze tivesse sido desfeito, outras pequenas agrupações surgiram. Uma delas reuniu Nikolai Eismont, Vladimir Tolmachev e A. P. Smirnov. Denunciados por informantes em novembro de 1932 e interrogados pelo OGPU, eles confessaram deslealdade verbal. Para Stalin, isso não foi suficiente. A plenária conjunta do Comitê Central e da Comissão Central de Controle, em janeiro de 1933, condenou-os por formar uma "agrupação antipartido", e aproveitou para repreender Rykov e Tomski por manter contato com "elementos antipartido".[30] Contudo, assim que se resolvia sobre um grupo, outro surgia. Martemyan Ryutin, funcionário do partido no distrito de Moscou, odiava a ditadura pessoal de Stalin. Ele e amigos que pensavam o mesmo se reuniam em suas casas à noite para discutir, e Ryutin produziu um panfleto exigindo que Stalin fosse removido do cargo. Foi preso. Interpretando o panfleto como um chamado a uma tentativa de assassinato, Stalin pediu sua execução. No final, ele foi condenado a dez anos no *gulag*.[31]

Stalin nunca esquecia uma ofensa nem perdia a oportunidade de revidar. Esperava o tempo que fosse preciso pela ocasião. Cada figura que ele derrubava saciava um ego injuriado por anos de subestimação e zombarias.

Sua memória era extraordinária, e ele marcava as futuras vítimas em uma lista longuíssima. Sua desconfiança se estendia a aliados e subordinados. Ele exigia total lealdade. Em 1967, sua filha Svetlana recordou nas memórias que escreveu reverenciando-o:

> Se ele desterrasse de seu coração um conhecido de muito tempo e se, na sua alma, já o tivesse colocado nas fileiras dos "inimigos", era impossível mencionar essa pessoa diante dele.[32]

Assim era Stalin. Uma vez inimigo, sempre inimigo! E mesmo que fosse obrigado a demonstrar misericórdia por motivos partidários, sempre planejava saciar sua sede de vingança quando chegasse o momento.

Bukharin demorou a perceber isso. Até 1928 ele estivera contente ao lado do camarada bruto e agressivo. Quando brigou com Stalin soube que seria difícil voltar a conquistar sua graça. Mas continuou tentando ser readmitido na vida pública. Escrevia cartas elogiosas a Stalin. Continuava a visitá-lo e a se hospedar na *datcha* em Zubalovo, onde conversava longamente com Nadya Allilueva e brincava com os filhos deles. Tolamente, porém, continuou a expor suas verdadeiras opiniões a outros líderes oposicionistas. Às vezes, fazia isso por telefone. Não suspeitava que o OGPU entregava as transcrições dos grampos telefônicos a Stalin. Bukharin, Kamenev e Zinoviev estavam fornecendo materiais que fariam da retaliação final de Stalin algo verdadeiramente terrível. Ele sabia que a lisonja e a obediência deles eram falsas.

Seus acólitos mais próximos estavam igualmente determinados a consolidar a autoridade da gangue. Porém, no curso do Primeiro Plano Quinquenal, quase sempre foi Stalin quem tomou a iniciativa de perseguir e reprimir os inimigos do grupo. Ninguém era mais desconfiado e agressivo. No entanto, sua personalidade desajustada não era o único fator em jogo. Embora exagerasse a escala da ameaça imediata ao grupo dominante, ele e seus sequazes tinham motivos para estar ansiosos. Trotski estava ativo no exterior. Bukharin tornou-se o editor do jornal governamental *Izvestiya* ("Notícias") em 1934; Zinoviev e Kamenev voltaram a ocupar cargos destacados mais ou menos na mesma época. A liderança alternativa havia se reformado. A experiência do partido bolchevique em 1917 mostrava que um pequeno grupo político podia rapidamente virar um país de ponta-cabeça. Stalin precisava se manter alerta. O fato de gente sem importância entre seus apoiadores — Lominadze, Syrtsov, Eismont, Tolmachev e Smirnov — ter sido desleal o deixava ainda mais tenso.

Além disso, no Exército Vermelho eram comuns as expressões de descontentamento com as "questões camponesas". Como eram as forças armadas que impunham a política agrária oficial, isso era motivo de preocupação. Em grande medida, os soldados odiavam as fazendas coletivas. Os rumores pipocavam. Em 1930, circulou pelo Distrito Militar de Moscou a história de que Voroshilov havia matado Stalin.[33] A implicação era óbvia: havia o desejo de uma mudança de política. Depois de se identificar como o protagonista da mudança radical, Stalin se tornara alvo da impopularidade.

Havia descontentamento em todos os níveis de autoridade no país. Os funcionários regionais do partido estavam cada vez mais preocupados com a imprevisibilidade de Stalin e sua tendência à violência; não se entusiasmavam com a possibilidade de que ele continuasse a pressioná-los por índices mais altos de crescimento econômico — e com o Primeiro Plano Quinquenal esses funcionários estavam mais poderosos que no tempo da NEP. O partido havia sido a instituição de vanguarda do Plano Quinquenal. Conforme o Estado confiscava setores econômicos privados e a economia se expandia, cada funcionário regional adquiria uma autoridade enorme. Com ela, porém, vinha uma responsabilidade colossal. Muitos, acossados pelas cotas de produção impostas pelo Kremlin, e conhecendo a grande desordem e o descontentamento em suas regiões, ansiavam por um período de racionalização, não de rápida transformação continuada. As lideranças de vários comissariados do povo em Moscou e nas províncias estavam igualmente incomodadas com Stalin e o Politburo. O Estado soviético, embora ganhasse muito com as políticas do Primeiro Plano Quinquenal, estava longe de se reconciliar com a aceitação sem questionamentos de quaisquer políticas impostas de cima para baixo.

Sob a estratosfera oficial do partido e do governo havia milhões de insatisfeitos. Milhares de opositores torciam pela queda de Stalin. Fora das fileiras do bolchevismo havia ainda mais descontentamento. A maioria dos socialistas revolucionários, mencheviques e cadetes haviam suspendido suas atividades revolucionárias, porém estavam dispostos a voltar a agir quando surgisse uma oportunidade. O mesmo ocorria com borotbistas, *dashnaks*, musavatistas e muitos outros partidos nacionais que haviam sido reprimidos na Guerra Civil. Além disso, havia os sacerdotes, mulás e rabinos que tinham sido perseguidos pelos bolcheviques — e, embora 3 milhões de pessoas tivessem emigrado após a Revolução de Outubro, ainda restavam muitíssimos aristocratas, banqueiros, industriais, latifundiários e comerciantes que continuavam desejando o colapso do Estado soviético.

Os anos de violência estatal e penúria haviam aprofundado o reservatório de raiva do regime. Os *kulaks* e seus apoiadores tinham sido assassinados ou deportados. Gerentes industriais e outros especialistas haviam sido perseguidos. Os "nacionalistas burgueses", inclusive russos, tinham sido encarcerados. Os líderes religiosos remanescentes eram perseguidos. Julgamentos-espetáculos tinham ocorrido em Moscou e nas províncias. O sistema de campo de trabalho detinha um milhão de condenados. Zonas inteiras no norte, na Sibéria e no Cazaquistão eram habitadas por colonos involuntários que viviam e trabalhavam em condições pouco melhores que as de uma prisão. A hostilidade ao regime não se limitava aos que tinham sido presos ou deportados. Nas fazendas coletivas, principalmente nas áreas de fome, os camponeses odiavam o sistema agrícola imposto às aldeias. Os operários estavam desgostosos porque as autoridades não haviam cumprido a promessa de aumentar o padrão de vida popular. Até entre os administradores recém-promovidos na política e na economia muitos criticavam as práticas severas do regime. A obediência aparente não dizia a verdade. Uma multidão sofria com o funcionamento punitivo e arbitrário da ordem soviética e poderia vir a apoiar qualquer movimento contra Stalin e suas políticas.

Não era assim que os propagandistas oficiais apresentavam a situação, e camaradas que viajavam pelo mundo replicavam sua complacência triunfal; de fato, a ideia de que Stalin não teria motivos para se sentir inseguro era a visão mais comum da política soviética no início da década de 1930. Contudo, as ditaduras não são imunes à instabilidade econômica, e os líderes bolcheviques percebiam que importantes estratos sociais os derrubariam se houvesse oportunidade. Stalin tivera diversas vitórias. Havia instigado a industrialização e a coletivização aceleradas, acompanhadas de uma repressão massiva. Havia imposto os objetivos do "socialismo em um só país". Havia desmontado as antigas oposições internas do partido. Ele e seus acólitos não deixaram de ter apoio. Os promovidos desfrutavam de novos privilégios. Membros do Komsomol e jovens ativistas do partido se entusiasmavam com o projeto de transformação revolucionária. Ativistas culturais admiravam a campanha de alfabetização. Militares se alegravam com a consolidação das forças armadas. Havia a ideia de que as economias ocidentais estavam sendo destruídas em virtude da quebra de Wall Street, ao passo que a URSS fazia um grande avanço industrial.

Stalin e seus acólitos não teriam durado no cargo sem esse apoio; ainda não estava claro se era maior que a hostilidade no Estado e na sociedade. Naquele momento, ninguém podia desafiá-lo. Ele havia chegado ao cobiçado ápice do poder. Mas o cume era um ponto exposto, e faltava ver se ele teria de pagar por alcançar uma posição tão proeminente.

26. A MORTE DE NADYA

Stalin foi se isolando cada vez mais da vida cotidiana na URSS, enquanto crescia a preocupação com sua segurança pessoal. Ele já não mantinha o escritório no Secretariado. Não visitava fazendas coletivas. De férias na Abecásia, ele supostamente foi visitar um mercado, mas as autoridades de Sukhumi, querendo impressioná-lo, mandaram os vendedores baixarem os preços durante a visita; assim, ele foi impedido de descobrir o alto custo de vida.[1] Em todo caso, ele nunca inspecionava fábricas e minas em construção; quando inspecionou o canal do mar Branco, a viagem só foi anunciada na imprensa dias depois.[2] O OGPU havia pilhado um assassino em potencial, Yakov Ogarëv, do lado de fora do Kremlin, em novembro de 1931. Ele, porém, ficara tão surpreso com a inesperada aparição de Stalin na Praça Vermelha que não conseguiu sacar o revólver.[3] Não era só a preocupação com a segurança que explicava a desaparição de Stalin da vista do público. O fato era que ele havia criado uma estrutura política que já não exigia que se locomovesse de um lado a outro. Estivesse no escritório do Kremlin ou em suas *datchas*, ele podia dar ordens e fazer seus subordinados levá-las adiante.

O confinamento político não diminuiu a tensão no seio da família. Seu filho Yakov tentou se matar em 1929, em uma tentativa torpe que despertou desprezo, e não simpatia, por parte de Stalin. As relações conjugais estavam tensas. Ele era extremamente grosseiro com Nadya, e nunca admitia os próprios erros. Muito provavelmente continuava tendo casos com jovens comunistas e, mesmo que fosse fiel à esposa, ela nem sempre acreditava no marido e era tomada de ciúmes doentios. Ele, porém, nunca se comprometeu em relações pessoais, menos ainda com mulheres. As atitudes de Josef não eram o único motivo para a raiva de Nadya. Outro fator era sua condição mental, cuja natureza exata permanece vaga, mas que provavelmente hoje em dia seria classificada como algum tipo de esquizofrenia. Dias de calma se alternavam com uma agressividade explosiva. Stalin nunca sabia o que o esperava no apartamento do Kremlin ou na *datcha* em Zubalovo — e a insensibilidade dele à sua situação a deixava desesperada. Nadya sempre fora determinada. Stalin era o amor de sua vida e, diferentemente de outros na sua família, ela não tinha relações extramaritais. Sentindo-se rejeitada e subestimada, em 1926 ela não aguentou mais e partiu para Leningrado, com a intenção de se divorciar de Josef.[4]

No entanto, Nadya cedeu às súplicas dele e deu outra chance ao casamento. Ela não queria mais filhos; a filha contou mais tarde que a mãe tivera dois abortos.[5] Stalin não objetara que se matriculasse para estudar na Academia Industrial. As cartas entre marido e mulher eram carinhosas. A rotina dele estava estabelecida: todos os verões ia para o sul da RSFSR. Em geral, o destino era Sochi, na costa nordeste do mar Negro. Nadya enchia suas cartas com notícias das crianças, da casa, do clima e de seu progresso nos estudos.

Os Stalin decidiram consultar especialistas estrangeiros sobre a situação mental de Nadya. Desde o Tratado de Rapallo, em 1922, membros da elite soviética costumavam frequentar clínicas e spas alemães. Stalin era dos poucos a rejeitar o privilégio; não confiava nos médicos, não gostava de países estrangeiros, e nunca cogitou viajar para cuidar da saúde. Georgi Chicherin, comissário de Assuntos Exteriores, o repreendeu: "Como seria bom se você mudasse sua aparência e viajasse por um tempo ao estrangeiro com um intérprete genuíno, e não alguém tendencioso. Você veria a realidade!"[6] Mas ele aprovou a viagem de Nadya. Queria que se curasse urgentemente. Contudo, até ela precisava de permissão do alto. O Orgburo e o Secretariado do partido levaram de abril a julho de 1930 para processar a solicitação, apoiada pelos médicos dela em Moscou, para passar um mês na Alemanha. A autorização final foi assinada por Stalin, Molotov, Kaganovich e I. N. Smirnov.[7] Stalin providenciou para que ela lhe enviasse cartas pelo malote diplomático.[8] Na viagem, ela encontrou o irmão Pavel e a mulher dele, Yevgenia; depois de ver os médicos, ela voltou a tempo para o início do ano letivo na Academia Industrial, em setembro.[9]

Os laudos médicos desapareceram;[10] porém, segundo sua sobrinha, Kira Allilueva, o diagnóstico foi fusão das suturas cranianas.[11] Josef enviou-lhe cartas afetuosas. Durante aqueles meses — antes, durante e depois da viagem de Nadya —, ele empregou o código sentimental que eles haviam criado ao longo dos anos, salpicando as cartas de expressões como "beijos enormes muitas vezes".[12]

Porém, a saúde dela não melhorou. Em 1932, ela procurou médicos soviéticos por causa de incômodos abdominais. Tem sido dito que eram resultado de um aborto anterior.[13] O que parece ter acontecido é que uma cirurgia planejada foi adiada por recomendação médica. Foi o que ela confidenciou à sua empregada no Kremlin, Alexandra Korchagina.[14] Nadya continuava agitada como sempre; e, embora não estivesse tentando se separar do marido outra vez, o casamento permaneceu instável. Ele mal se ocupava dela. Em um momento em que ele e os propagandistas promoviam a importância dos filmes, Josef não se animou a levá-la ao cinema. Quando não estava bebendo com seus camaradas grosseiros, ele flertava com mulheres. As crianças não consolavam Nadya. Severa e exigente, ela não lhes dava o carinho que era comum em outras famílias. Só quando estava separado o casal expressava afeto. Isso não era muito reconfortante para uma mulher de quem se esperava que desse total apoio psicológico ao marido sem esperar reciprocidade.

Nadya não limitava sua assistência às questões familiares; também o apoiava politicamente. Corriam histórias de que, assim como seu confidente Bukharin, ela detestava a campanha de coletivização agrícola. Em 2 de maio de 1931, ela escreveu a Sergo Ordjonikidze sobre questões da Academia Industrial. Alegou que a ordem de Stalin de treinar o tipo certo de "especialistas técnicos" estava sendo ignorada. No entanto, insistiu que seus colegas estudantes não deveriam saber daquilo, e sua carta deveria ser destruída.[15] Ela delatou gente da Academia Industrial em apoio à elite dirigente do país.

Sua situação de saúde e a relação com Josef a mantinham a ponto de explodir. A única surpresa é que ninguém tenha realmente percebido isso. Amigos íntimos, como Tamara Khazanova (na época casada com Andrei Andreev) e a esposa de Molotov, Polina Jemchujina, conheciam os problemas dela, mas não entendiam o quão profunda era sua infelicidade. Nadya se sentia terrivelmente só. Para ela, algumas situações sociais eram terrivelmente incômodas. Costumava ficar tensa quando Josef se juntava com seus cupinchas e as esposas deles. A tradição no grupo dirigente era se reunir para jantar no apartamento de Voroshilov, no Kremlin, na comemoração do aniversário da Revolução de Outubro, no dia 7 de novembro. (O Sovnarkom havia adotado o calendário gregoriano em 1918, modificando a data em treze dias e, portanto, o mês da Revolução). Todos bebiam em excesso, e as conversas eram muito rudes. Em 1932, Nadya fez um esforço especial para se apresentar bem-arrumada. Isso não afetou o comportamento de Josef. Mais tarde, naquela noite, Stalin flertou com a esposa de Alexander Yegorov, que servira com ele na Guerra Soviético-Polonesa. Natalya Yegorova usava um vestido glamoroso e se comportava de um modo coquete. Aparentemente, ele fez seu truque tosco de jogar uma bolinha de miolo de pão nela. Nadya foi assaltada pelo ciúme e deixou a festa com espalhafato. As testemunhas atribuíram seu comportamento ao "sangue cigano".[16]

Há outras versões do que ocorreu antes que ela fosse embora. Uma delas diz que Stalin gritou com Nadya usando o familiar "tu" em russo, ao que ela se opunha. Outra seria que ele atirou um cigarro aceso nela. Mas a versão mais provável é que ele de fato estivesse seduzindo Natalya Yegorova, e Nadya não suportou aquilo. O que ocorreu em seguida está registrado de modo mais definitivo. Polina Jemchujina correu atrás dela no frio da noite. Nadya estava extremamente tensa, e Polina caminhou com ela pelo Kremlin, tentando acalmá-la. Depois, Nadya foi para seu apartamento e Polina voltou para a festa.[17]

Os pensamentos de Nadya mergulharam em uma escuridão existencial. Anos antes, o irmão lhe dera uma pistola de presente; embora parecesse uma arma de brinquedo (como Stalin recordaria mais tarde), o artefato era letal.[18] Sentada na cama, apontou-a para o coração e disparou. Seu corpo foi encontrado de manhã pela empregada. Em pânico, a equipe doméstica ligou para Abel Enukidze. Membro do Comitê Central e administrador do Kremlin, ele tinha autoridade para tomar decisões — e também era padrinho de Nadya.[19] Sem hesitar, mandou despertar Stalin. O casal dormia em quartos separados, e Josef aparentemente desconhecia as consequências de seu comportamento na noite anterior. Chamaram médicos para atestar a causa da morte. Não seria uma tarefa longa: Nadya acertara o coração.

Quando os professores Rozanov e Kushner fizeram o *post mortem*, após o meio-dia, o corpo jazia na cama. Junto a ele estava a pequena pistola. A morte deve ter sido instantânea e, concluíram, teria ocorrido entre 8 e 10 horas antes. Nadya tirara a própria vida. Rozanov e Kushner começaram a redigir o breve atestado às 13 horas.

Os políticos confabularam a respeito do que revelar ao público.[20] Seria inadequado contar a verdade, com receio de diminuir o prestígio de Stalin. O *Pravda* noticiou que havia morrido em consequência de uma apendicite. As esposas dos líderes mais proeminentes assinaram uma carta de condolências a Stalin, publicada no jornal. Criou-se uma comissão para o funeral, chefiada por Abel Enukidze. Haveria um cortejo encabeçado por uma carruagem puxada por cavalos levando o ataúde. Os enlutados se reuniriam na Praça Vermelha, às 3 da tarde de 12 de novembro, e caminhariam pela cidade até o Cemitério do Monastério de Novodevichi. Essas ocasiões eram motivo de preocupação oficial, e o OGPU se encarregou de organizar a segurança do cortejo. Haveria orquestras do OGPU e do Exército Vermelho. Junto ao túmulo haveria uma cerimônia curta com dois oradores: Kaganovich, secretário do partido e membro do Comitê da Cidade de Moscou, e Kalashnikov, representante da Academia Industrial onde ela estudava.[21] Stalin deixou os detalhes a cargo de terceiros. Sua aparição pública no dia do funeral seria uma provação, e ele não se apresentou antes do enterro do caixão.

Apesar do que muitos sugeriram *a posteriori*, ele compareceu à cerimônia. O cortejo cruzou a cidade a pé. Naquele dia não nevou. Multidões se alinharam pelas ruas. No cemitério, o caixão aberto foi retirado da carruagem e baixado à cova. A oração de Kaganovich mencionou brevemente a morta e terminou pedindo que os membros do Partido Comunista cumprissem as tarefas que lhes cabiam em decorrência da perda pessoal de Stalin. Kalashnikov louvou Nadya como uma estudante inteligente e dedicada.[22] O funeral durou poucos minutos. Stalin e os camaradas regressaram ao Kremlin em uma limusine. Uma lápide simples foi posta no túmulo de Nadya, onde permanece até hoje.

Quando a Academia Industrial procurou Stalin pedindo permissão para examinar os materiais de trabalho de Nadya, ele concordou de imediato e pediu a Anna Allilueva, irmã dela, que cuidasse disso. Ele não era um viúvo possessivo. Pediu a Anna que inspecionasse o cofre com a ajuda de Tamara Khazanova.[23] Svetlana, a filha, diria mais tarde que Nadya deixara um bilhete de suicídio; mas ela só soube muitos anos depois que a mãe havia morrido pelas próprias mãos e, de qualquer modo, suas recordações nem sempre são confiáveis. O bilhete dificilmente explicaria tudo. O que está claro é que a restrição oficial à informação, em 1932, ajudou a alimentar os rumores. Nos círculos diplomáticos dizia-se que ela se suicidara.[24] As fofocas eram intensas dentro dos muros do Kremlin. Aquilo era uma atividade perigosa. Alexandra Korchagina, empregada de Nadya e Josef, foi denunciada por alguém da equipe por ter dito que Stalin a matara; foi condenada a três anos de trabalho corretivo no canal do mar Branco-mar Báltico. Korchagina alegou que seus delatores teriam sido os causadores do rumor.[25] Os denunciantes foram detidos durante a limpeza das equipes auxiliares do Kremlin, em 1935.[26]

Não há dúvidas de que Stalin foi profundamente afetado. "Fui um mau marido", admitiu a Molotov: "Nunca tive tempo de levá-la ao cinema."[27] Isso era pouco ante um reconhecimento cabal da escala de sua desatenção para com Nadya. Mas indicava certo remorso. Significativamente, implicava também que as circunstâncias, mais que o comportamento, determinaram sua contribuição à tragédia. Ele pensava tanto em si quanto na esposa morta. Seu egocentrismo aumentou. Em poucas semanas passou a culpá-la diretamente e a se preocupar com a sorte dos filhos. O atentado contra a própria vida do jovem Yakov Djughashvili voltou-lhe à mente, e em um jantar com amigos ele soltou: "Como Nadya, que tanto condenou Yasha por aquele gesto, pôde ter feito aquilo? Ela fez uma coisa muito ruim: fez de mim um aleijado." Alexander Svanidze, seu cunhado do primeiro casamento, tentou apaziguá-lo, perguntando como ela teria sido capaz de deixar duas crianças órfãs. Stalin se zangou: "Por que as crianças? Eles a esquecerão em poucos dias; foi a mim que ela aleijou para o resto da vida!" E então propôs: "Brindemos a Nadya!"[28]

Aos poucos, ele foi montando uma imagem menos caridosa do suicídio da mulher:

As crianças cresceram sem a mãe, isso foi o problema. Babás e governantas — por melhores que fossem — não podiam substituir a mãe delas. Ah, Nadya, Nadya, o que você fez? Como eu e as crianças precisávamos de você![29]

Ele pôs o foco no prejuízo causado às crianças e, acima de tudo, a si mesmo. Mergulhado na introspecção, não confiava em ninguém. Disse às crianças que a mãe tinha morrido de causas naturais. Embora se comportasse de modo duro e frio, no íntimo o ânimo de Stalin estava combalido.

Por algumas semanas, houve o temor de que ele também desse cabo da própria vida. Estava pálido e descuidou de suas necessidades cotidianas. Seu típico senso de humor desapareceu. Passaram-se semanas até que começasse a se recobrar. À procura de companhia, ele buscou os camaradas do Politburo. Kirov foi um bom companheiro. Quando ele chegava de Leningrado costumava visitar os Ordjonikidze; mas Stalin frequentemente o convidava à sua casa, e Kirov acabava passando a noite lá.[30] Mikoyan também era sempre convidado. Isso lhe causava problemas, pois não era fácil persuadir Ashken, sua esposa, de que realmente estaria onde dizia. Mikoyan precisou declinar dos convites, e Stalin recorreu a Alexander Svanidze.[31] Ele precisava muito da companhia e do conforto de pessoas conhecidas. O governante da União Soviética era um viúvo solitário. Segundo Lazar Kaganovich, ele nunca mais foi o mesmo. Fechou-se e endureceu sua atitude com relação às pessoas em geral.[32] Bebia e comia mais; às vezes passava 3 ou 4 horas à mesa após um dia inteiro no escritório.[33]

Contudo, ainda não começara a descontar na família e nos amigos da esposa falecida. (Isso viria depois.) Os Alliluev tentaram manter contato com ele sem interferir em seu tempo e sua disponibilidade. Sergei, o pai de Nadya, escreveu-lhe perguntando se ainda podia se hospedar na *datcha* de Zubalovo. Sua saúde estava ruim e ele gostaria de se recobrar no campo.[34] O pedido, feito dois meses após a morte de Nadya, tirou Stalin da autocontemplação. Na verdade, aquilo o exasperou: "Sergei! Você é uma pessoa estranha! De que tipo de 'permissão' precisa, quando tem pleno direito de ir e residir em 'Zubalovo' sem qualquer 'permissão!'"[35] Ele dava as boas-vindas a outros membros da família Allilueva, e Yevgenia — cunhada de Nadya — esforçou-

-se para que mantivesse uma vida social. Os Svanidze o visitavam sempre que podiam. O sangue falava mais alto para Stalin e para eles.

Porém, Zubalovo trazia recordações dos anos que passou casado. Outra *datcha* fora de Moscou parecia uma boa ideia, e Stalin conheceu um arquiteto de cujas ideias gostou. Miron Merjanov projetava casas de campo com paredes espessas e lúgubres, como fortalezas inexpugnáveis. Sem Nadya para dissuadi-lo, encomendou uma casa que seria mais um local de trabalho que uma residência familiar. Encontrou um lugar perto de Kuntsevo, a oeste de Moscou. Distante apenas 11 quilômetros do Kremlin, em minutos poderia chegar na limusine oficial. Stalin teve a *datcha* que queria. Tinha um grande salão para reuniões, diversos quartos e salas para o chá da tarde, jogar bilhar e a exibição de filmes. A construção terminou em 1934; Stalin imediatamente se instalou e deixou de dormir no apartamento do Kremlin. O lugar ficou conhecido como Blijnyaya ("*datcha* próxima"). Outra foi construída depois, e recebeu o nome de Dalnyaya ("*datcha* distante"), mas a favorita era a primeira. Merjanov precisou ser paciente com o cliente. Assim que Blijnyaya ficou pronta ele exigiu alterações, ao ponto de querer o acréscimo de outro piso.[36] Estava sempre planejando erguer o castelinho rural de seus sonhos.

Seu espírito era inquieto e infeliz. Embora vivesse separado da família por opção, não se sentia confortável sozinho; Moscou, onde vivera a maior parte do seu tempo de casado, não lhe permitiria esquecer o passado. Ele ansiava pelas férias no sul. Embora ele e a esposa tivessem passado férias lá juntos, as obrigações estudantis de Nadya a retiveram em Moscou nos últimos tempos. Havia outras *datchas* estatais ao longo da costa entre Sochi e Sukhumi, e Merjanov estava sempre ocupado com encomendas de projetos.

A partir de 1932, Stalin passou quase todas as suas férias na Abecásia. Embora vivesse sozinho nas *datchas*, estava sempre acompanhado dos amigos. O vinho fluía e as mesas vergavam com o peso da comida. Seu companheiro mais chegado era Nestor Lakoba. Nas disputas entre facções da década de 1920, Lakoba mantivera o Partido Comunista da Geórgia livre da influência oposicionista. Ele havia lutado na Guerra Civil, e na caça era um bom atirador; Stalin se divertia quando ele constrangia os comandantes do Exército Vermelho ao saírem para caçar nas montanhas.[37] Além disso, Lakoba era órfão e, como Stalin, também tivera uma infância difícil e estudara no Seminário Teológico de Tiflis.[38] Era um caucasiano blefador que se encarregava de que Stalin tivesse tempo livre para desfrutar as delícias do Cáucaso: o cenário, a vida selvagem, os vinhos e a culinária. Até quando Stalin se hospedava em Sochi, na fronteira abecásia da RSFSR, Lakoba o visitava. Em 1936, ele teve problemas políticos com uma alta autoridade do partido na Federação Transcaucasiana, e já não podia sair de Sukhumi sem permissão, o que enfureceu Stalin. Fosse qual fosse a intriga local, ele queria a companhia de Nestor Lakoba.[39]

As primeiras férias após a morte de Nadya foram memoráveis por vários motivos. Em 23 de setembro de 1933, Stalin e sua escolta fizeram uma viagem de barco pelo litoral de Sukhumi. Subitamente, foram alvo de tiros de rifle vindos da costa. O chefe de seus seguranças, Nikolai Vlasik, atirou-se sobre Stalin para protegê-lo, e pediu autorização para revidar os tiros. Enquanto isso, o barqueiro se afastava da área. A primeira suposição foi tentativa de assassinato; mas a verdade era mais banal. O NKVD abecásio suspeitara de um barco de fora, e supôs que seriam estrangeiros com más intenções. Os guardas na costa admitiram a culpa, pediram perdão e Stalin recomendou que sofressem apenas medidas disciplinares. (Durante o Grande Terror, o caso veio à baila, e eles foram executados ou enviados a campos de trabalhos forçados.)[40]

O poder e a eminência de Stalin atraíam a atenção de políticos do sul do Cáucaso. Sua presença era uma oportunidade caída do céu. Dentre os que ansiavam ser aceitos por ele estava Lavrenti Beria. Em 1933, ele era primeiro secretário do Comitê Transcaucasiano do partido e, em uma manhã ensolarada de verão, encontrou uma desculpa para visitar Stalin antes do café da manhã na *datcha* do mar Negro. Mas Beria chegou tarde; Stalin já andava entre os arbustos abaixo das casas e, quando o viu, para tristeza de Beria, ia acompanhado de Lakoba. Não que isso o impedisse de bajulá-lo. Após o desjejum, Stalin comentou: "É preciso arrancar aquele arbusto, ele atrapalha a vista do jardim." Mas as tentativas de arrancar as raízes não tinham dado certo, até que Beria tomou um machado da mão de um visitante moscovita e lançou-se à tarefa. Ele fez de tudo para que Stalin o ouvisse dizer: "Sou capaz de erradicar qualquer arbusto que o dono deste jardim, Josef Vissarionovich, indicar."[41] Estava quase se voluntariando como expurgador. Raros encontros com convivas como aquele eram desprovidos de intenção política. Mesmo de férias, Stalin não conseguia se isolar das ambições dos intriguistas.

Contudo, a maior parte dos visitantes era de funcionários regionais do governo ou do partido. Ninguém, nem mesmo Molotov ou Kaganovich, era tão amigo como Kirov havia sido; e Lakoba era mais um proprietário de terras sazonal que alguém realmente íntimo. Tendo erguido barricadas contra a intromissão psicológica, Stalin se limitava à recreação divertida. Sentava sobrinhos e sobrinhas no colo. Entoava cânticos litúrgicos ortodoxos ao piano. Saía para caçar, desafiava visitantes a jogar bilhar e recebia de bom grado as parentes do sexo feminino. Mas sua personalidade endurecera. O gelo penetrara sua alma. Molotov e Kaganovich, que o admiravam imensamente, não entendiam por que ele se comportava daquele modo. Mais tarde, disseram que ele tinha mudado muito com a morte de Nadya. Contudo, seus textos enfatizam atributos que o tornavam excepcional: a força de vontade, a clareza de visão, a resistência e a coragem. Molotov e Kaganovich sempre o observaram de fora. Estavam atônitos. Ambos eram voluntariosos e determinados, e apreciavam alguém com essas qualidades em uma intensidade extraordinária. Quando Stalin se comportava mal, eles lhe conferiam o benefício da dúvida. Pensavam que adquirira o direito à estranheza psicológica em virtude dos serviços prestados à URSS.

A maior parte deles não viu razão para questionar a situação mental do líder antes do final da década de 1930. Certamente, Stalin já os tinha amolado com ordens de intensificar as campanhas econômicas e políticas. Contudo, eram as políticas da liderança ascendente do partido, e o lado negativo da personalidade de Stalin foi amplamente ignorado. Conhecidos seus de épocas anteriores foram mais perceptivos. Colegas de escola em Gori e Tbilisi, e vários camaradas do partido de antes da Revolução tinham observado seu senso hipertrofiado de importância e a tendência exagerada a se melindrar. Quando Lenin o empregou como comissário político durante a Guerra Civil, ou como secretário-geral do partido, estava ciente de que era preciso ter cuidado ao lidar com Stalin, para que sua volatilidade e crueza não prejudicassem os interesses da Revolução. Depois, no início da década de 1930, Stalin passou a exigir a pena capital para seus adversários no partido. Se o suicídio de Nadya o modificou, foi para empurrá-lo pelo caminho que já trilhava havia um bom tempo.

27. O FEITICEIRO DA MODERNIDADE

Stalin e seus acólitos buscavam transformar a União Soviética em uma potência industrial e militar. Eles eram militantes e lutavam para mudar a sociedade de cima a baixo. Lutavam pela "revolução cultural". Segundo eles, a campanha transformaria toda a síndrome de atitudes e comportamentos no país, de acordo com o espírito do Iluminismo em geral e do marxismo em particular. Houve guerra contra as ideias tradicionais. A religião seria erradicada, e as filiações nacionalistas dissolvidas. A intelligentsia nas artes e nas ciências se submeteria ou seria descartada. O objetivo era que o comunismo se tornasse a ideologia aceita por todos, com a variante stalinista do marxismo-leninismo no seu cerne. Ele não descobriu essa inclinação subitamente. Na década de 1920, já havia proposto treinar comunistas jovens para assumir posições de autoridade e divulgar as ideias do partido.[1] Toda a geração de bolcheviques veteranos compartilhava esse ponto de vista. Todos acreditavam que para alcançar o socialismo era necessária uma ruptura fundamental com a velha sociedade e suas elites formadoras de opinião.

Como qualquer comunista, Stalin insistia que a cultura não estava confinada aos poemas de Pushkin, mas abarcava literatura, matemática, higiene, habitação, alimentos, consciência e eficácia. Havia um êxtase quase religioso em seus sermões políticos e nos de outros líderes sobre a "frente cultural". Os escritores eram descritos como "engenheiros das almas humanas". A fé marxista se fundiu com um espírito guerreiro. Ninguém subestimou as dificuldades da campanha quando Stalin instou os combatentes culturais a enfrentar a tarefa que tinham adiante. No XVII Congresso do Partido, em janeiro-fevereiro de 1934, ele declarou que ainda enfrentariam batalhas ferozes:

> Os inimigos do partido, os oportunistas de todas as cores, os nacional--desviacionistas de todo tipo foram esmagados. Mas sua ideologia permanece viva nas mentes de membros do partido e com frequência se manifesta [...] E certamente há terreno fértil para isso no nosso país, pois ainda temos um estrato intermediário da população nas cidades e no campo onde se nutre esse tipo de inclinações.[2]

Exigia-se fervor e beligerância: Stalin tinha começado uma guerra e estava determinado a vencê-la.

A maioria dos observadores supôs que seu objetivo último era simplesmente "alcançar" o Ocidente. Isso é subestimar seu propósito. Seu projeto era muito mais abrangente e a atmosfera de seu governo, que gerou grande entusiasmo popular, é incompreensível sem tal projeto. Quando Stalin falava da necessidade de introduzir a "modernidade" (*sovremennost'*) na URSS, tinha em mente algo que ia além da imitação tosca dos países capitalistas avançados. A modernidade ao estilo soviético, segundo ele, seria de um tipo muito superior.

Ele e o resto do Politburo eram crentes no marxismo. O viés utópico de seu pensamento estava na proa no início da década de 1930; eles acreditavam que a modernidade soviética alçaria a humanidade a um plano mais elevado da existência ao eliminar as velhas tradições ruins na Rússia, e também ao realizar coisas sem paralelo no Ocidente. O desemprego tinha sido superado, e em breve a lacuna nas condições materiais entre cidade e campo seria eliminada.[3] Haveria garantia de fornecimento universal de alimentos, abrigo, educação e assistência à saúde. Os bolcheviques sempre disseram que, comparado ao socialismo, o capitalismo era um sistema econômico inerentemente dissipador. De acordo com Marx e Lenin, os industrialistas e banqueiros inevitavelmente tentavam acabar com os competidores e bloquear o avanço tecnológico, à custa das aspirações e necessidades populares. Na URSS de Stalin, os recursos não seriam dispendidos de modo improdutivo. A padronização de produtos e serviços foi apontada como uma virtude. O bem maior era o princípio da disponibilidade comum. Ao menos em público, Stalin repudiava a manutenção de subsetores manufatureiros dedicados aos bens suntuosos. A individualização da escolha era conscientemente minimizada. Para a "nova pessoa soviética", a prioridade era aceitar as obrigações de pertencer ao "coletivo".

Stalin defendia ideias desse tipo em artigos e discursos. Ele as incorporava às suas aparições públicas e ao seu comportamento. Túnica militar, evitar a palavra "eu", ordens emitidas em nome dos respectivos órgãos do partido, e não por ele, e até a falta de truques oratórios — tudo contribuía para transmitir a mensagem de que a modernidade soviética triunfaria e traria benefícios inauditos à humanidade trabalhadora.

A liderança do partido havia aberto um amplo caminho para a transformação cultural. O Primeiro Plano Quinquenal foi acompanhado de campanhas ferozes contra a religião, e o Exército Vermelho e os "25 mil" detiveram clérigos e *kulaks* com a mesma avidez. A religião seria erradicada. Inúmeras igrejas, mesquitas e sinagogas foram clausuradas. Dos 73.963 prédios religiosos abertos antes de 1917, apenas 30.543 tinham autorização para funcionar em abril de 1936.[4] Os nacionalismos de todo tipo também foram pisoteados. As elites de diversos grupos étnicos e nacionais foram alvo de fortes suspeitas, incluindo muitos que não tinham se alinhado com os comunistas nos anos anteriores. A partir de 1929 houve julgamentos-espetáculo de "nacionalistas burgueses" proeminentes. A Liga dos Ateus Militantes recebeu fundos generosos. Quando Mykola Skrypnik — líder bolchevique ucraniano que havia promovido intensamente os interesses de sua nação — cometeu suicídio, não se ouviu nenhum lamento oficial. Os tempos haviam mudado, e a URSS rumava para transformações que, segundo bolcheviques veteranos, já estavam atrasadas. As gráficas particulares foram fechadas. Viagens entre a União Soviética e outros países se tornaram impossíveis sem autorização dos órgãos políticos e policiais. Os líderes tentaram isolar o país das influências ideológicas de outrem. Os pressupostos culturais básicos do bolchevismo iam finalmente ser postos em prática.

Esses pressupostos eram mais pluralistas antes da Revolução de Outubro que depois. O lado mais inflexível do bolchevismo ganhou das demais tendências depois de 1917, e o extremismo de Stalin e seus sequazes prevaleceu sobre as atitudes anteriormente patrocinadas pelo resto do Politburo. A violência e a rudeza da nova campanha da "revolução cultural" foram notáveis.

A alta cultura tampouco foi desdenhada. As intervenções anteriores de Stalin tinham sido de natureza confidencial, e na década de 1920 Bukharin e Trotski mantiveram contato com a intelligentsia criativa. Trotski escrevera *Arte e revolução*. Agora Stalin tentava se impor. Em 1930, ele emitiu uma resolução sobre a história política do bolchevismo antes de 1914.[5] Seus subordinados interferiam cada vez mais nas artes e nas ciências mediante o Departamento de Agitação e Propaganda do Secretariado. Chegara ao fim o tempo em que Anatoli Lunacharski (falecido em 1933) ou Nadejda Krupskaya estabelecia as linhas principais das políticas por meio do Comissariado do Povo para a Educação. Stalin queria ter o tipo de cultura, alta e baixa, apropriada ao Estado e à sociedade que estava construindo. Ele intensificou os contatos com intelectuais. Assistiu a peças e balés com mais frequência. Leu romances, livros de história e resumos de ciência contemporânea, e obrigou seus acólitos a fazer o mesmo. A transformação cultural devia ser dirigida de modo tão firme quanto as mudanças básicas na economia e na política.

Ele acolheu alguns intelectuais como companhias ocasionais. Isso também era uma mudança com relação aos anos anteriores, quando apenas seus camaradas políticos chegavam perto dele, à exceção do poeta Demyan Bedny. Maksim Górki, que ele atraíra de volta de um exílio autoimposto em 1931, frequentava a *datcha* de Stalin. Outras visitas incluíam os romancistas Mikhail Sholokov e Alexei Tolstoi.

Por mais que valorizasse Górki como escritor, porém, ele nunca esquecia as razões de Estado. O escritor era famoso no Ocidente e podia ser transformado em um adorno da União Soviética. Quando regressou foi festejado como um grande intelectual proletário. Stalin queria tirar algo disso. Em 1929, ele convenceu Górki a visitar o campo prisional de Solovki; depois engabelou-o a ser coautor de um livro sobre a construção do canal do mar Branco.[6] Górki foi levado a crer que estavam sendo feitos esforços humanitários para reabilitar os proletários condenados. Ele presidiu o I Congresso de Escritores, em 1934, e contribuiu para a formação do Sindicato de Escritores. Sua aprovação ajudou Stalin a exercer forte controle político sobre as artes. O preço que Stalin pagou foi ter de ouvir as queixas do escritor sobre os maus-tratos sofridos por vários intelectuais nas mãos das autoridades. Mas, para sua sorte, Górki morreu no verão de 1936. Circulou o rumor de que o NKVD o assassinara por importunar demais o secretário-geral. Seja como for, após sua morte, Stalin o transformou em uma figura emblemática da arte oficial na URSS.

Sholokhov e Tolstoi também trataram com Stalin. *O Don silencioso*, do primeiro, foi uma das poucas peças de prosa soviética do entreguerras que não atacou as premissas do comunismo. Ambientado nas aldeias cossacas do sul da Rússia e repleto de expressões dialetais, o romance é uma saga da Guerra Civil. A primeira edição trazia episódios considerados indulgentes com os Brancos. Após modificar o texto como requerido, Sholokhov entrou no cânone clássico do regime. Produziu uma sequência, *A terra virgem arada*, sobre a campanha de coletivização. Era esteticamente menos impactante, e reforçou a suspeita de que ele havia furtado a maioria dos capítulos de *O Don silencioso* de um escritor cossaco falecido.[7] Ainda assim, Sholokhov não era um escritorzinho servil. Horrorizou-se com o que viu no campo, com os cossacos brutalmente empurrados às fazendas coletivas. Escreveu inúmeras vezes a Stalin apontando o fato. Com o aumento da fome no sul da Rússia, a correspondência se inflamou de ambos os lados.[8] As cartas de Sholokhov atestam sua coragem; a relação entre eles assinala o reconhecimento de que intelectuais fiéis ao regime tinham uma função útil para Stalin ao fazer perguntas difíceis, mas sem ameaçar sua posição política. Nenhum político sairia ileso de tamanha impertinência.

Outro escritor a quem Stalin deu ouvidos foi Alexei Tolstoi, o romancista patriótico, sobrinho do autor do século XIX. Tolstoi pensava que os bolcheviques tinham cumprido a tarefa histórica de reunificar a Rússia, expulsar os inimigos externos e levar adiante a esperada industrialização. O romancista dava ideias a Stalin sobre a continuidade entre os padrões imperial e comunista de governo. Segundo ele, era dever do secretário-geral postar-se firmemente na tradição de Ivan, o Terrível, e Pedro, o Grande. Ambos tinham empregado métodos brutais em prol dos interesses do país.

Mas ele chovia no molhado: estudante curioso da história russa, Stalin já havia percebido as conexões com os reinos de Ivan e Pedro.⁹

Ele sabia do que gostava nas artes, bem como no estudo da história. No teatro, admirava *Os dias dos Turbin*, de Mikhail Bulgakov, desde sua estreia, em 1926. A peça tratava das alianças cambiantes na Ucrânia durante a Guerra Civil. A devoção de Stalin mostrava o desejo de entender a luta em termos menos simplistas do que apresentavam os livros de história oficiais: Bulgakov retratou com simpatia não só os vermelhos, mas também os brancos. No balé, Stalin preferia *O lago dos cisnes*, de Tchaikovski, em vez de peças de música e coreografia mais recentes. O mesmo acontecia com a música. Embora tivesse começado a ouvir sinfonias e óperas, poucos compositores contemporâneos despertavam sua admiração. A poesia de autores vivos tampouco o interessava. O poeta Vladimir Maiakovski, que se suicidou em 1930, foi transformado — como Górki — em totem artístico do regime. Stalin o admirava só da boca para fora. (Lenin havia afirmado que era escandaloso, em uma época de escassez de papel, destinar recursos aos poemas dele.) O secretário-geral nutria um amor duradouro pelos clássicos da poesia georgiana, e desprezava os versos soviéticos contemporâneos.

Ao longo dos anos, ele foi alvo de troça por carecer de sensibilidade para as artes. Os inimigos se consolavam na derrota assinalando suas limitações intelectuais. Eles foram longe demais com a ridicularização. Stalin também culpava a si mesmo, pois deliberadamente havia ocultado seu nível educacional, seus feitos poéticos e o leque de seus interesses intelectuais,¹⁰ e suas trocas verbais com a maior parte dos pintores e escritores em geral se voltava para questões políticas.

Na verdade, a chama da apreciação estética de Stalin não se apagara. Ele a exibia principalmente quando surgiam questões sobre as artes na sua Geórgia natal. Quando, em meados da década de 1930, Shalva Nutsubidze compilou e traduziu para o russo uma antologia de poesia georgiana, Stalin não resistiu a dar uma olhada no rascunho datilografado. Seu antigo entusiasmo pela poesia ressurgiu, e ele anotou correções nas margens.¹¹ Nutsubidze e Stalin teriam feito um par estranho. O primeiro era um acadêmico que se recusara a se filiar ao partido; seu projeto de produzir uma antologia literária georgiana deve ter servido de pretexto para sua prisão. Mas eles se davam bem, e Nutsubidze apreciava as sugestões e os aprimoramentos propostos por Stalin,[12] que não quis que sua contribuição fosse divulgada. Tampouco aprovava facilmente as tentativas de ressuscitar sua fama como um poeta georgiano menor. Alguns de seus primeiros versos foram publicados, o que não poderia acontecer sem sua autorização. Contudo, ele repensou a coisa. Os poemas não foram amplamente reproduzidos enquanto ele esteve no poder, e não figuraram nas *Obras*, de vários volumes, publicado após a Segunda Guerra Mundial. As razões de Estado prevaleceram sobre a vaidade. Provavelmente Stalin concluiu que a poesia romântica da juventude desfiguraria sua imagem de Homem de Aço. Supostamente também queria determinar o tom literário da época. A cultura devia ser nivelada pelas exigências políticas do momento.

Com seu modo redutor, era-lhe mais fácil analisar literatura, pintura e arquitetura do que música. Stalin queria duas coisas ao mesmo tempo. Queria cultura para as "massas" bem como disseminar a alta cultura. As conquistas da URSS deviam superar qualquer coisa alcançada no exterior. Ao insistir na grandeza russa secular, ele assimilou escritores e compositores do século XIX — Pushkin, Tolstoi, Glinka e Tchaikovski — ao projeto socialista pós-1917. Tinha preferência por Dostoievski, que considerava um psicólogo brilhante;[13] mas sua visão política reacionária e a fé místico-religiosa eram demais para Stalin, que não aprovou a reimpressão das obras dele. Os libretos das óperas de Glinka foram reescritos, e vários textos de Tolstoi e Pushkin foram banidos. Ainda assim, grande parte da herança artística pré-revolucionária estava disponível para o público, apesar de seus elementos conservadores, apolíticos e liberais. O programa cultural de Stalin era uma mistura instável. Ele podia matar artistas à vontade e, no entanto, sua política era incapaz de produzir uma grande arte, a menos que, deliberada ou inconscientemente, ele negligenciasse, ao menos em parte, o que os artistas realmente faziam.

A cultura em geral atraía intervenções ocasionais de sua parte — e imprevisíveis. Em 1937, seu assistente Lev Mekhlis telefonou para o cartunista do *Pravda*, Boris Yefimov, convocando-o imediatamente ao Kremlin. Pensando no pior, Yefimov alegou estar gripado. Mas "ele" — Stalin — insistiu; Yefimov pôde adiar a visita por apenas um dia. Na verdade, Stalin simplesmente queria lhe dizer que parasse de desenhar figuras japonesas dentuças. "Definitivamente", respondeu o cartunista. "Não haverá mais dentes."[14] Ele intervinha diretamente também na produção cinematográfica. Boris Shumyatski, comissário do povo encarregado do cinema soviético até ser preso, em 1938, sabia que o secretário-geral era o único revisor que devia ser levado a sério.[15] Stalin tinha salas de projeção nas suas *datchas*. *Lenin em outubro* era um de seus filmes favoritos; mas ele queria que o público se divertisse ao mesmo tempo que era doutrinado. Não tinha nada contra os melodramas escapistas, como *Circo*, e, quando a propaganda pôs ênfase no patriotismo, aplaudiu *Ivan, o Terrível* e *Alexandre Nevski*, dirigidos por Sergei Eisenstein, que temia e desfrutava daquele favor — ele sabia que Stalin atacaria furiosamente quaisquer cenas que considerasse conflitantes com a política oficial do momento.

As obras artísticas distinguidas da década de 1930 — com poucas exceções — aconteceram apesar dele. As obras de Anna Akhmatova, que compôs o maravilhoso ciclo de poemas elegíacos *Requiem* em 1935-40, foram banidas. (Stalin só cedeu na Segunda Guerra Mundial, quando os versos dela seriam úteis para elevar o moral do público.)[16] A obra-prima da prosa russa *O mestre e Margarida*, de Mikhail Bulgakov, estava numa gaveta de escrivaninha quando o autor morreu, e só foi publicada integralmente na União Soviética em 1975. Stalin chegou a aterrorizar Dmitri Shostakovich, gênio da música clássica de meados do século, denunciado por escrever peças que ninguém conseguia assobiar. Shostakovich foi forçado a "confessar" seu erro; de fato, a *Quinta sinfonia*, de 1937, ficou conhecida como "a resposta de um artista soviético à crítica justa". A música, contudo, foi menos maltratada que as outras artes. Embora aterrorizado, Shostakovich continuou compondo, e suas sinfonias foram apresentadas ao público. Poucas peças literárias eram publicadas. Dentre elas estavam os dois romances de Sholokhov e alguns contos de Andrei Platonov. Porém, de modo geral, o governo de Stalin frustrou o já prejudicado ambiente artístico da URSS.

O Grande Terror de 1937-8 compeliu a maior parte dos intelectuais a cooperar abertamente com o Estado ou, ao menos, manter a cabeça baixa. Pouquíssimos desafiaram a autoridade. Osip Mandelstam leu um poema contra Stalin em uma festa particular em 1934:

Vivemos surdos para a terra sob nossos pés,
A dez passos daqui ninguém ouve nossos
discursos,

Mas onde houver ao menos meia conversa
o homem das montanhas no Kremlin será
mencionado.

Seus dedos são gordos como larvas
E as palavras, cortantes como pesos de
chumbo, caem de seus lábios,

Seus cavanhaques de barata espreitam
E os canos de suas botas reluzem.

À sua volta uma ralé de líderes de pescoço
fino — servis
meios-homens para sua diversão
relincham, ronronam ou ganem
enquanto ele tagarela e aponta o dedo,

Um por um, vão forjando suas leis, que
serão lançadas
como ferraduras na cabeça, no olho ou na
virilha.

E toda morte é um deleite
Para osseta de peito largo.[17]

A última linha reproduzia o rumor (não confirmado) de que Stalin descendia de ossetas.

Naquela noite, os ouvintes incluíam um informante, e o poeta foi preso. Mas até Stalin, porém, ficou sem saber o que fazer com ele. Seu instinto dizia para executá-lo; em vez disso, ele telefonou para outro grande poeta,

Boris Pasternak, e lhe perguntou se Mandelstam realmente era dono de um talento ímpar. Pasternak ficou profundamente constrangido: se dissesse sim, podia ser preso também; mas dizer não condenaria o amigo e rival ao *gulag*. Pasternak respondeu de forma equívoca, o que levou Stalin a comentar sarcasticamente: "Se eu tivesse um amigo poeta em apuros, me jogaria contra a parede para salvá-lo!"[18] Mandelstam foi enviado ao *gulag* em 1938. A lista de bons artistas executados ou encarcerados é tristemente longa. Na década de 1930, o número de grandes intelectuais mortos foi maior que o de sobreviventes. Uma das vítimas foi Isaac Bábel, escritor de contos maravilhosos sobre a cavalaria vermelha na Guerra Soviético-Polonesa de 1920, assim como o diretor de teatro Vsevolod Meyerkhold. Até Mikhail Bulgakov, cujas peças tinham encantado Stalin na década de 1920, foi jogado no poço da depressão. Morreu alquebrado, mas em liberdade, em 1940. Anna Akhmatova sofreu, embora nunca tenha sido presa: em seu lugar, a polícia levou o filho dela, Lev. À diferença de Bulgakov, ela enfrentou a situação como uma fortaleza inquebrantável.

A repressão também chegou à academia e às ciências naturais. Dentre as vítimas de julgamentos-espetáculo em 1929-31 estiveram historiadores como Sergei Platonov, acusado de atividades nacionalistas russas. Yevgeni Tarle, que depois se tornou um dos historiadores favoritos de Stalin, foi trancafiado. A crítica literária era outra área acadêmica perigosa. Embora Stalin tivesse incluído a poesia e a prosa do século XIX em seu programa de revolução cultural, ele não permitiria a publicação de interpretações heterodoxas. O ensino e a pesquisa científicos também foram perseguidos quando ele as enxergava como uma ameaça ao regime. A lista de figuras notáveis que foram reprimidas é muito longa. Ela incluiu o biólogo Nikolai Vavilov, o projetista de aviões Andrei Tupolev, e o físico Lev Landau.

O tratamento dispensado aos cientistas se chocava com a campanha oficial para colocar o país na vanguarda do progresso científico. Contudo, a União Soviética vivia um despotismo político, e Stalin impôs seus preconceitos a áreas da investigação humana sobre as quais não tinha o menor conhecimento. Ele favoreceu cientistas de origem proletária ou camponesa que, independentemente da educação limitada, desafiassem as ideias convencionais. Era atraído por ideias científicas que parecessem congruentes com a versão tosca da epistemologia e da ontologia marxista que adotara — e que incluiu no capítulo sobre materialismo dialético de *História do partido comunista da URSS (bolcheviques): breve curso*.[19] O caso mais notório foi o de Timofei Lysenko, um suposto geneticista que alegava ser capaz de reproduzir novas cepas de plantas mudando seu ambiente climático. Geneticistas experientes, como Vavilov, protestaram alegando que Lysenko ignorava décadas de comprovações de que as plantas não transmitiam características adquiridas ambientalmente de uma geração à outra. O lysenkoísmo foi uma variante bastarda das proposições de Lamarck sobre a seleção natural. Vavilov não captou o interesse de Stalin, mas Lysenko conseguiu entusiasmá-lo. O resultado foi uma catástrofe para a genética soviética e a detenção de Vavilov em um campo de trabalhos forçados.

Muitos cientistas, acadêmicos e artistas que prosperaram com Stalin eram de terceira categoria. O presidente do Sindicato de Escritores da URSS era o medíocre Alexander Fadeev, e não Bulgakov ou Pasternak; e foi o medíocre Tikhon Khrennikov, e não o gênio musical Dmitri Shostakovich, quem dirigiu o Sindicato de Compositores da URSS. O que contava para o Agitprop do Secretariado do Partido era a confiabilidade política. As organizações permitiam aos indivíduos funcionar na União Soviética; elas podiam ajudar ou destruir suas carreiras. Dispunham de fundos, cestas básicas, sanatórios e *datchas* para recreação. Seus líderes — como Fadeev e os Khrennikov — frequentavam reuniões sociais oferecidas por Stalin. Cada república soviética tinha sindicatos próprios. O Kremlin conferia medalhas e prêmios. Não só os acadêmicos, mas também aviadores, jogadores de futebol, cantores de ópera e até palhaços de circo ansiavam recebê-los. O Prêmio Stalin anualmente trazia prestígio e um belo cheque na conta bancária. Stalin foi o arquiteto desse sistema de controle e recompensa. Planejou a revolução cultural ao seu gosto e se orgulhou dos feitos de seu governo.[20]

Em 1939, aproximadamente 87% dos cidadãos soviéticos entre 9 e 49 anos estavam alfabetizados e dominavam a matemática. Escolas, jornais, bibliotecas e estações de rádio proliferavam. O aprendizado industrial havia crescido enormemente. As universidades estavam repletas de estudantes. Uma sociedade agrária fora colocada no rumo da "modernização". A revolução cultural não estava restrita à disseminação de habilidades técnicas; visava também propagar a ciência, o urbanismo, a indústria e a modernidade ao estilo soviético. As atitudes e os costumes seriam transformados.[21] Escolas, jornais e rádio trombeteavam a prioridade oficial. Porta-vozes soviéticos — políticos, acadêmicos, professores e jornalistas — trombeteavam que a URSS era um farol de esclarecimento e progresso. Os Estados capitalistas eram apresentados como selvas de ignorância, reação e superstição. A física, o balé, a tecnologia militar, os romances, o esporte organizado e a matemática do país eram evidências do progresso alcançado.

De vários modos, a URSS havia arrancado a sociedade do tradicionalismo. Mas esse processo não foi unidirecional. Apesar da pretensão de ser uma "análise científica", o marxismo-leninismo se baseava em suposições herdadas de séculos anteriores. Isso era particularmente verdadeiro na mentalidade de Stalin. Ele nunca se livrou da visão de mundo supersticiosa absorvida na infância, e suas atitudes se aplicaram à vida cultural como um todo quando alcançou o poder supremo. O pensamento oficial soviético, consolidado na Guerra Civil, postulava a existência de forças forâneas malignas contrárias ao bem comum. Supostamente, haveria conspirações por toda parte. Era preciso sempre questionar a aparência de sinceridade. Também supostamente, havia agências estrangeiras por toda parte. Essas ideias não começaram com Stalin. Durante a revolta de Kronstadt, e em outras ocasiões, Lenin atribuiu o surgimento de dissensões e resistências à atividade das potências capitalistas estrangeiras. Com Stalin, porém, essa percepção se tornou cada vez mais básica.

A confrontação das afirmações políticas e econômicas com a evidência empírica caiu em desuso; cessaram as discussões abertas sobre os modelos científicos. Os pronunciamentos do Kremlin eram a cabala do regime. Quem se recusasse a aceitar a existência de inimigos com métodos diabólicos para derrubar o regime poderia ser tratado como infiel ou herético, e mereceria punição sumária.

Foi feita uma recopilação de escritos mágicos. Os textos não eram obras de Marx, Engels ou Lenin. A partir do final da década de 1930, a cultura soviética foi dominada pela *História do partido comunista da URSS (bolcheviques): breve curso* e pela biografia oficial de Stalin. Esses textos adquiriram uma autoridade quase bíblica. O marxismo-leninismo em geral e sua versão stalinista em particular reproduziam a mentalidade típica do tradicionalismo camponês. Os costumes no campo estavam associados à crença em espíritos, demônios e feiticeiros. A bruxaria era um fenômeno normal e os feitiços eram empregados regularmente para afastar o mal (ou infligi-lo aos inimigos). Essa síndrome permeava o stalinismo e sua cultura. Sem usar o termo, Stalin sugeriu que a magia maléfica precisava ser enfrentada para que as forças do bem — marxismo-leninismo, o Partido Comunista e a Revolução de Outubro — sobrevivessem e florescessem. Nem todos os romancistas, acadêmicos e cientistas aceitaram essas idiotices. Muito pelo contrário: as maiores realizações culturais com Stalin foram alheias a isso. Porém, em setores-chave, principalmente nas escolas, na imprensa e no rádio, ele conseguiu impor esse padrão de um modo muito eficaz. Apesar de suas realizações na cultura do século XX, a União Soviética estava sendo puxada de volta às velhas maneiras de pensar. Longe de ser o titã da modernidade, Stalin era um feiticeiro de aldeia que mantinha seus súditos sob um jugo tenebroso.

28. TEMORES NA VITÓRIA

Mesmo com o fim próximo do Primeiro Plano Quinquenal, em 1932, as pressões sobre a economia e a sociedade estavam ficando intoleráveis. A fome piorou na Ucrânia, no sul da Rússia, no norte do Cáucaso e no Cazaquistão. As rebeliões no campo não foram totalmente reprimidas. Ainda havia ataques aos esquadrões de coletivização, a funcionários do OGPU e aos sovietes locais. Depois de ser forçadas a se unir aos *kolkhozes*, centenas de milhares de famílias camponesas deixaram o campo para não passar por mais dificuldades.[1] Os enfrentamentos começaram a se espalhar pelas cidades. Na cidade têxtil de Ivanovo houve greves e manifestações contra o regime.[2]

Assim como Lenin, em 1921, Stalin percebeu que um recuo econômico se fazia necessário. A diferença era que Lenin introduzira a Nova Política Econômica principalmente por temer a revolta universal do campesinato, mas foram os proletários que fizeram Stalin cair em si. Se a industrialização fosse interrompida, o fundamento de seu poder seria solapado. Estava claro que os problemas nas cidades e nas aldeias estavam interligados. A partir de maio de 1932, os camponeses puderam comercializar o excedente agrícola nos chamados mercados *kolkhozes*. Entre agosto de 1932 e fevereiro de 1933, a coleta das cotas de grãos planejada pelo Estado diminuiu de 18,1 para 14,9 milhões de toneladas.[3] O componente industrial do retrocesso tomou forma no afrouxamento do ritmo do investimento de capital no Segundo Plano Quinquenal. A corrida desenfreada para aumentar a produção nas fábricas e minas diminuiu.[4] Por fim, as condições de vida dos cidadãos tiveram proeminência. Para 1933-7 estava planejado um aumento de 134% na produção industrial de bens de consumo e de 177% na produção agrícola. O espaço habitacional se expandiria em dois quintos.⁵ Aparentemente, Stalin começava a agir com sensatez. O objetivo era evitar uma segunda corrida pelo crescimento de projetos cruciais e consolidar os ganhos alcançados.

No Politburo, discutia-se mais a indústria que a agricultura. Stalin sabia o que queria no campo, mas precisava fazer concessões. A política industrial o colocava em um dilema, e ele ouvia Molotov e Kaganovich defenderem a desaceleração, contra o desejo de Ordjonikidze, do Comissariado do Povo para a Indústria Pesada. O instinto o aproximava deste último, mas ia cada vez mais contra Ordjonikidze. Na plenária do Comitê Central, em janeiro de 1933, Stalin anunciou a redução do objetivo de crescimento industrial para 13-14%.⁶

A pressão sobre a sociedade afrouxou um pouco. A redução dos objetivos agrícolas não ajudou a pôr fim à fome, já que a colheita de 1932, muito afetada pelo clima, havia sido ruim. As concessões aos camponeses tinham limites, e foi mantida a exportação de grãos. As sanções penais para a desobediência ficaram ainda mais severas. Em 7 de agosto, por insistência de Stalin, camponeses que roubassem um mero punhado de grãos poderiam ser condenados à morte ou a um mínimo de dez anos de cárcere.⁷ Em um momento em que camponeses de várias regiões estavam tão desesperados que alguns recorreram ao canibalismo, o decreto foi de uma ferocidade extraordinária até para Stalin. O fermento no pão da reforma foi a repressão. O OGPU foi instruído a garantir que os *kulaks* e os "especuladores" não se aproveitassem das concessões que estavam sendo feitas.⁸ A polícia, o Exército e o partido entraram em campo para garantir que as mudanças econômicas e políticas básicas introduzidas a partir de 1928 não fossem alteradas. Stalin estava a cargo da política econômica. Ele respondia de imediato ao menor sinal de desacordo entre líderes comunistas, em Moscou ou nas províncias. O resultado é que a partir do segundo semestre de 1932 nenhum camarada do Politburo se atreveu a contestar suas decisões.⁹

Às vezes, ele parecia atônito com os abusos e o caos que havia provocado com suas políticas. Em junho de 1932, em carta a Kaganovich e Molotov, afirmou que os comitês do partido na Ucrânia e nos Urais estavam dividindo improvisadamente as cotas assignadas para a obtenção de grãos entre as unidades territoriais menores de cada província. Perguntou por que esses comitês não levavam em conta as peculiaridades locais.[10] Contudo, para cumprir as cotas impostas por Moscou, os administradores provinciais tinham pouco a fazer, além de usar métodos improvisados. Eles apenas faziam no plano local o que Stalin fazia no Kremlin. Isolado da realidade rural e administrativa, ele supunha que o problema se devia à incompetência local ou à premeditação.

No entanto, em meados de agosto, os informes sobre a colheita ruim e a propagação da fome levaram Stalin, confortavelmente instalado no mar Negro durante as férias, a diminuir a contribuição de grãos na Ucrânia; quando teve certeza da sanção de Stalin, o Politburo cortou pela metade sua cota, para aliviar a miséria.[11] (Não que Stalin tenha deixado de se decepcionar com os líderes republicanos do partido em Kiev: manteve a promessa feita ao Politburo de removê-los mais adiante.)[12] Stalin também autorizou a redução das cotas no Volga, nos Urais e no Cazaquistão após a colheita de 1933.[13] Mas suas indulgências foram temporárias e parciais. Quando, em setembro de 1934, Kaganovich solicitou outra diminuição nas cotas de grãos ucranianas, ele retrucou:

> Considero esta carta um sintoma alarmante, pois ela mostra que podemos cair em um caminho incorreto se não aplicarmos a tempo (i.e., imediatamente) uma política firme. A *primeira* redução foi necessária. Mas está sendo usada pelos nossos funcionários (não só pelos camponeses!) como um primeiro passo, a ser seguido por um segundo passo, visando exercer *pressão* sobre Moscou para obter *outra* redução.[14]

Kaganovich estava sendo alertado a manter a orientação geral das políticas.

As medidas paliativas de 1932-3 tiveram pouco efeito imediato. A redução das cotas continuava deixando os camponeses com menos trigo e batatas do que precisavam para subsistir. Eles comiam frutos do bosque, cogumelos, ratos e camundongos; quando até isso lhes faltava, mascavam grama e casca de árvores. É provável que 6 milhões de pessoas tenham morrido de fome em consequência direta da política estatal.[15] Novas medidas foram anunciadas. O Estatuto do Modelo *Kolkhoz*, introduzido em 1935, permitia a cada domicílio semear entre um quarto e metade de um hectare em cultivos privados.[16] Esse incentivo adicional ao setor econômico não estatal assinalava as terríveis condições dos consumidores soviéticos. A situação teria sido ainda pior sem uma produção agrícola privada, apesar das suas condições muito limitadas. Os camponeses subsistiram nas piores circunstâncias, mesmo após o fim da fome, em 1933. Mas a vida não era muito melhor para os operários nas cidades. Os salários urbanos continuavam sendo mais baixos em termos reais que antes do Primeiro Plano Quinquenal. A industrialização e a coletivização atiraram a sociedade na voragem da fome, da migração e do *gulag*. Mas Stalin e o Politburo recuaram as políticas mais extremas de transformação econômica, e muitos funcionários e a maior parte dos cidadãos esperavam que o caos frenético de 1928-32 tivesse chegado ao fim.

O XVII Congresso do Partido, em janeiro e fevereiro de 1934, foi anunciado antecipadamente como o Congresso dos Vitoriosos. Superficialmente, havia unanimidade entre os delegados. Não houve críticas diretas à liderança partidária. O relatório do Comitê Central apresentado por Stalin foi estrepitosamente aclamado; seu conteúdo avançou confiante da política interna à externa. Ele se vangloriou das "vitórias" alcançadas desde 1928. A industrialização acelerada e a coletivização agrícola tinham sido impostas. À esquerda e à direita, oposições bolcheviques haviam sido esmagadas. A prioridade era o socialismo em um só país. O Comitê Central se distinguiu mais pela lista dos objetivos de longo prazo que por esclarecer a política imediata.

Em público, os delegados se limitaram a fazer pedidos em nome de localidades específicas ou de setores econômicos. Alguns pediram ajustes em medidas existentes; mas não houve uma discussão aberta sobre a fome na Ucrânia ou da política industrial em geral.[17] Nos bastidores, porém, houve reclamações por conta das ambições e os métodos de Stalin. Funcionários republicanos e provinciais do partido haviam enfrentado tempos difíceis tentando pôr em prática as exigências do Politburo e do Gosplan. Não fizeram objeções aos poderes e privilégios adicionais que isso implicava. Mas a perspectiva de um regime de pressão permanente não era desejável. Além dos interesses pessoais, acreditavam que era necessário um período de consolidação. Na falta de oportunidades, alguns — segundo certas fontes —

procuraram Sergei Kirov, do Politburo, para lhe pedir que considerasse assumir o Secretariado no lugar de Stalin. Outras memórias sugerem que Stalin não ia bem na eleição do Comitê Central, e Kaganovich, encarregado da contagem dos votos, precisou trapacear para assegurar a reeleição dele. Se isso foi verdade, então o chamado de Ryutin, que estava encarcerado, fora ouvido, e Stalin se arriscava ao esquecimento político.[18]

Ele deu sinais de que as chamas de sua severidade não estavam extintas. Embora concordasse que era necessária a consolidação econômica, seguiu argumentando a favor da vigilância e da repressão onde quer que encontrassem inimigos do povo. Disse que os opositores internos do partido tinham "se rebaixado ao campo dos contrarrevolucionários lívidos e dos trastes a serviço do capital estrangeiro".[19] Antigos opositores acabavam de ser readmitidos no partido. O relatório de Stalin ao Comitê Central indicava que ele não estava inteiramente convencido de que aquele arranjo seria permanente — e, ameaçador, vinculou a oposição interna à atividade traiçoeira no nível do Estado. Não é de admirar que muitos delegados considerassem perigoso mantê-lo no cargo de secretário-geral.

Os acontecimentos nos bastidores do congresso permanecem misteriosos. Aqueles intimamente envolvidos — Kirov e Kaganovich — nunca divulgaram os detalhes. A maioria dos participantes de menor importância desapareceu durante o Grande Terror, e não houve um registro formal do que ocorreu na reunião. Kirov adquiriu a reputação póstuma de moderado no Politburo. Não há muito para sustentar isso, além de alguns gestos na direção do aumento do fornecimento de pão em Leningrado, onde era secretário do partido da cidade.[20] Todos os membros do Politburo tendiam a proteger seus setores de trabalho dos efeitos demolidores da política geral, e Kirov não foi uma exceção. Se ele de fato tivesse sido procurado durante o congresso, provavelmente teria contado a Stalin o tipo de apoio que recebia dos delegados. Kirov não se comportava como um líder em formação, e não dava sinais de ter uma ambição última. Não é possível demonstrar sem sombra de dúvidas que a votação para o novo Comitê Central durante o XVII Congresso tenha humilhado Stalin. O que se pode dizer com certeza é que muitos funcionários tinham se decepcionado com ele e podem ter registrado seu descontentamento na cédula de votação. De sua parte, Stalin tinha motivos para se preocupar, não obstante as histórias sobre Kirov e a eleição no Comitê Central. Depois da vitória em todas as frentes no Primeiro Plano Quinquenal, ele soubera que uma multidão de camaradas vitoriosos recusava-se a lhe dar carta branca para seguir fazendo o que quisesse.

Por um tempo ele não reagiu, e a política oficial manteve a fachada mais moderada. Estava mais difícil para a polícia deter arbitrariamente especialistas que trabalhavam na economia. O OGPU, além disso, estava incorporado ao Comissariado do Povo para Assuntos Internos. Alguns observadores contemporâneos esperavam que isso aplacasse o zelo repressivo dos chekistas. Milhares de indivíduos presos no final da década de 1920 começaram a regressar dos campos de trabalho e retomar a vida em liberdade. A economia foi guiada de modo firme na direção das metas do Segundo Plano Quinquenal, em uma atmosfera livre da histeria anterior.

Mas então algo aconteceu que acabou com a calma política. Em 1º de dezembro de 1934, Kirov foi assassinado. Leonid Nikolaev, provavelmente abespinhado com o flerte de Kirov com sua esposa, entrou no Instituto Smolny e o matou à queima-roupa. A bagunça no NKVD de Leningrado já tinha sido denunciada em setembro de 1934,[21] e sua incompetência posterior seguiu um padrão. Stalin ficou lívido e rígido com o choque — ou, ao menos, foi como outros o viram à época. Nikolaev estava fichado como antigo zinovievista. Ele foi prontamente interrogado, inclusive na presença de Stalin, e em seguida executado. Acidentes misteriosos ocorreram com os policiais responsáveis por ele — embora a liderança do NKVD em Leningrado tenha sido castigada por sua negligência, para a maior parte deles a punição não foi severa.[22] Stalin emitiu um decreto sancionando a formação de *troiki* que poderiam fazer "justiça" sumária sem recorrer às cortes. Estava cimentada a base para a ampliação do terror de Estado. Antigos opositores foram detidos e interrogados. Zinoviev especulou que Stalin usaria o assassinato como pretexto para levar a cabo sua própria campanha repressiva, nos moldes da atividade de Hitler na Alemanha.[23] Stalin compareceu ao funeral de Kirov com o semblante austero e determinado. Mesmo seus correligionários mais próximos se perguntaram como ele lidaria com a situação; mas todos esperaram por medidas severas.

Imediatamente espalhou-se o rumor de que Stalin seria conivente no assassinato de Kirov. Sabia-se que ele preferia a ação repressiva, e havia inúmeras histórias sobre Kirov sendo parabenizado como substituto de Stalin no Secretariado Geral. Supostamente Stalin estaria por trás da morte. Na verdade, todas as evidências são circunstanciais e nenhuma prova foi encontrada. O inegável é que Stalin não tinha escrúpulos em tomar medidas drásticas. Ele ainda não havia matado um acólito próximo, mas o assassinato de Kirov pode ter sido o primeiro. Mesmo que não tenha ordenado a morte, beneficiou-se dela: a morte de Kirov lhe permitiu tratar os antigos opositores do modo como queria e deixara entrever no relatório do Comitê Central ao XVII Congresso do Partido.

Zinoviev e Kamenev foram levados sob custódia ao NKVD, acusados de ter organizado uma conspiração terrorista em conluio com seus sequazes oposicionistas. Stalin sempre se preocupou com a possibilidade de regresso ao poder das oposições de direita e esquerda, principalmente se suas ideias tivessem ressonância entre os então funcionários do partido. A repressão de agrupações sucessivas lideradas por Lominadze, Eismont e Ryutin não lhe trouxe alívio. Poderia haver outrem à espreita, em Moscou e nas províncias. Além disso, Stalin sabia que Bukharin, Kamenev e Zinoviev conservavam a esperança de voltar ao poder. Ele os vigiava por meio dos grampos da polícia política.[24] Sabia que eles o odiavam e desprezavam. Bukharin declarava respeitar Stalin diante dele, mas o denunciava em privado. Kamenev e Zinoviev lhe tinham um profundo desprezo. Trotski estava livre no estrangeiro, editando o *Boletim da Oposição* e enviando emissários à URSS. Stalin estava ciente de que, apesar do fingimento, seus inimigos do partido percebiam que tinham muito em comum. Existia a clara possibilidade de que formassem uma coalizão clandestina para miná-lo, e ao Politburo. A capacidade de Trotski de manter contato estava bem-estabelecida. Quando 68 de seus acólitos foram detidos em Moscou, em janeiro de 1933, o OGPU descobriu um esconderijo com artigos de Trotski.[25]

Na sociedade havia um surto de descontentamento com os efeitos das políticas de Stalin. Os camponeses tinham sido empurrados para as fazendas coletivas, e detestavam o novo sistema agrícola. Centenas de milhares de famílias *kulaks* tinham sofrido abusos terríveis. Os operários que não conseguiram ser promovidos a gerente enfrentavam a drástica deterioração de seu modo de vida. Salários, alimentos e moradia raramente passavam do rudimentar. Nos estratos mais altos do sistema social, a amargura também era intensa: engenheiros, intelectuais, especialistas em economia e até gerentes estavam ressentidos com o flagelo que sofriam. A sensação de um desmantelamento social era profunda e generalizada. Antigos membros de outros partidos e comunistas opositores derrotados se ressentiam das sanções hostis que lhes tinham sido aplicadas. Grandes grupos nacionais e religiosos rezavam por um milagre que afastasse o peso das políticas stalinistas de seus ombros. Por todo o país, havia bastante material humano o qual, caso as condições mudassem, poderia ser direcionado para um golpe contra o Politburo.

Zinoviev e Kamenev se recusaram a "confessar" ter criado uma organização conspiratória. Porém, diante da possibilidade de receber penas de prisão longas e ser definitivamente impedidos de se envolver com o comunismo, eles entregaram os pontos e admitiram responsabilidade política e moral pela ação de Nikolaev. O Politburo — ou, mais precisamente, Stalin — decidiu que Zinoviev era o mais perigoso dos dois. Ele foi sentenciado a dez anos, Kamenev a cinco. O NKVD não parou por ali. Deteve 653 antigos apoiadores da oposição de Leningrado e os exilou em Yakutia e outras partes do leste da Sibéria.[26] A incriminação de antigos opositores internos prosseguiu. Trotski era regularmente vilipendiado no *Pravda* e na *Izvestiya*. Ao mesmo tempo que Zinoviev e Kamenev ouviam o veredito, foi anunciada a troca dos carnês do partido. O propósito era excluir os membros que haviam falhado em cumprir o mínimo de seus deveres, se comportado de modo inadequado ou que alguma vez tivessem pertencido à oposição interna. Não foram anunciadas as consequências legais para quem tivesse o carnê confiscado. Mas ficou claro que a campanha persecutória, até então restrita a antigos líderes oposicionistas e seus apoiadores, não se deteria nos portões do partido. Todos teriam de provar lealdade ao Politburo ou se arriscar a ser expulso e degradado.

A natureza ameaçadora da troca de carnês se corporificou em uma diretriz secreta, enviada pelo Secretariado em 13 de maio de 1935.[27] Stalin estava descontrolado. O Secretariado explicou que aventureiros, inimigos do partido e espiões possuíam carnês. O partido estava infiltrado por forasteiros e antissoviéticos. Em 20 de maio, o Politburo emitiu uma diretriz especificando que os antigos trotskistas fora da prisão ou de campos de trabalho seriam automaticamente despachados para trabalhos forçados no *gulag* por um mínimo de três anos.[28] A vingança dos antigos adversários e detratores tardara anos. Agora ela se apresentava em sua fúria primitiva. Em 20 de novembro, atingiram outra etapa, quando Zinoviev e Kamenev, além do deportado Trotski, foram acusados de espionagem em favor de potências estrangeiras hostis.

Os membros do grupo de Stalin identificaram as atividades opositoras históricas com a traição atual ao Estado. Heróis veteranos do Partido Comunista foram denunciados como agentes mercenários dos interesses ocidentais. Eram feito coelhos, tensos de medo quando a raposa vem chegando. De qualquer modo, era impossível fugir. Só lhes restava esperar que outros membros do Politburo de algum modo contivessem o secretário-geral.[29] Contudo, a atmosfera política não era nada encorajadora. Stalin assumira a noção de que o melhor modo de fortalecer sua posição pessoal e o forte desenvolvimento econômico era exercer forte pressão sobre o Gosplan e os comissariados do povo para que acelerassem o ritmo industrial. Antecipando a oposição, tentou explorar os esforços dos proletários individuais para desafiar os métodos convencionais de produção. Em agosto de 1935, informou-se que, na bacia do Don, o mineiro Alexei Stakhanov extraíra 102 toneladas de carvão durante uma jornada de 6 horas. Aquilo era catorze vezes a norma estabelecida pelos gerentes das minas. Stalin usou isso como uma demonstração de que a resistência passiva persistia no Segundo Plano Quinquenal. Stakhanov foi chamado a Moscou, onde cobriram-no de homenagens e presentes. Um movimento stakhanovista espalhou-se por todos os setores da economia, inclusive fazendas e ferrovias.

Os stakhanovistas não podiam quebrar recordes sem que os gerentes fizessem arranjos especiais para eles. Outros operários foram obrigados a colaborar. Isso rompeu o padrão produtivo geral, e a produção foi afetada negativamente. Além disso, os stakhanovistas tomavam atalhos em seus esforços. O resultado eram máquinas quebradas. Contudo, Stalin ignorou a evidência. As abordagens científicas da produção foram abandonadas quando prevaleceu o entusiasmo em fazer os operários obterem privilégios por meio do aumento da produção.[30]

As coisas poderiam ter terminado mal para os especialistas em economia — gerentes, capatazes, engenheiros e planejadores — se as suspeitas que caíram sobre eles após o movimento stakhanovista os tivessem penalizado como ocorrera com os antigos opositores. A coisa estivera por um triz. Em 1935, a paixão persecutória de Stalin não se limitava à repressão dual dos antigos opositores e dos membros suspeitos do partido. Ele dirigiu sua ira também a categorias sociais inteiras de cidadãos. O NKVD recebeu ordens de limpar Leningrado de gente que, em virtude de sua ocupação ou status antes de 1917, pudesse ser considerada intrinsecamente hostil à URSS. Milhares de aristocratas, proprietários de terras, empresários e suas famílias foram expulsos para cidades pequenas e aldeias, levando um mínimo de pertences pessoais. No final de março, mais de 11 mil indivíduos tinham sido deportados de Leningrado,[31] e essa política foi reproduzida nas outras cidades grandes. Sob a liderança de Stalin, o Politburo começava a expurgar as cidades de supostos elementos antissoviéticos, do mesmo modo que havia feito nas áreas rurais com a desculaquização, a partir de 1929.

No entanto, à época, embora fossem acossados no trabalho, os especialistas não foram fortemente perseguidos, a menos que obstruíssem visivelmente as medidas oficiais. Eles se beneficiaram do desejo dos indivíduos no entourage de Stalin de se apoiar neles. Ordjonikidze, comissário do povo para a Indústria Pesada desde 1932, protegeu seus gerentes e planejadores não só por pensar que estavam sendo difamados, mas também por saber que não cumpriria as cotas do Plano Quinquenal sem a expertise deles.

De qualquer modo, os benefícios da consolidação econômica começavam a surgir. A produção de aço em 1935 alcançou mais que o dobro da de 1932.[32] Assim como o Primeiro, o Segundo Plano Quinquenal foi repetidamente alterado à medida que ia sendo aplicado. Dentre as modificações inevitáveis estava o aumento do orçamento para a produção de armamentos depois de Hitler se tornar chanceler alemão, em janeiro de 1933, quando a URSS teve de enxergar que logo entraria em guerra com o Terceiro Reich.[33] Obviamente, isso envolvia postergar as metas estabelecidas para os bens de consumo. Porém, de um modo geral, o Kremlin estava satisfeito com o progresso alcançado. Embora a política fosse planejada e anunciada em uma atmosfera de crise, os membros do Politburo e Stalin não davam a impressão, na correspondência e nas discussões, de pensar que havia uma resistência ativa aos seus propósitos, ou que não houvesse avanços no desenvolvimento econômico. O progresso se estendeu até 1936 e depois. O produto interno bruto em 1937, o último ano do Segundo Plano Quinquenal, crescera em três quintos com relação ao PIB de 1932. Até a agricultura começou a se recuperar dos traumas da coletivização. O produto interno bruto cresceu 50% no mesmo período.[34]

As atividades de Stalin seguiam ambíguas. Em 1935-6, ele supervisionou a elaboração de uma nova Constituição. Envolveu nisso várias figuras da política e da cultura; até Bukharin contribuiu para as primeiras versões, a partir de seu escritório editorial no *Izvestiya*.[35] A autoridade última, porém, continuou nas mãos de Stalin e do Politburo. Na prática, isso queria dizer Stalin. Este, o incansável perseguidor dos antigos opositores e da chamada "gente de antes", sancionou a concessão constitucional de direitos civis plenos a todos os cidadãos soviéticos, independentemente de sua origem social, religiosa ou política. Foi proclamada a igualdade universal de tratamento. Os cidadãos soviéticos tiveram garantidos salário, alimentação, educação, moradia e emprego. Nenhuma outra constituição no mundo outorgava benefícios tão abrangentes. Em um momento em que suas manobras políticas eram mais opacas, em 1936 Stalin apresentou uma *persona* desconcertante aos observadores. A maior parte das cláusulas da Constituição era tão amplamente benigna que alguns acreditaram que ele usara subterfúgios. Talvez ela tenha sido projetada principalmente para engabelar o olhar estrangeiro, segundo o interesse das relações internacionais soviéticas. Possivelmente ele também pretendeu que fosse uma propaganda doméstica, sem querer realmente pôr em prática seu conteúdo no futuro imediato. Ele tinha um longo histórico de disfarçar a opressão e a exploração e afirmar que o país era um paraíso para a maioria dos seus cidadãos.

Ao apresentar a Constituição, em novembro de 1936, Stalin proclamou: "O socialismo, que é a primeira fase do comunismo, foi basicamente alcançado em nosso país." Rompendo com a ideia anterior de que a resistência ao comunismo crescera à medida que os feitos do regime aumentavam, ele saudou a revogação da privação de direitos cidadãos das velhas elites políticas, econômicas, sociais e religiosas. Contudo, não toleraria mudanças na orientação do Politburo. A Constituição definiu a União Soviética como um "Estado socialista de proletários e camponeses". Apesar dos direitos constitucionais, os cidadãos não teriam permissão para derrubar a ordem socialista. Ao glosar várias cláusulas, Stalin afirmou abertamente que não haveria um enfraquecimento da ditadura comunista.

Alguns cidadãos, no entanto, não compreenderam os limites práticos da factibilidade da Constituição. O Kremlin recebeu queixas e denúncias, com base na suposição de que as autoridades estariam genuinamente comprometidas com o respeito aos direitos civis.[36] Obviamente, a maioria viu que aquilo era uma ilusão. A outorga de direitos civis plenos à "gente de antes" significou que esta gente, no máximo, obteve os direitos dos oprimidos cidadãos soviéticos — e não havia intenção de reformar aquela situação básica. A União Soviética era governada arbitrariamente, mediante uma repressão massiva. A maioria esperava muito pouco da nova Constituição. Durante um funeral alguém gritou: "Um cão — Kirov — foi morto. Ainda sobra outro cão, Stalin, vivo."[37] No campo, o ressentimento era enorme.[38] Poucos pensavam que teriam algo a ganhar com a nova Constituição. Embora o Partido Comunista não tenha sido mencionado em nenhuma cláusula, seu monopólio político seria mantido enquanto Stalin permanecesse no poder. O sistema eleitoral era uma ficção, assim como seu antecessor. O NKVD depositava seus relatórios na escrivaninha de Stalin. Independentemente do que ele estivesse planejando com a nova Constituição, sabia que a maioria das pessoas não tinha sido enganada. Todos estavam cientes de que o partido e a polícia exerceriam uma ditadura tão feroz quanto antes.

Na segunda metade de 1936, outros acontecimentos assinalaram que Stalin não estava nada contente com a situação política. Suas medidas, sempre brutais, estavam chegando ao ponto da depravação. Em 29 de junho de 1936, uma mensagem secreta partiu do Secretariado para órgãos do partido alegando a descoberta de "atividades trotskistas do bloco trotskista--zinovievista". Evidentemente, as sentenças judiciais do ano anterior não satisfizeram Stalin, e em agosto Zinoviev e Kamenev foram processados em um julgamento-espetáculo em Moscou. Obedientes, confessaram ter dirigido, em combinação com Trotski, o Centro Antissoviético Trotskista--Zinovievista, que praticava assassinatos de modo sistemático na União Soviética. Estupidamente, Budënny sugeriu que o Comintern capturasse Trotski e o trouxesse de volta para ser julgado com os outros dois réus.[39] Zinoviev e Kamenev já estavam quebrados desde antes de sua aparição infeliz na corte. Por instrução de Stalin, ambos foram submetidos a vilipêndios e zombarias constantes durante todo o processo. O veredicto foi execução por fuzilamento. Os dois ouviram que, se confessassem envolvimento na "conspiração" de Kirov em 1934, suas sentenças seriam comutadas. Mas Stalin os enganou. Na manhã seguinte, bem cedo, antes que fosse possível considerar uma apelação, eles foram levados da cela e fuzilados.

Igualmente tenebrosa foi a mudança de pessoal no NKVD. Stalin nunca estivera satisfeito com Genrikh Yagoda nem com seu antecessor, Vladimir Menjinski. Foi preciso pressioná-los para que adotassem as formas extremas de ação que ele defendia desde a década de 1920. Não eram funcionários ideais, embora nunca tenham falhado no cumprimento de suas ordens. Yagoda tentava se congraçar repetindo a Stalin a toda hora que haviam encontrado outro esconderijo com materiais trotskistas.[40] Para ele, isso não bastava. Queria à frente do NKVD alguém capaz de antecipar seus desejos, em lugar de responder a eles às vezes lenta e ineficazmente.

Em 26 de setembro de 1936, Stalin pensou ter encontrado esse homem em Nikolai Yejov. Yagoda foi demitido por decisão do Politburo, e Yejov assumiu o cargo. Ele era um funcionário do partido que vinha escalando firmemente as fileiras desde 1917. Juntou-se ao Departamento de Tarefas e Registros do Secretariado do partido em 1927, e chegou à chefia em 1930. Ao ser nomeado comissário do povo para Assuntos Internos, ao mesmo tempo era secretário do Comitê Central do partido e presidente da Comissão Central de Controle. Stalin o vira em ação e apreciava sua dedicação fanática para desarraigar e aniquilar os adversários da liderança do partido. Em 1935, encorajado por Stalin e com sua assistência editorial, Yejov produzira uma "obra teórica", inédita, sobre as oposições internas no partido. Intitulada *Do faccionalismo à contrarrevolução aberta*, o texto intensificava as ameaças a todos — principalmente aos líderes — que não aceitassem a diretriz política de Stalin. Ter sido opositor no passado tinha se convertido na mesma coisa que ser culpado de traição no presente.⁴¹ Ao ser indicado comissário do povo para Assuntos Internos, Yejov teria de dedicar nove décimos de seu tempo ao NKVD.⁴²

Desde dezembro de 1934, Stalin contava com uma base legislativa e organizativa para o Estado de terror, ampliada na forma da *troiki*. Ele havia praticado o terror amplamente, mas de forma intermitente, em 1935-6. Também demonstrara certo grau de autocontenção, assim como seus acólitos, e seu governo se caracterizava cada vez mais pelo avanço econômico e pela tranquilidade social. Contudo, o ressentimento grassava na sociedade, ainda que a resistência ativa tivesse sido eliminada. Embora os opositores e a "gente de antes" estivessem sendo caçados, muitos tinham conseguido escapar. Trotski conservava os vínculos com seus seguidores; Bukharin não era o único antigo líder opositor que esperava mudanças de pessoal e de políticas no topo da política soviética. Até então, as vítimas de Stalin, ao menos no decorrer do Segundo Plano Quinquenal, pertenciam a categorias definidas. Mas não havia garantias de que isso continuaria assim.

A carreira anterior de Stalin, principalmente na Guerra Civil e durante o Primeiro Plano Quinquenal, apontava os perigos da situação. Ele sempre quis acertar contas com os "inimigos" de modo violento, e se enfurecia quando seu entourage não assinalava. Nunca lhe faltava o desejo de tomar a iniciativa. Ele era mais perigoso quando percebia um perigo para si e a ordem soviética. Mais cedo ou mais tarde, ele, o mais determinado condutor do veículo do terror, voltaria a tomar o volante e girar a chave. Entre o final de 1932 e o final de 1936, a chave foi girada e houve movimentos abruptos para adiante. A maquinaria respondeu à sua condução. Quando girava a chave, o resultado era imprevisível. Às vezes, a bateria estava baixa e precisava ser recarregada. Em outras ocasiões, as velas estavam úmidas demais e ele só conseguia um som breve e intermitente. Porém, na verdade, o veículo estava apto para avançar; e quando as circunstâncias foram mais favoráveis, em 1937, o motorista deu a partida e guiou-o a toda velocidade, até que decidiu pará-lo, um ano depois.

29. O GOVERNO DAS NAÇÕES

O Partido Comunista administrava um Estado multinacional. Os russos constituíam 53% da população, e Stalin tentava se associar à nação russa.[1] Essa tendência crescera na década de 1920 e nos primeiros anos da década de 1930. Stalin e Lenin brigaram quando o segundo exigiu um tratamento mais afável da liderança comunista georgiana do que o aprovado por Stalin. Certa vez, o jovem Vasili Stalin disse à sua irmã Svetlana: "Você sabe, o nosso pai *já foi* georgiano."[2] O menino tinha sido criado na Rússia, falando russo, e pensava no pai como russo. Vasili cometeu um erro infantil: Stalin não se tornara russo por obra de magia. É verdade que uma vez definiu-se como um "asiático georgiano russificado" e negou que fosse "europeu".[3] Foi uma rara tentativa de autodescrição nacional após a Revolução de Outubro, que deve ser tratada com cautela. Segundo os geógrafos, a Geórgia pertence à Ásia, pois está localizada ao sul dos picos do Cáucaso. Consequentemente, a combinação de "georgiano" e "asiático" é surpreendente. Supostamente ela se deve, de alguma forma, ao sentimento de superioridade cultural georgiana sobre os povos do Leste. De qualquer modo, Stalin não disse isso em público, mas em um jantar particular, no apartamento de Voroshilov. Foi como se deixasse escapar um pedido de desculpas por interromper o discurso do comunista búlgaro Georgi Dimitrov aos convidados. Ao chamar a si mesmo asiático, termo pejorativo entre os europeus, estava recorrendo ao humor para aliviar a atmosfera. Como sempre, seus comentários devem ser interpretados à luz das circunstâncias.

Contudo, havia um cerne de plausibilidade intrínseca naquele chiste de Stalin. Nascido georgiano, ele conservava hábitos e atitudes de sua terra natal, e continuava valorizando a poesia clássica georgiana. Mas também se impressionava com os governantes dos grandes impérios asiáticos. Leu avidamente sobre Gêngis Khan. Sua experiência com a Rússia também estava impressa na sua consciência. Ele admirava a literatura russa do século XIX. Orgulhava-se do poderio russo, passado e presente. Ressentia-se com a perda de territórios como Sakhalin, que fizera parte do Império Russo. Gostava de estar entre russos, assim como entre georgianos. É provável que sua identidade subjetiva não fosse exclusivamente russa nem exclusivamente georgiana, mas uma mistura fluida e elusiva de ambas. Não é uma situação incomum. Muitas pessoas que viajam de um país a outro assimilam novas culturas sem abandonar aquela em que foram criadas. Além disso, Stalin era um socialista internacionalista. Como marxista, considerava as ideias de nacionalidade um fenômeno temporário e contraditório: elas ao mesmo tempo melhoravam e viciavam as sociedades. É duvidoso que sentisse a necessidade intrínseca de fixar uma identidade nacional para si. Suas prioridades estavam focadas em governar e transformar a URSS, e em afiançar seu despotismo pessoal.

Essas prioridades o levaram a mudar a política sobre a questão nacional, independentemente da complexidade de sua própria identidade. Embora encarcerasse indivíduos acusados de nacionalismo russo durante o Primeiro Plano Quinquenal, ele simultaneamente ordenou à mídia que evitasse ofender os sentimentos nacionalistas dos russos comuns, e repreendeu confidencialmente o poeta Demyan Bedny por zombar das inclinações do povo russo.[4] Ao ordenar a demolição da Catedral de Cristo Salvador, no centro de Moscou, em 1932, Stalin e Kaganovich especificaram que isso fosse feito à noite, e sem aviso: não queriam que circulasse a notícia de que a responsabilidade recaía sobre um georgiano e um judeu.[5] Quando a biografia oficial de Stalin foi publicada, em 1938, após a segunda frase do livro não havia outras referências ao seu passado georgiano.[6]

Ele tinha motivos para se preocupar com o ressentimento popular dos russos por ser governados por políticos forasteiros. Embora o NKVD — e antes dele o OGPU — tivesse poucos registros a respeito, Stalin era sensível a essas questões. Em um cartaz clandestino, dois bandos de guerreiros se enfrentam à margem de um rio. Um bando era de judeus, liderado por

Trotski, Kamenev e Zinoviev, o outro era georgiano, comandado por Stalin, Ordjonikidze e Enukidze. Abaixo da imagem havia esta legenda: "E os eslavos entraram em disputa para ver quem governaria a Velha Rússia."[7] De fato, Stalin tinha muitos não russos no seu entourage, nem todos georgianos. Dentre eles, no início da década de 1930, Kaganovich (judeu) e Mikoyan (armênio) tinham proeminência. Consequentemente, ele continuava preocupado com a opinião popular. A violência contra o campesinato russo, a Igreja ortodoxa e seu modo de vida produziram uma grande hostilidade ao regime. Além disso, a propaganda oficial realçava a importância de Stalin na formulação das políticas. Isso não deixava dúvidas sobre sua responsabilidade pessoal. Os camponeses o odiavam, e nenhuma propaganda os apaziguaria.[8]

O regime havia abandonado muitas de suas objeções originais às tradições russas. O decano da academia soviética na década de 1920 tinha sido Mikhail Pokrovski, que descrevera os séculos anteriores a 1917 como a época da opressão russa sobre outros povos do império. Nenhum imperador ou general foi positivamente qualificado. Todo o sistema social foi tratado como um bloqueio ao progresso social. A partir de meados da década de 1930, tudo isso mudou. Ivan, o Terrível, e Pedro, o Grande, passaram a ser louvados como criadores da ordem administrativa, do avanço econômico e da influência no estrangeiro. Os comandantes Alexander Suvorov e Mikhail Kutuzov foram saudados como libertadores da Rússia e da Europa da tirania francesa. Enquanto os rebeldes caucasianos algumas vezes haviam sido descritos como heróis, os historiadores começaram a enfatizar que o governo imperial russo trouxera diversos benefícios às terras fronteiriças. As façanhas científicas e culturais russas também foram ressaltadas. O químico Dmitri Mendeleev e o fisiologista Ivan Pavlov (que faleceu em 1936) foram considerados superiores aos seus pares estrangeiros. Os clássicos russos do século XIX foram impressos em enormes tiragens, e o centenário da morte de Alexander Pushkin foi celebrado com pompa em 1939. Na URSS de Stalin já não era aceitável zombar nem vilipendiar a Rússia e os russos.

Junto com Jdanov e Kirov, Stalin supervisionou a produção de textos históricos adequados.[9] Segundo a nova ortodoxia, a URSS estava aperfeiçoando os melhores costumes do patriotismo e do iluminismo imperial russo sem reproduzir as características negativas do tsarismo. Era preciso promover o orgulho pelo país. Grande parte disso era propaganda cínica para ficar bem com os russos. Porém, provavelmente isso tocou fundo em setores que simpatizavam com Stalin. Após a parada de vigésimo aniversário da Revolução de Outubro, em 1937, ele falou em um jantar particular oferecido no apartamento de Voroshilov, no Kremlin, do qual participaram mais de vinte políticos e comandantes militares:

> Os tsares russos fizeram muitas coisas ruins [...] Mas fizeram uma coisa boa: criaram um Estado imenso, daqui a Kamchatka. Herdamos esse legado. E pela primeira vez nós, os bolcheviques, tornamos este Estado coeso e o reforçamos como um Estado unitário e indivisível, não no interesse dos grandes proprietários de terras e dos capitalistas, mas para benefício dos proletários e de todos os povos que o constituem.[10]

Stalin era um ator competente, e não devia acreditar em uma só palavra daquilo. Mas o mais provável é que a declaração, com sua mistura peculiar de marxismo-leninismo e sentimentos imperiais russos, refletisse sua verdadeira opinião.

Ele também estava respondendo às correntes que agitavam o ambiente político. Indivíduos de nacionalidade russa tendiam a ocupar o lugar dos adversários da facção de Stalin derrotados. Os judeus saíram perdendo. À luz dessa associação contínua com amigos judeus (se, de fato, alguém podia ser considerado seu amigo), seria difícil chamá-lo de antissemita; no entanto, era fato que seus principais inimigos, Trotski, Zinoviev e Kamenev — membros proeminentes do Politburo de Lenin — eram judeus. Em todas as hierarquias da administração do Estado, os russos estavam sendo promovidos. Até nas repúblicas soviéticas não russas estavam obtendo cargos. Em contraste, os não russos raramente conseguiam cargos de peso fora das áreas em que sua nação formava a maioria da população local. A partir de meados da década de 1930, no sistema *gulag* de campos havia "nacionalistas burgueses" de todos os grupos étnicos e nacionais, exceto russos. A língua russa era homenageada. Tornou-se compulsória em escolas e escritórios, embora, simultaneamente, as repúblicas soviéticas estivessem autorizadas a continuar ensinando a língua local. Os alfabetos de outras línguas foram alterados. Na maioria das línguas, os caracteres latinos e árabes foram substituídos por caracteres baseados no modelo cirílico.[11]

Muitos sugeriram que, frustrado em simplesmente distorcer o marxismo-leninismo, Stalin o tinha abandonado. O líder fascista russo emigrado Konstantin Rodzaevski, convencido de que o stalinismo e o fascismo eram a mesma coisa, deixou seu exílio em Harbin e regressou à URSS após a Segunda Guerra Mundial. (Não foi uma atitude muito sábia: foi fuzilado assim que chegou a Moscou.)[12] Então, seria Stalin objetivamente um nacionalista russo, ainda que não defendesse subjetivamente tal postura? Não há dúvidas de que em meados da década de 1930 ele arquitetou alçar os russos sobre as demais nações da União Soviética. Eles eram privilegiados nas nomeações para altos cargos públicos. A língua russa passou a ter destaque no currículo escolar. Escritores, comandantes e até imperadores russos foram elogiados pela mídia. A conquista de outras nações pelas forças do Império Russo foi considerada benéfica para seu desenvolvimento geral.

O enaltecimento da Rússia e dos russos foi acompanhado do tratamento brutal de outros povos na URSS. Os ucranianos e os cazaques acreditavam que Stalin estava cometendo um genocídio entre eles. Ambos passaram por tremendas dificuldades durante a coletivização violenta da agricultura. Povo nômade, os cazaques foram forçados a se assentar em *kolkhozes*. Os ucranianos sempre foram um povo agrícola. Suas aldeias foram subitamente invadidas pelo OGPU e pelos "25 mil", e, após a deportação dos *kulaks*, os habitantes remanescentes foram forçados a se integrar ao sistema de fazendas coletivas. Na maior parte das áreas do país, os cazaques e os ucranianos sofreram mais que os russos. A razão era semelhante: a cultura cazaque ainda não aceitava a agricultura, muito menos o cultivo coletivo; entre os ucranianos, muitos domicílios estavam comprometidos com os benefícios das fazendas privadas. Cazaques e ucranianos estavam condenados a ser atacados de modo deliberadamente duro pela campanha de coletivização, iniciada no final da década de 1920.

No princípio, houve uma motivação econômica e cultural, mais do que nacional, para o tratamento dado pelo Politburo a ambos os povos. Contudo, uma vez iniciada a campanha, Stalin e seus sequazes ficaram alertas para qualquer possibilidade de que "nacionalistas burgueses" pudessem se colocar à frente da resistência rural. Os líderes tribais e religiosos cazaques foram constantemente perseguidos. Também houve repressão na Ucrânia, não só contra os *kulaks*, mas também contra sacerdotes, escritores e acadêmicos.

Contudo, a Ucrânia continuava a ser motivo de preocupação política, embora, em 1932-3, Stalin estivesse disposto a diminuir as cotas de arrecadação de grãos em toda a república. Com o prosseguimento da coletivização e da desculaquização, bem como a deterioração das condições materiais, centenas de milhares de camponeses tentaram fugir para regiões do país com melhor oferta de víveres. Dentre os refugiados havia ucranianos que, segundo o OGPU, portavam o bacilo do nacionalismo. Instigado por Stalin, o Politburo reagiu, instruindo as autoridades comunistas ucranianas a fechar as fronteiras da república ao tráfico humano, a partir de 22 de janeiro de 1933. Essa mesma política foi aplicada na área do rio Kuban, no norte do Cáucaso, onde muitos ucranianos tinham se estabelecido havia vários anos: Stalin queria evitar que espalhassem ideias nacionalistas fora de suas aldeias.[13] No mês anterior, em 14 de dezembro de 1932, o Politburo decretara que a política tradicional do partido — de recrutar principalmente ucranianos para o partido e o governo da Ucrânia, e em áreas habitadas por ucranianos em outras partes — havia sido aplicada de um modo demasiadamente mecânico. O resultado teria sido a penetração do Estado por "elementos burgueses nacionalistas". O Politburo ordenou uma filtragem política mais rigorosa nas promoções.[14]

Impostas depois de prisões e julgamentos de figuras da cultura ucraniana do final da década de 1920,[15] essas medidas foram brutais e discriminatórias; embora Stalin não buscasse o extermínio de todos os ucranianos e cazaques, ele certamente pretendia extirpar toda oposição, real e em potencial. O objetivo último, porém, era fazer da Ucrânia e do Cazaquistão repúblicas soviéticas economicamente eficientes. Portanto, permitiu que ambos os povos conservassem suas culturas, embora de modo muito mais limitado que na década posterior à Revolução de Outubro. Se a República Socialista Soviética da Ucrânia pudesse se tornar parte integral da URSS, seria um modelo econômico que atrairia admiradores do comunismo do Leste

Europeu.¹⁶ O fértil Cazaquistão também poderia se tornar uma república invejada no exterior, principalmente pelos muçulmanos. A coletivização, a desculaquização, a eliminação do clero e a negligência com a fome eram formas terríveis de elevá-las ao posto de modelos da ordem comunista — mas aquilo tinha certo sentido na visão de mundo do marxismo-leninismo de Stalin.

Nem todas as interpretações de Stalin como um nacionalista o definem como russófilo. Alguns pensam que sua indulgência com os russos era uma cortina de fumaça para o impulso de melhorar o prestígio e as condições da nação georgiana. Supostamente, longe de ser um nacionalista russo, ele teria conservado o entusiasmo patriótico da juventude. Ele nunca aprovou a separação da Abecásia da Geórgia nos arranjos constitucionais de 1921-2, embora adorasse passar as férias na costa abecásia.¹⁷ Em 1931, convenceu o amigo Nestor Lakoba a aceitar a incorporação da Abecásia à República Soviética da Geórgia. Para a maioria dos georgianos, a Abecásia era uma província da Geórgia histórica, e muitos foram gratos a Stalin por essa atitude. Uma vez incorporada, a Abecásia foi exposta à ofensiva cultural georgiana, principalmente após o assassinato de Lakoba, em dezembro de 1936.¹⁸ O alfabeto abecásio foi compulsoriamente modificado para o sistema baseado na escrita georgiana. A escolarização na língua abecásia foi limitada. Funcionários georgianos foram transferidos para o partido, o governo e a polícia abecásios. A reestruturação demográfica correu quando os mingrélios, que viviam no oeste da Geórgia, receberam moradia e empregos na Abecásia a partir de 1937.¹⁹

Stalin manteve o interesse pelas inquietações culturais de sua juventude. Promoveu a publicação dos antigos clássicos literários georgianos. Continuou lendo o grande épico do século XII, *Cavaleiro em pele de pantera*, de Shota Rustaveli. Permitiu a reimpressão de *O parricida*, de Alexander Kazbegi, a lenda de bandidagem montanhesa que o inspirara na infância. Esse interesse cultural o levou a se dedicar à leitura e à edição de uma antologia da poesia georgiana de Shalva Nutsubidze.²⁰

Contudo, isso não implica que Stalin fosse um georgiano nacionalista. Essa interpretação não coaduna com suas políticas do final da Guerra Civil, com a conquista da Geórgia em 1921, a perseguição da liderança comunista georgiana em 1922 e, acima de tudo, com os ataques aos camponeses, sacerdotes, personalidades da cultura e políticos do final da década de 1920 ao final da década de 1930. O fato de, posteriormente, muitos georgianos terem se esquecido disso não altera o registro. A atitude dele provavelmente pode ser explicada com referência à sua abordagem da questão nacional em geral. Desde "O marxismo e a questão nacional", de 1913, seu axioma era que povos sem imprensa e literatura vigorosas não podiam ser considerados nações.[21] Sua premissa era que eles deveriam ser conduzidos a um nível cultural mais elevado, associando-se com nações adjacentes mais sofisticadas. Esse papel poderia ser preenchido, na Abecásia, pelo aumento da influência georgiana; e, se por um lado ele queria ver ucranianos e bielorrussos unidos com a introdução da cultura russa, a experiência pessoal lhe dizia que, não sendo eslavos, os georgianos não podiam ser tratados assim — sua consciência nacional era forte demais para que isso fosse possível.

Stalin elevou o status dos russos da URSS e favoreceu algumas nações mais do que outras, e o fez por uma série de razões ideológicas e pragmáticas. O país passava por transformações econômicas e sociais. Ele tinha preconcepções sobre como lidar com os problemas delas decorrentes. Mas também precisava reagir a circunstâncias que nem ele nem seu entourage haviam previsto. Na década de 1930, encontrou soluções provisórias para velhos e novos problemas.

Era tão improvável que Stalin amputasse o marxismo-leninismo quanto que cortasse os próprios dedos. O que fazia era mais como raspar a barba, pois a ideologia essencial permanecia intacta. Ele era idiossincrático nos aspectos da identidade nacional russa que decidiu aprovar. Neles não figuravam aspectos proeminentes na ideologia dos nacionalistas do século XIX e do início do século XX. Estes haviam enaltecido a fé religiosa do povo russo, seus costumes rurais, e a simplicidade e a beleza de suas aldeias. O campesinato russo, com sua falta de sofisticação, sua resistência e o descaso pelo resto do mundo, estava no cerne do nacionalismo histórico. No pensamento de Stalin, nada disso era encarado sob uma luz positiva. Ele rastreou o passado russo em busca de antecedentes da preocupação comunista com o poder do Estado, governantes fortes, terror, industrialização, aldeias e cidades, secularismo e gigantismo organizativo. Antes de 1917 tinha havido tendências nessa direção em alguns círculos intelectuais, mas não exatamente dessa forma. Em grande medida, a versão do nacionalismo russo que ele autorizou foi fruto de sua própria mente.[22]

Obviamente, havia outra ideologia que louvava a ditadura, o militarismo, as cidades, o gigantismo e a desconfiança do Ocidente, e escarnecia do camponês, da aldeia e do cristianismo. Essa ideologia era o marxismo-leninismo. Stalin havia descartado as várias versões da identidade nacional russa para manter uma única e peculiar versão — a que maximizava a sobreposição das noções marxista-leninistas em sua evolução desde 1917. Os russos foram estimulados a apreciar o sentido da nacionalidade, mas eram severamente dissuadidos a explorá-la. As autoridades pensavam que sabiam qual identidade nacional era boa para o povo russo, e puniam tentativas de apresentar alternativas.

Além disso, os russos deviam ser tão soviéticos quanto russos. Assim como os tsares Romanov tinham promovido a aliança popular com o Império Russo acima de qualquer ideia nacional, Stalin estimulou uma mescla de orgulho multinacional, mais do que o nacionalismo inequívoco.[23] Em 7 de novembro, ele fez um discurso improvisado durante um jantar no apartamento de Voroshilov e, entre outras coisas, declarou:

> A Velha Rússia se transformou na URSS, onde todos os povos são iguais. O país é forte em virtude do poder, do Exército, da indústria e da agricultura coletivizada. Dentre os Estados e países que são iguais na URSS está a nação russa, a mais soviética e a mais revolucionária.[24]

Ele não explicou por que os russos seriam mais leais à Revolução de Outubro e à União Soviética que outras nações. Mas dois fatores saltam à vista. Um era que a URSS tinha sido fundada em um núcleo territorial russo. O outro, que o povo russo tinha vantagens que eram negadas a outrem. No entanto, Stalin não queria que se transformassem em nacionalistas. Ele ainda temia os russos. Consequentemente, enquanto outros povos tinham seus próprios partidos comunistas, ele negou isso à RSFSR. Era preciso canalizar seus sentimentos nacionais em uma fusão das identidades soviética e russa. Assim ele poderia granjear seu apoio sem deixar à solta o incontrolável demônio do nacionalismo.

Também é claro que a russificação tinha limites nas demais repúblicas soviéticas. A URSS era um Estado multinacional, e Stalin continuava decidido a induzir os não russos a se assimilarem à ordem soviética. Para isso precisava que as escolas e a imprensa empregassem as línguas locais, e que houvesse acesso à promoção dos grupos nacionais locais. Era preciso fomentar o orgulho nacional. Assim, o poeta ucraniano Taras Shevchenko, morto em 1861, foi celebrado em toda a União Soviética. Houve tendências semelhantes na Geórgia e em outras repúblicas soviéticas no sul do Cáucaso, com a aclamação de personalidades literárias. O processo de fazer os povos da Ásia Central integrarem seus sentimentos às unidades territoriais demarcadas pelas fronteiras do Cazaquistão, Quirguistão, Tajiquistão, Uzbequistão e Turcomenistão prosseguia; e os bielorrussos, cuja consciência nacional tinha sido pouco desenvolvida antes de 1917, continuaram com suas escolas e imprensa.

Essa imensa aglomeração de povos, unidos no quadro de um Estado revolucionário, exigia novas formas de governo. Stalin é equivocadamente retratado como um mero tsar vestido de vermelho. De vários modos, ele não podia ter sido mais diferente de Nicolau II. É verdade que, além de algumas visitas ao balé, ambos raramente apareciam em público, exceto em ocasiões de grande cerimônia. Porém, Nicolau e a esposa frequentavam com regularidade os locais de peregrinação preferidos dos camponeses. No verão de 1903, eles desfrutaram enormemente do traslado das relíquias de São Serafim de Sarov ao interior do país.[25] Stalin não saía com frequência, exceto para ir à *datcha* nas férias. Não se dignava a receber grupos de camponeses com petições, como os tsares haviam feito. Lenin entendera que esse tipo de atitude ajudava a manter contato com o que acontecia no país em geral e a manter em alta sua popularidade. A prática foi evitada por Stalin muito antes de sua preocupação com a própria segurança; ele devia saber que os camponeses — e provavelmente também a maioria dos proletários — teriam enchido seus ouvidos com reclamações sobre as terríveis condições do país.

Havia uma exceção nessa reclusão. Sua cunhada Maria Svanidze registrou em seu diário um incidente no aniversário da filha dele, em novembro de

1935. Svetlana queria andar no novo metrô de Moscou, e Maria foi escalada para ir com ela e o irmão Vasili. No último minuto, Stalin decidiu que ele e Molotov se juntariam ao grupo. Kaganovich ficou atônito. Embora tivesse encomendado dez bilhetes com antecedência, alarmou-se com as consequências para a segurança de Stalin no metrô. Ao chegarem à Praça Crimeia, os muros do serviço recém-inaugurado ainda não tinham secado, mas as pessoas já estavam usando a estação. Passageiros avistaram Stalin enquanto se providenciava o embarque dele e de seus acompanhantes em um vagão especial, com locomotiva própria. Quando desembarcaram em Okhotny Ryad, a estação mais próxima do Kremlin, foram ovacionados. Regressaram ao vagão e viajaram pela Linha Circular, até Stalin decidir que era hora de voltar para casa.[26]

Nicolau II poderia ter feito excursão semelhante, se ainda ocupasse o trono. Contudo, em geral, o comportamento de Stalin contrastava com sua prática. Ele discursava e escrevia artigos sobre política soviética e mundial, enquanto os Romanov deixavam os sermões a cargo dos bispos; os tsares não costumavam redigir compêndios de suas intenções. Nicolau II era um cristão convicto; como governante, não sentia necessidade de explicar sua fé para gente estranha à família. Stalin vinha de outro molde. Nas décadas de 1920 e 1930, passou muito tempo trabalhando em manuscritos. Era um trabalho duro e cansativo. Ele dispensava o trabalho de estenógrafos e datilógrafos, pois achava-os demasiadamente inquietos. Escrevia à mão com labor, para não se distrair. Desde Catarina, a Grande, nenhum imperador tivera tanto entusiasmo pela escrita — e a imperatriz se dirigira principalmente a correspondentes confidenciais, tais como Voltaire e Diderot; já Stalin redigia para o mundo. Os Romanov respeitavam seus ministros. Stalin gostava de humilhar os subordinados; traumatizou e assassinou muitos deles. Raramente era gentil, e nunca deixava de fazer ameaças. (Muitas vezes, quando empregava seu charme, fazia-os especular sobre as maldades que estaria preparando.) Ele sempre deixava seu entourage em pânico. Desde Ivan, o Terrível, e Pedro, o Grande, nunca houvera um governante russo capaz de provocar tal efeito.

Outra diferença entre o estilo de governo de Stalin e o dos tsares era de natureza social. Repetidas vezes, em reuniões particulares, ele insistiu que seu sucesso político se devia ao apoio das "massas":

> Não nego que os líderes tenham importância; eles organizam e lideram as massas. Mas, sem elas, não são nada. Pessoas como Aníbal e Napoleão morreram ao perder as massas. Elas decidem o êxito de cada causa e seu destino histórico.[27]

Os tsares não falavam assim. De fato, em junho de 1937, Stalin deu um passo além. Acostumado a brindar à saúde dos comissários do povo, quis prestar um tributo às "dezenas de milhares" de pequenos e médios líderes: "São gente modesta. Não se exibem e mal se deixam ver. Mas seria cegueira não notá-los."[28]

Ele expressou claramente essa atitude em 7 de novembro de 1937, no jantar de aniversário da Revolução de Outubro, quando fez um discurso não registrado pela imprensa. Os *praktiki*, declarou, eram intermediários que mantinham o vínculo entre o Kremlin e as massas. Seus rivais na liderança soviética da década de 1920 foram mais populares, mas descuidaram a necessidade de nutrir as carreiras dos funcionários dos escalões inferiores. Quando Dimitrov e outros tentaram elogiá-lo pessoalmente, Stalin retrucou com o encômio dos *praktiki*.[29] Ele acreditava que a derrota dos opositores internos no partido, seguida dos expurgos recentes, tinha eliminado os líderes de escalões mais altos da sociedade pré-revolucionária. Foi o que declarou a comandantes militares, em junho de 1937, após a prisão e execução de Tukhachevski.[30] Stalin desejava provar que ele e seus acólitos sobreviventes eram mais capazes que os antigos emigrados de entender as necessidades da classe operária e do campesinato. Eles próprios vinham de baixo — ou ao menos muitos deles. Nenhum imperador Romanov alardeou carecer de excelente genealogia.

Contudo, houve um momento no episódio no metrô de Moscou em que a época imperial voltou à mente das pessoas. Na Estação Okhotny Ryad, o grupo de Stalin desembarcou para experimentar a escada rolante. Enquanto isso, os passageiros na plataforma se apinharam em seu vagão e lá permaneceram até Stalin regressar e o trem seguir adiante:

> Tudo foi muito comovente. J[osef] sorriu amavelmente todo o tempo, com um olhar gentil [*dobrye*], simpático e encantador. Acho que o que o comoveu, apesar de toda a sua sobriedade, foi o amor e o carinho do povo com seu líder [*vojd*]. Não havia nada artificial nem formal naquilo. Ele meio que opinou sobre as ovações recebidas: o povo precisa de um tsar, i.e., uma pessoa ante a qual se curvar, e em cujo nome possa viver e trabalhar.[31]

Esse comentário não parece se referir exclusivamente aos russos;[32] muito provavelmente, quando disse isso, Stalin tivesse em mente todas as massas do antigo Império Russo. Ainda assim, ele revelou algo importante sobre o seu modo de ver o governo da URSS. Segundo ele, a mentalidade da maioria dos cidadãos da URSS ainda não tinha sido transformada pela Revolução de Outubro. Eles precisavam ser governados, ao menos até certo ponto, do modo tradicional. E isso significava que precisavam de um "tsar".

Stalin era um leitor voraz de livros sobre Ivan, o Terrível, e Pedro, o Grande. Ele admirava os métodos enérgicos de ambos, e aprovava a brutalidade em prol dos interesses do Estado. Evidentemente, alguns tsares eram mais aceitáveis como modelos do que outros. Nem Ivan, o Terrível, conseguiu ser o seu preferido. Para Stalin, Ivan não tinha sido sistemático na repressão dos inimigos. Em geral, porém, ele adotou certas técnicas de governo dos tsares. A maior parte dos Romanov conservou certa aura de mistério. Demasiada exposição à vista pública poderia tirar o mérito da dignidade e da autoridade do trono imperial. Stalin adotou essa tradição. Talvez o tenha feito porque sabia que não soava completamente russo. Na verdade, dois imperadores Romanov tiveram o mesmo problema: Catarina, a Grande, era uma princesa alemã da casa de Anhalt e Holstein. No caso de Stalin, a dificuldade era maior pelo fato de, sendo um georgiano que governava a Rússia, ter em seu entourage muita gente que tampouco era russa. Além disso, ele modificara seu estilo político. Já não passava horas trabalhando no escritório, que já não estava aberto para receber militantes comuns. Também já não era fotografado com delegações provinciais nos congressos do partido, e não apresentava suas ideias para ser discutidas em reuniões públicas.

Restaram-lhe poucos traços de seu "dom para o povo". Apesar da enorme carga de trabalho, Stalin encontrava tempo para responder bilhetes de indivíduos que o consultavam sobre todo tipo de pequenos problemas. Quando a camponesa Fekla Korshunova, de 70 anos de idade, escreveu-lhe pedindo autorização para presenteá-lo com uma de suas quatro vacas, ele respondeu:

> Obrigado, mãe [*matushka*], pela sua carta gentil. Não preciso de uma vaca, pois não tenho uma fazenda — sou um funcionário do Estado [*slujashchii*] e sirvo ao povo do melhor modo que posso, e muito poucos empregados têm fazendas. O que posso lhe aconselhar, mãe, é que fique com a vaca em minha homenagem.[33]

Essa pequena resposta pesa como uma pluma na escala de suas virtudes, e é superada pelos registros de sua misantropia assassina. Mas demonstra que até nos anos do terror ele foi capaz de ser gentil com estranhos.

Apesar de limitar suas aparições públicas, Stalin não podia evitar os discursos, nem que fossem gravados pela mídia soviética. Os hábitos do partido podiam ser emasculados, mas não totalmente abandonados. Para confirmar sua legitimidade como sucessor de Lenin, ele precisou comparecer aos congressos do partido e apresentar os discursos principais, assim como foi obrigado a escrever artigos e folhetos explicando as últimas versões da doutrina marxista-leninista. Nunca chegou a ser um orador notável. Não tinha noção do compasso, e muitas vezes acelerava ou desacelerava, como se não soubesse o que estava dizendo.[34] Quando punha ênfase em algo, o fazia com uma severidade torpe. Contudo, sua rudeza como orador funcionava. Ele redigia suas próprias mensagens, que sempre foram cuidadosamente pensadas. Sua objetividade ao discursar era tosca. Parecia mais um general se dirigindo às tropas que um político — e às vezes era como um sacerdote lendo um trecho da liturgia cujos detalhes já não chamavam sua atenção. Fazia poucas tentativas de animar essas ocasiões. Quando empregava o humor, ele era extremamente sarcástico; e era raro que contasse episódios de sua experiência pessoal.

Ele tampouco adotou uma atitude paternalista. Nenhum Romanov, nem mesmo o mais selvagem, como Pedro, o Grande, careceu tanto de carisma. Até o fim da vida, conservou o aspecto rude do típico bolchevique veterano. Nenhum bolchevique se pareceu tanto com um tsar como Stalin; mas ele continuou sendo um bolchevique.

30. MENTE DE TERROR

Stalin mentia frequentemente para o mundo e, ao mesmo tempo, para si. Quando acusava alguém de traição, não estava apenas manipulando as mentes alheias. Por necessitar acreditar no pior a respeito de indivíduos ou grupos específicos, ele deixava as palavras escorregarem do fato estabelecido à realidade desejada. Isso está claro na mensagem que enviou a Kaganovich em agosto de 1934, após um motim abortado da artilharia da divisão comandada por Nakhaev:

> Ele, claro (claro!), não está em seu juízo. Devia ter sido atirado contra a parede e forçado a contar — a divulgar — toda a verdade, e depois devia ter sido punido com absoluta severidade. Ele — tem de ser — um agente teuto-polonês (ou japonês). Os chekistas estão fazendo um papel ridículo ao discutir as "visões políticas" dele (e chamam isso de *interrogatório*!).[1]

À época, Stalin estava de férias no mar Negro, a centenas de quilômetros de Moscou. Provinha de telegramas sua única informação sobre o incidente envolvendo Nakhaev. Este, como lhe disseram, havia enganado suas tropas para que se insurgissem; não havia provas incriminando-o em um complô mais amplo. Sua condição de "agente teuto-polonês" era uma especulação fantasiosa. Stalin havia criado a história e tentava lhe aplicar um verniz de realidade.

Ele raramente expunha seus processos mentais em público. Não mantinha um diário, e as cartas à esposa Nadya acrescentam pouco ao que se conhece de seus pensamentos mais íntimos — no máximo mencionava brevemente a própria saúde, seu ânimo ou o tempo. Há mais pistas de suas manobras nas cartas a Molotov, Kaganovich e outros políticos. Frequentemente eram de conteúdo suspeito, conspiratório e vingativo.² Ele não acreditava que os problemas fossem fruto do acaso ou do erro. Havia conspiradores, tramando por toda parte, que precisavam ser descobertos e punidos.³ Na correspondência, Stalin soa imperioso na consecução de seus propósitos. Quando dava instruções a membros do Politburo, raramente perguntava a opinião deles, mas exigia que as acatassem integralmente. Acreditava no comunismo, mas desconfiava e desrespeitava os comunistas.

Trotski escreveu suas memórias (uma de suas principais atividades ao ser deportado da URSS, em 1929). Molotov, Kaganovich e Mikoyan redigiram memórias informativas.⁴ A filha de Stalin e alguns parentes também registraram suas experiências.⁵ Às vezes, Stalin dizia algo na presença deles que nos mostra uma peça de seu quebra-cabeça mental. Podia ser um comentário casual com Molotov ou um parente próximo, um discurso improvisado ou um brinde em um banquete particular.⁶ Claro que seria tolo esquecer que, ao falar, ele em geral ocultava algo. Stalin via os outros como inimigos. Constantemente os procurava com um objetivo em mente. Decidia com antecipação o que queria, e adequava seu comportamento para tal. Raramente alçava a voz, e demonstrava um autocontrole lendário.⁷ Até vários de seus arquivos íntimos são evidências ambíguas do funcionamento de sua mente. Contudo, de vez em quando ele se traía; há suficiente material disponível para conjecturas plausíveis por parte das futuras gerações.

O que sempre foi curioso é que um burocrata apagado da década de 1920 tenha se transformado em um assassino em massa.⁸ Esse quebra-cabeça é fruto da preguiça analítica. Até acadêmicos anticomunistas copiaram o brilhante retrato de Stalin feito por Trotski.⁹ Porém, é um retrato tendencioso. Ao mencionar a Guerra Civil, Trotski enfatiza que Stalin conspirou contra a política partidária na organização do Exército Vermelho, mas não alude ao terror doentio perpetrado por Stalin à época. O próprio Trotski foi um perpetrador entusiasmado do terror durante a Guerra Civil, e não se constrangeu em castigar comportamentos que ele próprio adotava. Tampouco admitiu que não fora capaz de prever o comportamento de Stalin na década de 1930. A propensão de Stalin à violência, excessiva até mesmo para os padrões bolcheviques, ficou evidente logo após a Revolução de Outubro. Durante a Guerra Civil, ele incendiou aldeias inteiras junto à Frente Sul, com o intuito de espalhar o medo entre o campesinato.[10] Deteve oficiais do Exército Imperial que lutavam nas forças vermelhas com um pretexto tolo e os embarcou em uma balsa no rio Volga: só uma intervenção de Moscou no último momento impediu que os fizesse naufragar.[11] Até mesmo os recrutas do Exército Vermelho tinham motivos para ter medo. Stalin e seus camaradas da Frente Sul davam ordens operacionais temerárias: as perdas humanas nas forças que comandavam foram injustificadamente altas. Embora confessasse não ser especialista militar, Lenin o criticou por isso no VII Congresso do Partido, em março de 1919.[12] Um punhado de camaradas brutais se juntara à sua volta, como se ele fosse o líder da gangue. Os amigos conspiravam e se apoiavam mutuamente quando seus interesses eram ameaçados. Para atingir seus objetivos, Stalin se dispunha a pagar qualquer preço em vidas humanas, menos a sua. Seu critério supremo de avaliação política era proteger e aprimorar seu poder pessoal.

Ele ficava à vontade operando em ambientes caóticos. Uma artimanha que aperfeiçoou na Guerra Civil foi criar uma atmosfera de suspeita e fanatismo sem o freio dos escrúpulos. Determinava objetivos gerais sem especificar como atingi-los. A estipulação suprema era que fossem alcançados; se as medidas envolvessem partir crânios, ele não se importava. Enquanto o mundo girava loucamente, só ele permanecia tranquilo e imutável. Foi o que fez durante a Guerra Civil. Sua atuação como líder político e militar ficou conhecida à época, mas foi posteriormente ignorada.

Contudo, embora cruel e cínico, a seu modo ele também era otimista. Costumava se livrar dos seguidores que questionavam suas políticas. Supunha que sempre seria possível e fácil substituir os que haviam sido deliberadamente assassinados ou tinham se perdido no tumulto. "Quando as pessoas expressam seus desejos", disse em um pronunciamento caracteristicamente profético, "começam a aparecer."[13] Stalin foi um promotor incansável dos jovens e dos talentosos, e supunha que em pouco tempo os recrutas do proletariado e do campesinato dominariam as tarefas mais especializadas. Em sua opinião, os especialistas da classe média eram um pesadelo, mas nenhum deles superava os oficiais do Exército Imperial. Trotski estipulara que a promoção se baseasse exclusivamente em critérios profissionais; Lenin chegou a titubear de vez em quando, mas relutou em se livrar de alguém simplesmente por sua origem de classe, quando se exigia uma verdadeira especialização. Na liderança do partido, Stalin foi um verdadeiro entusiasta da premissa da classe. Levou a sério a panaceia leninista de que os líderes comunistas deviam liberar o potencial das classes sociais mais baixas da velha sociedade, e que as tarefas do gerenciamento socialista eram, na verdade, mais simples do que afirmavam os "especialistas burgueses".

Essa atitude não era única entre os bolcheviques, embora Stalin se aferrasse a ela com um fanatismo particular. Não só Molotov e Kaganovich, mas outros associados compartilhavam suas atitudes. Eles tinham se juntado a Stalin enquanto galgavam o pau de sebo da política soviética, nas décadas de 1920 e 1930. Seus inimigos eram os deles, e sabiam que seu destino estaria selado caso ele caísse do poder. Como Stalin, passaram a considerar "porcos" e "escória" os opositores das facções, e competiam entre si ao exigir punições cada vez mais severas. Em carta a Stalin, em 1934, Voroshilov se referiu a Trotski, Kamenev e Zinoviev como "indivíduos horríveis, traidores, gente acabada", acrescentando: "Essa escória venenosa e miserável precisa ser eliminada."[14]

O entusiasmo dos acólitos de Stalin com a repressão política provinha das tradições do bolchevismo. O discurso do Estado soviético sempre fora extremista no tom e no conteúdo. Termos como "elementos antissoviéticos" e "inimigos do povo" eram de uso comum desde a Guerra Civil. Era difundida a noção de que certas categorias sociais mereciam ser impiedosamente perseguidas. Os métodos terroristas haviam sido aprovados e "teorizados" por Lenin e Trotski.[15] Os julgamentos-espetáculo e a fabricação de acusações fraudulentas eram comuns desde que os líderes socialistas revolucionários foram detidos e condenados, em 1922.[16] Desde a repressão da rebelião de Kronstadt, em 1921, era comum que quem se opusesse aos bolcheviques fosse acusado de manter contato direto com governos estrangeiros e suas agências de inteligência. A campanha de detenções durante o Primeiro Plano Quinquenal ressuscitou essas tendências. A ideia de que o povo precisava escolher se era contra ou a favor da Revolução de Outubro era universal entre

1. A Fortaleza de Gori vista da cidade.

2. Ketevan, a mãe de Stalin.

3. A primeira esposa de Stalin, Ketevan Svanidze.

4. A sacada de uma das casas em que Stalin cresceu – na década de 1930 foi erguido ali um santuário.

5. Fachada do Seminário Teológico de Tiflis. Atualmente é um museu de cultura georgiana.

6. A fábrica de calçados Mantashëv, em Tbilisi, antes um lugar pobre e sujo, foi convertida em apartamentos de luxo.

7. O Observatório Físico, na rua Mikhailovski.

8. Na página ao lado: Stalin na juventude. A foto foi bastante "melhorada" pelos retoquistas stalinistas.

9. Na página ao lado, no alto: exilados bolcheviques no distrito de Turukhansk. Stalin, de chapéu preto, está no fundo, junto ao amigo (na época) Lev Kamenev. Yakov Sverdlov, de óculos e com o cabelo armado, está sentado à direita.

10. Na página ao lado, abaixo: Nadejda Krupskaya.

11. Vladimir Lenin. Tirado em janeiro de 1918, foi o primeiro retrato oficial após a Revolução de Outubro (e depois que sua barba voltou a crescer).

12. Leon Trotski.

13. Lev Kamenev.

14. Grigori Zinoviev.

15. Nikolai Bukharin.

16. O secretário-geral Stalin em 1924. Retrato oficial de M. S. Nappelbaum.

17. A segunda esposa de Stalin, Nadejda Allilueva – Nadya.

18. Stalin embala a filha Svetlana.

19. Yakob Djughashvili, o primeiro filho de Stalin, após ter sido capturado pela Wehrmacht.

20. Vasili, filho de Stalin, no comando de seu avião.

21. Stalin em 1932.

22. "O cachimbo de Stalin". A fumaça envolve os sabotadores e os *kulaks*. Desenho de V. N. Deni publicado no *Pravda* em 25 de fevereiro de 1930.

23. Mikhail Kalinin, Lazar Kaganovich, Sergo Ordjonikidze, Stalin, Kliment Voroshilov e Sergei Kirov na comemoração do 50° aniversário de Stalin.

24. Anastas Mokoyan gesticula em conversa com Maksim Górki e Kliment Voroshilov.

25. Stalin e Vyacheslav Molotov.

26. Desenho de V. N. Deni: Stalin em pose napoleônica junto a estruturas industriais e uma bandeira de Lenin ao fundo.

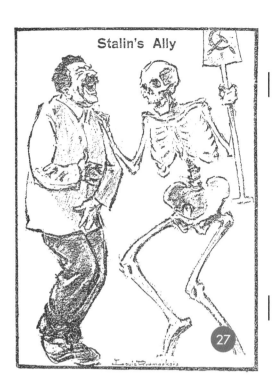

27. "O aliado de Stalin": caricatura no *Daily Telegraph*, 6 de outubro de 1939.

28. "O casamento plutocrático bolchevique": cartum nazista no *Preussische Zeitung*, 16 de julho de 1941. Um judeu hassídico une Stalin e Churchill em matrimônio. Junto a eles estão Molotov e Halifax.

29. Na página ao lado, no alto: a escrivaninha de Stalin no vagão.

30. Na página ao lado, abaixo: o vagão FD 3878 de Stalin.

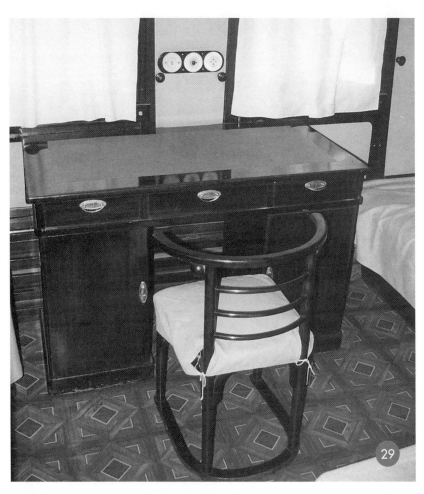

29

30

31. Stalin, Roosevelt e Churchill na Conferência de Yalta, em fevereiro de 1945.

32. Generalissimus Stalin em 1945.
A imagem disfarça seu semblante macilento.

33. Cartaz do pós-guerra: Stalin cumprimenta um oficial do Exército. A legenda diz: "Trabalhe e o camarada Stalin lhe agradecerá!"

34. Cartaz do pós-guerra em que crianças fitam Stalin embevecidas e dizem: "Obrigado, querido Stalin, por nossa infância feliz!"

35. A *datcha* de Kholodnaya Rechka vista do jardim.

36. A galeria do cinema da *datcha* de Kholodnaya Rechka.

37. A mesa de bilhar italiana da *datcha* de Kholodnaya Rechka.

38. Lavrenti Beria.

39. Georgi Malenkov.

40. A escrivaninha de Stalin no Kremlin. Atualmente está no Museu Stalin, em Gori.

41. Vista das montanhas do Cáucaso ao fundo do lago Ritsa. A *datcha* de Stalin se localiza no centro da margem, ao fundo.

42. Cartaz: "Com a liderança do grande Stalin. Adiante para o comunismo!"

43. Cartum do *Daily Worker* (Londres) sobre a morte de Stalin, 6 de março de 1953.

44. Fila para o último adeus a Stalin no Salão das Colunas, na Casa dos Sindicatos.

45. Máscara mortuária de Stalin.

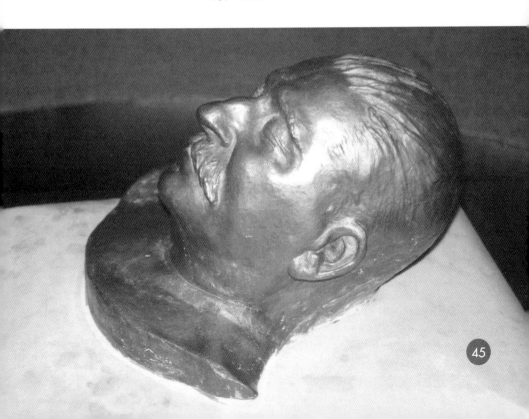

46. Santuário erguido para abrigar uma das casas de infância de Stalin em Gori.

47. Estátua de Stalin que permanece no centro de Gori.

os bolcheviques; todos tinham conhecimento de que o Estado soviético era acossado pelas forças do capitalismo mundial. Stalin e seus associados eram um grupo brutal, porém fruto de um partido carente de nobreza.

Quando usavam essa linguagem, os sequazes de Stalin não estavam apenas se congraçando com ele. Esforçavam-se para deixar o Chefe contente, e muitos eram carreiristas. Outros, no entanto, o serviam e respeitavam por compartilhar de suas ideias. Isso era verdade principalmente no caso de Molotov e Kaganovich. Embora fosse instigado pela liderança determinada de Josef Stalin, o Grande Terror era também reflexo — ainda que distorcido — da mentalidade bolchevique imposta ao partido em meados da década de 1930. O grupo de Stalin tinha jargão e atitudes próprias. Seus membros apresentavam propostas em um ambiente singular. Stalin reuniu outros acólitos alinhados com sua orientação básica. Yejov, que começara a trabalhar no Secretariado do Comitê Central em 1930, era um exemplo notável. Até os recém-chegados provavelmente buscavam absorver diversos princípios básicos.

Stalin era a força motriz da camarilha. Orgulhava-se de sua posição na URSS; quando contemplava o estrangeiro, poucos mereciam sua admiração. Adolf Hitler era um deles. Stalin teve a ocasião de expressar sua estima em junho de 1934, quando o Führer ordenou às forças armadas alemãs — a Wehrmacht — que detivessem e matassem membros da SA. Foi um ato de assassinato político massivo. A SA era o braço paramilitar do Partido Nazista durante sua ascensão ao poder, liderada por Ernst Röhm. Quando criticou o embate de Hitler com a ordem política e econômica alemã, Röhm assinou seu atestado de óbito e o de sua organização. Stalin deleitou-se ao saber da Noite das Facas Longas: "Que sujeito formidável! Como resolveu bem a coisa!"[17] Ele sabia o que estava dizendo. Contudo, o elogio foi expressado em conversa casual com Mikoyan, o qual só retrospectivamente percebeu o significado sinistro do comentário. Talvez outros da gangue pensassem o mesmo. O característico em Stalin era que acreditava em cada palavra exaltada que pronunciou sobre Hitler, e pretendia agir como ele quando tivesse oportunidade.

O andaime psicológico e intelectual das propensões de Stalin permanecia oculto do público. Ele admirava Lenin enormemente. Porém, também nutria forte admiração por Ivan, o Terrível. A maioria das pessoas letradas na URSS teria se horrorizado com isso. O tsar Ivan está associado ao governo arbitrário, ao terror e a uma personalidade errática. Porém, Stalin pensava de outro modo. Durante anos, debruçou-se sobre a vida e o governo do tsar do século XVI.

Em uma recepção no Kremlin, em 8 de novembro de 1937, ele acusou seus principais opositores de planejarem a desintegração territorial da URSS em conluio com a Alemanha, a Grã-Bretanha, a França e o Japão, e prometeu destruir todos eles. Se alguém tentar abocanhar o mais mínimo pedaço do território soviético, declarou, "é um inimigo, um inimigo amaldiçoado do Estado e do povo da URSS". E então veio o clímax:

> E aniquilaremos todos esses inimigos, mesmo que sejam bolcheviques veteranos! Aniquilaremos seu clã, sua família! Aniquilaremos impiedosamente todos aqueles que, em ações e pensamentos (sim, em pensamentos também), atacarem a unidade do Estado socialista. Pela total aniquilação de todos os inimigos e seus clãs![18]

Isso não era marxista nem no estilo nem no conteúdo. Poderia ser talvez um resíduo da atitude extrema, proveniente de sua criação na Geórgia, onde, ao menos nas montanhas, persistia a tradição das vinganças sangrentas? Não pode ser a única explicação. Embora as tradições georgianas possam tê-lo encorajado a se vingar de quaisquer prejuízos, não implicam que fosse desejável destruir gerações inteiras da mesma família.[19] Uma influência mais plausível é a leitura da história russa — havia muito tempo ele era um leitor entusiasmado da biografia de Ivan, o Terrível, de R. Vipper.[20] Ao exterminar não só os líderes, mas também seus parentes, reproduzia as atitudes do tsar.

Stalin seguiu ponderando a respeito das motivações do comportamento humano. Um traço de caráter estava acima de todos os outros: "Lenin tinha razão ao dizer que a pessoa que não tiver coragem de agir no momento crucial não pode ser um verdadeiro líder bolchevique."[21] Ele escreveu isso em carta a Kaganovich, em 1932. Dois anos depois, um sentimento semelhante surge em uma mensagem curta enviada à mãe: "As crianças enviam-lhe saudações. Claro que desde a morte de Nadya a minha vida pessoal anda pesada.

Mas que assim seja: a pessoa corajosa deve permanecer sempre corajosa."[22] Provavelmente estava sendo sincero. (Talvez também tentasse se convencer de que era valente.) Quem o conhecia se impressionava com sua força de vontade. Até o voluntarioso Kaganovich dobrava-se à vontade dele. Porém, para Stalin, isso não bastava, pois queria não só parecer determinado, mas também corajoso. Essa virtude era um tema dominante em seu pensamento; ele enfatizou a necessidade de coragem no último discurso que improvisou ao Comitê Central, em outubro de 1952, meses antes de morrer.[23]

Seu estilo de pensamento pode ser percebido em suas anotações de 1939, em seu exemplar de *Materialismo e empiriocriticismo*, de Lenin. Stalin estudou essa obra tediosa de epistemologia, apesar das questões práticas de Estado que precisava decidir. Espalhou comentários nas margens e, saboreando os ataques polêmicos de Lenin, escreveu coisas como "Ah! Ah!" e até "Psiu, Mama! Nossa, que pesadelo!".[24] Sua fixação mental com Lenin é evidente na reprodução repetida do nome de Lenin em letras latinas.[25] Contudo, o mais intrigante é o que escreveu na guarda no final do livro:

Atenção! Quando a pessoa é:
1) forte (espiritualmente)
2) ativa,
3) inteligente (ou capaz),
ela é uma *boa* pessoa, independentemente de quaisquer "vícios".

1) fraqueza,
2) preguiça,
3) estupidez
são a única coisa [sic] que podem ser chamadas de vícios.[26]

De todas as reações a *Materialismo e empiriocriticismo*, essa é certamente a mais estranha. É difícil crer que sua leitura tenha provocado tais comentários; provavelmente, ele usou a capa para escrever coisas que vieram-lhe à mente.

Em comunhão consigo próprio, Stalin empregou a linguagem religiosa do espírito, do pecado e do vício. Aparentemente, o engenho humano só podia ser encapsulado nesses termos e, evidentemente, o marxismo não seria capaz de cumprir essa função. Ele recorreu ao discurso do Seminário Teológico de Tíflis; a escolarização lhe deixara uma marca indelével.

O conteúdo do comentário, porém, é profundamente não cristão; remete mais a Nicolau Maquiavel e Friedrich Nietzsche que à Bíblia. Para Stalin, o critério de bondade não era a moralidade, mas a eficácia. Os indivíduos deveriam ser julgados por sua força interna, assiduidade, praticidade e esperteza. Quaisquer nódoas no currículo eram perdoáveis se viessem acompanhadas de feitos substanciais a serviço da causa. Além disso, é revelador que as características desprezadas fossem fraqueza, preguiça e estupidez. Stalin, o assassino em massa, dormia bem à noite. Não lhe causava incômodo portar a coroa do Estado: adorava o poder. Mas também era exigente consigo mesmo. Queria ação baseada em critérios sólidos, e não suportava a preguiça e a conduta às cegas. Ofertou a si mesmo a aclamação da história. Ao julgar sua carreira longa e sangrenta na política revolucionária, não encontrou nada criticável. Contudo, como um calvinista do século XVI, precisava se perguntar se realmente havia alcançado os próprios padrões rigorosos. Áspero e grosseiro com os aliados, tinha episódios de introspecção. Mas não se atormentava. O processo de estabelecer os critérios de julgamento aparentemente resolvia as dúvidas que pudesse ter sobre si. Tornou-se o próprio mito.

As observações rabiscadas no exemplar do livro de Lenin podem não ter sido acidentais: Stalin se media pelo padrão de Lenin.[27] A influência não era só ideológica. Stalin o conhecera de perto, e respeitava e até reverenciava sua memória. Mas a linguagem dos rabiscos não era especialmente leninista. Talvez seu amoralismo não tivesse origem no marxismo-leninismo, mas em um conjunto de ideias bem anterior. Ele lera *O príncipe*, de Maquiavel, e fizera anotações no livro. (Infelizmente, o exemplar desapareceu dos arquivos.)[28] Sua insistência na importância da coragem pode perfeitamente ter derivado da exigência suprema de Maquiavel ao governante: que demonstrasse *virtù*. Trata-se de uma palavra difícil de traduzir para o russo; ela é identificada com hombridade, diligência, coragem e excelência. Se isso estiver correto, Stalin via a si mesmo como a encarnação da *virtù* maquiavélica.

A mente de Stalin era complexa. Sua personalidade tendia à fantasia desconfiada e, tragicamente, ele teve a oportunidade de pôr em prática seu dano psicológico ao perseguir milhões de pessoas. Via inimigos por toda parte; sua tendência cognitiva era supor que qualquer problema mínimo em sua vida pessoal ou política era resultado de alguma ação humana malévola. Suspeitava da existência de complôs de natureza disparatada. E não limitava essa atitude à URSS. Sobre o antibritânico Congresso Nacional indiano, em 1938 ele afirmou aos delegados recém-eleitos do Soviete Supremo que mais da metade dele era composta de "agentes comprados com dinheiro inglês".[29] Sem dúvida, o governo britânico tinha informantes pagos. Contudo, a ideia de que houvesse uma proporção tão grande deles denunciando Mahatma Gandhi não tem fundamento, embora possa dar pistas do estado mental do orador. Na URSS, onde sua palavra era lei, Stalin raramente se contentava com a possibilidade de que uma vítima qualquer operasse por conta própria. Preferia vincular os "inimigos" a uma conspiração espalhada pelo mundo, ligada aos serviços de inteligência de potências estrangeiras hostis. Seus acólitos reforçavam essa propensão. Sempre se sentiram politicamente acossados.

Esse sentimento se intensificou quando eles expulsaram a oposição do partido e fizeram campanhas tremendamente brutais no país. Quem resistisse ou os criticasse era tratado feito lixo que deveria ser eliminado. Nem todos se deleitavam com o terror, mas alguns sim, e muitos eram colaboradores entusiasmados. Todos esses seguidores tinham motivos para temer. O profundo ressentimento na sociedade soviética era real, e eles não podiam garantir que não surgiria uma liderança política alternativa para derrubá-los.

Stalin não sofria de psicose (que atualmente é a palavra preferida dos médicos para a loucura). Diferentemente das pessoas classificadas como mentalmente doentes, não tinha episódios que o impedissem de funcionar de modo competente no cotidiano do trabalho. Não era um esquizofrênico paranoico. Contudo, tinha tendências que apontavam para um transtorno de personalidade paranoico e sociopata. Havia algo muito estranho nele, como cedo ou tarde seus camaradas mais próximos perceberam: não tinha pleno controle de si. Sentir-se incomodado diante de Stalin não era algo raro. Desde a infância, seus amigos sempre notaram nele um lado profundamente destoante, mesmo reconhecendo suas qualidades positivas. Ele era extraordinariamente ressentido e vingativo. Ruminava as mágoas durante anos. Mantinha-se absolutamente alheio aos efeitos da violência que ordenava. Em 1918-20 e a partir do final da década de 1920, ele aterrorizou muitos membros de grupos sociais hostis à Revolução de Outubro; em meados da década de 1930, passou a atacar não só esses grupos, mas também indivíduos que conhecia pessoalmente — muitos dos quais eram camaradas veteranos do partido. Sua capacidade de atacar amigos e subordinados, de submetê-los à tortura e a trabalhos forçados, e de mandar executá-los era a manifestação de uma personalidade profundamente perturbada.

Alguns fatores de sua vida pregressa podem tê-lo conduzido por esse caminho. Estava imbuído do sentido georgiano de honra e vingança. A ideia de se vingar dos adversários nunca o abandonou. Ele tinha a visão bolchevique da Revolução. Violência, ditadura e terror eram métodos que ele e os veteranos do partido consideravam normais. Para eles, a eliminação física dos inimigos era totalmente aceitável. As experiências pessoais de Stalin ampliavam tais tendências. Ele nunca as superou: as surras na infância, o regime punitivo do seminário, sua invisibilidade como jovem ativista, o talento subestimado na Revolução e na Guerra Civil, e o ataque à sua reputação na década de 1920.

A história não acaba aqui. Seu entorno na década de 1930 era ameaçador. Obviamente, isso foi fruto de suas políticas. Ainda assim, tinha muitos motivos para crer que ele e seu regime estavam sendo ameaçados. No final da década de 1929, ele emitiu uma ordem que foi profunda e amplamente detestada em todo o país. Seus discursos não deixavam dúvidas de que as políticas oficiais eram obra sua. O culto à sua pessoa confirmava essa impressão. Os *kulaks*, os sacerdotes e os *nepmen* haviam sofrido com o Primeiro Plano Quinquenal. Não era totalmente descabido supor que milhões de vítimas, caso sobrevivessem, desejariam a derrocada de Stalin e de seu governo. Ele estava ciente de que seus rivais queriam se livrar dele e o achavam estúpido, perigoso e nada confiável. Acostumou-se a planejar por conta própria, e a descartar camaradas ao menor sinal de que se recusavam a segui-lo. Via inimigos por toda parte e pretendia tratá-los com severidade, por mais que precisasse esperar. A situação era imensamente perigosa.

MENTE DE TERROR

Stalin era esquisito. A cultura, a experiência de vida e, provavelmente, a personalidade básica faziam dele alguém perigoso.

Além do mais, apesar de sua sociabilidade, ele era solitário — e os amigos que fazia não eram suficientemente leais, ou morriam. Ele já não tinha estabilidade doméstica, nem um apoio emocional permanente. A primeira esposa morrera jovem. Sua vida como organizador clandestino do partido fora desorganizada e insatisfatória, e tinha sido quase impossível fazer amigos no exílio. (Não que ele tenha se esforçado para tal.) A segunda esposa se matara; dentre seus melhores amigos no poder, Kirov fora assassinado e Ordjonikidze terminara por se opor às suas ideias estratégicas. Novamente solitário, Stalin não tinha paz de espírito. Era uma bomba humana a ponto de explodir.

Havia um círculo vicioso na relação entre o que ocorria no país e o que ele pensava a respeito. Suas políticas haviam produzido uma situação abominável. Milhões tinham morrido durante a coletivização na Ucrânia, no sul da Rússia, no norte do Cáucaso e no Cazaquistão. A repressão foi brutal nas cidades e no campo. O padrão de vida popular caiu. A resistência adquiriu a forma de revoltas rurais e greves industriais, e a liderança do partido não podia depender por completo nem das forças armadas. No entanto, em vez de mudar a política, Stalin imprimiu uma violência ainda maior aos atos governamentais. Esta violência gerou mais ressentimento, o que levou Stalin, um governante profundamente desconfiado e vingativo, a intensificar e ampliar a aplicação da coerção estatal. A situação trouxe à tona o que de pior havia nele. Na verdade, ele já carregava bastante maldade bem antes de assumir o poder despótico. Explicar não é desculpar: Stalin foi um dos homens mais perversos do planeta. Em sua mente, o terror em grande escala era algo profundamente agradável. Quando tinha a oportunidade de pôr suas ideias em prática, agia com uma determinação bárbara, com poucos paralelos na história mundial.

31. O GRANDE TERRORISTA

A mente de Stalin tinha predisposição para o terror, mas falta explicar por que ele intensificou e expandiu abruptamente as medidas repressivas nos últimos meses de 1936. Por dois anos, estivera preparando a máquina da violência do Estado. Esmagou grupos opositores ativos. Deteve milhares de antigos membros da Oposição Unida e assassinou Zinoviev e Kamenev. Deportou dezenas de milhares de "antigas gentes" das grandes cidades. Encheu o sistema *gulag* de campos, ao ponto de deixá-lo superpovoado com inimigos reais e potenciais do regime. Sua supremacia pessoal era inatacável. Subornou seu entourage para que aceitasse suas principais exigências políticas; quando percebia que não havia total aceitação, substituía as pessoas de imediato. Os procedimentos tinham sido simplificados desde o assassinato de Kirov. Stalin ainda consultava formalmente o Politburo, mas seus membros se limitavam a ratificar as medidas que o NKVD punha em prática por meio de sua *troiki*. As regras do partido já não funcionavam do modo costumeiro.

Outro passo na direção do que ficou conhecido como o Grande Terror[1] foi dado em dezembro de 1936, na plenária do Comitê Central. Stalin soltou os cachorros sobre Bukharin e os direitistas veteranos. Yejov liderava o grupo, e disse que Bukharin estava informado dos planos e das ações terroristas do (inexistente) bloco trotskista-zinovievista. O esquema era óbvio. Yejov estava autorizado a ampliar a rede de antigas vítimas oposicionistas e apontá-las como coniventes com potências estrangeiras. Durante meses, Bukharin temeu que algo assim acontecesse. Quando ocorreu, foi pego de surpresa. Ele ainda era o editor do *Izvestiya*. Havia escrito textos que, lidos nas entrelinhas, poderiam ser interpretados como alertas sobre os efeitos das políticas stalinistas; mas não tinha contato com sobreviventes da Oposição de Esquerda. Por anos, não manteve relações com Zinoviev e Kamenev. Contudo, Stalin e Yejov estavam em seu encalço. Bukharin exigiu uma acareação com os prisioneiros de Yejov que o incriminavam. Isso foi arranjado na presença de Stalin e do Politburo. Arrastado para fora de Lubyanka, Yevgeni Kulikov afirmou que Bukharin havia chefiado o Centro de União.[2] Georgi Pyatakov foi além e disse que o acusado estava aliado a trotskistas como ele.[3]

Bukharin não foi detido, mas de dezembro de 1936 a julho de 1937 a rede de repressão se ampliou e formulou uma lista plena de categorias de vítimas. O NKVD deteve seguidores de oposições à esquerda e à direita. Encarcerou chefes de escritórios no partido, governo, Exército e em todas as instituições públicas. Avançou contra grandes grupos sociais que mantinham vínculos com as elites pré-revolucionárias. Deteve membros de antigos partidos antibolcheviques, sacerdotes e antigos *kulaks*. Selecionou e deportou vários grupos nacionais e étnicos das fronteiras da URSS. Depois de identificar as categorias para a repressão, a máquina de terror do NKVD funcionou a pleno vapor até novembro de 1938.

Uma coisa é certa: Stalin foi quem instigou a carnificina de 1937-8, embora uma corrente popular de opinião no país afirmasse que a culpa não era inteiramente sua. Supostamente, seus acólitos e assessores o teriam convencido de que apenas medidas extremas salvariam o Estado da destruição, e nas últimas décadas um punhado de escritores continua pensando assim.[4] Mas isso era autoengano. Stalin iniciou e manteve em movimento o Grande Terror. Não precisou de incentivo. Ele, mais ninguém, arquitetou o encarceramento, a tortura, o trabalho forçado e o fuzilamento. Empregou o terror baseado nas doutrinas bolcheviques e nos antecedentes práticos soviéticos. Foi movido também por uma compulsão psicológica.[5] Contudo, embora não precisasse de muita tentação para mutilar e matar, Stalin tinha uma estratégia em mente. Quando agia, sua brutalidade era tão mecânica quanto uma armadilha de tatu. Ele sabia o que estava caçando com o Grande Terror, e por quê. Havia uma lógica básica em sua atividade assassina. Essa lógica fazia sentido no quadro das atitudes pessoais que interagiam com o bolchevismo na teoria e na prática. Mas ele era o déspota. O que pensava e ordenava era o fator dominante do que se fazia no nível mais alto do Estado soviético.

Dentre suas considerações, a principal era com a segurança, e ele não fazia distinção entre sua segurança pessoal e a de suas políticas, da liderança e do Estado. Na velhice, Molotov e Kaganovich disseram que Stalin tinha temores justificados de que uma "quinta-coluna" viesse a apoiar forças invasoras em caso de guerra.[6] Ele deu algumas pistas a respeito. Ficou chocado com a facilidade com que o general Franco atraiu seguidores na Guerra Civil Espanhola, que irrompeu em julho de 1936.[7] Stalin pretendia impedir que isso ocorresse. Esse pensamento, de certo modo, explica por que ele, que acreditava na eficácia do terror estatal, recorreu à violência intensa em 1937-8. No entanto, ele deve ter se sentido atraído pelo terror mesmo sem as pressões da situação internacional. Sentiu o impulso antes do final da década de 1930. No partido, havia muito descontentamento com ele e suas políticas; de fato, a raiva se disseminara por todo o país. Embora seu poder fosse imenso, não podia se dar o luxo de ser complacente. A possibilidade de que uma insatisfação amarga explodisse em um movimento bem-sucedido contra ele não podia ser descartada. Sua ruptura revolucionária com a NEP provocara estremecimentos que ainda não tinham se acalmado. Sob a superfície da placidez e da obediência fervia um profundo ressentimento no Estado e na sociedade que o deixavam ansioso.

Então, se sua reação à Guerra Civil Espanhola era o fósforo, a situação social e política na URSS nos últimos anos era a pólvora. Stalin quase disse isso em uma mensagem que ele e Jdanov enviaram do mar Negro a Kaganovich e Molotov, em 25 de setembro de 1936:

> Consideramos absolutamente necessário e urgente indicar o cam[arada] Yejov para comissário do povo para Assuntos Internos. Yagoda já provou claramente que não está à altura da tarefa de desmascarar o bloco trotskista-zinovievista. O OGPU está quatro anos atrasado nesse assunto.[8]

Ao acender o fósforo, Stalin não necessariamente tinha um plano, como tampouco teve um para a transformação econômica no início de 1928. Embora as categorias de vítimas se sobrepusessem, ele poderia ter evitado agir contra todas elas naquele curto espaço de tempo, mas a pólvora estava espalhada. Estava ali para inflamar, e ele deitou o fósforo em todas as categorias, uma atrás da outra.

O antigo aliado de Trotski, Georgi Pyatakov, tinha sido preso antes da promoção de Yejov. Ele vinha trabalhando eficientemente como assistente de Ordjonikidze no Comissariado do Povo para a Indústria Pesada. Em discussões após a plenária do Comitê Central, em dezembro de 1936, Ordjonikidze recusou-se a acreditar nas acusações de terrorismo e espionagem contra seu assistente. Aquela era uma batalha que Stalin tinha de vencer para seguir adiante com a campanha de repressão. Pyatakov sofreu pressão psicológica para confessar vínculos traiçoeiros com grupos contrarrevolucionários. Ele cedeu. Levado a uma entrevista com Ordjonikidze na presença de Stalin, confirmou o que dissera ao NKVD. No final de janeiro de 1937, houve outro grande julgamento-espetáculo. Pyatakov, Sokolnikov, Radek e Serebryakov foram acusados de chefiar um Centro Trotskista Antissoviético. As discrepâncias nas provas eram grandes, mas a corte não hesitou em condenar Pyatakov e Serebryakov à morte, e os outros dois a longos períodos de confinamento. Enquanto isso, Stalin mandava fuzilar o irmão de Ordjonikidze. Este não aguentou: em 18 de fevereiro de 1937 voltou para casa depois de uma forte altercação com Stalin e se matou com um tiro. Já não havia ninguém no Politburo que se dispusesse a enfrentar Stalin e tentar deter a máquina da repressão.[9]

O suicídio de Ordjonikidze ocorreu no mês da plenária do Comitê Central, realizada em março de 1937. Sem se ocultar detrás de Yejov, Stalin afirmou que o bloco trotskista-zinovievista havia criado uma agência de espionagem, sabotagem e terrorismo a serviço da inteligência alemã.[10] Yejov repetiu que trotskistas, zinovievistas e direitistas operavam na mesma organização, e Stalin, com o consentimento da plenária, o instruiu a fazer investigar aquilo a fundo.[11] Também ameaçou gente com cargos no partido. Queria quebrar o sistema clientelista que inibia a operação de uma hierarquia administrativa vertical:

O que significa arrastar um grupo de amigos com você? Significa que você obteve certa independência das organizações centrais e, se podemos dizer assim, certa independência do Comitê Central. Ele tem o seu grupo e eu tenho o meu, e todos são pessoalmente subordinados a mim.[12]

O alarme do expurgo no partido e na polícia estava soando. Bukharin foi preso em 27 de fevereiro, Yagoda em 29 de março. Houve expulsões em massa do partido durante todo o verão. O marechal Tukhachevski foi detido em 27 de maio, junto com a maior parte dos membros do Quartel-General Supremo. As forças armadas tinham sido elencadas com o partido e a polícia como uma instituição suspeita. Tukhachevski foi fuzilado em 11 de junho; assinou uma confissão com a mão ensanguentada, após uma surra terrível.

As figuras mais destacadas da URSS estavam sendo eliminadas. Outra plenária do Comitê Central foi convocada em 23 de junho. Yejov fez um relato de suas investigações. Forjou evidências despudoradamente e informou ter descoberto um Centro dos Centros que aglutinava direitistas, mencheviques, socialistas revolucionários, o Exército Vermelho, o NKVD, zinovievistas, trotskistas e líderes partidários provinciais. Tratava-se supostamente de uma conspiração em grande escala. Não só antibolcheviques e antigos opositores bolcheviques, mas também líderes partidários atuais estariam conspirando para derrubar Stalin e seus camaradas; Yejov deixou implícito que sua vigilância impedira um golpe.[13]

Stalin lidou espertamente com a situação em todo o processo. Planejou ficar nas sombras das iniciativas de Yejov e fingiu que não tinha nada a ver com o planejamento da repressão. Contudo, à medida que membros do Comitê Central eram perseguidos, ele não pôde permanecer calado; de qualquer modo, era fácil que tivesse um ataque de fúria ante críticas abertas às detenções. Na plenária do Comitê Central de junho de 1937, G. N. Kaminski, comissário do povo para a Saúde, objetou: "Desse modo vamos matar todo o partido." Stalin retrucou, aos gritos: "E você não será amigo desses inimigos!" Kaminski se expressara baseado em princípios e retrucou: "Eles não são meus amigos, em absoluto." Stalin devolveu: "Bem, nesse caso isso significa que você é farinha do mesmo saco."[14] Outro homem corajoso foi Osip Pyatnitski, funcionário destacado do Comintern, que se opôs veementemente à execução de Bukharin e acusou o NKVD de forjar as acusações. Stalin suspendeu a plenária e reuniu o Politburo para discutir aquele arrebato. Voroshilov e Molotov procuraram Pyatnitski para convencê-lo a se retratar. Ele se recusou. Quando o Comitê Central voltou a se reunir, Yejov denunciou-o como antigo agente da Okhrana — seus dias estavam contados. Stalin encerrou a plenária em 29 de junho. Havia esmagado toda a oposição e convocara o Comitê Central para expulsar das suas fileiras 35 membros e candidatos a membros. Em estado de choque, o Comitê Central votou a favor.[15]

De posse da aprovação do Comitê Central, em 2 de julho o Politburo decidiu por decreto levar adiante um expurgo definitivo dos "elementos antissoviéticos". Não só a suposta liderança do (fictício) Centro dos Centros seria eliminada como também categorias sociais inteiras.[16] Isso afetaria antigos *kulaks*, mencheviques, socialistas revolucionários, sacerdotes, opositores bolcheviques, membros de partidos não russos, soldados do Exército Branco e criminosos comuns libertados. A Ordem nº 00447 foi formulada por Stalin e Yejov, e sancionada pelo Politburo em 31 de julho. A campanha começaria em 5 de agosto, e Stalin declarou que pretendia supervisioná-la, e por isso não sairia de férias no mar Negro, como era seu costume. Yejov, que o consultava regularmente, havia estabelecido uma cota de pessoas a ser condenadas em toda a URSS. Com grande precisão, determinou que 268.950 indivíduos deviam ser presos. Os procedimentos envolveriam farsas judiciais; as vítimas seriam levadas à *troiki* revolucionária do partido e da polícia e, sem direito à defesa nem à apelação, declaradas culpadas. Também foi calculado o número exato dos que seriam enviados aos trabalhos forçados: 193 mil indivíduos. O restante, 75.950 pessoas, seria executado.

O fato de ter ordenado a matança de quase três de cada dez presos, de acordo com a Ordem nº 00447, invalida a sugestão de que os expurgos de meados de 1937 tinham por fim principalmente suprir a demanda de trabalho escravo.[17] Sem dúvida, a operação do NKVD exigia essa mão de obra para cumprir as metas de construção, mineração e manufatura. Porém, apesar do propósito econômico, o Grande Terror desperdiçou recursos humanos sistematicamente. Os assassinatos em massa demonstram que Stalin estava, acima de tudo, preocupado com a segurança.

Em 25 de julho de 1937, ele e Yejov emitiram a Ordem nº 00439, que espalhou mais uma onda de terror entre outro tipo de gente. Cidadãos alemães e cidadãos soviéticos de nacionalidade alemã seriam detidos. A ordem não designava uma cota. O NKVD foi encarregado apenas de levar a operação adiante por iniciativa própria. No total, 55 mil pessoas receberam sentenças punitivas, com 42 mil execuções.[18] Stalin havia decidido que alguns tipos de estrangeiros eram tão perigosos para ele quanto os *kulaks* e outros "elementos antissoviéticos". Ele não se deteve com os alemães residentes na URSS. Depois deles vieram os poloneses, os antigos emigrados na cidade chinesa de Harbin, os letões e vários outros povos. "Operações nacionais" dessa natureza prosseguiram durante o restante de 1937 e todo o ano de 1938.

A conclusão é inevitável. Stalin decidira lidar com os objetos das suas preocupações com a segurança mediante uma onda contínua de detenções e assassinatos a cargo do NKVD. As cotas determinadas da operação contra "elementos antissoviéticos" e da lista de nacionalidades apontadas como hostis eram constantemente aumentadas. Os líderes provincianos não eram coibidos de pedir para aumentar o número de vítimas a ser detidas. Stalin enviava telegramas incitando o entusiasmo assassino. Não há documentos nos quais ele tenta deter a torrente de prisões, torturas e assassinatos. Quando o Comitê Regional do Partido, em Krasnoyarsk, escreveu-lhe mencionando um incêndio em um armazém de grãos, ele se limitou a responder: "Julguem rapidamente os culpados. Condenem todos à morte."[19] Não há nenhum documento conservado com diretrizes aos líderes locais para que tivessem cautela e reprimissem as pessoas "certas". Só importava que os subordinados propagassem o Grande Terror com zelo. Houve grandes cortes sangrentos no pessoal do partido, do governo e das demais instituições. Ganhou força a ideia de que o único modo de salvar a própria vida, se isso fosse possível, era cumprir expressamente as ordens de reprimir.

Até Kaganovich teve de suplicar quando Stalin mencionou a associação anterior com o "inimigo do povo", o marechal Iona Yakir. Ele reuniu coragem e recordou a Stalin que ele próprio lhe havia recomendado Yakir uma década antes.[20] Nikita Kruschev, secretário do Comitê do Partido em

Moscou, também foi ameaçado quando Stalin o acusou de ser polonês. Em um momento em que comunistas poloneses emigrados em Moscou eram fuzilados rotineiramente, Kruschev, compreensivelmente, apressou-se em provar que era um russo genuíno.[21]

Stalin permaneceu direta e profundamente envolvido enquanto seus enviados iam aos grandes centros presidir os saqueios e as prisões de líderes locais. Um deles era Andreev, membro arrependido da Oposição Proletária, cujo passado tornava imperativo cumprir as ordens sem piscar. Ele foi a cidades como Chelyabinsk, Krasnodar, Samara, Saratov, Sverdlovsk e Voronej, além das repúblicas soviéticas da Bielorrússia, do Tajiquistão, do Turcomenistão e do Uzbequistão.[22] Andreev decidia rapidamente quem seria preso e quem deveria substituir os presos. Mas consultava Stalin antes de ir adiante com seus planos. De Stalinabad, no Tajiquistão, ele informou que "os inimigos vêm trabalhando cotidianamente aqui e se sentem bastante à vontade para fazê-lo". Stalin respondeu com um telegrama de 3 de outubro de 1937:

> Nomeamos Protopopov primeiro-secretário [do partido], Iskanderov segundo-secretário, Kurbanov pre[sidente] do Sovnarkom, e Shagodaev pre[sidente] do Comitê Central.
> Ashore e Frolov devem ser presos. Você precisa sair daí a tempo para estar de volta a Moscou para a plenária do Comitê Central do Partido Comunista da União Soviética, em 10 de outubro.
> Deixe Belski seguir para a Turcomênia daqui a uns dias para fazer o expurgo. Ele receberá instruções de Yejov.[23]

Andreev, Malenkov, Jdanov e outros viajaram pelas diversas regiões executando a política do chefe.

Embora fosse fisicamente impossível ratificar cada operação levada a cabo em localidades específicas, Stalin conseguiu examinar 383 "álbuns" de vítimas propostas por Yejov apresentadas a ele durante o Grande Terror. Esses álbuns continham os nomes de cerca de 44 mil pessoas. Quanto mais alto o status da vítima, mais provável era que Yejov tentasse obter a assinatura de Stalin antes de seguir adiante. Muito ocupado, esperava-se que

Stalin revisasse as listas e anotasse as condenações recomendadas quando topasse com um nome conhecido e quisesse indicar a atitude a ser adotada. Ele fez isso com assiduidade; não há sinais de que tenha se negado a fazer as coisas à "maneira do álbum". Todo o tempo envolveu o resto do Politburo no processo. Molotov, Kaganovich, Voroshilov e outros tiveram de dar sua aprovação, e frequentemente acrescentavam floreios retóricos às suas firmas. "Que o cão morra feito um cão!" foi uma das contribuições de Molotov. Stalin evitava aparecer como único responsável. Obviamente temia não poder se safar depois das coisas horrendas que andava cometendo. Depois de coagir os camaradas para que aquiescessem às suas medidas, queria que continuassem sendo formalmente cúmplices.

O fato de atacar milhões de pessoas que não haviam desrespeitado a lei trazia consequências operacionais. O mesmo ocorria com a determinação de expurgar todas as instituições públicas. Naquela situação, era crucial obter o consentimento e a cooperação dos funcionários do partido, do governo e da polícia que, de outro modo, poderiam atrapalhar o processo — e, de fato, muitos pagaram com a própria vida por ter concordado. Supostamente seria por isso que Stalin precisava dos julgamentos, por mais espúrios e breves que fossem. Não só isso: sentia-se obrigado a obter provas dos crimes. De alguma forma, precisava demonstrar aos sobreviventes do Grande Terror, inclusive aos que tirara da obscuridade promovendo-os, que a medonha violência de Estado se justificava. A comparação com a Alemanha nazista é pertinente. Quando as agências de segurança alemãs prenderam judeus, ciganos, homossexuais e doentes mentais, não houve segredo quanto ao antagonismo do regime com relação a esses grupos. Hitler omitiu a escala das detenções e a sorte dos que foram levados, mas sua atitude buscou evitar uma oposição desnecessária por parte dos cidadãos do Reich. Do seu ponto de vista, não era preciso fingir que as vítimas eram espiões ou sabotadores. Tinham sido detidos exatamente por ser judeus, ciganos, homossexuais ou doentes mentais.

Essa abordagem não servia para Stalin. *kulaks*, sacerdotes, mencheviques, alemães, harbinitas e trotskistas careciam do antagonismo popular que Hitler havia instilado contra as suas vítimas. Era preciso apresentá-los como uma presença maligna em uma sociedade soviética leal e respeitável.

Stalin dirigia um Estado terrorista. Contudo, precisava manter a confiança dos funcionários cuja vida poupava. Não importava muito que as acusações contra as vítimas fossem absolutamente implausíveis. O que contava era que os estenógrafos registrassem que, do ponto de vista do Estado, tinha ocorrido um processo legal. Talvez nisso houvesse um lado pessoal. Stalin sempre viu o mundo em preto e branco. As cores intermediárias não existiam para ele, que acreditava implicitamente que as pessoas nas quais não confiava de fato estavam conspirando ativamente contra ele e suas políticas. Por razões psicológicas, portanto, ele exigia que as vítimas fossem expostas por terem agido mal; como o NKVD não tinha provas materiais, a única opção era que os supostos espiões e sabotadores fossem convencidos a admitir sua culpa. Os interesses do Estado se uniam aos propósitos aberrantes de um líder desequilibrado.

Aparentemente, ele agia assim porque recebia provas de que "inimigos do povo" — agentes imperialistas, subversivos e contrarrevolucionários — tinham sido descobertos pelo NKVD. Stalin era tão desconfiado que provavelmente se convenceu de que muitos dos que condenou ao *gulag* ou ao fuzilamento eram realmente culpados de crimes contra o Estado. O mais perto que chegou de testemunhar o resultado de sua barbárie foi quando confrontou um líder que desejava "confessar" e outro líder que fora denunciado, mas ainda não havia sido detido. No confronto com Kulikov, em dezembro de 1936, Bukharin era como uma borboleta que via a agulha que iria fixá-la no quadro.

Embora aparentemente Stalin obtivesse satisfação desses confrontos, organizava-os apenas enquanto ainda precisava da sanção dos camaradas do Politburo para veredictos específicos. No início de 1937 deixou de fazê-lo por não ser mais necessário. Os expurgos prosseguiram até o final de 1937. Eles afetaram funcionários locais e centrais, além de gente "comum". Os açougueiros heroicos do NKVD foram premiados. Na estima oficial, o nome de Yejov vinha logo atrás do nome de Stalin. Em 16 de dezembro foi a vez de Abel Enukidze e outros réus serem julgados por um Colegiado Militar como espiões, nacionalistas burgueses e terroristas. Isso ocorreu em sigilo, e rapidamente. Todos foram fuzilados.[24]

Em março de 1938, chegou a vez de Bukharin. Junto com ele no estrado havia outros três antigos membros do Comitê Central do partido na época de Lenin: Alexei Rykov, Nikolai Krestinski e Christian Rakovski. Yagoda também era réu, além de outras figuras menores. O terceiro grande julgamento-espetáculo foi organizado por figuras de proa do NKVD, sobreviventes do Grande Terror. As acusações eram tão estranhas como em outras ocasiões. Bukharin em particular foi acusado de conspirar em 1918 para assassinar Lenin e Stalin e tomar o poder. Ele se esquivou dessa acusação em particular, mas aceitou responsabilidade política pelas conspirações contra Stalin que supostamente teriam ocorrido no final da década de 1930. Krestinski foi menos cooperativo. Na sua primeira aparição na corte negou o testemunho dado na prisão. No dia seguinte, ainda mais abatido, voltou ao testemunho combinado com os torturadores. Quase todos os acusados tinham sido barbaramente espancados. Bukharin foi poupado dessa violência, mas estava visivelmente destruído. Da cela da prisão escreveu um bilhete a Stalin: "Koba, por que a minha morte é necessária para você?" Mas Stalin queria sangue. Constantemente consultado pelo promotor-chefe Andrei Vyshinski e Vasili Ulrikh ao final do dia de trabalho na corte, ordenou que a imprensa mundial fosse convencida da veracidade das confissões antes da divulgação das sentenças.[25] Vários jornalistas ocidentais foram, de fato, enganados. O veredicto foi anunciado em 13 de março: quase todos os réus seriam fuzilados.

Dois dias depois, Stalin aprovou outra operação de expurgo dos "elementos antissoviéticos". Dessa vez quis encarcerar 57.200 pessoas por todo o país. Desse total, combinou com Yejov que 48 mil seriam julgadas de imediato pela *troiki* e depois fuziladas. Yejov, já calejado no funcionamento dessas operações, levou suas tarefas a cabo com entusiasmo. A carnificina prosseguiu durante a primavera, o verão e o outono de 1938, quando o NKVD cumpriu as ordens assassinas de Stalin. Depois de instalar Yejov no controle e mandá-lo dar a partida na máquina, Stalin podia mantê-la funcionando enquanto lhe fosse conveniente.

Nunca inspecionou as celas de Lubyanka. Nem de relance viu as operações de moer carne. Yejov pedia e recebia amplos recursos para trabalhar. Ele precisava de mais recursos que os funcionários executivos do NKVD.

O Grande Terror exigia estenógrafos, guardas, carrascos, faxineiros, torturadores, escriturários, ferroviários, motoristas de caminhão e informantes. Caminhões com letreiros de "Carne" ou "Vegetais" levavam as vítimas para zonas rurais tais como Butovo, perto de Moscou, onde campos de extermínio tinham sido preparados. Trens frequentemente cruzavam as cidades à noite transportando prisioneiros para o *gulag*, no extremo norte russo, a Sibéria ou o Cazaquistão, em vagões destinados ao gado. Os infelizes eram mal-alimentados e recebiam pouca água durante a viagem, e o clima — terrivelmente frio no inverno e monstruosamente quente no verão — agravava o tormento. Stalin determinou que os detidos pelo NKVD não deviam ser tratados como veranistas. Os pequenos confortos de que ele desfrutara em Novaya Uda, Narym, Solvychegodsk e até em Kureika foram sistematicamente negados. Ao chegar aos campos de trabalho, os presos eram mantidos permanentemente famintos. Os nutricionistas de Yejov elaboraram uma dieta com o mínimo de consumo de calorias para que trabalhassem pesado no desmatamento, na mineração de ouro ou na construção; mas a corrupção do *gulag* era tão generalizada que os detentos raramente recebiam as rações completas — e não há registros de que Stalin tenha feito algum esforço para saber em que condições realmente viviam.

O caos do Grande Terror era tal que, apesar da insistência de Stalin para que cada vítima fosse formalmente processada pela *troiki*, não se pode calcular com exatidão o número de detenções e execuções. A confusão impedia a precisão. Porém, todos os registros, apesar de diferirem nos detalhes, apontam na mesma direção. No total, parece que aproximadamente 1,5 milhão de pessoas foram detidas pelo NKVD em 1937-8. Destas apenas cerca de 200 mil foram posteriormente libertadas. Cair nas garras do NKVD significava encarar uma condenação terrível. A *troiki* se empenhava na sua tarefa horrível. A impressão — ou permitiu-se que houvesse essa impressão — era de que Stalin usava os presos como trabalhadores forçados no *gulag*. Na verdade, o NKVD tinha instruções de entregar aproximadamente metade de suas vítimas não aos novos campos na Sibéria ou no norte da Rússia, mas às valas de execução na periferia da maior parte das cidades. Cerca de três quartos de milhão de pessoas morreram fuziladas no breve período de dois anos. O Grande Terror tinha uma lógica abominável.

32. O CULTO DA IMPESSOALIDADE

No final da década de 1930 o culto a Lenin brilhava como uma mancha de óleo no oceano escuro da realidade soviética. Stalin sempre presidira os rituais. Foi ele quem tomou as providências para que o corpo do líder fosse exposto no mausoléu. Organizou a publicação das memórias de Lenin e ajudou a criar o Instituto Lenin. Jurou lealdade eterna às ideias e práticas de Lenin. Durante a Nova Política Econômica, alegou ser um mero pupilo do grande homem.

A "biografia" de Ivan Tovstukha, assistente de Lenin, publicada em 1927, não passou de um catálogo de suas prisões, locais de exílio, principais publicações e cargos oficiais. Embora mencionasse o apoio de Stalin a Lenin contra Zinoviev e Kamenev, em outubro de 1917, não há referências a campanhas posteriores das facções, e Stalin aparece apenas como "um dos secretários do Comitê Central do Partido a partir de 1922", sem o título de secretário-geral.[1] Com a chegada de Stalin à supremacia política, no final da década de 1920, tudo isso começou a mudar. Depois de derrotar Bukharin e o Desvio de Direita, ele exigiu ser valorizado como mais do que um mero administrador do partido. Em 21 de dezembro de 1929, seu (suposto) aniversário de 50 anos foi comemorado com as fanfarras de uma cerimônia de Estado.[2] Mesmo que tivesse ficado constrangido (e, na verdade, ele evitava parecer ridículo permitindo um excesso de encômios),[3] o interesse político ditou a necessidade de aclamação midiática em um momento em que líderes oposicionistas faziam críticas cáusticas. Stalin almejava o próprio culto pessoal.

Seguiu expressando admiração por seu antecessor. Embora permitisse que outros usassem o termo "marxismo-leninismo-stalinismo", ele mesmo o evitava. Chegou a recusar a publicação de suas obras completas. (Trotski, por sua vez, tinha publicado 21 volumes antes de cair em desgraça.) Discursando em uma grande conferência sobre propaganda em Moscou, em 1938, Stalin condenou as tentativas de colocá-lo em pé de igualdade com Lenin como teórico do partido. Seu *Fundamentos do leninismo*, insistiu, não passava de um trabalho de exegese. A originalidade do pensamento pertencia a Lenin, e por isso fazia sentido falar de marxismo-leninismo, não só de marxismo. Mas o professor não podia ser confundido com o pupilo.[4]

Ainda assim, costumava deixar sua luz ofuscar a auréola do antecessor. Nas comparações entre ambos, Lenin começou a ser apequenado. O historiador do partido Yemelyan Yaroslavski opinava que Stalin era o mais determinado dos dois, por conta do prolongado tempo que Lenin passara no exílio.[5] Em geral, porém, o rebaixamento de Lenin era visual, mais do que em textos. No Ano-Novo de 1931, o *Pravda* publicou um esboço de Stalin na primeira página, e Lenin figura apenas como um nome impresso em um galhardete.[6] Uma foto semelhante foi usada para enfatizar a grandeza de Stalin nos anais do comunismo soviético no Ano-Novo de 1937.[7] Mantinha-se a preferência por desenhos, em vez de caricaturas. O *Pravda* sempre evitou as representações humorísticas dos líderes do partido. (Porém, isso não se aplicava aos políticos estrangeiros anticomunistas.) Isso continuou assim na década de 1930. Nenhuma frivolidade podia infringir a dignidade de Stalin, e a sua imagem só era impressa nos jornais soviéticos em contextos que corroborassem seu status supremo. As fotografias encomendadas deviam dar a impressão de um gênio inspirador determinado e capaz de mudar a cara do Estado e da sociedade soviéticos, e os editores e censores acatavam a regra.

Ele era fotografado com frequência. Dentre as suas fotos mais famosas está uma em que ele carrega nos braços a pequena Gelya Markizova, que lhe tinha ofertado um ramalhete.[8] Nos anos seguintes, o rosto sorridente da menina enfeitou diversos livros. Os leitores mal sabiam que os pais dela morreram no Grande Terror pouco depois do grande dia da filha. Mas

Stalin obteve o que queria. Foi representado como o amigo mais carinhoso das crianças do país.

Esforçou-se para ser identificado com os jovens em geral. O *Pravda* reproduziu muitas fotos suas saudando heróis do trabalho, das ciências ou da exploração. Espertamente, ele nem sempre monopolizava a publicidade. A primeira página típica dos jornais dava espaço aos jovens heróis do momento: mineiros ou metalúrgicos stakhanovistas, ordenhadoras recordistas, exploradores geográficos ou aviadores de longa distância. Os cidadãos eram levados a crer que o Estado conduzido por Stalin possuía uma orientação dinâmica na direção da ciência, da educação, da meritocracia e do patriotismo. Os aviadores o atraíam especialmente. Eles tiveram mais espaço que quaisquer outras profissões em um livro laudatório das reuniões de Stalin com pessoas autoras de façanhas notáveis. Ele adorava encontrá-los: "Vocês sabem que luto como um tigre para que ninguém ofenda nossos aviadores!",[9] e eles ficavam compreensivelmente satisfeitos com as medalhas que Stalin distribuía.[10] Ao compartilhar os aplausos com cidadãos soviéticos alheios ao círculo restrito dos líderes políticos poderosos, ele reforçava a imagem de homem simples do povo. Para Stalin, os aviadores e exploradores tinham a vantagem de operar longe do olhar do público. Em contraste, os gerentes industriais e os patrões do partido eram muito impopulares, e ele os castigava rotineiramente sempre que as (suas) políticas provocavam ressentimentos. Subordinados culpados serviam de para-raios do prejuízo.

Stalin também queria simular uma associação com líderes de organizações e empresas oficiais nos níveis mais baixos do Estado soviético. Na década de 1930, enquanto prendia uma multidão de empregados, ele enviava apelos aos jovens que os substituiriam. Tendo se apresentado como um *praktik* tempos antes, declarou em uma recepção no Kremlin para funcionários metalúrgicos e mineiros, em 30 de outubro de 1937:

> Vou propor um brinde peculiar e incomum. Nosso costume é brindar à saúde dos líderes, chefes e comissários [do Kremlin]. Claro que isso não está mau. Porém, além dos grandes líderes, há também os líderes médios e pequenos. Temos dezenas de milhares de líderes pequenos e médios. São gente modesta. Eles não se exibem, e são praticamente

invisíveis. Mas seria cegueira da nossa parte não notá-los, pois a sorte da produção de toda a nossa economia depende dessa gente.[11]

Ele escolheu as palavras cuidadosamente, para evitar se colocar no nível da audiência. Não deixou dúvidas de que era um dos "grandes líderes", e o culto ao *Vojd* confirmou que era o maior de todos. Essa mescla de autoafirmação e modéstia granjeava amigos e influenciava a elite do Kremlin, o partido e o povo.

Stalin gostava que o vissem impedindo a extravagância do culto à sua pessoa. A adoração devia ser efusiva, mas não totalmente ridícula. Ele costumava repreender os subordinados que, incapazes de adivinhar sua opinião, se excediam na bajulação. Irritava-se com quaisquer tentativas de publicarem seus artigos anteriores à Grande Guerra. Em agosto de 1936 — quando estava de férias no mar Negro — ele escreveu a Kaganovich e Molotov pedindo-lhes que impedissem a publicação.[12] (Obviamente poderia ter dado uma ordem direta, que teria sido obedecida de imediato; mas queria insinuar ao Politburo que continuava sendo membro de uma equipe política.) Ele seguia comentando causticamente o que escreviam a seu respeito. A um de seus médicos, M. G. Shneidorovich, disse a respeito dos equívocos nos jornais: "Ouça, doutor, você é um homem inteligente e deve compreender: não há uma só palavra verdadeira neles!" O médico começava a pensar que contava com a confiança do líder, até Stalin acrescentar que os médicos eram tão pouco confiáveis quanto os jornalistas — e os primeiros tinham os meios e a oportunidade de envenená-lo![13]

No entanto, Beria foi autorizado por Stalin a publicar uma história das organizações do partido bolchevique no Transcáucaso. O livro contrariou a opinião corrente de que só os marxistas de São Petersburgo ou os emigrados haviam tido um impacto decisivo no destino do partido. Embora se tratasse principalmente de uma ficção histórica, o tema da importância histórica das fronteiras tinha sido negligenciado até então. (Porém, Beria não era o verdadeiro autor: ele encomendou o texto, apropriou-se dele e depois matou os autores.) Seu grande rival caucasiano, Nestor Lakoba, escreveu sobre as experiências de Stalin no litoral do mar Negro após a virada do século.[14] Há também algumas memórias sobre Stalin no exílio siberiano.[15] Contudo, havia poucos detalhes dos episódios de sua ascensão à proeminência do Partido Operário Social-Democrata Russo antes da Grande Guerra e das circunstâncias de sua cooptação pelo Comitê Central em 1912. Muito permanecia oculto, e Stalin o manteve assim. O mistério lhe convinha: as pessoas naturalmente se inclinariam a supor que ele havia sido mais importante do que fora. Ele alimentava isso apagando seus inimigos da história do bolchevismo. Aos poucos, os bolcheviques que estiveram próximos de Lenin antes da Revolução de Outubro foram sendo apagados dos livros — e, na maioria dos casos, também fisicamente eliminados.

A aclamação grandiosa continuava crescendo. No XVI Congresso do Partido, em junho de 1930, Stalin foi saudado por um "aplauso estrondoso que se estendeu em uma longa ovação". O Congresso se pôs de pé aos gritos de "Hurra!". O mesmo ocorreu no XVII Congresso do Partido. Em janeiro de 1934, houve uma tremenda ovação e gritos de "Longa vida ao nosso Stalin!". No XVIII Congresso do Partido, em março de 1939, depois do Grande Terror, isso foi considerado inadequado. Os organizadores do congresso haviam planejado cânticos de "Hurra ao nosso líder, professor e amigo, camarada Stalin!".

As biografias de Stalin eram volumosas. A vida do secretário-geral, publicada em 1935 pelo escritor francês Henri Barbusse, foi traduzida para o russo e posta à venda na URSS.[16] O autor pôs em circulação a frase: "Stalin é o Lenin de hoje." Mas nem Barbusse o agradou inteiramente. Isso o levou, em 1938, a fazer o Comitê Central encomendar *Stalin: uma biografia*, narrando sua vida, do nascimento na cidadezinha de Gori à atualidade. O livro afirmou sua importância primordial na teoria e prática bolchevique. *História do partido comunista da URSS (bolcheviques): breve curso* apareceu no mesmo ano e cobriu os períodos da história do partido até o fim da década de 1930. Durante anos circularam versões conflitantes sobre a história do comunismo soviético. Várias tinham a aprovação do Comitê Central, e seus autores — Nikolai Popov, Yemelyan Yaroslavski e Andrei Bubnov — haviam recebido somas vultosas. Contudo, era necessária uma versão oficial quando a ortodoxia inquebrantável era questão de vida ou morte. Uma equipe de escritores, sob a orientação de V. G. Knorin, Y. M. Yaroslavski e P. N. Pospelov, reuniu-se para redigir essa obra.

O CULTO DA IMPESSOALIDADE

Stalin também trabalhou nisso nos bastidores; não só escreveu um capítulo de *História do partido comunista...* como editou o texto do livro cinco vezes.[17] Uma linha de sucessão legítima foi traçada de Marx e Engels a Stalin, passando por Lenin. O livro se destaca pela parcialidade e a falsidade. Em cada aspecto controverso entre revolucionários marxistas é sugerido que há apenas uma expressão autêntica do marxismo, e que Lenin e seu seguidor Stalin a adotavam de maneira consistente. A história do comunismo soviético é tratada em termos maniqueístas. Há as forças da retidão lideradas pelo leninismo e as forças do engano e da traição dos partidos antibolcheviques — socialistas revolucionários, mencheviques, anarquistas e nacionalistas de todo tipo — além das facções bolcheviques hostis a Stalin. *História do partido comunista...* deplora ainda "os trotskistas, bukharinistas, desviacionistas nacionalistas e outros grupos antileninistas". Lenin não cometera um só erro de doutrina ou estratégia. Por sorte, um homem igualmente infalível, Stalin, o sucedera.

As duas principais características de *História do partido comunista...* foram tratadas de modo distinto. Costuma-se supor que o livro permitiu a Stalin suplantar Lenin na mitologia do comunismo soviético.[18] Isso não é verdade. Apesar de ter criado o próprio culto, ele ainda via utilidade em reconhecer a superioridade de Lenin.[19] Isso ficou óbvio no tratamento da história inicial do partido. A biografia oficial deu atenção à carreira de Stalin como jovem revolucionário; contudo, seu nome mal aparece nos primeiros capítulos de *História do partido comunista...*[20] Em todo o livro, há 49 citações de obras de Lenin, e só 11 de obras de Stalin. Evidentemente, Stalin ainda sentia a necessidade de se cobrir com o manto da memória de Lenin.[21] Nesse aspecto, o tratamento da Revolução de Outubro é extraordinário. As páginas sobre a tomada do poder evitam quaisquer referências a Stalin.[22] (Gerações posteriores de historiadores deixaram isso passar; de fato, pode-se perguntar se se deram o trabalho de ler *História do partido comunista...*) A questão é que, no final da década de 1930, apesar de dominar a cena política soviética, Stalin considerava necessário colocar alguns limites ao culto à própria grandeza. Até o Líder tinha de ser cauteloso.

Além disso, pouca coisa nos escritos sobre Stalin transmite uma impressão vívida dele. Em geral, os elogios oficiais são atribuídos ao "culto à personalidade", termo usado por Nikita Kruschev quando denunciou Stalin postumamente, em 1956. Uma tradução mais precisa do russo seria "culto do indivíduo". Assim, a biografia de 1938 recitou os detalhes mais crus da primeira metade da vida de Stalin, antes de elencar suas ações na política. Há escassas menções à família, à escola e à cidade natal de sua infância. Era desaconselhável mencionar sua carreira nos comitês bolcheviques clandestinos antes da Grande Guerra; até sua atuação na Revolução de Outubro, na Guerra Civil, na NEP e nos planos quinquenais foi escassamente relatada tanto na biografia como em *História do partido comunista*... Ele desestimulou tentativas históricas e literárias de explicar como chegou a pensar o que pensava e como chegou a fazer o que fez antes de estabelecer o despotismo. Em vez disso, tentou que escritores, pintores e cineastas o retratassem como a encarnação do partido, mais que um ator crível da história. Apesar da preocupação da mídia estatal com Stalin, muito pouco chegou ao domínio público sobre seus antecedentes familiares, sua educação, suas crenças, sua conduta e seu planejamento.

Sua vida particular também permaneceu especialmente isolada. Antes de 1932, os jornais não haviam mencionado que ele era casado. Ao visitar o Mausoléu de Lenin, sempre ia acompanhado apenas por seus camaradas políticos. O *Pravda* publicou apenas um anúncio curto da morte de Nadya.[23] O mesmo ocorreu por ocasião da morte da mãe dele. O *Pravda* publicou artigos breves sobre a visita de Stalin em 1935, pouco antes da morte dela, e o funeral também foi noticiado.[24] Fora isso, sua privacidade foi zelosamente mantida. Houve algumas exceções. Em 1939, apareceram vários artigos de V. Kaminski e I. Vereshchagin sobre a vida pregressa de Stalin, incluindo reminiscências de alguns colegas de escola e documentos sobre sua educação.[25] Também surgiram documentos pessoais sobre os períodos de sua detenção e de seu encarceramento.[26]

A permanente austeridade do culto a Stalin incita comentários. Uma possibilidade é que ele reconhecesse que a maioria dos aspectos de sua vida atual e anterior não fazia dele alguém muito recomendável — e por isso os teria ocultado. Isso é factível, mas improvável. Stalin era um mestre da fabricação histórica, e meros fatos não o teriam impedido de inventar toda uma biografia fictícia. Outra possibilidade é que ele simplesmente carecesse de imaginação; à diferença de Hitler, que tinha Goebbels, ele era o artífice do próprio culto, o que poderia explicar a situação. Mas Stalin estava cercado de camaradas ansiosos por se mostrar úteis. A explicação mais plausível é que ele ainda acreditasse que a austeridade era o mais adequado ao ambiente cultural russo, bem como à sensibilidade do movimento comunista mundial. Após o XVII Congresso do Partido, em 1934, ele deixou de ser chamado de secretário-geral e passou a ser designado como secretário do Comitê Central do Partido. Além disso, até 6 de maio de 1941 Stalin se recusou terminantemente a presidir o Sovnarkom, embora tivesse sido o trabalho de Lenin. Ele nem mesmo foi tentado a criar para si o cargo de presidente do Politburo, nem foi chefe de Estado. Essa posição continuava a ser ocupada por Mikhail Kalinin, o presidente do Comitê Central Executivo do Congresso dos Sovietes. As cartas à liderança comunista costumavam ser endereçadas não a Stalin, mas a Kalinin ou a ambos.[27]

Contudo, ele dominava a vida pública da URSS. As pessoas viviam ou morriam segundo seus caprichos. As atividades políticas, econômicas, sociais e culturais eram condicionadas por suas inclinações do momento. Ele era mestre e guia dos homens, regente dos assuntos do Estado soviético. Mas Stalin sempre fora ardiloso. Tinha aprendido a vantagem de aparentar modéstia. Concluiu que era melhor que pensassem que não ansiava por poder nem prestígio. Seu interesse pela carreira de Augusto, o primeiro imperador romano, o teria influenciado? Augusto nunca aceitou o título de rei, embora sem dúvida tenha sido o fundador de uma monarquia dinástica.[28]

Obviamente, Stalin queria ser adulado, e o culto o bajulava de um modo extravagante; as restrições que impôs foram motivadas pelo pragmatismo. Ele entendeu que granjearia mais admiradores caso se abstivesse — e foi visto fazendo-o — de repetir as afirmações extremas dos sicofantas do Kremlin. Controlar o processo era crucial. Ele permaneceu alerta ao perigo de deixar que o bajulassem por iniciativa própria e — por mais estranho que pareça — proibiu que grupos de discussão (*krujki*) debatessem *História do partido comunista...* ou sua biografia oficial. Alegou que não queria que, cansados após um dia de trabalho, os cidadãos saíssem à noite. Em um intercâmbio com um propagandista do partido de Leningrado, ele ordenou: "Deixe que levem uma vida tranquila!"[29] Mas aquilo era hipocrisia. Os membros do partido cumpriam o dever político de participar de reuniões após o trabalho cujo objetivo real era certamente restringir o debate. Os textos dos dois livros eram bastante diretos e podiam ser estudados individualmente com rapidez. Após lê-los e digeri-los, os participantes das reuniões podiam participar de cerimônias e festivais escrupulosamente organizados pelas autoridades nas ruas, nas fábricas e nos escritórios.

O culto teve sucesso, certamente. Uma mulher de 71 anos, operária têxtil, foi convidada para as comemorações da Revolução de Outubro na Praça Vermelha em 1935. Devido à miopia, não pôde ver Stalin. Ao topar com Ordjonikidze, ela clamou: "Ouça, vou morrer em breve — não poderei mesmo vê-lo?" Ordjonikidze respondeu que ela não ia morrer. Quando a mulher já se afastava, um carro apareceu, e dele desceu Stalin. Ela bateu palmas: "Ah, olha só quem eu vi!" Stalin sorriu e retrucou com modéstia: "Que coisa boa! Um ser humano absolutamente comum!" A velha caiu no choro: "O senhor é o nosso sábio, nosso grande homem [...] e agora que o vi [...] posso morrer!" Ele retrucou prontamente: "Por que precisa morrer? Que outros morram enquanto a senhora continua trabalhando!"[30]

Esse episódio mostra que muitos cidadãos, principalmente os que se sentiam gratos às autoridades, tinham uma necessidade compulsiva de reverenciá-lo. (Indica também que, mesmo gostando de ser bajulado, Stalin reagia bruscamente: sua principal preocupação foi exortar a velha a seguir trabalhando anos após a idade da aposentadoria!) Além disso, era mais provável que as pessoas se unissem à veneração como parte da multidão afetada pela atmosfera criada oficialmente. Não apenas gente não sofisticada, mas também políticos e intelectuais sentiam necessidade de exaltá-lo. Consideravam-se abençoados mesmo se o encontrassem brevemente ou o vissem de relance. O escritor Kornei Chukovski não contava entre os stalinistas. Desconcertado com o tipo de literatura que Stalin exigia dos autores, recolheu-se e passou a escrever lendas para crianças. Ainda assim, seu diário a partir de 1936 registra a seguinte impressão de um congresso:

> De repente, apareceram Kaganovich, Voroshilov, Andreev, Jdanov e Stalin. O que aconteceu na sala! E ELE permaneceu imóvel, um pou-

co cansado, pensativo e magnífico. Podia-se sentir o imenso hábito ao poder, uma força, e ao mesmo tempo algo feminino e suave [...][31]

Que Chukovski tenha sido cativado pelo "sorriso gracioso" de Stalin diz muito sobre o impacto do culto.

Contudo, o sucesso não era tão grande quanto Stalin antecipara. Existia uma antipatia generalizada, particularmente entre o campesinato, e muitos aldeões o consideravam — georgiano, ateu e internacionalista — o Anticristo. No final da década de 1930, a opinião no meio rural era tão desesperada que muitos camponeses queriam seriamente uma guerra com a Alemanha, na esperança de que a invasão militar derrubasse o comunismo soviético do poder e permitisse reverter a coletivização.[32] Essa hostilidade não se limitava aos habitantes do campo. Em março de 1930, cinquenta operários de Leningrado enviaram uma carta de protesto repleta de erros ortográficos e gramaticais a Stalin e Kalinin:

> Ninguém simpatiza com o poder soviético e vocês são vistos como verdugos do povo russo. Por que deveríamos levar adiante o Plano Quinquenal de um modo tão abrupto se ficamos pobres apesar de toda a riqueza da Rússia — vamos tomar o exemplo do açúcar, que costumava ser dado aos porcos e agora não se encontra nem pagando, e enquanto isso nossos filhos passam fome e não há absolutamente nada para dar-lhes de comer.[33]

Na visão do povo, o Primeiro Plano Quinquenal estava diretamente associado a Stalin. Ele havia reivindicado o crédito pela revolução industrial e cultural daqueles anos. O resultado foi que todos sabiam a quem culpar pelas privações.

Nunca se saberá exatamente o quão disseminado e profundo era o ódio popular. O NKVD produzia relatórios regulares sobre a opinião popular, mas sua linguagem e orientação deixavam muito a desejar. As agências de segurança tinham interesse em deixar Stalin alarmado. Seu poder e prestígio provinham da capacidade de persuadi-lo de que só a vigilância protegia o Estado dos milhões de inimigos internos. (Não que ele precisasse de muita coisa para ser persuadido.)

Contudo, indubitavelmente muitos cidadãos soviéticos, assim como a operária têxtil, amavam o Líder. As condições não pioraram para todos na década de 1930. Houve oferta de trabalho com salários melhores, habitação e bens de consumo para os que eram promovidos. Ao rejeitar o princípio do igualitarismo para a ordem soviética, Stalin abriu uma perspectiva atraente para eles. Em geral provenientes do proletariado ou do campesinato, esses beneficiados mal podiam acreditar na sua sorte. Eles substituíram as elites, que estavam sendo massacradas por ordens de Stalin. A propaganda era crua, mas respondia aos interesses próprios dos promovidos. Eles eram jovens ambiciosos, inteligentes e obedientes, que ansiavam avançar com o mundo. O sistema escolar reforçou a mensagem de que Stalin tinha feito a URSS avançar pelos trilhos do progresso universal. Não é preciso dizer que até aqueles promovidos deviam ter lá as suas dúvidas. Era possível gostar de alguns aspectos dele e de suas políticas e desaprovar outros. Muitos esperavam, contra todas as evidências, que as políticas do terror seriam por fim abandonadas. Talvez Stalin entendesse, por fim, que era preciso fazer uma reforma — e alguns pensavam que a violência acabaria quando ele descartasse os assessores que o aconselhavam mal.[34]

Stalin dependia daquela ingenuidade. Não podia fazer *kulaks*, sacerdotes e opositores partidários expurgados gostarem dele. Não podia esperar que muitos operários e membros dos *kolkhozes*, desnutridos e explorados, cantassem em sua homenagem. Porém, era inegável que alguns o admiravam. Acima de tudo, os membros do novo estrato administrativo lhe eram fiéis, pois ele lhes dera um lugar ao sol. Havia transformado a economia e construído uma potência militar. Era o *Vojd*, o Líder, o Chefe. Grande era o nome de Stalin para os beneficiários da ordem stalinista.

33. INDULTO BRUTAL

O Grande Terror acabou repentinamente, em 23 de novembro de 1938. A ocasião foi marcada extraoficialmente pela remoção de Yejov do NKVD e sua substituição por seu adjunto, Lavrenti Beria. Até então, não tinha havido uma tentativa séria de dar um basta à carnificina. Todos os que cercavam Stalin sabiam que a campanha de detenções, torturas e execuções tinha o seu apoio; era perigoso defender uma mudança de política enquanto ele parecesse focado em um objetivo.

Já havia sinais de que o entourage queria deter a máquina do terror. Malenkov deu o primeiro passo na plenária do Comitê Central do Partido, em janeiro de 1938. Ele foi sutil ao deplorar o grande número de erros nas expulsões do partido no ano anterior.[1] Evitou a crítica direta às detenções e execuções. Atendo-se ao tema dos procedimentos internos do partido, Malenkov repreendeu líderes locais por terem expulsado comunistas inocentes do partido. Todos sabiam que havia muito mais em jogo que a perda do carnê de membro do partido. Os bolcheviques expulsos invariavelmente eram enviados ao *gulag* ou fuzilados. Mais tarde, Malenkov afirmou que havia pressionado Stalin para que enxergasse à sua volta. Foi a única vez em que o fez. Ele era cria de Stalin, e é inconcebível que o Líder não tivesse sancionado sua iniciativa; de qualquer modo, apesar da decisão de ter mais cautela com as expulsões, não houve um freio na máquina do terror. Ainda assim, evidentemente Stalin estava começando a duvidar de Yejov. Deixou isso claro à sua maneira tipicamente indireta quando, em 21 de agosto de 1938, Yejov passou a se encarregar do Comissariado do Povo para o Transporte de Água, além das tarefas que já desempenhava. Isso era uma advertência implícita de que perderia o NKVD se falhasse em satisfazer o Líder.

Yejov entendeu o perigo que corria, e sua rotina diária tornou-se frenética; sabia que o menor equívoco podia ser fatal. Porém, precisava provar que era indispensável a Stalin. Ao mesmo tempo, teve de lidar com a indicação de outro comissário do NKVD, o ambicioso Lavrenti Beria, em julho de 1938. Até então, Beria tinha sido o primeiro-secretário do Partido Comunista da Geórgia; era bastante temido no sul do Cáucaso como um conspirador malicioso contra qualquer rival — e é quase certo que envenenou um deles, o comunista abecásio Nestor Lakoba, em dezembro de 1936. Se Yejov tropeçasse, Beria estaria a postos para ocupar seu lugar — na verdade, ele adoraria lhe dar uma rasteira. Trabalhar diariamente com Beria era como estar preso em um saco com uma besta selvagem. A pressão sobre Yejov foi ficando intolerável. Ele começou a beber e, para relaxar, tinha casos fortuitos com quaisquer mulheres que cruzassem seu caminho; quando isso não satisfazia suas necessidades, ele se insinuava para os homens que encontrava no escritório ou em casa. Pensando em garantir uma posição futura, começou a reunir materiais sobre Stalin.

É difícil imaginar como teria usado aqueles documentos. Seu comportamento indicava o quão desesperado ele, o Comissário de Ferro, estava. Sabendo que poderia ser preso a qualquer momento, tinha crises histéricas diariamente. Sua sorte dependia de Stalin resolver mudar a política ou mudar o pessoal. Para sobreviver, o chefe do NKVD precisava que Stalin se comprometesse com o terrorismo de Estado permanente, com Yejov no comando.

O declínio de sua influência foi detectado também em 23 de outubro de 1938, quando o escritor Mikhail Sholokhov obteve uma audiência com Stalin em que se queixou de estar sendo investigado pelo NKVD.[2] Stalin humilhou Yejov, exigindo que ele comparecesse. Em 14 de novembro, chegou uma ordem de Stalin para expurgar o NKVD de indivíduos "não merecedores de confiança política". No dia seguinte, o Politburo confirmou uma diretriz do partido e do governo, e suspendeu casos que estavam sendo investigados pela *troiki* e os tribunais militares. Em 17 de novembro, o Politburo decidiu que o NKVD estava infiltrado por inimigos do povo.[3] Essas medidas significaram a desgraça de Yejov. Ele passou a beber ainda mais. Buscou gratificação sexual com um número ainda maior de namorados. Falava de política sem papas na língua.[4] Foi caindo em um colapso psicológico, à medida que Stalin passava a tratar Lavrenti Beria como o futuro chefe do NKVD. Os lobos se uniam. Em uma reunião noturna com Stalin, Molotov e Voroshilov em 23 de novembro, Yejov confessou sua incompetência para flagrar inimigos do povo, e sua renúncia foi aceita.[5] Por alguns meses, ele manteve os outros cargos no Secretariado do Comitê Central e no Comissariado do Povo para o Transporte de Água. Mas seus dias de pompa e autoridade tinham acabado.

Beria foi encarregado de restaurar a ordem no NKVD e submetê-lo ao controle do partido. Cruel e competente, saberia arrumar a bagunça deixada por Yejov. Beria não era nenhum anjo. À diferença de Yejov, participava das torturas e mantinha uma vara no escritório. Porém, tinha um caráter mais estável que o de seu antecessor, e junto com Stalin instigou uma série de reformas. A aprovação da tortura nos interrogatórios não foi revogada, mas restringida, segundo uma diretriz de janeiro de 1939, a casos "excepcionais".[6] Foi montado um dossiê sobre Yejov, que apareceu em público pela última vez em 21 de janeiro de 1939. Ele foi detido em abril e executado no ano seguinte. O sistema das *troikis* foi desmantelado. O pesadelo de 1937-8 terminara; popularmente, ele foi denominado "Yejovshchina". Isso convinha a Stalin, que queria se livrar da culpa. Contudo, embora os procedimentos do terror tivessem sido reduzidos, não foram abolidos. O partido não controlava o NKVD diariamente nos níveis central e local. A tortura continuou a ser empregada. A atmosfera frenética do Grande Terror havia se dissipado, mas a URSS de Stalin seguia sendo um hospício assassino — e a maior parte dos líderes loucos foi confirmada no poder.

A demissão de Yejov aconteceu quando Stalin permitiu que seu entourage discutisse os abusos de poder. Tinha havido dois anos de detenções e execuções, e sabia-se que uma grande proporção das vítimas não pertencia às categorias de pessoas descritas como "elementos antissoviéticos". É muito provável também que Yejov tenha enganado Stalin quanto a certos aspectos do processo. Sua carreira e sua vida dependiam de sua capacidade de persuadir Stalin de que estavam prendendo e eliminando elementos verdadeiramente antissoviéticos e inimigos do povo. Sua atividade punha todos em risco.

Assim como, à época, muitas pessoas e alguns comentaristas conjeturaram que o Grande Terror não tinha sido iniciativa de Stalin,[7] circulou a ideia de que, uma vez começado, o processo ficara totalmente fora de seu controle. Stalin pode não ter previsto os excessos catastróficos do NKVD dirigido por Yejov. Além disso, os órgãos policiais locais certamente se preocupavam mais em cumprir as cotas do que em deter indivíduos que se encaixavam nas categorias sociais designadas. A repressão em 1937-8 foi acompanhada de prisões "injustas". Houve abusos e excessos por toda parte. Também é verdade que muitas pessoas realmente antissoviéticas sobreviveram ao Grande Terror e em 1941 se puseram à disposição do governo de ocupação alemão. As forças de Hitler não tiveram muita dificuldade para descobrir *kulaks*, sacerdotes e outros elementos antissoviéticos que estavam na mira do fuzil das operações do terror soviético. Nesse sentido, é verdade que os propósitos de Stalin foram frustrados. A "limpeza" da URSS de todos os inimigos, reais ou em potencial, não foi totalmente bem-sucedida, apesar de ter sido um dos projetos repressivos mais cabais na história mundial.

Contudo, o fracasso em atingir todos os seus objetivos não significa que, em grande medida, ele não tenha tido êxito. O fato de uma multidão de pessoas ter sido presa injustamente era irrelevante. Em essência, Stalin aplicou ao sistema jurídico o que já fizera no sistema econômico. A administração da maior parte dos setores públicos era caótica. As políticas e as metas quantitativas impostas implicavam punições terríveis no caso de fracasso em cumpri-las. Assim foram administrados no Primeiro Plano Quinquenal os índices de crescimento econômico. E assim foi conduzida a coletivização agrícola. A questão é que todo o sistema administrativo operava segundo a premissa de que os funcionários do baixo escalão deviam ter indicadores numéricos precisos. Stalin e o Politburo sabiam que as informações que recebiam das localidades muitas vezes eram duvidosas. A desinformação era um defeito básico da ordem soviética. Assim como havia desperdício na produção industrial, com o Grande Terror as perdas humanas desnecessárias podiam ser aceitas. Desde que atingissem o objetivo último de erradicar a maior parte daquela massa de indivíduos contrariados, que podiam ser uma ameaça, Stalin não tinha pruridos ante a destruição que causava.

Indubitavelmente, ele se tornara um déspota. Havia eliminado inimigos em todas as instituições. Nem o partido o freara. Dentre os diversos resultados do Grande Terror estava a drástica redução do poder e do status do partido. Stalin se tornara o *locus* individual indiscutível da autoridade do Estado. Sua autocracia era absolutamente pessoal. Ele chegara mais perto do despotismo total que qualquer monarca da história. Tinha domínio sobre o Estado soviético; nenhuma instituição estatal poderia forçá-lo a tomar decisões que não lhe agradassem. A política estava em suas mãos e, mediante intervenções imprevisíveis em assuntos menores de Estado, ele fazia todos os que ocupavam algum cargo tentarem antecipar seus desejos. Além disso, o Estado manteve o povo em condições de subserviência traumática. A sociedade civil praticamente não existia. Apenas a Igreja ortodoxa manteve um vestígio de autonomia com relação ao Estado — e não era grande coisa, pois dezenas de milhares de sacerdotes tinham sido assassinados. Todas as instituições e associações estavam sujeitas às exigências das autoridades políticas centrais. Stalin estabelecera seu despotismo e suas estruturas mediante o Grande Terror, e a onipresença do controle do Estado de um só partido era profunda e irresistível.

Contudo, não se tratava de uma ditadura totalitária no sentido estrito, pois mesmo no auge do poder Stalin não foi capaz de garantir o cumprimento universal de seus desejos. Ele expurgava funcionários com dificuldade, mas, ao tentar livrar a ordem soviética de diversas práticas informais que não lhe agradavam, não teve muito êxito. Nesses casos era como se tentasse riscar um fósforo em uma barra de sabão.

Ainda persistiam certas limitações ao seu governo. Em 1937, ele declarou ao Comitê Central que pretendia erradicar a rede de clientelismo político na URSS. Contudo, os grupos clientelistas sobreviveram. A política soviética continuava a envolver clientelismo — e em diversas partes do país isso significava vínculos originados nas famílias e nos clãs. Havia também "ninhos" locais de funcionários que lideravam o partido, os sovietes e outras instituições. Persistiam obstáculos técnicos e sociais a um sistema vertical e claro do poder estatal. Por mais que admirassem Stalin, funcionários promovidos no final da década de 1930 entenderam que era vital ter cautela ao escrever a Moscou. A desinformação vinda de baixo continuava sendo uma exigência local básica de autoproteção. A imprensa, o judiciário e o mercado eram um contraponto débil aos políticos provinciais sob a NEP; eles tinham perdido importância — se é que alguma vez a tiveram — após 1928. A situação mudou pouco depois de 1938. A camarilha de Stalin não podia saber de tudo com a precisão necessária. Os funcionários promovidos queriam desfrutar seus privilégios. Stalin precisava lhes oferecer vantagens materiais; não podia se valer apenas do terror.

Ele entendia tudo isso perfeitamente. Promoveu jovens proletários a altos cargos deliberadamente. Enquanto na França e na Grã-Bretanha os velhos se aferravam ao poder, Stalin alavancara uma nova geração em substituição dos veteranos envelhecidos da Revolução de Outubro — e estava satisfeito com isso.[8] Colocou jovens adultos em todos os escalões do partido e do governo. Havia muito esse era um de seus objetivos, e ele o alcançou com os métodos mais brutais. No final do Grande Terror buscou manter os promovidos do seu lado. O sistema de benefícios e privilégios foi mantido. Quanto mais alto o cargo, maior a recompensa. Stalin os subornou em uma cumplicidade assassina. Os beneficiários administrativos dos expurgos tinham renda fixa elevada e acesso garantido a bens e serviços negados ao resto da sociedade. Mesmo que não calçassem literalmente os sapatos dos mortos, certamente se apossaram de seus apartamentos, suas *datchas*, suas pinturas, seus tapetes e de seus pianos. Contrataram seus antigos tutores, chofer es e babás. Os funcionários promovidos pertenciam a uma elite privilegiada.

Stalin queria sedar as mentes dos funcionários temerosos de que ele retomasse o terror. Na comemoração do XVII Congresso do Partido, em março de 1939, seu relatório geral abordou o tema:

> Primeiramente, valorizar os quadros como a reserva de ouro do partido e do Estado, estimá-los e demonstrar-lhes respeito.
> Em segundo lugar, conhecê-los, fazer um estudo cuidadoso das virtudes e dos defeitos de cada funcionário, saber como estimular suas habilidades.

Em terceiro, cultivar os funcionários, ajudar cada um a ir mais longe, dedicar tempo para orientá-los com paciência e promover seu crescimento.

Por último, promover os quadros novos com ousadia e pertinência, para evitar que fiquem parados no mesmo lugar e estanquem.[9]

O apelo aos recém-promovidos foi veemente. Polemistas anônimos, disse, pensavam que seria melhor o Estado "se orientar pelos antigos funcionários", devido à sua experiência. Stalin, contudo, insistiu que o melhor caminho era aquele que havia escolhido.[10] Não foi a última vez que deu a impressão de que os promovidos tinham nele um grande amigo.

Depois de criar uma nova elite administrativa, quis que ela se submetesse. Foi para eles, mais do que para qualquer outro grupo social, que mandou publicar *História do partido comunista*... De fato, toda a "intelligentsia técnico-científica" estava na sua mira. Ao reconhecer que eles tinham pouco tempo para ler no final do dia de trabalho, forneceu-lhes um texto fácil que explicava e justificava a existência da ordem soviética.[11] Esse era também o grupo social que, depois do Grande Terror, ele e Jdanov quiseram recrutar para o partido. Os operários já não eram privilegiados como membros. O recrutamento devia ocorrer com base no mérito e na utilidade à causa socialista.[12]

Um imperativo tecnocrático estava sendo proclamado, e Stalin se postou adiante como líder da nova URSS reformada. Com sua típica falsa modéstia — e até autocomiseração — alegou que o peso da liderança individual tinha, de algum modo, sido jogado sobre ele. Às vezes queixava-se disso. Enquanto outros líderes socialistas cuidavam das tarefas institucionais que lhes tinham sido assignadas, ele considerava todo o espectro das questões. Em um jantar em 1940 foi muito meloso:

> Mas *apenas* eu me ocupo de todas essas questões. Nenhum de vocês ao menos pensa nisso. Tenho de me ver *sozinho*.
> Sim, posso estudar, ler, acompanhar as coisas diariamente. Mas por que vocês não podem fazer o mesmo? Vocês não gostam de estudar, vivem enfatuados. Estão desperdiçando o legado de Lenin.[13]

Quando Kalinin protestou que sempre lhes faltava tempo, Stalin exclamou: "Não, a questão não é essa! Gente acomodada não gosta de estudar e reestudar. Ouvem o que digo e deixam tudo como está. Mas vocês verão se eu perder a paciência. E vocês sabem do que sou capaz!" Aquilo era uma farsa: Stalin teria trancafiado qualquer membro do Politburo que metesse o nariz no que ele considerava assunto exclusivamente seu.

Contudo, se por um lado queria que suas políticas fossem postas em prática, por outro Stalin exigia que seus subordinados opinassem de modo franco e espontâneo. De vez em quando, ele procurava um por um para pedir opiniões. Para ele, os membros do Politburo eram inúteis, a menos que tivessem ideias para novas medidas. Seu governo se caracterizou pela emergência permanente. Isso criou uma arena de discussão de deixar qualquer um louco. Stalin procurava incessantemente sinais de fraqueza e traição. Se alguém parecesse furtivo, ele dizia; e tinha o dom para pegar todos desprevenidos. Sempre indagava se um subordinado era "sincero". Não tolerava o que a propaganda oficial denominava "jogo duplo". Para ele, o membro ideal do Partido Comunista era cruel, dinâmico, direto e profundamente leal. Também gostava de gente que vinha "do povo". Nem todos os seus subordinados, mesmo depois do fim do Grande Terror, tinham origem proletária ou camponesa. Na verdade, Molotov, Jdanov e Malenkov eram filhos da classe média. Mas o tom geral do entourage nunca era amável, e todos tinham de exibir a masculinidade bruta que o Chefe apreciava.

Como todos acossador, Stalin punha em prática suas fantasias. Se alguém era insincero no trato com os camaradas, esse era o próprio Chefe. Era sua a personalidade menos direta de todas. Teria odiado se lhe fizessem as perguntas contundentes com que importunava os demais. Ao apontar a traição pessoal como a ofensa mais abominável, ele expressou uma preocupação com os subordinados que refletia um traço importante de seu caráter. Por fim, seu forte transtorno de personalidade funcionava sem restrições. Ele pôde dar asas às suas propensões paranoicas e vingativas, e nada — à exceção de um golpe interno bem-sucedido, uma conquista militar ou sua morte prematura — poderia salvar os outros de seus ímpetos assassinos.

Durante a década de 1930, Stalin dominou o Politburo e o resto da liderança política soviética; mas o Grande Terror o elevou a uma altura inaudita sobre os demais líderes. Ele era déspota em tudo, menos no nome. Os camaradas continuavam a respeitá-lo, e até a admirá-lo. Mas viviam com um medo pavoroso. Poucos ousavam contradizê-lo, mesmo em conversas particulares. Só Molotov tinha intimidade suficiente para discordar dele quanto às políticas — e mesmo assim precisava ser cauteloso com as palavras e a atitude. Os outros eram ainda mais circunspectos. Era uma tarefa diabolicamente difícil, pois muitas vezes ele deliberadamente ocultava o que realmente pensava. Os membros do Politburo eram obrigados a revelar suas opiniões sem conhecer as intenções dele. Estavam sempre pisando em ovos ante o mestre da intimidação e da mistificação. Ele assassinou o irmão de Kaganovich, Moisei, e demitiu a esposa de Molotov. Encarcerou-a, bem como as esposas de Kalinin e Andreev. O perigo físico não desapareceu do Politburo. Ao devorar membros das famílias deles, o tubarão do Kremlin indicava que seu apetite por vítimas não estava satisfeito. Eles nunca estavam seguros de nada.

A maioria dos camaradas que sobreviveram ao Grande Terror teve mortes naturais. Molotov, Kaganovich, Mikoyan, Voroshilov e Jdanov estavam com Stalin desde a década de 1920, e foram mantidos ao seu lado ao menos até ele começar a agir contra alguns deles, a partir da década de 1940. Os recém-chegados promovidos — Malenkov, Kruschev, Vyshinski e Beria — o acompanharam até o final de sua vida. O grupo dirigente começou a se estabelecer. A partir de 1938, nenhum membro do Politburo foi detido até Voznesenski ser expulso, em 1949. Nenhum general do Exército Vermelho foi posto em custódia, antes das derrotas de 1941. Mas as recordações do ocorrido não se dissiparam. Todos estavam cientes de que se mantinham nos cargos apenas por um capricho do amo supremo.

Ele agia por conta própria. Dentre os mistérios da correspondência administrativa soviética há um relatório do NKV que Beria entregou a Stalin em 1940. A principal conclusão do relatório era que, como setor da economia, o *gulag* era mais do que autossuficiente: "Todo o sistema dos campos e das colônias de trabalho está se pagando por si só e não são necessários subsídios para os prisioneiros (1,7 milhão de pessoas), os guardas e as instalações do campo."[14] Beria estava informado e devia saber que a verdade era o oposto disso. Porém, o regime estava se consolidando; Stalin não concordaria com alterações básicas no que havia construído. Ele era poderoso e confiante. Tinha excesso de trabalho. Havia fortalecido o Estado como a principal alavanca das mudanças políticas e econômicas. Nunca acreditara no potencial positivo espontâneo do povo. Queria que proletários e camponeses apoiassem o regime, trabalhassem até o seu limite físico e denunciassem os "inimigos". Via com alegria a utilidade dos campos e das execuções. No XVIII Congresso do Partido declarou, exultante, que enquanto 98,6% dos eleitores haviam apoiado o regime depois do julgamento de Tukhachevski em meados de 1937, essa proporção chegara a 99,4% após a condenação de Bukharin, em março de 1938.[15]

Esse foi o comentário de um homem que se considerava amplamente triunfante. Ele alcançara objetivos suficientes para saber que seu despotismo pessoal e o de seus desígnios para a ordem soviética estavam assegurados no futuro previsível. Ele e o Politburo fariam pequenas modificações nos próximos anos para evitar tormentas inesperadas. O desígnio básico permanecia intacto; os observadores que interpretaram as modificações em termos de períodos fundamentalmente separados não são muito convincentes. Se fizer sentido falar de "stalinismo tardio" ou "alto stalinismo", a data de demarcação deveria ser o final do Grande Terror, em 1938. Stalin seguiu brincando com seus planos de arquiteto. As relações entre partido, comissariados do povo e forças armadas passaram por alterações antes, durante e após a guerra. Ele manipulou a abrangência da identidade nacional russa e da expressão cultural e religiosa; também adaptou seu culto à atmosfera social da época. As políticas econômicas foram modificadas uma e outra vez. A política externa foi frequentemente adaptada. Stalin não se referia à sua arquitetura como stalinista, mas não se opunha a que terceiros empregassem o termo. Essa ordem prevaleceu até o dia de sua morte — e, em muitos aspectos, sobreviveria a ele.

PARTE IV
SENHOR DA GUERRA

34. O MUNDO À VISTA

Stalin, o Líder, era multifacetado. Foi um assassino em massa com obsessões psíquicas. Pensava e escrevia como um marxista. Comportava-se como o mais cruel dos governantes russos dos últimos séculos. Foi chefe de partido, administrador, editor e correspondente. Foi um *pater familias* e anfitrião genial em sua *datcha*, um leitor voraz e intelectual autodidata. Dependendo das circunstâncias, exibia todas essas características ao mesmo tempo, ou ocultava umas e exibia outras. Tinha a capacidade de se dividir e subdividir. Suas múltiplas facetas deixavam seus sequazes impressionados, atônitos e temerosos — e, de fato, esse era um dos segredos de seu domínio sobre eles.

Sua história como estadista internacional sempre foi controversa. A história apresentou o veredicto, por maioria, de que sua preocupação com o desenvolvimento econômico e sua consolidação política desviaram sua atenção das relações exteriores. Alguns o acusaram de não conhecer nem atentar para os acontecimentos no exterior. A construção do "socialismo em um só país" era um de seus principais lemas, e a defesa dessa prioridade alimentou a percepção, então equivocada, e posteriormente, de que ele não ligava para o que ocorria no resto do mundo. A suposição generalizada é que ele e seus camaradas do Politburo haviam enterrado o projeto da revolução socialista mundial. Trotski e Bukharin, seus oponentes, disseram isso, e a visão de ambos foi aceita por diversos estudiosos. Não há dúvidas de que Stalin se concentrou na situação interna da URSS. Mas isso não significou que tenha negligenciado as relações exteriores. Tampouco deixou que fossem formuladas sem sua intervenção ativa: continuou dando-lhes a alta prioridade que tiveram para ele na década de 1920.

Stalin sempre pensou muito sobre as relações internacionais e a segurança externa da URSS. Durante a Guerra Civil ele foi o responsável pela política no Cáucaso e na região do Báltico. Na década de 1920, discutiu com Lenin o futuro da Europa administrada pelos socialistas. Expôs o que pensava sobre aspectos militares e políticos da campanha do Exército Vermelho na Polônia; também apresentou propostas para expandir a influência soviética ao longo da fronteira, da Turquia ao Afeganistão. Com a Nova Política Econômica, longe de se preocupar com questões burocráticas e de facções, ele participou ativamente das decisões do Politburo sobre a Grã-Bretanha, a Alemanha e a China.

A elaboração detalhada da política ainda estava a cargo de instituições com a especialização necessária: o Comissariado do Povo para Relações Exteriores e o Comintern. Quando Georgi Chicherin se aposentou por questões de saúde, em 1930, Maxim Litvinov o substituiu, embora não estivesse ligado a Stalin;[1] e quando o posto de secretário-geral do Comitê Executivo do Comintern foi criado, após o VII Congresso Mundial, em 1935, Stalin não indicou para o posto um adjunto, como Molotov ou Kaganovich, mas o comunista búlgaro Georgi Dimitrov, que ele mal conhecia, mas que ficara mundialmente famoso por ter sido processado pela Alemanha nazista. Em público, Stalin mencionava a política externa em seus relatórios políticos ao Comitê Central, mas não escreveu nada de peso sobre o tema. Contudo, quando surgiam assuntos importantes, um grupo interno do Politburo se reunia.[2] Stalin observava, regulamentava e dirigia. Enviava instruções. Nenhuma decisão importante era tomada antes de ser aprovada por ele. Porém, em geral ele não arregaçava as mangas para se envolver nos detalhes da implementação, como fazia com as questões internas.

Essa distância do funcionamento cotidiano do Comissariado do Povo e do Comintern — além da confidencialidade das discussões de alto nível (mantida por décadas após sua morte)[3] — alimentou o mistério quanto às intenções do Politburo. No exterior, as especulações grassavam. O poderio militar soviético crescia em um ritmo constante. A cada parada do dia Primeiro de Maio ficava patente que o Estado soviético estava recuperando a posição de potência europeia e asiática.

Contudo, o que pretendia Stalin? Julgado segundo seus discursos e artigos, ele via a política mundial pelo prisma do marxismo-leninismo e rejeitava quaisquer sugestões de que a política externa soviética estivesse baseada no pragmatismo egoísta da URSS como Estado único. Repetidamente declarou-se devedor das ideias de Vladimir Lenin. Em congressos, citava isso como o principal legado do partido. Lenin dissera que enquanto o capitalismo sobrevivesse no mundo haveria rivalidades imperialistas. A competição econômica entre potências industriais avançadas inevitavelmente resultaria em conflitos diplomáticos e guerras abertas. As potências sem colônias ultramarinas e dependências informais buscariam acesso aos mercados dos rivais mais afortunados. O resultado inevitável seria uma Segunda Guerra Mundial — e talvez outras guerras mundiais. Em discurso no XVIII Congresso do Partido, Stalin tocou nesse tema. Os conflitos diplomáticos e militares da década de 1930 pareciam-lhe a confirmação detalhada da análise de Lenin: o capitalismo era inerentemente incapaz de manter a paz no mundo.

Deste ponto de vista, os tratados firmados no final da Grande Guerra foram a prescrição da futura explosão militar. A Alemanha tinha sido humilhada em Versalhes, em 1919, e sua determinação em se reafirmar causaria problemas incessantes. Os EUA, vitoriosos na Primeira Guerra Mundial, tinham interesse em desmantelar o Império Britânico e restringir a influência japonesa na região do Pacífico. Por toda a Europa e a Ásia havia feridas abertas nas relações internacionais que poderiam levar a guerras. O problema supostamente residia na persistência da economia capitalista mundial. Enquanto isso, a URSS continuava sendo um Estado pária. Quando a Liga das Nações se reuniu pela primeira vez, em janeiro de 1920, não deu assento ao regime soviético. Além disso, os tratados do pós-guerra criaram Estados sucessores no Leste Europeu hostis à Revolução de Outubro. O perigo percebido pelo Politburo era que, de algum modo, essa situação volátil resultasse em uma cruzada contra a URSS.

Para Stalin, como para Lenin antes dele, o objetivo primordial da política de segurança soviética era manter-se longe dos conflitos entre as potências capitalistas. Desde meados da década de 1920 Stalin insistira na construção do "socialismo em um só país". Isso não significou que fosse pacifista nem que pretendesse a abstenção permanente de atividades militares; na verdade, ele queria que o Exército Vermelho explorasse as dificuldades entre as potências capitalistas em virtude de suas guerras. Ele nunca revogou a afirmação feita em *Questões do leninismo* de que era preciso mais revoluções para que o Estado soviético estivesse a salvo de uma intervenção militar estrangeira.[4] E enfatizou principalmente outro aspecto do pensamento de Lenin, isto é, de que a URSS deveria tentar não se envolver em guerras mundiais. Ele e seus camaradas líderes não iriam se arriscar pelas potências capitalistas.

Considerações como essas condicionaram a política externa soviética no entreguerras. Mas elas não eram generalizantes e levaram muitos políticos e diplomatas contemporâneos — e escritores — a supor que Stalin era um pragmático que tinha posto a ideologia de lado. Esse tema é delicado. É verdade que uma análise das reviravoltas na diplomacia soviética mostra que Lenin e Stalin não foram muito consistentes. Na época de Lenin, o Tratado de Brest-Litovsk, firmado em 1918, levou alguns observadores, inclusive muitos comunistas, a ver nele o abandono das metas revolucionárias bolcheviques. Contudo, o Exército Vermelho invadiu a Polônia em 1920 e se envolveu em uma "guerra revolucionária". No final da década de 1920 houve inconsistências semelhantes. A princípio, Stalin usou o Comintern para instruir os partidos comunistas europeus a encarar os partidos social-democrata e trabalhista como seus maiores inimigos; contudo, depois insistiu que os comunistas deviam se unir a esses partidos nas "frentes populares". Evidentemente, a ênfase do marxismo-leninismo na importância da flexibilidade na política externa soviética dificilmente teria sido coisa dele: é uma característica quase universal da diplomacia, que independe de lugar, época e orientação política. Depois de 1917, o marxismo-leninismo reinventou a roda das relações internacionais.

Mesmo quando parecia "ideológico", Stalin nunca descuidou das considerações práticas. A URSS era um Estado isolado cuja estrutura política e econômica representava um desafio para as potências capitalistas. A hostilidade à União Soviética havia levado à intervenção militar na Guerra Civil, o que colocava o Politburo em alerta permanente quanto a uma possível repetição. Stalin e seus sequazes tinham o interesse pragmático de pôr fim ao seu isolamento internacional e buscavam oportunidades para a afirmação revolucionária. Não havia muitos modos de alterar a situação fundamental sem demolir o legado da Revolução de Outubro. No mínimo, a URSS teria de reintroduzir a economia de mercado e reconhecer as dívidas contraídas pelo governo russo anterior a outubro de 1917.

Nada sobre Stalin sugeria que ele fosse dar esse passo. Acusado por Trotski de trair a Revolução de Outubro, ele de fato distorceu e eliminou grande parte do legado de Lenin. Contudo, continuava sendo uma espécie de leninista, ao mesmo tempo que introduzia uma visão pessoal sobre as relações internacionais. Ele agia como se a política fosse fundamentalmente uma questão de desmascarar e neutralizar conspirações em casa e no estrangeiro. Lenin não tinha se furtado a duvidar das intenções dos Estados estrangeiros. Em março de 1921 forjou a acusação de que os amotinados do Kronstadt estavam em conluio com governos hostis ao Estado soviético. Além disso, Stalin não fazia muita distinção entre os tipos de Estados capitalistas. Estava igualmente disposto a lidar com fascistas, democratas liberais e socialistas estrangeiros; a política da frente popular foi proposta por uma avaliação pragmática, não por uma preferência ideológica. Contudo, isso não diferia da atitude adotada por Lenin, que em 1920 instou os comunistas alemães a se aliar à extrema-direita alemã com o fim de minar a República de Weimar e destruir o Tratado de Versalhes. Do exílio, Trotski exagerou a discrepância entre os pontos de vista da política externa soviética adotada por Lenin e Stalin.[5]

Mas como Stalin poderia traduzir esses princípios em ação? No início da década de 1930 ele não tinha um programa construtivo de política externa, exceto pelo objetivo de permitir à URSS sobreviver. Ele não moldou acontecimentos, mas reagiu a eles. Assim foi enquanto houve poucas oportunidades de alianças para o Estado soviético, cuja mera existência era um desafio às potências mundiais. O melhor que Stalin podia esperar era neutralizar as ameaças de uma cruzada contra a URSS. Ele foi perturbado por sinais de expansionismo em suas fronteiras. Ao norte e ao sul havia poucas ameaças, mas ao leste o prognóstico era ruim. Em dezembro de 1931, os japoneses invadiram a Manchúria e instalaram o Estado títere de Manchukuo, dominado pelo Exército Kwantung. O militarismo grassava em Tóquio. O Kremlin temia que aquilo fosse o prelúdio de um ataque à URSS vindo pela Sibéria.

Durante o Primeiro Plano Quinquenal Stalin viu motivos para ter esperança nos acontecimentos no Ocidente. Havia muita congruência entre a política interna e a política no estrangeiro: no início da década de 1930, elas foram extremamente radicais. Os partidos comunistas em toda a Europa foram incitados a atacar politicamente seus governos. Foram aprovadas campanhas de extrema-esquerda. O Comintern, que se inclinava à cautela na Alemanha após o fracasso da revolução por lá, e que havia eliminado líderes esquerdistas simpatizantes de Trotski, iniciou uma campanha contra os que acusava de "direitismo". A base do otimismo de Stalin foi a grave crise na economia mundial. A quebra da Bolsa de Valores em 1929 levou o caos a todos os países capitalistas. Enquanto o Politburo e o Gosplan planejavam e alcançavam um aumento massivo na produção industrial soviética, os mercados na América do Norte e na Europa estavam um caos — e nenhum país ficou mais destruído economicamente do que a Alemanha. Nas principais cidades alemãs, os comunistas aproveitaram a oportunidade para propalar que a Grande Depressão assinalava a crise final do capitalismo no mundo. Stalin concordou com essa interpretação, que se encaixava nas previsões e análises bolcheviques de longo prazo.

Assim, durante a campanha eleitoral do Reichstag, em julho de 1932, ele instruiu o Comitê Executivo do Comintern a dar ordens ao Partido Comunista alemão para tratar como inimigo principal os social-democratas, e não o NSDAP de Hitler. A hegemonia sobre a esquerda devia ter prioridade sobre a luta contra os nazistas. Esse erro atroz é apontado como evidência de que ele não entendia o que vinha ocorrendo na Europa. Os líderes comunistas alemães se alarmaram com sua diretriz e lhe enviaram uma delegação. Quando alegaram que o perigo representado pelos nazistas era muito urgente, ele retrucou que levara isso em consideração. Stalin havia entendido que Hitler poderia vencer as eleições. A resposta que deu aos alemães, dentre os quais estava Franz Neumann, foi direta: "Você não acha, Neumann, que se os nacionalistas chegarem ao poder na Alemanha vão estar tão ocupados com o Ocidente que poderemos construir o socialismo em paz?" Com isso quis dizer que, como adversários fundamentais do Tratado de Versalhes, os nazistas provocariam o caos na Europa. Ele parecia acreditar que o resultado provavelmente ajudaria o Comintern a espalhar a revolução da Rússia para o Ocidente.[6]

Na verdade, Bukharin, o líder derrotado do Desvio Direitista, havia previsto que Hitler seria um líder muito mais agressivo e eficaz do que Stalin supunha; e esse prognóstico se justificou quando, com base em seu êxito eleitoral, o Führer tornou-se chanceler, em janeiro de 1933. Ele rasgou o Tratado de Rapallo. Suspendeu a colaboração da Wehrmacht com o Exército Vermelho. Disparou contra a ameaça política e ideológica bolchevique à Europa. Quando Hitler se afirmou na Europa, ficou claro que o conteúdo de *Mein Kampf* não era um mero delírio. A avaliação das tendências políticas alemãs feita por Stalin era perigosamente ingênua. A ameaça do Ocidente era tão séria quando a ameaça do Oriente, e a Alemanha e o Japão se tornaram focos de mudanças na política externa soviética durante o resto da década. Stalin não prestou muita atenção na América do Norte, além de encorajar laços comerciais mais fortes entre a URSS e os EUA. Quanto à América do Sul, a África e o resto da Ásia, não disse muito. O Politburo continuava a evitar iniciativas revolucionárias arriscadas. A produção de armamentos foi mantida como alta prioridade. Discutiu-se em Moscou a elaboração de uma política externa adequada para lidar com o expansionismo alemão.

Chocado com o êxito de Hitler na Alemanha, o Politburo tomou medidas para aumentar a segurança soviética. Uma delas entrou em vigor naquele ano, quando os EUA anunciaram a decisão de reconhecer a URSS diplomaticamente, o que convinha aos interesses dos negócios norte-americanos no exterior. Depois de passar anos melhorando a influência soviética na Europa, Stalin tinha aberto uma janela para o Novo Mundo.[7]

Enquanto isso, o Exército Vermelho foi reforçado no Extremo Oriente, para o caso de Tóquio tentar usar sua quase colônia na Manchúria como base para invadir a URSS. Stalin não se esquecera das incursões japonesas no leste da Sibéria antes de os bolcheviques vencerem a Guerra Civil na Rússia. Quanto à Alemanha, havia mais espaço de manobra. O comissário do povo para Assuntos Exteriores, Maxim Litvinov, argumentou que a aproximação com todos os partidos antifascistas europeus e a formação de frentes populares eram essenciais aos interesses soviéticos. Ele foi apoiado por Georgi Dimitrov, que tinha sido libertado de uma prisão alemã em fevereiro de 1934 e recebera asilo político na URSS. Dimitrov objetou a caracterização oficial dos líderes e membros de outros partidos socialistas como "social-fascistas".[8] Embora as ideias originais fossem de Litvinov e Dimitrov, a sanção precisava vir do Politburo e, principalmente, de Stalin. A França foi reconhecida como o país europeu necessitado do abraço soviético. Assim como a URSS, os franceses se sentiam ameaçados pela política externa de Hitler; era razoável que Stalin pensasse que uma reconciliação seria conveniente para ambos os governos.

Stalin também acatou conselhos de Litvinov para adotar uma política de "segurança coletiva". No XVII Congresso do Partido, em janeiro de 1934, expressou satisfação com a melhoria das relações diplomáticas com a França e a Polônia. Embora negando que isso implicasse mudanças na oposição soviética ao Tratado de Versalhes, ele objetou às pretensões antissoviéticas dos líderes nazistas e não ofertou a paz à Alemanha. Na ocasião, suas esperanças residiam nos EUA (e até mesmo no Japão, que ele pensava poder induzir a cooperar com a URSS). Stalin declarou:

> Defendemos a paz e a causa da paz. Mas não temeos ameaças, e estamos prontos para responder golpe por golpe aos que fomentam a guerra. Quem quiser a paz e fazer negócios conosco sempre terá o nosso apoio. Mas os que tentarem atacar nosso país receberão uma retaliação esmagadora que lhes ensinará a, no futuro, não enfiar seus focinhos de porco na horta soviética.
>
> Essa é a nossa política externa.[9]

Mas ele não disse como esses objetivos seriam alcançados. O que ficou claro é que os líderes soviéticos buscavam um modo de sair do isolamento.

A formação de frentes populares envolveria o apoio comunista aos governos de coalizão antifascistas. Por fim, foi reconhecido que a ameaça da Alemanha nazista era séria. Dimitrov argumentou que o Comintern deveria se reorganizar para lidar com ela. Em outubro, ele opinou que o Comintern era centralizado demais. Os partidos comunistas no exterior, escreveu ele a Stalin, deveriam ter espaço para reagir autonomamente ante suas situações nacionais.[10] Isso não significava que pudessem optar por montar frentes populares. Eles foram peremptoriamente ordenados a fazê-lo.[11] Dimitrov tratava de assuntos secundários; queria que os partidos lidassem com assuntos cotidianos sem precisar constantemente fazer consultas. Ele queria a lua e as estrelas. Embora pedisse a independência desses partidos, não rompia as correntes de sua contínua sujeição.

Stalin aprovou as ideias dele sem modificá-las muito. Dimitrov se revelou uma fonte fértil de ideias que permitiriam à URSS e aos partidos comunistas se adaptar às realidades políticas e militares em mudanças céleres. Stalin não contribuiu com ideias próprias. Ainda assim, as mudanças na política externa precisavam de sua chancela; enquanto dava espaço a Dimitrov no Comintern, ele e Litvinov se ocuparam de outros assuntos. Stalin não limitou as iniciativas soviéticas nas relações internacionais aos contatos com partidos à esquerda do centro. Queria também a conciliação com o governo francês de Gaston Doumergue. Aos poucos, a liderança soviética abria caminho para uma política fundada em tratados de "segurança coletiva". Com isso em mente, Stalin permitiu que seus diplomatas solicitassem e assegurassem a entrada da URSS na Liga das Nações, em setembro de 1934. Além da França, a Tchecoslováquia e a Romênia eram objeto das iniciativas soviéticas.[12] Stalin foi favorecido pelo medo generalizado de uma ressurgência alemã com Hitler. A existência do Terceiro Reich assustava esses Estados, e todos reconsideraram o desagrado básico de precisar lidar com a URSS. O potencial do Exército Vermelho como força antinazista na Europa central e ao leste fez as negociações com o Kremlin parecerem mais promissoras do que nunca desde a Revolução de Outubro.

Entre os observadores havia muito desacordo quanto aos objetivos de Stalin. Para alguns parecia que ele estava se aproximando de uma agenda russa mais tradicional na política externa. Os tratados e alianças particulares não lhe importavam: essas coisas mudavam a cada geração. Mas ganhava força a ideia de que Stalin havia abandonado o objetivo internacionalista do leninismo e buscava o reconhecimento da URSS como uma grande potência, sem interesse na derrubada do sistema político e econômico mundial. Outros aceitavam isso como certo, matizando a avaliação; para esses, era óbvio que a posição geopolítica da União Soviética e a preferência pessoal de Stalin ditavam uma inclinação à aproximação com a Alemanha, à custa das boas relações com a Grã-Bretanha e a França. Contudo, essa análise era contestada por aqueles que não viam em Stalin a preparação mental necessária para ser algo mais que um estadista mundial reativo.

Eles subestimaram sua cuidadosa capacidade de adaptação e a seriedade de seu rompimento com o marxismo-leninismo. Também estava claro que ele queria evitar os erros cometidos sob a liderança de Lenin. Em um jantar do qual Georgi Dimitrov participou, ele afirmou aos convivas que Lenin se equivocara ao clamar por uma guerra civil europeia durante a Grande Guerra.[13] Também se dedicou a estudar a história das relações internacionais e, por instância sua, na década de 1930 foram publicadas muitas pesquisas acadêmicas sobre o assunto em Moscou. Ao mesmo tempo que incorporava essas informações à sua visão de mundo, ele seguiu disposto a manter a política externa soviética flexível. Lenin chegara ao poder com essa atitude. Stalin se impressionara e tentara emulá-lo. Assim como Lenin havia confrontado e sobrevivido ao fatal jogo de força diplomático com a Alemanha em 1917--18, Stalin estava determinado a provar sua coragem nos enfrentamentos da década de 1930. As ameaças na Europa e na Ásia cresciam, e ele quis se preparar intelectualmente. Sem esse conhecimento, ele sabia que podia ser pego de surpresa, e não queria posar de inocente ante o Comissariado do Povo para Assuntos Exteriores nem ante a Internacional Comunista.

Uma guerra civil irrompeu na Espanha em julho de 1936, quando o general fascista Francisco Franco se alçou contra o governo de coalizão republicana de Diego Barrio (cuja autoridade provinha de uma frente popular). Franco pediu ajuda à Alemanha e à Itália. Ambas concordaram, e a Luftwaffe de Hitler adquiriu experiência em bombardear cidades e aldeias. Enquanto isso, a França e a Grã-Bretanha, embora simpatizassem com o governo eleito, mantiveram-se neutras. O governo espanhol reuniu todas as forças de esquerda que pôde. Os comunistas espanhóis, em particular, o apoiaram.

Moscou precisava decidir se deveria ou não intervir, como Hitler e Mussolini haviam feito. O deslocamento de unidades do Exército Vermelho era inviável por conta da distância. Mas a tradição revolucionária impeliu Stalin a ver com bons olhos o pedido de ajuda de Madri. Da mesma forma, havia o entendimento de que, sem resistência à assertividade alemã, a Europa como um todo ficaria exposta aos objetivos expansionistas do Terceiro Reich. Não agir seria um sinal de que a política da frente popular era vã. Dinheiro e munição foram enviados por barco de Leningrado à Espanha. Simultaneamente, a Internacional Comunista enviou o líder do Partido Comunista italiano, Palmiro Togliatti, de codinome Ercoli, para dirigir as atividades dos comunistas espanhóis. Togliatti e seus emissários políticos e militares se depararam com uma cena caótica. Por ordens de Stalin, tentaram fazer do Partido Comunista espanhol a força condutora da esquerda, sem realmente participar da coalizão governamental. A política da frente popular foi mantida, e Moscou descartou quaisquer conversas sobre a tomada do poder pelos comunistas. Dimitrov pôs em prática a linha geral acordada no Kremlin; sabia que não convinha ignorar a voz de seu amo.[14]

Quando Franco começou a fazer as forças armadas da República recuarem, o governo espanhol pressionou os comunistas para que entrassem na coalizão. Stalin foi consultado por telefone e Dimitrov enviou instruções táticas ao líder comunista José Díaz. Mais tarde, Largo Caballero, o chefe do Partido Socialista, emergiu como chefe de governo. Em março de 1937, Stalin estava claramente receoso de ser atraído para um enfrentamento militar de alcance interno, sem poder controlar as consequências, e os relatórios sobre a eficácia da coalizão e seu Exército não eram muito animadores. Seu instinto lhe dizia para sair da Espanha e desmantelar as Brigadas Internacionalistas caso a Alemanha e a Itália também recuassem; porém, naquele momento ele insistiu na união dos partidos comunista e socialista na Espanha.[15] Essa imediatamente se tornou a política do Comintern. Contudo, as negociações intrapartidárias na Espanha não avançavam; anos de antagonismo não podiam ser resolvidos da noite para o dia. Stalin tampouco contribuiu para melhorar a situação ao deslocar agentes do NKVD para caçar e liquidar trotskistas espanhóis. A desconfiança da esquerda política aumentou rapidamente quando membros do Partido Operário de Unificação Marxista (POUM), leais às ideias de Trotski, foram detidos. Sem remorsos, o Partido Comunista espanhol aumentou sua influência no governo.

A situação mudava de um mês para o outro, e os socialistas se recusaram a seguir o chamado do Partido Comunista espanhol. Em fevereiro de 1938,

Stalin concluiu que os comunistas deviam se demitir do governo. Dimitrov em Moscou e Togliatti na Espanha concordaram, apesar do caos que isso provocaria na aliança antifranquista.[16] As tensões políticas na esquerda não surgiram do nada por obra de Stalin. Mas ele as tornou perigosamente piores que o necessário. Se alguém tinha pensado que suas acusações contra as vítimas na URSS eram um mero instrumento do despotismo sem importância verdadeira para ele, se desiludiu com os acontecimentos na Espanha. As mesmas perseguições políticas foram postas em marcha. Stalin decidiu que os elementos republicanos de extrema-esquerda fossem eliminados para não contaminar o Partido Comunista espanhol com os seus propósitos doentios. Claro que muitíssimos esquerdistas na Espanha eram trotskistas, anarquistas ou comunistas independentes. Stalin não precisou ponderar suas opções: sabia que precisava cauterizar a ferida do pluralismo da extrema-esquerda. A Espanha teria ajuda de acordo com os termos de sua carnificina política.

A essa altura, a Guerra Civil já era totalmente favorável a Franco. Em março de 1939, o conflito chegou ao fim. Os republicanos perderam a luta contra as forças reacionárias, respaldadas pelos fascismos alemão e italiano. A política de Stalin foi apontada por Trotski como excessivamente cautelosa. Para ele, a Guerra Civil na Espanha fora uma oportunidade de espalhar a revolução a oeste da URSS e solapar a extrema-direita política na Europa. Contudo, Stalin sabia dos riscos que teria corrido com uma intervenção forte. Temeu jogar os governos britânico e francês nos braços do general Franco. Uma hegemonia comunista óbvia demais na coalizão do governo espanhol poderia facilmente ter provocado isso. Ao menos ele e o Comintern fizeram algo, e é pouco provável que os republicanos tivessem durado tanto se Stalin não autorizasse o Partido Comunista espanhol a participar. Seus críticos trotskistas o acusaram de excesso de pragmatismo no manejo da política externa soviética. Ignoravam os recursos limitados com que a URSS contava. Econômica, militar e — acima de tudo — geograficamente, não havia como fazer mais do que ele fez.

Contudo, se não pôde fazer muito para ajudar, certamente poderia ter atrapalhado menos. Sua atitude ante a esquerda espanhola, especialmente o ataque ao POUM, granjeou-lhe, corretamente, o opróbrio de George Orwell em *Homenagem à Catalunha*. Stalin agiu segundo suas concepções. Não podia imaginar que um movimento revolucionário agisse corretamente, a menos que fosse expurgado dos elementos suspeitos. Ao mesmo tempo que se livrava dessa gente na URSS, estava determinado a eliminá-la das fileiras do Comintern. A causa da Revolução dependia da saúde da esquerda. Os trotskistas eram vermes infectos. Nas montanhas e planícies da longínqua Espanha, os agentes do Comintern de Stalin lutaram pela causa da política interna soviética.

35. MAIS PERTO DA GUERRA

No final da década de 1930, a política interna, a segurança do Estado e a política externa estavam entrelaçadas. Stalin encarcerou centenas de milhares de cidadãos soviéticos inofensivos de origem nacional incômoda. Poloneses, finlandeses, chineses e coreanos residentes em áreas fronteiriças próximas de Estados onde havia conterrâneos seus em geral eram deportados para regiões remotas da URSS. Até gregos que viviam nas repúblicas soviéticas junto ao mar Negro, a centenas de milhas marítimas da Grécia, passaram por isso.[1] A política de segurança do Estado soviético tinha uma dimensão étnica e nacional. Embora promovesse a imprensa e a escolarização dos não russos no Estado multinacional soviético, Stalin demonstrava forte hostilidade a alguns deles. O que ficou conhecido como limpeza étnica não era novo na URSS. O Politburo havia posto em prática tal política contra os cossacos no norte do Cáucaso, no final da Guerra Civil.[2] Propostas de limpeza com base na nacionalidade ressurgiram no início do Primeiro Plano Quinquenal.[3] Mas as deportações, prisões e execuções de Stalin durante e depois do Grande Terror alcançaram uma escala maior de repressão nacional e étnica.

A aplicação dessa política não poupou os comunistas de carteirinha. O zelo de Stalin em deixar a URSS livre da subversão estrangeira chegou ao ponto de exterminar os exilados do Partido Comunista da Polônia em Moscou. Ele achava os comunistas poloneses particularmente suspeitos. Diversos líderes poloneses simpatizaram com as oposições internas soviéticas na década de 1920. Antes da Grande Guerra, muitos tinham se unido à líder e teórica marxista Rosa Luxemburgo contra Lenin. De qualquer modo, Stalin sempre temeu a ameaça que a Polônia representava para a

URSS. Foi facilmente convencido pelos relatórios de Yejov no NKVD de que a comunidade exilada polonesa estava infiltrada pelas agências de inteligência das potências capitalistas ocidentais. Em novembro de 1937, ele não tinha como tratar as pessoas individualmente: exigiu a dissolução do partido. Dimitrov, ele próprio um exilado búlgaro em Moscou, aceitou aquilo docilmente e escreveu-lhe pedindo instruções sobre como proceder. Stalin respondeu exigindo que Dimitrov entendesse a urgência da situação: "A dissolução está dois anos atrasada."[4] Diversos líderes comunistas poloneses já estavam na Lubyanka. O NKVD rapidamente deteve o resto, e a maioria dos prisioneiros foi fuzilada.

A obediência de Dimitrov não salvou o Comintern das suspeitas de Stalin. Vários funcionários de seu Comitê Executivo e de diversos departamentos foram executados. Não houve exceção para os emissários que serviam na Espanha e lealmente esquartejaram o POUM. Stalin e Yejov enganaram vários deles para fazê-los voltar de Madri, e os assassinaram. Stalin foi rascante com Dimitrov, e reclamou: "Vocês do Comintern são unha e carne com o inimigo."[5] Em Moscou, ele podia fazer o expurgo que quisesse. No exterior, fez Dimitrov convencer os partidos comunistas que funcionavam livremente, embora na ocasião fossem poucos — na França, na Espanha, na Itália, no Reino Unido e nos EUA —, a expulsar os membros que se recusassem a apoiar a linha oficial, ou que no passado tivessem simpatizado com oponentes de Stalin. Essa atmosfera punitiva permeou o movimento comunista em todo o mundo. Stalin só queria apoio de fora se fosse inquestionavelmente leal.

Enquanto os republicanos rumavam para a derrota na Guerra Civil Espanhola, o interesse de Stalin se voltou para o Partido Comunista francês e sua política com relação ao governo socialista de Léon Blum. Como os seus camaradas em outras partes da Europa, o líder comunista francês Maurice Thorez fora cauteloso ante a virada da frente popular; porém, ao aceitá-la, propôs se unir ao gabinete de Blum em 1936. A permissão teria de vir de Moscou.[6] A principal restrição às suas manobras era a qualidade das informações que recebia do Comitê Executivo do Comintern, da França e de outros países; por mais que tentassem agradar Stalin, líderes como Thorez apresentavam os fatos segundo seu ponto de vista. Stalin confiava no sistema de tomada de decisões que havia criado. Ele também funcionava segundo suas suposições gerais sobre o desenvolvimento mundial. Reconhecia a importância das relações internacionais, mas não podia se dar o luxo de passar a maior parte do tempo ocupado com isso se queria assegurar a transformação interna que buscava — e no final da década de 1930 os expurgos sangrentos eram sua prioridade máxima. Só um líder extraordinariamente determinado podia agir como ele no cenário político europeu e asiático.

Isso ficou óbvio com a intervenção nos assuntos do Partido Comunista chinês. Ele seguia exigindo que Mao Tsé-tung mantivesse a aliança com Chiang Kai-shek. Embora achasse que Stalin superestimava o movimento nacionalista chinês — o Kuomintang — liderado por Chiang Kai-shek, Mao precisava urgentemente da assistência financeira e política de Moscou. Stalin queria impor a tática da "frente unida", e Mao foi obrigado a ceder. Desde que fora reprimido pelo Kuomintang, em 1927, o Partido Comunista chinês havia se reorganizado. A Longa Marcha começara em 1934 em direção ao norte da China, onde Mao consolidou o apoio das aldeias ao partido. O Kuomintang e o Partido Comunista chinês mantiveram uma relação fortemente hostil. Esporadicamente, suspeitas mútuas derivavam em violência. A Guerra Civil só foi evitada devido à ameaça externa representada pelo Japão militarista. Os japoneses, que tinham ocupado a Manchúria em 1931 e implantado o Estado títere de Manchukuo, planejavam ampliar sua expansão territorial. Para Stalin, que como sempre pensava em categorias geopolíticas amplas e desejava aumentar a segurança imediata da URSS, parecia melhor que Mao e Chiang pusessem a rivalidade de lado, e foi esse o conselho do Comintern aos comunistas chineses, em meados da década de 1930.

Mao continuou se esquivando da linha do Comintern. Antes da Segunda Guerra Mundial, nenhum líder comunista estrangeiro foi tão contumaz (na opinião de Stalin). Os homens de Mao odiavam a política de aliança com Chiang e queriam rompê-la o quanto antes. Contudo, quando Chiang foi capturado por um senhor da guerra chinês independente, foram obrigados a enviar Zhou Enlai para libertá-lo. Ou faziam isso, ou enfrentariam o corte do fornecimento de equipamentos militares cruciais vindos da URSS. A disciplina comunista prevaleceu.[7]

A situação mudou em julho de 1937, quando os japoneses invadiram a China. Beijing e Xangai caíram rapidamente. O Exército Vermelho chinês adotou uma atitude mais cooperativa com o Kuomintang em nome do interesse nacional. Contudo, os chineses não puderam conter as forças japonesas. O exército conquistador avançou pelo país, massacrando civis nas cidades. Stalin enviou armas e dinheiro aos comunistas chineses. Ele também reorganizou suas próprias fronteiras. Foi quando ordenou os expurgos étnicos de coreanos e chineses que habitavam o extremo leste do país. A liderança regional do NKVD foi substituída, e o Exército Vermelho entrou em alerta ante qualquer ameaça do Exército Kwantung japonês, em Manchukuo. Soviéticos e japoneses ocultaram uns dos outros suas pretensões geopolíticas. Escaramuças constantes na fronteira agravaram a situação, e em 25 de novembro de 1936 os japoneses firmaram o Pacto Anti-Comintern com a Alemanha e a Itália. O Kremlin ficou seriamente preocupado. Stalin não via sentido em fazer concessões diplomáticas e, quando o Exército Kwantung enfrentou as forças soviéticas, em maio de 1939, em Nomonhan, respondeu ao fogo com fogo. A guerra começara. O Exército Vermelho foi reforçado com tanques e artilharia aérea. O comandante Georgi Jukov foi enviado para conduzir a campanha.[8]

Os mapas do leste, sul e oeste estavam sendo redesenhados pelo militarismo. A Liga das Nações demonstrou sua ineficácia quando o Japão invadiu primeiro a Manchúria, depois a China. Os protestos internacionais não conseguiram salvar a Etiópia da conquista italiana; e a Alemanha, depois de intervir ativamente na Guerra Civil na Espanha, anexou a Áustria e a Tchecoslováquia. Porém, antes de Nomonhan, o Exército Vermelho tinha agido mais contra camponeses rebeldes que contra inimigos estrangeiros. Por fim, os preparativos industriais e militares de Stalin seriam postos à prova.

Apesar das feridas do Grande Terror, o Exército Vermelho se defendeu bem. Assim como os russos esperaram a vitória fácil sobre um inimigo inferior em 1904, os japoneses esperavam o colapso militar soviético. Inteligente e maleável, Jukov tinha aprendido muito com os programas de treinamento alemães que observara em solo soviético até 1933. Assim como Tukhachevski, constatou que as formações de tanques eram essenciais nos embates terrestres contemporâneos. Sua chegada ao Extremo Oriente animou a estratégia ofensiva soviética. Assistira a Stalin destruir o supremo comando, e sabia que só uma ampla vitória sobre os japoneses tiraria o NKVD de seu encalço.[9] Sua única vantagem era que, tal como ocorrera na Guerra Civil, Stalin não hesitava em fornecer homens e equipamentos aos comandantes. Jukov planejava superar o inimigo em recursos antes de enfrentá-lo. Em agosto de 1939, havia reunido uma força considerável, e podia iniciar a ofensiva planejada. Pelo prisma dos relatórios dos comandantes do Exército e da agência militar de inteligência, Stalin observava tudo com preocupação. Jukov precisava de sua confiança, mas ele precisava do êxito de Jukov na campanha.

Stalin estava sendo cortejado por Grã-Bretanha e França, cujos governos buscavam impor limites a Hitler mediante um acordo com a URSS. Contudo, havia pouca urgência na sondagem. O gabinete de Relações Exteriores britânico enviou um funcionário de médio escalão em um barco a vapor a Leningrado, em vez de mandá-lo de avião, e o funcionário não tinha autorização para tomar iniciativas diplomáticas. Stalin quis assegurar a aposta na diplomacia europeia e deu o passo drástico de fazer saber em Berlim que não repeliria a aproximação dos alemães.

Ele já havia gastado uma enorme quantidade de recursos preciosos para levar o Estado terrorista doméstico a outras partes. O extermínio de trotskistas e anarquistas na Espanha foi só uma parte de seu zelo repressivo. Também foram assassinados na Europa russos anticomunistas emigrados. Críticos comunistas de Stalin foram atacados. A maior presa de todas era Trotski. Os órgãos de inteligência soviéticos deram prioridade à criação e à organização de atentados contra a vida dele. Empurrado de um país a outro, ele por fim se refugiou em Coyoacán, nos arredores da Cidade do México. Sem representar uma ameaça fundamental a Stalin ou ao Kremlin, deixou Stalin furioso ao publicar o *Boletim da oposição* e organizar a Quarta Internacional. O primeiro ataque que sofreu em Coyoacán foi coordenado pelo pintor muralista mexicano David Alfaro Siqueiros. O atentado falhou, e Trotski reforçou sua segurança. Stalin, porém, estava obcecado com o desejo de matá-lo. O segundo ataque foi mais bem programado. Ramón Mercader, agente do NKVD, conseguiu se infiltrar no domicílio de Trotski fazendo-se passar por um correligionário. Em 20 de agosto de 1940, ele teve a oportunidade que buscava e enfiou uma pequena picareta de alpinismo na cabeça de Trotski.

A caça ao inimigo mortal de Stalin envolveu uma grande variedade de recursos de outras áreas da espionagem.[10] Contudo, na década de 1930, a rede de espiões soviéticos não era ineficaz. Muitos antifascistas europeus viam o comunismo como o único baluarte contra Hitler e Mussolini. Um número reduzido, mas significativo, prestou serviços voluntários à URSS. Stalin e o NKVD também recebiam relatórios regulares dos partidos comunistas na Europa e na América do Norte.

Isso fornecia à liderança soviética informações para formular políticas com base em conhecimentos sólidos das prováveis respostas no estrangeiro. O NKVD tinha espiões de alto nível na Grã-Bretanha, no Japão e na Alemanha, com acesso extraordinário a segredos de Estado. O problema não era o fornecimento de informações, mas seu processamento e sua distribuição. Stalin insistia em restringir o acesso aos relatórios das agências diplomáticas e de espionagem a um punhado de associados. Um grupo interno do Politburo foi criado para monitorar, discutir e decidir. Mas suas suspeitas de outros políticos no Kremlin eram de tal monta que frequentemente ele não deixava ninguém revisar os relatórios. Com a multiplicação e o aprofundamento das crises nas relações internacionais antes de 1939, isso significou que, mais até do que na Alemanha, as ações da URSS dependiam crucialmente dos cálculos solitários do Líder. Ao mesmo tempo, ele também examinava informes de toda gama das políticas internas de segurança, economia, sociedade, política, religião, nacionalidade e cultura. O tempo de que dispunha para analisar materiais provenientes do estrangeiro era finito. O conteúdo dos informes era sempre contraditório, e eles tinham graus diferentes de veracidade. A desconfiança dos camaradas era tanta que Stalin desperdiçou as vantagens que sua rede de inteligência proporcionava.[11]

Ele também reduziu o Comissariado do Povo para Relações Exteriores a uma sombra do que fora. O Grande Terror eliminou centenas de pessoas qualificadas. Os judeus foram particularmente reprimidos. O resultado foi que, depois de 1937-8, os funcionários em Moscou e nas embaixadas evitavam dizer qualquer coisa que pudesse lhes causar problemas. Os conselhos diretos a Stalin foram descartados.

Stalin e seus sequazes do Politburo precisaram de nervos de aço para acompanhar os acontecimentos na Europa e na Ásia em 1939. Suas intervenções pessoais nos assuntos diplomáticos tornaram-se cada vez mais frequentes, e em 5 de maio de 1939 ele formalizou a situação mudando a liderança do Sovnarkom e instalando-se como presidente do órgão pela primeira vez. Até então tinha resistido a dar esse passo; desde 1930 estava satisfeito com Molotov cuidando do governo. O quadro sombrio das relações internacionais levou a uma mudança de ponto de vista. Porém, Molotov não foi descartado, mas indicado para o Comissariado do Povo para Relações Exteriores. Mais tarde, em 1941, Maxim Litvinov foi nomeado embaixador nos EUA. Sua preferência consabida por um sistema de segurança coletiva contra a ameaça fascista na Europa havia limitado as opções diplomáticas soviéticas em meados de 1939. Abriu-se a porta para relações mais flexíveis com a Alemanha nazista, caso surgisse a oportunidade. (O fato de Litvinov ser judeu foi outro empecilho para uma conciliação com Hitler.) Além disso, Molotov, partidário mais antigo de Stalin, era russo — outro sinal de que Stalin vislumbrava acontecimentos de suma importância no horizonte.

Isso levou à especulação de que estava planejando uma jogada de longo prazo para conseguir um trato com a Alemanha, tradição na política externa soviética. Quando a revolução socialista não conseguiu se espalhar em Berlim depois de outubro de 1917, Lenin persistentemente buscou regenerar a economia soviética mediante concessionárias alemãs. Sem a assistência alemã, fosse ela socialista ou capitalista, ele viu poucas possibilidades de restaurar a indústria e a agricultura no país. O Tratado de Rapallo, em 1922, foi um pouco nessa direção. Stalin teria orientação semelhante? Certamente isso era muito improvável. Ele havia introduzido o Primeiro Plano Quinquenal para libertar a URSS da dependência de ajuda estrangeira, embora por alguns anos tenham continuado a importar tecnologia dos Estados Unidos e da Alemanha.

O que Stalin observara no mundo depois da quebra da Bolsa de Nova York, em 1929, confirmava suas ideias. Para ele, o capitalismo parecia inerentemente instável. Porém, ainda era perigoso. Enquanto o Exército Vermelho não fosse uma força imbatível em dois continentes, tocava à diplomacia soviética manobrar para chegar a acordos com potências estrangeiras. Nem a Alemanha, apesar de estar do outro lado na Guerra Civil na Espanha, era necessariamente irreconciliável. Assim como o Japão, o país era um fator geopolítico constante a ser levado em conta nos cálculos de Stalin. Contudo, cada vez mais ele sentia que os avanços industriais e militares da URSS permitiam uma política externa mais ativa. Na década de 1920, quando os comandantes militares Mannerheim e Piłsudski tinham poder sobre a Finlândia e a Polônia, o Politburo estava perpetuamente preocupado com suas intenções predatórias. Na década seguinte, esses temores diminuíram. O Exército Vermelho era um poder a ser levado em conta. Em 1939, suas forças travaram uma guerra com o Japão e resistiram. O Comissariado do Povo para Relações Exteriores podia lidar com Estados fronteiriços — Finlândia, Estônia, Letônia, Lituânia, Polônia, Romênia e Bulgária — a partir de uma posição de força. Seu potencial para causar danos à URSS só se concretizaria se unissem esforços. Porém, com a chegada de Hitler ao poder, eles passaram a se preocupar mais com uma invasão alemã do que em derrubar o bolchevismo em Moscou.

Contudo, a Alemanha podia agir de modo independente. Suas sucessivas campanhas de expansão haviam sido consentidas pelo Reino Unido e pela França. As tentativas diplomáticas soviéticas de organizar uma resistência foram rechaçadas. Stalin havia oferecido assistência à Tchecoslováquia antes de sua destruição, em março de 1939. É duvidoso que realmente pretendesse comprometer o Exército Vermelho. Estava fazendo uma declaração pública do antifascismo da URSS, ciente de que britânicos e franceses provavelmente não se posicionariam contra Hitler. Os próprios tchecos relutaram em receber unidades soviéticas em seu território. Na primavera e no verão de 1939, Hitler aumentou a pressão sobre a Polônia. Evidentemente tinha os olhos postos em Danzig, na costa do Báltico. A Polônia estava sob ameaça militar e seus políticos se recusavam a uma aliança com a URSS. A inimizade polonesa-soviética era uma característica inamovível nos cálculos de Varsóvia. Naquelas circunstâncias, não surpreende que Stalin começasse a ponderar se não seria preferível um trato com Hitler a estar totalmente alheio aos acontecimentos no leste da Europa.

Para avançar, Stalin confiava principalmente no poderio militar, nos relatórios da inteligência e na finura diplomática. O Comintern era uma fonte de assistência fraca. Os comunistas chineses eram incapazes de derrotar os japoneses, e ainda precisavam eliminar o Kuomintang. Os comunistas alemães estavam mortos ou em campos de concentração — e alguns haviam migrado para a URSS. Como força política no centro e no leste da Europa, o comunismo estava de joelhos. Também tinha sido derrotado na Espanha e na Itália. No resto do mundo, inclusive na América do Norte, continuava contando pouco. No Reino Unido era uma irritação de pouca monta para o status quo, principalmente para o Partido Trabalhista britânico. Em apenas um país, a França, o partido conservava uma massa de seguidores. Porém, os comunistas franceses eram apenas um partido de esquerda. Embora organizassem greves industriais e manifestações políticas, eram principalmente um fator de perturbação na política nacional. Stalin com frequência era criticado, principalmente pela Quarta Internacional de Trotski, por ter se afastado do Comintern na década de 1930. Na realidade, o movimento comunista mundial tinha poucas esperanças de fazer revoluções.

Mesmo que tivesse havido uma revolução, ela teria trazido complicações para o Exército e a política de segurança soviéticos. A URSS tivera poucas opções nos últimos anos da década. Sempre cético ante os prognósticos de um levante revolucionário europeu, Stalin depositava sua confiança imediata na atividade do Estado soviético. Isso não significava que tivesse abandonado a crença na inevitabilidade da revolução socialista em todo o mundo. A "transição" global, pensava, aconteceria como previsto por Marx, Engels e Lenin. Mas ele era realista quanto à atual fraqueza do movimento comunista mundial. Sendo um homem que gostava de operar em um esquema programático amplo a qualquer momento, depositava sua confiança no Exército, nas agências de inteligência e — sobretudo — em si mesmo e em Molotov, seu parceiro e subordinado.

Stalin e Molotov, com sua limitada experiência diplomática, assumiram uma responsabilidade dupla; embora ocasionalmente Molotov discordasse de Stalin em questões de ideologia,[12] eles nunca se desentenderam quanto à política externa. No entanto, essa comunhão pôs o país em um risco ainda maior. Stalin não podia ter criado um arranjo mais perigoso para tomar decisões de Estado. Sozinho, ele tomava as principais decisões. De sua acuidade mental dependia a sorte do país, e a paz na Europa e no

Extremo Oriente. A maioria dos líderes teria perdido o sono diante dessa responsabilidade. Ele não. Estava extremamente autoconfiante agora que liquidara aqueles intelectuais proeminentes que o tinham incomodado e — no fundo — o faziam se sentir inepto. Nunca perdeu a força de vontade. O resto do Politburo, aterrorizado com os expurgos de 1937-8 e imerso em suas outras funções de governo, deixou a política externa para o Chefe. O grupo central foi paulatinamente sendo alijado das discussões. Contudo, seus membros ainda se impressionavam com a competência e a determinação de Stalin. Aquela situação pressagiava o desastre. E o desastre não tardou a se apresentar.

36. A CEIA DO DIABO

Nas primeiras horas de 24 de agosto de 1939 aconteceu algo que chocou o mundo. A URSS e a Alemanha firmaram um pacto de não agressão por dez anos. A cerimônia teve lugar no escritório de Molotov no Kremlin, assistida por Stalin[1] e os dois ministros de Relações Exteriores, Molotov e Ribbentrop, que acrescentaram suas assinaturas. Chegavam ao fim seis anos de vilipêndios mútuos entre a União Soviética e o Terceiro Reich. O *Pravda* parou de execrar Hitler e o nazismo em seus editoriais, e Hitler parou de criticar o "judeu-bolchevismo". Os filmes antigermânicos foram retirados dos cinemas soviéticos; os panfletos e livros antissoviéticos foram retirados das prateleiras das livrarias alemãs. As duas ditaduras que apoiaram lados opostos na Guerra Civil Espanhola confraternizavam.

Trajando sua túnica, Stalin olhou por cima do ombro de Molotov quando este firmou o documento. Como Lenin fizera no Tratado de Brest-Litovsk, ele ficou detrás, caso as coisas saíssem mal. Estava encantado com o modo como tudo tinha transcorrido desde a chegada de Ribbentrop ao Aeródromo Central, no dia anterior. No meio da tarde, Ribbentrop comparecera ao Kremlin, onde Stalin e Molotov o receberam. Para o alemão, aquilo era sinal de que a liderança soviética estava realmente interessada no tratado com o Terceiro Reich. Por três semanas, Berlim e Moscou haviam trocado mensagens diplomáticas. Ribbentrop fora propor um acordo sobre as relações teuto-soviéticas, do mar Báltico ao mar Negro. O objetivo imediato de Hitler era invadir a Polônia, mas isso seria perigoso sem um complô com a URSS. O Führer autorizara Ribbentrop a arquitetar o pacto de não agressão entre a União Soviética e a Alemanha nazista. O acordo antecipava a divisão das regiões ao norte do Leste Europeu em duas zonas de influência, soviética e alemã; determinava também um esquema para incrementar o comércio mutuamente benéfico. Ribbentrop voara para Moscou a fim de ressaltar que, apesar de ser o autor de *Mein Kampf*, Hitler era sincero.

O desejo de Stalin de entrar naquele arranjo com a Alemanha nazista tinha ganhado corpo ante a debilidade dos esforços diplomáticos de outros parceiros poderosos. Em meados de agosto, a perspectiva de aliança com a Grã-Bretanha e a França tinha se evaporado, e a cada dia a oferta alemã parecia mais tentadora. Por instrução de Stalin, Molotov enviou um bilhete confidencial concordando com conversas diplomáticas. A impaciência alemã crescia. Hitler precisava invadir e subjugar a Polônia antes que chegasse o inverno. Em 19 de agosto, Stalin sugeriu que Moscou poderia receber Ribbentrop. A pressa para firmar o acordo foi tal que Hitler não teve tempo de participar — ou talvez não tivesse ido a Moscou de qualquer modo.

Contudo, Stalin ficou satisfeito. Três horas de negociações tranquilas na tarde de 23 de agosto deixaram apenas uma questão controversa: o destino da Letônia. Hitler instruíra Ribbentrop a manter a Letônia, que possuía uma eminente minoria alemã, na zona alemã de influência. Mas Stalin e Molotov foram intransigentes. As antigas fronteiras imperiais eram importantes para Stalin. Havia também o fator da segurança estratégica. Caso invadisse a Letônia, Hitler teria uma ponta de território cortando as fronteiras soviéticas. A conversa foi adiada às 18h, para Ribbentrop consultar o Führer. Hitler cedeu prontamente, e ele regressou ao Kremlin para dar a notícia a Stalin. O Líder, que quando queria era impassível como uma pedra, não pôde evitar o tremor. Porém, controlou-se, e quando os dois grupos terminaram de redigir o texto do pacto ele mandou trazer bebidas e propôs um brinde "à saúde do Führer". Ribbentrop reciprocou em nome de Hitler.[2] À noite, em uma cerimônia formal, Stalin sorriu ao lado de Molotov. No Ninho de Águia, seu refúgio no alto de Berchtesgaden, o abstêmio Hitler foi informado e se permitiu uma pequena taça de champanhe.[3]

Hitler precisava estar seguro de que a URSS não se oporia à invasão da Polônia. O compromisso era temporário: ele não havia desistido de, mais adiante, invadir a URSS. Mas e Stalin? À luz do que ocorreria em 1941, quando Hitler ordenou a Operação Barbarossa, terá sido prudente fazendo o que fez em 1939?

Isso traz a questão de se teria tido uma alternativa realista. Evidentemente, reconciliar-se com a Alemanha foi uma decisão pessoal, após consultas com Molotov. Os funcionários do Comissariado do Povo para Relações Exteriores não foram avisados nem instruídos a preparar informes.[4] Não houve menção nos jornais. O grupo de relações exteriores do Politburo, que incluía Malenkov, Beria e Mikoyan, desconhecia o assunto.[5] A maior prova de que Stalin estava disposto a correr riscos imensos é o Pacto Nazi-soviético. Após tomar a decisão, ele nem sequer se dignou a explicar seus cálculos aos demais. Na verdade, à época havia apenas duas opções básicas para a política externa soviética: um acordo com Hitler ou um acordo com a França e a Grã-Bretanha. A paz com Hitler traria certo alívio para seguir erguendo a força militar soviética. Em contraste, não estava claro se franceses e britânicos estavam realmente interessados em um pacto. O fato de os britânicos terem enviado um simples funcionário de médio escalão para conversas em Moscou, no verão de 1939, fora algo profundamente desalentador para o Kremlin.

Temendo um isolamento perigoso, Stalin acreditou que o pacto com a Alemanha era a única opção. Ele precisou superar a inibição ideológica: os nazistas eram os maiores inimigos do comunismo mundial. Contudo, ele não deixou que a doutrina fosse um empecilho. De qualquer modo, o marxismo-leninismo não fazia distinções fundamentais entre os tipos de Estados capitalistas. Todos — fossem eles liberais democratas ou fascistas — eram fundamentalmente deploráveis. Quando Stalin se inclinou para a política da frente popular, em 1934, estava apenas fazendo cálculos práticos de que o Terceiro Reich representava uma ameaça imediata à URSS na Europa. Isso não eliminava a possibilidade última de um tratado com Hitler, assim como Lenin não havia excluído a possibilidade de um enfrentamento armado temporário com os protonazistas alemães, em meados da década de 1920.[6] Além disso, Lenin também quis que o Estado soviético evitasse se imiscuir na guerra mundial entre Estados capitalistas. A base da política da URSS devia ser que as grandes potências lutassem as futuras guerras mundiais entre si, e o Exército Vermelho exploraria as condições delas resultantes. Se fosse necessário um pacto de não agressão para manter as garras de Hitler longe da URSS e induzir a Alemanha a mover suas forças armadas contra a França e o Reino Unido, Stalin estava disposto a firmá-lo.

Ele não acreditava que um mero acordo garantisse a paz para a União Soviética. Sabia também que Hitler era um inimigo em potencial formidável. Molotov recordou:

> Seria equivocado dizer que ele o subestimou. Stalin viu que, de algum modo, Hitler tinha conseguido organizar o povo alemão em um tempo muito curto. Houve um grande Partido Comunista, que no entanto desaparecera — varrido do mapa! Hitler levou o povo consigo, e os alemães lutaram na guerra de um modo que deixou isso palpável. Então, com seu olhar objetivo, Stalin levou isso em conta ao ponderar a grande estratégia.[7]

Isso é verossímil. Em público, um marxista precisava apontar que o nazismo era apoiado principalmente pela classe média. Contudo, Stalin sabia que se opunha a um Führer respaldado pelo povo. Ele tampouco tinha motivos para crer que Hitler esmagaria rapidamente os exércitos franceses após derrotar a Polônia. Como a maioria dos observadores, os líderes soviéticos supuseram que o Terceiro Reich toparia com dificuldades no Ocidente, o que permitiria à URSS seguir preparando-se para a guerra, em vez de ter de lutar contra a Wehrmacht.

Havia duas partes no Tratado de Não Agressão: uma era pública, a outra secreta. A pública estipulou que a URSS e o Reich acordavam não guerrear entre si, individualmente ou em conjunto com outras potências. As disputas entre ambos os Estados seriam resolvidas mediante negociações ou, caso essas tratativas resultassem ineficazes, mediante uma comissão de arbitragem. O tratado implicou que, se uma das partes entrasse em guerra com outra nação, nenhum apoio seria dado àquele país. O tratado teria validade de dez anos, podendo ser estendido por mais cinco anos. A URSS e a Alemanha incrementariam o comércio bilateral, com bases mutuamente vantajosas. No entanto, a parte secreta era ainda mais significativa. Suas cláusulas demarcaram "esferas de interesse" dos regimes soviético e alemão no Leste Europeu. Reconheciam que a Alemanha tinha liberdade de ação da sua fronteira leste de então até a Lituânia. A influência sobre a Polônia seria dividida entre ambos os países. Sem declará-lo expressamente, Hitler e Stalin pretendiam ocupar suas "esferas" e reduzi-las à subserviência política direta.

Hitler prontamente alcançou seu objetivo geopolítico. Em 1º de setembro de 1939 teve início uma *Blitzkrieg* contra a Polônia. Em questão de dias, a resistência militar polonesa foi esmagada. Varsóvia caiu no dia 27 de setembro. Para certa surpresa de Hitler, os governos britânico e francês deram um ultimato a Berlim no primeiro dia da guerra. Hitler o ignorou. Para consternação alemã, Stalin, a princípio, se recusou a sancionar o avanço do Exército Vermelho pelo território delimitado como esfera de interesse soviética. O motivo foi que a URSS e o Japão continuavam em guerra no Extremo Oriente, e o risco militar de deslocar forças ao leste da Polônia era grande demais, até que os dois países firmaram a paz, em 15 de setembro. O Exército Vermelho entrou em território polonês dois dias depois. Um segundo acordo — o Tratado de Amizade, Cooperação e Demarcação — foi assinado em 28 de setembro. Stalin exigiu não só a Estônia e a Letônia, mas agora também a Lituânia, como parte da esfera soviética. Pretendia não só recuperar as terras do Império Russo como também garantir uma área compacta de defesa para o país. Hitler, que já planejava atacar a França, cedeu prontamente.

Os procedimentos estabelecidos por Stalin para lidar com os "inimigos do povo" trouxeram resultados. Líderes políticos, econômicos e culturais foram detidos. Oficiais do Exército também acabaram presos. Alguns foram fuzilados, outros enviados a campos de trabalho na Sibéria e no Cazaquistão. O NKVD aprendera as lições do Grande Terror e preparou listas escrupulosas de pessoas a ser detidas. Stalin queria estar seguro de que a ação policial afetaria exatamente os grupos que identificara como hostis aos interesses soviéticos. Ele e Beria não se limitaram a perseguir indivíduos. Famílias inteiras foram presas e deportadas. A Polônia foi o primeiro país a sofrer.[8] Estônia, Lituânia e Letônia foram os seguintes — quando Stalin e Molotov obrigaram seus governos a firmar pactos de assistência mútua. A Finlândia recebeu ordem semelhante. O que se pretendia era consolidar toda a região sob a hegemonia soviética. O problema foi que a Finlândia, diplomaticamente próxima da Alemanha, não quis se submeter. As negociações foram suspensas. Stalin criou um governo provisório com comunistas finlandeses baseados em Moscou e, em 30 de novembro, o Exército Vermelho atacou, confiante em que logo chegaria a Helsinki.

Porém, os finlandeses resistiram. Os Vermelhos, atormentados pelos efeitos do Grande Terror, lutaram duro, mas de modo incompetente. A Guerra de Inverno virou um beco sem saída sangrento nas neves do norte. O governo finlandês sabia que seria impossível derrotar o Exército Vermelho. Retomaram as conversações, e firmaram um tratado de paz em março de 1940. Os finlandeses, realistas, entregaram boa parte de seu território e várias bases militares. A fronteira soviética com a Finlândia foi movida centenas de quilômetros ao norte de Leningrado. Stalin tinha alcançado seus objetivos, mas a um preço terrível: 127 mil soldados do Exército Vermelho morreram.[9] Para Stalin (que desprezava o número de baixas), o mais importante, o poderio militar da URSS, tinha se mostrado inferior ao que o mundo julgava. Se as forças armadas soviéticas não conseguiam esmagar a Finlândia, o que conseguiriam contra o Terceiro Reich, se entrassem em guerra contra Hitler?

No Kremlin, o choque foi generalizado. Com uma força tão extensa, esperava-se que o Exército Vermelho fizesse os finlandeses recuar sem dificuldade, o que permitiria a criação da República Soviética Finlandesa, que solicitaria ser incorporada à URSS. Stalin ficou fora de si. Criticou Voroshilov. A bebida e a antiga amizade soltaram a língua deste último. Apesar do Grande Terror, ele conservava um sentido de honra pessoal, e não estava disposto a aceitar críticas do Líder que havia supervisionado todas as decisões importantes sobre segurança e defesa nos anos anteriores. Voroshilov estava farto: pegou um prato de leitão e o espatifou contra a mesa.[10] Esse tipo de ataque teria condenado qualquer um ao *gulag*. (Normalmente todos paravam lá muito antes de conseguir gritar com o Líder.) Contudo, a guerra deu a Stalin razões para avaliar a situação estrategicamente e reorganizar o Exército Vermelho. Demitiu o inconveniente Voroshilov e nomeou Semën Timoshenko, um comandante profissional, para o Comissariado do Povo para a Defesa.

A urgência da tarefa ficou clara no verão de 1940. A Wehrmacht arrasou os Países Baixos e invadiu a França, forçando a capitulação de Paris e a evacuação emergencial das forças britânicas das praias de Dunquerque. A queda do Reino Unido parecia iminente. Autorizado por Stalin, Timoshenko restaurou o orgulho do corpo militar. A educação política foi reduzida a apenas uma fração do treinamento militar obrigatório. Surgiram planos para uma nova linha de defesa, que seria erguida ao longo dos limites das esferas de interesses alemã e soviética. Para tanto, pareceu necessário colocar a Estônia, a Lituânia e a Letônia sob o controle da URSS. A debacle finlandesa não se repetiria. Houve uma farsa breve. Foram forjados incidentes de "provocação", para que o Kremlin tivesse um pretexto para intervir. Políticos do báltico foram convocados das capitais. Stalin e Molotov eram acossadores com décadas de experiência. Os visitantes não tiveram alternativa a não ser aceitar a anexação. Molotov grunhiu para o ministro de Relações Exteriores letão: "O senhor não voltará para casa enquanto não assinar a inclusão à URSS."[11] Os três governos estavam militarmente indefesos. A resistência levaria a um desastre nacional.

Obviamente, a conformidade também trouxe desastres, já que os três países certamente foram tratados do mesmo modo que o leste da Polônia. Na verdade, o assédio não resultou imediatamente em pedidos de incorporação à URSS. Portanto, o Exército Vermelho se mobilizou para assegurar os objetivos de Stalin, e as unidades do NKVD vieram logo atrás — algumas delas já operavam na Polônia. Manteve-se uma fachada de constitucionalismo. Andrei Jdanov, membro do Politburo que operava em estreita colaboração com seu mestre Stalin, foi enviado à região do Báltico para cumprir as ordens nos bastidores. Houve detenções, não divulgadas devido à censura. Seguiram-se execuções e deportações, enquanto a mídia, dominada pelos soviéticos, anunciava novas eleições. Apenas candidatos comunistas, ou que os apoiassem, foram autorizados a concorrer. Os parlamentos se reuniram em Tallinn, Riga e Vilnius em julho, e declararam total aquiescência aos desejos de Moscou. Como Stalin exigira, todos solicitaram ser incorporados à URSS. Ele declinou admitir os três no mesmo dia, uma questão *pro forma*. A Lituânia entrou para a URSS em 3 de agosto, a Letônia dois dias depois e a Estônia logo em seguida.

Stalin estava fazendo o jogo geopolítico. A perspectiva política comunista na Europa tinha desvanecido. Para ele, oportunista inveterado, isso não era problema. Embora não deixasse de crer na superioridade do comunismo com relação ao capitalismo, esperou a oportunidade seguinte para promover no exterior seu tipo de ditadura. Lituânia, Letônia e Estônia não eram os únicos lugares que tinha em mente como zonas de interesse especial da URSS. Nesse sentido, ele e seus representantes persistentemente apontaram a Romênia e a Bulgária. Ele tampouco desistiu de argumentar que a Turquia estava localizada na zona hegemônica soviética. Enquanto distribuía cotas abundantes de grãos e petróleo a uma Alemanha em guerra com a França e o Reino Unido, em troca exigiu tecnologia alemã. Berlim precisou sancionar a venda de caças Messerschmitt, um tanque Panzer-III e o cruzador Lutzow; e teve ainda de mostrar aos especialistas soviéticos os projetos de construção do encouraçado *Bismarck*.[12] Stalin levou a reputação de ter sido enganado por Hitler. Não foi como Berlim encarou a coisa em 1939-40. Ele fizera uma aposta pesada, e insistiu em levá-la até o fim. Quando forçou a situação, arriscando-se a aumentar a tensão entre Moscou e Berlim, Hitler o descreveu como um "chantagista de sangue-frio".[13]

O que fez Stalin mudar de atitude não foi um acontecimento na Europa ou no Extremo Oriente. O colapso da França, no verão de 1940, mudou tudo. O planejamento militar soviético se baseara na suposição de que Hitler enfrentaria uma resistência mais tenaz das forças armadas francesas do que o que acontecera na Polônia. A geopolítica europeia virou de ponta-cabeça. Poucos observadores viram chances de sobrevivência para o Reino Unido nos meses seguintes. Para Stalin, as implicações foram terríveis. A Wehrmacht parecia a ponto de completar suas tarefas no Ocidente. Não enfrentaria mais uma guerra em duas frentes se dirigisse seu poder de fogo contra a URSS. As relações entre Stalin e Hitler refletiram imediatamente as consequências do colapso francês. Truculento desde 1939, ele começou a se apaziguar. A guerra com a Alemanha precisava ser evitada a qualquer custo.[14]

A conciliação ocorreu sem declarações claras de uma mudança de atitude. Contudo as afirmações de Stalin nos bastidores, recentemente liberadas para consulta, revelam suas preocupações. No jantar de aniversário da Revolução de Outubro no Kremlin, em 7 de novembro de 1940, ele mencionou seu assombro com os acontecimentos na esfera militar. Não se restringiu à debacle francesa. A Guerra Soviético-Japonesa tinha apontado a debilidade da força aérea do país e também a dos seus tanques. A Guerra de Inverno com a Finlândia tinha sido ruim para a URSS, e ressaltara defeitos graves na organização e no planejamento. A Alemanha, então, tomou a França de assalto na campanha de verão, e mandou os britânicos de volta pelo canal da Mancha. Stalin foi franco: "Não estamos preparados para o tipo de guerra em que a Alemanha e a Inglaterra estão metidas."[15] Mais tarde, Molotov recordou que Stalin concluíra que "só seremos capazes de enfrentar os alemães em pé de igualdade em 1943".[16] As ramificações diplomáticas eram imensas. Hitler precisou ser convencido de que as intenções militares soviéticas eram absolutamente pacíficas. Suas requisições de matérias-primas tinham de ser cumpridas, embora a tecnologia alemã não estivesse imediatamente disponível em troca: o atraso na entrega, antes questionado, era agora perdoável.

Enquanto o mundo diplomático se ofuscava na primeira metade de 1941, Stalin reconsiderou diversas suposições políticas. Já havia acrescentado suas contribuições aos ingredientes nacionais russos no item marxismo-leninismo. Observando os países europeus sob o jugo nazista, chegou à conclusão de que o Comintern já não tinha utilidade. Para comprazer a opinião popular, o comunismo precisava ser encarado como um movimento sensível aos sentimentos nacionais locais. Talvez percebesse a urgência de assegurar a Hitler que o expansionismo soviético tinha deixado de ser uma aspiração. Foi o que ele disse a Dimitrov, em abril de 1941:

> Os partidos comunistas devem ser absolutamente autônomos, e não partes do Comintern. Devem se tornar partidos comunistas nacionais, com diversas denominações: partido dos trabalhadores, partido marxista etc. O nome não importa. O que importa é que criem raízes no povo e se concentrem em suas tarefas específicas [...] A Internacional foi criada na época de Marx com a expectativa de chegar à revolução internacional. O Comintern foi criado na época de Lenin, em um momento similar. Hoje, em cada país, as tarefas *nacionais* são a prioridade suprema. Não se aferrem ao que já foi.[17]

Dimitrov acabava de ser informado de que seu trabalho estava obsoleto.

Isso não significou que Stalin não tinha mais fé no sucesso mundial do comunismo; contudo, o que Dimitrov ouviu, indiretamente, foi a avaliação de que a situação militar na Europa se tornara tão complexa e perigosa que já não convinha à URSS manter um movimento comunista coordenado dirigido pelo Comintern. Stalin não abandonou a esperança de coordenar as atividades de outros partidos comunistas. Em vez disso, considerou, provisoriamente, que a política de apaziguar a Alemanha melhoraria se pusesse alguma distância entre seu governo e o Comintern. Este último só não foi dissolvido devido à irrupção da guerra com a Alemanha.

Contudo, apesar de tentar apaziguar Hitler, Stalin quis manter alto o moral do Exército Vermelho. Em 5 de maio de 1941, discursou em Moscou, na cerimônia para graduados das academias militares. Sua mensagem, que à época não foi divulgada na imprensa, foi combativa. Em vez das palavras tranquilizadoras que usava com a imprensa ao mencionar a Alemanha, ele declarou:

> A guerra com a Alemanha é inevitável. Se o cam[arada] Molotov conseguir adiá-la por dois ou três meses no M[inistério] de R[elações] Exteriores teremos boa sorte, mas devemos tomar medidas para elevar o alerta entre as nossas forças.[18]

Ele instou as forças armadas soviéticas a se preparar para a guerra.[19] E explicou:

> Até agora tivemos uma política pacífica e defensiva, e treinamos o nosso Exército com esse espírito. É verdade que ganhamos ao conduzir uma política pacífica. Porém, agora a situação deve mudar. Temos um Exército forte e bem-armado.

E prosseguiu:

> Uma boa defesa significa a necessidade de atacar. O ataque é a melhor defesa [...] agora devemos levar adiante uma política pacífica

e defensiva com o ataque. Sim, defesa com ataque. Agora temos de treinar novamente o Exército e os nossos comandantes. Educá-los no espírito de ataque.[20]

Seria o sinal — como sugerem alguns — da intenção de atacar a Alemanha no futuro próximo? Inegavelmente, ele não teria escrúpulos em apunhalar amigos e aliados pelas costas. Hitler pensava e agia do mesmo modo, e o Comintern não esquecera a propaganda nazista sobre os *Untermenschen* eslavos e o *Lebensraum*. Para Stalin, havia um sentido estratégico em atacar Hitler antes que os alemães invadissem a URSS. Também é verdade que Jukov e Timoshenko traçavam planos para essa ofensiva.

Contudo, nada disso prova que Stalin realmente contemplasse uma ofensiva no futuro imediato. Uma cerimônia militar de graduação na Europa e na Ásia, em meados de 1941, não era ocasião para que um líder político moderasse a mentalidade combatente dos futuros oficiais. Eles deviam estar a postos para a guerra; também precisavam ter claro que contavam com uma liderança política disposta a guerrear. Além disso, teria sido negligente da parte de Stalin não instruir Jukov e Timoshenko a planejar uma ofensiva. Todos os exércitos precisavam fazer diversos planejamentos, e o Exército Vermelho não seria uma exceção. Ele foi realista ao constatar que suas forças precisavam de um par de anos para ser capazes de enfrentar os alemães. Não excluiu a possibilidade de atacar a Alemanha se, e quando, a Wehrmacht aparentasse debilidade. A tradição marxista-leninista de política externa determinava que a URSS explorasse as rivalidades políticas, econômicas e militares das potências capitalistas. Desde tempos imemoriais, foi o que fizeram todos os Estados. Quando a Alemanha mostrasse que fraquejava, a águia das montanhas soviéticas daria uma rasante para abocanhar a presa.

Consequentemente, em maio e junho de 1941, a prioridade de Stalin era não dar motivos a Hitler para iniciar uma guerra. O Estado-Maior ainda precisava terminar um plano abrangente de defesa.[21] Para Stalin, a conciliação diplomática e econômica era fundamental. As análises dos militares em Berlim e em Moscou tinham apontado a importância de iniciar as hostilidades no começo do verão, para desbaratar as defesas soviéticas antes que viesse o inverno, e Stalin esperava que isso estivesse correto. Hitler estava impedido de invadir a URSS na hora certa devido a problemas na Iugoslávia desde a primavera. Contudo, a decisão secreta já havia sido tomada em Berlim: ele atacaria assim que reunisse forças suficientes na Polônia ocupada. Sua certeza se baseava na ignorância da capacidade militar soviética. O sigilo de Stalin manteve os alemães no escuro quanto à sua verdadeira força. Quando essa informação chegou a Berlim era tarde demais para convencer Hitler a suspender a invasão.[22]

Em pleno verão, contra todos os prognósticos, Stalin esperava que suas manobras diplomáticas dessem resultado. Ignorou o acúmulo de informações de que, do outro lado da fronteira, Hitler não tinha boas intenções. Jukov estava ficando nervoso. Em meados de junho fez outra tentativa de arrancar Stalin de sua política de apaziguamento. O Líder retrucou, zangado: "O que você anda tramando? Veio aqui para nos assustar com a ideia da guerra ou o que você quer é mesmo uma guerra? Já não tem suficientes medalhas e diplomas?"[23] O golpe foi tão baixo que fez Jukov perder a compostura com Stalin. Mas aquilo passou e a política conciliatória foi mantida. Desse modo, as condições para o maior desastre militar do século XX foram inadvertidamente preparadas pelo extremamente confiante líder do Kremlin.

37. BARBAROSSA

Uma hora antes da alvorada de 22 de junho de 1941, as forças armadas alemãs iniciaram a Operação Barbarossa. Hitler não deu aviso — tratava-se da Blitzkrieg clássica e, naquele momento, Stalin estava na cama, na *datcha* de Blijnyaya.

Durante a crise diplomática das semanas anteriores, ele compreendera que o alerta de invasão alemã nos relatórios das fontes de inteligência não passava de uma provocação. Timoshenko, na qualidade de comissário do povo para a Defesa, e Jukov, chefe do Estado-Maior, pensavam que ele estava errado e permaneceram de plantão durante toda a noite. Às 3h30, foram informados de que estavam ocorrendo bombardeios pesados ao longo da fronteira soviético-alemã. Sabiam do que se tratava: era o início da guerra. Timoshenko mandou Jukov telefonar para Blijnyaya. Obedientemente, Jukov ordenou ao sonolento Vlasik, chefe da guarda pessoal de Stalin, que despertasse o Líder.[1]

Como um escolar que rejeita uma comprovação simples de aritmética, Stalin não acreditou no que ouviu. Respirando com dificuldade, resmungou que Jukov não devia reagir.[2] Os exércitos alemães nunca tiveram uma vítima tão complacente. A única concessão de Stalin a Jukov foi sair da cama e voltar de limusine a Moscou, onde os dois se encontraram. Estavam presentes Timoshenko, Molotov, Beria, Voroshilov e Lev Mekhlis.[3] (Mekhlis foi um burocrata do partido que cumpriu diversas tarefas para Stalin durante o Grande Terror.) Pálido e atônito, sentou-se com eles à mesa, segurando um cachimbo vazio para se reconfortar.[4] Ele não podia aceitar que se iludira com Hitler. Balbuciou que as hostilidades deviam ter começado em virtude de alguma conspiração da Wehrmacht. Sempre tinha de haver um complô. Quando Timoshenko discordou, Stalin retrucou que "se fosse necessário armar uma provocação, os generais alemães bombardeariam suas próprias cidades". Absurdamente ele ainda tentava se convencer de que a situação era reversível: "Certamente, Hitler não sabe disso." Mandou Molotov telefonar para o embaixador Schulenburg para esclarecer a situação. Aquilo foi como se agarrar a uma palha enquanto o Armagedom ardia. Na verdade, Schulenburg já havia solicitado uma reunião com Molotov no Kremlin. Entrementes, Timoshenko e Jukov seguiram implorando a permissão de Stalin para organizar um contra-ataque.[5]

Schulenburg, que tentara dissuadir Hitler de invadir, trazia a notícia militar inequívoca. Molotov informou a Stalin: "O governo alemão declarou guerra contra nós." Stalin afundou na cadeira, e seguiu-se um silêncio insuportável, rompido por Jukov, que expôs medidas para deter as forças do inimigo. Timoshenko o corrigiu: "Deter não: aniquilar." Contudo, Stalin seguia estipulando que as forças terrestres soviéticas não deviam infringir a integridade do perímetro alemão. A Diretriz nº 2 foi emitida às 7h15.[6]

Os alemães se espalharam como gafanhotos pela fronteira oeste da URSS. Ninguém, à exceção de Stalin, talvez, esperava seriamente que o Exército Vermelho os fizesse recuar rapidamente para o rio Bug. Aquilo era uma calamidade militar em uma escala sem precedentes nas guerras do século XX. Stalin ainda não se recuperara. Estava visivelmente perturbado, e não conseguia focar nas questões essenciais. Quando Timoshenko voltou do Comissariado do Povo para a Defesa a fim de averiguar a situação, Stalin se recusou a recebê-lo. Mesmo naquele momento, a política vinha primeiro, e ele insistiu em fazer uma reunião do Politburo. Por fim, às 9h, Timoshenko foi admitido e apresentou um plano para criar o Quartel-General Supremo. Enquanto isso, o Politburo incumbiu Molotov de fazer um pronunciamento no rádio ao meio-dia.[7] Stalin continuava desorientado. Se quisesse, poderia ter dado a notícia pessoalmente. Contudo, o choque e o constrangimento o bloquearam. Estava determinado a seguir no centro das coisas, mas sabia que Molotov não o decepcionaria ao microfone. Stalin não perdeu tempo ressentindo-se com o que Hitler lhe havia feito. A guerra havia começado para valer. Ele e a URSS precisavam vencê-la.

Como ele se deixara enganar? Durante semanas, a Werhmacht estivera se preparando na margem oeste do rio Bug, com dezenas de divisões transferidas de outras partes da Europa. A Luftwaffe enviara esquadrões de reconhecimento sobre cidades soviéticas. Stalin tinha sido informado disso pela agência de inteligência militar. Em maio e junho, ele fora repetidamente pressionado por Timoshenko e Jukov para autorizar os preparativos para a guerra. Foi Richard Sorge, agente soviético na embaixada alemã em Tóquio, quem deu o alerta. Winston Churchill enviara telegramas advertindo Stalin. Os espiões soviéticos na Alemanha tinham informado sobre os preparativos em curso. Até o Partido Comunista da China alertou Moscou sobre as intenções alemãs.[8]

Stalin, porém, já havia decidido. Rejeitou as advertências e confiou no próprio discernimento. É indiscutível que cometeu um erro crasso. Porém, há certas circunstâncias atenuantes. Ele esperava entrar em guerra com a Alemanha mais cedo ou mais tarde. Assim como os estrategistas militares de outras partes, estava atônito com o fácil triunfo de Hitler sobre a França. O êxito da Werhmacht no Ocidente provavelmente faria o Führer se voltar para o leste e atacar a URSS. Mas Stalin tinha certa razão em crer que os alemães não se arriscariam a atacar em 1941. Embora a França tivesse sido humilhada, Hitler não dera o golpe fatal nos britânicos. Suas forças armadas também enfrentavam dificuldades nos Bálcãs na primavera, quando a ação na Iugoslávia contra a ocupação alemã desviou tropas necessárias à Operação Barbarossa. Stalin continuava agarrado à crença de que uma invasão bem-sucedida da URSS teria de começar no início do verão, no mais tardar. A sorte de Napoleão em 1812 tinha mostrado a importância de derrotar os russos sem precisar fazer árduas caminhadas na neve. Em meados de junho de 1941, o perigo de uma cruzada alemã parecia ter desaparecido.

Alguns agentes da inteligência soviética também rechaçavam que o ataque alemão fosse iminente. Uma nuvem de relatórios confundiu os cálculos de Stalin.[9] Ele piorou as coisas ao insistir em ser o único árbitro da veracidade dos dados. O processamento normal das informações foi desautorizado na URSS.[10] Stalin confiava excessivamente em sua intuição e experiência pessoais. Não só outros políticos, mas Timoshenko, o comissário do povo para a Defesa, e o chefe do Estado-Maior, Jukov, também não tiveram acesso aos relatórios das embaixadas e agências de inteligência.[11] Os alemães aproveitaram a situação plantando informações falsas; elas contribuíram para fazer Stalin crer que não havia uma campanha militar sendo preparada. Assim, nos primeiros meses de 1941, ele seguiu uma pista dupla: cumpriu escrupulosamente os termos do pacto com a Alemanha nazista e, ao mesmo tempo, dizia em reuniões com a elite política e militar soviética que, se os alemães atacassem, seriam repelidos com uma eficiência feroz. Cauteloso em tantos aspectos, Stalin confiou na sua habilidade de ler as entrelinhas das intenções de Hitler e não discutiu as evidências com ninguém.

Ele ficou chocado com a Operação Barbarossa. Porém, Molotov defendeu o Chefe da acusação de que teria entrado em colapso em virtude do estresse:

> Não posso dizer que ele foi derrubado; certamente sofreu, mas não deixou isso transparecer. Stalin definitivamente tinha suas dificuldades. Seria estúpido dizer que não sofreu. Mas não foi descrito como realmente era — ele é apresentado como um pecador arrependido! Bem, claro que isso é absurdo; ele não teve tempo de cair nem de perder o dom da fala.[12]

O livro de visitas de Stalin confirma que ele não caiu na passividade.[13] Jukov também asseverou que ele se recobrou com rapidez. No dia seguinte, certamente já era dono de si, e em poucos dias parecia o mesmo de sempre. A força de vontade o reergueu. Estava diante de poucas alternativas. O fracasso em derrotar as forças armadas alemães seria fatal para o Partido Comunista e o Estado soviético. A Revolução de Outubro seria esmagada, e os alemães teriam a Rússia à sua mercê.

Em 23 de junho, Stalin trabalhou sem descanso no escritório do Kremlin. Durante 15 horas, até às 3 da manhã, consultou os membros do Quartel-General Supremo. O planejamento militar central era crucial, e deixou os subordinados políticos cumprirem suas tarefas, enquanto se concentrava nas suas. Às 18h25, ele pediu informes orais de políticos e comandantes. Molotov esteve com o Chefe praticamente o tempo todo. Stalin estava reunindo o máximo de informações necessárias antes de dar novas ordens. Houve visitantes até 1h25 do dia seguinte.[14]

O Quartel-General Supremo, ou Stavka — termo usado no governo de Nicolau II na Primeira Guerra Mundial —, também foi criado em 23 de junho. De início, Stalin não quis dirigi-la formalmente. Não queria ser identificado como líder de um esforço de guerra em condições desastrosas. Então Timoshenko presidiu a Stavka, que incluía Stalin, Molotov, Voroshilov, Budënny, Jukov e Kuznetsov. Também tentaram persuadi-lo a ser o comandante supremo. Ele se recusou, embora na prática agisse como se ocupasse o cargo. A Stavka fora moldada por ele,[15] e é notável que tenha insistido para que políticos proeminentes fizessem parte desse órgão militar. Não só Molotov, mas Voroshilov e Budënny também eram basicamente figuras do Partido Comunista, sem experiência profissional para tocar a máquina contemporânea da guerra. Timoshenko, Jukov e Kuznetsov foram, portanto, superados em número. Stalin não permitia que uma decisão importante fosse tomada sem a participação dos políticos, apesar das asneiras que cometera nos últimos dias. Ele chamou os generais ao seu escritório, indagou sobre a situação a oeste de Moscou e lhes deu instruções. Não havia dúvidas quanto à sua supremacia.

Ele impôs um ritmo frenético a si e aos demais até as primeiras horas de 29 de junho, quando Molotov, Mikoyan e Beria foram os últimos a deixá-lo. (V. N. Merkulov, havia vários meses chefe da organização estatal de segurança, saíra minutos antes.)[16] Naquele momento, Stalin começou a se comportar de um modo misterioso. A visita ao Ministério da Defesa, dois dias antes, tinha sido difícil. Quando Timoshenko e Jukov lhe mostraram os mapas operacionais, ele ficou atônito com a extensão do desastre para o Exército Vermelho. Após superar a perplexidade com a Operação Barbarossa, em 21 de junho, teve uma recaída. Poucos membros do Politburo, do Sovnarkom e da Stavka tinham ideia do que acontecia com ele. Quando as chamadas telefônicas eram transmitidas à *datcha* de Blijnyaya, seu assessor-chefe, Poskrëbyshev, alegava não saber de seu paradeiro. Na verdade, ele estava dando voltas por ali mesmo. Comandantes e políticos ficaram à deriva, enfrentando a guerra com a Alemanha como podiam. Fora de Blijnyaya, ninguém sabia se ele estava vivo ou morto.

O avanço alemão cresceu pelas fronteiras soviéticas. Treinados para aceitar os caprichos de Stalin, seus subordinados políticos e militares tentaram dirigir suas instituições como se nada estranho estivesse ocorrendo, mas prefeririam não fazer nada antes de obter seu aval. A situação mudava minuto a minuto. Havia anos a sanção de Stalin era essencial, e a Stavka precisava que ele estivesse no centro das decisões. O que andaria fazendo? Uma possibilidade é que estivesse com o moral tão baixo que não se sentia capaz de continuar no cargo. Havia motivos de sobra para se sentir mal com sua atuação recente. Outra possibilidade é que estivesse tentando dizer aos subordinados que, por pior que tivesse agido, continuava sendo o Líder insubstituível. Stalin era um leitor ávido de livros sobre Ivan, o Terrível, e de certo modo se identificava com ele. Em certa ocasião, Ivan abandonou o Kremlin e se recolheu a um monastério; seu propósito fora induzir os boiardos e os bispos a perceber a necessidade fundamental de que ele continuasse governando. Após alguns dias, uma delegação o procurou para suplicar que voltasse ao Kremlin. Talvez Stalin quisesse criar uma situação semelhante.

Nunca se saberá a verdade, pois ele nunca falou sobre o episódio. Mais tarde, seus subordinados tomaram coragem e tentaram averiguar o que estava acontecendo. Nikolai Voznesenski, a estrela em ascensão nos organismos de planejamento estatal, estava com Mikoyan quando Molotov telefonou chamando-os. Malenkov, Voroshilov e Beria já estavam com ele, e este último propunha a criação de um Comitê Estatal de Defesa. Mikoyan e Voznesenski concordaram. O comitê foi pensado para suplantar a autoridade tanto do partido como do governo, e seria chefiado por Stalin. Após anos, foi a primeira grande iniciativa tomada por qualquer um deles sem pedir a autorização prévia do Líder.[17]

O problema era conseguir que ele concordasse. O grupo decidiu ir a Blijnyaya e lhe apresentar a proposta diretamente. Quando Molotov mencionou o problema da "prostração" de Stalin nos últimos dias, Voznesenski o apoiou: "Vyacheslav, vá adiante e nós o acompanharemos." Mikoyan interpretou aquilo como um plano de viagem. Voznesenski quis dizer que, se Stalin não se recobrasse, Molotov deveria ocupar o lugar dele. Ao chegar à *datcha*, encontraram-no jogado em uma poltrona. Parecia "estranho" e "reservado", muito diferente do Líder que conheciam. "Por que vocês vieram?", balbuciou. Mikoyan pensou que Stalin suspeitava que iriam detê-lo. Mas Molotov, o velho camarada, falou por todos, e explicou a necessidade de um Comitê Estatal de Defesa. Stalin não se convenceu, e perguntou: "Quem vai dirigi-lo?" Molotov apontou para ele. Stalin pareceu surpreso, e disse simplesmente: "Bom." O gelo estava derretendo. Beria sugeriu que quatro membros do Politburo se juntassem a ele no Comitê Estatal: Molotov, Voroshilov, Malenkov e ele próprio. Stalin recobrou a confiança e quis acrescentar Mikoyan e Voznesenski.[18]

Beria objetou que estes últimos eram indispensáveis no trabalho com o Sovnarkom e o Gosplan. Irado, Voznesenski insurgiu-se contra Beria. Stalin estava em seu elemento: os subordinados estavam mais interessados em discutir entre si do que em rivalizar com ele. Chegaram ao acordo de um Comitê Estatal de cinco membros; com amplos poderes, Mikoyan organizaria o abastecimento e Voznesenski coordenaria a produção de armamentos.[19] A decisão foi confirmada na imprensa em 1º de julho.[20] Stalin voltou ao trabalho. A sugestão de que Molotov o substituísse teria sido a morte de todos eles, e foi mantida em segredo. De qualquer modo, foi uma ocasião que Stalin dificilmente esqueceu. Beria acreditava que cedo ou tarde eles pagariam o preço por tê-lo flagrado em um momento de profunda debilidade.[21]

Em 10 de julho, depois de ser incitado, entre outros, por Jukov, Stalin autorizou sua nomeação como comandante supremo. Ele foi cauteloso, e o título foi ocultado da mídia por várias semanas. Não se sabe o motivo para tal, e ele nunca discutiu o assunto com os que o cercavam. Mas é difícil não concluir que queria evitar a associação direta, na mente popular, com a catástrofe no front. Se as derrotas prosseguissem, faria rolar outras cabeças. Ele levou ainda mais tempo para assumir a Stavka oficialmente. Só em 8 de agosto concordou em se tornar seu presidente. Seria outro sinal de que havia aprendido com as biografias do primeiro imperador romano, Augusto, que o verdadeiro poder era mais importante que os títulos? Independentemente do significado da atitude de Stalin quanto à própria imagem, é uma evidência clara de que por fim ele acreditava que o Exército Vermelho tinha se recuperado dos primeiros dias desastrosos no campo contra os alemães. O início de uma defesa eficaz estava sendo organizado, e a ordem e a eficiência estavam substituindo o caos — Stalin por fim podia correr o risco de assumir total responsabilidade; e, de fato, se não fizesse isso, seu compromisso seria questionado.

Quem pagou o preço por perturbá-lo, mesmo sem tê-lo visto deprimido na *datcha*, foi o comandante da Frente Ocidental, Dmitri Pavlov. Colocado em uma situação insustentável devido aos erros militares de Stalin, antes e no dia 22 de junho de 1941, Pavlov tornou-se o bode expiatório do êxito militar alemão. Errar é humano, e Stalin cometera um erro em uma escala colossal. Ele perdoou a si mesmo, mas não aos outros; quando cometia um erro, outros levavam a culpa. Pavlov foi detido, julgado por uma corte marcial e condenado à morte. É difícil entender o que Stalin pensava conseguir com isso. A sentença não foi muito divulgada. Provavelmente ele apenas estava repetindo o que se tornara um hábito, e queria manter os comandantes com medo dele. Porém, talvez também percebesse a necessidade de evitar o colapso no moral de todo o corpo de oficiais. Então, optou por ceder. Conseguiu a vítima, mas evitou o cenário de tortura do pré-guerra, com o julgamento-espetáculo e a confissão forçada. Não foi de muito consolo para o infeliz Pavlov, mas foi o primeiro sinal de que Stalin compreendera que precisava se adaptar à situação de guerra.

Enquanto isso, a Werhmacht avançava pelo território soviético. A estratégia alemã era cruzar as planícies e os pântanos das fronteiras ocidentais da URSS e, em poucas semanas, ocupar as principais regiões europeias. Eles pareciam a ponto de cumprir todas as expectativas do Führer. Experientes formações de tanques se espalharam por um vasto território, deparando-se com operações de defesa bravas, mas ineficazes. Minsk, a capital da Bielorrússia, caiu em 29 de junho, Smolensk em 16 de julho. Não havia nenhum grande centro urbano entre Smolensk e Moscou. Desanimado com o comando da Frente Ocidental, Stalin autorizou Timoshenko e Jukov a reorganizar as coisas por lá e reforçar a resistência. Conseguiram certa desaceleração do avanço alemão, mas as formações Panzer estavam simultaneamente abrindo caminho para Leningrado, no norte, e Kiev, mais ao sul. Toda a Polônia, a Lituânia e a Bielorrússia já estavam sujeitas ao Governo Geral indicado por Hitler. Parecia que nada conseguiria salvar o "poder soviético". A Operação Barbarossa foi levada a cabo por forças armadas que conquistaram todos os países europeus que haviam atacado. Mais de três milhões de homens tinham sido convocados para a campanha contra a URSS. Hitler tinha à sua disposição mais de 3 mil tanques e 2 mil aviões. As forças de segurança seguiam atrás das vitórias: os Einsatz-kommandos extirpavam todos aqueles considerados hostis à Nova Ordem. Tudo fora perfeitamente planejado e aprovisionado.

O pânico se abateu sobre Moscou e Leningrado, e milhares de habitantes tentaram fugir antes da chegada dos alemães. Dentre os refugiados havia funcionários governamentais e do partido. Stalin foi impiedoso. Encarregado da supervisão geral das questões de segurança no Comitê Estatal de Defesa, Beria foi autorizado a montar barreiras nos arredores da capital e aplicar justiça sumária aos que tentassem fugir. Foram definidas disposições estratégicas, e o Comitê Estatal criou altos-comandos para as frentes Norte-Ocidental, Ocidental e Sul-Ocidental. A confiança de Stalin no profissionalismo militar não havia amadurecido. Embora tivesse designado Timoshenko para a Frente Ocidental, estipulou que Voroshilov liderasse a Frente Norte-Ocidental, enquanto Büdenny chefiaria a Frente Sul-Ocidental.[22] Ambos, que tinham sido seus camaradas durante a Guerra Civil, não colheram louros na guerra contra a Finlândia, e ainda assim Stalin os indicou. Os comitês partidários e os comitês executivos soviéticos nas províncias ficaram sob a liderança direta do Comitê Estatal, com ordens de reforçar o espírito de resistência. O recrutamento para o Exército Vermelho foi intenso. Era preciso aumentar a produção de armamentos, endurecer a disciplina do trabalho e garantir o suprimento dos víveres das aldeias. Para Stalin era indiferente como isso seria feito. Só os resultados interessavam.

Um enorme contingente de prisioneiros de guerra caiu nas mãos dos alemães: mais de 400 mil tropas do Exército Vermelho foram capturadas só na batalha de Minsk. Nas fronteiras ocidentais, a força aérea soviética foi destruída, principalmente em terra, logo nos primeiros dois dias de enfrentamento. As conexões nos transportes e nas comunicações foram abaladas. Quando Smolensk foi ocupada, o quartel-general do partido não teve tempo de incinerar os documentos. A URSS perdeu suas repúblicas soviéticas da fronteira ocidental quando Ucrânia, Bielorrússia, Lituânia, Letônia e Estônia foram invadidas pela Alemanha. Perdeu também metade de sua capacidade industrial e agrícola, e quase a mesma proporção da população. O moral estava baixo nas zonas não ocupadas. A administração civil ficou caótica. Os bombardeios alemães seguiram destruindo pontos habitados muitos quilômetros atrás das linhas do avanço da Wehrmacht. Em Moscou, o pânico se espalhou. Muitos funcionários do governo tentaram fugir. Nem mesmo o discurso de Molotov, em 22 de junho, e o de Stalin, onze dias depois, convenceram a maioria das pessoas de que o país tinha uma boa defesa.

Não faltaram cidadãos satisfeitos com o que estava acontecendo. Muitos na fronteira ocidental encararam as tropas da Wehrmacht como libertadoras. Camponeses ucranianos as saudaram com o tradicional pão e sal. O objetivo de Stalin de extirpar a possibilidade de uma quinta-coluna mediante o Grande Terror provou sua ineficácia. Tudo que conseguiu foi atiçar a brasa do ódio ao seu governo. O campesinato queria se livrar dos tormentos do sistema de fazendas coletivas. E não eram os únicos. Nas cidades e aldeias, principalmente entre gente não russa e os judeus, havia muita ingenuidade quanto aos propósitos de Hitler. Isso não surpreende, já que a política de ocupação alemã ainda não estava clara, e alguns funcionários nazistas tiraram vantagem buscando a cooperação voluntária nas regiões conquistadas da União Soviética e desmantelando toda a ordem construída desde 1917. As igrejas foram reabertas. Lojas e pequenos negócios voltaram a funcionar. Tolamente, Hitler derrubou quaisquer novas propostas nessa direção. Todos os povos eslavos deveriam ser tratados como *Untermenschen*, aptos apenas para ser economicamente explorados em benefício do Terceiro Reich. A Wehrmacht e a SS foram instruídas a espremer mão de obra e matérias-primas da Ucrânia, como se o país fosse um limão.

O esforço de guerra na URSS começou a ser coordenado. Funcionários do partido receberam ordens de participar de reuniões nas fábricas e alertar a força de trabalho de que os alemães estavam a ponto de ser bloqueados. Haveria enormes exigências aos cidadãos soviéticos. A jornada laboral foi ampliada, e a disciplina do trabalho endureceu ainda mais. A ameaça do nazismo seria combatida. A URSS ganharia e, apesar das aparências, o Terceiro Reich perderia. O regime soviético seria inflexível na guerra, como fora na paz.

Contudo, era difícil acreditar nos poucos otimistas genuínos. Supunha-se que os porta-vozes oficiais repetiam o que lhes ordenavam. Em 21 de julho, a Luftwaffe começou a bombardear Moscou. Um mês de combate deixou a URSS de joelhos. O Grupo Armado do Norte estava chegando a Leningrado e, com a queda aparentemente iminente de Moscou, Hitler e seus generais começavam a contemplar a troca das forças para o Grupo Armado do Sul, de modo a garantir a conquista de Kiev. Os refugiados soviéticos que rumaram para o centro da Rússia levavam com eles histórias sobre o êxito militar alemão que contradiziam a insistência do *Pravda* de que o Exército Vermelho estava deixando de recuar. Hitler estava conseguindo o que os comandantes alemães Ludendorff e Hindenburg tinham ameaçado fazer, caso Lenin e os comunistas não tivessem assinado o Tratado de Brest-Litovsk, no início de 1918. Os alemães se apossaram de vastos recursos econômicos com a ocupação da URSS. Por ordem de Stalin, tentou-se evacuar fábricas e a força de trabalho; conforme recuavam, as tropas vermelhas e o NKVD empregavam a política de terra arrasada, para minimizar os benefícios que a Wehrmacht obteria com seu avanço. Hitler se preparava para dominar o Oriente.

38. A LUTA CONTINUA

O outono de 1941 foi sofrido para os russos. O Reino Unido passou mais de um ano lutando sozinho contra a Alemanha, e agora a URSS se juntava a ele, mas sob um perigo ainda maior. Os britânicos não podiam enviar muita ajuda financeira, armamentos e tropas. Embora o front entre a Wehrmacht e o Exército Vermelho fosse apenas um dos fronts da Segunda Guerra Mundial, era praticamente uma guerra à parte. Ainda precisava ser estabilizado por uma defesa soviética eficaz. Em outubro, depois de avançar por planícies e pântanos ao leste do rio Bug, as forças alemãs estavam se concentrando fora de Moscou para a investida final na capital. O Kremlin precisava tomar decisões cruciais. O plano inicial era transferir o governo para Kuibyshev, no rio Volga. Stalin partiria de trem — e o cadáver embalsamado de Lenin, depois de novas aplicações químicas, foi preparado para a viagem até Tyumen, no oeste da Sibéria. Moscou provavelmente cairia nas mãos do invasor antes do inverno. Desde a invasão napoleônica, em 1812, a capital russa não enfrentava um apuro como aquele — e Stalin, à diferença de Alexandre I, não podia esperar que Hitler poupasse sua vida no caso da cada vez mais provável vitória alemã.

Contudo, a linha resistiu. Jukov, o comandante em chefe da Stavka, foi a campo para defender Moscou. No último momento, Stalin decidiu permanecer na capital. Enquanto autorizava a partida de diversos comissariados do povo para Kuibyshev, decidiu que Jukov poderia sair vitorioso, e instruiu os principais políticos a permanecer com ele na capital. Ele não poderia ter planejado uma peça propagandística melhor. O mundo entendeu que o

Líder se recusava a abandonar a capital. A resistência seria exibida a todos, dos membros da Stavka ao soldado de infantaria e o operário da fábrica.

O primeiro teste da decisão de Stalin chegou no final do ano, com uma discussão na Stavka sobre a intensificação da defesa. Jukov era partidário de avançar; ficava satisfeito organizando as Forças Vermelhas para atacar a Wehrmacht. Mas era também um militar profissional. As chances estratégicas de resistir às forças alemãs que avançavam sobre Kiev eram mínimas, e — assim como os demais comandantes — ele concluiu que abandonar a capital ucraniana pouparia recursos materiais e humanos que poderiam ser empregados em um estágio posterior da guerra. Ele disse isso a Stalin, apesar do risco que corria. Stalin ficou irado. "Como pode pensar em deixar Kiev para o inimigo?", perguntou. Jukov não se abalou: "Se o senhor pensa que o comandante em chefe só fala asneiras, então ele não tem o que fazer aqui."[1] Ainda assim, Stalin se ateve aos seus impulsos e mandou defender Kiev até o fim. Temendo ofender Stalin, Timoshenko considerou recuar de Kiev sem avisá-lo. (Obviamente, teria sido uma medida suicida.) Atacar, atacar e atacar: era como Stalin pretendia repelir a invasão nazista. Então, por insistência sua, as forças armadas na capital receberam ordens de se preparar para a ação decisiva. Os civis ficariam para trás.

A Wehrmacht avançava. Mas seus comandantes estavam impressionados com a coragem, a determinação e a flexibilidade soviética. Tinham aprendido a ver os russos como *Untermenschen*, mas descobriram que os povos da URSS, inclusive os russos, estavam longe de ser primitivos. Stalin ainda não cedera à estratégia. Para ele era um anátema abandonar as grandes cidades. Faltava-lhe aprender que o recuo estratégico pode facilitar um reagrupamento indispensável. Agia como um ignorante militar, do mesmo modo como demonstrara ser ignorante em diplomacia, em meados de 1941. Inevitavelmente, em 19 de setembro, Kiev caiu nas mãos das forças maiores e mais bem organizadas da Wehrmacht.

O Exército Vermelho tinha poucas opções estratégicas. Os alemães mantinham a iniciativa, e a Stavka precisava reagir à sua movimentação. Os comandantes foram instruídos a manter suas posições. A Stavka decidia quais setores precisavam receber mais reservas. Enquanto Jukov trabalhava em um plano de campanha, Stalin pressionava os políticos para aumentar a produção para as forças armadas. Em 1942, houve proezas assombrosas na URSS. As fábricas e os operários evacuados das regiões ocidentais do país foram instalados nos Urais. Enquanto isso, as empresas industriais no centro do país intensificaram suas atividades. As perdas terríveis de 1941 estavam sendo superadas, com a crueldade habitual de Stalin. O lema "Tudo pelo front!" foi cumprido quase ao pé da letra. A indústria, que desde antes de 1941 já estava fortemente focada nas necessidades militares, na prática passou a produzir apenas para suprir as forças armadas. A manufatura de bens de consumo foi suspensa. A força da economia soviética foi desviada com tanto êxito para o esforço de guerra que, no último semestre de 1942, o país alcançou um nível de produção que os alemães só atingiriam em um ano. As cifras foram notáveis. Em meio ano, a URSS produziu 15 mil aviões e 13 mil tanques.[2]

Outros setores da economia pagaram o preço. A agricultura ficou sem recursos. Com a convocação dos homens e as mulheres empregadas nas fábricas, as condições nas fazendas coletivas se deterioraram. Muitas fazendas deixaram de produzir ou passaram a ser gerenciadas por mão de obra feminina sem o vigor da juventude. No entanto, o governo não diminuiu as cotas que exigia para alimentar soldados e operários. Em consequência, o campesinato empobreceu ainda mais. A ordem administrativa estatal que anunciava números extraordinários na produção de tanques e aviões foi um desastre para a agricultura. Os propagandistas de Stalin — e muitos comentaristas posteriores — enfatizaram que, na guerra, suas políticas provaram ser muito boas; mas só podiam fazê-lo mantendo sigilo a respeito das fazendas nas regiões não ocupadas.

Contudo, o espírito patriótico era inquebrantável. A propaganda fortalecia a resistência publicando detalhes das atrocidades alemãs. O *Pravda* não se converteu em um "jornal sério", mas não precisou inventar mentiras sobre a Wehrmacht e a SS. Quando a resistência militar soviética começou a endurecer, a mídia em Moscou passou a divulgar as atrocidades alemãs. Judeus, ciganos e comunistas eram fuzilados a torto e a direito. Os assassinatos e as pilhagens grassavam na fronteira ocidental soviética. Embora os alemães tivessem permitido a reabertura da maior parte das igrejas e de alguns comércios na Ucrânia, de modo geral tratavam o país como um lugar a ser saqueado. Confiscavam colheitas rotineiramente, e não abandonaram as fazendas coletivas, pois viram nelas um instrumento muito útil para obter grãos. No início da Operação Barbarossa houve debates em Berlim sobre a política de ocupação. Vários oficiais propuseram buscar neutralizar a oposição nas regiões ocidentais da URSS de um modo prudente, mediante concessões econômicas e sociais. Hitler descartou essa ideia. Para ele, o objetivo era realizar seu sonho ideológico. A Wehrmacht, a SS e a administração civil foram instruídas a tratar os *Untermenschen* eslavos como um recurso humano a ser explorado até a morte.

Aparentemente, isso não afetou Stalin. Ele não previra a intensidade da brutalidade alemã; porém, manteve-se em silêncio depois de receber informes sobre o que ocorria atrás das linhas alemãs. Só se referia às atrocidades alemãs em termos gerais (ao passo que Churchill e Roosevelt punham ênfase no descaso com as leis de guerra internacionais). O próprio Stalin guerreava, ao conduzir a política com tremenda selvageria. O NKVD tinha arrasado a Estônia, a Letônia e a Lituânia, e matado ou encarcerado camadas inteiras da população. A Operação Barbarossa foi a primeira vez, desde a Guerra Civil, em que enfrentou um inimigo tão disposto quanto ele a empregar o terror contra não combatentes inocentes.

De qualquer modo, Stalin não pensava muito no assunto.[3] Quando convocou seus compatriotas a lutar em uma guerra amarga, independentemente de seu custo, ele não se preocupou com a força terrível e a brutalidade da Wehrmacht. Ele e a Stavka continuaram planejando, organizando e supervisionando o esforço de guerra. Eram homens calejados de qualquer ponto de vista. Os líderes comunistas com um lado brando — Bukharin, Kamenev, Tomski ou Ryazanov — haviam sido assassinados no Grande Terror. Na Stavka e no Comitê Estatal de Defesa não restavam espíritos como os deles. Quem tinha reservas ante a severidade de Stalin com as suas próprias forças permanecia calado. Os dois lados do conflito teuto-soviético se enfrentaram sem se preocupar com a Convenção de Genebra. Os prisioneiros de guerra foram tratados de modo atroz. A estratégia e a tática não pouparam soldados nem civis. As restrições que caracterizaram a luta entre a Alemanha e os Aliados nunca prevaleceram no front com o Exército Vermelho. O combate voltou à brutalidade colossal que a Europa vira pela última vez nas guerras religiosas do século XVII, e Stalin estava em seu elemento.

À época, a sobrevivência da URSS ao primeiro inverno terrível de 1941--2 pareceu um milagre. Os EUA entraram na guerra em 1941. Apesar das bravatas em público, os Aliados ainda não tinham dado muito crédito a Stalin; e embora Washington tivesse prometido armas e outros suprimentos mediante o sistema de Empréstimo e Arrendamento (que adiava o pagamento até o fim das hostilidades), pouca ajuda chegou à URSS antes do final de 1942. A União Soviética teve de enfrentar sozinha a Alemanha nazista, enquanto Hitler contava com o apoio crescente de Itália, Hungria, Romênia e Eslováquia.

As avaliações imparciais eram mais favoráveis às chances de Stalin. A análise anterior à guerra, compartilhada por Berlim e Moscou, indicava que, para vencer, os alemães precisavam atacar no início do verão. A campanha militar em curso validava essa análise. Após avanços massivos nos territórios da fronteira ocidental da URSS, a Wehrmacht foi detida nos arredores de Leningrado e Moscou; não foi capaz de sitiar o coração da Rússia, Baku — rica em petróleo —, nem as rotas de transporte pelo Volga. A URSS possuía os recursos humanos e materiais necessários para seguir resistindo ao agressor. A Werhmacht operava em condições mais precárias do que Hitler previra. Os últimos meses de 1941 foram terrivelmente frios. As linhas alemãs de comunicação e abastecimento estavam sobrecarregadas: Hitler não tinha ido suficientemente longe para obter o êxito final, mas fora longe demais para manter as forças armadas em boas condições. Além disso, os equipamentos militares alemães não tinham sido projetados para suportar o rigoroso inverno russo. A situação começou a se inverter a favor da URSS, apesar do impacto duradouro dos cálculos errados de Stalin quanto à Operação Barbarossa.

Stalin recobrou o fôlego, embora a situação imediata fosse profundamente desalentadora. Fora de Leningrado e Moscou, a Werhmacht espreitava como uma pantera. O abastecimento de víveres nas partes não ocupadas da URSS tinha caído pela metade, em virtude do controle alemão sobre a Ucrânia. A bacia do Don também estava dominada, e com ela se foram três quartos do carvão, do ferro e do aço disponíveis no país. Os recrutas em potencial do Exército Vermelho diminuíram em número com a velocidade e profundidade do avanço alemão. Além disso, reinava o caos nos territórios controlados pelos soviéticos. Milhões de refugiados fluíam em direção ao centro da Rússia. Moscou recebia trens provenientes do oeste com vagões apinhados de máquinas das fábricas que tinham sido evacuadas.

O comandante supremo recorreu ao instinto. O ataque, insistia ele com seus generais exaustos, era preferível à defesa. Até ele reconhecia que isto era impossível perto de Moscou e Leningrado, mas pensava que os seus mapas indicavam a debilidade alemã na bacia do Don. Os generais e comissários alertaram que a logística e a geografia não eram muito auspiciosas; mas Stalin não lhes dava ouvidos. Argumentava — ou supunha e não se importava com o que os demais argumentassem em contrário — que quase qualquer ação era melhor que a passividade. Em abril de 1942, quando a neve deu lugar à lama, ele ignorou a Stavka e obrigou os especialistas militares a organizarem uma ofensiva no leste da Ucrânia, com o objetivo de tomar Kharkov. Seria o primeiro contra-ataque soviético sério. Foi planejado com um descuido absurdo, e as agências de inteligência alemãs estavam a par de tudo. A Werhmacht fez seus arranjos e ficou à espera; também estava inteirada do plano de Stalin de retomar a Crimeia, e montou uma armadilha estratégica. Apesar das objeções de seus conselheiros, Stalin insistiu nas ofensivas, e o Exército Vermelho conduziu seus tanques diretamente para as garras da derrota.

Hitler deu um golpe tremendo nas forças armadas soviéticas, e Kharkov permaneceu nas mãos do inimigo. Ele continuava pensando em termos grandiosos. A guerra estava indo bem para as forças alemãs no norte da África, e não era absurdo supor que em breve a Werhmacht avançaria do sul e do norte e se apossaria do Oriente Médio e seu petróleo. Os japoneses, aliados da Alemanha, avançavam rapidamente pela borda ocidental do oceano Pacífico. Nenhum país conseguia enfrentar o Japão; as potências imperiais europeias — a Grã-Bretanha, a França e a Holanda — estavam sendo derrotadas na Ásia. Confiante, Hitler escolheu Stalingrado (antes conhecida como Tsaritsyn) como o próximo alvo.

Stalin ordenou que a cidade fosse defendida a qualquer custo. Há muitos comentários injustificados de que ele e Hitler exageraram quanto ao significado estratégico de Stalingrado. Stalin se baseara lá por alguns meses em

1918, e seus propagandistas trataram a campanha de Tsaritsyn como crucial para o resultado da Guerra Civil. Dizem que Hitler quis atacá-la porque tinha o nome de Stalin. Sentimento e simbolismo podem ter contribuído para a determinação alemã de tomar Stalingrado e para a tenacidade soviética em resistir. Mas a principal razão foi estratégica. A cidade se localizava e uma área vital para a logística do esforço de guerra da URSS. Se controlassem a região do curso médio do Volga, os alemães impediriam o fornecimento do petróleo de Baku e Grozny. Isso também lhes permitiria cruzar o Volga para o sudeste da Rússia e perigosamente reduzir o acesso de Moscou aos grãos e às batatas. A alternativa teria sido se concentrar no assédio a Moscou para dominar o centro de transporte e administração de toda a URSS. Mas a decisão de Hitler foi sensata, embora não fosse a única opção.

A Alemanha e seus aliados começaram a campanha de Stalingrado em 28 de junho de 1942. Rapidamente alcançaram e tomaram Voronej. Depois Rostov caiu. Stalingrado parecia condenada, e um Hitler confiante dividiu as forças de ataque de modo a tomar o petróleo do norte e do sul do Cáucaso. Para a Stavka era penoso ler os boletins que chegavam a Moscou. O pânico se apossou dos habitantes do sul da Rússia. Para evitar a repetição do tipo de pânico que desbaratara a capital em julho de 1942, Stalin emitiu a Ordem nº 227, "Nem um passo atrás!", em 28 de julho de 1942. Seus termos, lidos para as tropas no campo, mas ocultos da mídia soviética, exigiam obediência absoluta, sob pena de punição severa em caso contrário. O recuo, a menos que claramente sancionado pelo Kremlin, seria tratado como traição. O território seria defendido a qualquer custo. Os "medrosos" e "covardes" podiam esperar um tratamento sumário: seriam fuzilados na hora ou transferidos para os chamados batalhões penais (com poucas chances de sobreviver). A Ordem nº 227 foi editada e firmada por Stalin. Nenhum soldado em serviço podia duvidar de sua determinação de obrigar o Exército Vermelho a lutar sem recuar um centímetro.

Contudo, ao se recusar a enviar reforços a Stalingrado, ele não se baseou na Ordem nº 227. Temeu desviar suas reservas de Moscou e Leningrado. As forças do comandante alemão Friedrich Paulus avançavam implacavelmente em direção a Stalingrado. Mais uma vez Stalin recorreu a Jukov. Reconheceu implicitamente que havia errado na Ucrânia e no sul da Rússia e, por fim, convocou seu oficial mais dinâmico para consertar a situação. Como recompensa por suas façanhas, Jukov foi promovido a vice-comandante supremo. Após uma rápida visita ao front, ele propôs mudanças no conjunto das medidas militares. Quis que enviassem reservistas a Stalingrado. O plano foi aceito em setembro de 1942, e Jukov e o comandante em chefe Alexander Vasilevski trabalharam nos detalhes com Stalin. Aos poucos, o comandante supremo foi aprendendo a cooperar com os camaradas da Stavka. Elaboraram planos para uma ampla contraofensiva, a Operação Urano. Reuniram os reservistas e, enquanto isso, os que defendiam Stalingrado, isolados pelos alemães, receberam ordens de resistir. Bairros inteiros da cidade foram reduzidos a escombros pelos bombardeios constantes da Luftwaffe. Vasili Chuikov foi nomeado novo comandante soviético, mas Hitler acreditou que Paulus logo tomaria a cidade.

A cada etapa do planejamento, Jukov e Vasilevski conferiam com Stalin e outros comandantes. Esse foi o resultado do crescente respeito de Stalin pelo profissionalismo deles. Jukov lhe informava sobre suas observações diretas perto do front. Quando fazia recomendações sobre defeitos operacionais, tinha de aguentar o falatório de Stalin sobre a guerra contemporânea.[4] Porém, este se comportou. Propôs que a Operação Urano fosse adiada caso os preparativos não tivessem terminado.[5] Não era o mesmo Stalin do início da guerra.

As decisões finais da Operação Urano foram tomadas em 13 de novembro. Jukov e Vasilevski gostaram de saber que a linha do avanço soviético enfrentaria tropas romenas, não alemãs; eles tinham superioridade numérica em homens e armamentos. Stalin ouvia atentamente, pitando o cachimbo e alisando o bigode.[6] Membros do Comitê Estatal de Defesa e do Politburo entravam e saíam. O plano geral foi repassado diversas vezes, até todos entenderem suas responsabilidades. Jukov e Vasilevski defendiam a contraofensiva, mas advertiram Stalin de que era quase certo que os alemães transfeririam tropas de Vyazma para as forças de Paulus. Portanto, sugeriram uma contraofensiva sincronizada do Exército Vermelho ao norte de Vyazma. Stalin consentiu: "Seria bom. Mas quem vai se encarregar disso?" Os dois dividiram as responsabilidades, e Stalin ordenou a Jukov que partisse no dia seguinte para Stalingrado a fim de supervisionar os últimos preparativos antes da Operação Urano. Jukov decidiria a data do início da campanha.⁷ Ambos estavam confiantes e determinados. Dessa vez os alemães seriam derrotados.

A Operação Urano teve êxito inicial em 19 de novembro, mas em seguida foi detida pela defesa alemã. Segundo Jukov, Stalin enviou dezenas de telegramas histéricos instando os comandantes a liquidar o inimigo.⁸ Era seu jeito de sempre com os subordinados: tinham de funcionar em um ritmo frenético ou ele se enfezava. Enquanto isso, Hitler enviou Erich von Manstein, um de seus melhores generais, para romper as linhas soviéticas ao redor de Stalingrado. Stalin, porém, aprendera a ser paciente e conhecia muito bem a geografia da região. Com isso, era menos provável que impusesse ideias claramente impraticáveis. Ainda assim, demonstrou "nervosismo excessivo" na Stavka.⁹

Em dezembro de 1942, no Comitê Estatal de Defesa, ele decidiu que Konstantin Rokossovski seria o único comandante no front. Até então Stalin exercera certa autocontenção nas reuniões de planejamento, e Jukov, surpreso, guardou silêncio. Stalin ressaltou: "Por que não diz nada? Ou será que não tem opinião própria?" Jukov, que passara semanas reunindo um grupo de comando em Stalingrado, assinalou que aqueles comandantes, principalmente Andrei Yeremenko, se ofenderiam. Mas Stalin tinha decidido: "Não é hora de se ofender. Telefone para Yeremenko e conte-lhe sobre a decisão do Comitê Estatal de Defesa."¹⁰ De fato, Yeremenko não gostou, mas Stalin se recusou a falar com ele. O plano e o pessoal por fim estavam claros. A luta por Stalingrado tinha chegado ao auge. A cidade se transformara em uma paisagem lunar; praticamente não havia prédios intactos. A munição e os víveres estavam no fim. O gélido inverno no Volga tornava as coisas insuportáveis para os soldados de ambos os lados: o enregelamento e a desnutrição afetaram muitos deles. Contudo, as forças soviéticas estavam um pouco mais bem abastecidas que as forças alemãs e seus aliados. Hitler não havia remediado o problema das linhas de comunicação. Inegavelmente, o Exército Vermelho levava vantagem.

Hitler se descuidou demais das dificuldades em Stalingrado, até que Paulus foi isolado pela Frente do Don de Konstantin Rokossovski e a Frente Sudoeste de Nikolai Vatutin. A única saída era tentar escapar; mas

Hitler, que pensava que a Luftwaffe manteria as forças alemãs abastecidas até Manstein conseguir fazer um ataque devastador, o proibiu. Jukov e Vasilevski tinham previsto tudo isso. Preencheram a lacuna entre Paulus e Manstein com uma massa de divisões blindadas. Daquela posição pretendiam dar dois golpes estratégicos. A Operação Saturno tinha por objetivo retomar Rostov-on-Don, enquanto a Operação Círculo fecharia o cerco a Stalingrado e destruiria as forças de Paulus. Era um esquema dual muito ambicioso. Ele permitiria a Manstein estabilizar sua frente e ameaçar os sitiadores soviéticos de Stalingrado. Por eles, Jukov e Vasilevski teriam reagido de modo mais flexível. Porém, tinham Stalin em seu encalço. Quando sentiu o aroma da vitória, ele não pôde se conter. O resultado foi que os Vermelhos lutaram desnecessariamente até a exaustão — e os alemães tiveram uma segunda chance.

Contudo, as forças soviéticas se reagruparam. Manstein não conseguiu aniquilar suas defesas, e Rokossovski conseguiu investir contra Paulus. A Wehrmacht sentiu na própria carne o que costumava infligir aos inimigos. Os soldados alemães tinham sido convencidos pela propaganda nazista de que iriam lutar contra uma escória de *Untermenschen* em nome da civilização europeia; em vez disso, foram reduzidos a uma condição deplorável por um poder superior bem-armado, bem-organizado e bem-conduzido.

Outros líderes guerreiros teriam ido a campo testemunhar parte da ação. Stalin ficou em Moscou. Para ele, a realidade da guerra eram as conversas com Jukov, a inspeção dos mapas e as ordens que esbravejava ao telefone com os políticos e comandantes atemorizados. Ele não testemunhou nem leu sobre a degradação das forças de Paulus. Eles congelaram e passaram fome, caçaram ratos e mascaram capim e casca de árvores para se alimentar. O fim estava próximo, e Paulus foi convidado a se render. A batalha nas ruas flagrou-o imerso na cidade. O combate corpo a corpo prosseguiu até que ele se rendeu, e em 2 de fevereiro de 1943 a resistência alemã cessou. Stalingrado voltou a ser soviética. As baixas alemãs foram maiores do que em qualquer cenário anterior da Segunda Guerra Mundial: 147 mil soldados mortos e 91 mil capturados. O Exército Vermelho perdeu ainda mais homens. Mas ganhou muito em outros aspectos. O mito da invencibilidade da Werhmacht foi derrubado. Ficou claro que Hitler não dominava as habilidades básicas do generalato. Os cidadãos soviéticos tinham duvidado se o Exército Vermelho conseguiria vencer a guerra, e agora todos sabiam que era possível.

Stalin foi generoso com seus comandantes. Jukov e cinco outros receberam a Ordem de Suvorov, 1ª classe. Ele se autodesignou marechal da União Soviética. Convenceu-se de que havia sido testado no calor da batalha e conquistado tudo o que lhe fora exigido. Seu verdadeiro papel tinha sido de coordenador e instigador. Ele reuniu as agências militares e civis do Estado soviético. O conhecimento proveio dos comandantes na Stavka, e a coragem e resistência dos oficiais e homens do Exército Vermelho que enfrentaram privações quase inacreditáveis. Os equipamentos materiais foram produzidos por operários fabris mal-alimentados, que trabalharam sem reclamar. Os alimentos foram proporcionados pelos *kolkhozniks*, que mal tinham grãos e batatas para subsistir. Mas Stalin não se deixou constranger por dúvidas. Depois de Stalingrado, sempre que aparecia em público ou uma fotografia sua saía no noticiário ou na imprensa, ele trajava o uniforme de marechal.

39. DORMINDO NO DIVÃ

A invasão alemã privou Stalin da presença da família. Os filhos Yakov e Vasili foram à guerra. Yakov era tenente na 14ª Divisão Blindada, Vasili um comandante da Força Aérea muito jovem. Yakov teve um destino terrível. Capturado pela Werhmacht perto de Vitebsk, em 1941, ele foi mantido como um prisioneiro valioso após sua identidade ter sido descoberta. Hitler autorizou uma oferta para trocá-lo por um proeminente general alemão. Os alemães o interrogaram, na esperança de ouvir algo que pudessem usar para constranger o pai dele. Apesar dos desvarios juvenis, Yakov provou ser um detento estoico, e defendeu Stalin e a URSS. O pai suportou a situação e recusou a proposta alemã. Contudo, aquilo o afligia enormemente; durante várias noites seguidas ele pediu a Svetlana para dormir no quarto dele.[1] Só Jukov se atreveu a perguntar sobre Yakov. Stalin deu cem passos antes de responder, em voz baixa, que não esperava que ele sobrevivesse à prisão. Mais tarde, à mesa de jantar, afastou o prato e declarou com uma rara intimidade: "Não, Yakov vai preferir a morte a trair a pátria. Que guerra terrível! Quantas vidas do nosso povo já ceifou! Obviamente teremos poucas famílias sem parentes falecidos."[2]

A Ordem nº 270, editada e polida por Stalin,[3] proibiu os soldados soviéticos de se deixar capturar. Assim, automaticamente, os prisioneiros de guerra do Exército Vermelho foram convertidos em traidores. Contudo, Stalin isentou o filho Yakov de culpa. Ainda assim, tinha uma alma de ferro: queria que a política de não rendição fosse levada a sério, e não podia ser visto condescendendo com o filho.

O relacionamento entre Stalin e os filhos era ruim desde antes da guerra. Yakov constantemente amolava o pai e se recusou a se filiar ao Partido Comunista. Stalin mandou chamá-lo e o repreendeu: "Você é meu filho! O que eu pareço? Eu, o secretário-geral do Comitê Central? Você pode ter as opiniões que quiser, mas pense no seu pai. Faça-o por mim." A argumentação surtiu efeito e Yakov se filiou.[4] Mas eles se viam pouco, e Stalin o repreendia constantemente. A relação com o caçula Vasili era parecida, e ele demorou muito tempo para se qualificar para o corpo de oficiais da Força Aérea soviética (a seção favorita das forças armadas entre os filhos dos membros do Politburo). Dizia-se que Stalin teria se queixado: "Você deveria ter obtido o diploma da Academia Militar há muito tempo." Vasili teria retrucado: "Bem, você tampouco tem diploma."[5] Talvez a história seja apócrifa. Mas soa a uma verdade psicológica. Stalin sempre queria impressionar os outros como alguém entendido em exércitos e estratégia militar. Só o filho teria se atrevido a assinalar as bases amadoras de seu conhecimento.

Até o advento da guerra, Svetlana fora a luz dos olhos de Stalin. Com a morte de Nadya, as rígidas regras comportamentais que impunha aos filhos foram esquecidas,[6] e Svetlana foi criada por tutores e pela governanta Katerina Til. Uma enfermeira penteava seus cabelos. A supervisão geral de seus horários diários, porém, ficou a cargo de Nikolai Vlasik, chefe da guarda pessoal de Stalin.[7] Stalin era ocupado demais para vê-la com frequência; de qualquer modo, era da opinião que "os sentimentos são coisa de mulher".[8] Dos filhos ele esperava que o deleitassem nas ocasiões em que passavam tempo juntos. Por sua vez, queria ser um pai divertido para eles. Yakov e Vasili não cumpriram tais exigências: nenhum dos dois foi aplicado na escola nem se comportou com o misto de respeito e ligeireza que ele desejava. Mas Svetlana se encaixava no molde. Ele lhe escrevia brincando que era seu "primeiro-secretário, o camarada Stalin". Ela lhe enviava ordens como "Por meio desta ordeno que me permita ir ao teatro ou ao cinema com o senhor". Ao que ele respondia: "Está bem, obedecerei."[9] Maria Svanidze, cunhada de Stalin de seu primeiro casamento, registrou em seu diário, em 1934, que a filha o adorava: "Svetlana está sempre junto do pai. Ele a acariciava, beijava, admirava, lhe dava de comer da sua colher, separando amorosamente os melhores pedaços para ela."[10]

O relacionamento entre eles se deteriorou após a Operação Barbarossa. Adolescente, ela estava interessada em homens, o que trouxe à tona seu lado irritável. Ao mostrar ao pai uma foto sua vestida de uma maneira que ele considerou impudica (e ele tinha ideias rígidas a respeito), arrancou a foto da mão dela e a rasgou.[11] Ele odiava que ela usasse batom. Quando Svetlana queria dormir na *datcha* de Beria, aonde ia com frequência, ele a chamava de volta imediatamente: "Não confio em Beria!"[12] Stalin sabia da queda de Lavrenti Beria por mulheres jovens. Embora ela visitasse o filho dele, Sergo, Stalin não quis arriscar e pôs um oficial de segurança — que ela chamava de tio Klimov — para acompanhá-la.

O incômodo de Svetlana aumentou quando se inteirou de detalhes da história familiar. Quando ela completou 16 anos, sua tia Anna lhe contou que a mãe, Nadya, não tinha morrido de causas naturais, mas cometera suicídio. Ela ficou chocada; o pai sempre evitara o assunto.[13] Anna não disse muito mais — já havia arriscado bastante ao trair a confiança de Stalin. Svetlana foi pedir mais informações ao pai. Segundo Sergo Beria, a quem ela fazia confidências, a resposta de Stalin foi cortante. Não gostava que a filha passasse horas examinando fotos de Nadya. Ela lhe perguntou se a mãe era bonita, e ele retrucou de um modo insensível: "Sim, exceto pelos dentes de cavalo." Acrescentou que outras mulheres da família Alliluev quiseram ir para a cama com ele. Isso também podia ser verdade, mas para Svetlana foi uma revelação terrível. Ele terminou explicando: "Ao menos sua mãe era jovem e me amava de verdade. Por isso me casei com ela."[14]

Por essa época, Svetlana começou a sair com o cineasta Alexei Kapler. Não podia achar um namorado mais impróprio. Kapler era um mulherengo que contabilizava vários casos. Tinha mais que o dobro da idade dela. Era judeu — e desde antes da guerra Stalin tentava identificar-se e à sua família com os russos. Ele era incrivelmente indiscreto. Comprou filmes ocidentais, como *Rainha Cristina* (estrelado por Greta Garbo) e *Branca de Neve e os sete anões*, de Walt Disney, e os exibiu para Svetlana. Deu-lhe livros de Ernest Hemingway, ainda inéditos na URSS. Ela amava literatura, e Kapler presenteou-a com cópias de poemas de Anna Akhmatova, que caíra em desgraça antes da guerra.

Com Kapler, Svetlana sentiu-se desejada como mulher, e ela se apaixonou loucamente por ele.[15] Quando Vlasik lhe contou o que estava acontecendo, Stalin imaginou como aquilo poderia terminar. Ele próprio não havia seduzido moças na Sibéria? Não explorara seu charme maduro e levara para Tsaritsyn, em 1918, uma moça que tinha a metade da idade de Svetlana? Algo precisava ser feito. Ele decidiu que o melhor — por enquanto — não era mandar prender, mas enviar Kapler ao front de Stalingrado como correspondente do *Pravda*.[16] Por coincidência, ele iria parar na cidade onde Stalin e Nadya Allilueva viveram por vários meses. Stalin quis dar um susto nele enviando-o para perto do conflito militar direto. Após o Grande Terror, uma intervenção do Kremlin era suficiente para deixar qualquer um em pânico, mas Kapler foi em frente. Em vez de sucumbir à pressão, enviou artigos a Moscou com pistas óbvias de sua relação com Svetlana. "Neste momento, em Moscou", escreveu em um artigo, "certamente está nevando. De sua janela vê-se o muro denteado do Kremlin." Aquela temeridade fez Svetlana cair em si, e ela cortou o contato com Kapler.[17]

Mas seu coração continuou ligado a ele, e quando Kapler regressou de Stalingrado eles voltaram a se ver. Beijavam-se e abraçavam-se, embora estivessem acompanhados pelo pobre tio Klimov, que já se sentia condenado, quer informasse, quer omitisse o que ocorria. Ao saber o que estava acontecendo, Vlasik se enfezou e mandou um oficial expulsar Kapler de Moscou. O extraordinário é que Kapler mandou o oficial para o inferno.

Por fim, Stalin intercedeu. "Já sei de tudo", disse ele a Svetlana. "Suas conversas telefônicas estão aqui!" Ele apontou para o bolso, repleto de transcrições. Ele nunca se dirigira a ela com tanto desprezo. Com os olhos fixos nos dela, esbravejou: "O seu Kapler é um espião inglês; ele foi preso!" Ela gritou: "Mas eu o amo!" Stalin perdeu o autocontrole, e repetiu com desdém: "Você o ama!" E estapeou-a duas vezes. "Veja só o que ela faz! No meio de uma guerra ela se mete nisso!" Ele proferiu uma enxurrada de obscenidades até se acalmar.[18] O pai aparentemente conseguiu o que queria, e ela rompeu com Kapler. Mas a vitória foi ilusória. Em seguida, ela passou a se ocupar de Sergo, filho de Beria. Os pais dele ficaram aterrorizados com o perigo que poderia advir daquele relacionamento, e disseram-lhe para se afastar dela. Nina, a mãe, foi franca com Svetlana: "Vocês dois são jovens.

Primeiro devem conseguir um trabalho. E ele a considera uma irmã. Nunca se casará com você."[19] Svetlana encarou a realidade e olhou em outra direção. Na primavera de 1944, após um namoro breve, casou-se com Grigori Morozov, amigo de seu irmão Vasili. Dessa vez Stalin foi mais contido. Embora tenha se recusado a convidar Morozov à *datcha* de Blijnyaya, não impediu o casamento.

Ele não podia controlar absolutamente tudo, e não tentou fazê-lo durante a guerra. Decepcionado com a família, deixou seus pensamentos vagarem de volta à Geórgia de suas amizades infantis. Nunca esquecera os amigos, apesar dos longos anos sem contato. Tomou parte dos milhares de rublos de seus envelopes de pagamento fechados e fez uma transferência monetária a Peter Kapanadze, Grigol Glurjidze e Mikhail Dzeradze. (Caracteristicamente, ele foi bastante preciso: 40 mil rublos para o primeiro e 30 mil para os outros dois.) O comandante supremo assinou "Soso".[20]

Após o suicídio de Nadya, ele continuou vendo os velhos amigos e os parentes, mas todos percebiam que ele estava ficando muito solitário. Até o final da década de 1930, Stalin deu as boas-vindas aos Alliluev na *datcha* de Blijnyaya. Mas o Grande Terror trouxe mudanças. Ele mandou prender Maria Svanidze em 1939 e a enviou a um campo de trabalho. O marido dela, Alexander Svanidze, também foi vítima do NKVD: detido em 1937, foi fuzilado em 1941. Alexander demonstrou uma coragem extraordinária — recusou-se a confessar e a pedir clemência quando foi torturado. Embora Stalin ainda não tivesse tocado nos parentes mais próximos de sua segunda esposa, os maridos delas não tiveram tanta sorte. Stalisław Redens, marido de Anna Allilueva, foi preso em 1938.[21] Anna obteve permissão para defendê-lo, junto com os pais, ante Stalin e Molotov. Mas no dia da reunião o pai dela, Sergei Alliluev, recusou-se a acompanhá-los. Stalin não gostou e o destino de Redens foi selado.[22] Até membros da família estendida de Stalin que escaparam do cárcere viviam em um terror permanente de que algo lhes acontecesse. No entanto, como todos na elite do Kremlin, viviam como mariposas ao redor da luz, incapazes de sair daquela órbita.

Durante a guerra houve pouco tempo para a convivência familiar, embora Stalin ainda não tivesse destruído a vida dos parentes. Os poucos períodos de que dispunha para relaxar ele passava na companhia dos comandantes e políticos que estivessem por perto. Aquelas ocasiões eram predominantemente masculinas, em que a bebida era tão farta como a comida. Contudo, ele racionava as noites dedicadas ao prazer. Suas energias estavam voltadas ao esforço de guerra.

É notável como Stalin conseguia suportar pressões físicas intensas. Na década de 1930, sua saúde fraquejou em alguns momentos. A artéria carótida continuava a incomodá-lo. Sua circulação sanguínea era monitorada por diversos médicos, mas ele não confiava em quase nenhum: convencera-se de que banhos quentes de água mineral eram a melhor cura para quaisquer enfermidades. Em 1931, ele teve uma inflamação na garganta logo após beber água de Matsesta, com febre de 39 °C. Cinco anos depois, apresentou uma infecção por estreptococos. Seu médico pessoal, Vladimir Vinogradov, preocupava-se a ponto de consultar outros especialistas a respeito do tratamento mais adequado. Nos festejos de Ano-Novo de 1937, Stalin estava doente demais para participar. Em fevereiro de 1940 ele foi derrubado por uma febre e o problema recorrente na garganta.[23] Até 1941, porém, ele desfrutou de descansos longos para se recobrar. Em geral, passava várias semanas junto ao mar Negro, dando tempo ao corpo para se recuperar do cotidiano pesado em Moscou. Durante a Operação Barbarossa isso não foi possível. Exceto pelas viagens a Yalta e Teerã para conversações com os líderes aliados, ou pela viagem muito alardeada às proximidades do front,[24] Stalin permaneceu em Moscou ou nos arredores. E trabalhou como um condenado.

A pressão se fazia sentir. Seu cabelo ficou grisalho. (Segundo Jukov, ele era branco.)[25] Ele tinha bolsas debaixo dos olhos por dormir pouco. O excesso de fumo agravou os problemas crescentes de arteriosclerose. Ele não escutava os conselhos dos médicos para mudar o estilo de vida. O tabaco e o álcool eram um consolo e, de qualquer forma, não há registros de que os médicos especialistas que o acompanhavam tenham prescrito mudanças no seu modo de vida. Temiam fazê-lo — ou talvez não vissem nada errado: naquele tempo, os médicos não eram tão rígidos como seus sucessores atuais. Portanto, Stalin ia a caminho do túmulo muito antes do que prometia sua herança genética.[26]

Após o suicídio da mulher, Stalin levou uma vida irregular, e o mesmo acontecia com outros no seu entourage. Beria era um estuprador de jovens. Outros no Kremlin também gostavam de mulheres, mas sem coerção física direta. Abel Enukidze, executado em 1937, era notório por empregar jovens atraentes, as quais depois levava para a cama. Kalinin tinha uma queda por bailarinas, e Bulganin por divas da ópera. Dizia-se que Kruschev perseguia mulheres regularmente. A história sexual da elite soviética incluiu a promiscuidade de diversos líderes, e alguns não se limitavam ao sexo com mulheres. Yejov era bissexual, e às vezes podia ir para a cama tanto com o marido como com a mulher que formassem um casal. Todos eles usavam o poder político para obter gratificação sexual. Sabiam que podiam ser presos a qualquer momento. Muitos encontravam alívio na bebida. Jdanov e Kruschev eram alcoólicos em uma escala heroica. Para eles, a noite não estava completa sem o consumo excessivo de vodca e conhaque, e muitas vezes Yejov já estava bêbado no final da manhã. O terror colocou indivíduos estranhos no topo da ordem soviética, e a pressão os deixou ainda mais esquisitos.

Pode parecer surpreendente que conseguissem funcionar como políticos, mas isso seria equivocado. Embora pudessem ter se envolvido em excessos sexuais e alcoólicos, mesmo que não tivessem se tornado políticos, eles sem dúvida também eram impulsionados nessa direção pelas pressões — e pelos perigos — de seus cargos.

Em comparação, a vida de Stalin antes da Operação Barbarossa fora imperturbável, mas não carente de companhia feminina ou excesso de bebida. Uma fofoca plausível é que ele se encantou com a cunhada Yevgenia, irmã de Nadya. Ela o encontrou com muita frequência nos meses posteriores ao suicídio. Outra que fez o mesmo foi Maria Svanidze,[27] o que não tinha a aprovação do marido dela, Alexander, para quem aquilo poderia acabar na cama. Maria não escondia que "amava Josef e era ligada a ele".[28] Era atraente e trabalhava como cantora:[29] não podia evitar atrair a atenção de Stalin. Mas circulavam mais fofocas sobre Yevgenia. Ela, cujo marido, Pavel Alliluev, havia falecido em 1938, logo se casou com o inventor Nikolai Molochnikov. Embora não se saiba se Yevgenia e Stalin mantinham relações sexuais, existe a suspeita de que ela teria se unido a Molochnikov para evitar envolver-se ainda mais com Stalin. A filha dela, Kira, comentou veladamente: "Ela se casou para se defender."³⁰ Mas a piedade filial impediu-a de esclarecer se foi das atenções de Stalin que a mãe quis escapar. O que se sabe é que Stalin em seguida telefonou para ela diversas vezes, e durante a Segunda Guerra Mundial pediu-lhe que acompanhasse Svetlana e outros parentes quando todos foram evacuados de Moscou. Yevgenia declinou, alegando que tinha família para cuidar.³¹

Há rumores de outras candidatas a amantes no final da década de 1930; dizia-se inclusive que ele se casara outra vez em sigilo. A suposta esposa se chamaria Rosa Kaganovich. Essa alegação foi disseminada pela mídia nazista. Supostamente, Rosa seria a bela irmã de Lazar Kaganovich. Mas isso era mentira. Lazar tinha uma única irmã, Rakhil, que faleceu em meados da década de 1920.³² Outra sugestão era que a filha de Kaganovich, Maya, teria levado Stalin para a cama. Ela certamente era muito bela, mas não há evidências plausíveis. Lazar Kaganovich não era puritano e, já aposentado, não teria motivos para dizer que a filha não mantivera relações com Stalin, se isso fosse verdade.³³

O que se sabe é o tipo de vida de que Stalin e os amigos desfrutavam. Ele gostava de cantar com Molotov e Voroshilov, acompanhados de Jdanov ao piano. Molotov provinha de uma família de músicos e tocava violino e bandolim. Durante seu exílio administrativo no Vologda, antes da Grande Guerra, ele complementou a renda de prisioneiro unindo-se a um grupo de bandolinistas que faziam a ronda dos restaurantes e cinemas locais. Jdanov também se juntava à folia na *datcha*, e a voz de Voroshilov não era nada ruim. Todos tinham memorizado canções de igreja na juventude e, ignorando o compromisso com o ateísmo, entoavam os hinos que lhes agradavam.³⁴ A voz de Stalin se conservara bem e ele ainda conseguia cantar as partes para barítono.³⁵ Também cantava para Svetlana e os sobrinhos Alliluev. Kira Alliluev recordou que ele a fazia galopar sobre seus joelhos enquanto entoava suas canções preferidas.³⁶ Embora mais tarde tenha sido presa e exilada pela polícia do tio, ela conservou o afeto por ele, cuja jovialidade na intimidade não desapareceu com o suicídio da esposa.

Outra forma de recreação era o bilhar. Quando os Alliluev estavam de visita, às vezes Stalin jogava com Pavel, o irmão mais velho de Nadya. Em geral era uma ocasião divertida, mas nem sempre. Pavel passara a ser cauteloso com Josef. A regra da casa era que quem perdia uma partida depois tinha de engatinhar sob a mesa. Certa noite, na década de 1930, Pavel e Josef perderam uma partida para Alexander Svanidze e Stanisław Redens. Pavel previu um ressentimento perigoso e mandou os filhos engatinharem no lugar dos parceiros. Mas Kira, sua filha, estava presente. "Isso é contra a regra", gritou com indignação infantil. "Eles perderam, têm de engatinhar!" Apavorado, o pai foi até ela e a golpeou com o taco de bilhar. Stalin não podia ser humilhado.[37]

Durante os jantares que ele oferecia também era preciso ser indulgente. Stalin gostava de flertar com as mulheres, e provavelmente fez sexo com algumas. Seria surpreendente que, egoísta como era, deixasse passar a oportunidade com muitas das mulheres que se ofereciam a ele. Mas criticava a licenciosidade pública (um dos motivos pelos quais sua vida sexual depois de 1932 permanece misteriosa). Seu puritanismo hipócrita com relação às mulheres, porém, era acompanhado do deleite nas sessões de bebedeira. Ele praticamente impunha a vodca e o conhaque às visitas — depois se continha e esperava que soltassem algum segredo sob a influência do álcool. Bebia vinho em uma taça do mesmo tamanho da com que os outros bebiam vodca. Outro truque era bebericar vinho da cor da vodca, enquanto os demais tomavam destilado. (Ele contou esse estratagema a Ribbentrop, em 1939.)[38] Depois de pôr os convivas desconfortavelmente à vontade, Stalin queria assistir e ouvir, em vez de se embebedar. Gostava de brincadeiras e piadas grosseiras, e quem se negasse a participar se metia em apuros. Um de seus truques mais infantis era colocar um tomate no assento de um membro do Politburo. O som da fruta esmagada o fazia chorar de rir.

Essas festas continuaram acontecendo depois de 1941, embora com menos frequência. Faziam parte da vida secreta dos governantes do Kremlin. As únicas testemunhas, além do pequeno número de criados, eram os comissários comunistas do Leste Europeu que foram a Moscou nos últimos anos da guerra. Acostumados a imaginar Stalin como um personagem austero, ficavam atônitos com a vulgaridade da cena. Ele devia saber que essa seria a reação da maior parte das pessoas e, embora ordenasse servir muitas bebidas a Churchill e Roosevelt, nunca fez as brincadeiras como essas diante deles.

Ele se vestia com apuro para as reuniões com os líderes aliados. Mas era algo excepcional. Com outros visitantes não via necessidade de se vestir formalmente. Vagava pela *datcha* de Blijnyaya com seu casaco preferido da Guerra Civil, feito de pele por dentro e por fora. Ou vestia o casaco comum de pele (também comprado após a Revolução de Outubro). Quando, sub-repticiamente, os criados tentavam se livrar do casaco, Stalin não se deixava enganar: "Toda hora vocês tentam me trazer um novo casaco de pele, mas este aqui ainda vai aguentar mais dez anos." Ele era igualmente apegado às suas botas velhas.[39] Jukov comentou que ele enchia o cachimbo não com tabaco especial, mas com o tabaco dos cigarros Herzegovina Flor, à venda em qualquer quiosque. Ele próprio desmanchava os cigarros.[40] Um jovem oficial em ascensão, Nikolai Baibakov, ficou atônito com a esculhambação de Stalin. Suas botas não estavam apenas decrépitas — estavam furadas nos dedões. Baibakov comentou isso com o assistente pessoal de Stalin, Poskrëbyshev, que respondeu que os furos serviam para aliviar a pressão nos calos.[41] Qualquer coisa para evitar uma inspeção médica de rotina!

Embora às vezes conseguisse relaxar, Stalin passava a maior parte do tempo sobrecarregado de trabalho.

A maior parte da noite passava em um escritório improvisado sob a Estação Maiakovski do metrô. Os dias eram longos e cansativos, e ele costumava dormir não em uma cama, mas em um divã. Desde Nicolau I, o mais austero dos Romanov, um governante dos russos não tinha hábitos tão frugais. Stalin conhecia o precedente,[42] e se converteu em uma máquina humana para vencer a Grande Guerra Patriótica.

40. À MORTE!

A vitória em Stalingrado, em fevereiro de 1943, facilitou a derrota da Werhmacht, mas não a garantiu. As forças de Hitler no leste eram determinadas e bem equipadas. Elas mantiveram o sítio a Leningrado. O caminho de gelo ligando a cidade ao resto da Rússia era constantemente bombardeado. Moscou também estava em perigo. Qualquer erro estratégico ou o arrefecimento do compromisso patriótico traria consequências desastrosas para a URSS.

O Exército Vermelho lutou pela vitória total em Stalingrado. A disposição crescente de Stalin em ouvir os conselhos da Stavka e do Comitê Estatal de Defesa trouxe dividendos. Era bom que ele mudasse seus hábitos, ao menos durante a guerra. Após a derrota em Stalingrado, Manstein começou a reagrupar rapidamente as divisões da Wehrmacht para a campanha que denominou Operação Cidadela. Partindo da Ucrânia, ele queria confrontar o Exército Vermelho na grande saliência do front voltado para o sul, perto de Kursk, na fronteira russo-ucraniana. Manstein planejava uma ação rápida. Mas foi proibido por Hitler de abrir a ofensiva e tomar a Stavka de surpresa. Assim como Stalin, Hitler tinha aprendido que era crucial preparar cuidadosamente cada campanha; inadvertidamente, ele deu tempo aos Vermelhos para pensarem e reagirem. Isso poderia ter sido aproveitado pela Stavka. Infelizmente, porém, a cautela de Stalin era apenas intermitente. O instinto de ataque a cada oportunidade não havia desaparecido. Ao saber que a Werhmacht recuava, ele não se conteve: exigiu que organizassem uma ofensiva de peso sem demora.

Jukov não aceitou; enviou um informe para a Stavka insistindo em que a defesa era a melhor opção: um atrito sangrento, mas confiável, era preferível ao ataque mais sangrento e arriscado — e previu que a batalha decisiva ocorreria em Kursk.[1] Em 12 de abril, houve uma conferência da Stavka. A contragosto, Stalin aceitou a proposta de Jukov, respaldada pelos militares Alexander Vasilevski e Alexei Antonov.[2] As intenções alemãs logo ficaram claras, quando cinquenta das melhores divisões de Hitler foram transferidas para posições de ataque, justo onde Jukov havia previsto. Contudo, Stalin pensara melhor e argumentou a favor de uma ofensiva preventiva. Jukov, Vasilevski e Antonov mantiveram-se firmes e convenceram a Stavka.[3] Stalin acatou o resultado e instou Jukov e Vasilevski a assumirem o comando direto. Em 4 de julho, a iminência do ataque alemão era óbvia para Jukov, que mandou Rokossovski pôr em marcha o plano acordado. Stalin foi informado da decisão sem consulta prévia. Foi um gesto ousado de autonomia, mas Jukov se safou. Stalin recebeu as notícias sem o rancor habitual: "Estarei na Stavka à espera do desenrolar dos acontecimentos."[4]

Cedo na manhã seguinte, quando começaram as hostilidades, Jukov se concentrou na reação às decisões inesperadas dos alemães. Era Stalin quem lhe telefonava, e não o contrário: "Bem, como está indo? Eles começaram?" Jukov limitava-se a responder: "Começaram."[5] Stalin tinha de deixar o tempo passar e controlar os nervos. O destino da URSS estava nas mãos do Exército Vermelho, e não havia nada que ele pudesse fazer de Moscou para influir no resultado da batalha.

Os tanques da Werhmacht avançaram nos primeiros dois dias, mas depois as linhas soviéticas os detiveram. Jukov e Manstein tentaram superar e derrubar um ao outro. A tática bruta de Jukov foi eficaz. Em vez de esperar que sua artilharia derrubasse o inimigo antes de enviar os tanques contra eles, fez as duas coisas ao mesmo tempo. As baixas soviéticas foram imensas; porém, embora os alemães tivessem menos baixas, mal podiam suportá-las em vista da crescente escassez de homens e provisões. Jukov estimou contar com 40% mais tropas, 90% mais armamentos, 20% mais tanques e 40% mais aviões que os alemães.[6] Por mais que desperdiçasse recursos, ele calculou que os inimigos enfrentariam o desastre, a menos que alcançassem uma vitória rápida. O êxito alemão não era muito provável. Segundo o plano longamente elaborado, o Exército Vermelho contra-atacou partindo da Frente Bryansk e da Frente Ocidental. A Werhmacht foi empurrada para trás. Stalin não resistiu e exigiu a intensificação da ofensiva e, como sempre, coube a Jukov dizer-lhe que era preciso um tempo para a recuperação física e o reagrupamento tático das tropas. As disputas proliferaram e Stalin fez diversas acusações ofensivas.[7] Contudo, Jukov era resiliente e se apoiava na confiança no triunfo iminente. Em agosto, ele teve seu momento de glória, quando pôde informar à Stavka de seu êxito final.

Os alemães não tinham conseguido vencer a Batalha de Kursk. O Exército Vermelho não venceu no sentido convencional, pois a Werhmacht conduziu o recuo de um modo planejado e organizado. Assim, a batalha não teve um fim definitivo. Porém, Hitler considerou aquilo uma derrota estratégica, por não terem sido capazes de vencer. Depois de Kursk, a Werhmacht foi enviada cada vez mais para o oeste. O moral do Exército Vermelho melhorou, enquanto o espírito alemão minguava. A URSS convocou uma vasta reserva de soldados entre os camponeses, enquanto os alemães e seus aliados começavam a ver diminuir o número de seus combatentes. As fábricas soviéticas alcançaram um pico de produção e aceleraram a um ritmo mais rápido que o da capacidade industrial alemã. Stalin e a sua Stavka acreditavam que os reveses sofridos pelos exércitos alemães em Kursk assinalavam o começo do fim para a Nova Ordem de Hitler na Europa.

Os comandantes soviéticos estavam certos em pensar que Stalin havia contribuído menos que eles para a vitória em Kursk. Contudo, só enxergavam o lado militar da atividade dele: tinham poucas informações sobre suas outras intervenções no esforço de guerra da URSS. A Stavka não tinha nada a ver com a política externa, a organização política, a política cultural e social, e a mobilização econômica. Stalin interferia em todos esses setores com um impacto profundo. Em 1941-2, isso provocara diversos ajustes, que ele considerou necessários aos interesses da URSS. As perdas territoriais massivas nos primeiros meses da guerra precipitaram o colapso do suprimento de alimentos, quando trigo, batata e açúcar ucranianos caíram nas mãos dos alemães. Mesmo sem uma diretriz a respeito, as autoridades afrouxaram o combate ao mercado paralelo na produção agrícola. As exceções foram cidades sitiadas, como Leningrado, onde o NKVD punia quem fosse flagrado fazendo comércio nas ruas. Mas a economia de mercado voltou à ordem soviética quando o governo municipal e o partido aceitaram que os camponeses trouxessem sacas de vegetais para vender, o que ajudou a diminuir a desnutrição urbana.[8] Stalin, que vituperara contra o desrespeito às leis comerciais na década de 1930, guardou silêncio a respeito disso durante a guerra.

Ele também compreendeu que era necessário ampliar os limites da expressão cultural. Muitos intelectuais, antes considerados suspeitos pelas autoridades, ouviram que o Estado enxergava com bons olhos seus serviços criativos. Dentre eles destacavam-se Anna Akhmatova e o compositor Dmitri Shostakovich. Akhmatova tinha sido casada com o poeta Nikolai Gumilëv, assassinado em 1921 como militante antissoviético; havia anos que seus escritos não eram publicados, e seu filho, Lev, languidescia na prisão. Porém, ela era lembrada com carinho por pessoas bem-informadas. Stalin permitiu que sua obra fosse lida no rádio e em concertos. A permissão não era indiscriminada. Ele deu preferência aos poemas de Anna Akhmatova que punham ênfase nas proezas do povo russo. Dmitri Shostakovich aprendera a lição depois dos problemas que tivera antes da guerra, e desistira de colocar letra em suas composições. Escreveu a partitura da Sétima Sinfonia (*Leningrado*) enquanto trabalhava como vigilante noturno. O público presente à estreia, em 1942, reconheceu a grandeza da obra.

Houve distribuição de edições baratas dos clássicos russos no front. Na qualidade de escritor, Stalin também fazia parte do panteão literário russo, e os comissários espalharam seus panfletos entre as tropas; mas ele não era o autor preferido delas. O regime sabia, e não insistiu em pôr seus escritos no centro da propaganda.

Stalin também abandonou a *Internacional* como hino estatal da URSS (ou hino nacional), e montou um concurso para escolher outro hino. O vencedor foi Alexander Alexandrov, com uma melodia que tocava a alma. A letra era de Sergei Mikhalkov e Garold El-Registan, e foi um dos itens mais eficazes no arsenal da propaganda oficial. A primeira estrofe dizia:

> A união indestrutível das repúblicas livres
> Uniu-se para sempre na Mãe Rússia

> Que viva, fruto da vontade dos povos,
> Unida, a suprema União Soviética!

A segunda estrofe une o patriotismo à aliança à Revolução de Outubro:

> Na tempestade raiou o sol da liberdade
> E o caminho que o grande Lenin traçou,
> Na causa da verdade levantou o povo,
> No trabalho e na luta ele nos inspirou![9]

O hino teve forte ressonância emocional na geração da guerra; não era uma "concessão" cultural, pois trazia um panegírico a Stalin, mas indicava que as autoridades compreendiam que o cosmopolitismo embutido na *Internacional* pouco fizera para levar os russos a lutarem pela pátria.

Ainda mais importantes foram as decisões de Stalin sobre a Igreja ortodoxa. Em 1939, restavam apenas cerca de cem locais de culto abertos aos fiéis.[10] Nenhum monastério sobrevivera. Dezenas de milhares de sacerdotes tinham morrido na Guerra Civil, no Primeiro Plano Quinquenal e no Grande Terror. Contudo, as pessoas acreditavam em Deus. No censo da URSS de 1937, aproximadamente 55% da população rejeitou as aspirações do Estado ateu e declarou ter fé religiosa — naturalmente, a verdadeira proporção de fiéis devia ser muito maior.

Ex-aluno do Seminário Teológico de Tiflis, Stalin saudou a postura cívica do patriarca Sergei. Também ficou contente com a coleta de doações nas igrejas para a produção bélica. A coluna de tanques Dmitri Donskoi proveio dessa fonte. Para ele, era conveniente que a Igreja ortodoxa fortalecesse o compromisso militar em suas congregações. Discretamente, os templos foram autorizados a reabrir para fins religiosos. Stalin formalizou essa atitude ao convidar o patriarca Sergei para uma visita ao Kremlin, no dia 4 de setembro de 1943. Ele compareceu, perguntando-se o que poderia esperar.[11] Stalin agiu como se nunca tivesse havido qualquer contratempo entre o Estado soviético e a Igreja ortodoxa russa. Perguntou animadamente por que Sergei não trouxera mais sacerdotes consigo. Sergei conteve a tentação de responder que teria levado mais sacerdotes se Stalin não tivesse passado a década anterior prendendo-os e executando-os. Contudo, a atmosfera arrefeceu quando Stalin propôs que, em troca do fim da perseguição e da liberdade de celebrar seus cultos, a Igreja reconhecesse a legitimidade do Estado soviético e evitasse criticar suas políticas interna e externa.[12]

Stalin nunca explicou o motivo daquela concessão, e não autorizou o *Pravda* a divulgá-la. No entanto, aquilo tinha sido uma concordata, que levou à especulação de que a política externa teria sido o motivo principal. Stalin estava a ponto de se reunir com Roosevelt e Churchill na Conferência de Teerã. Foi sugerido que a diminuição evidente da perseguição religiosa o teria ajudado a obter um acordo mais favorável com os Aliados.[13]

A sugestão seria mais plausível se, ao mesmo tempo, ele tivesse diminuído a pressão sobre outras denominações cristãs, principalmente aquelas instituídas no Ocidente. Mas só a Igreja ortodoxa russa foi privilegiada. Talvez a explicação tenha relação com seus cálculos sobre o governo da URSS. A reunião com o patriarca ocorreu pouco depois das batalhas de Stalingrado e Kursk. O Exército Vermelho estava a ponto de iniciar ofensivas para retomar as regiões fronteiriças ocidentais. Hitler tinha autorizado as denominações cristãs, inclusive a Igreja autocéfala ucraniana, a funcionar com a ocupação alemã. Uma vez restaurada, seria difícil voltar a reprimir a liberdade religiosa. Ao conceder uma autonomia limitada à Igreja ortodoxa russa, Stalin permitiu que a instituição recuperasse prédios confiscados desde a década de 1920. Enquanto as forças armadas soviéticas tentavam entrar na Ucrânia e na Bielorrússia, as igrejas eram transferidas para a Igreja ortodoxa russa. Evidentemente, Stalin pensou que os cristãos seriam mais facilmente controlados se Sergei, eleito patriarca no Sínodo de setembro de 1943, velasse por eles. Ele não deixava nada ao acaso. Indicou G. Karpov para o Conselho de Governo da Igreja Ortodoxa Russa, a fim de supervisionar as relações com a instituição religiosa. Queria aquilo a que tinha direito.

Outra mudança de política ocorreu no movimento comunista internacional. No início de 1941, Stalin voltou a insistir na abolição do Comintern. Encarregou Dimitrov das formalidades necessárias. Nas reuniões do Comitê Executivo do Comintern, em maio de 1943, os líderes comunistas estrangeiros se resignaram à sua exigência.[14] Ele alegou que chegara à conclusão de que tinha sido um erro tentar — como Lenin havia feito — governar o movimento comunista mundial a partir de um único centro. Ele próprio repetira esse erro, e o resultado era que se dizia que os partidos comunistas eram dirigidos pelo Kremlin. Stalin queria que pudessem recorrer aos seus respectivos partidos, sem carregar aquele lastro.[15]

Não é preciso ressaltar que era uma atitude hipócrita. Ele não tinha a menor intenção de soltar as garras dos partidos comunistas estrangeiros. Deu-lhes uma autonomia aparente, com o objetivo de mantê-los na rédea curta. O secretário-geral do Comintern, Georgi Dimitrov, simplesmente seria transferido para o Departamento Internacional do Secretariado do Comitê Central do Partido Comunista. Suas tarefas foram mantidas em sigilo, e no essencial não mudaram. Dimitrov obedecia a Stalin e o aconselhava com relação ao movimento comunista internacional, e isso se manteve com a dissolução do Comintern, o que dá uma pista das razões de Stalin para uma decisão tão surpreendente. À época, especulou-se que ele queria apaziguar os aliados ocidentais quanto às suas intenções. Mas dificilmente foi por isso. O período em que mais precisara granjear a confiança deles já havia passado. A URSS estivera muito débil antes de Stalingrado e Kursk, quando a Werhmacht pensava que venceria a guerra. Contudo, por dois anos Stalin não fez nada. Esperou, até que a vitória do Exército Vermelho começou a parecer provável.

O momento escolhido não pode ter sido acidental. Stalin e seus conselheiros tinham planos para a Europa depois da guerra. Ivan Maiski e Maxim Litvinov, chamados de volta das embaixadas em Londres e Washington, chegaram com algumas ideias. Dimitrov deu as suas. Molotov estava sempre disponível. Dedicaram-se seriamente a pensar no que fazer para aumentar a segurança e o poder do comunismo no Ocidente. Nos primeiros anos do conflito nazi-soviético, agrupações tinham se virado para sobreviver. Enquanto a URSS estivesse na defensiva, qualquer coisa que os partidos estrangeiros do Comintern pudessem fazer para sabotar a Nova Ordem de Hitler na Europa seria vista com bons olhos. Contudo, em meados de 1943 foi preciso eliminar os limites à ambição. Stalin quis reforçar no leste e no centro-leste da Europa o apoio aos partidos comunistas. Estes eram frágeis — e ele não os ajudara exterminando o maior número possível de camaradas poloneses, em 1938. O Exército Vermelho estava posicionado para recuperar as áreas fronteiriças ocidentais da URSS até a linha demarcada pelo acordo nazi-soviético de 1939. Na verdade, estava a ponto de conquistar a maior parte dos países ao leste da Alemanha, e Stalin sabia que neles os comunistas eram considerados agentes de Moscou. Era vital para eles e Stalin fingir que não eram marionetes do Kremlin. A dissolução do Comintern era a precondição básica.

Isso significou que os partidos comunistas precisavam encontrar meios de se identificar como internacionalistas, e também como defensores da agenda nacional. Stalin assegurou que os líderes comunistas estrangeiros residentes em Moscou entendessem isso, assim como os que mantinham contato a partir de seus países. O comunismo precisava de heróis, símbolos, poemas e canções de ressonância nacionalista, para aumentar o interesse pelos partidos comunistas locais. Os russos tinham feito isso na URSS, e era preciso replicá-lo nos países que o Exército Vermelho estava a ponto de conquistar. O comunismo não era um movimento internacional nem russo; e, sob o comando de Stalin, buscava adquirir uma diversidade de cores nacionais.[16]

Essa concessão mascarava objetivos militantes. No segundo semestre de 1943, outras mudanças políticas foram apresentadas de modo menos dissimulado. Dentre elas estava a reafirmação do marxismo-leninismo. Os sentimentos nacionais russos não seriam rejeitados. Os heróis da velha Rússia — aqueles aceitos pelo regime — foram preservados: Ivan, o Terrível, Pedro, o Grande, Suvorov, Lomonosov, Pushkin e Tolstoi. Mas os limites deviam ser respeitados. Com a perspectiva do final da guerra, o Kremlin começou a dar ênfase aos temas soviéticos. O patriotismo adquiriu um valor maior que o internacionalismo, e a "amizade fraterna" entre os povos soviéticos foi reafirmada. "Cosmopolita" se tornou um palavrão. Qualquer sinal de admiração pelas sociedades e culturas ocidentais era severamente punido. A dependência das forças armadas soviéticas de jipes, explosivos e outros equipamentos militares fornecidos pelos EUA, nos termos do contrato de Empréstimo e Arrendamento, era objeto de suspeita por parte de Stalin. A entrada de produtos estrangeiros de alta qualidade poderia minar as bravatas soviéticas oficiais. Em 1942, o "elogio à tecnologia norte-americana" foi acrescentado ao código penal da URSS, e as pessoas podiam ser mandadas ao *gulag* simplesmente por apreciar um jipe.[17] Stalin queria voltar a isolar a mente soviética das influências externas, justamente quando crescia a esperança de que o Exército Vermelho convergisse com os aliados ocidentais na Alemanha para derrotar o poder nazista.

Várias ideias foram testadas para tornar o Exército Vermelho mais palatável no leste e centro-leste europeu — como o pan-eslavismo. Essa era a noção de que, independentemente da nacionalidade, os eslavos tinham muito em comum nos planos político e cultural. Alexandre III e Nicolau II haviam explorado essa ideia para aumentar a influência do Império Russo na Bulgária e na Sérvia. Stalin estimulou a formação de grupos dedicados a unificar os eslavos na luta contra Hitler.[18] Forneceu uma plataforma para defender essa ideia ao historiador não marxista Yevgeni Tarle. Segundo Stalin, à diferença do Império Russo, a URSS estava praticando o pan-eslavismo (ou a eslavofilia, como preferia) com uma única base: "Nós, os novos leninistas eslavófilos — os bolcheviques eslavófilos, os comunistas — defendemos não a unificação dos povos eslavos, mas a sua união." Para ele, essa união era crucial para que os eslavos resolvessem o velho problema de se proteger dos alemães.[19]

A intenção era óbvia: seria mais fácil conquistar o Leste Europeu se a URSS contasse com a simpatia daqueles países, além do eleitorado dos partidos comunistas. Os últimos Romanov tinham conseguido isso com muito êxito nas relações diplomáticas com a Bulgária e a Sérvia, e Stalin pretendia fazer o mesmo. Havia falhas prejudiciais, porém, que ficaram evidentes assim que ele jogou a carta pan-eslavista. Nem todos os eslavos pertenciam à Igreja ortodoxa ou nutriam um sentimento tradicional de ligação com os russos. Os poloneses e os tchecos, católicos, não se esqueceram de séculos de antagonismos. Além disso, nem todos os povos do leste e do centro-leste europeu eram eslavos. O pan-eslavismo era uma ameaça direta aos húngaros, romenos e alemães. (E não era bem-visto pelos estonianos, letões e lituanos, os quais, de qualquer modo, seriam reanexados à URSS.) Stalin persistiu nessa política depois da derrota da Alemanha nazista, o que era um sinal de seu desacerto. Nem todas as suas mudanças de política durante a guerra foram bem-sucedidas. Isso também deixou patente a percepção aguda de que a campanha para obter a paz tinha de ser trabalhada muito antes de a guerra terminar. Stalin não tinha ilusões a respeito das dificuldades que teria à frente.

A prova de que seu pan-eslavismo tinha motivos ulteriores está no desenrolar da política interna soviética. A noção de pátria dominava as declarações oficiais, e o anti-internacionalismo foi crescendo. Alexander Fadeev, presidente da União de Escritores da URSS, condenou abertamente o "cosmopolitismo desenraizado".[20] Stalin não comentou publicamente essa iniciativa, mas o fato de o artigo provocador de Fadeev se tornar a linha partidária incontestável prova que sua versão chauvinista do patriotismo estava aprovada e teria sido instigada por ele. Dentre os grupos mais claramente ameaçados de ser acusados de cosmopolitismo estavam, claro, os judeus. Stalin já andava manipulando um dos instrumentos mais asquerosos do poder: o antissemitismo.

É preciso levar isso em conta para entender Stalin e a política soviética. Durante a guerra, a vida pública na URSS não era homogênea. Tampouco ocorreu uma quebra súbita em 1945. Claro que Stalin fez concessões; contudo, muitas delas — principalmente no que se refere à Igreja ortodoxa e ao Comintern — estavam relacionadas a uma agenda de maior — e não menor — pressão estatal. Stalin fazia concessões quando precisava, porém, assim que podia, voltava atrás em seus compromissos limitados. Seu comportamento era misterioso para quem o cercava. Parecia estar mais aberto que antes aos conselhos militares e às tradições religiosas e culturais do país. Esperava-se que algo tivesse contribuído para tal, e que essa atitude persistisse após ganharem a guerra. Ledo engano. Em 1943, e até antes, já havia sinais de que cedera por motivos táticos. Os que o conheciam na intimidade, principalmente os membros do Comitê Estatal de Defesa, não viram nenhuma indicação de que o Chefe desejava reformas; eles compreenderam que as concessões recentes não necessariamente seriam permanentes. Tinham razão.

Porém, o restante da sociedade soviética — ou ao menos aqueles que queriam pensar bem dele — continuava no escuro. A guerra deixara todos sem tempo para ponderar. Era preciso lutar, trabalhar e obter comida. O alívio das pressões foi bem-recebido, mas esperava-se muito mais. Milhares de prisioneiros de guerra russos arrancados das garras do regime de Stalin decidiram que ele também era um inimigo e se apresentaram como voluntários para ajudar os alemães a derrubá-lo, liderados pelo general Andrei Vlasov. Porém, a grande maioria dos que foram capturados pela Werhmacht se recusou a mudar de lado.[21] Como muitos cidadãos da URSS, esperavam reformas profundas no final da guerra. Uma vez derrotada a Alemanha, o rigor das batalhas contra o nazismo se tornaria desnecessário e intolerável.

As pessoas se iludiam. Stalin só fizera concessões por ser vitais para a consecução de um esforço militar bem-sucedido. A ordem soviética básica permaneceu intacta. Desde o início da Operação Barbarossa o NKVD tinha ordem de punir implacavelmente os militares "covardes" e os trabalhadores "preguiçosos". Qualquer sinal de desvio da obediência absoluta provocava retaliação instantânea. As agências de planejamento estatais desviaram recursos para as forças armadas à custa dos civis, que ficaram à míngua. As cadeias verticais de comando foram reforçadas. As lideranças centrais e locais puseram em prática, ao pé da letra, cada decreto do Kremlin. A ditadura de um só partido estava diante de sua última prova e se reorganizou para empregar do modo mais eficaz os poderes à sua disposição. O partido adquiriu importância como a organização que coordenava as relações entre o Exército Vermelho e as instituições governamentais locais; foi também o partido que elaborou a propaganda para elevar o moral de soldados e civis. Contudo, a URSS continuava sendo um Estado policial aterrorizante, e as estruturas básicas de coerção seguiram funcionando. Nenhum cidadão bem-informado poderia esperar algo diferente de Stalin. Ele havia governado pelo medo por tempo demais para que houvesse dúvidas de como se comportaria quando a paz fosse restaurada.

41. O COMANDANTE SUPREMO

O homem do braço esquerdo lesado, rejeitado no alistamento para a Primeira Guerra Mundial e criticado por incompetência militar na Guerra Civil e na Guerra Polaco-Soviética, comandou um Estado em guerra com a Alemanha nazista. Stalin, em Moscou, confrontou Hitler em Berlim. Nas mentes de ambos, tratava-se de um duelo pessoal, além do choque de ideologias e sistemas estatais.

O líder de guerra soviético demorou para decidir como lidar com a opinião pública. Molotov fez o anúncio inicial da guerra em nome da liderança política em 22 de junho de 1941. Outro herói do momento era o radialista Isaak Levitan, cuja poderosa voz de baixo tenor encarnou a vontade popular de resistir à invasão alemã a qualquer custo. Quando, por fim, Stalin fez o pronunciamento radiofônico aos cidadãos soviéticos, em 3 de julho, onze dias após o início das hostilidades militares, adaptou a sua linguagem à emergência da guerra. Suas palavras iniciais foram:[1]

> Camaradas! Cidadãos!
> Irmãos e irmãs!
> Lutadores do nosso Exército e da nossa Marinha!
> É a vocês que apelo, meus amigos!

Muitos comentaram que ele havia recuperado o discurso russo original ao se dirigir a "irmãos e irmãs". É verdade. Contudo, o que se costuma passar por alto é que ele iniciou o discurso apelando aos camaradas e cidadãos (e ao menos um ouvinte percebeu uma cesura entre "Camaradas! Cidadãos!" e "Irmãos e irmãs").² Ele tampouco tentou se identificar exclusivamente com os russos. Ao listar os povos ameaçados pelos alemães, mencionou não só os russos, mas também "ucranianos, bielorrussos, lituanos, letões, estonianos, uzbeques, tártaros, moldavos, georgianos, armênios, azerbaijanos, e os demais povos livres da União Soviética".³

Os ouvintes ficaram satisfeitos com os sinais de que estava sendo montada uma defesa firme. A escritora Yekaterina Malkina sentiu-se inspirada pelo discurso; sua criada ficou tão comovida que caiu no choro. Malkina escreveu a um amigo:⁴

> Esqueci de mencionar o discurso de Stalin que, quando ouvi, me fez pensar que ele estava muito chateado. Ele falou com pausas muito longas e bebeu água várias vezes; podia-se ouvi-lo ingerindo e engolindo água. Isso contribuiu para incrementar o impacto emocional das suas palavras. Naquele mesmo dia fui me alistar no Exército voluntário.

Poucos que o ouviram naquele dia se esqueceram da experiência.

Tratando de encontrar um modo adequado de comunicação, ele às vezes obtinha resultados brilhantes:

> Como o nosso glorioso Exército Vermelho poderia entregar às forças fascistas vários de nossos distritos e cidades? Será que as forças fascistas alemãs são tão invencíveis como os presunçosos propagandistas fascistas costumam alardear?
>
> Claro que não! A história mostra que não existe e nunca existiu um exército invencível. O exército de Napoleão era considerado invencível, mas foi derrotado pelas forças russas, inglesas e alemãs. O exército alemão de Guilherme, na primeira guerra imperialista, também era considerado invencível, mas foi diversas vezes derrotado pelas forças russas e anglo-francesas e, por fim, pelas forças anglo-francesas. O mesmo pode-se dizer do atual exército alemão fascista de Hitler. Ele ainda não encontrou uma resistência séria no continente europeu. Só no nosso território se deparou com uma resistência forte.

Essas palavras foram ditas em um tom implacável, confirmando que haveria luta com os alemães. O desafio foi lançado a Hitler e à Wehrmacht.

A retórica de Stalin foi tristemente irrealista quanto ao tipo de inimigo que o Exército Vermelho enfrentaria. Ele advertiu o povo que, caso a URSS fracassasse em derrotar a Wehrmacht, o que os esperava seria a escravidão nas mãos dos "príncipes e barões alemães".[5] Ele ignorou a natureza específica da Nova Ordem do nazismo — posta em prática não por príncipes e barões, mas por líderes partidários locais e a SS. A violência racial, os caminhões de gaseamento e os campos de concentração foram instalados no leste, e nem uma vez Stalin os mencionou. A Primeira Guerra Mundial permanecia impressa em sua mente. Ele também estava paralisado pela memória da Guerra Civil. Em discurso na Praça Vermelha, em 7 de novembro de 1941 — aniversário da Revolução de Outubro —, ele divagou sobre os "intervencionistas" estrangeiros, como se eles e os nazistas fossem ameaças equivalentes ao Estado soviético.[6] Igualmente alheia aos fatos foi a sua afirmação de que a Alemanha estaria assolada "pela fome e pelo empobrecimento".[7] Stalin desenterrou antigos clichês de pronunciamentos do partido bolchevique. Quando soldados e civis soviéticos entraram em contato direto com a Wehrmacht e a SS, se depararam com métodos e propósitos nazistas extremamente repulsivos. A reputação de Stalin como propagandista era maior que sua performance.

De fato, havia limites à sua adaptabilidade. Os discursos regulares de Churchill ao Parlamento e as falas de Franklin Roosevelt transmitidas por rádio contrastavam com a prática soviética. Stalin fez apenas nove discursos durante a guerra. Não escrevia para os jornais. Embora contasse com outros para escrever em seu nome, recusava-se a assinar textos alheios. As informações sobre sua pessoa eram escassas. Deixou passar diversas oportunidades de inspirar gente alheia ao formato de suas modalidades preferidas.

O *Pravda* continuava cultuando-o ao referir-se a ele. Raramente os fotógrafos tinham autorização para fotografá-lo; as fotos publicadas na imprensa eram quase todas antigas, e mesmo assim eram usadas parcimoniosamente.[8] Era como se tivesse sido decidido que seria tratado como um símbolo desencarnado do esforço de guerra da URSS, não como o comandante supremo vivo. Cartazes, bustos e bandeiras continuaram a ser produzidos. Folhetos com seus melhores artigos e discursos eram vendidos a preços módicos. Comissários das forças armadas davam palestras sobre diretrizes políticas e estratégia militar, e sobre a liderança pessoal de Stalin. Ele não permitia a divulgação nos meios de comunicação de detalhes de suas atividades. Lidou com sua imagem pública à sua maneira, e nunca se sentiu confortável com a comunhão social frequente que agradava aos líderes dos Aliados. Tampouco mudou de ideia, e não permitiu que um subordinado — como Hitler fez com Goebbels — forjasse sua imagem pública. Como antes da guerra, Stalin manteve o controle direto do que era dito em seu nome.

Contudo, essa tendência à reclusão tinha algumas vantagens, e não foi tão prejudicial ao regime como teria sido em outra parte. Muitos cidadãos soviéticos entendiam que um patriarca sábio comandava as agências política e militar do Estado. Isso pode ter sido mais benéfico do que contraproducente para o esforço de guerra. Stalin era inepto quando se tratava de expressar afeto ou confortar o público. Sua inclinação característica em grandes aglomerações e nas transmissões radiofônicas era a de projetar ferocidade. Se as pessoas o tivessem visto mais regularmente, a ilusão dessa sabedoria bem-intencionada poderia ter se desfeito. Sua reclusão permitiu que acreditassem no Stalin que queriam. Podiam ser persuadidos de que todos os problemas do entreguerras seriam resolvidos com a derrota dos alemães. Havia uma imensa expectativa popular de que um Stalin vitorioso permitiria o relaxamento da ordem soviética. Milhões de pessoas o interpretaram mal. Porém, o erro as ajudou a lutar pela vitória, apesar dos terríveis rigores.

No estrangeiro, essa reclusão funcionou ainda melhor. Pouco se sabia a seu respeito. Antes da guerra, ele havia deixado perplexos até os diplomatas baseados em Moscou.[9] O interesse era maior entre os comunistas, mas membros leais do Comintern não se desviavam das migalhas apresentadas na biografia oficial; e os renegados, tais como os trotskistas, que nunca souberam grande coisa, eram uma minoria vociferante, mas ignorada. No Ocidente, o público em geral não obteve melhores informações após o Pacto Nazi-soviético de agosto de 1939. David Low, cartunista do *Evening Standard*, de Londres, criou imagens maravilhosas de Stalin e Hitler se abraçando e segurando um punhal por trás das costas um do outro. Stalin era representado como um tirano sinistro. No entanto, era Hitler, mais do que Stalin, quem atraía a atenção dos comentaristas ocidentais. A situação permaneceu assim até a Operação Barbarossa. Foi quando Stalin tornou-se o herói dos países beligerantes antinazistas. Isso também contribuiu para arrefecer o impulso de meter o nariz nos meandros de sua carreira. Se o seu Exército Vermelho estava revidando, ele devia ser apoiado, e seus seguidores comunistas nos países ocidentais deviam ser tratados como patriotas, não como subversivos. Diplomatas e jornalistas britânicos pararam de criticá-lo. Stalin era seu novo ídolo.

Quando os EUA entraram na guerra, em dezembro de 1941, a adulação atravessou o Atlântico. No ano seguinte, a revista *Time* elegeu Stalin o "Homem do Ano". Os encômios alardearam:[10]

> A ida de dignitários ocidentais a Moscou, em 1942, tirou Stalin de sua concha inescrutável e revelou um anfitrião agradável e um especialista no jogo de cartas dos assuntos internacionais. Em banquetes para homens como Winston Churchill, W. Averell Harriman e Wendel Wilkie, o anfitrião Stalin tomou vodca pura e falou sem rodeios.

O editorial prosseguiu:

> O homem cujo nome significa aço em russo, e cujas escassas palavras em inglês incluem a expressão norte-americana "homem durão", foi o personagem de 1942. Só Josef Stalin sabia plenamente o quão perto a Rússia estava da derrota em 1942, e só Josef Stalin sabia plenamente como fazê-la avançar em 1942.

Esse comentário ditou a forma como ele seria descrito no Ocidente durante o resto da guerra. Stalin já havia sido saudado como o Homem do Ano da *Time* no início de 1940.[11] Porém, se na primeira vez fora elogiado como um mestre das manobras astutas e pragmáticas, a ênfase na ocasião foi na clareza e na firmeza. Stalin foi aclamado como um estadista com quem o Ocidente podia fazer negócios. Em nome dos interesses da Grande Aliança, Churchill guardou para si suas reservas. O culto em casa granjeou altares afiliados em terras capitalistas — e foi tão vago e enganoso no Ocidente quanto em casa.[12]

Além do olhar do público, Stalin era um indivíduo complexo. Um dissimulador de mão-cheia, podia adotar qualquer estado de ânimo que lhe parecesse conveniente. As figuras públicas mais jovens promovidas no final da década de 1930 eram especialmente suscetíveis. Uma delas foi Nikolai Baibakov. O que o assombrava era "a abordagem amistosa e empresarial" de Stalin. Enquanto discutia no escritório, ele andava de um lado ao outro, e de vez em quando lançava um olhar penetrante aos seus interlocutores. Levava sempre várias cartas na manga. Uma delas era suscitar debates entre especialistas sem revelar suas preferências. Baibakov registrou também que Stalin nunca discutia enquanto não tivesse estudado os materiais disponíveis. Era bem-informado a respeito de muitas questões. Raramente alçava a voz, e quase nunca gritava ou se irritava com alguém.[13]

Baibakov mirava retrospectivamente pelas lentes edulcoradas do passado; o resto do relato indica que as entrevistas podiam ser aterrorizantes. Ao encarregá-lo das instalações petrolíferas no Cáucaso, Stalin ditou suas condições:[14]

> Camarada Baibakov, Hitler está avançando pelo Cáucaso. Ele declarou que, se não tomar o Cáucaso, vai perder a guerra. Tudo deve ser feito para impedir que o petróleo caia nas mãos dos alemães. Tenha em mente que, se deixar os alemães porem as mãos em uma tonelada de petróleo, nós o fuzilaremos. Mas, se destruir as instalações prematuramente, os alemães não se apossarem delas e ficarmos sem combustível, nós o fuzilaremos também.

Tal situação dificilmente poderia ser considerada "amigável e empresarial"; contudo, reconsiderando, Baibakov concluiu que as circunstâncias exigiam tamanha ferocidade. Tomando coragem, respondeu mansamente: "Camarada Stalin, o senhor não me deixa alternativa." Stalin foi até ele, alçou a mão e tocou sua testa: "A alternativa está aqui, camarada Baibakov. Ande logo. Discuta com Budënny e decida na hora."[15]

O general A. E. Golovanov ouviu outro incidente em outubro de 1941. Estava na Stavka quando Stalin recebeu um telefonema de um certo Stepanov, comissário do Exército na Frente Ocidental. O receptor de Stalin tinha um alto-falante acoplado, e Golovanov pôde ouvir a conversa. Stepanov, falando em nome do general da Frente Ocidental, pedia permissão para transferir o quartel-general para o leste de Perkhushkovo devido à proximidade da linha de frente. Era o tipo de solicitação que deixava Stalin furioso, e a conversa foi a seguinte:[16]

> *Stalin*: Camarada Stepanov, descubra se seus camaradas têm espadas.
> *Stepanov*: Como assim, camarada Stalin?
> *Stalin*: Os camaradas têm espadas?
> *Stepanov*: Camarada Stalin, a que tipo de espada se refere? Do tipo usado pelos sapadores ou outro tipo?
> *Stalin*: Não faz diferença.
> *Stepanov*: Camarada Stalin, eles têm espadas! Mas o que devem fazer com elas?
> *Stalin*: Camarada Stepanov, diga aos seus camaradas que eles devem portar as espadas para cavar as próprias tumbas. Nós não vamos deixar Moscou. A Stavka vai permanecer em Moscou. E eles não vão se mover de Perkhushkovo.

Em geral, ele não precisava recorrer ao sarcasmo. A memória do Grande Terror era suficiente para desencorajar a maior parte dos militares e funcionários políticos a abordá-lo desse modo.

A atmosfera de medo e imprevisibilidade forçava quase todos a cumprir quaisquer exigências de Stalin. Poucos líderes soviéticos se atreviam a fazer objeções ao que ele dizia. Dois deles eram Georgi Jukov e Nikolai Voznesenski. Contudo, Stalin intimidava até Jukov. E também o exasperava. Jukov observou que Stalin tardara em entender que era necessária uma preparação cuidadosa das operações militares pelos comandantes profissionais. Ele era como um "boxeador" nas discussões quando poderia ter obtido melhores resultados com métodos que incluíssem mais camaradagem.[17] Além disso, era arbitrário ao nomear e substituir comandantes, e agia com base em informações parciais ou sugestões maliciosas. O moral dos oficiais de comando teria sido mais alto se ele não tivesse se intrometido.[18]

Os demais subordinados tinham aprendido a manter a cabeça baixa. "Quando ia ao Kremlin", contou Ivan Kovalëv sobre sua experiência na guerra, no posto do comissariado do Povo para as Comunicações,

> Molotov, Beria e Malenkov em geral estavam no escritório de Stalin. Eu sentia que estavam atrapalhando. Nunca faziam perguntas, só ficavam lá, sentados, ouvindo, às vezes fazendo anotações. Stalin se ocupava dando instruções, falando ao telefone, assinando documentos... e aqueles três permaneciam lá, sentados."[19]

O diário de visitantes de Stalin deixa claro que aqueles três o viam com mais frequência que quaisquer outros políticos. Mikoyan tinha uma teoria a respeito. Ele formulou a hipótese de que Stalin mantinha Molotov por perto por temer o que poderia aprontar se ficasse por conta própria.[20] Estava certo, embora exagerasse. Stalin tinha de incluir outros nos assuntos de Estado, e eles, por sua vez, tinham de saber o que estava acontecendo. Desnecessário acrescentar que não se importava se os principais líderes estivessem exaustos ao chegar aos seus comissariados do povo para, por fim, tratar de seus próprios assuntos.

Ele não confiava em nenhum de seus políticos e comandantes. Até mesmo Jukov, seu líder militar favorito, era motivo de inquietação: Stalin instruiu Bogdan Kobulov, do NKVD, a grampear a casa dele. Aparentemente, o mesmo foi feito com os antigos camaradas Voroshilov e Budënny. Suas suspeitas eram infinitas.[21] Depois de ordenar a execução de Dimitri Pavlov nos primeiros dias da guerra, irritou-se com o sucessor de Pavlov na Frente Ocidental, Ivan Konev. O fracasso de Konev em conseguir impedir imediatamente o avanço alemão foi motivo suficiente para questionar sua lealdade. Stalin estava disposto a fuzilá-lo. Jukov não era amigo de Konev, mas considerou aquilo totalmente imerecido. Ele precisou persuadir Stalin a desistir.[22] Jukov estava aprendendo que absolutamente nenhum comandante estava seguro no posto, e na vida.

A partir de outubro de 1941, Stalin entendeu que não poderia dispensar Jukov. Os corpos blindados alemães tinham chegado aos arredores de Moscou, e bombardeiros alemães sobrevoavam a cidade. As forças regulares soviéticas foram chamadas para enfrentar a ameaça. O pânico se apossou da mente dos cidadãos comuns, e o NKVD deteve os que tentaram fugir. Fábricas e escritórios permaneceram fechados enquanto durou a batalha. Stalin e Jukov conversaram:[23]

> *Stalin*: Está seguro de que conseguiremos manter Moscou? Pergunto-lhe isso com dor no coração. Responda com honestidade, como um comunista.
> *Jukov*: Definitivamente, vamos conservar Moscou.

Depois de assegurar ao comandante supremo que Moscou não cairia, Jukov teve de cumprir o prometido, apesar das dificuldades.

Quando telegrafava a Stalin ou lhe telefonava do front, Jukov se dirigia a Stalin como "Camarada Comandante Supremo".[24] Essa nomenclatura era típica da confusão soviética: Jukov tinha de se referir a ele como um amigo comunista e, ao mesmo tempo, como comandante. Por sua vez, Stalin mantinha o decoro. Mesmo nas emergências, frequentemente evitava dar ordens na primeira pessoa. Quando telefonava para seus generais nos vários fronts, tendia a usar frases como "o Comitê de Defesa e a Stavka requerem que todas as medidas possíveis e impossíveis sejam tomadas".[25] Muitos anos depois, Jukov recordou essas regras protocolares.

Ele também recordou que Stalin adorava usar pseudônimos. Houve momentos de camaradagem entre eles quando a luta estava sendo travada a favor da URSS, e ele tinha estima por Jukov (apesar de mantê-lo sob vigilância). Ambos criaram um código para suas comunicações por telefone ou telegramas: Stalin era "Vasilev", e Jukov, "Konstantinov". Stalin usara esse pseudônimo antes de 1917, o que talvez sinalizasse uma espécie de identificação com a Rússia. De qualquer modo, os nomes falsos eram uma espécie de jogo: havia pouca probabilidade de enganar as agências de inteligência alemãs com pseudônimos, principalmente com um usado por Stalin no passado. Porém, ele não deve ser julgado com demasiada severidade. (Há muitíssimos outros motivos para condená-lo sem inflar o número artificialmente.) As pressões sobre os dois eram imensas, e não surpreende que o "Camarada

Comandante Supremo" se consolasse com apelidos. Em momentos menos graves, ele sabia encorajar ou aterrorizar seus subordinados militares.

Contudo, não foi induzido a testemunhar as condições no front; de fato, mal deixou Moscou, à exceção de duas viagens irrecusáveis às conferências dos Aliados em Teerã e Yalta. Ele instava os comandantes a ser audazes, mas não pôs sua segurança pessoal em risco. Houve uma exceção, muito alardeada na imprensa. Em 1942, ele viajou até o front, ostensivamente para monitorar o progresso da campanha. Quando chegou a uma distância entre 50 e 80 quilômetros do local das hostilidades, Stalin foi saudado pelos comandantes militares no Minsk Chaussée, os quais alertaram que não poderiam garantir sua segurança caso avançasse mais. Ele deveria saber que diriam isso. Foi o mais perto que chegou de qualquer ponto de ação direta na guerra. Nunca viu darem um tiro. Mas aproveitava as conversas com os comandantes e, após a demonstração de esperada decepção, regressou ao Kremlin. A propaganda oficial se valeu da viagem. No relato do *Pravda* foi como se Stalin tivesse chegado ao front e dado ao comando das forças soviéticas as ordens necessárias sobre estratégia e tática.

Mikoyan contou a viagem de um modo menos elogioso. "O próprio Stalin", escreveu, "não era um homem muito valente." Supostamente, quando falava com os comandantes, Stalin teve uma urgência física. Mikoyan especulou que deve ter sido um medo mortal, não o efeito normal da digestão. De qualquer modo, ele precisava ir a algum lugar rapidamente. Perguntou sobre os arbustos ao longo da estrada, mas os generais — cujas tropas tinham liberado a zona da ocupação alemã pouco antes — não podiam garantir que os alemães não tivessem deixado minas terrestres para trás. "Àquela altura", registrou Mikoyan com uma precisão memorável, "diante de todos, o comandante supremo baixou as calças e fez o que tinha de fazer no asfalto. Isso completou o 'reconhecimento do front', e ele regressou a Moscou."[26]

Evitar riscos desnecessários é uma coisa — e Stalin levou isso ao extremo. Mas não seria justo afirmar que era covarde. Provavelmente se comportava assim por se superestimar e se considerar imprescindível no esforço de guerra. Observava seus subordinados militares e políticos, e pensava que não seriam capazes de aguentar sem ele. Tampouco fugiu à responsabilidade pessoal quando se recuperou do choque de 22 de junho de 1941. Vivia ou morria pelo êxito na liderança do exército e do governo. Exauriu os ossos do próprio corpo com esse objetivo. E Jukov lhe deu crédito por compensar sua ignorância e sua inexperiência militar originais: Stalin seguiu estudando durante a guerra e, com sua capacidade excepcional para o trabalho, conseguiu atingir um nível que lhe permitiu compreender a maior parte das complexidades militares na Stavka. Mais tarde, Kruschev o caricaturou tentando seguir as campanhas em um pequeno globo que mantinha no escritório, imagem que foi reproduzida em vários relatos posteriores. Na verdade, apesar de assustar seus comandantes e muitas vezes fazer-lhes exigências totalmente irrealistas, Stalin granjeou a admiração profissional deles.

Não só as decisões militares como também a ordenação de todo o setor civil da sociedade e da economia estavam em suas mãos. Ele vigiava todos os recursos e anotava detalhes em uma caderneta. Estava sempre atento para que os subordinados empregassem os recursos de que dispunham. Tudo, da produção de tanques às reservas de moedas estrangeiras, era anotado por ele, avarento na hora de aumentar as dotações previamente destinadas às instituições. Seus principais associados eram instruídos a assumir a mesma atitude em seus assuntos: Molotov com os tanques, Mikoyan com o abastecimento de víveres, Kaganov no transporte, Malenkov com a força aérea e Voznesenski com os armamentos. A pequena caderneta governava a vida de todos.[27] Stalin era o pivô do esforço de guerra soviético. Os dois lados desse esforço, militares e civis, eram mantidos à parte. Stalin não queria que os comandantes interferissem na política e na economia, nem que os políticos interviessem na Stavka, e nas reuniões do Comitê Estatal de Defesa era ele quem aproximava os dois grupos.

42. OS TRÊS GRANDES

Os interesses vitais da URSS, dos EUA e do Reino Unido coincidiram depois dos acontecimentos de junho e dezembro de 1941. Churchill ofereceu assistência a Stalin assim que a guerra teuto-soviética começou. Foi firmado um acordo em 12 de julho de 1941. Uma delegação britânica chefiada por lorde Beaverbrook e acompanhada pelo diplomata norte-americano Averell Harriman foi conversar com Stalin em setembro. As negociações seguiram entre Washington e Moscou quando a guerra começou entre a Alemanha e os Estados Unidos, em dezembro. Criou-se um comitê de comandantes em chefe para coordenar as operações norte-americana e britânica. Os líderes dos Aliados — Churchill, Roosevelt e Stalin — ficaram conhecidos como os Três Grandes.

A grande aliança foi carcomida pelas suspeitas mútuas. Uma guerra mundial estava ardendo e a distribuição de recursos entre os campos de batalha da Europa e da Ásia ainda precisava ser acordada. Também haveria consultas sobre as operações estratégicas. Enquanto a luta entre o Terceiro Reich e a URSS prosseguia, norte-americanos e britânicos precisavam decidir quando abrir o "segundo front" no oeste europeu. Também havia a questão da assistência mútua. Tanto a URSS quanto o Reino Unido viam os EUA, a maior potência econômica mundial, como uma fonte de equipamentos, víveres e crédito financeiro. Para tal, os governos precisavam acordar os termos. Os objetivos da guerra precisavam ser esclarecidos. Havia uma tensão constante entre norte-americanos e britânicos, já que Washington não pretendia alavancar o Império Britânico caso os Aliados vencessem. Da mesma forma, os dois não queriam dar asas a

Stalin em suas negociações com o Leste Europeu. Os Aliados tampouco tinham discutido o que fazer com a Alemanha depois de Hitler. Mais adiante, esses dilemas exigiriam o envolvimento dos líderes máximos.

Os Três Grandes se mantiveram em contato por meio de telegramas e das embaixadas. Contudo, negociações diretas faziam falta. O problema era que Roosevelt era fisicamente incapacitado, e as viagens longas de avião lhe custavam muito. Churchill, porém, era um viajante entusiasmado. O primeiro-ministro britânico cruzou o Atlântico para se reunir com Roosevelt na baía de Placentia, em agosto de 1941, e em Washington, em dezembro do mesmo ano. Fez voos ainda mais perigosos para conversar com Stalin em Moscou, em agosto de 1942 e outubro de 1944 (que envolveram escalas em Gibraltar, Cairo, Teerã e no campo de pouso de Kuibyshev).

Obsessivo, querendo controlar tudo em Moscou e sem querer se arriscar em viagens aéreas, Stalin rejeitou-as o quanto pôde. Como comissário do povo para Relações Exteriores, Molotov fora enviado a Berlim em 1940. Também viajou ao Reino Unido, sobrevoando o Báltico e o mar do Norte, em maio de 1942. Desconfiava tanto da pérfida Albion que dormiu com um revólver sob o travesseiro. Egocêntrico, Stalin esperava que os outros corressem os riscos. Sua imobilidade exasperava Roosevelt e Churchill. O primeiro descreveu os esplendores das pirâmides de Gizé para convencer o líder soviético a voar até o Cairo.[1] Ele informou que gostaria de viajar, mas que a Constituição norte-americana restringia o tempo que o presidente podia passar fora do país.[2] Stalin não podia adiar a reunião dos Três Grandes indefinidamente; depois de rechaçar Cairo, Bagdá e Basra, por fim concordou com Teerã, em novembro de 1943. A cidade não distava muito da URSS, e ele ordenou as disposições necessárias para que a Embaixada soviética na capital garantisse sua segurança. Só então ele deixaria o território soviético. A conferência seguinte ocorreu em Yalta, no sul da URSS, em fevereiro de 1945. Stalin se acostumara a trabalhar à noite e a dormir durante a maior parte do dia. Mas teve de voltar à rotina mais convencional para se encontrar com Roosevelt e Churchill.[3]

Ele fez seus arranjos para a viagem. Em 1941, mandou preparar um vagão ferroviário especial para seguir trabalhando enquanto viajava. Com 83 toneladas, era fortemente blindado. No interior do vagão, havia todo tipo de amenidades — estúdio, sala de estar, banheiro, cozinha e compartimento para os guarda-costas — no estilo sólido que ele preferia. Não havia nada luxuoso no vagão; a madeira e o metal pesados do interior denotavam um líder que não gostava de floreios e exigia certas condições para trabalhar normalmente. O vagão FD 3878 era como um escritório móvel do Kremlin.[4]

Os aliados ocidentais fizeram acordos entre si muito antes de Stalin embarcar no novo vagão. A URSS precisava urgentemente de provisões. Churchill ofereceu assistência após o início da Operação Barbarossa, e comboios militares singraram o oceano Ártico. No entanto, os próprios britânicos dependiam dos suprimentos trazidos por navios dos Estados Unidos. Portanto, para o governo soviético, era importante obter o apoio de Roosevelt depois de Hitler declarar guerra aos EUA. Na verdade, aos norte-americanos interessava atender essas solicitações, já que fortalecer a resistência do Exército Vermelho significaria debilitar a Wehrmacht. Já havia um acordo de Empréstimo e Arrendamento com o Reino Unido, então estendido à URSS, que recebeu empréstimos, equipamentos militares e víveres. Os suprimentos seguiam em comboio pelo Ártico até Murmansk, ou pela fronteira com o Irã. A guerra com o Japão no Pacífico inviabilizara as demais rotas. Jipes, presunto enlatado, açúcar e pólvora dos EUA reduziram lacunas vitais na produção. Frequentemente, navios britânicos eram atacados por submarinos alemães, mas na visão de Stalin essas perdas não mereciam comentários — não quando o Exército Vermelho estava entregando as vidas de milhões de tropas combatendo os alemães.

Outra coisa que mobilizava Stalin o satisfazia ainda menos. Ele queria que os aliados abrissem uma segunda frente na Europa, para aliviar a pressão sobre suas forças armadas. Nunca perdeu uma oportunidade de exigir maior urgência dos EUA e do Reino Unido. Novatos na luta contra Hitler, os norte-americanos mencionaram vagamente que se encarregariam disso no final de 1942. Churchill foi mais circunspecto e, quando visitou Moscou, em 1942, abriu um mapa da Europa Ocidental para explicar as enormes dificuldades logísticas de uma invasão britânica por mar. Stalin continuou atiçando-o: "A Marinha britânica não está imbuída do sentido da glória?"[5] Churchill esteve a ponto de regressar a Londres sem mais discussões. Estava farto das exigências raivosas de Stalin. Ao perceber que fora longe demais, o Líder o convidou para outro jantar, e a crise passou. Ao se depararem com a logística militar, Roosevelt e seus assessores aceitaram a contundência da argumentação de Churchill, e Stalin foi obrigado a reconhecer que enquanto não estivessem dispostos e prontos para lançar seus navios pelo canal da Mancha, não havia nada que pudesse fazer para apressá-los.

Embora continuasse a recriminar Churchill e Roosevelt por correspondência, Stalin também sabia ser discreto. A Roosevelt, de quem recebia ajuda financeira e militar, ele escreveu em 14 de dezembro de 1942:

> Permita-me também expressar a confiança de que o tempo não passou em vão, e as promessas de abrir a segunda frente na Europa, que o senhor, sr. presidente, e o sr. Churchill me deram, referindo-se a 1942, serão cumpridas e, em todo caso, serão cumpridas na primavera de 1943 [...][6]

Não fez nenhuma diferença. Os norte-americanos e os britânicos não se deixaram pressionar.

A teimosia deles aumentou a urgência para que Stalin aceitasse o convite para uma reunião dos Três Grandes. Assim, a Conferência de Teerã foi organizada. Àquela altura, Churchill já conhecia bem os parceiros, mas Stalin e Roosevelt ainda não tinham se encontrado. O soviético e o norte-americano se dedicaram à sedução mútua. Conseguiram se entender. Stalin foi cordato, e o presidente ficou com a impressão de que era alguém com quem se podia tratar. Ambos queriam ver o Império Britânico desfeito, e Roosevelt disse isso claramente quando estiveram a sós. Roosevelt se orgulhava de saber como lidar com Stalin, que lhe pareceu um negociador tosco, mas confiável; não lhe ocorreu que ele fosse capaz de fingir bonomia para alcançar seus propósitos. No meio da guerra, Roosevelt adoeceu. Sua energia e agudeza intelectual estavam em declínio. Nas conferências de Teerã e Yalta, Stalin tirou o máximo de proveito daquela relação amigável, e tentou semear cizânia entre ele e Churchill. Nem sempre conseguiu. Mas foi hábil o bastante para evitar que Churchill insistisse em uma linha mais firme contra as pretensões soviéticas no Leste Europeu.

Contudo, era difícil apaziguar Churchill. Durante a Guerra Civil, ele tinha sido o mais ruidoso defensor de uma cruzada contra a Rússia soviética.

Chamou os bolcheviques de babuínos e quis estrangular a Revolução de Outubro no berço. Stalin tocou nesse assunto de um modo despretensioso. Churchill retrucou: "Fui muito ativo na intervenção, e não quero que o senhor pense outra coisa." Quando Stalin forjou um sorriso, ele arriscou: "O senhor me perdoou?" O comentário diplomático de Stalin foi que "tudo aquilo pertencia ao passado, e o passado pertencia a Deus".[7]

De qualquer modo, os líderes ocidentais da Grande Aliança podiam contar com um tratamento real *à la sovietique* quando se reuniam com Stalin. Churchill foi quem teve a recepção mais suntuosa, por ter se deslocado até Moscou. Em outubro de 1944, Molotov organizou uma festa enorme, com mesas fartas de comida e vinho. O grupo oficial britânico comeu até se fartar, antes de assistir a um concerto na Sala Tchaikovski. A orquestra tocou a Quinta Sinfonia de Tchaikovski e a Terceira Sinfonia de Rachmaninov. Stalin concordou em jantar na Embaixada britânica. Ele e Churchill se divertiram durante o jantar, e a simpatia de Stalin foi tanta que ele cruzou os salões do piso inferior para que os cidadãos britânicos o vissem. Brindaram à sua saúde, e ele retornou para outra rodada de comida e bebida. Em geral, Stalin evitava a ebriedade consumindo um vinho cor de vodca, enquanto outros bebiam destilados. Em 1939, confessara a Ribbentrop que recorria a esse estratagema.[8] Naquela noite, porém, cedeu à intemperança, e deixou o covil dos reacionários capitalistas anglo-saxões às 4 da manhã.[9] Stalin costumava estar desperto àquela hora, mas os anfitriões britânicos não sabiam disso e ficaram com a impressão de um conviva simpático que sabia se divertir.

A Conferência de Teerã ocorreu em um ambiente de hospitalidade similar, que contribuiu para acordos e decisões importantes. Stalin, Roosevelt e Churchill estavam determinados a evitar que a Alemanha voltasse a ser uma ameaça à paz mundial. Concluíram que o passo mais decisivo seria quebrar o Estado,[10] e os assessores de Roosevelt queriam inclusive a desindustrialização compulsória do país. As fronteiras no Centro e no Leste Europeu também foram discutidas. A preocupação de Stalin com a segurança soviética levou Churchill a propor redesenharem o mapa da Europa. Deu uma explicação com três palitos de fósforo. Aparentemente, pensou que o caucasiano não o entenderia sem ajuda visual. Churchill queria empurrar Polônia e Alemanha para o oeste.[11] Segundo ele, a fronteira oeste da URSS deveria terminar na linha proposta em meados de 1920 por lorde Curzon (a qual, como assinalou Anthony Eden, era praticamente a mesma conhecida como fronteira Ribbentrop-Molotov — este último não objetou).[12] A URSS se expandiria à custa da Polônia, que seria compensada com acréscimos do leste alemão.[13]

Para garantir sua segurança continental Stalin exigiu que a cidade portuária de Konigsberg passasse a pertencer à URSS, com o qual os outros dois concordaram.[14]

Stalin precisou adaptar sua rotina diária para atingir suas metas. Conseguia intimidar políticos e comandantes soviéticos a adotar seu estilo noturno de trabalho, mas não podia esperar que Churchill e Roosevelt negociassem à luz de velas. Agiu com uma compostura baseada na vantagem secreta que tinha sobre os interlocutores em Teerã: as conversas de ambos estavam grampeadas. Sergo, o filho de Beria, escreveu sobre isso:

> Às 8h, Stalin, que mudara seus hábitos naquela ocasião (em geral, ele trabalhava à noite e despertava às 11h), recebeu a mim e aos outros. Preparava-se meticulosamente para nossas sessões, e tinha à mão documentos sobre questões que lhe interessavam. Chegou ao ponto de pedir detalhes sobre o tom das conversas: "Ele disse isso com convicção ou sem entusiasmo? Como Roosevelt reagiu? Disse isso com firmeza?" Às vezes se surpreendia: "Eles sabem que podemos ouvi-los; no entanto, falam francamente!" Um dia chegou a me perguntar: "O que você acha? Será que sabem que ouvimos o que dizem?"[15]

As delegações ocidentais operaram com a premissa de que a agência de inteligência soviética podia grampeá-las, então Stalin devia estar menos intrigado com Churchill e Roosevelt do que os dois com ele.

Durante a viagem de Churchill a Moscou, em outubro de 1944, era urgente discutir o futuro da Europa. Ele abordou habilmente o assunto: "O momento era propício aos negócios, então eu disse: 'Vamos resolver o nosso assunto nos Bálcãs.'" Churchill agarrou o touro pelos chifres e rascunhou uma proposta em uma folha de papel. Sugeriu um rateio aritmético das zonas de influência entre a URSS, de um lado, e o Reino Unido e os EUA, de outro. Foi o famoso "acordo das porcentagens":

		%	
Romênia		90	Rússia
		10	os outros
Grécia		90	Grã-Bretanha (com os EUA)
		10	Rússia
Iugoslávia	50 — 50		
Hungria	50 — 50		
Bulgária		75	Rússia
		25	os outros[16]

Stalin esperou a tradução, olhou o papel, tomou uma caneta azul de um pote de bronze e marcou um grande tique. Seguiu-se uma longa pausa: os dois sabiam que estavam decidindo algo de importância histórica fundamental. Churchill rompeu o silêncio: "Será que não vão pensar que terá sido muito cínico decidir esses assuntos, que selam a sorte de milhões de pessoas, de uma maneira tão negligente? Devemos queimar este papel." Mas Stalin não se acanhou e respondeu: "Não, guarde-o."[17]

Mais tarde, em conversa com o embaixador britânico, Churchill referiu-se à sua proposta como o "documento obsceno". Stalin pensou melhor alguns detalhes e pretendeu exercer mais influência sobre a Bulgária e a Hungria. Nos dois casos, exigiu 80% para a URSS. Autorizado por Churchill, o secretário de Relações Exteriores britânico, Anthony Eden, concordou com a modificação durante um encontro com Molotov.[18] Há certos mitos a respeito do acordo das porcentagens. Por exemplo, criou-se a lenda de que Stalin e Churchill haviam dividido a Europa em duas, e que a conversa entre ambos predeterminou todas as decisões políticas e territoriais subsequentes assumidas pelos Aliados. Na verdade, o "documento obsceno" foi um acordo bilateral provisório, para a ação no futuro imediato. Várias questões deixaram de ser discutidas. Não há menção à Alemanha, Polônia e Tchecoslováquia. Não diz nada sobre o sistema político e econômico a ser criado em qualquer país após a guerra. A ordem pretendida para a Europa e a Ásia no pós-guerra ainda precisava ser esclarecida, e o acordo das porcentagens não deixou os EUA de mãos atadas. Sem ter sido consultado, o presidente Roosevelt poderia tê-lo aceitado ou não. Contudo, seu intuito de manter a URSS dócil até a derrota da Alemanha era tal que acolheu o "documento obsceno" sem objeções.

Quando os Três Grandes se reuniram em Yalta, em 4 de fevereiro de 1945, era urgente resolver a difícil questão de planejar a Europa e a Ásia do pós-guerra. Para Stalin, também foi uma ocasião para as autoridades soviéticas demonstrarem seu *savoir-faire*. Cada delegação se hospedou em um palácio erguido para os tsares. Nada disso impressionou o aristocrático primeiro-ministro britânico. Churchill comentou que, mesmo após uma década de buscas, teria sido impossível encontrar "lugar pior no mundo". A duração da viagem dificilmente teria incomodado aquele viajante inveterado. Yalta está localizada na península da Crimeia. Antes de 1917 tinha sido um dos locais de férias preferidos dos dignitários do Estado imperial. Stalin adorava toda a costa, da Crimeia à Abecásia — e é difícil resistir rejeitar a ideia de que Churchill apenas exercitava seu esnobismo inglês.

A Conferência de Yalta tomou decisões de uma importância enorme, e Stalin estava muito animado. Pediu que fosse recompensado com a promessa de entrar em guerra contra o Japão após a vitória sobre a Alemanha. Em particular, queria obter reparações da Alemanha no valor de 20 bilhões de dólares. Aquilo era controverso, mas os líderes ocidentais cederam. O debate sobre a Polônia foi mais acalorado. Por insistência de Roosevelt e Churchill, o futuro governo polonês seria uma coalizão de nacionalistas e comunistas. Contudo, não conseguiram encurralar Stalin quanto aos detalhes. Voluntarioso, ele queria autonomia no leste e no centro-leste europeu. Roosevelt e ele criaram uma relação amigável, e às vezes se reuniam sem Churchill — novato entre os Aliados, que se viu obrigado a suportar a situação e dela tirar o maior proveito possível. Quando Stalin exigiu o sul de Sacalina e as Ilhas Curilas — que os japoneses consideravam seus territórios do norte — em troca de se juntar à guerra no Pacífico, Churchill e Roosevelt cederam. Stalin e Churchill cederam à proposta entusiasmada de Roosevelt de criação da Organização das Nações

Unidas ao final da guerra. Para ele, bem como para Woodrow Wilson, após a Primeira Guerra Mundial, era crucial criar um organismo para melhorar as perspectivas da paz mundial.

A posição dos Aliados não era nada invejável. Embora a Alemanha estivesse a ponto de ser derrotada, não se sabia por quanto tempo o Japão resistiria. Além disso, as forças norte-americanas e britânicas na Europa lutariam em aliança com o Exército Vermelho. Não só o *Pravda*, mas também as instituições ocidentais, lustraram a imagem pessoal de Stalin. Assim que a URSS entrou na guerra contra o Terceiro Reich, a imprensa britânica substituiu as críticas pelos elogios. Por ocasião do aniversário de Stalin, em dezembro de 1941, a Orquestra Filarmônica de Londres, que até então não era conhecida como uma organização comunista, apresentou um concerto em sua homenagem.[19] A opinião pública em geral estava tremendamente agradecida ao Exército Vermelho (algo mais do que justo) e, com menos razão, tratava Stalin como sua encarnação valente e gloriosa. Teria sido política e militarmente difícil um confronto militar entre os Aliados ocidentais e a URSS. Contudo, Stalin poderia ter sofrido mais pressão; embora fosse mais firme que Roosevelt, Churchill também foi amável demais.

Na verdade, o pior revés entre os Três Grandes em Yalta não se deu durante as negociações formais. Após um drinque no almoço, Roosevelt contou a Stalin que no Ocidente ele era conhecido como "Tio Zé" (*Uncle Joe*).[20] Suscetível, o soviético sentiu se diminuído e não entendeu que o apelido denotava um alto grau de respeito reticente. Irritado pela revelação, foi preciso convencê-lo a permanecer à mesa. De qualquer modo, os apelidos não se limitavam a Stalin: Churchill se autodenominava "ex-membro da Marinha" em telegramas ao presidente norte-americano.[21] Stalin não se impedia de provocá-lo. Em uma refeição entre os três propôs que, para evitar a volta do militarismo alemão, os Aliados deviam fuzilar 50 mil oficiais e especialistas técnicos. Conhecendo a história sangrenta de Stalin, Churchill tomou-o ao pé da letra e grunhiu que preferia ser ele próprio fuzilado a "manchar a minha honra e a do meu país com semelhante infâmia". Roosevelt tentou desanuviar a atmosfera e disse que a execução de 49 mil membros do corpo de oficiais alemão seria suficiente. Aborrecido com a brincadeira, Churchill levantou-se da mesa para ir embora e teve de ser trazido de volta por Stalin e Molotov, que pediram perdão pelo que, alegaram, não passara de uma gozação.[22]

O primeiro-ministro não se convenceu de que Stalin estivesse fazendo troça; porém, nem por um momento pensou em se retirar da Conferência de Yalta. Como nas reuniões anteriores, entendeu, assim como os outros dois, que os Aliados precisavam permanecer unidos. Quando eram proferidos insultos pessoais, ainda que intencionais, contra um deles, os outros tinham de acalmar os ânimos. Na verdade, o general Alan Brooke, que fazia parte do grupo de Churchill, foi quem teve a discussão mais acalorada com Stalin. Isso ocorreu em um banquete, durante a Conferência de Teerã, quando Stalin se levantou e acusou Brooke de não demonstrar amizade e camaradagem com o Exército Vermelho. Brooke respondeu à altura e afirmou que, aparentemente, na guerra a "verdade deve ter um séquito de mentiras"; disse que sentia uma "camaradagem genuína" pelos homens das forças armadas soviéticas. Stalin ficou sem resposta, e comentou com Churchill: "Gosto daquele sujeito. Parece sincero."[23]

Embora fosse esperto, Stalin não era um gênio diplomático. No entanto, tirou proveito dos conflitos de interesses entre os Três Grandes. Davam-lhe a mão e já queria o braço. Para criar uma zona de amortecimento entre a URSS e qualquer agressor ocidental, concluiu que devia conquistar território no Leste Europeu. Mantinha uma parceria de trabalho decente com o exausto Roosevelt e, embora ele e Churchill desconfiassem um do outro, conseguiam se sentar à mesa de negociações. Na Polônia e em outras partes, muitos pensavam que aquela cooperação estava indo longe demais. Em vão o governo polonês no exílio alertou para as ambições de Stalin. Em 12 de abril, porém, Roosevelt morreu. Pouco afeito a rompantes sentimentais, Stalin enviou uma carta afetuosa a Washington. Lamentou não tanto a morte de um membro dos Três Grandes, mas o colapso de uma relação política que estava funcionando. A diplomacia pessoal evitara vários obstáculos que, desde 1941, poderiam ter rompido a aliança militar tripartite.

Ele gostou de ser levado a sério como político por Roosevelt e Churchill enquanto duraram as hostilidades, e as reuniões entre eles aumentaram sua autoestima. O sucessor de Roosevelt, o vice-presidente Harry Truman, tinha a reputação de ser mais de direita. Stalin previu modos mais duros de deliberar os assuntos mundiais no futuro próximo.

43. AS ÚLTIMAS CAMPANHAS

No verão de 1944, por fim, os Aliados estavam prontos para abrir a segunda frente. A Operação Overlord começou em 6 de junho, quando forças norte-americanas, britânicas, canadenses e outras, comandadas por Dwight Eisenhower, desembarcaram nas praias da Normandia, no norte da França. Foi uma operação anfíbia de imensa ousadia e inteligência. Depois de enganar a Wehrmacht quanto à sua localização precisa, os exércitos aliados obrigaram os alemães a recuar. Se Stalin estivesse começando uma ofensiva semelhante no leste, teria exigido que os Aliados atacassem os alemães simultaneamente. Contudo, não acelerou seus preparativos, como haviam feito antes os norte-americanos e britânicos. A contraparte do leste seria a Operação Bagration. O nome não foi escolhido por acaso: Bagration fora um dos comandantes mais bem-sucedidos de Alexandre II, em 1812; também era georgiano, como o comandante supremo da URSS. Os alemães ainda tinham forças massivas no leste, com 228 divisões, comparadas com as 58 que enfrentavam Eisenhower e Montgomery. A Operação Bagration começou em 22 de junho, após meses de preparativos de Jukov e Vasilevski, exatamente três anos depois da invasão alemã pelo rio Bug, durante a Operação Barbarossa. Complexas combinações de tanques e aviões se posicionaram ao longo do extenso front.[1] No leste e no oeste estava claro que as batalhas finais da guerra na Europa eram iminentes.

Os pântanos Pripet, entre a Bielorrússia e a Polônia, seriam o próximo campo de batalha, e Stalin se regozijou com a glória alcançada após o êxito de seus militares. Em 22 de julho, as forças de Rokossovski cruzaram o Bug. A Stavka apontou o avanço do Exército Vermelho na direção de Varsóvia e Lviv. A última vez que Stalin participara de uma batalha por território tinha sido na década de 1920, mas agora ele estava no comando de todas as atividades do Exército Vermelho. Quando Lviv caiu, em 27 de julho, a Wehrmacht recuou pelo rio Vístula. Hitler e seus generais não tinham uma estratégia para reverter a sorte do Terceiro Reich. As forças alemãs estavam diante da perspectiva de uma guerra contra inimigos formidáveis em duas grandes frentes. Os Aliados abriam caminho pelas Ardenas, enquanto o Exército Vermelho podia avistar Varsóvia com os binóculos.

Para o Exército Vermelho, a Wehrmacht não era um obstáculo apenas na Polônia, mas em todos os países do Leste Europeu. A tentação óbvia, depois de cruzar o Bug, era perseguir o inimigo até Varsóvia. Contra isso havia o cálculo de que as forças soviéticas ainda não tinham terminado de recuperar os Estados Bálticos, e Hitler havia preparado uma defesa massiva na própria Polônia. A Stavka tinha motivos para deixar o Exército Vermelho descansar e se reabastecer para a difícil travessia do Vístula. Stalin também precisava ter certeza de que um ataque a Varsóvia não exporia suas forças ao deslocamento das forças alemãs da Romênia. Embora tivesse expulsado a Wehrmacht do território soviético, ele reconhecia que enfrentariam uma campanha militar de grande envergadura.[2] Outro problema era que a inteligência soviética ignorava a situação polonesa. Stalin era o principal culpado. Ao aniquilar milhares de comunistas poloneses em Moscou, durante o Grande Terror, em 1944, não tinha agentes para se infiltrar nas linhas alemãs. Seu comportamento assassino com os poloneses em fuga em 1939-41 aumentou as suspeitas generalizadas sobre ele naquele país.

Na verdade, a resistência polonesa estava preparando sigilosamente um levante em Varsóvia, e os planos estavam avançados. Os nacionalistas, longe de dar as boas-vindas ao Exército Vermelho, esperavam derrubar o nazismo na cidade sem a interferência soviética. O objetivo era evitar que a Polônia caísse nas garras da URSS após a libertação da Alemanha. A organização militar era liderada pelo Exército do Interior, e o Levante de Varsóvia começou em 1º de agosto. Foi uma iniciativa corajosa e malfadada. Os alemães entraram com a Wehrmacht e os rebeldes foram detidos e derrotados. A luta terminou em 2 de outubro.

O longo período de recuperação e reabastecimento do Exército Vermelho provocou muitos comentários negativos à época e nos anos seguintes. O Exército do Interior, enquanto planejava derrotar os alemães em Varsóvia com o esforço polonês, rogou desesperadamente pelo apoio soviético e recebeu quase nada. Não que a questão anterior da intervenção militar não tivesse sido levantada em Moscou; de fato, não houve discussão mais exaltada na Stavka desde antes da Batalha de Kursk. Infelizmente, não se sabe muito sobre quem disse o quê até o Levante de Varsóvia ser massacrado. Jukov, o militar profissional, continuava defendendo a necessidade de uma pausa prolongada no início de outubro. Molotov se opunha e exigia uma ofensiva imediata. Beria se deleitou com a disputa, e semeou a discórdia entre os membros da Stavka. Previsivelmente, Stalin concordou com Molotov: preferia a ação. Mas Jukov fincou o pé e, por fim, Stalin cedeu, embora a contragosto.[3] Jukov venceu o debate, mas acumulou problemas com Stalin no final da guerra. O Exército Vermelho se instalou na margem leste do Vístula e lá permaneceu até o final do ano.

Stalin provavelmente não disse a Jukov tudo o que pensava. O esgotamento do Exército Vermelho era apenas um dos fatores a considerar. Ele já estava buscando meios de assegurar o domínio político sobre a Polônia durante e após a guerra. Sua experiência na Guerra Soviético-Polonesa de 1920 o convencera de que os poloneses não eram confiáveis, pois seu patriotismo era maior que sua consciência de classe. "Uma vez polonês, sempre polonês" podia ser seu lema ao lidar com eles e com suas elites. Estava determinado a colocar o país sob a hegemonia da URSS, independentemente do Estado que surgisse dos escombros da guerra. Isso significava que o governo emigrado baseado em Londres — bem como qualquer organização armada formada por poloneses na Polônia — seria tratado como ilegítimo. Stalin não tinha motivos para ser simpático com os poloneses. Em abril de 1940 havia ordenado o assassinato de milhares de oficiais poloneses capturados na floresta Katyn, na Rússia. Ele não desejava a sobrevivência das elites políticas e militares polonesa, estoniana, letona e lituana — e tinha muita prática em resolver problemas públicos mediante a aniquilação dos que os encarnavam.

Também tinha razões estratégicas objetivas para não iniciar uma ofensiva prematura pelo Vístula. Em agosto, Hitler e seus comandantes trataram o

Exército Vermelho como o inimigo mais urgente, deixando a supressão do Levante de Varsóvia a cargo de suas unidades de segurança, enquanto a Wehrmacht se aglomerava junto ao rio para repelir qualquer tentativa de Rokossovski de cruzá-lo. As autoridades alemãs confiavam em reprimir rapidamente os insurgentes poloneses. Porém, o comportamento de Stalin foi militarmente indesculpável ao rejeitar todos os pedidos poloneses de assistência após o início do levante, em 1º de agosto de 1944. Churchill percebeu a jogada suja e criticou o Kremlin.[4] Aviões britânicos baseados na Itália foram enviados para lançar suprimentos aos poloneses. Mas Stalin não se abalou, e o Exército Vermelho não se moveu.

O Levante de Varsóvia não foi reprimido de imediato, nem facilmente. Enquanto o Exército Vermelho aproveitava para descansar, se recobrar e se reabastecer, o Exército do Interior polonês permaneceu ocupado. Os insurgentes eram flexíveis, bem-organizados e profundamente determinados. Os alemães não souberam contê-los, até que veio a ordem de destruir os bairros insurgentes. Stalin pode ter tido razão em duvidar que ajudar os rebeldes poloneses mediante um ataque anfíbio pelo Vístula debilitaria a Wehrmacht. Porém, se fosse um grupo grande de resistentes russos ou ucranianos sublevando-se contra o Terceiro Reich, ele certamente teria ajudado com armas e víveres, e teria bombardeado os alemães. Não oferecer assistência aos poloneses envolveu uma decisão calculada sobre o futuro da Polônia. Ele já havia criado um governo provisório. Era o gabinete, indicado pelo Kremlin e atado a ele, que pretendia colocar no poder após a derrota da Alemanha. Outros líderes poloneses, por mais populares que fossem no país, seriam mantidos longe do centro dos acontecimentos. Stalin queria governar a Polônia por meio de seus títeres comunistas. Quanto mais insurgentes os alemães eliminassem, mais perto ele estaria de seus objetivos. Os impropérios de Churchill sobre as medidas militares e políticas de Stalin tinham razão de ser.

Ainda assim, no encontro em Moscou, em outubro de 1944, Churchill asseverou a Stalin que não pensava que o Exército Vermelho tivesse sido contido deliberadamente.[5] A coesão da Grande Aliança tinha precedência. Apesar de estar na defensiva no leste e no oeste, a Wehrmacht não havia perdido resiliência. Os Aliados sabiam que tinham uma luta iminente quando os alemães, apesar de se queixarem dos fracassos econômicos e militares de Hitler, apoiaram o Führer. Churchill e Stalin sabiam que era importante chegar primeiro a Berlim. A conquista de território daria ao conquistador condições de ditar os termos da paz. Roosevelt e Eisenhower pensavam de outro modo; sua estratégia se baseava no desejo de minimizar as próprias baixas, mais do que entrar na corrida para ver quem chegava primeiro a Berlim. Stalin estava determinado a vencê-la, mesmo que os norte-americanos não competissem. Temia que os EUA e o Reino Unido fizessem um acordo com os alemães para pôr fim à luta. Isso levaria a uma cruzada contra a União Soviética e, mesmo que não fosse assim, os alemães podiam se render aos Aliados do Ocidente e privar a URSS dos ganhos do pós-guerra. Stalin escolheu seus melhores comandantes — Rokossovski, Konev e Jukov — para reforçar a campanha para tomar a capital alemã.

Por ordem sua, o Exército Vermelho começou a Operação Vístula-Oder em 12 de janeiro de 1945. Embora superassem a Wehrmacht por três a um, a determinação alemã a resistir não havia diminuído. A Primeira Frente Ucraniana de Konev avançou pela ala sul de uma força militar que se espalhava ao longo das terras polonesas. A Primeira Frente Bielorrussa de Jukov avançou no norte. Quando as defesas alemãs fraquejaram, ele informou que ocupara as margens do rio Oder. Os focos alemães que não haviam recuado caíram em uma armadilha. Konigsberg e sua população foram isoladas. A caminho da Polônia, o Exército Vermelho se deparou com coisas terríveis ao entrar nos campos de concentração. Evidências de assassinatos em massa tinham sido destruídas em Belzec, Sobibor e Treblinka, mas em Auschwitz (Oswiecim) os alemães em fuga não tiveram tempo de disfarçar o encarceramento, o trabalho forçado, a fome e o assassinato. Os soldados soviéticos teriam agido de modo furioso mesmo sem uma experiência como aquela. As atrocidades alemãs na URSS foram sistemáticas desde o início da Operação Barbarossa, e a propaganda soviética havia eliminado quaisquer simpatias remanescentes pelo povo alemão como um todo. Ao avançar pela Europa Central, o Exército Vermelho destruiu tudo pelo caminho, violentamente; suas tropas saquearam e estupraram, praticamente sem nenhuma restrição dos comandantes.

As tropas soviéticas não discriminaram quanto à nacionalidade. Não só alemães como também outros povos foram brutalizados, e Stalin se recusou a punir os agressores. O líder comunista iugoslavo Milovan Djilas queixou--se com ele em vão. Stalin respondeu:

> Bem, pois então imagine um homem que lutou de Stalingrado até Belgrado, cruzando por mais de mil quilômetros sua terra devastada, vendo os cadáveres dos camaradas e de seus entes queridos. Como ele poderia agir normalmente? E o que há de tão horrível em se divertir com uma mulher depois desses horrores? Você imaginou um Exército Vermelho ideal. Ele não é ideal, nem pode ser [...] O que importa é que lute contra os alemães.[6]

Djilas, que lutara nos Bálcãs e não era conhecido pela sensibilidade, mal pôde acreditar no que ouviu.

Alheio a como seus soldados se comportavam no seu tempo de licença, Stalin estava determinado a fazê-los tomar a capital alemã. Enganou os aliados sobre suas intenções. Em 1º de abril de 1945, ao determinar os planos militares em Moscou, telegrafou a Einsenhower concordando em que as forças soviéticas e ocidentais convergissem na região de Erfurt, Leipzig e Dresden, e acrescentou: "Berlim perdeu seu significado estratégico anterior. Portanto, o Comando Supremo soviético pretende designar forças de segundo escalão para o lado de Berlim."[7] Para adornar a mentira, propôs que o "maior golpe" fosse lançado na segunda semana de maio. Enquanto isso, ordenou a Jukov e Konev que apressassem os preparativos.[8] Churchill estava cada vez mais preocupado. Em sua opinião, politicamente era vital reunir-se com o Exército Vermelho o mais ao leste possível. Mas ele não obteve uma resposta positiva de Roosevelt antes do avanço das forças soviéticas. Em 19 de abril, eles derrubaram as defesas soviéticas entre os rios Oder e Neisse. Em 25 de abril, chegaram aos arredores de Potsdam, na periferia de Berlim. Isso ocorreu no mesmo dia em que as divisões de Konev fizeram contato direto com o Primeiro Exército dos EUA em Torgau, no rio Elba. No final, os Vermelhos chegaram primeiro a Berlim. Jukov prevaleceu sobre Konev. Em

30 de abril, Hitler reconheceu que sua posição era insustentável e cometeu suicídio. Em seguida, houve a rendição incondicional.⁹

Muitas divisões da Wehrmacht se renderam às forças norte-americanas e britânicas em 8 de maio, mas Jukov só recebeu propostas de rendição no dia seguinte. O colapso do poderio militar alemão permitiu a Stalin voltar os olhos para o leste. A URSS nunca estaria segura com um Japão agressivo na sua fronteira. Ele se referiria à "vergonha" imposta ao Império Russo ao ser derrotado na batalha naval de Tsushima, em 1905. Tóquio deslocara forças para o extremo oriente soviético durante a Guerra Civil. O Japão havia invadido a Manchúria em 1931 e assinado o Pacto Anti-Comintern em 1936. A guerra entre o Japão e a URSS havia eclodido em 1938, e envolveu as maiores batalhas de tanques já vistas no mundo. Só em meados de 1941 os governantes japoneses decidiram avançar rumo ao sul, ao longo da borda do Pacífico, e não ao oeste, em direção à Sibéria.

Tendo que administrar seus recursos humanos e materiais, os Aliados ainda precisavam da ajuda do Exército Vermelho. Havia diversos sinais de que os japoneses se preparavam para defender seu território até o último soldado. Em Yalta, Stalin arrancara de Roosevelt e Churchill a promessa de que a URSS teria as Ilhas Curilas caso os Aliados vencessem. Ainda era o objetivo de Stalin após a vitória na Europa. A Stavka e o Exército Vermelho aceleraram os preparativos para entrar na guerra no Pacífico. Após sofrer com o expansionismo japonês na década de 1930, Stalin queria assegurar a paz e proteger permanentemente os interesses da URSS no Extremo Oriente. Transferiu quase meio milhão de soldados pela Ferrovia Transiberiana para o extremo leste siberiano. Contudo, o Kuomintang, liderado por Chiang Kai-shek, se recusou a aceitar os termos propostos aos Aliados por Stalin. Este fez novas negociações com os chineses e apresentou argumentos muito simples para obter concessões da China e do Japão. De outra forma, asseverou, os japoneses continuariam sendo um perigo para os vizinhos: "Precisamos de Dairen e Port Arthur por trinta anos, caso o Japão restaure suas forças. Podemos atacá-los dali."¹⁰

Contudo, em 16 de julho de 1945, os EUA tinham conseguido testar a bomba A em Alamogordo. Estava claro que os japoneses lutariam por cada centímetro de suas ilhas, e o presidente Harry Truman considerou as armas nucleares um meio factível de evitar perdas massivas de vidas norte-americanas. Ele não viu motivo para estimular a intervenção militar soviética. Depois de constatar que Stalin enganara Roosevelt e Churchill a respeito de Berlim, ele não se deixaria enganar. A política dos EUA com relação à URSS estava cada vez mais rígida. O que Truman não faria, porém, era quebrar a promessa de Roosevelt em Yalta sobre a China e o Japão: não queria lançar um precedente que rompesse os acordos com os Aliados. Stalin não sabia disso. Ainda precisava testar a sinceridade de Truman como parceiro nas negociações. Entendeu que, a menos que o Exército Vermelho interviesse rapidamente, os norte-americanos não poderiam lhe negar as Ilhas Curilas após a derrota japonesa. Ele queria total segurança para a URSS: "Estamos fechados. Não temos saída. O Japão deve ser mantido vulnerável por todos os lados, norte, oeste, sul, leste. Só então se acalmará."[11] A corrida para Berlim deu lugar à corrida pelas Curilas.

Stalin, Truman e Churchill se reuniram na Conferência de Potsdam, que começou em 17 de julho. Dessa vez não houve discussões para escolher o local; os Três Grandes queriam saborear a vitória no centro do Terceiro Reich derrotado. Enquanto Stalin tomava o trem em Moscou, Truman fez a longa travessia do Atlântico e se juntou aos outros dois em Berlim. As reuniões ocorreram no Cecilienhof. A parceria pessoal do tempo da guerra chegara ao fim, e Roosevelt havia sido substituído. Diante das ambições globais dos EUA após a guerra, talvez ele tivesse deixado de agradar Stalin. Truman certamente agiu assim.

Outra grande mudança ocorreu durante a conferência. Em 26 de julho, as eleições britânicas alçaram o Partido Trabalhista ao poder. Churchill cedeu lugar nas negociações ao vice-primeiro-ministro Clement Attlee. O novo governo não foi mais condescendente com Stalin do que Churchill, e a Conferência de Potsdam se converteu em um cabo de guerra entre os EUA e a URSS, com os britânicos apoiando os primeiros. Houve dificuldades em diversos assuntos: a campanha japonesa, os termos de paz na Europa, as fronteiras e o governo polonês. Os norte-americanos, animados com seu monopólio da tecnologia de armas nucleares, dispensaram a assistência militar soviética no Extremo Oriente. Dessa vez foi Stalin quem ressaltou a necessidade de participação da URSS. A Europa havia acordado a demarcação de zonas de ocupação pelos Aliados. Mas as disputas persistiam. Decidiu-se que seria melhor deixar os detalhes a cargo do Conselho de Ministros de Relações Exteriores. Porém, a Polônia não podia ser posta de lado. Por insistência de Stalin, a conferência ouviu os argumentos do Governo Provisório patrocinado pela URSS. Norte-americanos e britânicos reclamaram uma e outra vez da manipulação soviética e da repressão política em Varsóvia. Os aliados ocidentais esperavam que Stalin respeitasse a independência polonesa e fomentasse reformas democráticas.

Truman e Stalin sabiam que a bomba-A estava pronta para ser usada, mas o norte-americano não sabia que Stalin estava informado a respeito. Na verdade, a espionagem soviética enviara informações precisas a Moscou, e dessa vez Stalin ouviu seus agentes. Ao ser informado por Truman do avanço tecnológico dos EUA, Stalin se mostrou impassível — e o outro ficou atônito com seu sangue-frio. Nesse mesmo período, Stalin encurralou seus subalternos para que seguissem adiante com a ofensiva contra o Japão. Porém, motivos técnicos impediam mudanças no cronograma, e Stalin foi obrigado a desistir. Os aliados ocidentais passaram a ignorá-lo cada vez mais. De Potsdam, Truman, Churchill e Chiang Kai-shek enviaram um ultimato ao governo japonês. Stalin não foi consultado.[12]

De volta a Moscou, Stalin continuou perturbando Vasilevski na Stavka. As forças soviéticas estariam prontas para atacar os japoneses no mais tardar em 9 de agosto, assegurou Vasilevski. Ainda assim, era tarde demais. Truman decidira instruir os bombardeiros norte-americanos a fazer a primeira operação militar com armas nucleares. Em 6 de agosto, um avião B-29 decolou da ilha Tinian e despejou uma bomba em Hiroshima. Um novo estágio da destrutividade humana teve início quando uma cidade inteira foi reduzida a escombros por um único ataque aéreo. Ainda assim, Stalin esperava se incluir na vitória. Em 7 de agosto, assinou a ordem para que as forças soviéticas invadissem a Manchúria dois dias depois. Porém, mais uma vez, ele foi superado. Os japoneses não se dobraram propondo a paz, e Truman ordenou outro ataque do B-29 em 8 de agosto. O novo alvo foi Nagasaki, com o mesmo resultado: a cidade virou uma ruína instantaneamente, e sua população foi aniquilada. Por ordem do imperador Hirohito, em 2 de setembro de 1945 o governo japonês se rendeu. Stalin perdera a corrida por Tóquio. A campanha na Manchúria prosseguiu como Moscou planejara, com o ataque ao Exército Kwantung. No entanto, a sorte do Japão estava nas mãos do presidente Harry Truman.[13]

Diplomaticamente, a Stalin só restava sua impassividade. Em uma recepção para Averell Harriman e o diplomata George Kennan, em 8 de agosto, ele fez questão de parecer despreocupado com a sorte de Hiroshima e Nagasaki. Também demonstrou conhecer as tentativas britânica e alemã de construir a bomba-A. Evidentemente, queria que Truman soubesse que os espiões soviéticos mantinham o Kremlin informado sobre o desenvolvimento da tecnologia militar nuclear no mundo. Deliberadamente deixou escapar que a União Soviética tinha seu próprio projeto de bomba atômica.[14] Sua atuação foi perfeita. Os diplomatas norte-americanos sabiam que a elite política soviética ficara espantada com o bombardeio de Hiroshima e Nagasaki. A preeminência da URSS junto aos EUA e à Grã-Bretanha como um poder vitorioso tinha sido questionada, e os imensos sacrifícios do país em 1941-5 trariam poucos benefícios para seus cidadãos. Stalin ganhara várias rodadas, mas carecia de ases para fechar o jogo.

44. VITÓRIA!

Nas primeiras horas de 9 de maio de 1945, o locutor de rádio Isaak Levitan anunciou o que todos queriam ouvir. A guerra contra a Alemanha chegara ao fim. O contentamento popular vinha crescendo havia dias. Quando chegou o momento, as comemorações foram tumultuadas na URSS e em todos os países que haviam lutado contra a Nova Ordem de Hitler. O governo soviético organizou uma exibição de fogos de artifício naquela noite em Moscou, mas o povo começou a festejar desde antes. Milhões se apinharam nos bairros centrais. Houve cantos e danças por toda parte. Qualquer homem trajando o uniforme verde do Exército Vermelho tinha grandes chances de ser abraçado e beijado. Uma multidão se reuniu diante da Embaixada dos EUA atraída pelo canto "Hurra por Roosevelt!". O presidente norte-americano estava tão identificado com a Grande Aliança que poucos se recordavam de que falecera em abril. As pessoas estavam eufóricas. Houve um consumo prodigioso de álcool; a polícia, quando via jovens urinando nas paredes do Hotel Moskva, ignorava. Os restaurantes e cafés, onde a comida era escassa e a vodca abundante, estavam lotados.[1] Todos se regozijavam porque o nazismo fora esmagado pelas esteiras dos tanques do Exército Vermelho.

Svetlana, a filha de Stalin, telefonou para o pai após a transmissão radiofônica: "Papai, parabéns: vitória!" "Sim, vitória", respondeu Stalin. "Obrigado. Parabéns para você também. Como vai?" O distanciamento entre eles se dissolveu no calor do momento.[2] Kruschev teve menos sorte. Quando ligou para Stalin, foi criticado. "Ele deixou claro", sugeriu, "que eu estava tomando seu valioso tempo. Bem, eu gelei. O que estava acontecendo? Por quê? Fiquei magoado e me arrependi. Por que tinha telefonado para ele?

Afinal, conhecia seu caráter, e não podia ter esperado nada de bom. Sabia que ele ia querer deixar claro que o passado ficara para trás e agora pensava em questões grandes e novas."³

Stalin fez um "discurso ao povo" começando assim: "Camaradas! Homens e mulheres compatriotas!"⁴ Foram-se os vocativos gentis das transmissões radiofônicas no início da Operação Barbarossa. A URSS tinha sido salva, e por fim podiam desfraldar "a grande bandeira da liberdade e da paz entre os povos". A Grande Guerra Patriótica tinha chegado ao fim.⁵ Porém, embora seu estilo fosse solene, era também benevolente, ao menos para os ouvintes russos. Em um banquete para comandantes do Exército Vermelho, em 24 de maio, ele declarou:

> Camaradas, permitam-me propor mais um brinde.
>
> Gostaria de propor um brinde à saúde do nosso povo soviético e, acima de tudo, do povo russo, por ser a nação mais notável dentre as que formam parte da União Soviética.
>
> Proponho este brinde à saúde do povo russo porque nessa guerra ele foi reconhecido como a força motriz da União Soviética dentre todos os povos do nosso país.⁶

Ele nunca antes havia promovido uma só nação dentre as várias que compunham a URSS. Para muitos russos, pareceu que o forno da guerra havia fundido os metais básicos que o formavam e produzido um Líder de aço merecedor de sua confiança e admiração.

Aquelas palavras eram enviesadas, pois Stalin temia os russos tanto quanto se orgulhava deles. Porém, lhe convinha colocá-los em um pedestal ainda mais alto na estima oficial do que antes da guerra. Intuitivamente, parecia entender que precisava conferir legitimidade a um patriotismo nacional menos qualificado pelo marxismo-leninismo. Ao menos ele o fez por um tempo. (Talvez tenha se deixado levar pela euforia do momento.) O que parecera inconcebível no verão de 1941 tinha acontecido. Hitler estava morto. Quase todo o Leste Europeu estava sob o controle militar soviético. A URSS fora tratada pelos EUA e o Reino Unido como um dos árbitros do destino do mundo.

Supostamente Stalin desejava ter capturado Hitler, e ficou aborrecido com seu suicídio. Havia ainda a história de que Jukov prometera exibi-lo em uma jaula na Praça Vermelha. Um comandante podia se jactar assim ante seu superior político. Mas é improvável que Stalin tivesse permitido tal espetáculo: queria evitar ofender os Aliados desnecessariamente. O objetivo dos EUA e do Reino Unido era desnazificar metodicamente a vida pública alemã, e eles esperavam conseguir persuadir os alemães a abandonar seu afeto por Hitler. Os conquistadores haviam humilhado dessa forma os líderes inimigos com os triunfos dos comandantes romanos. Impedido de tomar sua presa com vida, Stalin instruiu suas agências de inteligência a trazer seus restos mortais. Isso foi feito de um modo altamente sigiloso; quando ficou provado que os restos de um cadáver carbonizado do lado de fora do bunker eram do Führer, eles foram levados à capital soviética. O sentido de urgência de Stalin provinha de preocupações políticas. Em solo alemão não deveria restar nada que, mais tarde, pudesse ser foco de uma nostalgia do nazismo.

De modo peculiar, esse foi um gesto involuntário de respeito por Hitler, pois Stalin deixava implícito que o inimigo morto ainda era perigoso. À exceção de Churchill e Roosevelt, ele era, no máximo, condescendente com a maioria dos demais líderes mundiais. (O que pensava sobre Mussolini é um mistério, mas o único italiano que ele levou a sério foi o líder comunista Palmiro Togliatti.) O sucessor de Churchill, Clement Attlee, não o impressionou. Truman tampouco. Roosevelt despertara uma curiosidade pessoal, mas seu sucessor lhe era indiferente. Não há registro em suas conversas de uma avaliação dos talentos de Truman. Ele apreciava mais Churchill. Contudo, o Reino Unido, como demonstrou Jeno Varga, um de seus especialistas em economia, já não tinha a força nos assuntos mundiais que antes tivera. Churchill podia se queixar, mas o edifício da URSS não seria derrubado. Stalin se via como uma das grandes figuras da história. Quando topava com algum caráter dominante feito o seu, como Mao Tsé-tung, recusava-se a tratá-lo corretamente. Mao foi a Moscou em dezembro de 1949, depois de tomar o poder em Beijing, e ouviu, sem muitos rodeios, que a URSS esperava grandes concessões da China. De qualquer modo, montado na sua onda de grandeza no pós-guerra, Stalin não ia deixar que outro comunista rivalizasse com ele em prestígio. Senhor do comunismo mundial e líder de um Estado triunfante, queria se deleitar sozinho com a aclamação mundial.

O triunfo sobre o nazismo seria comemorado em 24 de junho de 1945. Haveria um desfile na Praça Vermelha diante de dezenas de milhares de espectadores. Os regimentos vitoriosos que tinham regressado da Alemanha e do Leste Europeu marchariam em triunfo diante do muro do Kremlin. Stalin ocuparia o lugar principal, montado em um cavalo branco, à maneira russa tradicional. (Foi como os generais russos conduziram os desfiles militares em Tbilisi.) Encontraram um garanhão árabe e Stalin tentou montá-lo. O resultado foi humilhante. Ele esporeou indevidamente o cavalo, que empinou. Tentando se agarrar à crina, Stalin foi atirado no chão. Machucou a cabeça e o ombro, e estava de péssimo humor ao se erguer. Cuspiu de raiva e disse: "Que Jukov conduza o desfile. Ele é veterano da cavalaria."[7] Dias antes, ele mandou chamar Jukov, que regressara de Berlim, e perguntou-lhe se sabia lidar com cavalos. Jukov lutara na Cavalaria Vermelha durante a Guerra Civil; mas seu primeiro instinto foi retrucar que Stalin deveria conduzir o desfile na qualidade de comandante supremo. Sem revelar suas dificuldades equestres, Stalin replicou: "Estou velho demais para liderar paradas. Você é mais jovem. Vá você."[8]

Os preparativos cerimoniais foram cumpridos meticulosamente no próprio dia. Quando Stalin e outros líderes políticos se postaram no alto do Mausoléu de Lenin, abaixo do muro do Kremlin, o marechal Jukov cruzou a Praça Vermelha para saudá-lo. Todo o esforço militar soviético entre 1941 e 1945 foi aclamado. Um regimento de cada frente marchou na esteira de Jukov. Todos saudaram Stalin. A multidão compacta, composta por gente que as autoridades queriam recompensar, rugiu entusiasmada. O clímax da cerimônia foi quando as bandeiras da Wehrmacht derrotada foram levadas a um espaço pavimentado e arriadas diante de Stalin. O tempo não estava muito bom; tinha chovido forte.[9] Mas o aplauso a Stalin e às tropas das forças armadas soviéticas dissiparam o tempo ruim. Ele chegara ao ápice da carreira, e estava sendo reconhecido como o pai dos povos da URSS.

Tudo correu como planejado em 24 de junho, exceto pela chuva fora de época, e a ordem soviética parecia mais forte do que nunca. O Exército

Vermelho dominava até o rio Elba. O Leste Europeu e a Europa Central estavam sujeitos ao controle político e militar soviético e, enquanto a guerra no Pacífico prosseguia, as forças Vermelhas se preparavam para participar da ofensiva final contra o Japão. Em sigilo, a URSS intensificava as pesquisas para fabricar a bomba atômica. Sua indústria de armamentos já era capaz de fornecer às forças militares o necessário para manter o poder e o prestígio soviéticos. O sistema político e econômico consolidado antes da Segunda Guerra Mundial permanecia intacto. Partido, ministérios e polícia tinham autoridade, e o país parecia capaz de cumprir a tarefa de reconstruir indústria, agricultura, transportes, sistema educacional e atenção à saúde. A hierarquia e a disciplina estavam no auge. O moral do país estava alto. O despotismo de Stalin parecia uma cidadela inexpugnável.

No dia seguinte, sentiu-se triunfante na recepção do Kremlin aos participantes da Parada da Vitória:

> Proponho um brinde à gente simples, comum e modesta, às "pequenas engrenagens" que mantêm ativo o mecanismo de Estado nos campos da ciência, da economia e das questões militares. Eles são muitos; seus nomes formam uma legião, pois há dezenas de milhões de pessoas como essas.[10]

Para ele, as "pessoas" eram meras engrenagens na maquinaria do Estado, e não indivíduos e grupos de carne e osso, com necessidades e aspirações sociais, culturais e psicológicas. O Estado tinha precedência sobre a sociedade.

Contudo, embora projetasse uma imagem onipotente do Estado soviético, Stalin não acreditava nela. A URSS tinha problemas seríssimos. Ele exigiu das agências de espionagem que coletassem informações com o intuito de pedir reparações para o país no próximo encontro dos Aliados. Foram compilados catálogos da devastação. Um total de 26 milhões de cidadãos soviéticos morrera na Segunda Guerra Mundial. Stalin não estava isento de culpa: sua política de detenção e deportação havia contribuído para essa soma (assim como a política desastrosa de coletivização agrícola, que limitou a capacidade do país de se alimentar). Porém, a maior parte das vítimas tinha morrido no front ou com a ocupação nazista. Os alemães mataram cerca de 1,8 milhão de civis na RSFSR; na Ucrânia, esse número chegou ao dobro.[11] Os mortos não foram a única perda humana. Milhões de pessoas estavam seriamente feridas ou desnutridas, e sua vida tinha sido destruída. Havia um enorme número de crianças órfãs que sobreviviam à própria custa, sem apoio público ou caridade privada. Nas fronteiras do oeste, zonas inteiras foram tão drasticamente despovoadas que as atividades agrícolas cessaram. A União Soviética pagara um alto preço pela vitória, e tardaria anos para se recuperar.

Quando o NKVD acabou de recompilar e catalogar as informações (sem se descuidar da tarefa de deter todos os inimigos de Stalin e do Estado), a escala da catástrofe ficou evidente. Na zona que os alemães ocuparam, nenhuma fábrica, mina ou comércio escapou da destruição. A Wehrmacht não era a única culpada: em 22 de junho de 1941, Stalin adotou a política de terra arrasada para privar Hitler de ativos materiais. Contudo, a retirada alemã, em 1943-4, foi longa, dando tempo à Wehrmacht de levar a cabo uma destruição sistemática. A catalogação feita pelo NKVD quase chega a desafiar a imaginação. Pelo menos 1.710 cidades soviéticas foram arrasadas pelos alemães, além de umas 70 mil aldeias. Quando a Wehrmacht não conseguia incendiar cidades inteiras, tocava fogo em hospitais, estações de rádio, escolas e bibliotecas. O vandalismo cultural foi o mais abrangente possível. Além da crise de escassez de recursos humanos, Stalin teve de encarar uma série de tarefas igualmente terríveis em consequência da devastação material.

A estrutura administrativa também estava muito mais frágil do que antes da guerra. Havia pessoas deslocadas por toda parte, e com a volta das tropas espalhadas pela Europa o caos aumentou. Foi proibido divulgar fotografias nos jornais impressos ou filmados. O destaque era para a bravura e a eficiência do Exército Vermelho na Alemanha e em outros países ocupados do Leste Europeu e da Europa Central. A realidade era muito diferente. A ordem soviética foi restaurada facilmente nas cidades grandes, principalmente naquelas que não tinham sido invadidas pelos alemães. Mas a intensa concentração nos aspectos militares durante a Grande Guerra Patriótica fez a administração civil descuidar do que não tivesse relação com a luta contra os alemães. As zonas que tinham sido ocupadas pela Wehrmacht ficaram caóticas. Em alguns lugares era difícil acreditar que alguma vez existira uma ordem soviética, já que os camponeses retomaram o estilo de vida anterior à Revolução de Outubro. O comércio privado e os costumes sociais populares se reafirmaram sobre as exigências comunistas. As ordens de Stalin eram irrefutáveis em Moscou, Leningrado e outras conurbações, mas nas localidades pequenas, principalmente nas aldeias (onde a maior parte da população ainda vivia), o braço das autoridades não era suficientemente longo para afetar a vida cotidiana.

Apesar do triunfo do Exército Vermelho na Europa, havia problemas em vários países ocupados pelos soviéticos. As instituições militares, de segurança, diplomáticas e políticas da URSS, já sobrecarregadas antes de 1945, tiveram de assumir as responsabilidades da paz. A Iugoslávia era singular, na medida em que suas forças internas, comandadas por Tito, haviam se libertado do jugo alemão. Em outros lugares, os Vermelhos tiveram um papel crucial na defesa contra a Wehrmacht. A vitória foi mais simples que a ocupação. No Leste Europeu e na Europa Central poucos queriam ser submetidos ao governo comunista. Stalin e o Politburo estavam cientes de que os comunistas tinham sido erradicados por Hitler e seus aliados, e que os líderes comunistas nacionais exilados em Moscou contavam com pouco apoio em seus países.

Stalin precisava encontrar um meio de granjear a simpatia popular nos países que ocupou, além de resolver uma enorme lista de tarefas urgentes. Era preciso obter alimentos, regenerar as economias e restabelecer as administrações. Era preciso averiguar a confiabilidade política dos funcionários. Recuperar as cidades destruídas e as estradas e ferrovias danificadas. Ao mesmo tempo, Stalin estava determinado a obter reparações dos antigos inimigos, não a Alemanha, mas também a Hungria, Romênia e Eslováquia. Isso complicaria a tarefa de granjear popularidade para si mesmo e o comunismo. Os Aliados eram outra dificuldade. Havia o entendimento de que uma linha cruzava a Europa de norte a sul, separando a zona de influência soviética da zona que seria dominada por EUA, Grã-Bretanha e França. Contudo, o direito dos países vencedores de impor seus modelos políticos, econômicos e ideológicos aos países que ocupassem não estava claro. Tampouco os vencedores tinham definido quais métodos de governo seriam aceitáveis. Conforme as cinzas da guerra se assentavam, a tensão entre os Aliados crescia.

A rivalidade entre os Aliados estava fadada a aumentar com a derrota dos inimigos alemão e japonês. Os exércitos de Stalin tiveram o pior fardo militar na Europa, mas o poderio norte-americano também tinha sido decisivo e estava crescendo. No Extremo Oriente, o Exército Vermelho contribuiu pouco. Além disso, os Estados Unidos eram a única potência nuclear. O gerenciamento da ordem global pós-guerra significava diversas ameaças à segurança soviética — e Stalin rapidamente entendeu o perigo.

Seu regime era popular no exterior, mas não muito atraente para os cidadãos soviéticos. Nisso havia um paradoxo. Certamente, a guerra fizera maravilhas para melhorar sua reputação na URSS; ele era visto como a encarnação do patriotismo e da vitória. Até os que o detestavam passaram a ter por ele um respeito básico — e quando fugitivos da União Soviética davam entrevistas, descobria-se que haviam incorporado diversos valores básicos propagados pelas autoridades. O compromisso com a educação, a habitação e a atenção à saúde gratuitos, além do emprego universal, tinha uma forte ressonância. Contudo, os que odiavam a URSS certamente eram muitos. A resistência armada era grande na Estônia, Letônia, Lituânia, no oeste da Bielorrússia e no oeste da Ucrânia, áreas recentemente anexadas. Em outras partes, o regime estava no controle havia muito mais tempo, e poucos se atreviam a se organizar contra Stalin e seus subordinados — quem, no entanto, de fato se atrevia, em sua maioria, eram jovens, principalmente estudantes, que não tinham vivido o Grande Terror. Pequenos grupos clandestinos surgiam nas universidades, dedicados a purificar a ideologia e o comportamento marxista-leninista da mancha stalinista: o doutrinamento estatal levara os jovens mais brilhantes a aprovar a Revolução de Outubro. Esses grupos eram facilmente infiltrados e desmantelados.

Para as autoridades, o mais preocupante era a esperança prevalecente na sociedade de que após a vitória militar haveria enormes mudanças políticas e sociais. Stalin estudara a história russa e sabia que a entrada do Exército Imperial em Paris, em 1815, com a derrota de Napoleão, havia criado instabilidade política na Rússia. Os oficiais e as tropas que tinham vivenciado a liberdade cívica na França nunca mais foram os mesmos, e em 1825 houve um motim que quase derrubou os Romanov. Stalin estava determinado a evitar a repetição da Revolta Dezembrista. O Exército Vermelho que invadiu Berlim testemunhou coisas horrendas no Leste Europeu e na Europa Central: câmaras de gás, campos de concentração, fome e devastação urbana. O impacto do nazismo era inegável. Porém, os soldados também vislumbraram um modo de vida diferente e atraente. As igrejas e lojas funcionavam. Na maior parte das cidades havia mercadorias à disposição que, na URSS, só se encontravam nos comércios reservados à elite. A dieta era mais diversificada. Embora não estivessem bem-vestidos, os camponeses não pareciam indigentes. Nos países por onde marcharam os soldados não havia a disciplina que permeava a URSS. Isso incluía a própria Alemanha.

Stalin não recebeu relatórios específicos a respeito: as agências de segurança havia tempo aprenderam que deviam lhe apresentar a verdade em termos ideologicamente aceitáveis, e ele não queria ouvir que a vida era mais amena no exterior. O que ouviu das agências era suficientemente alarmante. As pilhagens trazidas pelos soldados incluíam todo tipo de produtos, de tapetes, pianos e pinturas a discos de 78 rotações, meias de seda e lingeries. Os soldados do Exército Vermelho adquiriram o hábito de colecionar relógios de pulso e usar vários ao mesmo tempo. Até civis que não tinham atravessado as fronteiras soviéticas, mas viveram sob o comando militar alemão, testemunharam um estilo de vida diferente e que não era totalmente desagradável. Igrejas, lojas e pequenas oficinas foram reabertas após o êxito inicial da Operação Barbarossa. Esses cidadãos soviéticos não tinham pilhagens de guerra nem a experiência de viajar ao estrangeiro; mas contavam com fortes expectativas de mudança. De fato, em toda a União Soviética a população sentia que teria valido a pena lutar se, ao final, houvesse reformas.[12]

Então, sob as bandeiras vermelhas drapejantes da vitória espreitava o perigo e a incerteza para Stalin e seu regime. Ele conhecia a situação melhor do que ninguém no Kremlin. Por isso, e devido ao seu constante mau humor, foi tão seco com Kruschev após a queda de Berlim. Sabia que tempos difíceis o esperavam.

Porém, ele não seria humano se às vezes não fosse arrebatado por sentimentos mais cálidos. Estufava o peito nas cerimônias espetaculares. Os vários dignitários estrangeiros que passaram por Moscou ao final da Segunda Guerra Mundial perceberam seu estado de ânimo. Naquelas ocasiões, ele deixava o orgulho prevalecer sobre a preocupação. Stalin, o Exército Vermelho e a URSS tinham vencido a guerra contra um inimigo terrível. Como sempre, ele comparava as condições atuais às que havia antes de seu admirado antecessor. Isso ficou óbvio ao declarar a alguns visitantes iugoslavos:

> Em sua época, Lenin não sonhou com a correlação de forças que atingimos nessa guerra. Pensava que todos nos atacariam, e que seria bom se algum país distante, por exemplo, a América, permanecesse neutro. Mas sucedeu que um grupo da burguesia foi à guerra contra nós, e outro grupo estava do nosso lado. Lenin nunca pensou que fosse possível fazer aliança com uma ala da burguesia e lutar contra outra. Foi o que fizemos.[13]

Stalin se orgulhava de ter ido além do que Lenin acreditara ser possível. Lenin esperara preservar o Estado soviético mantendo distância dos conflitos intermilitares capitalistas e deixando as grandes potências capitalistas lutarem entre si, mas Stalin transformara a URSS em uma grande potência. Sua força era tal que os EUA e o Reino Unido foram obrigados a pedir sua ajuda.

Porém, com o fim das hostilidades com a Alemanha e o Japão, quanto tempo duraria a aliança? Sobre isso Stalin foi taxativo em encontro com uma delegação comunista polonesa:

> Os nossos inimigos têm divulgado intensamente rumores sobre guerra.
>
> Os ingleses e os americanos estão usando seus agentes para espalhar rumores e amedrontar os povos dos países cuja política rejeitam. Nem nós nem os anglo-americanos podemos começar uma guerra agora. Todos estão fartos de guerra. Além disso, não há objetivos para uma guerra. Não estamos nos preparando para

atacar a Inglaterra ou a América, e eles tampouco o fazem. Nenhuma guerra será possível nos próximos vinte anos.[14]

Apesar do que dizia em público sobre as tendências belicosas dos aliados ocidentais, ele esperava um longo período de paz a partir de 1945. A União Soviética e os Estados amigos no Leste Europeu enfrentariam tempos difíceis. A devastação causada pela guerra e as complicações da consolidação do pós-guerra ocupariam a mente e a energia do movimento comunista por muitos anos. Mas a URSS estava a salvo em sua fortaleza.

Para muitos, principalmente os que desconheciam as atividades homicidas de Stalin, não teria havido uma vitória soviética na Segunda Guerra Mundial sem sua contribuição — e talvez a Alemanha tivesse conseguido dominar o continente europeu. Na URSS, ele também passou a ter mais apoio, embora não se pudesse verificar em que grau. Não seria correto supor que a maioria dos cidadãos nutria sentimentos claros por ele. Durante a guerra, ele evitou ser identificado com iniciativas sociais e políticas específicas. Tinha cometido esse erro durante a coletivização agrícola, no final da década de 1920, e a manobra de distanciamento de seu artigo "Atordoados com o sucesso" não o salvou do opróbrio dos camponeses. Portanto, não estava claro quem seria responsável pelos horrores evitáveis das medidas soviéticas durante a guerra. Milhões de cidadãos queriam conceder-lhe o benefício da dúvida: desejavam o abrandamento do regime, e supunham que isso ocorreria quando a guerra terminasse.

Stalin era muito mais amado do que teria o direito de esperar. Quando estava relaxado gostava de se comparar aos líderes aliados. Suas qualidades, dizia, incluíam "inteligência, análise, cálculo". Churchill, Roosevelt e outros eram diferentes: "Eles — os líderes burgueses — são ressentidos e vingativos. Os sentimentos devem ser mantidos sob controle; quando os sentimentos prevalecem, você perde."[15] Isso soava estranho nos lábios de um Líder com extrema tendência à violência. Mas ele não estava disposto à autocrítica. Em reunião confidencial com comunistas búlgaros, criticou Churchill por não ter previsto sua derrota nas eleições parlamentares britânicas, em julho de

1945 — e, segundo Molotov, o primeiro-ministro era o político estrangeiro que Stalin mais respeitava. A conclusão era óbvia: Stalin estava convencido da própria genialidade. Era o mestre de uma superpotência que começava a cumprir seu destino. Seu nome era tão glorioso quanto a vitória comemorada pelo Partido Comunista e o Exército Vermelho. O reconhecimento mundial agraciara o filho do sapateiro de Gori.

PARTE V
O IMPERADOR

45. O GOLPE

A mente de Stalin era um relógio parado. Não havia como satisfazer os anseios populares por reformas. Suas suposições sobre política eram rígidas como estalactites. Ele sabia o que fazia. Se tivesse abrandado o regime teria posto sua supremacia em risco. Isso contava mais para ele que as evidências de que seu modo de governar solapava o objetivo de alcançar competitividade econômica duradoura e dinamismo político. Ele pensava unicamente dentro do quadro de sua visão de mundo e suposições. O despotismo o anestesiara para o sofrimento humano. O homem que digeria diariamente uma grande variedade de fatos descartava as informações que não lhe agradavam.

Só sua morte ou uma incapacitação física drástica poderiam mover o mecanismo na direção das reformas. Ele poderia ter morrido na primeira metade de outubro de 1945, quando teve problemas cardíacos.[1] A idade começava a pesar. Tivera períodos de enfermidade desde a Revolução, e a Segunda Guerra Mundial tinha cobrado seu preço. Aos 66 anos, seu auge tinha ficado para trás. Seu problema cardíaco foi mantido como segredo de Estado e ele tirou dois meses de férias;[2] mas isso não fora incomum nos anos do entreguerras. Nem os membros de seu entourage conheciam detalhes de sua saúde — simplesmente supunham que padecesse de alguma doença sem importância. Além de seu médico, Vladimir Vinogradov, ninguém tinha ideia do prognóstico. Os membros do Politburo evitavam as perguntas. Teria sido perigoso se Stalin soubesse que estavam a par de sua fragilidade crescente. Ele logo suspeitaria que arquitetavam um golpe. Ele só precisava de um átimo de dúvida sobre qualquer um para entregar a pessoa às forças de segurança.

Apesar do declínio físico, Stalin seguiu governando mediante as instituições, o pessoal e os procedimentos. Sua supremacia se baseava na ditadura de um só partido. O controle ideológico e o terror continuavam sendo instrumentos indispensáveis de seu despotismo — e ele nunca hesitou em mantê-los. Não recuou das suas intenções com relação ao mundo, e pretendia reforçar a hegemonia soviética nos países fronteiriços: as zonas da Europa conquistadas pelo Exército Vermelho continuariam sob seu domínio férreo, enquanto buscava oportunidades de ampliar a influência soviética na Ásia. Depois de ganhar a guerra contra o Terceiro Reich, Stalin não pretendia perder a paz para os aliados ocidentais. Em reunião com seus sequazes, ordenou "atacar fortemente" quaisquer insinuações de que uma "democracia" seria desejável na URSS.[3] Em sua opinião, as aspirações democráticas na sociedade soviética eram uma consequência infeliz da cooperação com os EUA e o Reino Unido a partir de 1941. Depois de 1917, os políticos ocidentais passaram a temer a disseminação do bacilo revolucionário russo; a partir de 1945, Stalin temeu que a URSS fosse afetada por infecções contrarrevolucionárias: para ele, o parlamento e o mercado eram frutos nocivos da ordem capitalista que precisavam ser impedidos de destilar veneno em seu país.

Ele cultivou relações cordiais com os aliados ocidentais e buscou benefícios econômicos mediante o aumento do comércio e dos empréstimos. Permitiu a ampliação do debate público. Contemplou medidas para expandir a oferta de bens de consumo industrializados. Contudo, tudo dependia da solução de outras prioridades. Stalin não deixou que nada impedisse o aprimoramento do poderio e da segurança militar do país — e destinou vastos recursos à pesquisa de sua bomba-A e à sujeição do Leste Europeu e da Europa Central ao Kremlin. A questão não era se governaria moderada ou ferozmente, mas o quão feroz seria seu governo. A ligação entre políticas internas e externas era forte. A ferocidade na URSS tinha ramificações no exterior. Igualmente importante era a previsível deterioração nas relações com os aliados ocidentais que poderia fazê-lo reforçar as medidas repressivas na URSS.

Stalin deportou muitíssimos caucasianos para o Cazaquistão em 1943-4. Encarcerou as elites da Estônia, Letônia e Lituânia quando reanexou esses países, em 1944; as vítimas foram fuziladas, enviadas ao *gulag* ou a assentamentos na Sibéria. A desculaquização e a desclerização foram impostas à força e, em 1945-9, foram deportados 142 mil cidadãos dessas novas repúblicas soviéticas.[4] Stalin pôs as agências de inteligência no encalço de quem fosse desleal a ele e ao Estado. Prisioneiros de guerra soviéticos foram colocados em campos de "filtragem" ao ser libertados do cativeiro nazista. Uma vez repatriados, o número formidável de 2.775.700 soldados do Exército Vermelho foi submetido a interrogatórios, e a metade terminou em campos de trabalho.[5] Por toda parte, a polícia e o partido patrulhavam a insubordinação. A propaganda marxista-leninista voltou a ter proeminência no final da guerra, ênfase que prosseguiu após 1945. Os cidadãos da URSS não tinham ilusões: a ordem do pré-guerra seria reintroduzida como vingança.

Dentro das fronteiras da URSS, as forças armadas soviéticas e as agências de segurança estavam ocupadas. Até alimentar o Exército era difícil.[6] Nas regiões que antes da guerra não faziam parte da URSS havia intensa resistência. Os *partisans* que defendiam sua nacionalidade, sua religião e seus costumes sociais estavam muito ativos na Estônia, Letônia Lituânia e no oeste da Bielorrússia e da Ucrânia. Stalin não era o único na liderança do Kremlin a considerar uma retaliação. Correu a voz de que as novas fronteiras da URSS eram permanentes e não negociáveis, e seus cidadãos teriam de aceitar o fato ou sofrer as consequências. Stalin estava transformando o país em um campo militar. Quando assumiu o título Generalissimus — como Suvorov, um dos seus heróis — em 28 de junho de 1945, indicou a disciplina que imporia à vida pública soviética. Uniformes, alistamento militar e armamentos foram elogiados. Nos editoriais do *Pravda* abundavam os mandatos de obedecer ao partido e ao governo. A necessidade de defender o Estado era propagandeada com frequência na mídia. Não havia uma sensação de que a paz seria duradoura. A mídia oficial insistia em novos sacrifícios por parte da sociedade.

Enquanto isso, na parte da Europa sob seu controle, a URSS reforçava a vitória alcançada sobre a Alemanha nazista. O Exército Vermelho e o NKVD confinaram os povos "liberados" a um quadro de políticas favoráveis aos partidos comunistas locais. Stalin vinha se preparando para isso havia alguns anos. Os ex-diplomatas Maxim Litvinov e Ivan Maiski, que ele demitira por considerá-los frouxos demais ante os aliados ocidentais, continuaram encarregados de preparar documentos confidenciais sobre o futuro da Europa e da Grande Aliança.[7] A derrota alemã trouxe a urgência de traçar diretrizes práticas para a hegemonia soviética no Leste Europeu. Stalin adotou uma estratégia diferenciada. Pretendia maximizar sua influência na Prússia, localizada na zona de ocupação soviética na Alemanha, sem provocar conflitos diplomáticos com os aliados. Nos demais países havia mais margem de manobra, porém era preciso avançar com cautela. Fora da Iugoslávia, havia poucos comunistas, com poucos seguidores. A princípio, ele foi cuidadoso. Instalou comunistas em ministérios de coalizão, rompendo com a criação de ditaduras comunistas unipartidárias.

A política externa de Stalin nos países alheios ao seu controle direto era complexa, e nunca deixou de evoluir. Ele hesitou em contrariar os outros membros da Grande Aliança; não quis pôr em risco os ganhos na Europa Central e no Leste Europeu, e não tinha uma capacidade militar equivalente à dos EUA, de cuja relação queria extrair o máximo. A guerra deixou pouco espaço para a exportação de petróleo e madeira da URSS para pagar a importação de máquinas e tecnologia, como tinha feito na década de 1930. Um empréstimo dos Estados Unidos seria de grande ajuda, e por alguns anos foi um dos seus principais objetivos.

Simultaneamente, ele e Molotov pretendiam maximizar a influência soviética no mundo. Segundo eles, o sangue dos mortos soviéticos na guerra dava a Moscou o direito de se afirmar do mesmo modo que Londres e Washington. O Leste Europeu não era limite para suas pretensões. Após o colapso do império italiano de Mussolini, Stalin instruiu Molotov a pressionar para que a Líbia, recém-libertada, fosse declarada protetorado soviético. Ele tardou em remover o Exército Vermelho do norte do Irã, onde os azeris compunham a maior parte da população. No Kremlin, falava-se em anexar o território ao Azerbaijão comunista — e a liderança comunista azeri estava ansiosa por isso.[8] Não se sabe se Stalin esperava realmente que os aliados ocidentais concordassem. Talvez estivesse apenas sondando-os. De qualquer modo, ele era suficientemente realista para ver que a URSS não afetaria a "hegemonia anglo-americana" na maior parte do globo enquanto seus cientistas não criassem bombas como as que a Força Aérea norte-

-americana despejara em Hiroshima e Nagasaki. Assim como Hitler, Stalin não entendera o potencial destrutivo das armas nucleares. Mas pretendia corrigir isso colocando Beria na chefia do programa nuclear soviético. O objetivo era alcançar os EUA.

Os outros membros do Kremlin não eram menos brutais que Stalin; não teriam conservado os cargos sem provar ser amorais. Contudo, o que conheciam da situação na URSS fazia muitos deles duvidarem dos acertos das políticas do pré-guerra. Stalin depois entendeu que as coisas iam mal. No verão de 1946, ele foi de carro ao mar Negro. O comboio avançou lentamente. As estradas estavam em péssimas condições e ele, seus convidados e centenas de guardas se detiveram em várias cidades. Ao longo do caminho, ele foi saudado pelos líderes comunistas locais, que tentaram demonstrar sua capacidade de recuperar o país após a destruição de 1941-5. Na Ucrânia, onde a escassez de grãos já estava se convertendo em fome, ele foi lautamente servido. A cada noite havia carne, peixe, vegetais e frutas. Mas a tentativa de dissimulação não funcionou. Da estrada ele viu que as pessoas continuavam vivendo em buracos cavados no solo e havia escombros da guerra por toda parte — e, segundo sua governanta, Valentina Istomina, isso o deixou nervoso.[9] Se tivesse viajado no seu vagão FD 3878 não teria visto aquilo.

Ele superou as preocupações. Não mudaria a política apenas porque a maioria dos cidadãos, depois de uma guerra feroz, passava fome e vivia na miséria. Estava seguro de que poderia continuar impondo um orçamento que minimizasse a atenção para o bem-estar do povo. Os membros do Politburo logo perceberam isso. Se quisessem influenciar o programa do partido e do governo tinham de saber como apresentar suas ideias ao Líder — e às vezes superestimavam seu nível de tolerância. Depois de 1945, diversas ideias foram discutidas. Os membros do Politburo precisavam ser cautelosos para sobreviver política e fisicamente. Mas seriam inúteis para Stalin se não apresentassem uma visão estratégica das dificuldades do país. Exigia isso de seus subordinados; não podiam se limitar a administrar as políticas existentes. Seu dom era fazê-los revelar o que pensavam. Isso não era muito difícil, já que tinha poder de vida e morte sobre eles. Embora cientes disso, precisavam fingir, para ele e para si, que não sabiam. Enquanto Stalin vivesse, tinham de jogar pelas regras dele.

Mais tarde, alguns — Beria, Malenkov e Kruschev — mostraram que compreendiam que o grau de repressão do governo era contraproducente. Nisso havia um aspecto econômico. As contas nacionais apontaram claramente que o sistema de trabalho forçado do *gulag* custava mais ao Estado do que a renda que produzia; no campo foram introduzidos incentivos monetários para aumentar a produtividade.[10] Isso não era surpreendente. Os infelizes que trabalhavam na Sibéria e no norte da Rússia com alimentação e atenção à saúde precárias não operavam com a eficiência de homens e mulheres livres. Além disso, para mantê-los em cativeiro era preciso uma legião de administradores, guardas, ferroviários e secretários. Esse sistema de escravidão não oficial não era o mais producente para extrair madeira, ouro e urânio. Contudo, ninguém podia dizer isso ao Líder, por medo de passar a fazer parte dos escravizados. No entanto, a verdade do *gulag* era conhecida entre o grupo governante.

Outras partes do programa de Stalin incomodavam diversos membros do Politburo. Com o tempo, Malenkov passou a abraçar a causa da indústria ligeira e defendeu especialmente a necessidade de aumentar o compromisso da indústria com a produção de bens de consumo. Beria se preocupava com a política oficial, que ofendia os que não pertenciam à nação russa, e se opunha a controles extremos sobre a expressão cultural. Sensível aos requisitos rudimentares da maioria dos cidadãos, Kruschev considerava vital a reforma agrária. Quanto à política externa, expressar uma opinião era ainda mais perigoso; e, após um debate inicial sobre as chances de um movimento comunista mundial, Stalin decretou: após sua morte, seria tarefa dos líderes comunistas soviéticos — Beria e Malenkov — deixar claro que uma Terceira Guerra Mundial seria um desastre para a raça humana. Sob a superfície da política oficial havia a ideia de que algo precisava mudar. Vários membros do Politburo entendiam que a rigidez do marxismo-leninismo-stalinismo do pós-guerra não trazia soluções permanentes. As coisas precisavam mudar não só pelo bem dos membros do Politburo, mas também para conservar o poder e o prestígio da URSS.

Porém, enquanto Stalin viveu, suas políticas não passaram por mudanças. Ele não era totalmente inflexível, e alguns "compromissos" assumidos durante a guerra foram mantidos. Ele não abandonou o compromisso com a Igreja ortodoxa. As igrejas reabertas durante a guerra continuaram funcionando, e o Patriarca concordou em atuar como embaixador oficial da "política de paz" do governo soviético — e sua igreja ocupou avidamente edifícios que tinham pertencido a outras denominações cristãs.

Stalin continuou favorecendo os russos. Isso ficava óbvio nos livros de história. Antes de 1941 era aceitável demonstrar respeito pelos que resistiram à expansão do Império Russo. Shamil, o clérigo muçulmano que lutou contra os exércitos de Nicolau I e Alexandre II no Daguestão e na Chechênia, era festejado como um herói antitsarista. Após a guerra, sua reputação foi sistematicamente conspurcada. Todas as figuras do passado pré-revolucionário que haviam repelido os exércitos do tsar passaram a ser condenadas como reacionárias. Supostamente a Rússia tinha levado cultura, ilustração e ordem às suas fronteiras. O tratamento dispensado a Shamil foi um teste para a criação de uma política sobre a questão nacional. O mesmo ocorreu com o simbolismo visual da paisagem urbana. Na comemoração do oitavo centenário da fundação de Moscou, em setembro de 1947, Stalin encomendou uma estátua do príncipe Iuri Dolgoruki, para ser instalada na rua Gorki. Sua musculatura sob a cota de malha pretendia despertar o assombro ante a grandeza da Moscóvia medieval.[11] O brinde de Stalin à nação russa, em 24 de maio de 1945, não fora um capricho passageiro.

Até mesmo os limites da expressão cultural eram tão amplos quanto tinham sido antes da guerra. Nas artes e na academia, a situação seguia sendo marginalmente mais livre do que antes da Grande Guerra Patriótica. O compositor Shostakovich e a poeta Akhmatova ainda compunham para apresentações públicas. Os acadêmicos também continuavam se beneficiando de um ambiente de trabalho menos severo do que antes da guerra.

O abastecimento material dos cidadãos soviéticos continuava ocupando a mente de Stalin e seu governo; eles sabiam do alto nível das expectativas entre os povos da URSS com o término da guerra. Stalin não planejara uma economia da escassez. Embora impusesse um forte controle da política, seguia pretendendo ampliar o fornecimento de víveres e produtos industrializados mediante o comércio varejista. Vários decretos governamentais confirmaram esse propósito em 1946-8.[12] Falava-se muito em estimular a produção e a distribuição de bens de consumo, e era claro que seria necessário reorganizar as estruturas comerciais.¹³ Para tal, era preciso acabar com a inflação. Em dezembro de 1947, o partido e o governo anunciaram uma súbita desvalorização do rublo. As poupanças dos cidadãos foram automaticamente reduzidas a um décimo de seu valor. Naquele mesmo mês, um decreto pôs fim ao sistema de caderneta de racionamento: os cidadãos soviéticos teriam de comprar o que pudessem com os rublos que levavam no bolso ou guardavam sob o colchão.¹⁴

A URSS não foi o único Estado a adotar medidas drásticas para regenerar a economia no pós-guerra. Contudo, poucos governos agiram com tanta desconsideração com as dificuldades impostas aos consumidores. Os anúncios eram divulgados de supetão. Stalin sempre governara assim. Esperava que "o povo" acatasse docilmente suas exigências. Embora tivesse deixado milhões de cidadãos aborrecidos quando desvalorizou a moeda, ele não provocou a ruína deles: tinham tanto dinheiro porque não havia em que gastá-lo. As economias do próprio Stalin também perderam valor com o decreto, mas ele não era uma pessoa materialista. Quando morreu, deixou na *datcha* de Blijnyaya diversos envelopes intocados com seu salário. Ele não queria riqueza, mas poder. De qualquer modo, ele e seus subordinados mais próximos estavam protegidos das oscilações financeiras pela rede de lojas especiais. Havia muito tempo Stalin intimidava quem lhe trazia notícias sobre privações. Em 1947, uma grande fome assolou a Ucrânia. Kruschev teve de enfrentá-la na qualidade de chefe do partido em Kiev. Pediu ajuda ao Kremlin, mas fez o possível para que Stalin não pensasse que fraquejara. Por isso Stalin não fora inteiramente informado da situação.¹⁵

Porém, apesar da cautela, ele se viu em apuros. "Stalin me enviou um telegrama grosseiro e insultante dizendo que eu era suspeito: escrevia memorandos para tentar demonstrar que a Ucrânia não cumpriria com as cotas exigidas pelo Estado, e pedia uma quantidade absurda de cartões de racionamento para alimentar as pessoas."¹⁶ Stalin não era responsável pela seca que dizimara a colheita de 1946. Porém, continuava sendo o fundador e diretor do sistema de fazendas coletivas, e sua feroz rejeição ao pedido de ajuda à Ucrânia o tornou culpado pela morte de milhões, por fome, no final da década de 1940. Houve casos de canibalismo. A experiência ficou marcada na consciência de Kruschev. Ele compreendera a brutalidade imbecil da ordem econômica soviética. Stalin não conseguia fazê-lo. Assim como Lenin, ele detestava quaisquer sinais do que considerava sentimentalismo; ambos tendiam a supor que um relatório sobre fome no campo era fruto do engodo dos camponeses que tentavam obter favores junto às autoridades urbanas.[17]

Não que Stalin e seus principais subordinados controlassem tudo. Eles se esforçavam para restaurar a autoridade sobre os setores do Estado e da sociedade como antes de 1941. Às vezes, isso envolvia uma mudança de política. Contudo, não justifica chamar o período de "alto stalinismo", embora diversos estudiosos ocidentais tenham afirmado que o pós-guerra foi especial. Na verdade, as atitudes de Stalin foram principalmente reacionárias: ele reverteu a ordem soviética ao modelo existente antes da Operação Barbarossa. Contudo, a sociedade na Rússia e suas fronteiras nunca foram completamente reguladas pelo Kremlin. A antiga amálgama de regulamentação e caos persistia. Vários grupos estavam mais dispostos a afirmar sua vontade do que antes da guerra. Os mais óbvios eram os *partisans* dos territórios recentemente anexados. O *gulag* também já não era tão dócil. A prisão de opositores ucranianos e do Báltico introduziu um elemento de intransigência nos campos de trabalho, sustentado pela fé religiosa e o orgulho nacional, que antes da guerra não tinha sido percebido no complexo do *gulag*.

Algo vai mal quando um Estado totalitário não consegue impedir protestos e greves em suas zonas de detenção — e vários líderes do Kremlin estavam cientes disso, embora não tocassem no assunto com Stalin. A inquietação no *gulag* seguia, apesar da intensificação das campanhas repressivas. Até em locais mais assentados da URSS a fé e as atitudes apresentavam aspectos que teimavam em permanecer alheios à manipulação política. Durante a guerra, as instituições de coerção tinham concentrado esforços na erradicação do derrotismo. Contudo, muitos, principalmente os jovens, simplesmente queriam seguir com sua vida pessoal longe da interferência do Estado. A música e, em alguns casos, a moda ocidental foram adotadas pelos jovens.[18] A alienação dos estudantes moscovitas era particularmente forte. Os trabalhadores especializados tampouco se deixavam ludibriar pela propaganda oficial; sabiam o valor que tinham para as empresas industriais, forçadas a elevar fortemente a produção. Sem o respaldo de severas sanções legais do pré-guerra era difícil pôr em prática a disciplina do trabalho.

Era perigoso apresentar a Stalin relatórios sobre fenômenos que ele pudesse atribuir ao relator. Seus sequazes exerciam a autocensura ao tratar com ele.[19] Stalin governava mediante instituições e pessoas que criou e indicou. Após a guerra, não voltou a visitar uma fábrica, fazenda ou loja (além de uma viagem a um mercado em Sukhumi; nada muito diferente do que ocorrera na década de 1930).[20] Não recebia visitas alheias ao meio político, à exceção da breve estadia de amigos de infância em uma das *datchas*.[21] Ele vivia a URSS e o movimento comunista mundial no papel, na forma de decretos, relatórios e denúncias. Não podia saber tudo. Stalin era incapaz de erradicar a apatia, o caos e a desobediência. Era o principal responsável por cortar as aspirações populares à distensão do regime soviético. A esperança por mudanças no pós-guerra foi duramente destruída. Será que a vida dos operários, *kolkhozniks* e administradores teria sido radicalmente diferente se ele tivesse morrido durante a vitória militar? Não se pode atinar com uma resposta, mas é difícil imaginar que o regime tivesse se mantido no poder sem uma repressão severa. A ruína de cidades, aldeias e setores econômicos inteiros era uma forte carga para o orçamento do país. As coisas pioravam com a questão da segurança; a corrida armamentista seria extremamente custosa para a União Soviética. Embora relações diplomáticas amistosas com os EUA e até a ajuda financeira norte-americana pudessem ter aliviado a situação, o problema essencial teria permanecido: a sociedade não pertencente às elites teve de suportar o adiamento na melhoria das condições de vida — e isso não teria sido possível sem o *gulag* e as agências de segurança.[22]

Para sobreviver, o *entourage* de Stalin precisava manter o poder da repressão. A moderação de diversas políticas não estava excluída; e, na verdade, seus sequazes sugeriram discretamente algumas modificações nas políticas econômica, nacional e externa. Nenhum deles era democrata, nem defendia a economia de mercado. Stalin os mantinha em rédea curta. Porém, o que impediu uma reforma radical não foi só o seu caráter feroz. A ordem soviética tinha imperativos internos próprios. Nunca foi tão flexível quanto as sociedades capitalistas do Ocidente, e as condições após a Segunda Guerra Mundial reforçaram essa inflexibilidade. O stalinismo sobreviveria a Stalin.

46. O INÍCIO DA GUERRA FRIA

A relação da URSS com o mundo capitalista sempre foi volátil. A Revolução de Outubro de 1917 sacudiu a ordem mundial como um terremoto, cujos tremores foram sentidos na política e na diplomacia, tanto dos bolcheviques como de seus inimigos no Ocidente. Nenhum governo pensou que a rivalidade permaneceria sem solução para sempre. O axioma era que a coexistência permanente era impossível, e um dos lados terminaria triunfando. Contudo, os líderes comunistas sabiam que era preciso evitar o conflito militar. Truman, Attlee e Stalin entraram em acordo sem precisar discutir a respeito; e quando visitantes comunistas estrangeiros perguntaram sua opinião, Stalin insistiu que não haveria a Terceira Guerra Mundial — que eles, como marxistas-leninistas, consideravam inevitável. Em sua opinião, seu pensamento e seu juízo eram superiores aos de suas contrapartes no Ocidente. Acreditava também na maior força interna da ordem comunista em um possível conflito com Estados capitalistas. O comunismo se espalhara rapidamente pela Ásia e pela Europa. A tecnologia nuclear fora um setor débil na URSS, mas ele estava resolvendo isso. Havia destinado recursos para que as forças armadas soviéticas alcançassem os EUA em poderio militar.

Os acordos da URSS com governos ocidentais, a começar pelos tratados comerciais de 1921, eram considerados descartáveis por todos. Eventos posteriores confirmaram isso. Em 1924, o Reino Unido rompeu o tratado assinado com o Sovnarkom em 1921. Os japoneses, em 1938, e os alemães, em 1941, entraram em guerra com a URSS, apesar das concordatas anteriores. A coalizão que Stalin formou com o Reino Unido e os EUA durante a Segunda Guerra Mundial foi marcada por tensões e suspeitas. Os líderes da

Grande Aliança viviam tensos. Só o interesse comum contra o nazismo os unia. O comunismo e o capitalismo tinham dificuldades para se comunicar.

Contudo, isso não explica o rompimento da coalizão. Stalin passou a guerra queixando-se da perfídia dos parceiros estrangeiros; Truman alimentou poucas ilusões quanto às ambições ferozes do líder soviético. Não era só uma questão de ideologias e personalidades conflitantes. Os países da Grande Aliança tinham interesses divergentes. O Reino Unido queria manter seu império intacto, ao passo que a URSS e os EUA tinham a intenção de desmantelá-lo. Os EUA visavam à hegemonia na Europa e no Extremo Oriente, o que sacudiria a liderança política soviética após a luta contra a Alemanha e o Japão. Contudo, a URSS tinha posto o leste e o centro-leste europeu sob seu domínio direto, apesar da promessa da Grande Aliança de libertar todas as nações do jugo da guerra. O fato de a economia soviética e seu setor bélico estarem em ruínas reforçou a confiança de Truman. Os EUA exercitaram sua musculatura financeira e industrial no mundo, e até 1949 foram os únicos a contar com armas atômicas. Tratava-se de uma situação perigosa. Os movimentos de Stalin e Truman eram cuidadosamente calculados para evitar um conflito armado.

Stalin teve um vislumbre das dificuldades futuras quando os alemães estavam a ponto de ser derrotados. A ajuda do Empréstimo e Arrendamento foi suspensa inadvertidamente em 8 de maio de 1945, e os navios em alto--mar receberam ordens de regressar aos EUA. Para os norte-americanos, a URSS havia cumprido seu propósito militar; agora, teria de provar que precisava de mais assistência. As ações norte-americanas no oeste europeu seguiram esse padrão. O país apoiou aberta ou clandestinamente grupos políticos na França e na Itália dedicados a solapar o crescimento da influência comunista. Fez vista grossa quando o general Franco defendeu a causa nazista e a Espanha ficou sob sua hegemonia. Os britânicos ajudaram as forças reais gregas a enfrentar as vastas forças armadas dos comunistas. O governo de Truman defendeu os interesses militares e econômicos do capitalismo norte-americano em todos os continentes. Bases da Força Aérea dos EUA foram montadas na África e na Ásia.[1] Ditaduras favoráveis a Washington subiram ao poder na América Central e do Sul. Britânicos e norte-americanos intervieram no Oriente Médio para garantir acesso a petróleo barato. O general norte-americano Douglas MacArthur recebeu poderes plenipotenciários no Japão até conseguir estabelecer um Estado alinhado à orientação política dos EUA.

O Império Britânico estava em declínio e Stalin não se surpreendeu com a ansiedade dos EUA em ampliar sua hegemonia política e militar sobre o maior número possível de países. Conforme a debilidade britânica ficava exposta, a política mundial tornava-se uma disputa entre a URSS e os EUA. Stalin teve de manobrar com cautela. As negociações para criar a Organização das Nações Unidas tinham começado em San Francisco, em abril de 1945. Stalin queria que a URSS fosse membro do Conselho de Segurança, com direito de veto. Molotov negociou segundo suas instruções. Não era uma experiência agradável, pois os norte-americanos já não estavam preocupados com a suscetibilidade dos interlocutores soviéticos.[2]

A política da URSS ficou mais clara em 1946. Na época, Churchill já estava fora do cargo, mas seu discurso em Fulton, no Missouri, em 5 de março, rebateu quaisquer tentativas de conciliação. Ele falou de uma "cortina de ferro" estendida no centro da Europa por Stalin e a liderança comunista. As concessões à URSS deviam acabar. Churchill resumiu o que Truman vinha dizendo desde que assumira a presidência. Contudo, isso criou uma lacuna no pensamento estratégico anglo-americano. Ela foi preenchida por um telegrama enviado de Moscou pelo diplomata norte-americano George Kennan, em 22 de fevereiro. Nele, Kennan argumentou que os aliados ocidentais deviam tentar "conter" o adversário, em vez de empregar a força militar. Com a continuidade do desenvolvimento das armas nucleares, os EUA poderiam impedir a agressão dos soviéticos. Esse foi o cerne da doutrina de Estado norte-americana nos anos subsequentes, e qualquer membro da liderança que a desafiasse era demitido. O presidente Harry Truman tornou-se cada vez mais assertivo no trato diplomático. Os britânicos mais colaboravam do que decidiam, mas aprovaram a nova orientação, e Stalin, que costumava receber informações regularmente das agências de inteligência, soube que haveria limites às suas atividades se quisesse evitar o conflito armado com um inimigo mais forte.

O ano de 1947 fez a Grande Aliança se inclinar em direção à desarmonia. Diversos acontecimentos aumentaram a antipatia mútua. A cada nova crise, aumentava a crença dos principais políticos, inclusive Truman e Stalin, de que suas suspeitas crônicas eram justificadas. Seria difícil retomar a cooperação. Os Aliados se encaminhavam para a Guerra Fria. Truman e Stalin falavam mal um do outro. Ambos se sentiam fortalecidos pela vitória militar, que aumentara sua influência no mundo e assegurara que o rival — fosse Washington ou Moscou — não saísse com a sua.

A URSS tinha se exercitado após a Segunda Guerra Mundial sem entrar em brigas. Evitar uma Terceira Guerra Mundial era a prioridade imediata. Pouco foi feito no Extremo Oriente. Stalin reconheceu que os norte-americanos tinham o controle inquestionável do desenvolvimento político e econômico do Japão; contentou-se com a posse das Ilhas Curilas, obtida no acordo de Yalta. Ele também concluiu que a ocupação prolongada do norte do Irã pelo Exército Vermelho poria em risco as relações com os EUA. Os aliados ocidentais exigiram reiteradamente a retirada das forças armadas soviéticas, e em abril de 1947 ele por fim cedeu. O governo iraniano suprimiu os movimentos separatistas no norte do país. O Exército Vermelho recuou para nunca regressar. Ao mesmo tempo, Stalin tentou pressionar a Turquia a fim de obter concessões territoriais. Nesse caso, a pronta defesa da soberania turca pelo presidente Truman impediu que a situação piorasse. As ambições fantasiosas de Stalin de transformar a Líbia em um protetorado soviético também foram silenciosamente abandonadas quando o ministro de Relações Exteriores britânico, Ernest Bevin, teve um acesso de raiva durante negociações com diplomatas soviéticos.[3]

O problema mais sério começou em 5 de junho de 1947, quando o secretário de Estado dos EUA, George Marshall, anunciou ajuda econômica aos países europeus que haviam sido invadidos pelos nazistas. A oferta também foi estendida à URSS, e o esquema original de Stalin era que representantes oficiais da Bulgária e da Romênia participassem das reuniões preparatórias em Paris, com o intuito de atrapalhá-las; mas depois refletiu e se convenceu de que estava se armando "um bloco ocidental contra a União Soviética".[4] Marshall pretendia minar a hegemonia soviética nos países do Leste Europeu oferecendo-lhes ajuda financeira. O Ministério de Relações Exteriores em Moscou sondava se realmente haveria liberação de fundos para a recuperação da URSS. Em resposta, os norte-americanos apresentaram a existência do livre mercado como condição para a ajuda. Como Truman e Marshall sabiam, não havia a menor possibilidade de Stalin e seus sequazes aceitarem essa imposição. O Plano Marshall estava ligado aos objetivos geopolíticos dos EUA, os quais incluíam a drástica redução do domínio da URSS na Europa. Jeno Varga, que havia sugerido a possibilidade de uma via parlamentar para o comunismo na Europa, viu o Plano Marshall como uma adaga apontada para Moscou.[5] A moderação da política externa soviética chegou ao fim. Teve então início a Guerra Fria, assim chamada porque nunca envolveu um conflito militar direto entre a URSS e os EUA.

Depois de conquistar o Leste Europeu, Stalin não queria abrir mão de seus ganhos. Aferrou-se a uma visão tradicional da segurança, baseada em Estados-tampão. Essa abordagem logo ficou obsoleta com o advento dos bombardeiros e dos mísseis de longo alcance. Ignorava o grande ônus da URSS ao ocupar esses países e se responsabilizar por suas questões internas. A maioria dos líderes comunistas no Leste Europeu antecipou a reação de Stalin e rompeu as negociações com os norte-americanos em Paris.

Contudo, o governo tcheco, que tinha ministros comunistas, estava ansioso para ir a Paris discutir as propostas de Marshall. Uma delegação chefiada por Klement Gottwald foi recebida em Moscou em 10 de julho de 1947. Stalin se enfureceu:

> Ficamos atônitos ao saber que os senhores decidiram participar dessa reunião. Para nós, essa questão é sobre a amizade da União Soviética com a república da Tchecoslováquia. Queiram ou não, os senhores estão ajudando objetivamente a isolar a União Soviética. Podem ver o que está ocorrendo. Todos os países que têm relações amistosas conosco estão se recusando a participar dessa reunião, ao passo que a Tchecoslováquia, que também mantém relações amistosas conosco, vai participar.[6]

O líder comunista Gottwald deixou seu ministro de Relações Exteriores, Jan Masaryk, à deriva. Masaryk disse a Stalin que considerasse a dependência da indústria tcheca do Ocidente; acrescentou que os poloneses queriam ir a Paris. Mas Stalin não deixou barato. A resistência ruiu, e Masaryk suplicou a Stalin e Molotov que o ajudassem a formular a carta com sua desistência de participar da reunião. Stalin limitou-se a aconselhá-lo a copiar o modelo búlgaro. Masaryk garantiu um mínimo do orgulho nacional ao assinalar que o governo só se reuniria na noite seguinte; contudo, toda a delegação terminou agradecendo a Stalin e Molotov pelos "conselhos úteis".[7]

Stalin estava cuspindo nos EUA, e o mundo foi testemunha. Da noite para o dia, ficou mais fácil para Truman conseguir o que queria com os governos que titubeavam ante o endurecimento dos norte-americanos com relação à URSS; isso também o ajudou na campanha para convencer o Congresso dos EUA de que a ajuda financeira, ao menos para a Europa Ocidental, era do interesse do país. Stalin fora levado ao ponto de uma decisão estratégica. Ele enfrentava um sério desafio: o presidente norte-americano queria subtrair o maior número possível de países de sua hegemonia e oferecer benefícios às suas corporações industriais e comerciais. A economia da URSS continuava fazendo um esforço desesperado, e os EUA não apresentaram incentivos objetivos para facilitar sua recuperação. Ainda assim, Stalin poderia ter tido mais diplomacia ao lidar com a situação. Em vez de jogar os termos da ajuda na cara de Truman, poderia ter alongado as negociações e mostrado ao mundo que o altruísmo aparente do Plano Marshall escamoteava os interesses norte-americanos. Mas estava decidido. Não voltou a se encontrar com Truman depois de Potsdam, nem tentou fazê-lo. Tampouco quis ser chamado para negociar com diplomatas ocidentais. Os EUA atiraram as luvas e ele as recolheu.

Ainda assim, os norte-americanos desistiram de tentar separar o Leste Europeu da URSS. A política de contenção foi entendida como a aceitação de que aqueles países estavam na zona de influência soviética. A oportunidade de liberá-los tinha sido maior em 1945. A opinião pública ocidental podia ser manipulada, mas, dois anos depois da guerra, só até certo ponto. Norte-americanos e britânicos tinham aprendido a respeitar o "Tio Zé"; e sabiam que a guerra terminaria com a derrota da Alemanha e do Japão. Não teria sido fácil levar soldados britânicos e norte-americanos a lutar em meados de 1947.

A retaliação da URSS à iniciativa dos EUA não tardou. Em setembro de 1947 foi organizada uma conferência de partidos comunistas em Szklarska

Poręba, na Polônia. Stalin não se dignou a comparecer. Após ordenar a criação de um sistema rígido de coordenação por telefone e telegramas, enviou em seu lugar Jdanov. Este foi bem-instruído e entrava em contato com Moscou sempre que surgia um imprevisto. O objetivo era criar um Bureau de Informação dos Partidos Comunistas e Operários (ou Cominform) para coordenar a atividade comunista nos países do Leste Europeu, na Itália e na França. As relações com os EUA pioraram, e Stalin retirou a permissão para que a transição ao comunismo se moldasse ao caráter nacional de cada país. Foi feito um chamado para acelerar a comunização no Leste Europeu e, no oeste, os partidos comunistas francês e italiano foram recriminados por relutar em abandonar a orientação parlamentar (embora Stalin a tivesse sugerido!). Ao leste do rio Elba, o objetivo era consumar uma ordem comunista estrita. Stalin também tinha ambições em outras partes. Pretendia romper a hegemonia "anglo-americana" no oeste europeu com a única arma que tinha à mão: a militância partidária comunista.[8]

Contudo, a forte interferência norte-americana nas eleições italianas, mediante subsídios ao Partido Democrata-Cristão, mostrou ser eficaz. Nas duas metades da Europa, os campos dos antigos aliados se confrontaram. Porém, a ambiguidade continuou pairando sobre a Alemanha, onde EUA, URSS, Reino Unido e França mantinham forças de ocupação em suas respectivas zonas. Cada um desses países controlava também um setor de Berlim, localizado na zona soviética.

Contrariado e frustrado com os acontecimentos, Stalin decidiu testar a determinação ocidental na primeira oportunidade. Os representantes soviéticos propuseram a formação de um governo alemão unificado. Stalin parecia querer uma Alemanha neutra ou comunista. Também queria aumentar as reparações à URSS. Em 24 de junho de 1948, ele iniciou um bloqueio às zonas norte-americana, britânica e francesa da cidade. Incapaz de garantir o tipo de Alemanha que considerava aceitável, decidiu cortar a zona leste, que ocupava, do resto do país. O Exército patrulhava a fronteira. O confronto seria inevitável, mas ele apostou contra os aliados ocidentais, que não queriam correr o risco de uma guerra. Calculou mal. Os norte-americanos e os ingleses enviaram suprimentos aos seus setores em Berlim, e o próprio Stalin teve de decidir se iniciaria uma hostilidade armada. O abastecimento aéreo prosseguiu até maio de 1949. Ele desistiu; a determinação ocidental tinha sido posta à prova, e demonstrara firmeza. As relações entre a URSS e os EUA se deterioraram. Uma iniciativa ocidental criou a República Federal Alemã, em setembro de 1949. Em resposta, o Kremlin sancionou a criação da República Democrática Alemã em outubro.

O ambiente ficou tenso. Stalin passou grande parte do tempo reagindo a sucessivas emergências. Contudo, nada desafiou suas suposições gerais sobre a política mundial. Ele não esperava favores dos norte-americanos, e o Plano Marshall confirmou suas piores suspeitas. A frase empregada por Jdanov na conferência de fundação do Cominform, sobre a existência de "dois campos" em competição perpétua e inevitável, parecia profética. O primeiro a criar uma aliança abertamente militar foi o campo capitalista. A Organização do Tratado do Atlântico Norte (OTAN) foi formada em abril de 1949. Liderada pelos EUA, incluiu o Reino Unido, França, Itália, Canadá, Bélgica, Holanda, Portugal, Dinamarca, Noruega, Islândia e Luxemburgo. A Grécia e a Turquia se juntaram três anos depois, e a República Federal da Alemanha em 1955. A maior parte dos países da América do Norte e da Europa aderiu à OTAN — era uma aliança poderosa e coerente, com óbvio propósito, mas não declarado, de evitar um ataque soviético. Para os membros europeus, tinha a grande vantagem de comprometer o governo e as forças militares norte-americanas a manter o Exército Soviético detrás da Cortina de Ferro. Em 1936 houve um Pacto Anti-Comintern; em 1949 havia um Pacto Anti-Cominform, embora com outro nome.

A preocupação dos países ocidentais com a segurança aumentou em 29 de agosto de 1949, quando cientistas soviéticos testaram com sucesso sua bomba-A. Beria havia indicado o dinâmico Igor Kurchatov para chefiar o projeto, e ele reuniu uma equipe de físicos capacitados. As agências de inteligência soviéticas lhes entregaram materiais secretos obtidos por seus espiões nos EUA, o que acelerou o processo. A extração do urânio foi resolvida com o envio de centenas de milhares de prisioneiros de guerra repatriados às minas siberianas. Poucos sobreviveram à experiência. Em meados de 1949, extraídos de minas soviéticas e tchecas, a URSS contava com plutônio e urânio-235 suficientes para seguir com a construção da bomba.[9]

Stalin estava vivamente interessado. Chamou as principais figuras do projeto de pesquisa para uma longa reunião. Cada um teve de informar sobre seu progresso, e ele disparava questões a toda hora. Mikhail Pervukhin teve de explicar-lhe a diferença entre água pesada e água comum.[10] Ele disse o que Stalin precisava saber. Como não estudara física no Seminário Teológico de Tíflis, o Líder tinha uma noção rudimentar dos princípios científicos. Sua ignorância foi extremamente perigosa para os cientistas. Como acabara de reler *Materialismo e empiriocriticismo*, de Lenin, estava convencido de que espaço e tempo eram conceitos absolutos e inquestionáveis em todos os esforços humanos (o que contrastava com seu descanso ante a controvérsia sobre esse livro, antes da Primeira Guerra Mundial, que classificou de "tempestade num copo d'água").[11] Portanto, a física de Einstein devia ser uma mistificação burguesa. O problema é que ela era crucial para o projeto da bomba-A. Beria, que queria parecer um apóstolo ideológico de Stalin e, ao mesmo tempo, desejava a bomba-A, decidiu que precisava da autorização do Chefe para que os físicos soviéticos empregassem as equações de Einstein. Sempre pragmático quando se tratava do poder, Stalin comentou jovialmente: "Deixe-os trabalhar. Se for o caso, nós os fuzilamos depois."[12]

Kurchatov e sua equipe lançaram a bomba no deserto, nos arredores de Semipalatinsk, no Cazaquistão — e, para seu assombro, quando a nuvem em forma de cogumelo se ergueu no horizonte, Beria o abraçou. Aquela demonstração de emoção era inaudita. Mas Beria, que havia passado os últimos quatro anos ameaçando Kurchatov, estivera sob a mesma sombra projetada por Stalin. Um teste falho poderia ter sido sua sentença de morte. Em vez disso, ele pôde dar boas notícias ao Kremlin. Stalin também ficou encantado. A URSS havia cruzado o umbral da elite das potências nucleares, e ele poderia participar de futuras negociações diplomáticas em condição de igualdade com os líderes dos EUA e da Grã-Bretanha.

Por sua vez, isso o fez concluir que a URSS deveria assumir uma postura assertiva na política mundial. Havia outros motivos para aquele entusiasmo. Não só a dominação do Leste Europeu se dera sem grandes contratempos como em outubro de 1949 o Partido Comunista chinês tomara o poder em Beijing. O comunismo se apossara de um terço da superfície da terra. Mao Tsé-tung vencera, apesar da relutância de Stalin em apoiá-lo contra o nacionalista Chiang Kai-shek. O resultado revolucionário na China não abrandou a postura de Stalin ante Mao — ele esperava que o novo Estado comunista se submetesse ao interesse maior do comunismo mundial delineado por Moscou. Na prática, isso significava aceitar a prioridade das necessidades soviéticas sobre as chinesas. Ele continuava considerando um direito da URSS aferrar-se a Port Arthur como base militar e dominar a Manchúria. A superioridade militar soviética e a disposição para prestar ajuda econômica fizeram Mao se calar durante uma longa visita a Moscou, em dezembro de 1949. As conversas entre ele e Stalin se complicaram quando Stalin deixou claro desde o início que não desistiria do acordo sino-soviético de 1945, firmado quando a China estava extremamente enfraquecida, antes de os comunistas tomarem o poder.[13]

Mao não obteve toda a ajuda militar e econômica que buscava. Stalin lhe garantiu que a China não estava ameaçada por potências estrangeiras: "O Japão ainda não se recuperou e, portanto, não está pronto para a guerra."[14] Como sempre, ele acrescentou que os EUA não estavam dispostos a entrar em outra guerra. Na esperança de distrair o camarada chinês com uma campanha que não atrapalhasse as relações soviético-americanas, sugeriu que Beijing se limitasse a conquistar Taiwan e o Tibet. A frustração de Mao aumentou. Tendo tomado o poder semanas antes, estava quase em prisão domiciliar na *datcha* nos arredores de Moscou durante a conversa com Stalin. Porém, em 22 de janeiro de 1950, Stalin subitamente mudou de ideia e disse a Mao que concordaria em assinar um novo tratado sino-soviético.

Cabe perguntar quem ou o que deveria ser responsabilizado pela situação que levou à Guerra Fria. O presidente Truman fez sua parte. Sua linguagem era hostil à URSS e ao comunismo. O Plano Marshall foi arquitetado de tal modo que era quase impossível que Stalin não se ofendesse. No entanto, no início, até Molotov se dispôs a acatá-lo.[15] Truman estava empenhado em promover a causa econômica norte-americana, e genuinamente preocupado com a opressão no Leste Europeu, facilitada pelos tratos entre Roosevelt e Stalin. Os EUA tinham uma economia e uma sociedade que, à exceção dos soldados, careciam de uma experiência direta da guerra. Seu Estado e seu povo estavam comprometidos com a economia de mercado. Seus grupos de interesse econômico queriam acesso a todos os países do mundo. Os EUA eram uma potência militar imbatível. Eles não ameaçaram declarar guerra à URSS, mas agiram buscando maximizar sua hegemonia na política mundial, o que resultou em tensões capazes de derivar em confrontos diplomáticos ou até em uma Terceira Guerra Mundial.

Resta especular se a Guerra Fria não teria ocorrido se as negociações durante a guerra tivessem exigido mais de Stalin; contudo, tanto Roosevelt como Churchill lhe fizeram promessas difíceis de descumprir, a menos que quisessem o rompimento total com ele. O próprio Churchill foi avesso a uma incursão militar além dos limites acordados das zonas hegemônicas dos Aliados. Ele tinha boa memória. Passada a Primeira Guerra Mundial, vários militantes socialistas e trabalhistas se opuseram ativamente à intervenção militar na Rússia soviética após a Guerra Civil. Contudo, a partir de 1945, Attlee era quem governava o Reino Unido, e nenhuma figura pública de peso defenderia uma incursão para além do rio Elba. Truman e Attlee teriam dificuldades em granjear apoio popular para esse tipo de ação. As tropas norte-americanas e britânicas tinham sido treinadas para ver as tropas soviéticas como aliadas. Os civis tinham ouvido a mesma propaganda. A Alemanha e o Japão foram identificados como os únicos inimigos, e teria sido extremamente complicado reorientar a opinião pública na direção de medidas militares concretas. Perderam-se oportunidades em Yalta, Teerã e Potsdam — e de qualquer modo teria sido difícil sair dessas três conferências dos Aliados sem criar problemas em casa.

Os EUA e a URSS eram grandes potências para as quais uma rivalidade permanente não era uma perspectiva implausível. Além disso, Stalin agira mais do que Truman para piorar as coisas. Invadiu territórios. Impôs governos comunistas. Considerava os enfrentamentos com o "capitalismo mundial" inevitáveis. Na verdade, estava mentalmente mais preparado para a guerra que os líderes norte-americano e britânico. A Guerra Fria não só era inevitável como provável. A surpresa é que não tenha resultado em um conflito militar declarado.

47. O LESTE EUROPEU SUBJUGADO

Após a Segunda Guerra Mundial houve pouca interferência no Leste Europeu ocupado pela URSS. Truman e Attlee reclamaram, mas não romperam os limites dos acordos de Yalta, Teerã e Potsdam. Continuava vigente o acordo tácito de que a URSS seguiria com a ocupação militar e a dominação política, ao passo que EUA, Reino Unido e França controlariam o lado ocidental da Europa. Stalin não conhecia muito aquela vasta zona. Estivera na Cracóvia, em Berlim e em Viena antes da Primeira Guerra Mundial, mas seu interesse sempre estivera centrado nos assuntos internos do Comintern. Contudo, aprendia rapidamente quando os acontecimentos assim exigiam. Durante a Segunda Guerra Mundial, quando Hitler ocupou países vizinhos, ele se inteirou da situação consultando Dimitrov e Litvinov, e reconheceu que, a menos que os partidos comunistas adotassem uma perspectiva claramente nacional, não conseguiriam atrair eleitores. Em 1941, planejara abolir o Comintern. Em 1943, levou o plano adiante. Nos bastidores, porém, o Departamento Internacional do Secretariado do Comitê Central do Partido comandava todos os partidos comunistas estrangeiros, e suas ordens eram cumpridas de imediato.

No final da guerra, Stalin se voltou para os países da região. Recebeu representantes dos partidos comunistas. Em janeiro de 1945 discutiu com emissários de Tito sobre ajuda econômica, disposições militares e até a língua oficial, as fronteiras e a política externa do Estado iugoslavo. Sugeriu cautela quando lhe contaram que pretendiam criar uma enorme federação com a Bulgária e a Albânia. Ele sempre engabelava os líderes iugoslavos, os mais arrogantes no Leste Europeu, a pedir sua opinião antes de levar adiante grandes empreendimentos.[1]

Após a guerra, relatórios e pedidos chegavam regularmente a Moscou, e Stalin continuou a receber visitantes comunistas. Sua capacidade de tomar decisões repentinas era extraordinária. Em 1946, ele determinou o cronograma das eleições polonesas do ano seguinte.[2] O presidente polonês, Bolesław Bierut, abrira a discussão com a seguinte reverência: "Viemos até você, camarada Stalin, nosso grande amigo, apresentar a nossa análise dos acontecimentos na Polônia para assegurar que a nossa avaliação da situação política no país está correta."[3] O controle de Stalin sobre o Leste Europeu foi facilitado pela consolidação da rede organizativa comunista na região, protegida pelas forças armadas soviéticas. Anos de subordinação, assegurada pelo terror, garantiram a obediência. À exceção dos iugoslavos, e talvez dos tchecos, os líderes comunistas sabiam que não tinham muito apoio em seus países: o poder militar soviético era crucial para sua sobrevivência. Surgiram novas instituições políticas nos moldes do modelo soviético, que Moscou infiltrou e controlou. Diplomatas, oficiais de segurança e comandantes soviéticos monitoravam o Leste Europeu como se fosse o império exterior da URSS.

Em toda a região, o Kremlin enfrentava problemas. Os comunistas do Leste Europeu haviam sido perseguidos antes e durante a guerra. Suas organizações eram frágeis, com poucos membros. A maioria de seus líderes era vista como marionetes dos soviéticos. O comunismo era como a peste russa, e a dissolução do Comintern não desfizera essa impressão. O fato de a URSS confiscar ativos industriais como reparações de guerra na Alemanha, Hungria, Romênia e Eslováquia não contribuiu para a causa dos comunistas nacionais. A presença da polícia de segurança e do Exército Vermelho — além do comportamento deplorável das tropas soviéticas — exacerbava a situação. Outro problema para os partidos comunistas era a grande proporção de camaradas judeus em suas lideranças. O antissemitismo não foi uma invenção nazista, e eles tiveram de recuar para não parecer que estavam favorecendo os judeus — na verdade, muitas vezes eles instigaram a repressão contra grupos judaicos.[4] Contudo, Stalin se impacientava com as dificuldades dos partidos comunistas estrangeiros. Havia uma diretriz política; quando surgiam problemas, ele esperava que Molotov ou outro subordinado os resolvesse.

Ele e seus sequazes não careciam de autoestima. A história os ajudou. Embora tenham imposto regimes não democráticos no Leste Europeu, na maioria dos casos agiram de acordo com a tradição política local. Quase todos os países da região tiveram regimes autoritários, e até ditaduras, no entreguerras. A Tchecoslováquia foi uma exceção; o resto, embora tivesse inaugurado sistemas democráticos após a Primeira Guerra Mundial, havia sucumbido a formas de governo autoritárias.[5] Para o Kremlin foi uma vantagem que ainda precisassem eliminar obstáculos sociais e econômicos ao progresso meritocrático. Havia um poder enorme nas mãos de corpos do exército reacionários e latifundiários quase feudais. O avanço educacional popular tinha sido irregular. O clero cristão carecia de abertura a ideias "progressistas" de mudança social. A pobreza era generalizada. Os investimentos de capitais estrangeiros eram escassos, e a ocupação nazista provocara uma degradação ainda maior. Ao libertar o Leste Europeu dos grilhões desse passado, as administrações comunistas granjearam certo grau de apoio popular. A nacionalização industrial e a expansão educacional foram muito bem-vindas. As possibilidades de promoção no emprego para empregados dos estratos sociais mais baixos foram recebidas com esperança.

Portanto, houve menos obstáculos à comunização do Leste Europeu do que teria ocorrido no lado ocidental. Stalin teve apoio ao leste do rio Elba, ainda que então os partidos comunistas fossem frágeis. No Kremlin, supunha-se que a comunização seguiria um ritmo próprio quando o processo de reforma começasse.

Depois de vencer uma guerra civil com escassa ajuda de Moscou, os comunistas iugoslavos não compartilharam o poder com outros partidos e incitaram os comunistas albaneses a fazer o mesmo. Em outras partes, o processo foi lento. Houve a derrocada de monarquias na Romênia e na Bulgária, e em todos os países da região houve pressão para incluir os comunistas no governo; porém, a maioria dos gabinetes foi de coalizão. A Polônia era um país devastado. O Governo Provisório criado por Stalin aceitou a contragosto membros do governo no exílio, baseado em Londres; porém, os comunistas seguiram acossando os rivais. O Partido Camponês de Stanislaw Mikolajczyk foi duramente perseguido. Nas eleições, houve uma quantidade considerável de fraudes, abrindo espaço para os comunistas, que governaram com Petru Groza. Na Hungria, Stalin topou com maiores dificuldades. As eleições de novembro de 1945 elegeram por enorme maioria a coligação Partido dos Pequenos Proprietários. Contudo, os comunistas obtiveram muitas posições de poder e, apoiados pelas forças de ocupação soviéticas, fizeram várias detenções. A Tchecoslováquia foi mais fácil. O presidente liberal Eduard Beneš defendia relações amistosas com a URSS, e nas eleições de 1946 os comunistas se tornaram o maior partido, com 38% dos votos. O líder comunista Klement Gottwald foi eleito primeiro-ministro.

Contudo, os acontecimentos de 1947 — o Plano Marshall e a I Conferência do Cominform — mudaram o panorama. A Guerra Fria adquiriu um aspecto sombrio. Os partidos comunistas do Leste Europeu descobriram que as coisas tinham mudado durante a I Conferência do Cominform, em Szklarska Poręba, na Silésia polonesa. Malenkov compareceu representando Stalin, e fez um tedioso discurso introdutório, quando informou que desde a guerra tinham sido impressos um milhão de exemplares da biografia oficial de Stalin.[6] Jdanov também estava lá. Ele e Malenkov eram a boca e os ouvidos de Stalin. O primeiro fez um comentário decisivo em nome do Kremlin, ao afirmar que havia "dois campos" na política mundial. Um era liderado pela URSS, o outro pelos EUA. A URSS supostamente liderava as forças progressistas. Os norte-americanos não estavam interessados na recuperação industrial da Europa; Truman só queria subjugar o continente aos magnatas capitalistas de seu país.[7] O Plano Marshall era um truque que cumpria esse objetivo para Wall Street, e não passava de uma campanha para consolidar a hegemonia mundial dos EUA.[8]

A conferência prosseguiu em meio ao descontentamento. Os iugoslavos queixaram-se da fraqueza revolucionária dos italianos. Acusaram os gregos de não se comprometer com a insurgência.[9] Obviamente, agiam em conluio com Moscou; Stalin insistiu em culpar os partidos italiano e grego, embora ambos cumprissem suas ordens. Malenkov e Jdanov levaram as instruções ao pé da letra. A opinião de Stalin sobre o Plano Marshall arruinou a possibilidade de um entendimento com os EUA a longo prazo, e os norte-americanos, se pretendessem desestabilizar o Leste Europeu, teriam de entender que a URSS faria o mesmo no oeste da Europa. O Cominform não era o Comintern revivido; mas aceitou partidos comunistas em países onde a ameaça aos desejos dos aliados ocidentais era grande — não só os países ocupados pelo Exército Vermelho, mas também a Itália e a França.

Stalin aproveitou ao máximo as oportunidades. Mesmo estando a centenas de quilômetros de distância, exigiu relatórios diários; ao enviar Malenkov e Jdanov, que nunca foram amigos nem aliados, garantiu que competiriam entre si como fontes de informação. Ele pretendia recuperar a iniciativa internacional e perturbar a equanimidade de Washington. Foi declarada uma disputa entre os "dois campos". Os participantes não emitiram uma palavra de dissenso, temendo ofender Stalin em sua ausência. Mudanças de perspectiva da liderança soviética levaram a emendas nas resoluções, que foram sancionadas por Stalin. O foco era a Europa. Stalin lidou com isso sem afetar o status quo em outras partes do mundo. Por isso rejeitou secamente o pedido do Partido Comunista chinês para participar da conferência, cujo propósito era responder ao desafio apresentado pelo Plano Marshall. Depois de agir com cautela nos primeiros anos após a vitória sobre o nazismo, Stalin indicou aos comunistas europeus que adotaria um programa mais militante.

Apesar de ter sido bem-sucedido graças à colaboração da Iugoslávia, o país o incomodou meses depois da Primeira Conferência. Tito não se circunscrevia às suas questões internas. Importunou Stalin pedindo ajuda para os comunistas gregos, em guerra civil contra os monarquistas (fartamente provisionados e militarmente reforçados pelos britânicos); ele também queria criar um Estado federal báltico, o qual, evidentemente, pretendia dominar. Exigiu uma transição mais célere das políticas comunistas no Leste Europeu do que pretendia Stalin. Este resolveu expulsar Tito do Cominform e fazê-lo de bode expiatório para quem pretendesse demonstrar semelhante truculência. Com Molotov e Jdanov de porta-vozes, ele iniciou uma campanha contra Tito em março de 1948. Os comunistas iugoslavos foram acusados de aventureiros e regionalistas, alheios aos princípios marxista-leninistas. Stalin também o criticou por meter o nariz na política austríaca, onde o Exército Vermelho era uma das forças de ocupação.[10]

A linha-dura ficou manifesta com o aumento da militância comunista em toda a região. As eleições polonesas foram marcadas por intimidações e fraudes eleitorais. Bolesław Bierut se tornou presidente e a abrangente comunização do país foi adiante. Władysław Gomułka, secretário-geral do partido, foi acusado de resistir às exigências de Stalin de maior rapidez na formulação de políticas econômicas e sociais ao estilo soviético, e foi preso, acusado de ser seguidor de Tito. Os comunistas absorveram os partidos socialistas e fundaram o Partido Operário Unificado Polonês. Na Hungria, os líderes do Partido dos Pequenos Proprietários foram presos e, em 1947, eleições fraudulentas levaram os comunistas ao poder. Os social-democratas foram eliminados ao ser forçados a se unir aos comunistas no Partido Proletário Popular. Na Tchecoslováquia, os comunistas manipularam a polícia a tal ponto que os não comunistas se demitiram do governo. Houve novas eleições e os comunistas, com poucos rivais sobreviventes, obtiveram uma vitória acachapante. Em junho de 1948, Beneš foi substituído por Gottwald. Na Bulgária, a União Agrária foi dissolvida e seu líder, Nikola Petkov, executado. Os comunistas assumiram o monopólio do poder na maior parte dos casos. Georgi Dimitrov, primeiro-ministro a partir de 1946, morreu em 1949 e seu cunhado, Valko Chervenkov, ocupou seu lugar. Após o rompimento dos soviéticos com os iugoslavos, a liderança comunista albanesa, com Enver Hoxha à frente, alinhou-se com Moscou e executou os "desviacionistas" que seguiam Tito.

Tudo isso ocorreu tendo como pano de fundo o massacre de Stalin na Iugoslávia. A lesa-majestade de Tito foi discutida na II Conferência do Cominform em Bucareste, em 19 de junho de 1948. Os iugoslavos não compareceram. Mais uma vez, Stalin não se apresentou, mas Jdanov e outros delegados seguiram a agenda ao pé da letra. O projeto de uma federação balcânica foi descartado; a Iugoslávia permaneceria dentro das próprias fronteiras. Não faltaram líderes comunistas ansiosos para castigar os iugoslavos. O representante francês, Jacques Duclos, vingou-se das acusações de que fora alvo na I Conferência; Palmiro Togliatti, da Itália, ainda ofendido com a exigência de Tito de anexar Trieste à Iugoslávia, fez uma acusação de espionagem.[11] De herói comunista Tito se transformara em agente capitalista. A questão iugoslava dominou a conferência, e Stalin falava diariamente com Jdanov. O resultado foi a rejeição injuriosa de Tito e seu partido. Os comunistas iugoslavos foram repreendidos por suas tendências antissoviéticas, contrarrevolucionárias, trotskistas (e bukharinistas!), oportunistas, pequeno-burguesas, sectárias e nacionalistas. Foram criticados o tempo todo. Foi dito que tinham se posicionado fora da família fraterna dos partidos comunistas — portanto, fora do Cominform.[12]

Nenhum pio de oposição a Stalin e ao Kremlin foi emitido pelos outros partidos comunistas. Com a máquina de propaganda soviética funcionando, Tito foi apresentado como um fascista vestido de comunista, o novo Hitler da Europa. Em pouco tempo, toda a liderança política iugoslava passou a ser chamada de agentes dos serviços de inteligência estrangeiros.[13] As consequências de desafiar Moscou estavam esclarecidas. Criou-se um Bloco do Leste, embora sem esse nome. À exceção da Iugoslávia, os países europeus ao leste do rio Elba se tornaram entidades subjugadas, configuradas segundo o molde da ordem soviética. Apesar de limitado, o pluralismo político tinha chegado ao fim. A política econômica também passou por mudanças. O ritmo da coletivização agrícola se acelerou na maioria dos países. Por toda a região, os partidos comunistas aumentaram os investimentos em projetos para a indústria pesada. Criaram-se vínculos comerciais estreitos com a URSS. O Bloco do Leste visava à autarquia, e sua prioridade era para os interesses econômicos assinalados por Stalin. Em janeiro de 1949, surgiu o Conselho para a Assistência Econômica Mútua (Comecon) a fim de controlar e coordenar o desenvolvimento. Toda a região, inclusive a República Democrática Alemã ocupada, foi enclausurada em uma fortaleza militar, política e econômica. O Bloco do Leste era o império exterior da URSS.

Em troca da obediência, os países subjugados recebiam petróleo e outros recursos naturais a preços inferiores aos do mercado. Contudo, em geral os outros benefícios imediatos fluíam em direção à União Soviética, e Stalin e Molotov não ocultavam sua satisfação. Embora tivessem execrado o discurso de Churchill em Fulton sobre a Cortina de Ferro, suas ações se encaixavam na descrição feita pelo ex-primeiro-ministro. Assim como a URSS havia ficado de quarentena antes da Segunda Guerra Mundial, depois de 1945 o Leste Europeu foi deliberadamente alijado do oeste.

O comunismo triunfara, e seus líderes comemoraram a vitória. Contudo, era preciso esclarecer um aspecto técnico. Ninguém tinha explicado como os Estados comunistas se encaixavam no esquema marxista-leninista das etapas históricas. Stalin insistiu em que deveriam continuar sendo países formalmente independentes (e desencorajou as propostas iniciais de ser simplesmente anexados à URSS, como ocorrera com Estônia, Letônia e Lituânia). Ele também quis enfatizar que a URSS criara o movimento comunista mundial e estava em um estágio mais avançado do progresso na direção do comunismo que os recém-chegados. Era o tipo de mensagem que ele propagava em todas as frentes em Moscou. Ao enaltecer as façanhas soviéticas, e principalmente as russas, Stalin apequenava os feitos de todas as outras nações do mundo. Aos seus olhos, suas forças políticas e militares eram portadoras de uma forma superior de civilização a uma região arruinada por séculos de governos reacionários. O orgulho soviético, ou melhor, sua arrogância, estava no auge. Os países do Bloco do Leste seriam Estados fraternos. Mas precisavam estar cientes de que eram irmãos mais jovens e menores. O *Big Brother* era a URSS.

Era um dogma do marxismo-leninismo que, em geral, o socialismo revolucionário — universalmente, segundo *O Estado e a revolução*, de Lenin — exigia a ditadura do proletariado para erradicar os vestígios do capitalismo. Isso é o que supostamente ocorrera na Rússia com a Revolução de Outubro. Uma ditadura assim podia esperar topar com resistência fanática, como a dos Brancos na Guerra Civil. Por anos, os teóricos soviéticos discutiram se aquilo seria normal. Contudo, no final da década de 1940, a situação mudara. Com seus tanques e artilharia aérea, em 1944-5 o Exército Vermelho havia levado a revolução ao Leste Europeu. A classe média nesses países não tinha nenhuma chance realista de restaurar o capitalismo, e uma insurreição armada contra o Exército Soviético teria sido suicida. O modelo histórico russo não fora emulado.

Portanto, Stalin optou por designar os novos Estados comunistas de outro modo. Era o tipo de tarefa que o deixava satisfeito, no papel de principal ideólogo do comunismo mundial, e aparentemente não se incomodou em consultar seus associados a respeito. Ele criou uma nomenclatura astuta. Em vez de se referir àqueles Estados como ditaduras proletárias, introduziu um novo termo: "democracia popular." Com isso, quis sugerir que o caminho deles para o socialismo seria mais suave que o da Rússia. Ele não queria só evitar guerras civis. Deixava implícito que o consentimento popular ia além da classe operária, e tocava amplos grupos sociais. Em toda a região, os camponeses e a baixa classe média urbana haviam sofrido com os governos do pré-guerra, e as reformas inspiradas no comunismo tinham um apelo considerável. A terra foi redistribuída. Instaurou-se a educação universal gratuita. Acabaram-se os privilégios dos estamentos superiores e abriu-se caminho para promover os jovens que, de outro modo, teriam sido discriminados. O termo "democracia popular" ressaltava o compromisso básico dos partidos comunistas em introduzir reformas esperadas havia muito tempo; foi um golpe de mestre de apelo ideológico.

No entanto, o termo implicava um engodo imenso. Embora a democracia seja imperfeita em qualquer lugar, ela costuma trazer procedimentos eleitorais legais e pacíficos. Isso não ocorreu no Leste Europeu. Até na Tchecoslováquia houve violência política antes de os comunistas tomarem o poder. Nos países em que os comunistas permitiram que outros partidos fossem membros menores de coalizões governamentais, não se podia criticar os desejos da liderança comunista local. Houve fraudes eleitorais massivas. Os comunistas gozavam de certa popularidade, mas bastante limitada. Permaneceu a suspeita acertada de que, de qualquer modo, eles acatavam instruções do Kremlin.

Ao impor as rédeas da repressão, Stalin tentou aumentar a conformidade e a confiabilidade. Fez isso depois de uma campanha antissemita na URSS em virtude de uma discórdia com o governo israelense.[14] Os partidos comunistas foram forçados a escolher um judeu em seu meio, condená-lo em um julgamento-espetáculo e executá-lo. Os sórdidos processos legais começaram nos países do Cominform, e certamente muitos líderes comunistas da região calcularam que essa ação contra judeus lhes granjearia popularidade nacional. Contudo, o veredito foi decidido em Moscou. László Rajk, na Hungria, Rudolf Slánský, na Tchecoslováquia, e Ana Pauker, na Romênia, foram condenados sem a menor prova de que trabalhassem para agências de inteligência estrangeiras. Todos foram fuzilados. A penetração soviética nesses Estados significou que as embaixadas, o MVD (sucessor do NKVD) e o Exército Soviético dirigiam a política a seu bel-prazer. Apenas um país permaneceu distante desse esquema. A Polônia foi pressionada por Moscou para julgar Gomułka como espião e fuzilá-lo. Porém, o resto da liderança comunista polonesa se recusou a aplicar a sentença de morte após encarcerá-lo. Nem todos no Leste Europeu seguiam o caminho traçado por Josef Stalin.

E o que Stalin pretendia? Ele certamente implicava com os judeus desde 1949, e seu discurso e comportamento foram se tornando cada vez mais duros.[15] Mas Gomułka era um polonês sem antepassados judeus — e entre os líderes que o encarceraram havia judeus, como Bierut e Berman. Provavelmente Stalin também estava agindo contra tendências nacionalistas entre as lideranças comunistas no Leste Europeu. Gomułka se opusera à aceleração do processo de comunização na Polônia, e sempre insistira em proteger os interesses nacionais poloneses. Mas Rajk na Hungria, Slánský na Tchecoslováquia e Pauker na Romênia não podiam ser acusados de nacionalistas. Provavelmente é tolice indagar quais teriam sido os pecados políticos detectados por Stalin. Se tomarmos por base cada julgamento-espetáculo — na Hungria, na Romênia e na Tchecoslováquia —, ele certamente queria subjugar politicamente o Leste Europeu.

A escolha das vítimas não importava muito, desde que fossem líderes comunistas. Até aquele momento, a prioridade tinha sido que as lideranças comunistas em cada país do império exterior perseguissem os elementos que se opusessem à comunização. As antigas elites na política, na economia, na igreja e nas forças armadas tinham sido detidas, obrigadas a trabalhos forçados ou executadas. Os partidos comunistas tiveram de infiltrar seus membros em todas as instituições públicas. Copiaram a arquitetura básica do Estado soviético e mantiveram relações bilaterais com Moscou. Com poucos afiliados em 1945, precisaram se transformar em partidos de massa em pouco tempo. Sua tarefa era doutrinar, recrutar e governar, cientes de que o grosso da população os odiava. Contudo, eles próprios sempre foram suspeitos aos olhos do Líder do Kremlin. Antes do final da Segunda Guerra Mundial, Stalin os achava doutrinários demais e ordenou que tentassem se identificar com os interesses de suas respectivas nações. Depois, com o estabelecimento da arquitetura comunista básica, mudou de ênfase e tratou de convencê-los a abandonar os aspectos nacionais das políticas. O monolitismo deveria prevalecer no Bloco do Leste. A obediência absoluta seria a diretriz, e tinha de haver um exemplo — segundo ele — entre algumas das poucas estrelas do Cominform.

O processo foi examinado por Stalin nos relatórios do MVD provenientes das capitais do Leste Europeu. Rajk, Pauker e Slánský sofreram torturas até então reservadas a não comunistas. Os espancamentos foram horrendos. As vítimas ouviram que sua vida só seria poupada se, durante o julgamento, assumissem a culpa pelas acusações forjadas. Aqui entrou em jogo a expertise de Lubyanka. As técnicas desenvolvidas contra Kamenev, Zinoviev, Bukharin e Pyatakov foram transferidas às masmorras e cortes de Budapeste, Bucareste e Praga. Nem todos os jornalistas ocidentais enxergaram as mentiras do Grande Terror, no final da década de 1930. Esse erro não se repetiu após a Segunda Guerra Mundial. A mídia denunciou os julgamentos na América do Norte e no oeste da Europa. Stalin foi corretamente acusado de ser o verdadeiro criminoso.

Temerosos, os líderes comunistas continuaram aquiescendo, e ninguém sabia se os julgamentos-espetáculos seriam o prelúdio de purgas mais abrangentes. Enquanto isso, o Bloco do Leste se curvava em lealdade à Revolução de Outubro, à URSS e a Stalin, que deu nome a várias cidades. Suas obras foram publicadas em todas as línguas da região. Suas políticas eram oficialmente reverenciadas. Contudo, o ressentimento popular era imenso. A intolerância religiosa das autoridades comunistas provocava repugnância. A negativa em destinar recursos para satisfazer as necessidades dos consumidores deixava todos indignados. As restrições culturais contrariavam a intelligentsia. Nenhum governo comunista oferecia perspectivas realistas de mudança, e todos eram vistos como fantoches soviéticos. No resto da Europa, os países exibiam uma irritação intermitente ante a hegemonia dos EUA; mas a raiva da URSS no Leste Europeu era maior e mais profunda. No início da década de 1950, sem a ocupação militar soviética e a penetração do MVD, nenhum regime comunista teria durado mais de um par de dias. Stalin conquistara a zona de amortecimento que queria, mas o preço foi transformar esses países em uma região permanentemente hostil aos seus propósitos. Sua vitória política em 1945-8 estava destinada a ser pírrica.

48. O REGIME STALINISTA

Depois de deixar o trabalho na Stavka em 1945, Stalin voltou à rotina de sua vida social. Suas opções tinham encolhido devido às suas próprias atitudes. Em meados da década de 1930, ele buscara companhia nas famílias estendidas dos Alliluev e dos Svanidze. Porém, mais tarde, matou ou prendeu vários deles, e os sobreviventes estavam em tal estado de choque psicológico que não condizia com jantares festivos.

Os alemães tinham fuzilado Yakov. Vasili era um inútil que deixava irritados os colegas da Força Aérea e cujas bebedeiras o afastaram do pai. Svetlana não lhe dava muitas alegrias. Depois de romper com Kapler, ela se dedicou a tramar um casamento com Sergo, filho de Beria — algo improvável, pois ele já era casado. Frustrada, ela se uniu a Grigori Morozov, em 1943, contra a vontade do pai. A união foi conturbada, e na primavera de 1947 eles se divorciaram. Naquele verão, Stalin a convidou a passar umas semanas com ele em Kholodnaya Rechka, no mar Negro.[1] Mandou construir uma *datcha* para ela em uma vertente íngreme, perto da dele.[2] Embora fosse um gesto amável, eles não compartilharam a residência: sentiam-se incomodados na presença um do outro. Ela logo voltou os olhos para Yuri, filho de Jdanov, com quem se casou em 1949. Stalin não se alegrou com aquela união nada excepcional, e não compareceu à cerimônia. Embora recebesse os filhos dela na *datcha*, não lhes dava atenção. Em pouco tempo, Svetlana e Yuri se desentenderam e se separaram. Ela exasperava Stalin. Para merecer seu afeto, aqueles que ele acolhia em seu mundo emocional deviam responder às suas expectativas.

Ele continuava sendo uma pessoa carente: a solidão não lhe fazia bem. Para driblá-la, ele jogava com os guarda-costas na *datcha*. Fazia brincadeiras com o chefe dos guarda-costas, Vlasik, e com seu assessor principal, Poskrëbyshev. Conversava com a governanta, Valentina Istomina; embora não haja prova dos rumores de que fosse sua amante, sentia-se bem na companhia dela.

Contudo, aqueles contatos não faziam dele um homem feliz, e ele rememorava outras épocas de sua vida. Em 1947, escreveu a certo V. G. Solomin, que conhecera no distrito de Turukhansk, na Primeira Guerra Mundial:

> Não me esqueci de você e dos amigos de Turukhansk, e na verdade nunca os esquecerei. Envio-lhe 6 mil rublos do meu salário de deputado [no Soviete Supremo]. Não é muita coisa, mas pode lhe ser útil.[3]

Durante as férias em Kholodnaya Rechka, no outono de 1948, Stalin se sentiu nostálgico e providenciou para que seus colegas de escola de Gori fossem ter com ele. Peter Kapanadze, M. Titvinidze e Mikhail Dzeradze foram convidados. Logo que chegaram, houve certo constrangimento inicial. Kapanadze quebrou o gelo expressando condolências pela morte daquele "pobre menino", Yakov. Stalin respondeu que ele era apenas um dentre milhões de pais que tinham perdido um filho. Kapanadze, que tinha negócios para resolver, partiu após um par de dias. Nas noites seguintes, houve muita cantoria, mas Titvinidze e Dzeradze foram ficando inquietos. Stalin quis saber se estavam entediados. Titvinidze respondeu que sabiam que Stalin era muito ocupado. Ele entendeu. Os amigos fizeram as malas e, após uma despedida afetuosa, foram levados à Geórgia.[4] Ele reconheceu que o passado não podia ser artificialmente restaurado, e nunca mais os viu.

Seus subordinados no Politburo eram convivas mais animados à beira do mar Negro ou na *datcha* de Blijnyaya. Os jantares agora eram quase exclusivamente entre homens. Para os políticos, o convite significava que continuavam contando com sua proteção e estavam a salvo. Após horas comendo e bebendo, em geral assistiam a um filme. Stalin também gostava de entoar cânticos de igreja com Molotov e Voroshilov — acompanhados por Jdanov ao piano —, embora sua voz tivesse perdido força e precisão.[5]

Em outras ocasiões, os jantares eram estridentes. Como sempre, ele tentava deixar os comensais totalmente embriagados. Faziam brindes intermináveis a visitantes distintos e, embora protestasse, Stalin gostava de ouvir elogios.

Contudo, a força suave da hospitalidade nas *datchas* podia endurecer repentinamente. Como sabiam perfeitamente os convidados políticos, o Chefe usava a hospitalidade para afrouxar as línguas. Muitos não precisavam de estímulos em demasia. Leonid Ilichev, editor do *Pravda*, nunca esqueceu a última ocasião em que foi a Blijnyaya. Stalin o convocara à meia-noite para discutir um artigo que seria publicado. Lá estavam Beria, Malenkov e Molotov, relaxando junto ao Líder. Depois de uma hora de trabalho, todos se sentaram à mesa de jantar, magnificamente preparada. Ilichëv foi servido de vinho, enquanto Beria se serviu de conhaque e propôs um brinde a Stalin. Prudentemente, pois ainda não havia comido, Ilichëv tomou apenas metade da taça e pegou algo para comer. Porém, Beria percebeu uma quebra da etiqueta: "Você deve esvaziar o copo quando bebe em homenagem ao camarada Stalin." Ilichëv balbuciou uma desculpa e Beria ressaltou em tom trágico: "Camarada Stalin, me permite beber à sua saúde esvaziando a taça dele?" Os olhos de Stalin brilharam, brincalhões, mas ele não respondeu. Ilichëv agarrou firmemente sua taça. Beria tentou tomá-la aos gritos: "Quero beber ao camarada Stalin!" Mas Ilichëv conservou a taça e engoliu todo o seu conteúdo.

Acidamente, Stalin anunciou que o brinde seguinte seria a Beria, e perguntou a Ilichëv por que parecia relutar em se juntar a eles. O editor ficou mudo de pavor. "Bem, sendo assim, camarada Ilichëv", prosseguiu Stalin, "esvaziarei sua taça e beberei ao nosso respeitável amigo Lavrenti." Ilichëv não podia ficar de fora da rodada de brindes e, depois de se embebedar, passou a ser ridicularizado pelos outros. O dia já amanhecia quando Beria o ajudou a vestir o casaco e entrar no carro que o esperava.

Stalin perguntou aos membros do Politburo o que pensavam de Ilichëv como editor. Ele estava dizendo tolices para obter uma avaliação profissional. Beria opinou que ele falava com demasiada liberdade; Malenkov acrescentou que precisavam de uma pessoa "mais sólida". Quando se recuperou da ressaca, o editor soube que tinha sido demitido.[6] Porém, nunca culpou Stalin; não entendeu que aquele era o modo como ele sondava e humilhava seus acólitos.

Os mais chegados sabiam o que ocorria. Enquanto mantivesse o Politburo dividido, seu domínio estaria seguro. O ciúme, os desentendimentos e as disputas faziam parte dos instrumentos de Stalin. Os membros do Politburo sabiam disso, mas não podiam fazer nada a respeito, a não ser assassiná-lo. Se alguma vez essa ideia passou pela mente de seus subordinados, eles a descartaram imediatamente. Teria sido arriscado demais, pois os guardas eram pessoalmente devotados a Stalin. Mesmo que um grupo de políticos tivesse armado uma conspiração, sempre havia a possibilidade de que outros se juntassem contra eles. Aquilo terminaria mal.

A atitude de Stalin continuou sendo brutal, independentemente das tentativas de aplacá-lo — e depois da guerra ele minou sistematicamente quem tivesse autoridade e proeminência.[7] Seus métodos eram particularmente tortuosos. A mulher de Molotov, Polina Jemchujina, foi detida em 1949. Era judia, e Stalin criticou sua cálida recepção à enviada israelense Golda Meir a Moscou.[8] Molotov se absteve de votar a expulsão dela do partido no Politburo, e depois se desculpou com Stalin:

> Declaro que, depois de pensar no assunto, voto pela decisão deste Comitê Central, que corresponde aos interesses do partido e do Estado, e aponta o entendimento correto da visão partidária. Além disso, confesso minha forte culpa por não ter impedido que Jemchujina, que me é próxima, de dar passos equivocados e se vincular com nacionalistas judeus antissoviéticos como Mikhoels.[9]

Molotov não foi o único líder a ser privado de sua companheira. Yelena Kalinina e Tamara Khazan — mulher de Andrei Andreev — já estavam em campos de trabalho havia muito tempo (embora Kalinina tenha sido libertada a tempo para a morte do marido).[10] Os políticos soviéticos precisavam ser mestres do congraçamento. Após um contratempo com Stalin, em dezembro de 1945, Molotov assegurou-lhe: "Tentarei merecer sua confiança, confiança na qual todo bolchevique honrado vê não só a confiança pessoal, mas a confiança do partido, o qual me é mais caro que a vida." Seu "erro cru e oportunista" consistira em permitir a reprodução em Moscou de trechos dos discursos de Churchill.[11] A questão não tinha muita importância, mas

Stalin se recusou a enxergá-la assim. "Nenhum de nós", gritou em telegrama enviado da Abecásia, "tem o direito de tomar uma decisão unilateral que envolva a alteração do curso da nossa política. Contudo, Molotov se achou nesse direito. Por que e com base em quê? Não será porque esses truques convêm ao seu plano de ação?"[12] Mikoyan também precisou se humilhar quando Stalin se enfureceu com decisões sobre a obtenção de grãos:

> Eu e outros obviamente não podemos fazer perguntas como você. Farei um esforço para aprender com você como trabalhar bem. Farei de tudo para tirar as lições necessárias de sua crítica severa, para que me ajude no futuro a trabalhar sob sua liderança paternal.[13]

Que pai! Que filhos! As mãos de Molotov e Mikoyan estavam manchadas do sangue das vítimas das políticas soviéticas e, no entanto, tiveram de se arrastar. Sabiam que deviam se dirigir a Stalin como se ele fosse o patriarca severo, mas justo, da URSS; desse modo, talvez conseguissem sobreviver.

As funções paternais de Stalin envolviam humilhações regulares, e nisso ele era criativo. Em uma de suas noitadas, Molotov tirou o líder comunista polonês Jakub Berman para dançar uma valsa. Essa infração da convenção masculina agradava e combinava com Stalin. Molotov conduziu o torpe Berman enquanto Stalin cuidava do gramofone. Berman deu um brilho positivo ao episódio: a valsa com Molotov foi uma oportunidade não para sussurrar tolices agradáveis ao ouvido do ministro de Relações Exteriores soviético, mas para balbuciar "coisas que não se podia dizer em voz alta".[14] Ele conseguiu esquecer que havia sido degradado, junto com Molotov, para divertir Stalin.

O domínio do Líder envolvia uma regulamentação cronometrada. O almoço era servido no final da tarde, por volta das 16 ou 17h, e o jantar não antes das 21h. Stalin vivia assim, e todo o grupo governante tinha de ajustar o relógio biológico coletivo aos seus hábitos.[15] Kaganovich o imitava nos mínimos detalhes.[16] Molotov aguentava graças a pequenas sestas diurnas. Stalin tinha tanto autocontrole que era conhecido por dizer aos assessores: "Agora vou descansar na sala ao lado por 13 minutos." Erguia-se do divã como um autômato e voltava exatamente 13 minutos depois.[17] Era sabido que o Líder começava a trabalhar no início da noite; nos escalões mais altos da elite soviética, todos tinham de fazer o mesmo — e suas famílias precisavam aguentar isso como o preço a ser pago para manter a vida e os privilégios Com a comunização do Leste Europeu, os horários de trabalho mudaram lá também. Em toda a URSS e Berlim, Tirana e Sofia, as principais figuras do partido e do governo não se atreviam a se afastar do telefone. Stalin poderia ligar a qualquer hora da noite ou da madrugada.[18]

Conforme as férias de Stalin no sul foram se alongando, ele recorria aos telegramas. Não conseguia controlar a máquina do Estado nos mínimos detalhes, e estava ciente disso havia bastante tempo. "Não posso saber tudo", disse a Ivan Kovalëv, ministro das Comunicações, após a Segunda Guerra Mundial. "Presto atenção aos desacordos e objeções, e reflito sobre seus motivos e do que tratam."[19] Ele explicou que os subordinados costumavam ocultar-lhe coisas e sempre faziam acordos nos bastidores antes de informá--lo. Para ele, isso era comparável a uma conspiração. Apenas Voznesenski se opunha a essas práticas — e Stalin o admirava por isso. Ele odiava a "insinceridade" de outros membros do Politburo. Podia não detectar casos particulares de traições, mas sabia que não podia confiar neles. O resultado era que, sem energia, Stalin buscava discrepâncias entre os relatos.[20] Ele havia encontrado um modo econômico de penetrar os segredos do que acontecia nos corredores do Kremlin.

Também recebia informações por meio de canais secretos. Os "órgãos" — conhecidos como Ministério de Segurança do Estado (MGB) a partir de março de 1946 e mantidos à parte do Ministério do Interior (MVD) — informavam regularmente sobre a escuta de conversas entre os líderes soviéticos. Ele sabia que outros membros do Politburo eram pessoalmente ambiciosos; e, como tinham reprimido milhões por ordem sua, supunha que podiam formar uma conspiração violenta contra ele. Durante a guerra contra a Alemanha, Stalin mandou grampear os apartamentos dos militares. A prática foi aplicada a uma lista crescente de políticos civis. Em 1950, até Molotov e Mikoyan estavam sendo grampeados.[21]

Outra modalidade era cultivar o ciúme entre os subordinados. Havia brigas constantes, e só ele podia arbitrá-las. Ele raramente mantinha os líderes dos escalões mais altos no mesmo cargo por muito tempo. No Kremlin, nada era permanente; ele aprendeu que a insegurança entre os seus sucessores em potencial contribuía para dominá-los. O carrossel político de Moscou expulsava alguns de vez em quando, e os sobreviventes desciam e mudavam de assento regularmente. Isso não bastava. A saúde ruim de Stalin o impedia de fazer a supervisão detalhada que exercera na década de 1930 e durante a Segunda Guerra Mundial. Ele precisava de alguém em quem pudesse confiar para que fosse seus olhos e ouvidos, assim como Lenin lhe pedira ajuda em abril de 1922. Stalin era astuto. Depois de 1945, em algum momento tinha um favorito político, e às vezes sugeria que ele seria seu sucessor. Contudo, a benesse nunca era formalmente concedida, e ele alçava o candidato para logo fazê-lo cair. Ninguém sabia mover as alavancas do poder ao ponto de ser capaz de suplantá-lo.

Havia muitas alavancas. Em 1946, o Conselho de Ministros (como o Sovnarkom passou a se chamar naquele ano) era composto de 48 ministérios e comitês responsáveis por um amplo leque de funções do Estado.[22] Stalin deixou de presidi-lo. Em vez disso, pôs mais ênfase na "curadoria". Tratava-se de um sistema no qual seus colaboradores principais ficavam a cargo de um grupo de instituições.[23] Embora buscasse o fluxo e a obscuridade como salvaguarda de seu governo, Stalin precisava garantir que o Estado acatasse suas decisões. Os curadores eram a solução. Eles prestavam contas com frequência e nunca sabiam quando seriam duramente criticados porque alguma instituição o preocupava. Cada grupo de instituições era objeto de rivalidades. Os membros do Politburo queriam curar o maior número possível delas, pois eram testemunho da aprovação de Stalin e de um poder real. A redução em seu número assinalava que o colaborador estava sob a sombra da desaprovação — ou até da suspeita letal do Líder. Os colaboradores viviam sob uma pressão intensa, temendo que uma falha tola de um subordinado lhes trouxesse dissabores. Isso podia acontecer a qualquer momento, já que o Líder estimulava ciúmes entre todos eles.

Também os pressionava para que adotassem seu estilo feroz de liderança: em uma plenária do Comitê Central, em março de 1946, Stalin declarou: "O comissário do povo deve ser um animal selvagem; deve trabalhar e se responsabilizar diretamente pelo trabalho."[24] O governo, tal como ele o recomendava aos comissários do povo e aos curadores, não tinha relação com a vida burocrática descrita pelos sociólogos desde Max Weber e Robert Michels. Mesmo nos últimos anos, quando a ordem soviética tinha se estabilizado e, em vários sentidos, petrificado, conservou uma qualidade militante e dinâmica.

A política era um ninho de cobras. Os membros do Politburo podiam se morder e arranhar à vontade sempre que produziam os resultados esperados por Stalin, mas continham-se na presença dele. Durante a guerra, o Politburo deixou de se reunir e, quando o conflito acabou, a tradição do pré-guerra não foi retomada.[25] Stalin continuou a consultar outros líderes informalmente. Ele gostava que figuras proeminentes do Politburo escrevessem, telefonassem ou enviassem telegramas concordando com suas preferências políticas. O Orgburo e o Secretariado — além do Conselho de Ministros e o Presidium — deliberavam na sua ausência. O Congresso do Partido, que tinha autoridade formal suprema sobre todos os órgãos partidários, só se reuniu em 1952. Stalin queria governar por meios não oficiais; a quebra da regularidade institucional contribuíra para prolongar seu despotismo. Ele podia dar ordens à vontade. Infligiu deliberadamente aos subordinados um padrão contraditório de trabalho. Diferentemente dele, tinham de cumprir minuciosamente os procedimentos administrativos. Ao mesmo tempo, precisavam apresentar resultados práticos independentemente das diretrizes. A pressão era incessante. Era como ele gostava de ver as coisas, e ninguém ousava se opor.

O fato de Stalin passar longos períodos fora de Moscou levou muitos contemporâneos (e comentaristas posteriores) a supor que estava perdendo o controle do poder. É uma percepção equivocada. Nas grandes questões da agenda internacional, política e econômica, poucas coisas lhe escapavam; e os políticos do Kremlin o temiam em demasia para tentar enganá-lo. O quadro do poder no centro e nas províncias continuou chamando sua atenção. No final da guerra, quatro organismos tinham adquirido uma importância imensa. Eram o governo, o partido, a polícia de segurança e o Exército. Stalin precisava de todos eles. E também que nenhum fosse dominante a ponto de ameaçar sua posição. A ameaça mais óbvia após a Segunda Guerra Mundial era o Exército Vermelho, e ele imediatamente passou a encarar com suspeita o herói militar do país, Georgi Jukov.

Logo depois de liderar a parada da vitória na Praça Vermelha e terminar as negociações com Eisenhower e Montgomery em Berlim, Jukov foi afastado da ribalta. Em poder de Stalin havia farto material comprometedor contra Jukov. As agências de segurança informaram ao Kremlin que Jukov teria roubado da Alemanha uma carga de trem com pilhagens. A lista era enorme, e incluía 3.420 peças de seda, 323 peles, 60 quadros com molduras douradas, 29 estátuas de bronze e um piano de cauda.²⁶ Aquele era um costume estabelecido nas Forças Vermelhas de ocupação. Praticamente todos os comandantes poderiam ter sido acusados de delitos semelhantes. Stalin alimentou a ideia de um julgamento, mas em junho de 1946 limitou-se a relegar o vitorioso de Kursk e Berlim ao Distrito Militar de Odessa (de onde foi depois demitido, em fevereiro de 1947). O *Pravda* já não dava preeminência aos marechais. A polícia foi autorizada a dobrar a vigilância sobre os corpos de oficiais. Inegavelmente, o Exército Vermelho (rebatizado Exército Soviético em 1946) era vital para manter o controle político na URSS e no Leste Europeu; ele era também beneficiário da prodigalidade orçamentária, quando o Gosplan passou a cada vez mais substituir o planejamento econômico centralizado pelos gastos militares. Contudo, Stalin queria colocar as forças armadas sob seu controle civil.

As agências de segurança também ficaram sob suspeita. Nesse caso, Stalin usou outro método. À diferença de Jukov, Beria era útil demais para ser descartado em época de paz. Contudo, convinha substituí-lo na liderança da polícia. Beria sabia demais e tinha clientes demais ocupando cargos. Portanto, Stalin o encarregou do projeto da bomba atômica, e nomeou homens mais jovens para o Ministério de Segurança do Estado (MGB) e o Ministério do Interior (MVD). Sergei Kruglov foi nomeado para o MVD em dezembro de 1945 e Alexei Kuznetsov ficou encarregado das questões de segurança no Politburo; Viktor Abakumov tornou-se líder do MGB em maio de 1946. Embora em teoria fosse desejável a continuidade da liderança administrativa, o que mais preocupava Stalin era a inviolabilidade de seu poder pessoal. Um chefe de polícia estabelecido no cargo poderia representar um sério risco, principalmente porque o MGB contava com forças uniformizadas que poderiam ser mobilizadas em circunstâncias normais. Stalin também mantinha uma agência de segurança pessoal, o Departamento

Especial. Ele dependia muito de Poskrëbyshev para manter-se informado sobre assuntos importantes para seus interesses. Assegurou-se também de que o chefe dos seus guarda-costas, Vlasik, lhe transmitisse informações com exclusividade. Aquele era um Estado policial em que o governante mantinha a própria polícia em permanente desconfiança.

Porém, ao mesmo tempo, ele confiava plenamente no MGB e no MVD. Sem a eficiência operacional desses órgãos, teria sido difícil diminuir o prestígio da liderança do Exército Vermelho. O orçamento nacional continuou destinando vastos recursos às agências de segurança. O *gulag* seguia produzindo uma proporção crucial de diamantes, ouro e madeira, e depois de 1945 foram abertas minas de urânio com mão de obra presidiária. A dependência de Stalin das agências de segurança cresceu conforme eram postas em prática políticas que frustravam as esperanças da maioria dos cidadãos de um relaxamento político e econômico. Coagir a sociedade era primordial.

Contudo, nem mesmo Stalin projetou o futuro da URSS para quando o MGB e o MVD governassem de fato. O Conselho de Ministros tinha essa função. A complexidade crescente da economia exigia conhecimentos especializados, que não existiam nas agências de segurança. O conselho também tentou se livrar da tutela excessiva dos órgãos partidários: diversas figuras políticas proeminentes tentaram estabelecer um imperativo tecnocrático. Essa antiga discussão havia ocupado a mente de Stalin na década de 1930. Como antes, ele avançou entre duas soluções. Uma era ceder ao lobby ministerial e sustar a interferência do partido. Essa era a orientação defendida principalmente por Georgi Malenkov. A outra era ampliar e estender os poderes do partido, se não ao auge da década de 1920, ao menos em detrimento do Conselho de Ministros na década de 1940. Dentre os que defendiam essa orientação, estava Andrei Jdanov. Logo após a Segunda Guerra Mundial, Stalin concordara com ele. Mas Jdanov caiu em desgraça e Stalin passou a apoiar Malenkov.[27]

Do ponto de vista estrutural, os argumentos eram bem-equilibrados. Jdanov e seus amigos podiam assinalar que, entregue à própria sorte, o Conselho de Ministros não garantiria a retidão ideológica stalinista. Sem isso, a Revolução de Outubro seria minada e a lógica da existência da URSS ruiria. A União Soviética não podia sobreviver apenas à custa de impulsos tecnocráticos. Contudo, do outro lado o debate tinha argumentos igualmente fortes. A URSS funcionava em um mundo de intensa competição militar e econômica. Se os doutrinários do partido tivessem precedência sobre os especialistas do ministério, a capacidade do país de se igualar aos EUA e seus aliados capitalistas seria pequena. A tutela do partido deixaria o país de mãos amarradas em uma disputa em que o Ocidente levava vantagem.

Stalin não precisava ser persuadido de que a URSS precisava ser mais competitiva ou que o doutrinamento ideológico e o controle político eram importantes. Seu Estado não podia existir sem governo ou sem partido; nem quando ele dava preferência a um em detrimento do outro havia uma escolha definitiva. A tensão institucional lhe trazia vantagens pessoais. Ao deixar os dois blocos em situação de rivalidade, ele reforçava sua posição de árbitro. Porém, isso significava que precisava decidir-se por uma administração menos eficiente do que gostaria. Ele partiu da premissa de que cada instituição buscava seus interesses à custa dos outros. Rivalidades persistentes levavam à destruição sistemática. As competências cruzadas de governo, partido e polícia produziram um emaranhado de papelada burocrática que desacelerava o processo de deliberação e implementação. Só havia dinamismo quando Stalin dava uma ordem direta ou permitia que um grupo influente de subordinados trabalhasse em prol da iniciativa desejada. Mas ele sabia que não podia controlar tudo. A rede de órgãos institucionais centrais operava bem para manter seu despotismo, mas era menos eficaz para facilitar um governo flexível e eficiente. O despotismo tinha um preço.

49. POLÍTICAS E EXPURGOS

As atividades políticas de Stalin não se limitavam a manipular as estruturas centrais existentes e jogar os principais políticos uns contra os outros. Nos perigosos anos do pós-guerra havia deliberações constantes sobre políticas. A situação interna e externa estava sempre em movimento, e ele não avançava adiante sem consultar outros líderes. Tinha de aceitar que havia limites para o que podia apreender do mundo mediante seus esforços solitários. Tampouco podia confiar exclusivamente no próprio tirocínio. Era mais pragmático permitir um grau de diversidade de opinião entre os subordinados antes de definir uma política. Os desacordos não eram apenas inevitáveis — eram desejáveis. Não havia segredo quanto a isso; os membros do Politburo sabiam que estavam sendo manipulados. Mas também sabiam que, se não tomassem posição nas discussões, Stalin poderia decidir que já não lhe eram úteis. Ao mesmo tempo, era preciso evitar dizer algo que o desagradasse. Como não o assassinavam, ficavam à sua mercê — e a escrupulosa atenção aos detalhes de sua segurança pessoal tornava um atentado contra sua vida algo muito improvável.

De qualquer modo, seus principais colaboradores estavam também ocupados com o trabalho institucional. Todos tinham responsabilidades imensas, e o poder e os privilégios eram recompensas pelas condições submissas em que trabalhavam. Também eram motivados pelo zelo patriótico e, em alguns casos, o compromisso ideológico. Havia anos eles trabalhavam controlados por Stalin. Não era surpresa que os dominasse e explorasse do modo que eles mesmos faziam com seus próprios subordinados.

Stalin com frequência orquestrava mudanças na liderança quando alguém ganhava ou perdia sua confiança nas batalhas políticas. Vyacheslav Molotov foi demitido pouco depois da guerra. Junto com Kaganovich e Mikoyan, era o subordinado que o servia havia mais tempo. Inicialmente, tudo parecia bem. Quando Stalin saiu de férias, em outubro de 1945, deixou o quarteto formado por Molotov, Beria, Mikoyan e Malenkov a cargo do Kremlin.¹ Mas certamente andava buscando um pretexto para atacar Molotov, e o incidente da publicação de trechos de discursos de Churchill foi o que precisava. Stalin pode ter ficado ressentido com a fama de Molotov durante a guerra, e sua popularidade como russo étnico. A imprensa britânica deve ter piorado a situação ao especular se Molotov estaria se exercitando para assumir o poder.² Malenkov e Beria se beneficiaram com a demissão dele; em março de 1946, foram promovidos — em uma rara plenária do Comitê Central do partido — a membros plenos do Politburo, e o nome do primeiro passou a figurar depois do nome de Stalin na composição do Orgburo e do Secretariado.³ Molotov só foi demitido como ministro de Relações Exteriores em março de 1949, mas sua época de segundo de Stalin havia terminado.

No entanto, embora fosse ressentido e suspeitasse de tudo, Stalin não queria se livrar inteiramente de Molotov. Quando Trygve Lie, secretário-geral da Organização das Nações Unidas, o visitou em Moscou, em maio de 1950, Stalin assistiu a Molotov participar ativamente das discussões.⁴ Sua expertise era útil demais para ser descartada. Seu status formal tinha sido minado, mas sua influência real, embora reduzida, estava longe de ser desprezada. Ele seguiu como membro do Politburo e, mais importante, conviva assíduo dos jantares na *datcha*. Stalin tinha em mãos um jogo longo.

Para contrabalançar a nova autoridade de Malenkov, ele recorreu a Andrei Jdanov, que, em abril de 1946, ficou encarregado da Administração da Propaganda no Secretariado do partido. Sua posição se consolidou com a indicação simultânea de Alexei Kuznetsov, que trabalhava com ele em Leningrado, à chefia da Administração do Secretariado. Malenkov sabia que precisava estar atento.⁵ Com efeito, mal havia ascendido e foi rebaixado. Em maio de 1946, o Politburo expulsou-o do Secretariado. Stalin acusou-o de não ser capaz de aprimorar a qualidade da indústria de aviação. N. S. Patolichev assumiu em seu lugar.⁶ O tempo de Malenkov ao sol fora curto;

porém, assim como Molotov, ele não foi inteiramente excluído das atividades do Kremlin (ao menos após regressar de um compromisso nas repúblicas soviéticas da Ásia central). Até então, a dança de cadeiras do pessoal no pós--guerra não tinha envolvido grande coisa, além da óbvia perda de prestígio e influência. Malenkov não foi detido, mas seus clientes no partido e no governo foram removidos dos cargos e substituídos por gente associada a Jdanov quando ele trabalhara em Leningrado. Sua estrela estava em ascensão.

É um mistério o motivo da mudança de preferências de Stalin. Pode ser que estivesse realmente irritado com as revelações sobre os padrões inferiores da produção na indústria da aviação. Porém, talvez buscasse um pretexto para deixar o Politburo pisando em ovos — e, cedo ou tarde, todos os seus membros passaram a ser criticados por ele. Talvez seu apreço por Jdanov tenha pesado. Molotov rememorou: "Stalin gostava mais de Jdanov que de todo o resto."[7] Tendo-o como braço direito, Stalin avançou contra Mikoyan. Não foi o primeiro desentendimento entre eles. Em 1944, Stalin rejeitara rudemente a proposta de Mikoyan de distribuir sementes no inverno para restaurar as fazendas coletivas da Ucrânia — acusou-o de agir "de modo contrário ao Estado".[8] Em dezembro de 1946, isso se converteu em hostilidade permanente da parte de Stalin, que o acusou de apoiar medidas para ceder às condições dos EUA para incrementar o comércio bilateral.[9]

Ninguém estava seguro. Em fevereiro de 1947, a pedido de Stalin, o Comitê Central do partido promoveu Voznesenski, natural de Leningrado, ao Politburo. Ao mesmo tempo, alçou Nikolai Bulganin, pois não queria que o grupo de Leningrado desfrutasse do poder sem rivais. Na verdade, nunca deixava algo em equilíbrio por muito tempo. Uma característica de seu governo foi a agitação nas hierarquias, e era pouco provável que Jdanov permanecesse como seu favorito. Molotov e Mikoyan, porém, sumiram de vista. Convidados a comer com Stalin em Myussery, em 1948, ofenderam--se com uma cena armada por Poskrëbyshev. Durante a refeição, ele subitamente se virou para Stalin e disse: "Camarada Stalin, enquanto esteve de férias aqui, no sul, Molotov e Mikoyan organizavam um complô contra você em Moscou."[10] Os dois acusados perceberam que Stalin arquitetara aquela cena; quando protestaram inocência, ele as aceitou. Mas ambos perderam sua benevolência. Segundo Mikoyan, a "volubilidade" de Stalin só ficara evidente nos últimos anos da guerra. Ele se autoenganava. Não recordou que Stalin sempre se divertiu com métodos arbitrários. A diferença é que Mikoyan se tornara vítima de Stalin depois de fazer carreira desfrutando dos favores dele.

Mas ele tinha razão sobre Stalin, nos últimos anos de guerra, começar a agir socialmente de modo ainda mais esquisito. Seu entourage o temia desde antes de 1941. Nunca podiam prever se seriam acusados por ele e encarcerados. Porém, com a chegada da vitória na guerra, ele voltou ao convívio social e se divertia brincando com os sentimentos alheios. Eles enxergavam isso como um sinal de deterioração, não a ampliação gradativa de uma tendência preexistente. Eram sobreviventes políticos e psicólogos sem sofisticação, apesar de saberem lidar com os caprichos dele havia décadas.

A política do Kremlin começou a favorecer Malenkov e Beria quando, em agosto de 1948, Jdanov morreu após um longo tratamento médico. Destruído pelo alcoolismo e com uma doença cardíaca, passara anos adoentado. Porém, espalhou-se o rumor de que os médicos o tinham assassinado. Uma das chefes da clínica, Lidia Timashuk, apresentou queixa sobre o tratamento de péssima categoria que ele recebera. Embora o escritório de Stalin tenha recebido o dossiê sobre Jdanov, nenhuma medida foi tomada — talvez ele não o tenha examinado à época. De qualquer modo, alguns meses antes, deixara de favorecer Jdanov, e agora ordenara a Malenkov e Beria que investigassem a situação política em Leningrado. Malenkov, um *apparatchik** com sobrepeso, cara de bebê e um histórico terrível no Grande Terror, alegou ter evidências de uma conspiração contra Stalin e o Kremlin. Stalin ficou suficientemente convencido de que os de Leningrado haviam se insubordinado, e autorizou um expurgo político em massa no partido e na liderança do governo. Em 1950, houve várias execuções. Malenkov voltou ao Kremlin como favorito de Stalin pelos anos seguintes.

Nem todos os políticos de Leningrado haviam se associado à demanda de Jdanov de ampliar as funções políticas do partido. Muitos sim, e a cidade tinha a reputação de abrigar os que mantinham o compromisso com a importância do partido, a ideologia e a restrição das tendências tecnocráticas

---

* Membro do aparato do Partido Comunista. [*N. da T.*]

no vasto aparato do Conselho de Ministros.[11] Malenkov e Beria haviam se alinhado contra Jdanov, que defendia mais margem de manobra para os ministros enfrentarem a regeneração econômica. Em uma linguagem obrigatoriamente opaca, eles enfatizaram que preferiam colocar especialistas a cargo dessas questões. A expertise, e não a ideologia, devia predominar. A divisão entre os dois lados não era totalmente precisa. Beria e Malenkov não defendiam a retirada do partido da administração do país. Também estavam associados aos órgãos de repressão, embora Beria não chefiasse os órgãos de segurança desde 1945. De certo modo, as opiniões de ambos refletiam os interesses das instituições que chefiavam — e o mesmo ocorria com Jdanov. Mas uma disputa importante os dividia. Stalin teria de resolvê-la.

O Caso de Leningrado foi o primeiro expurgo sangrento da elite política comunista desde 1938. Após a Segunda Guerra Mundial, as deportações, prisões e execuções afetaram categorias sociais específicas, principalmente figuras da vida pública e econômica nos Estados Bálticos recém-anexados. Stalin também enviou prisioneiros de guerra que regressavam para os campos de trabalho forçado do *gulag*. Mas a prisão da gente de Leningrado era diferente, pois as vítimas pertenciam aos mais elevados escalões oficiais da URSS. Dessa vez ele não se preocupou em montar julgamentos-espetáculo. Centenas de funcionários do partido e do governo foram encarcerados e fuzilados. Dentre eles estavam Nikolai Voznesenski, membro do Politburo; Alexei Kuznetsov, secretário do Comitê Central; o primeiro-ministro da RSFSR, Mikhail Rodionov; e o primeiro-secretário do partido em Leningrado, Pëtr Popkov.

Embora Stalin não tenha apresentado seus motivos, os de Malenkov e Beria eram fáceis de adivinhar. Eles sempre invejaram a autoridade e a clientela política de Jdanov em Leningrado. A vida pública soviética era um ninho de cobras, e eles eram como duas anacondas. Tiveram a oportunidade de sufocar os colaboradores de Jdanov. Mas por que Stalin concordou? Provavelmente, ele se ressentia porque Voznesenski o criticara durante a guerra; ele era o único membro do Politburo que publicara um best-seller no pós-guerra. Talvez seu status crescente como político irritasse Stalin, assim como Jukov o irritara no comando. De qualquer modo, quando se soube que Voznesenski extraviara importantes dados do Gosplan, Malenkov, que sempre o odiara,¹² pôde acusá-lo de irresponsável e traiçoeiro.¹³ Soube-se também que Voznesenski tinha ocultado informações sobre as discrepâncias entre os planos econômicos do Estado e a verdadeira situação econômica. Ele, que falava abertamente, foi apontado como um enganador. Embora todos na liderança política o fossem, teve a má sorte de ser flagrado. Para Stalin, um membro do Politburo não podia cometer falta maior do que ser desonesto com ele.

Outros em Leningrado também o ofenderam. A liderança local, da "cidade-heroica" da Grande Guerra Patriótica, cultivava o patriotismo. Capital do Império Russo desde o reino de Pedro, o Grande, rivalizava com Moscou desde a transferência da sede de governo para lá, em 1918. Os habitantes de Leningrado pensavam que haviam sobrevivido ao ataque alemão mais por determinação própria do que pela ajuda do Kremlin. A cidade começava a parecer a capital da Rússia no Estado multinacional soviético — a URSS — baseado em Moscou.

A liderança do partido e do governo na cidade começava a ultrapassar os limites fixados por Stalin.¹⁴ Por mais que ele gostasse de incorporar o orgulho nacional russo à doutrina e à política, sempre se preocupou com o possível crescimento do nacionalismo entre eles. A elite política de Leningrado não entendeu as regras. Kuznetsov organizou uma feira de varejo na cidade para todas as partes da RSFSR sem a permissão do Kremlin, e Rodionov solicitou um "escritório [especial] para a RSFSR".¹⁵ Voznesenski não trabalhava em Leningrado desde antes da guerra, mas Stalin percebia nele uma veia nacionalista e comentou com Mikoyan: "Para ele, não só os georgianos e armênios como também os ucranianos não são gente de verdade."¹⁶ Além disso, os de Leningrado, Jdanov incluído, se entusiasmaram com os iugoslavos após a Segunda Guerra Mundial. Tito e os iugoslavos defendiam uma comunização mais radical do Leste Europeu.¹⁷ À época, Stalin não objetou; porém, quando brigou com Tito, a inclinação de Jdanov — mesmo que antes tivesse seu aval — pode tê-lo feito suspeitar que a "segunda capital" da URSS era um antro de traição. Durante a guerra, Voznesenski tinha sido altamente favorecido, e em 1948 Kuznetsov chegara a ser mencionado como possível sucessor de Stalin.¹⁸

Stalin não se sentia realmente ameaçado por eles. Nenhum líder de Leningrado desejava promover a causa nacionalista russa. A única fonte séria de preocupação era que eles buscavam criar bases autônomas para a RFSFR no seio da URSS. Sempre extremamente alerta, Stalin não deixava nada ao azar. Houve prisões, interrogatórios e fuzilamentos. Eles não formavam um grupo coeso, com um programa definido e uniforme; e alguns — principalmente Voznesenski, presidente do Gosplan e membro do Politburo — tinham interesses conflitantes com a ênfase de Jdanov nas virtudes do partido. Mas um número suficiente deles concordava entre si nas discussões políticas para ser visto como uma tendência em potencial no seio da camarilha governante.[19]

O Caso de Leningrado não suspendeu as disputas políticas. Certamente, a posição do aparato ministerial foi consolidada em detrimento do partido, e os especialistas em economia e setores sociais da vida pública — e dos setores políticos — não foram perturbados pelo partido e a polícia. Depois de considerar medidas para elevar o padrão de vida do povo, Stalin voltara às suas velhas prioridades. A Guerra Fria impunha restrições orçamentárias colossais à já combalida economia soviética. Houve medidas para incrementar a produção da indústria pesada e abundantes recursos foram canalizados para as forças armadas, as fábricas de armamentos e o desenvolvimento de armas nucleares. Houve declarações xenófobas sobre assuntos mundiais; pouco restava da contenção característica da Grande Aliança. O relaxamento cultural da época da guerra foi revogado, e a perseguição da intelligentsia criativa voltou a viger. O que era russo provocava elogios rasgados. O marxismo-leninismo, em sua peculiar variante stalinista, estava no centro da propaganda na mídia e na educação. Procedimentos punitivos foram reforçados; prisioneiros libertados ao cumprir suas penas no *gulag* foram detidos novamente e enviados a outros campos ou transferidos para assentamentos especiais.

Stalin queria que o mundo acreditasse que o debate sobre os aspectos primários da política já não era necessário e na URSS vigorava o consenso popular. Assim, qualquer reconsideração da "linha do dia" era perda de tempo no melhor dos casos, e heresia e um perigo de Estado no pior. Supostamente, suas ideias eram exatamente as mesmas do partido e do proletariado. No entanto, alguns membros de seu entourage pensavam que era preciso reformar vários setores da vida pública. Malenkov acreditava que a produção da indústria ligeira devia ser priorizada, apesar da deterioração das relações entre os EUA e a URSS. Beria concordava (e depois da morte de Stalin cooperou com Malenkov na busca de uma reconciliação com antigos aliados militares). Malenkov e Beria provavelmente também concordavam que a ruptura com a Iugoslávia não fora desejada. O primeiro, porém, tinha menos pressa do que Kruschev em reconhecer a emergência agrícola na URSS. Ele tampouco admitiu os perigos que representava a exacerbação dos sentimentos nacionais entre os povos não russos apontados por Beria. A liderança suprema era atacada pelas disputas reprimidas em diversos aspectos da política.

Uma coisa era que Stalin desenvolvesse uma estrutura idiossincrática para a liderança política soviética, outra totalmente diferente era mantê-la de pé. Ao jogar com o destino de seus subordinados, ele podia desestabilizar toda a ordem do Estado, como ocorrera em 1937-8. As instituições que controlavam a sociedade, a economia e a cultura tinham de preservar sua autoridade. A sociedade estava acovardada, mas era capaz de se rebelar: a história das revoltas populares no Império Russo alertava sobre a complacência oficial. Esse não era o único cálculo de Stalin. Sabia que perderia prestígio se eliminasse os subordinados em um grande expurgo. Se expurgasse todos, seu critério seria desacreditado. Além disso, também precisava cuidar da reação de suas vítimas. Se as fizesse temer as suas intenções, poderiam tentar dar um golpe. Portanto, ele atacava indivíduos, não grupos. Não era onipotente. Precisava agir com cautela, atacando os subordinados aos poucos.

Uma imagem do governante Stalin o retrata como um déspota sem precedentes na história. Mais do que Luís XIV ele podia dizer: *"L'État, c'est moi."* O Grande Terror tinha levado à vitória total. A instituição duradoura do poder e da autoridade supremos — o partido — foi conquistada com seus métodos sangrentos e, mais adiante, ele foi capaz de fazer mais ou menos o que queria. Todas as instituições competiam entre si permanentemente, em um nível muito abaixo do trono imperial de Stalin. Certamente, as instituições eram importantes. Mas recebiam ordens das alturas celestiais, e não podiam alterar seu conteúdo. Funcionavam como uma linha de produção administrativa, com a tarefa de fazer as encomendas que ele determinasse aleatoriamente. Os líderes das instituições ocupavam cargos em virtude da vontade do Líder e cumpriam seus deveres ao pé da letra. Portanto, instituições e líderes eram meras extensões dos desejos declarados de Stalin. Em termos geralmente aceitos, a política tinha sido suspensa. Uma confusão administrativa varria a URSS, cujo mago era o pequeno psicopata com o rosto marcado de varíola. Segundo essa imagem, ele era a encarnação do totalitarismo.

Os órgãos centrais não eram o único problema. Cada instituição tinha suas discrepâncias internas. O centro rivalizava com seus pares regionais. Em Moscou, os líderes tentavam ampliar sua autoridade indicando partidários locais para cargos em escalões mais baixos. O clientelismo foi naturalizado como fenômeno político. Stalin poderia diminuir seu efeito colocando rivais em instituições específicas; mas não podia eliminá-lo por completo e, desde o final do Grande Terror, não tentara fazê-lo. Ele também poderia indicar protegidos para escalões nas províncias. No entanto, isso exigia um grande dispêndio de energia. Ele a tivera na década de 1930, embora tivesse feito escolhas baseado mais na adivinhação do que na informação sobre os funcionários — deixou de se reunir com as delegações das províncias no final da década de 1920. Na verdade, depois de 1945, Stalin raramente participou dos longuíssimos processos de nomeação para cargos de pouca monta. Estava demasiadamente velho e cansado, e tinha outras coisas em vista: uma política externa e econômica grandiosa, a Guerra da Coreia, o movimento comunista mundial e sua supremacia política.

O governo stalinista continuou contraditório como sempre. Stalin e seus subordinados do Politburo acumularam um poder imenso, e só loucos ou santos criticariam seu direito a governar ou o conteúdo de suas políticas. As eleições eram uma farsa. Nunca havia consulta à opinião pública. Os cidadãos soviéticos eram obrigados a ouvir ordens e concordar com as doutrinas. O comando hierárquico era normal e importante, e quem questionasse a evolução da ordem soviética — e até muitos que não ousaram fazê-lo — certamente terminaria encostado em um muro ou em um campo de trabalho. O poder do Estado, enorme e ativo, era irresistível, e poucos tentavam de fato resistir a ele. Apenas um punhado de estudantes russos

POLÍTICAS E EXPURGOS

corajosos se reuniu nas universidades para discutir esquemas para retomar a ideologia e a prática do verdadeiro leninismo. Os dissidentes religiosos também continuaram se reunindo em sigilo. Alguns intelectuais seguiram escrevendo, apesar de não ter perspectivas de publicar. Os grupos *partisans* armados na Ucrânia e nos Estados Bálticos tinham diminuído, mas não foram eliminados. Porém, no conjunto, as forças de resistência ao stalinismo eram fracas. Ao fundo daquele Estado poderoso estava Josef Stalin — Soso, para os antigos colegas de escola; Josef para os Alliluev, Chefe, para o Politburo; e Pai dos Povos para os cidadãos subjugados. As mãos do déspota continuavam apertando com firmeza as alavancas do poder; enquanto ele respirasse, não seria removido.

As aparências não enganavam: ele era o déspota inquestionável. Mas elas ofuscavam tanto que ocultavam suas debilidades. As infrações do princípio hierárquico eram sistêmicas nos níveis inferiores do Estado e da sociedade. Não só na política, mas em todo o estrato administrativo da URSS havia roubo, corrupção, nepotismo, clientela informal, desinformação e uma desordem generalizada. Interesses regionais, institucionais e locais eram defendidos. A ordem soviética pagava uma miséria aos operários e *kolkhozniks*, mas não conseguia impor pautas de cumprimento do trabalho comuns no Ocidente. O sistema totalitário era um fracasso na gestão em pequena escala.

Stalin aparentava desconhecer tudo isso. Depois da Segunda Guerra Mundial, não visitou uma só fábrica, fazenda ou escritório administrativo. Governava segundo seus caprichos. Quando encontrava os colegas políticos tentava extrair-lhes as informações que queriam ocultar-lhe. Organizava jantares. Mantinha contato regular com os órgãos de vigilância. Dava ordens e enviava telegramas ameaçadores. Fechou as vias para a propagação de doutrinas e opiniões diferentes das suas. Determinava encarceramentos. Contudo, a "onipotência" não o deixava aperfeiçoar a ordem piramidal. Nos níveis mais baixos da estrutura havia problemas constantes, mas os inspetores há muito tempo tinham deixado de dizer-lhe a verdade. Quando lhe contavam sobre quaisquer defeitos era *de rigueur* sugerir que por trás havia sabotadores, diversionistas ou agentes estrangeiros. Ninguém se atrevia a insistir em que o problema estava na ordem soviética e nas políticas que ele havia introduzido e posto para funcionar. Era o cúmulo do círculo vicioso.

Ele só sabia o que queria saber. Os subordinados tentavam lhe dizer só o que ele queria, ou o que queriam que ele soubesse. O Líder com o poder mais penetrante que qualquer governante contemporâneo estava isolado das modalidades da ordem soviética nos seus níveis mais inferiores. Amo de tudo o que vigiava, só enxergava uma pequena parte da realidade do país, e o controlava ainda menos.

50. O CULTO AO IMPERADOR

Às vezes Stalin alegava constrangimento ante a extravagância dos rituais que o cultuavam. Pedia limite aos elogios e murmurava que os seus propagandistas estavam se excedendo. Em 1945, durante uma discussão dos planos para o primeiro volume de suas obras seletas, ele propôs limitar a edição a 30 mil exemplares, em virtude da escassez de papel. Outros participantes da reunião o fizeram concordar com 300 mil exemplares, com o argumento de que a demanda seria enorme.[1] Um ano depois, ele foi cauteloso em uma reunião para discutir o rascunho da segunda edição de sua biografia. As lisonjas o irritavam:

> O que o leitor deve fazer depois de ler esse livro? Ajoelhar-se e rezar para mim! [...] Não precisamos de idólatras [...] Já temos os ensinamentos de Marx e Lenin. Não precisamos de outras [...] em nenhuma parte diz claramente que sou pupilo de Lenin [...] De fato, sempre me considerei, e ainda me considero, pupilo de Lenin.[2]

Era preciso considerar o futuro da Revolução, do marxismo e da URSS. "E se", indagou Stalin, "eu não estiver mais aqui? [...] Vocês não vão inculcar o amor ao partido [por meio desse rascunho] [...] O que vai acontecer quando eu não estiver mais aqui?"[3]

Contudo, na verdade ele não impedia as fanfarras: fazia jogos psicológicos ou já não se incomodava em manter um controle férreo na área da propaganda. Em 1946, suas obras seletas tiveram uma primeira edição de meio milhão de exemplares. Em 1947, a bibliografia revisada teve uma tiragem de um milhão de exemplares, e na mesma época foram impressos 10 milhões de exemplares do *História do partido comunista da URSS (bolcheviques): breve curso*.[4] O culto a Stalin se tornara uma indústria estatal (e ele desistiu da tentativa pouco convicta de limitar as edições).

Havia um controle iconográfico rígido. Um episódio de 1946 ilustra a atenção punitiva com a imagem do Líder. A artista V. Livanova havia pintado um cartaz do "9 de maio — um feriado mundial da vitória" para a editora moscovita Art. Seguindo os procedimentos corriqueiros, os editores avaliaram seu mérito visual e sua veracidade política antes de submetê-lo ao censor I. N. Kleiner da Glavlit, o órgão central da censura. Mas as coisas deram errado. Os editores não esperaram a resposta e mandaram imprimir o cartaz na zona alemã ocupada pelos soviéticos. Quando cartazes foram enviados para ser distribuídos, encontraram dois erros. Um era que havia apenas quinze bandeiras representando as repúblicas soviéticas, em vez de dezesseis. O outro tinha relação com Stalin: sua estrela de marechal tinha seis pontas, em vez de cinco. A investigação provou que os erros eram da própria Livanova, não de malfeitores na Alemanha (como se pensava). A Glavlit se viu em apuros por não ter exercido seu papel. Kleiner foi demitido e a liderança da Glavlit, aterrorizada, tentou provar sua lealdade entrando para a alçada do Ministério do Interior.[5]

Significados perniciosos foram atribuídos a esses pequenos equívocos. Inimigos da ordem soviética poderiam estar tentando desagregar a URSS ao reduzir o número de bandeiras oficiais. Talvez houvesse um chamado implícito para que a Ucrânia buscasse a independência. Quanto à descrição da estrela de marechal com seis pontas, ela poderia sugerir um complô para representá-lo como amigo do judaísmo internacional, já que a estrela de Davi tem seis pontas.[6]

O culto estava no centro do sistema de crenças do marxismo-leninismo-stalinismo. Embora não tivesse um credo, os devotos se atinham rigorosamente à sua terminologia e representação normativas. Textos como *O capital*, de Marx, e *O Estado e a revolução*, de Lenin, faziam as vezes de Evangelhos, e o *História do partido comunista...* e a biografia de Stalin equivaliam a epístolas dos apóstolos. A meticulosidade com palavras e imagens remetia às tradições eclesiásticas cristãs no antigo Império Russo — e Stalin, que frequentara o Seminário Teológico de Tíflis até os 21 anos, pode perfeitamente ter sido influenciado, conscientemente ou não, por reminiscências da aderência inflexível da Igreja ortodoxa a rituais, liturgia e imagens.[7] Os pintores de ícones representavam as figuras sagradas segundo regras rigidamente determinadas. Talvez essa fosse a origem do controle extraordinariamente detalhado dos materiais públicos disponíveis sobre Stalin. Se for realmente o caso, isso deve ter reforçado a predisposição dos doutrinários marxista-leninistas de assegurar a fidelidade aos textos de Marx, Engels, Lenin e Stalin para extirpar quaisquer traços de heterodoxia. O cristianismo medieval e o marxismo vulgar formavam uma mescla potente.

A impessoalidade estabelecida nas imagens de Stalin era mantida em limites muito precisos. Nenhum membro do Politburo estava autorizado a manter um perfil público que pudesse distrair as pessoas da adoração do Líder. Camaradas de armas, como Molotov, Kaganovich e Mikoyan só eram visíveis quando cumpriam certas tarefas; nenhum deles foi sequer mencionado em *A economia de guerra da URSS*, de Nikolai Voznesenski; e não houve referência a eles nos capítulos acrescentados às edições de *História do partido comunista*... e à biografia de Stalin no pós-guerra.[8]

O Líder manteve uma vigilância aquilina sobre os produtos da propaganda. Até mesmo o premiado romance *A jovem guarda*, de Alexander Fadeev, o desagradou. Tratava-se de um best-seller sobre *partisans* adolescentes que, durante a guerra, operaram detrás das linhas alemãs. Sua bravura, sua determinação e seu patriotismo tocaram profundamente os leitores, e a obra ficou muito famosa entre a juventude. Mas Stalin pensava de outro modo. Estranhamente, ele não leu o texto antes da entrega do prêmio. Ilya Ehrenburg rememorou que Stalin se enfureceu ao ver trechos do filme baseado no romance: "Havia jovens entregues à própria sorte em uma cidade tomada por nazistas. Onde estava a organização do Komsomol? Onde estava a liderança do partido?"[9] Segundo Stalin, todos deviam saber que a vitória na guerra tinha sido assegurada pelo quadro institucional e pela direção das hierarquias estatais. Nem indivíduos nem mesmo grandes grupos sociais podiam ser apresentados operando autonomamente. O que valia era a versão codificada da realidade histórica. Qualquer obra que retratasse cidadãos soviéticos lutando efetivamente contra a Wehrmacht sem a supervisão direta da hierarquia administrativa proveniente do Kremlin era repudiada.

A própria guerra se tornou algo constrangedor para ele. A celebração do aniversário do Dia da Vitória foi suspensa depois de 1946, e só foi retomada após sua morte. Memórias escritas por generais, soldados e civis foram banidas. Stalin queria controlar, manipular e canalizar a memória popular. A realidade da época da guerra poderia perturbar seus planos de governo no pós-guerra. Era perigoso apresentar ideias sobre como as pessoas aguentaram e lutaram sem fazer referência à autoridade de Stalin.

A segunda edição de sua biografia oficial, divulgada com fanfarras na mídia em 1947, acrescentou materiais da Grande Guerra Patriótica e a participação de Stalin nela. Houve correções nos capítulos. Embora os autores tenham inflado os elogios, houve uma exceção. A primeira edição afirmava que ele fora encarcerado oito vezes e exilado sete vezes antes de 1914, e a segunda edição reduziu esses números para sete e seis, respectivamente. Fora isso, a nova edição era uma elegia ainda mais extravagante. O trecho sobre a Segunda Guerra Mundial não mencionou quase ninguém além dele, e sua breve visita aos arredores do front aparece como crucial para o sucesso do Exército Vermelho. A narrativa não passava de uma lista de batalhas. O governo e o Exército são mencionados. Mas o drama nos capítulos estava focado nas decisões e inspirações de Stalin. Não havia relatos sobre as dificuldades de deliberação na Stavka nem sobre a contribuição de outros líderes e do povo como um todo. Detalhes da carreira de Stalin na guerra foram omitidos; ele é retratado como a personificação vitoriosa do Estado e da sociedade. Mais ainda do que antes da Segunda Guerra Mundial, ele era um ícone sem personalidade. Ele, o partido, o Exército Vermelho e a URSS eram indistinguíveis entre si.[10]

Stalin esteve a ponto de relegar Lenin ao seu status primordial na União Soviética. Houve indicações nesse sentido no prefácio ao primeiro volume de suas obras seletas. Ele expressou surpresa por Lenin, que havia desenvolvido os componentes da teoria marxista da revolução socialista em 1905, só ter divulgado esse fato em 1917.[11] Anteriormente, era obrigatório para os propagandistas oficiais insistir em que a política leninista teria evoluído em uma linha ininterrupta de mudanças positivas. Em 1946, Stalin sugeriu que Lenin tinha deixado escapar um par de coisas.

Sua ascensão à custa de Lenin também adquiriu outras formas. As pinturas oficialmente encomendadas davam a sugestão visual de que o maior dentre os dois líderes comunistas era Stalin. Isso era feito de um modo muito sutil. Como sempre, Stalin parece confiante, o cachimbo na mão, explicando a Lenin uma questão de estratégia política, e este o ouve atentamente: era como se os papéis de professor e pupilo tivessem se invertido. Além da improbabilidade da subordinação de Lenin, ele era sabidamente avesso a que fumassem na sua presença. Outro toque irreal era a crescente tendência entre os artistas de retratar Stalin como sendo mais alto que Lenin. Na verdade, eles tinham aproximadamente a mesma altura. Desnecessário dizer que as imperfeições físicas de Stalin eram cuidadosamente maquiadas. Após a Segunda Guerra Mundial, ano após ano ele foi representado como um atleta rijo e maduro. O mesmo ocorria no cinema. Em *O inesquecível ano de 1919*, de Mikhail Chiaureli, Stalin toma decisões com uma atitude imperturbável. Ele figura como alguém excepcional quando se recusa a entrar em pânico. Para o gáudio universal, parece defender sempre a decisão "correta". A sobrevivência do Estado soviético se deve principalmente às façanhas de Stalin.

Isso era deliberado. As políticas da liderança eram profundamente repressivas; não havia eleições nem consulta à sociedade. As aspirações populares por outro tipo de Estado e sociedade eram fortes, e os líderes soviéticos as encaravam como ameaças. O esquema doutrinário visava fortalecer a carapaça do antigo regime. A força não funcionaria por si só. Stalin personificava a ordem soviética; seu apelo aos cidadãos era profundo e se estendia inclusive entre milhões de pessoas que odiavam suas políticas. É impossível quantificar o fenômeno: os relatórios da polícia de segurança são impressionistas e marcados por enormes preconceitos, e não havia pesquisas de opinião independentes. Mas a reação à morte de Stalin, em março de 1953, quando o luto popular adquiriu um aspecto absolutamente histórico, indica que o respeito, e até o afeto, por ele era considerável. Ele encarnou o orgulho na vitória militar. Defendeu o poderio industrial e o progresso cultural. Mesmo se não tivesse desejado o culto à sua grandeza, tal culto teria de ser inventado.

A vida pública funcionava segundo a premissa de que todas as boas coisas na URSS provinham do talento e da beneficência de Josef Stalin.[12] Dentre as expressões do culto estava *O livro das comidas deliciosas e saudáveis*, com a seguinte epígrafe de Stalin: "A peculiaridade que define a nossa Revolução consiste em ter dado ao povo não apenas a liberdade, mas bens materiais e a oportunidade de ter acesso ao conforto e à cultura."[13] Nenhuma obra de não ficção era publicada sem mencionar sua genialidade. História, política, economia, geografia, linguística e até química, física e genética eram estudadas erroneamente, a menos que incorporassem suas diretrizes.

Ainda assim, no fundo aquele déspota se sentia inseguro com a própria aparência. O braço direito lesado, a face marcada pela varíola e a baixa estatura parecem tê-lo inibido de desfrutar tanto como poderia do culto à sua pessoa. Ele ao mesmo tempo adorava e detestava o excesso de adulação. Também entendia que a escassez de retratos seus recentes contribuíam para manter o interesse do público. A familiaridade podia dar lugar à apatia ou ao desprezo. Por isso ele estabeleceu limites técnicos à sua iconografia, e de um modo mais abrangente do que faziam os governantes estrangeiros seus contemporâneos. Preferia ser pintado em vez de fotografado. Ainda assim, não gostava de posar para pinturas; e quando era retratado esperava uma idealização estética e um polimento político. Com o passar dos anos, o número de imagens que recebiam seu *imprimatur* diminuiu. Ele não queria mais ser fotografado, então liberava os retratos aprovadas antes da Segunda Guerra Mundial; foi o caso inclusive na segunda edição de sua biografia oficial (que publicou versões muito retocadas de fotografias da década de 1920).[14]

Havia exceções. A biografia trazia uma fotografia em que ele saúda da muralha do Kremlin e um retrato pintado em que traja o uniforme de generalíssimo; ambos o retratavam mais velho que as fotos mais antigas, mas os efeitos da idade foram maquiados. Na pintura, seu bigode está escuro, e no cabelo há uma leve sugestão de fios grisalhos. O rosto não está marcado de varíola. A túnica tem um caimento fino e artificial, e as medalhas no peito, a estrela de marechal incluída, parecem pregadas em uma tábua. A pintura, do artista B. Karpov, foi usada em cartazes, bustos e livros.[15] Havia também uma fotografia dele sentado junto a outros marechais; mas sua imagem é tão pequena com relação à página que mal se pode distingui-lo — de qualquer modo, houve retoques aqui também: seus ombros estão largos demais e ele parece maior que os outros homens na foto.[16]

De vez em quando, tentava-se "humanizar" sua imagem. As tentativas mais notáveis foram as memórias dos Alliluev sobreviventes. Anna Alliluev e o pai, Sergei, orgulhosos do passado da família, registraram suas impressões de Stalin antes da Revolução de Outubro. Elas foram publicadas em 1946.[17] O livro de Sergei saiu postumamente: ele falecera em julho, cansado dos anos de labuta e das preocupações e tragédias familiares. Anna estava ciente dos riscos de escrever sobre Stalin, e procurou Malenkov formalmente para conseguir que o livro fosse autorizado pelo Líder.[18] O texto era elogioso e tinha sido aprovado pela censura.[19] Mas Sergei deixou passar que conhecera Stalin como Soso Djughashvili. Ele também menciona que a primeira tentativa de Stalin de escapar do exílio administrativo em Novaya Uda, no inverno de 1903-4, fracassara em virtude de um erro elementar: Stalin se esquecera de levar roupas adequadas e ficou com o rosto e as orelhas gravemente enregelados.[20] As memórias de Anna traziam ainda mais detalhes da vida particular de Stalin. Ela conta que o braço prejudicado o impedira de se alistar na Primeira Guerra Mundial. Fala que, depois da Revolução de Fevereiro de 1917, ele parecia mais magro e envelhecido, e, quando foi viver com os Alliluev, gostava de provocar a criada da família. As memórias informaram que no final do verão Stalin dormia no mesmo quarto que Sergei. Descreve como ele aprovava o zelo com que Nadya Allilueva limpava o apartamento. E apresenta um relato cômico do carinho de Stalin por seu cachimbo: Anna conta que ele dormiu com o cachimbo aceso e queimou os lençóis.[21]

Em pouco tempo, Stalin estava arrependido de ter liberado os livros dos Alliluev. Em 1948, Anna foi detida e condenada a um campo durante dez anos por difamá-lo. Ele ignorou a carta em que ela explica que obtivera autorização para o projeto antes da publicação, e que não tinha feito nada de errado.[22] Anna mal acreditou no que estava acontecendo. Escreveu a Stalin defendendo sua família e sua história. Implicitamente, acusou o "querido Josef" de ingratidão: "Mas há pessoas que a nossa família simplesmente salvou da morte. Isso não é exagero, é a simples verdade, muito fácil de provar."[23]

Enviar semelhante mensagem ao Líder indica coragem ou estupidez. O número de parentes das esposas de Stalin mortos antes da Segunda Guerra Mundial era suficiente para que ela soubesse com quem estava lidando. Embora a viúva Olga Allilueva, a quem Stalin expressara profunda gratidão em 1915, não tenha sido perseguida, ela padeceu de uma grave depressão. Nadya tinha se suicidado em 1932, Pavel morrera em 1938 e Fëdor nunca se recuperou do trauma provocado pela jogada de Kamo no final da Primeira Guerra Mundial. Nenhum filho ou cônjuge dos filhos dela permaneceu em liberdade no pós-guerra. A viúva de Pavel, Yevgenia, não se salvou casando-se outra vez e indo para longe de Stalin: foi detida um ano antes de Anna, e condenada à mesma pena. Olga ficou inconsolável: morreu como uma velha alquebrada em 1951. Foi assim que Stalin recompensou os Alliluev pelos favores que lhe prestaram antes da Revolução de Outubro. Os parentes Svanidze já tinham recebido seus agradecimentos. Alexander Svanidze foi detido durante o Grande Terror e fuzilado em 1942; a mulher dele, Maria, teve um infarto ao receber a notícia. Não só eles, mas também Maria e Alexandra, as duas irmãs de Ketevan, a primeira mulher de Stalin, tinham morrido antes do final da Segunda Guerra Mundial. Os únicos parentes próximos que viviam sem temer ser presos eram os filhos, Svetlana e Vasili. Eles eram uma exceção — o padrão era que o vínculo familiar com Stalin trazia repressão.

O problema com os Alliluev é que o conheciam bem demais. Ele queria se livrar de sua história pessoal. Cada vez mais optava pelo status de ícone do Estado à custa de uma imagem realista de si. Tornou-se cada vez mais distante e misterioso. É verdade que às vezes aparecia no Mausoléu de Lenin para assistir às paradas da Revolução de Outubro ou do Primeiro de Maio. Mas os espectadores o viam apenas de relance. Em geral, a polícia e os marechais do desfile enxotavam todos da Praça Vermelha rapidamente.[24]

Quem não tinha experiência direta com Stalin costumava inventar expressões de devoção a ele. O gênio universal do pai de todos os povos devia ser reconhecido em todas as ocasiões solenes em escolas, empresas e escritórios. A gratidão pela vida e a carreira dele precisava ser expressada. O *Pravda* citava suas obras diariamente. A toda hora eram publicadas fotografias suas retocadas, e às vezes os retratos pintados se transformavam em simulações de fotografias. Nada disso o prejudicava, já que muito pouca gente realmente o via em carne e osso: ele se tornara uma deidade inacessível. Qualquer reunião começava com um panegírico ao Líder. Apenas uma pequena minoria na sociedade soviética guardava recordações do passado, de quando ele ainda não era Líder. Não havia nada na URSS ou nos países onde o comunismo se estabelecera que fosse considerado intocado pelo seu gênio. Havia imagens dele pelas paredes no trabalho e no lar. Sua biografia era distribuída aos jovens em ocasiões importantes. Embora não fosse chamado de Deus, Stalin tinha sido deificado.

Em 1949, na celebração de seu 70º aniversário (fora da data),[25] houve um alvoroço enorme. Ele fez uma tentativa canhestra de evitar que a coisa se descontrolasse, e disse a Malenkov: "Nem pense em me presentear com outra estrela!" Com isso quis dizer que já tinha prêmios em demasia (e continuou se lamentando por ter deixado que o chamassem de generalíssimo: quando Churchill lhe perguntou como devia se dirigir a ele, como marechal ou generalíssimo, Stalin respondeu marechal).[26] Não havia a menor chance de Malenkov levar a sério aquela demonstração de humildade. Livros de memórias laudatórios foram publicados para o grande dia. Nos jornais, os artigos elogiosos proliferaram. No próprio dia, 21 de dezembro, um enorme balão pairou acima do Kremlin, e a imagem de Stalin e seu bigode foi projetada nele. Houve procissões em sua homenagem de norte a sul do país. À noite, o festival prosseguiu no Teatro Bolshoi, quando convidados da elite política soviética e estrangeira se reuniram para celebrá-lo. Foi uma de suas raras aparições, e os que o viram se surpreenderam com seu aspecto decaído: só viam as imagens do culto, e não estavam preparados para a realidade humana. Aquele homem murcho seria mesmo o grande Stalin?

Porém, acostumaram-se com o que viram. Passaram à admiração. Ele podia estar envelhecido, mas ainda era, aos olhos deles, a figura imponente na história da URSS desde a década de 1920. Na década de 1930 ele liderara a campanha para modernizar, industrializar e educar, e — pensavam — tinha conseguido. Sua liderança trouxera a vitória sobre as hostes nazistas. Ele tivera mão firme na política externa nas turbulências da Guerra Fria. Se o público tinha dúvidas de sua grandeza, de fato foram prontamente dissipadas. Horas de discursos reforçaram a ideia de que o melhor político do mundo estava ali presente. O palco, decorado com bandeiras e flores, estava ocupado por luminares comunistas estrangeiros, como Mao Tsé--tung, Palmiro Togliatti e Dolores Ibárruri (exilada em Moscou desde a Guerra Civil Espanhola). Como pano de fundo, um gigantesco retrato de Stalin. O próprio sorria de vez em quando e aplaudia os oradores. Embora não fosse muito expressivo, estava satisfeito. Todo o movimento comunista lhe rendia homenagens.

O culto a Stalin, senhor de tudo aquilo que vigiava, estendia-se muito além das fronteiras soviéticas. Sua imagem era proeminente em cartazes e na imprensa, e era inconcebível que os líderes comunistas no Leste Europeu não o reverenciassem publicamente. Essa atitude era internalizada pelos líderes da região sempre que tinham contato direto com ele. Nas conversas com Stalin eram tratados como se estivessem em audiência com um imperador. O primeiro-ministro húngaro, Ferenc Nagy, derramou-se no início das conversações entre ambos: "O governo húngaro reconhece que após um ano da libertação [o país] precisava vir ao generalíssimo Stalin expressar sua gratidão pela libertação da Hungria, a liberdade da vida política húngara e a independência da nação húngara."[27] Nagy não foi o único. O primeiro--ministro polonês, Bolesław Bierut, declarou: "Viemos até você, camarada Stalin, como nosso grande amigo, expressar nossas considerações sobre o curso dos acontecimentos na Polônia e verificar se está correta a nossa avaliação da situação política no país."[28] Stalin costumava ficar satisfeito com aquela submissão abjeta. Porém, ocasionalmente os relatórios o desagradavam, e quando repreendeu os erros políticos do líder comunista romeno Gheorghiu-Dej, este não teve saída a não ser "confessar que sua perspectiva estava equivocada".[29]

Ninguém punha isso em questão a não ser o líder comunista iugoslavo Tito. Embora o temor das retaliações soviéticas possa ter contribuído em parte, havia uma admiração genuína por Stalin entre aqueles líderes comunistas. De qualquer modo, a maioria de seus partidos teria sido eliminada se não fosse pela ocupação do Exército Vermelho. Eles dependiam em boa medida da boa vontade de Stalin, e sabiam disso. Até Mao Tsé-tung, vitorioso na Guerra Civil Chinesa, apesar do pouco apoio e dos vários obstáculos colocados por Stalin, em público expressava admiração por Stalin. Em 1952, no XIX Congresso do Partido em Moscou, os elogios dos líderes estrangeiros a Stalin foram francamente pegajosos. Ele foi saudado aos gritos de: "Glória ao grande Stalin!" Estátuas, pequenos bustos em metal e cartazes refletiam aquelas palavras elogiosas. Até o dia de sua morte dedicaram-lhe hinos como o mestre do movimento comunista mundial.

51. LIGAÇÕES PERIGOSAS

A guerra de propaganda entre a URSS e os aliados ocidentais se intensificou. Os diplomatas soviéticos tratavam os colegas norte-americanos e britânicos como inimigos, e o sentimento era recíproco. Os intercâmbios culturais foram suspensos. Os países do Leste Europeu e os partidos comunistas na Europa Ocidental seguiam as diretrizes do Kremlin. No Ocidente, Stalin era descrito como um ditador tão maligno quanto o Führer alemão que havia derrotado. Ao mesmo tempo, o *Pravda* aviltava Truman e Attlee, pintando-os como tão ambiciosos quanto Hitler — e com os mesmos métodos. Ambos os lados compartilhavam a suposição de que uma Terceira Guerra Mundial poderia eclodir entre Estados que, até 1945, tinham operado juntos contra a Wehrmacht. Os dois campos se espalhavam pelo mundo, armados até os dentes e rivalizando pela supremacia.

Nenhum dos dois lados, porém, buscava o conflito militar. Até Stalin, cujo axioma era que a Terceira Guerra Mundial podia ser adiada mas, ao fim e ao cabo, seria inevitável,[1] não queria confrontar os EUA. A coincidência da obtenção da bomba-A com a tomada do poder na China alterou o equilíbrio do poder no mundo. Embora a tecnologia bélica norte-americana estivesse à frente, seria mais difícil intimidar Stalin nos intercâmbios diplomáticos. Orgulhoso, o *Pravda* anunciou a conquista. Os EUA foram tachados de ameaça militarista à paz mundial, e o Estado soviético era o único poder capaz de resistir às pretensões norte-americanas. Além disso, a Revolução Chinesa significava que a geopolítica asiática nunca mais seria igual. A disposição inicial de Mao Tsé-tung ceder a Stalin para obter assistência econômica era especialmente cara a Moscou. Quatro anos após o término da Segunda Guerra Mundial, Moscou reivindicava o direito de ser tratada como uma potência mundial equivalente aos EUA.

Tudo tem seu preço, e Stalin sabia que o poder chinês emergente sob a liderança comunista tinha potencial para complicar sua posição de estadista. Mao poderia se revelar um Tito chinês. O movimento comunista mundial, até então bastante unificado, passaria por tensões separatistas. Poderia haver um enfrentamento direto entre a URSS e a República Popular da China. Ou as coisas poderiam se deteriorar de um modo mais indireto. A República Popular da China poderia começar a estabelecer relações internacionais sem consultar o Kremlin e, de algum modo, implicar a URSS em situações adversas.

Com tudo isso em mente, Stalin enviou a Beijing o ministro das Comunicações, Ivan Kovalëv, para sondar até que ponto os chineses seguiam suas recomendações. Em uma atitude inédita, ele mostrou a Mao o relatório de Kovalëv.[2] Dificilmente terá agido motivado pela camaradagem. Provavelmente queria deixar Mao impressionado ao ver que a URSS sabia mais sobre a política chinesa do que ele imaginara. Kovalëv revelou que poucos esforços foram empreendidos para atrair a classe operária chinesa à causa revolucionária. Comentou que a reforma agrária era geograficamente desigual. Não se impressionou com a preparação ideológica dos quadros do partido. De fato, percebeu tensões na liderança de Beijing. Contou pessoalmente a Stalin que alguns líderes eram não só antiamericanos, mas também antissoviéticos. Zhou Enlai, colaborador de Mao, se perguntava por que deveria rechaçar a aproximação da Iugoslávia, que recebera cartão vermelho, se Beijing recebia o conselho de não irritar os EUA.[3] Havia muito material para despertar suspeitas, e Stalin fez Mao saber que, se a China não seguisse as diretrizes soviéticas, não haveria ajuda de Moscou.

As relações diplomáticas entre os EUA e a URSS não foram rompidas, mas ambos sabiam que a política mundial movia-se em uma onda de incertezas. Stalin queria garantir os interesses soviéticos na China. Começou do jeito que queria seguir. Devastada por décadas de guerra civil, a China necessitava de ajuda econômica com urgência, e a URSS era sua única fonte possível de apoio. Stalin pretendia barganhar. Disposto a empurrar a China para que espalhasse a influência política comunista no Extremo Oriente, exigiu que aceitasse a primazia soviética no movimento comunista mundial.

Contudo, os acontecimentos no Extremo Oriente o levaram a arriscar uma política externa ofensiva. Desde a libertação coreana da ocupação japonesa, uma guerra intermitente na península levara à criação, em 1948, de dois Estados separados. O mesmo escudo militar norte-americano que defendia o Japão protegia a Coreia do Sul, com Seul como capital. Enquanto isso, na Coreia do Norte, formou-se um governo comunista, baseado em Pyongyang, que pediu ajuda a Moscou. Os exércitos em luta estavam muito bem equipados e assessorados; e os dois Estados coreanos agiam supondo que, mais cedo ou mais tarde, as hostilidades recomeçariam. O líder comunista coreano Kim Il-sung foi a Moscou em março de 1949 solicitar um aumento substancial da ajuda, de modo a poder atacar o sul.[4] Stalin negou e aconselhou os camaradas coreanos a prosseguir com os preparativos, mas só lutarem se fossem invadidos. Contudo, Kim Il-sung queria guerrear e continuou provocando Seul. Continuou enviando pedidos a Stalin. Em março de 1950, voltou a Moscou e argumentou, enfaticamente, que precisava invadir o sul. Se a China podia ser unificada com Mao Tsé-tung, afirmou, a Coreia estava pronta para um tratamento semelhante com Kim Il-Sung.

Stalin costumava se esquivar desse tipo de demandas de líderes comunistas estrangeiros, mas o coreano tocou uma corda, e de pronto ele cedeu. A mudança não podia ser atribuída à capacidade de persuasão do coreano, pois Stalin era extremamente prudente. Muita coisa acontecera desde 1945. A criação da própria bomba nuclear e um poderoso aliado comunista na China o fizeram pensar que já não precisava jogar leve com os EUA.

Ele subestimou tremendamente o potencial revolucionário do Partido Comunista chinês, o que confessou, mais tarde, na presença de líderes búlgaros e iugoslavos, durante uma discussão no Kremlin, em 10 de fevereiro de 1948. Segundo o diário de Dimitrov, ele teria dito.

> Eu também duvidei que os chineses fossem conseguir, e aconselhei-os a fazer um acordo temporário com Chiang Kai-shek. Oficialmente eles concordaram, mas na prática continuaram mobilizando o povo chinês. Depois perguntaram: "Devemos ir em frente? Temos o apoio do nosso povo." Nós respondemos: "Muito bem, do que precisam?"

Acontece que as condições lá eram muito favoráveis. Os chineses provaram que estavam certos, e nós errados.⁵

Stalin estava atuando como o líder que reconhece as próprias falhas para conseguir o que queria nos Bálcãs. Mas o bullying lhe saía melhor. Com seu potencial militar e econômico, a República Popular da China poderia se converter em um problema no movimento comunista mundial, e Mao Tsé-tung poderia vir a ser um pesadelo. Então, Stalin provavelmente dissera o que realmente pensava.

Mais tarde, ele percebeu a necessidade de ter mais tato com Mao. Kim Il-sung fez o pedido final quando Stalin estava mais disposto a se deixar influenciar; de qualquer modo, não podia ter certeza de que os chineses não iriam apoiar Kim Il-sung, independentemente do consentimento soviético. Stalin não expôs suas conjeturas. Na ocasião, Molotov estava em ostracismo semioficial, sem acesso a Stalin, e no Ministério de Relações Exteriores todos seguiam as ordens do Líder.

Desse modo, nas reuniões de abril e maio de 1950, Stalin cedeu ao pedido de apoio de Kim Il-sung para retomar a guerra. Tanto ele quanto Mao se deixaram convencer de que a campanha militar seria curta e vitoriosa.⁶

Armas, munições e outros equipamentos soviéticos foram transportados pela Ferrovia Transiberiana até a Coreia. Kim Il-sung deu início à ofensiva em 25 de junho. Com superioridade militar em todos os setores, as forças comunistas avançaram pelo sul e capturaram Seul em três dias. Parecia que a premissa básica da discussão de Stalin com Kim Il-sung estava a ponto de se cumprir em uma rápida vitória, antes que o mundo tivesse tempo de piscar. Mas os dois interlocutores comunistas calcularam muito mal. Truman ficou chocado, mas não se deteve. Ordenou aos seus diplomatas que fossem ao Conselho da Organização das Nações Unidas e obtivessem um voto favorável à intervenção armada, para evitar a invasão da Coreia do Sul. Isso foi facilitado por um equívoco anterior de Stalin que, ao objetar ao reconhecimento do regime de Chiang Kai-shek em Taiwan como legítimo governo chinês, e ao seu direito de ocupar o assento chinês no Conselho de Segurança, boicotara o órgão. Na ausência de um veto soviético, o Conselho de Segurança aprovou a proposta norte-americana. Stalin repudiou o conselho do ministro de Relações Exteriores de suspender o boicote para evitar que os norte-americanos e seus aliados desembarcassem com a legitimidade conferida pela sanção das Nações Unidas.[7]

Aquilo foi de uma torpeza que ele não demonstrava desde 1941. As forças das Nações Unidas, principalmente norte-americanas, foram comandadas pelo general Douglas MacArthur. A mobilização foi rápida graças à ocupação no vizinho Japão, de modo que no final de setembro já tinham conseguido deter o avanço comunista e retomado Seul. No mês seguinte, cruzaram o paralelo 38 e entraram na Coreia. Kim Il-sung ficou desesperado; não teve alternativa a não ser pedir ajuda militar direta a Stalin, embora soubesse a resposta provável. Mao Tsé-tung foi menos relutante, supondo que uma guerra entre os EUA e a República Popular da China era questão de tempo. Os chineses resolveram ajudar os comunistas coreanos sem consultar Stalin. Contudo, Mao esperava que o Kremlin enviasse armas para as doze divisões que a China mobilizaria.[8] A notícia do êxito de MacArthur chegou a Moscou; foi despachada para Stalin, que estava no mar Negro. Apesar de permanecer em contato via telefone e telegramas, ele supervisionava os interesses soviéticos de segurança com certo alheamento. Quando estava no sul, não tinha as acaloradas discussões cara a cara com líderes políticos e militares, como acontecera na Segunda Guerra Mundial. Subitamente, a crise na península coreana se complicou e Stalin precisou tomar uma decisão estratégica. Kim Il-sung exigiu ajuda adicional imediata, assinalando que, sem ela, em breve os comunistas perderiam a guerra.

Stalin podia ceder ao pedido ou simplesmente recuar, antes que as coisas saíssem de controle. O problema era que a geopolítica certamente viraria a favor dos EUA, a menos que os comunistas coreanos recebessem apoio; para Stalin e a URSS, a humilhação seria imensa, já que era um segredo público que a ajuda soviética a Kim Il-sung tinha sido considerável. A situação era delicada. Praguejando por ter se deixado levar pelo coreano no começo do ano, Stalin não podia abandoná-lo em um momento de crise. Contudo, devia evitar a escalada das hostilidades com os EUA para que não estalasse uma guerra entre eles. Escolheu a astúcia. Em 1º de outubro mandou um telegrama a Mao dizendo-lhe que enviasse "seis ou sete divisões" ao paralelo 38. Essa era a latitude que cortava a Coreia ao meio. Se os comunistas conseguissem repelir as forças norte-americanas naquele ponto, Kim Il-sung conservaria uma área de dimensões consideráveis. Stalin precisava evitar uma colisão direta entre a URSS e os EUA a qualquer custo e, ao mesmo tempo, proteger os interesses geopolíticos soviéticos. Mao precisou ser convencido de que os chineses seriam os únicos a defender a Coreia do Norte. Parecia estranho que Stalin, que pouco antes fizera valer sua autoridade sobre Mao como líder de uma potência militar e econômica, agora entregasse o fardo da guerra tão facilmente. Será que estava tentando algo impossível?

Mas ele obteve o que queria pela força da persuasão. Escreveu a Beijing dizendo:

> Evidentemente, precisei reconhecer que, apesar da falta de preparo, os Estados Unidos ainda são capazes de se meter em uma grande guerra por questões de prestígio; consequentemente, a China seria arrastada ao combate, assim como a URSS, ligada a ela pelo pacto de assistência mútua. Devemos temer essa situação? Penso que não, pois juntos seremos mais fortes que os Estados Unidos e a Grã-Bretanha [...] Se a guerra for inevitável, que aconteça agora e não dentro de alguns anos, quando o militarismo japonês estiver restaurado como aliado dos EUA, e quando os Estados Unidos e o Japão tiverem uma cabeça de ponte no continente [asiático], na forma da Coreia de Syngman Rhee.[9]

Sua desfaçatez é evidente. Contudo, na verdade ele dizia que os norte-americanos não teriam estômago para lutar. Porém, se isso fosse verdade, por que insistir para os chineses lutarem no seu lugar?

De qualquer modo, a República Popular da China tinha pavor de que sua integridade territorial fosse ameaçada caso Syngman Rhee, o político coreano apoiado pelos Estados Unidos, chegasse a governar toda a península. Seguiram-se negociações tensas. Enquanto Stalin tentava convencer os chineses a lutar no Extremo Oriente em nome do comunismo mundial, Mao e seus camaradas tentavam obter o máximo de equipamentos soviéticos. Os dois lados estiveram a ponto de suspender as conversações sobre a Coreia.[10] A política de risco calculado de Stalin chegou à atitude temerária de, em 12 de outubro, escrever a Kim Il-sung aconselhando-o a evacuar suas forças em segurança para a China e a URSS, pois a guerra estava perdida.[11] Mao cedeu no dia seguinte, e Stalin pôde anunciar a Kim que os camaradas coreanos em breve receberiam reforços massivos de tropas chinesas. Em teoria, as tropas eram formadas por voluntários, mas na prática tratava-se de divisões do Exército Popular de Libertação. Em 19 de outubro, elas cruzaram o rio Yalu e adentraram território coreano. Em poucos dias estavam enfrentando as forças comandadas pelos norte-americanos.[12] Ofereceram a resistência prometida por Stalin. Ele forneceu armamentos e munições soviéticos em abundância; no caso dos caças, quis garantir que os aviões fossem corretamente pilotados, e providenciou uniformes chineses para os aviadores russos.

Após titubear um pouco, ele tinha cedido. O que começara como uma guerra no extremo da Ásia tinha potencial para explodir em um conflito mundial, e os membros vitoriosos da Grande Aliança estavam se agarrando pelo pescoço. Stalin não revelou seus cálculos, mas provavelmente jogava com uma mescla de fatores. Não queria um Estado fantoche dos EUA em sua fronteira. Não queria que a URSS perdesse prestígio no movimento comunista mundial em virtude do apoio chinês a uma força comunista amiga. Também deve ter pensado que Mao tinha sérias chances de levar adiante o que Kim não conseguira fazer. A logística do aprovisionamento militar era mais fácil para China e URSS que para os EUA. Talvez Stalin também pensasse que as forças norte-americanas estavam retidas e exaustas na Coreia, ainda que não fossem derrotadas de imediato. Sua premissa básica era que a guerra mundial seria adiada, mas não evitada. Seja o que for que calculou sobre a situação coreana, porém, não revelou a ninguém. Estava em condições, como em agosto de 1939, quando Ribbentrop foi ao Kremlin, de ignorar opiniões alheias, e criou o hábito de não dar pistas de por onde andava seu pensamento quando tomava decisões importantes. Isso o fez manter o resto do mundo na expectativa. Quanto mais enigmático fosse na política mundial, menos provável que pudessem prever seu próximo passo.

Os acontecimentos na Coreia se complicaram e Stalin e seus sequazes tinham de decidir o que fazer. Fatores mais vastos entraram em jogo. Stalin, o pragmático, era também um homem de pressupostos ideológicos, e acreditava piamente que os tratados firmados no final da Segunda Guerra

Mundial estavam fadados a ser rasgados quando o mundo entrasse na Terceira Guerra Mundial. Enquanto isso, era preciso aproveitar as chances e expandir a influência comunista. Seus espiões o levaram a concluir que Truman não interviria para salvar o impopular governo do sul.[13] A URSS obtivera armas nucleares eficazes em agosto de 1949 e precisava ser tratada com cautela pelos EUA. A aliança sino-soviética aumentou ainda mais o peso de Moscou — e de fato Stalin foi obrigado a reconhecer que Mao Tsé-tung era perfeitamente capaz de oferecer apoio ativo a Kim Il-sung, independentemente de seus conselhos. Ele tinha ainda mais margem de manobra que Tito.

A entrada dos chineses na Guerra da Coreia virou o jogo a favor da causa comunista. O Exército Popular de Libertação cruzou o rio Yalu e adentrou a Coreia em 19 de outubro de 1950, e a campanha de MacArthur começou a enfrentar problemas, principalmente com a chegada, no mês seguinte, de unidades aéreas soviéticas.[14] O movimento em direção a uma guerra mundial se acirrou em 31 de dezembro, quando os chineses avançaram pelo sul e cruzaram o paralelo 38. Seul foi sitiada no mês seguinte. MacArthur pediu autorização para lutar em solo chinês. Àquela altura, nem Mao nem Stalin estavam dispostos a transigir. Até o filho de Mao foi mobilizado para a guerra. (Morreu em combate.)[15] Parecia que os Estados Unidos estavam a ponto de perder a guerra na península coreana.[16]

Entrementes, Stalin precisava lidar com a Europa, e preocupava-se principalmente com Itália e França. Para ele, a posição da Grécia estava bem clara: não interviera na Guerra Civil lá, não gostara do pedido de permissão dos comunistas gregos para agir como se fosse possível tomar o poder, e deixou Atenas à mercê do zelo repressor do governo de Alexandros Diomidis. A Itália e a França eram outra coisa: seus partidos comunistas lhes davam muito menos trabalho, e tinha sido fácil apaziguar os líderes que haviam contemplado seriamente uma insurreição em Roma e Paris. À medida que as relações com os Aliados pioravam, eles se convertiam em peões no jogo europeu de Stalin. Embora sua estratégia ainda fosse evitar a guerra com os EUA, ele não se importava em complicar as coisas para os norte-americanos sempre que podia. Por isso exigiu uma política mais ruidosa dos partidos comunistas italiano e francês. Isso foi dito aos seus representantes na II

Conferência do Cominform, em junho de 1948. Como sempre, ele e os líderes soviéticos não admitiram ter errado. Por outro lado, Togliatti, Thorez e seus subordinados foram acusados de não ter entendido que eram necessárias medidas mais radicais do que as previamente estipuladas pelo Kremlin.

No início de 1950, o controle de Stalin sobre os assuntos mundiais era mais fraco que antes. A Guerra da Coreia seguia e, com o envolvimento de pilotos e equipamentos militares soviéticos, podia desembocar na Terceira Guerra Mundial. A República Popular da China complicou tudo instando Stalin a lutar até o fim; Mao Tsé-tung demonstrou que podia ser tão independente de Moscou quanto Tito — e, de fato, a aposta de sua aventura estrangeira foi muito alta. Stalin não conseguia controlar todos os partidos comunistas europeus. Quando convocou Palmiro Togliatti para que deixasse a Itália e assumisse uma posição de comando no Cominform, recebeu uma negativa imediata. Togliatti queria guiar o Partido Comunista italiano nos tempos difíceis da política do pós-guerra, e não tinha interesse em arriscar a vida trabalhando junto a Stalin. Enquanto isso, Tito mantinha-se imperturbável no comando supremo de Belgrado. No resto do Leste Europeu havia um silêncio sepulcral; no entanto, sob a superfície, as democracias populares se agitavam: o ressentimento com a tomada do poder pelos comunistas era profundo, e só a ameaça de uma repressão incondicional mantinha a ordem.

Contudo, a Guerra da Coreia constituía o perigo mais sério para os interesses soviéticos. Stalin não podia deixar de ver que os EUA levavam vantagem em número de armas nucleares e na proximidade das suas bases da URSS. Talvez, porém, estivesse mais bem-informado sobre as intenções de Truman do que se imaginava à época. Havia agentes soviéticos no governo britânico, dentre eles Kim Philby e Donald Maclean. Quando o primeiro--ministro Clement Attlee foi a Washington, no início de dezembro de 1950, protestar contra as conversas confidenciais norte-americanas sobre o uso de bombas nucleares na Guerra da Coreia, Truman lhe assegurou que só empregariam armas convencionais. É muito provável que Maclean, chefe do escritório norte-americano no Ministério do Exterior, tenha informado Moscou. Portanto, Stalin saberia que Truman não queria briga.[17] Mesmo com armas convencionais, ainda poderia haver uma guerra mundial; e não havia como garantir que, no desespero, um lado ou outro não recorreria ao arsenal nuclear. Embora não fosse um jogador inconsequente, Stalin tampouco era cauteloso demais. Arriscou muito, muito mais do que deveria se realmente tivesse como prioridade absoluta a paz mundial.

A Terceira Guerra Mundial não aconteceu. No entanto, a situação chegou perigosamente perto de um conflito global, em grande parte por culpa de Stalin. Se não tivesse financiado e equipado Kim Il-sung, a Guerra Civil Coreana não teria sido retomada com a intensidade que adquiriu.

52. *VOJD* E INTELECTUAL

O *Vojd* cultivou seus interesses. Recomendava aos outros que lessem quinhentas páginas por dia.¹ Os livros que indicava eram os que lia havia anos. Dentre eles, *Germinal*, de Émile Zola, que descobrira na adolescência.² Sempre gostou de *Cavaleiro em pele de pantera*, o épico georgiano de Shota Rustaveli.³ Muito cedo descobriu seus favoritos, e não os abandonou na velhice; seu apoio renovado ao geneticista charlatão Timofei Lysenko impediu o progresso da biologia soviética e ameaçou as vidas e carreiras dos que se opuseram a ele.⁴

Marxismo, arquitetura, linguística, genética e relações internacionais eram alguns dos interesses intelectuais de Stalin. Obras históricas o atraíam especialmente. Ele se mantinha atualizado sobre o passado russo e os anais da Mesopotâmia, Roma Antiga e Bizâncio.⁵ Quando lhe apetecia, tinha conversas com físicos, biólogos e outros cientistas. Examinava os romances galardoados com o Prêmio Stalin a cada ano, e ouvia no gramofone discos de música clássica e folclórica antes de ser postos à venda (e os classificava de "bom" a "horrível"). Em Moscou, frequentava balés, óperas e concertos. Suas *datchas* estavam equipadas para examinar filmes soviéticos antes do lançamento. Seu filme favorito era *Volga! Volga!*.⁶ Ele lia, ouvia e assistia principalmente para o próprio deleite, e também para se instruir. Escritores estrangeiros contemporâneos não o atraíam. Os escritores vivos tinham de ser soviéticos. Não que isso os livrasse de sua ira caso desaprovasse algum livro. Ele sempre disse o que pensava sobre os artefatos culturais, entendesse ou não do assunto. Ninguém na URSS podia ignorar suas predileções. Se alguma vez houve um diletante intelectual obsessivo, essa pessoa foi Stalin.

Contudo, ele só fez três discursos públicos a partir de 1946, dois deles de poucos minutos.[7] Escreveu poucos artigos, e depois da guerra só publicou novamente em 1950: "Marxismo e problemas de linguística".[8] Desde o final da Guerra Civil ele passou a escrever menos para a imprensa. A consequência foi que seus escritos, cada vez mais curtos e escassos, passaram a ser diretrizes para o que a vida pública comunista no país ou no estrangeiro podia editar e transmitir.

Stalin deixou claro que se contrapunha à moda de admirar a cultura e a ciência estrangeiras. Quando o presidente Truman lhe enviou algumas garrafas de Coca-Cola, ele reagiu mal e ordenou ao cientista de alimentos Mitrofan Lagidze que desenvolvesse uma bebida gasosa superior, tendo a pera como base, para enviar de volta. (Desta vez, ele despertou alguma simpatia.)[9] Ao valorizar exclusivamente as conquistas da URSS, queria encerrar o país em uma quarentena intelectual. A principal exceção a isso foi mantida em segredo: ele dependia muito da espionagem científica e tecnológica para roubar as descobertas estrangeiras de que necessitava para desenvolver o poderio industrial e militar soviético. De resto, o princípio básico era que tudo que fosse estrangeiro era inferior e prejudicial. Com isso em mente, no dia 13 de maio de 1947 ele convocou ao Kremlin Alexander Fadeev e dois colegas do mundo literário, Konstantin Simonov e Boris Gorbatov, e eles se reuniram com Molotov e Jdanov. Fadeev, presidente da União de Escritores da URSS, esperava discutir a política de direitos autorais. Porém, a intenção de Stalin era outra. Uma vez resolvida a questão dos direitos autorais, ele entregou uma carta e pediu a Fadeev para lê-la em voz alta. O conteúdo tinha relação com uma possível droga contra o câncer desenvolvida por dois cientistas soviéticos que haviam divulgado certos detalhes a editores norte-americanos.[10] Fadeev ficou aterrorizado quando Stalin fez o truque de caminhar de lá para cá às costas dos convidados. Ao se virar na direção dele, a visão de Stalin — o rosto contraído e alerta — deixou-o ainda mais nervoso. O chefe declarou: "Temos de acabar com o espírito de auto-humilhação."

Fadeev ficou aliviado ao entender que não estava em apuros, mas sendo encarregado de uma campanha contra influências e modas estrangeiras. Isso não poderia ser feito pelo Ministério de Relações Exteriores sem perturbar as relações com o Ocidente.[11] (Desta vez as testemunhas oculares puderam registrar os cálculos específicos de Stalin.) O plano era terminar de enclausurar a mente intelectual soviética. A de Stalin já estava isolada das influências externas. Agora ele planejava a reprodução sistemática de sua mentalidade por toda a URSS.

Simonov transcreveu as palavras de Stalin:

> Esse tipo de assunto é muito importante, e os escritores deveriam se interessar por isso. Trata-se do nosso patriotismo soviético. Se tomarmos uma amostra da nossa intelligentsia média, a intelligentsia acadêmica, os professores e doutores, o sentimento do patriotismo soviético não foi devidamente inculcado neles. Eles demonstram uma submissão injustificada ante as culturas estrangeiras. Sentem-se imaturos e supõem que suas personalidades não estão 100% desenvolvidas; acostumaram-se à posição de ser eternos pupilos.[12]

E prosseguiu:

> Essa é uma tradição atrasada, que provém de Pedro, o Grande. Pedro tinha algumas ideias boas, mas logo se estabeleceram alemães em demasia; foi um período degradante diante dos alemães. Vejam, por exemplo, como foi difícil para Lomonosov [o polímata russo do século XVIII] respirar, como lhe custou trabalhar. Primeiro foram os alemães, depois os franceses. Houve muita submissão aos estrangeiros, aos merdas.[13]

Embora admirasse Pedro, o Grande, Stalin queria se firmar como o governante que, por fim, erradicaria a síndrome de inferioridade que caracterizava a vida intelectual russa desde os tempos do imperador.

Quando da Segunda Guerra Mundial ele não se iludiu pensando que poderia ampliar seu controle sobre a ordem soviética. Porém, de um modo geral, orgulhava-se do que havia consolidado.[14] Sabia que haveria grandes mudanças antes de o comunismo de Marx, Engels e Lenin se concretizar. Contudo, incluiu as próprias ideias. Na década de 1920, ele criou controvérsia ao afirmar que o socialismo poderia ser construído em um só país cercado de Estados capitalistas hostis. Isso contrariava a convenção teórica bolchevique, de que era preciso mais de um Estado poderoso, comprometido com o socialismo, para que essa construção fosse possível. Antes da guerra, Stalin havia sugerido que a construção do comunismo — a forma social perfeita, sem Estado, sonhada pelos marxistas até que ele surgiu — poderia se dar na URSS por conta própria.[15]

Stalin havia apresentado sua ideia no XVIII Congresso do Partido, em março de 1939: "Será que nosso Estado deve permanecer no período do comunismo? Sim, ele assim permanecerá, a menos que o cerco capitalista seja liquidado, e a menos que o perigo do ataque militar estrangeiro seja eliminado."[16] Ele não indicou como o Estado "desapareceria", como Lenin antecipara em *O Estado e a revolução*, de 1917. Molotov chamou a sua atenção para essa inadequação teórica. A raiz do problema estaria na declaração, na Constituição da URSS de 1936, de que o Estado soviético funcionava segundo o princípio de cada um segundo suas capacidades, cada um segundo seu esforço. Como Molotov argumentou, não era assim que funcionava a URSS. O socialismo ainda não tinha sido instalado. Era equivocado principalmente tratar os *kolkhozes* como uma forma econômica socialista. Havia enormes injustiças na administração da sociedade. Molotov rechaçou também a afirmação de que o socialismo podia ser construído em um só país. A construção poderia começar, poderia ser avançada. Mas não consumada.[17] Stalin o entendia, mas descartou seus argumentos: "Reconheço a teoria, mas vejo as coisas assim: isto é vida, não teoria."[18] A vida, como ele a via no final da década de 1930, exigia ter mais orgulho da ordem existente no Estado e na sociedade, mesmo que isso implicasse conspurcar a pureza das doutrinas leninistas.

Stalin alegrou-se imensamente com os logros soviéticos. Fitando um mapa junto com o chefe comunista georgiano Akaki Mgeladze, ele cavilou:

> Veja o que temos aqui. Ao norte tudo está em ordem e normal. A Finlândia cedeu e empurramos a fronteira a partir de Leningrado. As regiões bálticas — que na verdade são terras russas! — voltaram a ser nossas; e todos os bielorrussos agora vivem conosco, bem como os ucranianos e os moldavos. Tudo vai bem no oeste.[19]

Ele também estava satisfeito com o leste: "O que temos aqui? [...] As Ilhas Curilas agora são nossas, Sakhalin é toda nossa: não é formidável? Port Arthur e Dalni [Darien] são nossos. A ferrovia chinesa é nossa. Quanto à China e à Mongólia, está tudo em ordem." A única fronteira que o preocupava era a do sul. Ele supostamente queria conquistar o estreito de Dardanelos, e talvez também o norte do Irã. Queria restaurar as fronteiras imperiais russas e considerava seus os objetivos da política exterior dos Romanov; os livros sobre a história de Moscóvia e o Império Russo, como a série clássica de Nikolai Karamzin, do século XIX, cada vez o atraíam mais.

A paixão de Stalin por tudo que era russo estava hipertrofiada. Ao ler *Na trilha das antigas culturas*, de V. V. Piotrovski, ele topou com o nome "rusa" em um trecho sobre os assírios. Tomou nota disso,[20] evidentemente pensando que a palavra poderia dar uma pista sobre a origem da nação russa. Qualquer coisa minimamente ligada à Rússia chamava sua atenção. Como um velho louco por trens que tem de ver a última locomotiva a vapor antes de desistir do hobby, ele passou do entusiasmo ao fanatismo.

Poucos autores escaparam às suas críticas. Piotrovski foi um deles. Stalin escreveu na margem da página onde o autor alega ser pioneiro na historiografia da cultura: "Ha, Ha!"[21] Ele examinou o livro minuciosamente. Suas anotações sobre as línguas antigas do Oriente Médio eram importantes, pois pretendia escrever um longo artigo sobre linguística. Dizer que isso causou surpresa entre a intelligentsia soviética é pouco. A expectativa era de que, ao tomar a pena, ele apresentasse suas ideias sobre política ou economia. Mas Stalin fazia as coisas de seu jeito. Durante suas vastas leituras ele topou com a obra de Nikolai Marr. Membro da Academia Imperial russa antes de 1917, Marr fizera as pazes com o Estado soviético e ajustou suas teorias ao tipo de marxismo popular na União Soviética nas décadas de 1920 e 1930. Ele argumentou que, assim como na política, os marxistas deveriam incorporar "princípios de classe" à linguística. A linguagem deveria ser considerada específica de cada classe e uma criação da classe no poder. Essa era a ortodoxia oficial que Stalin decidiu derrubar.

Uma série de artigos foi publicada no *Pravda* no verão de 1950, depois reunidos no livreto *O marxismo e os problemas da linguística*. Professores universitários de todo o país interromperam o que estavam fazendo para estudá-lo.²² Grande parte do que escreveu foi um antídoto saudável às ideias então correntes na linguística soviética. Segundo Marr, a língua russa contemporânea era um fenômeno burguês do capitalismo que seria recriada como fenômeno socialista na ditadura do proletariado. Na opinião de Stalin, aquilo era uma besteira. Ele insistiu em que a língua tinha raízes em um período anterior da história; na verdade, na maior parte das sociedades, ela se formou antes da época capitalista. As mudanças recentes envolviam principalmente a introdução de novas palavras ao léxico e o abandono de palavras antigas, à medida que as condições econômicas e políticas se transformavam. Também houvera uma ordenação gramatical. Mas a língua russa escrita e falada por Alexander Pushkin no início do século XIX diferia pouco da língua de meados do século XX.²³ Algumas classes têm o seu jargão e algumas regiões o seu dialeto, mas a língua fundamental é comum a todos os russos.²⁴

A motivação de Stalin desconcertou políticos e intelectuais acostumados às suas polêmicas contribuições sobre política mundial, ditadura política e transformação econômica. Mal se percebiam as ameaças de sempre. Apenas uma vez a ira se revelou. Foi quando ele afirmou que, se não conhecesse a sinceridade de certo autor, teria suspeitado de uma sabotagem deliberada.²⁵ De resto, Stalin adotou a atitude de um professor paciente e modesto.

O marxismo e os problemas da linguística tem sido ignorado injustamente. Apesar de ter pedido a opinião de linguistas renomados, como Arnold Chikobava, Stalin escreveu os artigos sozinho; e ele nada fazia sem um propósito.²⁶ Aquilo está longe de tratar apenas de linguística. O conteúdo mostra seu interesse permanente pelas questões da nação russa. A certa altura ele afirma, magistralmente, que a origem da "língua nacional russa" pode ser traçada até as províncias de Kursk e Orël.²⁷ Hoje, poucos linguistas concordariam com essa afirmação, mas ela tem importância na história soviética, por demonstrar o desejo de Stalin de arraigar a russianidade no território da RSFSR. Para ele isso era primordial, já que alguns filólogos e historiadores apontavam Kiev, na atual Ucrânia, como o lugar de origem da língua russa. Além disso, o russo seria um exemplo da longevidade e resiliência de uma língua nacional. Apesar das invasões sofridas e dos vários acréscimos culturais, a língua russa se conservara ao longo dos séculos e emergira "vitoriosa" sobre as tentativas de erradicá-la.[28] Com elogios frequentes à obra de Alexander Pushkin, Stalin não deixa dúvidas sobre o lugar especial da Rússia e dos russos em seu coração.

Contudo, seu fascínio pela "questão russa" não excluía a preocupação com o comunismo e o mundo. Na verdade, ele asseverou que as línguas nacionais desapareceriam à medida que o socialismo se espalhasse pelo globo. Em seu lugar haveria uma só língua para toda a humanidade, fruto das línguas "regionais", as quais, por sua vez, tinham surgido das línguas nacionais.[29] A noção amplamente divulgada de que a ideologia de Stalin se transformara em um nacionalismo insolúvel não se sustenta. Ele já não defendia o esperanto. Mas seu zelo em ressaltar as virtudes da Rússia não descartava a crença marxista de que o último estágio da história seria uma sociedade mundial pós-nacional.

No entanto, em suas considerações intelectuais, o apego à Rússia e à União Soviética ocupava mais espaço. Isso fica claro em seu último livro. Ele o escreveu à mão, recusando-se a ditar seus pensamentos a uma secretária.[30] O livro, publicado pouco depois do XIX Congresso do Partido, em 1952, se intitulou *Os problemas econômicos do socialismo na URSS*, resultado de uma discussão pública sobre o tema sugerida por Stalin em novembro de 1951. Enquanto se preparava para participar, ele havia pedido a Malenkov que se atualizasse sobre escritos recentes de economia política. Durante sua carreira, Malenkov teve de cumprir várias tarefas difíceis, mas a assimilação instantânea de todo o *corpus* do marxismo foi uma das mais árduas.[31] Stalin reconheceu que não dispunha de tempo nem energia — e talvez tampouco capacidade intelectual — para fazer um resumo geral inovador sobre economia política. Mas, no que dizia respeito à URSS, podia indicar suas diretrizes preferidas. Ele almejava assentar as bases de políticas que permanecessem vigentes por muitos anos. *Os problemas econômicos do socialismo na URSS* seria o testamento intelectual de um Líder adoentado.[32]

O livro traz diversas supostas heresias a ser evitadas pelos marxistas soviéticos. Em primeiro lugar, Stalin contradiz a ideia de que a transformação econômica pode ser alcançada pela simples vontade política. Ele afirma que as "leis" do desenvolvimento condicionam o que é possível no socialismo e no capitalismo.[33] Aqui houve uma estupenda demonstração de hipocrisia.

Se alguma vez houve uma tentativa de transformar uma economia por meio da vontade e da violência, foi no final da década de 1920, sob sua liderança. Mas em 1952 ele estava determinado a evitar novos tumultos. Queria pôr fim à especulação de que os *kolkhozes* seriam transformados em fazendas coletivas de propriedade e direção estatais (*sovkhozy*). No futuro próximo, insistiu, o marco organizativo na agricultura seria mantido. A construção de "agrocidades" também devia ser descartada. Ele insiste que o investimento no setor industrial de bens de capital precisa ter precedência no orçamento. Embora a produção de bens de consumo seja uma prioridade, vem atrás de ferramentas, armamentos e caminhões, e, na verdade, do ferro e do aço em geral. Stalin escreve exclusivamente sobre economia. O livro não é um tratado geral de economia política. Contudo, ao mesmo tempo que recomenda o amadurecimento contínuo em vez de saltos bruscos em políticas e estruturas econômicas, implicitamente apresenta as razões do sistema político existente. Ele estava satisfeito com seu trabalho das últimas décadas. As instituições políticas, os procedimentos e as atitudes existentes continuariam funcionando enquanto o Líder estivesse vivo, e por muito tempo depois.

Nas relações internacionais, porém, Stalin antecipou um desenvolvimento mais dinâmico. Ele fez duas indagações:

a) É possível afirmar que continua válida a conhecida tese exposta por Stalin antes da Segunda Guerra Mundial sobre a estabilidade relativa dos mercados no período de crise generalizada do capitalismo?

b) É possível afirmar que continua válida a conhecida tese de Lenin, exposta por ele na primavera de 1916, de que, apesar da decadência, o capitalismo "em seu conjunto cresce incomensuravelmente mais rápido que antes"?[34]

Na qualidade de teórico em chefe do movimento comunista mundial, Stalin respondeu o seguinte: "Não penso que seja possível fazer essa afirmação. À luz das novas condições posteriores à Segunda Guerra Mundial, ambas as teses perderam vigência."[35] Ele buscou uma explicação no Oriente:

Ao mesmo tempo, houve uma ruptura com o sistema capitalista na China e outros países populares-democráticos na Europa, os quais, junto com a URSS, criaram um único campo socialista poderoso que confronta o campo do capitalismo. O resultado econômico da existência de dois campos opostos foi que o mercado mundial único e abrangente desmoronou, com a consequência de que agora temos dois mercados mundiais paralelos que também se opõem entre si.[36]

Stalin asseverou que o mundo tinha sido transformado pelo aumento numérico de Estados comunistas. A contração territorial do mercado capitalista mundial não terminaria, e intensificaria as rivalidades entre as economias capitalistas.[37] Embora a Alemanha e o Japão tivessem sido militarmente humilhados, essas nações se recuperariam industrial e comercialmente, e competiriam ferozmente com EUA, Grã-Bretanha e França. Os vitoriosos também tinham interesses conflitantes. Os EUA pretendiam ser a potência capitalista dominante e buscavam dar cabo dos impérios de seus aliados ocidentais. Poder-se-ia esperar uma Terceira Guerra Mundial. Stalin raciocinou dogmaticamente: "Para eliminar a inevitabilidade da guerra é preciso aniquilar o imperialismo."[38] Na velhice, ele se agarrou ao credo de que o capitalismo estava condenado. Continuou acreditando que o socialismo tinha a capacidade inerente de gerar avanço tecnológico. Trata-se de uma antiga ideia marxista. Para Marx e Lenin, era axiomático que o desenvolvimento do capitalismo terminaria desembocando em um beco sem saída e impediria o desenvolvimento de produtos industriais necessários ao bem--estar da humanidade.[39]

O aspecto do pensamento de Stalin que chamou mais atenção, no entanto, foi sua atitude ante os judeus. Não há provas irrefutáveis de antissemitismo em suas publicações. Sua negativa, durante a Primeira Guerra Mundial, de que os judeus fossem uma nação tinha bases técnicas; não é possível provar que tenha definido a nacionalidade especificamente para excluir os judeus.[40] Ele não lhes recusou o direito à expressão cultural após a Revolução de Outubro; de fato, o Comissariado do Povo para Questões Nacionais financiou e incentivou grupos que promoviam os interesses dos judeus.[41] Contudo, as acusações contra ele também apontam que seus sequazes levantaram temas antissemitas quando perseguiram Trotski, Kamenev e Zinoviev na década de 1920.[42] Ele se opôs ao namoro de sua filha com o cineasta judeu Alexei Kapler.[43] Porém, o fato de seus seguidores explorarem sentimentos antissemitas nas disputas partidárias internas não faz dele um antissemita. Além disso, como pai ele tinha motivos para tentar evitar que Svetlana se relacionasse com Kapler, um mulherengo de meia-idade.

Sua campanha contra o "cosmopolitismo desarraigado" não pode ser automaticamente atribuída ao ódio aos judeus. Ele agredia todos na URSS que compartilhassem nacionalidade com povos de Estados estrangeiros. Gregos, poloneses e coreanos sofreram nas mãos dele por esse motivo antes da Segunda Guerra Mundial.[44] As campanhas contra o cosmopolitismo começaram quando as relações com os EUA pioraram drasticamente, em 1947.[45] No início, os judeus não foram um alvo óbvio. No entanto, isso não durou muito tempo. Em setembro de 1948, 20 mil judeus deram calorosas boas-vindas a Golda Meir em uma sinagoga de Moscou, após a fundação do Estado de Israel.[46] Stalin se enfureceu e começou a enxergar os judeus como elementos subversivos. Contudo, sua motivação foi a *Realpolitik*, não um preconceito visceral, embora nos últimos anos algumas de suas declarações privadas e atitudes públicas fossem inegavelmente reminiscentes de um duro antagonismo com relação aos judeus.

Porém, Beria e Kaganovich, que era judeu, absolveram seu amo de antissemitismo.[47] (Não que fossem árbitros morais de alguma coisa.) Certamente, às vezes Kaganovich sentia-se incomodado. O *entourage* de Stalin tinha um humor grosseiro. Certo dia, Stalin perguntou: "Mas por que você faz essa cara quando rimos dos judeus? Veja Mikoyan: quando rimos dos armênios ele ri conosco." Kaganovich respondeu:

> Sabe, camarada Stalin, você conhece bens os sentimentos e o caráter nacionais. Evidentemente, o que se diz do caráter dos judeus é que eles são agredidos com frequência e reagem como a planta dormideira. Quando a tocamos, ela se fecha imediatamente.[48]

Stalin cedeu e Kaganovich, que não era um homem muito sensível, pôde ficar à margem das gozações. Em si, o episódio não desculpa Stalin; deve-se acrescentar que alguns de seus comentários sobre judeus no início da década de 1950 foram extremamente agressivos. Talvez no final ele tenha se tornado antissemita. Ou talvez empregasse linguagem violenta com o fim de granjear apoio político. Ele era inescrutável demais para permitir um veredicto.

É evidente que a mente de Stalin é irredutível a uma dimensão única. Alguns o veem como um nacionalista russo. Para outros, a força motriz de suas ideias foi o antissemitismo. Outra escola de pensamento postula que suas ideias eram a de quem age segundo a *Realpolitik*; essa versão é apresentada de vários modos: na primeira é um líder que perseguiu os objetivos tradicionais dos tsares; na segunda é um estadista oportunista que almeja um lugar junto aos líderes de outras grandes potências. E alguns — hoje em dia notavelmente poucos — o descrevem como um marxista.

O pensamento intelectual de Stalin é, na verdade, um amálgama de tendências, e ele se expressou individualmente sobre cada uma delas. Como adulto, passou a olhar o mundo pelo prisma do marxismo, mas na variante leninista — e ajustou essa variante, às vezes distorcendo-a, como convinha. O marxismo de Lenin era uma mistura das doutrinas de Marx com outros elementos, como o terrorismo social russo. O tratamento que Stalin deu ao leninismo foi igualmente seletivo; assim como Lenin, relutou em reconhecer que seu marxismo-leninismo era tudo, menos o legado puro de Marx e Engels. Contudo, suas ideias sobre governo certamente tinham fortes características russas no que se refere à nacionalidade, ao império, à geopolítica internacional e à generosa dose de orgulho xenófobo. Essas tendências estavam sempre presentes em sua mente, embora apenas os membros de seu entourage tivessem um lampejo da procedência delas. Ele não as sistematizou. Para tal precisaria ter revelado o quanto bebeu de outras fontes além de Marx, Engels e Lenin. De qualquer modo, ele não gostava de codificar suas ideias, pois se fossem gravadas na pedra limitariam sua liberdade de ação.

Stalin era um homem reflexivo, e ao longo da vida tentou entender o universo ao seu redor. Estudou muito e esqueceu pouco. Porém, seu aprendizado levou a poucas mudanças básicas em suas ideias. Sua mente acumulava e regurgitava. Não foi um pensador original, nem um escritor notável. No entanto, foi um intelectual até o fim de seus dias.

53. O DÉSPOTA DOENTE

A saúde de Stalin começou a piorar paulatinamente. Os problemas cardíacos, no final de 1945, obrigaram-no a passar semanas longe do Kremlin. Ele já não aguentava o fardo dos deveres oficiais. O excesso de trabalho crônico cobrava seu preço. Tendo chegado à supremacia política, poderia ter afrouxado a rotina. Mas era um homem determinado. Exigia de si o mesmo que exigia dos subordinados. Era-lhe tão difícil passar um dia desocupado quanto saltar até a Lua. À diferença de Hitler, era obcecado pelas minúcias administrativas. Era também muito desconfiado, e vivia buscando indícios de que tentavam derrubar suas políticas ou suplantá-lo na liderança.

Seu histórico médico incluía apendicite, calos dolorosos, laringite e, talvez, psoríase.[1] Sua desconfiança crônica dos médicos não ajudava. Nem mesmo ele podia dispensar os médicos; mas os especialistas do Kremlin ficavam nervosos ao tratá-lo, e, com frequência, indivíduos acusados de envenenar membros do Politburo e outras figuras públicas eram encarcerados. A dra. Moshentseva fez um relato estranho e bastante implausível: Stalin foi levado a sua clínica para se tratar de um "enorme abcesso" no pé. O rosto e o corpo dele, no entanto, estavam cobertos por uma colcha, e ela foi instruída a só descobrir a ponta inferior para examiná-lo. Só depois ela soube a identidade do paciente.[2] O médico pessoal de Stalin, Vladimir Vinogradov, teve menos sorte. Em janeiro de 1952, após fazer um check-up no paciente, aconselhou-o a deixar a política para evitar um dano fatal à própria saúde. Aquele diagnóstico franco irritou Stalin, que não podia se aposentar sem se arriscar a uma retaliação por parte do sucessor, fosse quem fosse. O diagnóstico de debilidade permanente poderia animar os subordinados a se unir contra ele. (Certamente eles tinham motivos para tal.) Em novembro, Vinogradov foi parar em Lubyanka. Tratar Stalin podia sair caro para os médicos.[3]

Stalin não descuidava da saúde. Desde meados da década de 1920 tirava longas férias no verão, junto ao mar Negro, quando mantinha contato com a política no Kremlin mediante cartas e telegramas. Mesmo longe, continuava instruindo os subordinados mais graduados. A partir de 1945, as férias se alongaram. Em 1949, ele passou três meses nas residências do sul; em 1950 e em 1951, suas estadias na Abecásia duraram quase cinco meses.[4]

Ele tentava prolongar a vida e a carreira mesclando o ócio no mar Negro com o governo a distância. Em 1936, tinha mandado construir uma *datcha* em Kholodnaya Rechka, ao norte de Gagra, na costa da Abecásia. Tratava-se de uma estrutura com espessas paredes em pedra, projetada pelo arquiteto de sua corte, Miron Merjanov. A casa tinha sala de jantar, sala de reuniões, sala de bilhar, salão de chá e vários quartos — nos dois pisos — e banheiros. (Na verdade, Stalin preferia dormir em um divã que em qualquer uma de suas muitas camas.)[5] A ênfase estava na solidez soviética, não no luxo. As únicas peças importadas eram os metais do chuveiro alemão e a mesa de bilhar italiana. Embora os tapetes fossem de melhor qualidade do que os que podiam ser adquiridos nas lojas soviéticas, eram mais simples que os oferecidos nos mercados da Tbilisi de sua infância. Ele mandou instalar lambris de madeira em toda a *datcha*, e as paredes dos quartos estavam recobertas de uma variedade de lambris envernizados. Além da sala de bilhar, o principal capricho de Stalin era uma longa galeria com um projetor de filmes e uma tela dobrável na parede. A água vinha bombeada do riacho no fundo do vale, ao sul. As paredes externas da *datcha* (e o mesmo acontecia na *datcha* adjacente de Svetlana) eram de um verde que imitava camuflagem.[6]

No início da década de 1950, com o andar lento, Stalin parecia uma gárgula caída do desaguadouro de uma igreja medieval. Seu semblante era de uma palidez sombria. Havia muito tempo seu cabelo adquirira o tom grisalho do arenito manchado pelo tempo. Como já não recebia convidados estrangeiros distintos, parou de cuidar da própria aparência. Suas roupas estavam cada vez mais puídas. Ele vivia como lhe apetecia. Os abetos ocultavam a casa. Onde quer que estivesse, 1.500 guardas garantiam sua privacidade e segurança. Só ele dormia na parte residencial da *datcha*,⁷ e escolhia o quarto no último momento, com receio de ser assassinado.

Stalin gostava de trabalhar à tarde e à noite; nada mudou sua rotina até ter o colapso, em 1953. Ele nunca aprendeu a nadar, e raramente descia os 826 degraus até a estrada junto à costa. Seu lugar preferido era o jardim. Em Kholodnaya Rechka ele se distraía das preocupações com a política que assombravam suas horas de vigília. Do balcão à beira do jardim podia contemplar o mar Negro, calmo e quase sem ondas no final do verão. Imaginando-se um jardineiro, plantou um limoeiro e um eucalipto diante da casa. O limoeiro sobreviveu ao terrível inverno de 1947-8 e está lá até hoje.⁸ Nas *datchas* da Abecásia ele podia fazer seus cálculos políticos sem ser perturbado. Também podia desfrutar o tipo de Cáucaso que desejava para si. Nele não havia a vívida diversidade humana nem a atividade febril das cidades da Geórgia, da Armênia, do Azerbaijão ou da Abecásia. Em Kholodnaya Rechka ou no lago Ritsa, só *datchas*, montanhas, céu e mar. Era um Cáucaso controlado e retirado, onde as únicas intrusões eram as que Poskrëbyshev e Vlasik estavam autorizados a permitir.

Estivesse se recuperando no sul ou relaxando em Blijnyaya, Stalin se esforçava por ocultar seu declínio. Pesava-se regularmente. Engolia pílulas e cápsulas de iodo — sem supervisão médica — para se recobrar.⁹ Frequentava spas no mar Negro e às vezes a sauna em Moscou (que considerava equivalente ao exercício físico: muito tempo antes desistira da recreação ativa). Nas cerimônias públicas fazia questão de subir rapidamente as escadas do Mausoléu da Praça Vermelha antes de se virar para saudar a multidão.¹⁰ Os cidadãos soviéticos eram levados a crer que o governante do país permanecia robusto e saudável. Ele próprio zombava daqueles de seu entourage que tinham relaxado fisicamente, e criticava a corpulência de Kruschev e Malenkov. Ridicularizava o gosto alheio. A barbicha de Bulganin o divertia. Ria de Beria porque este se recusava a usar gravata, embora ele mesmo nunca as usasse; também criticava seu *pince-nez*: "Você fica parecendo um menchevique, só falta a correntinha para completar o retrato!"¹¹

A idade não suavizou seu temperamento. Quando admitia que a idade lhe pesava, os sequazes protestavam dizendo que era simplesmente indispensável. Mas ele seguia discutindo a possibilidade de deixar o poder, apesar do modo brutal como reagiu à sugestão de Vinogradov. Em 1946, disse aos membros do Politburo que pensassem em preparar uma nova geração para tomar o poder. Segundo Kaganovich, ele também expressou o desejo de se aposentar. Molotov seria seu substituto: "Que Vyacheslav faça o trabalho."[12] Isso causou consternação. Kaganovich não gostou da possibilidade de prestar contas a Molotov. Porém, o favor de Stalin sempre podia ser retirado. Ele agia como um gato com os ratos do Politburo. Em 1947, disse aos seus membros que escolhessem cinco ou seis subordinados para, no futuro, substituí-los. Mikoyan apresentou a lista de nomes solicitada, mas argumentou que eles estavam sendo promovidos cedo demais. Os veteranos não eram incentivados a ajudar os novatos; de fato, podiam ser perdoados por, deliberadamente, barrar o caminho deles, e provavelmente foi o que ocorreu. Um ano depois, os recém-chegados tinham demonstrado sua inexperiência e foram postos para fora.[13] Podiam se considerar sortudos por estar vivos.

Contudo, embora provocasse seus subordinados, Stalin realmente desejava distribuir várias tarefas entre eles, especialmente a rotina da economia soviética e da ordem administrativa. Ele reduziu o número de dias em que recebia visitas — de 145, no último ano da guerra, para 37, em 1952.[14] Porém, estava determinado a continuar sendo o Líder.[15] Não só conservou a supervisão da política em geral como se reservou o direito de intervir nos assuntos quando lhe aprouvesse. Apesar de adoentado, nunca deixou que uma decisão importante sobre relações internacionais fosse tomada sem seu conhecimento. Estando no mar Negro, seguia recebendo pilhas de documentos de Moscou. As questões da polícia de segurança eram só algumas de suas muitas preocupações.[16] Ele estava sempre acompanhado de Alexander Poskrëbyshev, chefe do Departamento Especial do Secretariado do Comitê Central do Partido, que ascendera ao grau de general durante a guerra e a quem Stalin gostava de chamar "comandante supremo".[17] A relação de cão e amo entre eles era crucial para Stalin. Poskrëbyshev lidava com os telegramas que chegavam à *datcha* e decidia quais exigiam a atenção de Stalin. Em uma emergência ele tinha autorização para interromper o jantar do chefe, não importava com quem estivesse, a fim de consultá-lo.[18]

Em suas longas estadias na Abecásia, Stalin mantinha a mesa farta pronta para visitas eventuais. Em sua maioria eram políticos de Moscou ou do Cáucaso. As conversas giravam em torno de uma ampla variedade de temas. Os jantares e desjejuns tardios eram o fulcro de seu despotismo. Ele os aproveitava para deliberar com seus sequazes, dar precedência a um ou outro e espalhar o medo e incitar a inveja nos demais. Dentre as tradições no final da década de 1940 estavam os brindes elaborados à sua saúde e suas façanhas. Era considerado grosseiro não louvar seu papel nos preparativos da URSS para a Segunda Guerra Mundial e na vitória de 1945. Em cada *datcha* ele mantinha uma generosa oferta de vinhos, conhaque e champanhe, além de um estoque de charutos e cigarros. Fumante inveterado de cachimbos, ocasionalmente fumava cigarros.[19] Gostava muito de ter a companhia de jovens oficiais locais, aos quais contava sua vida pregressa com grande entusiasmo. Nos últimos anos, principalmente na presença de novos conhecidos, não resistia e edulcorava as histórias com exageros extravagantes, cativando-os com seu charme e senso de humor.

Aqueles jovens do partido e do governo satisfaziam seus desejos avidamente. Akaki Mgeladze, chefe do partido na Abecásia, perguntou a Stalin sobre suas preferências em vinhos. Dentre os tintos o Líder mencionou o Khvanchkara, produzido segundo métodos camponeses. Isso surpreendeu Mgeladze, que supunha que Stalin se inclinaria pelos famosos Atenuri ou Khidistavi de sua Gori natal. (Os georgianos se orgulham dos vinhedos da localidade onde crescem.) Stalin explicou que, na verdade, estocava o Khidistavi para Molotov. O outro tinto de que gostava era Chkhaveri.[20] No desjejum comia um mingau feito com leite; no almoço e no jantar preferia sopas e peixe — estranhamente para um caucasiano, ele não fazia muita questão de carne.[21] Adorava bananas (e resmungava quando o presenteavam com bananas de má qualidade).[22] Quando estava tudo pronto, fazia como os anfitriões georgianos, e muitas vezes dispensava os criados. Os convivas serviam-se de um bufê. As bebidas eram dispostas em mesinhas adjacentes.[23]

Os aspectos vexatórios dos jantares de Stalin perduraram. Em vez de vinho, a vodca era servida em taças. Às vezes, sub-repticiamente salpicava-se pimenta no prato de alguém. Não era só uma brincadeira grosseira. Como antes, ele queria manter todos sobressaltados. Adorava quando um convidado alcoolizado deixava escapar uma indiscrição. Queria conhecer os podres das pessoas.[24] No entanto, também sabia se portar com elegância. Quando o ator georgiano Bagashvili opinou que Nina, a esposa de Beria, precisava escapar de sua "gaiola dourada", Beria não reagiu, apesar da implicação de que sua mulher levava uma vida indigna. Ela se sentiu insultada, e deixou isso claro. Stalin entendeu a reação dela. Cruzou o salão e tomou-a pela mão. "Nina, esta é a primeira vez que beijo a mão de uma mulher." Naquela noite, Beria recebeu uma reprimenda da esposa e Stalin granjeou a gratidão de uma mulher enfurecida.[25] Ele pode ter agido com hipocrisia, mas sua atitude funcionou e, como detinha um poder despótico, Stalin sempre obtinha o benefício da dúvida por parte daqueles que pretendia seduzir.

Aos poucos, ele foi se livrando daqueles que o cercavam em meados da década de 1930. Até Vlasik foi demitido, em abril de 1952, e Poskrëbyshev em janeiro de 1953. Beria foi outro alvo. Ostensivamente, os dois mantinham boas relações. Em 1951, Stalin o homenageou, confiando-lhe o discurso principal da comemoração do aniversário da Revolução de Outubro na Praça Vermelha, mas Beria suspeitou que ele estivesse tramando algo. O que o preocupou foi o comentário de que não era preciso mostrar-lhe o texto do discurso antes da data.[26]

Beria entendeu que estava sendo levado a dizer algo que poderia ser usado contra si. Conhecia muito bem os métodos de Stalin, e em seguida os acontecimentos mostraram que tinha razão. Dois dias depois do desfile de aniversário, uma resolução do Comitê Central denunciou um "grupo nacionalista mingrélio". Beria não foi mencionado na resolução, mas sua origem mingrélia o expunha a outras ações — e, de fato, a resolução especificava que uma organização menchevique baseada em Paris, dirigida por Yevgeni Gegechkori — tio da esposa de Beria — mantinha uma rede de espionagem na Geórgia.[27] O povo mingrélio tem uma língua tão diferente do georgiano "padrão" que Stalin nunca a aprendeu.[28] (Claro que isso não ajudou a acalmar sua recém-fabricada suspeita.) Beria possuía vários clientes migrélios e distribuíra entre eles, com autorização de Stalin, terras na Abecásia, à custa dos nativos [abecásios]. Com as prisões de mingrélios proeminentes, no inverno de 1951-2, Beria previu que logo sua vez chegaria. Embora na primavera de 1952 Stalin tivesse suspendido o expurgo, Beria notou que ele andava notavelmente mais educado do que amistoso. Aquilo era um mau sinal. O antigo chefe do NKVD temeu voltar à Lubyanka em circunstâncias indesejadas.[29]

Em setembro, diversos médicos do Kremlin foram presos. Isso ocorreu após uma denúncia confidencial sobre o tratamento dispensado a Andrei Jdanov, morto em 1948. A denúncia partiu da dra. Lidia Timashuk, cuja carta, enviada logo após o falecimento de Jdanov, foi desarquivada e brandida como prova no expurgo dos médicos e professores da clínica do Kremlin. O *Pravda* publicou um artigo expondo "os assassinos de jaleco" que espalhou o pânico entre a elite médica. O professor Yevdokimov, dentista de Stalin e, por muitos anos, chefe de cirurgia bucomaxilofacial no Kremlin, passou uma semana fora de casa, para o caso de a polícia ir buscá-lo.[30]

Yevdokimov voltou exausto para casa. Provavelmente entendera que as autoridades queriam encarcerar médicos de origem judaica. A maior parte das vítimas tinha sobrenomes que pareciam judeus. O "cosmopolitismo sem raízes" era denunciado com uma intensidade crescente. Em toda a União Soviética, os judeus foram perseguidos. Perderam cargos de responsabilidade. Foram humilhados no trabalho. As troças antissemitas tornaram-se comuns nas ruas, e ninguém era reprimido. Era preciso coragem para defender as vítimas. A campanha, que nunca foi oficialmente declarada como tendo os judeus por alvo, ganhou força. Muitos judeus proeminentes foram presos. Solomon Mikhoels, líder do Comitê Antifascista Judeu (criado na Segunda Guerra Mundial), morreu em um acidente automobilístico em 1948, por ordem de Stalin; o comitê foi dissolvido, e o resto da liderança encarcerada e fuzilada.[31] Mas a mulher de Molotov, Polina Jemchujina, que estava detida no exílio desde 1949, permanecia viva. Ela foi escolhida para ocupar a ribalta do próximo julgamento-show. A polícia de segurança voltou a interrogá-la. Correu o rumor de que estavam sendo preparadas medidas para deportar todos os judeus para o Distrito Autônomo Judaico, criado em 1928 em Birobidjan, no leste da Sibéria (quando Stalin e o Politburo tinham chegado à conclusão de que os judeus da URSS que quisessem conservar sua cultura ancestral deveriam ter um território próprio).

Não se sabe se Stalin realmente pretendia a deportação universal dos judeus no início da década de 1950, embora isso seja tratado como um fato, embora nenhuma prova conclusiva tenha vindo à tona.[32] Porém, a situação avançava rapidamente. Nenhum judeu se sentia seguro na URSS. O pressentimento de *pogroms* foi crescente. Tendo ascendência judaica, Kaganovich pisava em ovos. Talvez Stalin o poupasse de envolvimento no complô dos médicos. Mas os antecedentes não eram nada animadores. Quando os expurgos começavam, nunca se sabia até onde iriam. Molotov e Mikoyan já tinham sido rebaixados. Com Jemchujina na prisão, Molotov já temia o pior. Ele e Mikoyan foram removidos de seus cargos de liderança, apesar de membros do Politburo. Mas a sentença de ambos estava ditada. Uma vez perdido, o favor raramente era recuperado.

Quando começaram os arranjos finais para o XIX Congresso do Partido, em outubro de 1952, Stalin tinha surpresas na manga. Em agosto, ocorreu a plenária do Comitê Central. Isso lhe deu a oportunidade de sondar o partido e a liderança governamental, e ele atiçou as críticas mútuas antes de levarem as propostas ao congresso. Para os jovens líderes era também a chance de chamar atenção de Stalin. Dentre eles estava Mikhail Pervukhin, vice-presidente do Conselho de Ministros. Duas semanas mais tarde, Stalin telefonou-lhe cedo numa manhã de domingo. Perguntou-lhe por que tinha proposto emendas às diretrizes na plenária do Comitê Central e não no Conselho de Ministros. Pervukhin explicou que se sentia impedido pelo fato de as diretrizes já terem sido decididas no Gabinete do Conselho de Ministros. Para Stalin aquilo soou como uma conspiração, principalmente ao saber que Beria, Malenkov e Bulganin se alternavam na presidência do gabinete. Ele sempre tentou romper coalizões entre seus subordinados. Malenkov e Bulganin ainda eram vistos com bons olhos, mas ele não deixava nada ao acaso. Por ordem sua, o falante Pervukhin foi alçado a membro do gabinete.[33]

Stalin então pediu ao humilhado Malenkov que apresentasse o relatório político do Comitê Central. Estava debilitado demais. Desde 1925 era o único a se encarregar dessa tarefa. Quando Kaganovich perguntou-lhe a respeito, Stalin retrucou distraidamente que era preciso "promover os jovens".[34] Isso tampouco era uma boa notícia para Kaganovich; mas foi ainda pior para Molotov e Mikoyan. Na reunião preparatória do congresso, Stalin propôs excluí-los do Presidium por ser "membros não ativos do Politburo". Eles pensaram que se tratava de uma brincadeira, mas Stalin insistiu que estava falando sério.[35] No próprio congresso ele falou pouco, contentando-se em agradar o público ao se sentar em um ponto proeminente da plataforma. Os elogios dos oradores confirmaram as políticas em vigor. Contudo, as divergências no Politburo estavam claras para os delegados bem-informados. Em uma linguagem esopiana, Malenkov defendeu a indústria leve, Beria os não russos e Kruschev a agricultura. Na superfície, parecia que Stalin e o Politburo tinham pensamentos tão idênticos quanto duas camadas de tinta.

Evidentemente, os subordinados sabiam que ele não estava senil e não participava do congresso como um ornamento político, pelo contrário: ouvia e vigiava como uma ave de rapina. O conservadorismo stalinista estava na ordem do dia. Teria sido suicida não acompanhar os aplausos às políticas do partido e do governo. O relatório de Malenkov ultrapassou o limiar do realismo com a afirmação de que o fornecimento de cereais na URSS tinha sido resolvido "definitivamente e para sempre". Porém, era mais fácil dizer isso que apresentar qualquer indício de dissensão.

A plenária do Comitê Central após o congresso, em 16 de outubro de 1952, ouviu o último bombardeio oral de Stalin. Cercado por outros líderes, ele foi ovacionado ao entrar no Salão Sverdlov. Fez um discurso de hora e meia; falou sem anotações e escrutou a audiência com o olhar.[36] O tema principal, não declarado, era ele próprio. Deixou implícito que não duraria muito. Rememorou os perigos do início de 1918, quando inimigos cercaram o Estado soviético por todo lado: "E Lenin? Releiam o que disse e escreveu à época. Mesmo naquela situação incrivelmente grave ele seguiu vociferando. Bradou e não temia ninguém. Ele bradou, bradou e bradou!"[37] Ao falar de Lenin, na verdade ele se referia a si e à sua contribuição à revolução. "Quando recebo uma tarefa eu a cumpro. Não que eu deva levar todo o crédito. Não fui educado assim."[38] Quando um membro do Comitê Central afirmou, orgulhoso, que era pupilo de Stalin, este retrucou: "Todos somos pupilos de Lenin!"[39] Foi o mais perto que chegou de deixar um testamento político. Em vez de legar recomendações sobre políticas específicas, listou as qualidades de que a liderança soviética necessitaria após sua morte. Elas incluíam coragem, destemor, modéstia pessoal, resiliência e leninismo.

Seu objetivo imediato era expor as fraquezas de alguns sucessores em potencial. À diferença de Lenin, dava asas à sua ira e despejava insultos sobre as vítimas. Molotov e Mikoyan eram as principais. Stalin repisava acusações de covardia e inconsistência, alegando que as viagens de ambos aos EUA os deixara embasbacados com a força econômica do país. Relembrou o incidente em que Molotov quis diminuir a demanda pelos grãos dos *kolkhozes*. Ele engoliu em silêncio. Mikoyan, porém, decidiu-se por uma defesa ativa e subiu ao estrado para responder.[40] Os membros do Politburo estavam familiarizados com a hostilidade de Stalin com relação a Molotov e Mikoyan, mas para outros aquilo era novidade.

O cenário estava quase pronto para um acerto de contas. Molotov, Mikoyan e Beria viviam em pânico. O Comitê Central criou um Presidium como o principal órgão executivo, em vez do Politburo. Stalin leu a lista de membros propostos, que foi aceita sem discussão.[41] O novo Presidium do partido teria um gabinete interno, para o qual nem Molotov nem Mikoyan foram indicados.[42] (Beria ganhou um lugar, mas não foi de grande consolo; ele sabia que muitas vezes Stalin trabalhava com um fatiador de salame quando começava um expurgo.) Quando o Presidium se reuniu, em 18 de outubro, Malenkov ficou encarregado da Comissão Permanente de Relações Exteriores, Bulganin das "questões de defesa" e Shepilov da comissão sobre "questões ideológicas".[43] Apesar da velhice, Stalin ainda lia relatórios, planejava manobras e participava de reuniões cruciais — e, como em 1937, não tirou férias naquele ano. O gabinete se reuniu seis vezes nas últimas semanas de 1952 e ele esteve sempre presente.[44] Grande parte dos procedimentos se centrou em nomeações para cargos. Mas também foram discutidos assuntos de natureza sinistra. Stalin colocou a questão da "sabotagem no trabalho médico", e exigiu um relatório "sobre a situação do MGB da URSS".[45]

Stalin queria atrelar um órgão oficial do partido à locomotiva de sua conspiração. Precisava reduzir o risco de um golpe. Ao se mover lentamente e obter sanção formal a cada passo, esperava convencer os membros mais jovens e, portanto, menos experientes, do gabinete de que suas medidas se baseavam em evidências sólidas. O assassino precisava de um álibi e conservava sua astúcia legendária.

Seus cúmplices veteranos tremiam de inquietação. Beria, Malenkov, Kruschev e Bulganin sabiam, por experiência, que era impossível supor que Stalin não os perseguiria. Não podiam confiar nele; era óbvio. As coisas estavam piorando. Em 21 de dezembro de 1952, após muito vacilar, Molotov e Mikoyan decidiram ir à *datcha* de Stalin, em Blijnyaya, cumprimentá-lo por seu aniversário. Faziam isso havia anos e, embora ele andasse hostilizando-os, pensaram que as coisas poderiam piorar se rompessem o hábito. Enganaram-se. A visita irritou Stalin, e os outros membros do Presidium os advertiram para ficar longe da vista dele.[46] Contudo, seu comportamento deixou todos atônitos e assustados. Ele certamente não era o mesmo de antes. Quando morreu, seus sicários comentaram sobre sua deterioração física e psicológica. Apontaram o que denominaram "novos caprichos". Até então, ele tinha sido bastante leal ao grupo de líderes criado no final da década de 1930; o Caso de Leningrado, de 1949-50, tinha sido a exceção, e não a regra, nos anos do pós-guerra.[47] Porém, ele passara a dar ou retirar favores com uma arbitrariedade que os deixava em pânico.

Então, o que pretendia o Líder? Haveria um grande plano por trás de suas jogadas? A eliminação de vários veteranos — e a perseguição aos judeus — marcaria o final do expurgo planejado? Esse expurgo seria levado até o fim por um homem cujo declínio físico era inegável? Para os colaboradores mais próximos, tivessem ou não sido denunciados por ele, parecia inútil procurar os motivos. Stalin assassinava políticos havia muitos anos. A decrepitude não rompeu esse hábito.

54. MORTE E EMBALSAMAMENTO

No final de 1952, em 21 de dezembro, Stalin ofereceu uma festa de aniversário no grande salão de recepções da *datcha* de Blijnyaya.¹ O Chefe pretendia se divertir, e convidou os principais dirigentes políticos. Sua filha Svetlana também estava presente. As paredes estavam cobertas de fotografias de crianças soviéticas. Ele também mandou dependurar pinturas de cenas das obras de Górki e Sholokhov.² Os convivas consumiram uma grande quantidade de bebidas. Durante toda a noite, o gramofone tocou música folclórica e para dançar, e Stalin escolheu os discos. Foi uma ocasião alegre.

Contudo, dois convidados estavam taciturnos. Um deles era Kruschev, que odiava dançar, descrevendo-se como "uma vaca no gelo". Maliciosamente, Stalin chamou-o para dançar a vigorosa *gopak* ucraniana. Talvez o Chefe, que na infância não conseguira aprender o *lekuri*,³ ficasse perversamente satisfeito constrangendo-o. A outra pessoa que não se divertiu foi Svetlana. Com 26 anos, casada duas vezes e mãe, ela não suportava que lhe dissessem o que fazer e rejeitou o convite do pai para dançar. O braço encurtado em geral impedia Stalin de dançar, mas naquela noite ele tomara alguns copos. O rechaço de Svetlana provocou-lhe um acesso de raiva. Ele a agarrou pelo cabelo ruivo e a empurrou. Ela enrubesceu e seus olhos marejaram com a dor e a humilhação. Muitos dos presentes se compadeceram, mas não podiam fazer nada. Ainda escaldado com a humilhação que sofrera, Kruschev nunca esqueceu a cena: "[Stalin] dava voltas com os braços estendidos. Era evidente que nunca tinha dançado." Mas Kruschev não o julgou com severidade: "Ele não foi brutal para magoar Svetlana. Não, seu comportamento foi realmente uma expressão de afeto, mas da forma perversa e rude que lhe era peculiar."⁴

Outros farristas se preocuparam com algo muito pior do que ser puxado pelos cabelos para dançar. A provável iminência de um expurgo político mantinha todos agitados. Em 13 de janeiro de 1953 o *Pravda* publicou um editorial sobre "Espiões malignos e assassinos disfarçados de professores de medicina". Stalin editara o texto.[5] Embora passasse o tempo em Blijnyaya, ele não era um mero espectador de um complexo drama político.[6] Os membros do Presidium — como o Politburo passou a se chamar — leram o jornal com o coração na mão. A tensão aumentava e estava ficando insuportável. Em 28 de fevereiro Stalin convidou Malenkov, Beria, Kruschev e Bulganin para assistir a um filme na *datcha*. Portou-se como um anfitrião generoso. Havia fartura de comida e bebida. Após consumir um odre de vinho georgiano, os membros do Presidium tentaram evitar dizer qualquer coisa que pudesse contrariar o Líder. No final do jantar, Stalin mandou os criados armarem a tela de cinema na galeria do térreo. O grupo se despediu às 4h da manhã de 1º de março.[7] Nenhum dos presentes recordou ter notado Stalin abatido. Segundo Kruschev, eles o tinham deixado bem-disposto e em boa forma.[8] Era o que se esperava após uma longa noite de farra.

Quando as limusines sumiram na escuridão do campo de Moscou, Stalin deu algumas ordens aos seus guardas. Um deles, Pavel Lozgachëv, as transmitiu ao seu chefe, Ivan Khrustalëv. Stalin disse que ia para a cama e eles podiam descansar e dormir; ordenou que não o perturbassem enquanto não os chamasse aos seus aposentos.[9]

No final da manhã de 1º de março, os guardas se inquietaram ao assumir seus postos e ver que Stalin não os chamava. Durante anos essa era a rotina. Um grupo conhecido como segurança móvel patrulhava a *datcha* de Blijnyaya. O turno de cada guarda alternava entre duas horas de trabalho e duas de descanso, para permanecerem alertas. As posições dos guardas ao redor da casa eram designadas por números.[10] A proibição habitual de não perturbar Stalin foi respeitada; no entanto, sabiam que se algo inesperado acontecesse eles levariam a culpa. Ele tinha o hábito de pedir um copo de chá com uma fatia de limão no final da manhã. Era regular como um relógio. O subcomandante Mikhail Starostin estava tenso porque o pedido não tinha sido feito.[11] Não havia uma autoridade superior a quem recorrer. Poskrëbyshev e Vlasik tinham sido despedidos e não estava claro quem no Presidium poderia (e se atreveria a) contradizer uma ordem de Stalin. Aquela situação teria sido vantajosa se Stalin estivesse saudável. Ele estava a ponto de pagar um alto preço por sua extraordinária concentração de poder.

Às 18h30, acendeu-se uma luz na *datcha*. Os guardas ficaram aliviados com aquele sinal de vida, supondo que tudo estava bem. Pensaram que, tendo acordado tarde, ele estava ocupado com seus afazeres. Porém, Stalin não saíra do quarto, não pedira comida nem dera ordens. Ninguém o vira. Portanto, os guardas não sabiam o que fazer. Por volta das 22h, chegou um pacote do escritório do Comitê Central em Moscou. Isso forçou o grupo de segurança a tomar uma decisão. Resolveram que Pavel Lozgachëv entregaria o pacote a Stalin. Nervoso, ele entrou no quarto e se deparou com uma cena chocante. Stalin estava estirado no piso. Embora não tivesse perdido totalmente a consciência, não conseguia falar e tinha se urinado. Evidentemente, sofrera um derrame. Seu relógio de pulso estava no piso ao lado dele, e marcava 18h30. Logicamente, os guardas pensaram que ele caíra no momento de acender a luz.[12]

Ninguém se atreveu a fazer a coisa mais óbvia e chamar um médico. Precisavam das instruções de autoridades acima deles na hierarquia, então telefonaram para Sergei Ignatev, ministro de Segurança Interior. Ignatev não soube o que fazer e telefonou para Beria. Na *datcha*, todos esperavam receber ordens. A única coisa que fizeram por conta própria foi erguer Stalin do piso, colocá-lo no divã e cobri-lo com um cobertor.[13]

Quando a notícia de Ignatev chegou pela boca de Malenkov, os membros do Presidium se perguntaram se a morte de Stalin estaria próxima. Porém, é um mistério como eles reagiram. Tanto os políticos como os guardas ficaram de boca fechada por muitos anos, e a memória se deteriora com a passagem do tempo. As vicissitudes da luta pela sucessão política também contribuíram para distorcer os registros. Kruschev venceu. Beria foi executado em dezembro de 1953 e Malenkov, derrotado, não quis deixar seu testemunho. Kruschev e Svetlana Alliluyeva foram os únicos capazes de relatar livremente os acontecimentos, antes que a velhice apagasse suas recordações. Infelizmente, ambos tinham pendor para fantasias e para exagerar seus conhecimentos e virtudes. Era uma situação paradoxal. O próprio Stalin havia regulamentado rigidamente a divulgação de detalhes de sua vida, que já eram extremamente escassos e pouco fiáveis. Contudo, tais detalhes passaram a depender ainda mais do dia em que ele perdeu o controle. Datas, procedimentos, personalidades e acontecimentos do período entre 28 de fevereiro e 5 de março de 1953 são claros como um barril de piche.

O relato mais completo é o de Kruschev. Segundo conta, vários deles foram à *datcha* nas primeiras horas de 2 de março: Malenkov, Beria, Bulganin e Kruschev. Não se sabe se eles — ou alguns deles — fizeram uma segunda visita antes de decidirem pedir assistência médica.[14] Por algum motivo, horas se passaram antes de os médicos serem chamados para atender Stalin. Há controvérsias sobre a hora precisa em que chegaram. Svetlana, chamada quando tomava aula de francês,[15] diz em suas memórias que foi às 10h; contudo, o relato mais plausível é o do guarda A. I. Rybin, que estava lá, e que afirma ter sido às 7h.[16] De qualquer modo, obviamente os membros do Presidium tardaram em buscar assistência. Isso levantou a suspeita de que teriam esperado deliberadamente a condição de Stalin piorar. É possível, já que todos eram vítimas em potencial de um expurgo. Mas talvez eles simplesmente estivessem com medo de intervir. Caso ele se recobrasse, pagariam um preço alto por agir como se estivessem no comando do país. É uma hipótese crível. Contudo, certamente tardaram demais — e talvez estivessem mais a par da natureza crônica de sua enfermidade do que deixavam transparecer.

Os médicos encontraram Stalin empapado de urina. Despiram-no e usaram uma solução à base de vinagre para higienizá-lo. Em algum momento, ele vomitou sangue; seguiram-se o arfar e a irregularidade respiratória característicos da respiração Cheynes-Stokes. A gravidade da situação era óbvia. Os próprios médicos operavam estressados, cientes do que acontecera com colegas que tinham falhado em satisfazer os políticos soviéticos. Em seguida, eles descobriram o pior. As extremidades de Stalin estavam totalmente paralisadas. Fizeram o que podiam, mas o prognóstico era ruim. Antes do meio-dia, administraram enemas, embora ninguém antecipasse efeitos positivos.[17]

Para o Presidium, o problema era que se Stalin se recuperasse eles seriam condenados por ter falhado em socorrê-lo para que se recobrasse, e condenados por intervir sem sua autorização. A cautela era vital. Obviamente, era essencial saber mais sobre seu estado. Infelizmente, depois das prisões do Complô dos Médicos, os melhores profissionais de Moscou estavam nas celas de Lubyanka. Seguiu-se uma tragicomédia. Os professores encarcerados (os quais, supostamente, eram traidores perversos) foram abordados e lhes perguntaram o provável prognóstico de um paciente com respiração Cheynes-Stokes. Após semanas sofrendo com torturas, eles se assombraram com a virada inesperada de seus algozes. Yakov Rappoport respondeu concisamente que se tratava de um "sintoma grave", deixando implícito que a morte era a consequência mais provável.[18] Não se sabe se essa informação orientou as medidas seguintes. Porém, ao menos os membros do Presidium tiveram certeza de que podiam planejar a sucessão política. De qualquer modo, aos seus olhos, as evidências eram suficientemente conclusivas: Stalin estava em péssimas condições, e os médicos eram claramente pessimistas. Agora, os médicos mais renomados do país, presos em Lubyanka, tinham confirmado essa impressão.

Em 4 de março, eles começaram os arranjos. Não havia tradição nem regras de procedimento; Stalin deliberadamente mantivera o assunto fora da agenda. Os principais líderes entenderam que só teriam legitimidade se fingissem dar continuidade, e convocaram uma sessão de emergência do Comitê Central do partido. Isso permitiu aos veteranos do Presidium superar a ameaça dos membros promovidos no XIX Congresso, em outubro de 1952. Alguns veteranos estavam mais bem colocados que outros. Molotov não podia almejar o poder supremo depois de ser atacado por Stalin em outubro de 1952. Malenkov e Beria tomaram a iniciativa. Ladeados pelos veteranos do Presidium (à exceção de Bulganin, de plantão junto ao leito de Stalin). Malenkov abriu a sessão anunciando que Stalin estava seriamente doente e o prognóstico era ruim, mesmo que sobrevivesse. O Comitê Central ouviu em silêncio. O estrado foi ocupado por Beria, que propôs que Malenkov ocupasse imediatamente o posto de Stalin como presidente do Conselho de Ministros. Todos concordaram, e a sessão foi encerrada.[19]

Contudo, Stalin ainda não havia falecido, e os membros do Presidium correram de volta para Blijnyaya, onde ele afundava irremediavelmente. Eles viram sua vida passar velozmente diante de seus olhos: os Planos Quinquenais, o Grande Terror e a Grande Guerra Patriótica. Stalin encarnava a carreira coletiva deles, que haviam participado da consolidação do poderio militar e industrial do Estado soviético, de sua expansão territorial e da política de segurança. Com a possível exceção de Beria, todos se assombravam com a inteligência e experiência de Stalin, ao mesmo tempo que simplesmente o temiam. Ele os tinha enfeitiçado e traumatizado. Prostrado no divã, não sabiam se, por algum esforço sobre-humano, ele se recuperaria e voltaria para dominar a vida pública. Aqueles indivíduos, que enviaram milhões para a morte no *gulag*, tremiam ao fitar um velho, semiconsciente e inerte, cuja vida se esvaía. Ele os manteve de cabelo em pé até o fim. Ainda havia a possibilidade de que se recuperasse o suficiente, mesmo que por um instante, e ordenasse a destruição de todos eles. Não se podia confiar nem em um Stalin moribundo.

Na *datcha*, a tensão era enorme. Beria assumiu a segurança e pôs a zona ao redor de Blijnyaya de quarentena enquanto o paciente ficava em observação. Na manhã de 5 de março, ele vomitou sangue novamente.[20] Os médicos descobriram depois que tivera uma tremenda hemorragia estomacal. Sua saúde se deteriorava havia alguns anos, e suas artérias estavam endurecidas. Médicos e políticos se reuniram ao redor do leito. Svetlana era o único parente na *datcha*. Os presentes se alternaram pagando tributos junto ao corpo. Tomaram sua mão, buscando algum sinal de suas intenções. O comportamento mais notável foi o de Beria, que babou na mão de Stalin, em uma demonstração melosa de fidelidade. Às 9h50 o Líder teve um espasmo. Foi o fim.

Alguns se abraçaram. Svetlana, compungida, buscou conforto no abraço de Kruschev. Os criados puderam entrar para ver o defunto. Até os membros do Presidium, que vinham planejando a política depois dele, foram impactados. Todo um período de sua vida e da história do país tinha chegado ao fim. Não seriam humanos se não tivessem sido afetados por essa experiência. Apenas uma pessoa manteve a presença de espírito: Beria, que se comportou feito uma pantera enjaulada. Não mais meloso nem cabisbaixo, ele gritou: "Khrustalëv! O carro!"[21] E correu ao Kremlin para terminar uma sucessão política organizada, na qual teria um papel destacado. Enquanto os demais consolavam Svetlana ou choravam junto ao leito de Stalin, havia muito por fazer, e Beria ditou o ritmo. À diferença de Molotov e Mikoyan, ele não fora declarado um líder em potencial indesejável. O Caso Mingrélio ainda não tinha sido mencionado no Comitê Central e, pelo que seus membros sabiam, Beria fora benquisto por Stalin até o final. A batalha pela sucessão estava em andamento.

O grupo de segurança se converteu em guarda de honra junto ao Líder falecido. Um cadafalso preto chegou à *datcha* e os guardas o carregaram para ser transferido à instituição onde regularmente se verificava a condição do cadáver de Lenin, e o cadáver de Stalin seria preparado para o funeral. Khrustalëv, o comandante da guarda, seguiu no posto.

Às 20h do dia 5 de março o Comitê Central do partido se reuniu, com Kruschev na presidência. Os membros do Presidium sabiam que precisavam convencer os presentes de que Stalin havia morrido de causas naturais.[22] A plataforma foi ocupada pelo ministro da Saúde, A. F. Tretyakov, que apresentou uma detalhada explicação médica. Kruschev evitou o debate e anunciou as propostas do Gabinete do Presidium. Propuseram Malenkov como presidente do Conselho de Ministros. Beria seria um dos vices, e se encarregaria dos ministérios do Interior (MVD) e de Segurança do Estado (MGB). Kruschev permaneceria como secretário do Comitê Central. Os veteranos mais antigos não foram ignorados. Voroshilov foi indicado presidente do Presidium do Soviete Supremo da URSS. Molotov, que mantinha a posição na mente dos líderes, apesar dos ataques de Stalin, seria vice-presidente do Conselho de Ministros (o que Beria e Bulganin não alcançaram). Porém, as principais figuras eram Malenkov, Beria e Kruschev. Isso ficou claro com a decisão de confiar-lhes a tarefa de pôr "em ordem" os documentos de Stalin. Todas as propostas foram aprovadas por unanimidade e a reunião durou apenas 40 minutos.[23] Os desejos de Stalin estavam sendo rejeitados. Ele planejara a queda de Beria, Molotov e Mikoyan. Malenkov, porém, viu em Beria um aliado útil, e Kruschev aceitou temporariamente o *fait accompli*.

Malenkov, Beria e Kruschev conheciam Stalin do tempo em que ele detinha poder de vida e morte sobre os três. Não conheciam a política livre do medo de que ele mandasse prendê-los. Beria pôs o filho Sergo para aprender a pilotar e estudar as rotas internacionais, para o caso de a família precisar fugir.[24] Ele, Molotov, Voroshilov, Mikoyan e Kaganovich tinham motivos para se alegrar com a partida de Stalin desta vida. Outros, como Kruschev e Malenkov, devem ter se perguntado se a ameaça também se dirigiria a eles. Todo o Presidium tremera de medo durante meses. Subordinados mais próximos de Stalin tinham muito interesse em sua morte e em conspirar para apressá-la. Os motivos da morte permanecem obscuros. Houve uma autópsia, mas o laudo nunca foi encontrado. Isso seria mais do que suficiente para provocar suspeitas. Além disso, os dez médicos que cuidaram dele no final montaram a história de sua doença, que só ficou pronta em julho (e só recentemente foi aberta ao público).[25] A conclusão plausível foi que Stalin morreu de causas naturais. Mas é estranha a demora na entrega do histórico, bem como a perda do laudo da autópsia. Talvez algo importante estivesse sendo encoberto.

O veredicto deve permanecer aberto. Uma possibilidade é que tenha sido assassinado, provavelmente com a conivência de Beria e Khrustalëv. Em geral, alega-se veneno aplicado à comida; outra sugestão é que Beria teria conseguido que seus homens entrassem na *datcha* e lhe aplicassem uma injeção letal. Segundo uma estranha versão, o homem que morreu naquela casa não teria sido Stalin, mas seu sósia, uma especulação disparatada, totalmente sem provas (de fato, não explica por que Stalin não teria voltado para se vingar dos conspiradores se o cadáver era de um sósia).

Seu corpo chegou de maca ao primeiro piso do Instituto Smolny, e a partir dali os médicos se encarregaram, já que os guardas estavam em estado de choque — muitos deles aos prantos. Só Khrustalëv permaneceu, e os demais voltaram ao vestíbulo. Os dentes falsos do morto foram removidos e entregues ao comandante da guarda. Assim como Lenin, Stalin também seria embalsamado. A tarefa se complicara a partir de 1952, quando ele mandou prender Boris Zbarski, que durante muitos anos foi o encarregado do laboratório do Mausoléu.[26] Mas a química tinha sido registrada havia muito tempo, para ser usada por outrem. Enquanto isso, o cadáver foi exposto em um cadafalso na Praça Vermelha.[27] Os guardas acompanharam o corpo ao Salão das Colunas até a Praça Vermelha, onde permaneceu até o dia do funeral.[28] O Mausoléu se converteria no lugar de repouso conjunto de Lenin e Stalin. Não havia nada de inusitado nisso, embora Stalin não tivesse deixado instruções. Por duas décadas, ele fora saudado como o maior ser humano vivo. O Presidium simplesmente supôs que seu cadáver devia ter o mesmo tratamento que ele dera a Lenin em 1924.

O rádio e os jornais anunciaram a morte no dia 6 de março. O choque popular foi imenso, já que não se sabia de seu decaimento físico; de fato, nos anos anteriores, não se informara sobre o declínio de sua saúde. Formou-se uma multidão. Os moscovitas correram para ver os restos do ditador antes do funeral. Trens e ônibus de províncias distantes chegaram com passageiros ávidos para vê-lo. De metrô e ônibus, todos chegaram ao centro da capital e, com uma ansiedade sombria, seguiram a pé até a praça pavimentada com paralelepípedos. No dia 8 de março, a massa humana era tão grande que a polícia não conseguia controlá-la. Havia gente demais chegando de todo lado. Houve pânico quando muitos tentaram dar meia-volta. O resultado foi desastroso. Milhares de indivíduos foram pisoteados e gravemente feridos, e o número de pessoas mortas por asfixia (fato censurado nos jornais) chegou às centenas. Mesmo no caixão, o Líder não perdera a capacidade de dar morte aos seus súditos. Havia outro aspecto nessa tragédia: ela indicou os limites do controle estatal, mesmo na URSS. A obediência externa era frágil, e o MVD temia proibir que as pessoas comuns fizessem o que quisessem nos primeiros dias após a divulgação da notícia.

O funeral ocorreu em 9 de março. Aquele foi um dia frio, seco e cinzento de final de inverno. O sol não apareceu. Houve uma geada forte.[29] A multidão era densa. Pequenos trajetos na capital levaram horas. As autoridades oscilaram entre o desejo de ser legitimadas pela associação com a memória de Stalin e o de preservar a ordem nas ruas. O regime imperial tinha se tornado imensamente impopular quando, no dia da coroação de Nicolau II, milhares de espectadores foram acidentalmente atropelados e morreram no Campo Khodynka. Não se podia repetir um acontecimento semelhante no dia do enterro de Josef, o Terrível.

Qualquer desenlace que não fosse uma cerimônia pacífica teria feito pensar que os sucessores de Stalin eram incapazes de governar o país: eles precisavam provar que eram homens de ferro, como o Líder falecido. O cadafalso no Salão das Colunas tinha uma cortina lateral que proclamava "Proletários do mundo, uni-vos!". Só a cabeça e os ombros de Stalin eram visíveis. Seus olhos estavam fechados. Havia holofotes apontados na sua direção. Os fotógrafos oficiais se aproximavam de vez em quando para registrar a ocasião. As orquestras tocavam. Um coro feminino, vestido de preto, entoava cantos fúnebres. Às 10h30, o Presidium do partido entrou, ao som do hino da URSS. Malenkov liderou o cortejo, acompanhado de Zhou Enlai, o representante chinês. Uma carruagem transportou o caixão para fora do Salão das Colunas até a Praça Vermelha, onde o esperava o Mausoléu recém-rebatizado Lenin-Stalin. O cadáver foi retirado da carruagem e transferido para um féretro. Os membros do Presidium e convidados de honra foram para o alto do Mausoléu.[30] Na Praça Vermelha, a multidão era compacta. Havia microfones e amplificadores por toda parte, para que todos acompanhassem a cerimônia. As coroas de flores formavam uma pilha alta. (O compositor Sergei Prokofiev morreu no mesmo dia, e os que o pranteavam não encontraram flores nas lojas, pois todos tinham corrido para homenagear o Líder.) Celebrava-se o fim de uma era.

Vários destacamentos do Exército desfilaram na Praça Vermelha. Como sempre, o MVD organizou a segurança. As orquestras militares tocaram as músicas fúnebres de sempre. Centenas de milhares de moscovitas compareceram para um último tributo; diferentemente do Primeiro de Maio e do dia 7 de novembro, quando os sindicatos os obrigavam a comparecer, era inegável que todos queriam estar presentes naquele dia histórico.

Houve três panegíricos. Malenkov, Molotov e Beria os fizeram do alto do Mausoléu. Os que estavam próximos dos oradores puderam detectar diferenças entre eles: só o semblante de Molotov exibia tristeza genuína. Beria se expressou de um modo seco e brusco (e depois foi criticado por Nina, sua mulher).[31] A proeminência de Molotov indicava aos politicamente bem-informados que já havia tremores no cume da política soviética: o cadáver de Stalin mal esfriara e seu antigo cúmplice fora readmitido no grupo governante. Entre os visitantes estrangeiros não havia apenas comunistas. Comunistas veteranos, como Zhou Enlai, Palmiro Togliatti, Dolores Ibárruri e Maurice Thorez ocuparam assentos de honra; mas também estava ali o líder socialista italiano Pietro Nenni. As condolências dos governos estrangeiros choveram sobre Moscou. Os antigos rivais, Churchill e Truman, enviaram pêsames. Jornais dos países comunistas enfatizaram que o maior gigante da história havia partido. No Ocidente, a reação da imprensa foi mais diversificada. Porém, embora os crimes contra a humanidade tenham sido relembrados, poucos editores deixaram de mencionar o papel dele na transformação econômica do país e na vitória sobre o Terceiro Reich. A sorte de Stalin foi mais suave do que o merecido.

O movimento comunista mundial, porém, não pôs em questão seus serviços à humanidade. Ele, que ordenara a construção do Mausoléu de Lenin, iria se juntar ao fundador da União Soviética na morte. Os embalsamadores tinham terminado o trabalho. O cadáver foi desventrado e submergido em um líquido cujos ingredientes permanecem em segredo. Foi feita uma cúpula de vidro. A disposição interna da estrutura retangular de granito foi reacomodada, e os gravadores mudaram o nome para Mausoléu Lenin-Stalin. Josef Vissarionovich Djughashvili, conhecido como Stalin, descansaria ali.

55. DEPOIS DE STALIN

Na primeira semana de março de 1953 houve uma onda de reformas das políticas de Stalin. Após décadas de obediência, seus sucessores se opuseram a ele postumamente. Nenhum membro do Presidium desejava manter o conjunto de seu legado; até comunistas conservadores como Kaganovich e Molotov aprovaram certas inovações. Por fim, era possível fazer as mudanças que Stalin impedira. Contudo, o debate não se espalhou pela sociedade. Isso não era possível. A última coisa que os líderes do partido em ascensão queriam era que cidadãos comuns, ou até mesmo funcionários de baixo escalão, influíssem no que se decidia no Kremlin.

Molotov e Kaganovich não podiam impedir os projetos de reforma de Malenkov, Beria e Kruschev. Malenkov queria aumentar o pagamento às fazendas coletivas para incrementar a produção agrícola e priorizar o investimento na indústria ligeira. Kruschev pretendia arar terras virgens e dar cabo da antiga incerteza quanto à oferta de pão. Malenkov e Beria estavam decididos a sondar os EUA a respeito de uma coexistência pacífica: temiam que a Guerra Fria terminasse em um desastre para a humanidade. Beria planejava uma aproximação com a Iugoslávia; queria também cortar os privilégios dos russos e ampliar os limites da expressão cultural. Os três concordaram que a vida pública devia ser conduzida sobre uma base menos violenta e arbitrária do que com Stalin. Eles apoiaram a libertação de presos políticos dos campos de trabalho. Aos poucos, foram impedindo a mídia oficial de fazer os elogios grandiosos de sempre a Stalin. Suas políticas seriam substituídas, e não fazia sentido continuar tratando-o como um semideus

O Presidium do partido teve cautela com seu legado físico. Quando Lenin morreu, em 1924, Stalin se tornou o curador de seus escritos e decidiu o que deveria ser divulgado. Ele publicou *Fundamentos do leninismo*. Buscou legitimar o que fazia referindo-se às obras de Lenin. Seus sucessores sabiam disso. Sancionados pelo Comitê Central em 5 de março de 1953,[1] confiscaram seus livros e os distribuíram, quase anonimamente, entre diversas bibliotecas públicas. Sobrou uma centena de livros no Instituto do Marxismo-Leninismo. Muitos telegramas e cartas foram incinerados, e a maior parte dos rascunhos de artigos e livros desapareceu.[2] A última edição de suas obras reunidas foi suspensa e ficou incompleta.[3]

A escrivaninha de Stalin na *datcha* de Blijnyaya guardava segredos perturbadores. Dentro de uma gaveta havia três folhas de papel ocultas sob um jornal. Uma delas era um bilhete de Tito:

> Stalin, pare de enviar gente para me matar. Já capturamos cinco, um deles com uma bomba, o outro com um rifle [...] Se não parar de enviar assassinos, enviarei um a Moscou, e não será preciso enviar o segundo.[4]

Era assim que um gângster escrevia a outro. Ninguém enfrentou Stalin dessa maneira; talvez por isso ele tenha guardado o bilhete. Ele também conservou a última coisa que Bukharin lhe escreveu: "Koba, por que a minha morte é necessária para você?" Ele sentiria um frisson ou satisfação relendo aquilo? (Não se pode pensar que tivesse uma espécie de sentimento distorcido de ligação com Bukharin.) O terceiro item era a carta ditada por Lenin em 5 de março de 1922 exigindo que Stalin se desculpasse com Krupskaya por tê-la ofendido. Era a última mensagem de Lenin para ele, e a mais lacerante. Ele não a teria conservado se ela não ecoasse nas cavernas de sua mente.

Os líderes do partido guardaram segredo a respeito desses três itens. Mas mudaram o discurso público após a morte de Stalin, e o *Pravda* reduziu os elogios a ele. Apareceram artigos criticando o "culto ao indivíduo". Embora estivessem repletos de citações das obras de Stalin, não era preciso ter uma memória prodigiosa para lembrar que seu culto tinha sido o maior da história. Enquanto se discutiam novas políticas no Presidium, Beria comemorava a recuperação da liderança do Ministério de Relações Exteriores reunindo conversas gravadas de Stalin com agentes da polícia. As fitas provaram que ele planejara o terror até o fim. Beria distribuiu as transcrições aos membros do Comitê Central.[5]

Os reformistas enfrentavam um dilema: se anunciassem o abandono do legado de Stalin, sua alegada legitimidade para governar seria questionada; se tardassem em alterar algumas políticas, poderiam ter problemas por ignorar o descontentamento da sociedade. Havia outra dificuldade. Stalin era venerado por milhões de pessoas que odiavam sua repressão. Mesmo morto, o déspota as fascinava. Os reformistas precisavam ser firmes e competentes. Um sinal de pânico poderia deslanchar um desafio à ordem soviética. A maioria queria alterar as políticas de Stalin sem criticá-lo abertamente.[6] Nas reuniões do Comitê Central do partido havia apenas alusões à imprevisibilidade e à volubilidade de Stalin nos últimos anos. Isso ocorreu na plenária de julho de 1953, após a prisão de Beria, falsamente acusado de ser um espião britânico. Na verdade, a liderança temia que ele estivesse cavando a própria supremacia pessoal e planejando reformas que pareciam excessivamente radicais. Beria, e não Stalin, tinha sido o responsável pelos últimos crimes e abusos. Ele foi executado em dezembro de 1953.[7]

Naquelas circunstâncias, a família de Stalin passou por uma mudança brusca. Svetlana mudou de sobrenome. Quando estudante, era conhecida como Svetlana Stalina, e com a morte do pai passou a se chamar Svetlana Allilueva.[8] Ela se livrou de problemas ao ceder aos sucessores do pai. Vasili Stalin não cedeu. Ele era conhecido pela bebedeira, pelas festas e pela libertinagem. O pai praticamente o deserdara, mas só após a morte dele Vasili enfrentou as consequências de seus atos, e foi preso por arruaças e mau uso do dinheiro público. Seus dias de privilégio haviam terminado.

Com a queda de Beria, o Ministério do Interior passou ao controle do partido. Os limites da expressão cultural continuaram se ampliando. Malenkov e Kruschev seguiram promovendo reformas enquanto competiam pela supremacia. O pagamento às fazendas coletivas foi aumentado. O solo virgem do Cazaquistão foi arado para aumentar o volume da produção agrícola. Houve uma aproximação com a Iugoslávia de Tito. Os EUA foram sondados para diminuir a tensão internacional. A Guerra da Coreia terminou. As discussões no Comitê Central deixaram de ser guiadas pela necessidade de demonstrar apoio incondicional às ações do Presidium. Embora a URSS continuasse sendo uma ditadura de um só partido, a atmosfera de temor generalizado tinha melhorado. A rivalidade entre Malenkov e Kruschev seguiu crescendo. Beria fora temido pelo reformismo radical e a brutalidade. Malenkov não tinha o mesmo estilo, e em um par de anos Kruschev, beneficiado pela reputação de ter derrubado Beria, emergiu como líder supremo no Presidium.

Ele criou uma comissão para examinar os materiais dos expurgos de Stalin. Kruschev buscou provas que prejudicassem Malenkov, mas sua agenda era mais abrangente. Vários membros do Presidium objetavam a novas reformas. Para assegurar sua ascendência, Kruschev colocou Stalin em discussão no XX Congresso do Partido, em fevereiro de 1956. Diante dos comentários sobre o perigo de desestabilizar a ordem soviética, ele respondeu: "Se não dissermos a verdade no congresso, seremos forçados a fazê-lo em algum momento no futuro. E então não seremos os autores dos discursos. Não, seremos nós os investigados."[9] Em uma sessão fechada, ele denunciou Stalin como um indivíduo monstruoso que havia mandado milhares de pessoas à morte e tinha rompido a tradição leninista na liderança e na política. A acusação não foi abrangente. Kruschev pôs ênfase nas atividades de Stalin a partir de morte de Kirov, em 1934. Evitou criticar as estruturas políticas e econômicas básicas criadas no final da década de 1920, e não disse nada sobre o terror promovido durante a Guerra Civil e o Primeiro Plano Quinquenal. Querendo se congraçar com os funcionários do partido e do governo, deu a impressão de que seus antecessores haviam sido as principais vítimas do Grande Terror de 1937-8.

O público do congresso permaneceu em um silêncio atônito. Kruschev alcançara seu objetivo: seria difícil para seus opositores atacar sua liderança e suas políticas sem parecer que estavam postulando a volta do terror. Contudo, havia um problema. Stalin criara os Estados comunistas no Leste Europeu. Ao desacreditá-lo, Kruschev reafirmou a linha de legitimidade na União Soviética originada com Lenin e a Revolução de Outubro. Não era o caso do Leste Europeu, onde Stalin instalara o comunismo. Naqueles países, o relatório de Kruschev caiu como uma dinamite política. Grevistas organizaram demonstrações de protesto na Polônia. Em outubro de 1956 houve uma revolta popular na Hungria.

Os que se opunham às reformas reagiram no Presidium em junho de 1957 pedindo a destituição de Kruschev como primeiro-secretário. Porém, o Comitê Central o protegeu e, após anos de enfrentamentos, ele fez um ataque ainda mais devastador a Stalin, no XXII Congresso, em outubro de 1961. A velha bolchevique Dora Lazurkina subiu ao pódio. Curvada pelos anos, contou que a sombra de Lenin lhe aparecera em sonhos pedindo para descansar sozinho no Mausoléu da Praça Vermelha. Esse sentimento suscitou uma salva de palmas. Na calada da noite, o corpo embalsamado de Stalin foi retirado do Mausoléu e enterrado fora dos muros do Kremlin; só anos depois sobre o túmulo foi instalado um pilar com um busto. Os historiadores passaram a pesquisar os arquivos em busca de provas de que Stalin tinha brigado com Lenin diversas vezes e sempre fora grosseiro com ele. Stalingrado foi renomeada Volgogrado. Em 1959, saiu um novo livro com a história do Partido Comunista.[10] Para não ser expulsos das fileiras do partido, os comunistas que admiravam Stalin se calaram. Só uns poucos partidos comunistas estrangeiros discordaram. O principal deles foi o Partido Comunista chinês. Mao Tsé-tung tinha diferenças com Stalin, mas ambos adotavam um tipo de comunismo que, segundo Mao, estava sendo desmembrado pelas políticas reformistas de Kruschev. Esse contraste criou tensões e desavenças entre a URSS e a República Popular da China.

Kruschev foi afastado do poder em 1964. O Politburo do Partido (como o Presidium voltou a se chamar) descartou suas políticas mais idiossincráticas em casa e no exterior, e suprimiu opiniões divergentes de modo mais duro do que com Kruschev. Houve uma modificação de seu programa, e não uma reversão ao stalinismo pleno. Leonid Brejnev, o novo secretário-geral do partido, nunca cogitou o terror ou o despotismo. A "estabilidade dos funcionários" era o lema. Nos bastidores, contudo, o Politburo considerou seriamente reabilitar a imagem histórica de Stalin em 1969, por ocasião de seu aniversário. O *Pravda* elaborou um editorial laudatório. O que impediu a publicação foi a intervenção, de última hora, de comunistas italianos e franceses. (Tarde demais, porém, para impedir que o Partido Comunista mongol o publicasse, já que a capital Ulan Bator está localizada em um fuso horário anterior.)

Contudo, o desejo de reabilitar Stalin persistiu. Em julho de 1984 — menos de um ano depois da chegada de Mikhail Gorbachev ao poder —, o Politburo voltou a discutir a questão. Os membros mais antigos ainda tinham afeto por ele e hostilizavam Kruschev:

> *Ustinov*: Avaliando a atividade de Kruschev, defendo minha opinião. Ele nos prejudicou muito. Pensem no que fez com a nossa história, com Stalin.
> *Gromyko*: Ele deu um golpe irreversível na imagem positiva da União Soviética aos olhos do mundo...
> *Tikhonov*: E o que ele fez com a economia? Eu mesmo fui forçado a trabalhar em um conselho [regional] da economia nacional!
> *Gorbachev*: E [o que ele também fez] com o partido, dividindo-o em organizações partidárias rural e industrial!
> *Ustinov*: Sempre fomos contrários ao Conselho Nacional de Economia. Como recordarão, muitos membros do Politburo do Comitê Central se manifestaram contrariamente à posição [de Kruschev]. Em vista do 40º aniversário da vitória sobre o fascismo, gostaria de discutir outra questão: não deveríamos voltar a chamar Volgogrado de Stalingrado? A mudança agradaria a milhões de pessoas.[11]

Quando Stalin morreu, Ustinov era ministro dos Armamentos, Gromyko, embaixador no Reino Unido, e Tikhonov, ministro da Metalurgia Ferrosa.

A reabilitação não deu em nada porque Gorbachev, que sempre evitara dizer o que quer que fosse sobre Stalin no Politburo, tornou-se secretário-geral do partido em março de 1985. O movimento recolocou Stalin no banco dos réus. Houve denúncias da escala massiva de seus abusos, que Kruschev revelara apenas em parte. Filmes, romances e poemas, além de obras históricas, apontaram na mesma direção. Gorbachev estimulou a intelligentsia a convencer a sociedade de que era vital repudiar o legado stalinista em sua totalidade para regenerar a sociedade soviética. O processo saiu de controle quando vários críticos insistiram em que Lenin era igualmente culpado de abusos fundamentais, e traçaram o sistema de comando e administrativo até a origem da URSS. Contudo, a abertura à discussão também permitiu que alguns intelectuais demonstrassem apreço por Stalin. Seu papel na industrialização na década de 1930 e na vitória na Segunda Guerra Mundial era constantemente ressaltado.

No entanto, não havia como voltar atrás. Gorbachev continuou apontando Stalin como um dos maiores criminosos da história. Quando a URSS se desfez, no final de 1991, e a Federação Russa tornou-se um Estado à parte, Boris Yeltsin seguiu crucificando-o, e, à diferença de Gorbachev, rejeitou Lenin em igual medida. Assim estavam as coisas até o ano 2000, quando Vladimir Putin tornou-se presidente. Seu avô trabalhara nas cozinhas de Lenin e Stalin. O presidente Putin não gostava de ouvir falar dos abusos de poder nas décadas de 1939 e 1940; preferia elogiar as conquistas do Estado soviético naquelas duas décadas.[12] "Aviltar" o passado voltou a ser condenável. Em um gesto simbólico, Putin restaurou o antigo hino nacional da URSS, embora com outra letra. Falou com carinho de sua carreira inicial no KGB, o órgão que sucedeu a agência de polícia de segurança de Stalin.[13] Putin não pretendia reabilitar Stalin, mas afirmar a continuidade que ligava o Império Russo, a União Soviética e a Federação Russa. Esse processo, pela primeira vez desde 1980, tirou a sombra de Stalin do tormento. Putin o relegou ao status de figura histórica e deixou os acadêmicos se esforçarem por chegar a um veredicto. Esse foi o último ultraje à figura do ditador morto. Enquanto foi denunciado postumamente, ele permaneceu como uma força viva na política moscovita. Stalin sofreu a ignomínia do esquecimento oficial.

Porém, ele não foi esquecido pela sociedade. Apesar das revelações sobre seu despotismo, restou uma nostalgia residual por ele e seu governo. Uma pesquisa de opinião confirmou isso no ano 2000. Perguntados sobre qual período da história do século XX mais admiravam, a maioria dos entrevistados respondeu os anos Brejnev. O governo de Kruschev recebeu 30% de aprovação. A Revolução teve 28%, e o reinado de Nicolau II, 18%. Porém, o despotismo de Stalin, com 26%, não se saiu mal. As opiniões contrárias ao despotismo somavam mais de 48%, no entanto, e o fato de mais de um quarto dos entrevistados rejeitarem a possibilidade de condenar o governo de Stalin foi deprimente para quem se ocupava de assuntos públicos russos e buscava transformar as atitudes sociais.¹⁴ Nem todos foram gentis com a memória de Stalin. Em certas famílias, brindavam à saúde do "médico americano" Cheyne-Stokes nos aniversários de sua morte, referindo-se ao problema respiratório fatal diagnosticado em Blijnyaya, em março de 1953. (Na verdade foram dois médicos, Cheyne e Stokes, e eles não eram norte-americanos, mas irlandeses.)¹⁵ Milhões de cidadãos soviéticos cuspiram regularmente em sua memória, enquanto os políticos oscilaram entre a denúncia semipública e, em alguns casos, a admiração em privado.

No exterior, sua reputação despencou de modo quase universal. Em 1989, a ordem comunista entrou em colapso no Leste Europeu, e em todos aqueles países ninguém podia falar ou escrever em defesa de Stalin sem despertar uma rejeição generalizada. No Ocidente, a maioria dos partidos comunistas havia muito o deserdara. Na Itália e na Espanha, desde a década de 1970, o "eurocomunismo" criticou Stalin e Lenin. Os partidos comunistas se desmantelaram com a desaparição da URSS, e deixou de importar o que pensavam sobre o período stalinista. Até na República Popular da China, onde se manteve o respeito a Stalin, porta-vozes enfatizaram as dificuldades que ele havia criado para os interesses chineses. Em apenas um pequeno país havia admiradores de Stalin. Era sua Geórgia nativa, que recuperou a independência no Ano-Novo de 1992. Frequentemente, os georgianos esqueciam como seus antepassados tinham sido maltratados. Ele era celebrado como um georgiano de fama mundial que domara os russos e lhes dera uma lição em assuntos de Estado — o que bastava para livrá-lo da execração. Suas estátuas e o santuário na casa de sua infância continuam intocados e venerados em Gori. Os parentes sobreviventes, principalmente seus netos, que não o conheceram pessoalmente, alimentam o culto. Os comunistas veteranos da Geórgia prezam sua memória.

Mais de um líder homicida teve sorte semelhante. Gêngis Khan é reverenciado na Mongólia. Hitler tem admiradores na Alemanha e em outros países (e até na Rússia). As pessoas recordam o que querem nas circunstâncias em que relembram o passado; elas selecionam e inventam suas memórias. No caso de Stalin, os que pensam nele com afeto — ou muitos deles — estão reagindo contra o desprezo por suas conquistas, ou as dos seus pais, anteriores a 1953. Como Putin, querem eliminar a mancha nos nomes de suas famílias.

Também reagem contra sua situação desagradável na Rússia pós-comunista. Pensam que Stalin lhes deu orgulho, ordem e previsibilidade; negligenciam o fato de seu governo ter se caracterizado pela opressão sistemática. Sua era tornou-se uma ficção reconfortante para indivíduos e grupos que buscam um mito para viver o presente. Inclusive gente cujos antepassados foram fuzilados ou encarcerados por ordem de Stalin se tranquiliza com contos de fadas sobre o governante que cometeu alguns erros, mas, em geral, deu uma direção correta à política de Estado.

Isso é evidente para quem visita Moscou. Saindo da Praça Vermelha, junto ao Manège, há um prédio que costumava ser o Museu Lenin. No início da década de 1990 o local se tornou ponto de encontro para todo tipo de stalinistas. Quem passasse por ali ouvia russos idosos denunciando tudo que tinha acontecido no país desde 1953. Havia gente vendendo jornais que rejeitavam todo o curso da história, de Kruschev a Yeltsin. (Misturados aos stalinistas havia indivíduos ainda mais estranhos que anunciavam fitoterápicos para curar a aids.) As ideias deles eram confusas. Os stalinistas odeiam judeus, maçons e norte-americanos. Apoiam o nacionalismo russo e, ao mesmo tempo, defendem a restauração do Estado multinacional. Enaltecem o sacrifício social. São um bando patético, mergulhado na nostalgia, e a polícia evita prendê-los, embora suas declarações atentem contra a Constituição russa de 1993.

As autoridades agem como quem supõe que o culto a Stalin acabará com a morte da geração mais velha. No entanto, o que contará na opinião popular é o grau de sucesso do governo russo em melhorar as condições de vida da maioria dos cidadãos. Tal melhoria parece distante. Os salários são baixos e o consumo conspícuo da minoria rica, conhecida como "novos russos", causa um ressentimento profundo. Moscou floresce, enquanto a maior parte das cidades e quase todos os vilarejos estão depauperados. Cerca de um terço da população subsiste abaixo do nível de pobreza NÃO reconhecido. As elites política e econômica não têm uma estratégia para uma transformação rápida, enquanto os partidos de extrema-direita e extrema-esquerda argumentam que há soluções simples. Tanto o Partido Democrático Liberal de Vladimir Jirinovski como o Partido Comunista da Federação Russa liderado por Gennadi Zyuganov invocam o nome de Stalin como uma figura que, naquela época, deixou o país orgulhoso. Alegam que, se não fosse por ele, a URSS não teria se tornado uma potência militar e industrial capaz de derrotar a Alemanha de Hitler. Nenhum dos dois partidos teve maioria nas eleições presidenciais ou para a Duma; embora a saudade de Stalin persista, a maior parte dos russos abomina a perspectiva da volta da política violenta. Porém, enquanto a sociedade russa não alcançar mais conforto material, o ícone ameaçador de Josef Stalin será desfraldado nas bandeiras levantadas pelos políticos extremistas.

Stalin continua provocando controvérsias. Ele legou um sistema consolidado de governo. Pessoalmente, permaneceu devotado a Lenin, e seu governo conservou e reforçou o regime leninista. O Estado de um só partido criado pelos bolcheviques meses após a Revolução de Outubro manteve-se firme. As ideologias alternativas foram excluídas da vida pública. Os instrumentos da ditadura, o terror e o judiciário politizado foram aperfeiçoados e agudizados, e a sociedade e a economia foram tratadas como um recurso a ser mobilizado pelo Kremlin. O controle estatal da economia, substancial desde a Guerra Civil, foi drasticamente reforçado. O partido era quem sabia do passado, do presente e do futuro. A história marchava no compasso ditado por Lenin e Stalin.

As continuidades entre o despotismo de Stalin e o período soviético anterior são características fundamentais da história do país — e os historiadores que escreveram positivamente sobre o contraste essencial entre Lenin, o Idealista Humanitário, e Stalin, o Ogro, não se guiaram pelos registros históricos. Mas há contrastes entre ambos. Stalin fez escolhas próprias, e é quase certo que algumas divergiam do que Lenin teria feito em seu lugar. Esse veredicto deve vir com uma nota. As políticas de Lenin eram imprevisíveis, embora seus pressupostos básicos não mudassem muito. Contudo, provavelmente nem ele teria adotado a violência caótica do Primeiro Plano Quinquenal e da coletivização agrícola. Não que Lenin tivesse sido paciente com camponeses, clérigos, *nepmen* e nacionalistas: ele tinha seus momentos de volatilidade. Mas contava também com um autocontrole do qual Stalin não compartilhava. Ele não exagerou ao perseguir os dissidentes internos do partido. Sua supremacia era tal que não precisava afastar os agitadores com métodos exterminadores. As campanhas de terror de Stalin na década de 1930 foram excessivas até para os padrões do bolchevismo, e certamente Lenin não as teria estimulado nem aprovado.

No entanto, nenhum dos dois foi um agente totalmente livre. Eles estiveram limitados pela natureza do regime que criaram, e a partir do final da década de 1920 as atitudes de Stalin foram condicionadas pelos problemas críticos que surgiram com a NEP. Dirigiram um partido hostil à economia de mercado, ao pluralismo político e cultural, e à tolerância social e religiosa. Criaram um Estado de um só partido, uma ideologia acossada pelas potências capitalistas; havia limites ao tipo de políticas que podiam aceitar.[16] Sem ditadura, a URSS como ordem comunista teria se desmantelado. Com liberdade de expressão ou empreendedorismo privado, o país teria sido sacudido pela oposição; se não tivesse se tornado uma potência militar e industrial, arriscava-se a ser conquistado por predadores estrangeiros. As instituições e práticas disponíveis para enfrentar essas dificuldades não eram infinitamente maleáveis. O comando hierárquico tinha de ser o princípio básico. A vigilância administrativa e as sanções punitivas eram necessárias para garantir a obediência; e o recurso repetido às campanhas de mobilização, à invocação moral e aos expurgos — pacíficos ou não — teriam sido inevitáveis.[17]

Stalin não podia agir só. Enquanto liderou o desmantelamento da NEP, contou com o amplo apoio dos comitês locais e central do Partido Comunista. No final da década de 1920, o entusiasmo para reforçar o controle do Estado foi compartilhado por órgãos do partido, a polícia política, as forças armadas e o Komsomol. Contudo, um conjunto de objetivos não é o mesmo que um plano. Stalin não tinha um grande plano, tampouco os que o apoiavam. No entanto, ele agiu com as suposições básicas que compartilhavam. De qualquer modo, não se limitou a dançar conforme a música. Ele não era apenas um burocrata. Era um homem movido por ideias e ambições. Transformava suas suposições gerais em políticas, segundo sua natureza desmedida e suas inclinações despóticas.

Conforme sua autoridade aumentava, diminuía a necessidade do apoio dos sequazes originais. Ele sempre podia substituí-los caso o irritassem. Impôs políticas econômicas e culturais com uma impassibilidade crescente. O Grande Terror foi instigado e supervisionado por ele. Foi sua a decisão de firmar o pacto com a Alemanha nazista. Também foram seus os métodos escolhidos para dirigir a máquina soviética, bem como as escolhas em política interna e externa no pós-guerra. De fato, toda a arquitetura do Estado soviético, depois da consolidação no final da década de 1920, foi obra de Stalin, com base no que Lenin arquitetara. Porém, até Stalin precisou se conter. Teve de agir no marco da ordem comunista. Ele era contrário às redes de clientelismo na política e na administração geral. Sabia que não podia confiar em informações vindas de baixo. Criticou a falta de consciência de operários e camponeses. Irritou-se com o pouco impacto da propaganda marxista-leninista do regime. Contudo, precisou operar com o material humano e os recursos institucionais disponíveis. O Grande Terror reforçou e garantiu seu despotismo, mas também lhe revelou o perigo de buscar o controle pessoal absoluto. Embora seus métodos fossem invasivos, violentos e implacáveis, depois de 1938 seus propósitos se tornaram mais realistas.

Em grande medida, conseguiu isso graças à habilidade em formar uma equipe central de subordinados capazes, ainda que temerosos. Ele promoveu milhões de jovens a todos os níveis de atividades públicas, os quais o apoiaram em troca de poder e conforto recebido. Além disso, governou por tantos anos que os jovens que passaram pela escola na sua época foram afetados pela propaganda; e a vitória na Segunda Guerra Mundial fortaleceu essa tendência. Ainda assim, muitos críticos silenciosos o respeitavam em virtude de suas políticas de bem-estar social e seu patriotismo. Stalin fez coisas monstruosas, mas a atitude popular ante ele não era totalmente negativa.

Mas qual é sua posição na história de seu país e do mundo? Sem ele e seu governo, a URSS teria sido um Estado precário e sem muito controle social. Stalin modificou o leninismo e suas práticas e atitudes, assim como Lenin havia adaptado o marxismo. Todo esse processo — de Marx e Engels a Lenin e até Stalin — envolveu uma combinação de reforço e emasculação. Lenin havia criado um beco sem saída para o comunismo; Stalin conduziu o país até lá. Sem ele, nenhum aspecto da vida pública e privada ficou isento, em teoria ou na realidade, da interferência central do Estado. Os comunistas perseguiram a modernização ampla de um modo extremo — e Stalin, como todos eles, dizia que a visão da modernidade do partido era superior a todas as outras. Ele conseguiu muito: urbanização, força militar, educação e orgulho soviético. Sua URSS exibiu conquistas impressionantes. Foi um modelo para os movimentos políticos radicais — e não só os comunistas — em toda parte. Antes da Segunda Guerra Mundial, quando os governos liberais democráticos fracassaram no enfrentamento ao fascismo, Stalin parecia ter estabelecido uma alternativa plausível (ao menos até o Tratado de Não Agressão de setembro de 1939). Se não fosse assim, não teria granjeado o apoio necessário para sobreviver e crescer.

Sua posição na opinião pública era complexa. Inúmeras pessoas achavam possível aprovar alguns objetivos declarados do regime e rejeitar outros. A vitória na guerra, além disso, fez dele a encarnação do patriotismo, do poder mundial e do futuro radiante do país. Sua autoridade despótica era tal que muitos viviam pensando que tinham de aceitar as estruturas políticas e a ideologia oficial. Obviamente, milhões o odiavam na década de 1930, e continuaram a detestá-lo até sua morte. Mas certamente havia quem o apoiasse de um modo ou de outro.

No entanto, Stalin conduziu a ordem soviética a um beco sem saída e também ao paredão. Seu sistema de comando conseguiu a sujeição imediata à custa do consenso geral. As campanhas de terror traumatizaram gerações inteiras. A maioria das pessoas ignorou as políticas oficiais e intensificou o engajamento em práticas de clientelismo, localismo, fraude e obstrução. Como ele próprio reconheceu, havia limites ao seu poder. De várias maneiras, o leninismo foi claramente "não moderno" e Stalin ampliou isso. Nas décadas de 1930 e 1940, a URSS foi governada como se seguisse um conjunto de políticas corretas. Stalin tratou os debates vindos de baixo como um perigo à unanimidade desejada, e prendeu e assassinou para assegurar seu domínio. Os inimigos declarados e em potencial foram mortos. O resultado foi uma voragem de assassinatos que deixou um rastro de medo, desconfiança e recolhimento. A primazia dos interesses estatais levou à imobilidade política, e a transformação industrial e cultural chegou a um ponto cego. Os padrões de seu regime de pensamento e ação impediram os desenvolvimentos dinâmicos e abertos característicos dos países capitalistas democráticos liberais. Ele salvou e consolidou a URSS à custa de torná-la competitiva com seus principais rivais.

A União Soviética foi um Estado totalitário, mas isso não significou que se caracterizasse por um controle central perfeito. Longe disso. Quanto mais Stalin concentrava poder em áreas específicas da política, menos obediência encontrava. Sua URSS foi uma mistura de ordem e desordem excepcionais. Enquanto os principais objetivos oficiais foram construir uma potência militar e da indústria pesada, a realidade do país permaneceu oculta dele, de seus colaboradores e até dos inimigos. Stalin tinha uma noção muito vaga dos problemas que criou.

Contudo, ele também era muito mais complexo do que se supõe. Como político, sabia como se apresentar seletivamente a grupos diversos. A maior parte do mundo sabia que era determinado, implacável e assassino, e que perseguia o objetivo de tornar a URSS uma potência militar e industrial. Não era segredo que tinha habilidades como conspirador e burocrata. Paradoxalmente, o efeito desse culto oficial costumava ser contraproducente. Se os propagandistas soviéticos dissessem que era uma pessoa excepcional, os críticos chegavam à conclusão oposta e supunham que ele devia ser medíocre. Mas ele certamente era excepcional. Foi um verdadeiro líder. Foi também motivado pela sede de poder e de ideias. A seu modo, foi um intelectual, e tinha uma capacidade literária e editorial impressionante. Quanto às características psicológicas, sempre haverá controvérsias. Suas políticas foram um misto de racionalidade calculada e falta de lógica desastrada, e ele reagiu aos indivíduos e a todas as categorias sociais com um excesso de desconfiança. Tinha traços paranoicos. Contudo, na maior parte do tempo, não pareceu insano aos que o rodeavam. A ideologia, as práticas e as instituições que herdou lhe permitiram dar rédea solta à sua crueldade crônica.

Stalin não foi um psicótico certificado, e nunca se mostrou incapaz de realizar suas tarefas públicas. Como homem de família, hóspede e amigo, era grosseiro. Mas raramente seu comportamento foi tão estranho como na década de 1930, quando os outros deixaram de considerá-lo uma companhia aceitável. Na juventude, escreveu poemas; na velhice, cantou em jantares. Enviou dinheiro a amigos de infância na Geórgia. Há quem queira que os "monstros" da história sejam representados como uma espécie à parte. Isso é ilusório. Por sorte, indivíduos como Stalin são poucos, e a maioria pertence aos anais da história, e sem a Revolução de Outubro teriam sido ainda menos: a emergência de Stalin do exílio e da obscuridade para o palco mundial do poder, fama e impacto teria sido impossível se seu partido não tivesse feito a Revolução de Outubro e criado as estruturas institucionais e doutrinárias que ele explorou. Indivíduos como ele, quando surgem, costumam exibir características "comuns" e agradáveis, mesmo quando realizam atos de uma brutalidade indizível. A história raramente nos dá lições claras, e essa é uma delas.

Glossário

Bolcheviques — Facção do Partido Operário Social-Democrata Russo formada por Lenin em 1903 e consolidada como partido separado em 1917.

Centralistas Democráticos — Facção dos bolcheviques, criada em 1919, que pedia a restauração dos procedimentos democráticos internos no partido.

Cheka — Comissão Extraordinária de Toda a Rússia para o Combate da Contrarrevolução, da Especulação e da Sabotagem.

Cominform — Órgão internacional criado em 1947 para supostamente facilitar a consulta entre partidos comunistas do Leste Europeu, França e Itália. Na verdade, foi usado para impor a vontade de Moscou a esses partidos.

Comintern — Abreviação de Internacional Comunista.

Comissão Central de Controle — Órgão criado em 1920 para garantir a administração justa do Partido Comunista.

Comitê Central — Órgão supremo eleito nos congressos do partido para dirigi-lo até o congresso seguinte.

Conselho de Comissários do Povo — Órgão de governo criado por Lenin e os bolcheviques na Revolução de Outubro. Conhecido pelo acrônimo Sovnarkom.

Conselho de Ministros — Órgão de governo que sucedeu ao Conselho de Comissários do Povo, criado em 1946.

Desvio de Direita — Os seguidores de Bukharin que se opuseram ao abandono da NEP em 1928.

Inspetoria dos Operários e Camponeses — Nome completo da instituição conhecida como Rabkrin.

Exército Soviético — Nome do Exército Vermelho a partir de 1946.

Exército Vermelho — Exército Vermelho dos Operários e Camponeses, formado em 1918.

Exércitos Brancos — Os diversos exércitos reunidos contra o Exército Vermelho a partir de 1918. Seus comandantes e soldados eram antissocialistas, e desconfiavam do liberalismo e do parlamentarismo.

GPU — Nome da Cheka a partir de 1921. O nome completo é Administração Política Principal.

GUGB — Acrônimo russo de Administração Principal da Segurança de Estado, nome do OGPU após sua incorporação ao NKVD, em 1934.

Gulag — O acrônimo correto deveria ser GUlag: abreviação de Administração Principal dos Campos.

Ilich — Um dos nomes de Lenin, usado pelos seus companheiros políticos.

Internacional Comunista — Órgão internacional fundado em Petrogrado em março de 1919 para coordenar e dirigir o movimento comunista mundial. Foi dissolvido em 1943.

Kadets — Acrônimo de Partido Constitucional Democrático. Principal partido liberal russo, formado por Pavel Milyukov em 1905.

Koba — Um dos apelidos de Stalin na juventude, que ele usou como militante e líder marxista antes de 1917.

Kuomintang — Movimento nacionalista chinês liderado por Chiang Kai-shek.

Lenin — Principal codinome do líder bolchevique. Seu nome de batismo era Vladimir Ilich Ulyanov.

Mencheviques — Facção do Partido Operário Social-Democrata Russo, inicialmente liderada por Martov e criada no II Congresso do Partido, em 1903.

GLOSSÁRIO

MGB — Ministério de Segurança do Estado, sucessor do NKVD a partir de 1946.

MVD — Ministério do Interior, sucessor do NKVD a partir de 1946.

NKGB — Comissariado do Povo para Segurança do Estado. Era o nome da agência de polícia de segurança em 1941, e novamente em 1943-6.

NKVD — Comissariado do Povo para Assuntos Internos, criado após a Revolução de Outubro. Em 1934, incorporou o OGPU.

OGPU — Órgão que substituiu a GPU e a Cheka a partir de 1924. Formalmente ligava todas as GPUs das várias repúblicas soviéticas quando a URSS foi fundada. O nome completo é Diretório Político Principal Unido.

Oposição de Esquerda — Facção bolchevique liderada por Trotski a partir de 1923, comprometida em acelerar o crescimento industrial e a desburocratização do partido.

Oposição Operária — Facção bolchevique surgida no final da Guerra Civil que pugnava pela democratização interna do partido e a outorga de autoridade aos operários e camponeses para controlarem sua economia.

Oposição Unida — Facção formada por sua união com a Oposição de Leningrado, em 1926.

Orgburo — Órgão interno do Comitê Central responsável por organizar a liderança do partido no período dos seus congressos.

Partido Comunista da União Soviética (bolcheviques) — Nome do Partido Comunista até 1952.

Partido Comunista russo (bolcheviques) — Nome do partido bolchevique a partir de 1918.

Partido Operário Social-Democrata Russo — Partido marxista do Império Russo, formado em 1898. Em 1903, rachou em duas facções, bolcheviques e mencheviques. Após várias tentativas de reunificá-las, dividiu-se em partidos separados em 1917.

Politburo — Órgão interno do Comitê Central, dirige o partido entre os congressos.

Rabkrin — Abreviatura de Inspetoria dos Operários e Camponeses. Criada em 1920, foi chefiada por Stalin até dezembro de 1922.

RSFSR — República Soviética Federativa Socialista Russa. Formada em 1918, tornou-se a república constituinte da URSS em 1924. Foi renomeada República Socialista Federativa Soviética Russa em 1936.

Social-Federalistas — Partido socialista georgiano que se opunha ao marxismo e defendia a unidade nacional e territorial georgiana em um Estado federativo no seio do Império Russo.

Socialistas Revolucionários — Partido formado por Viktor Chernov e outrem em 1901, na tradição dos revolucionários do Império Russo que viam principalmente nos camponeses a força motriz da revolução, e na posse coletiva da terra a base futura de uma sociedade socialista.

Soselo — Um dos apelidos de infância de Stalin.

Soso — Principal apelido de infância de Stalin.

Sovnarkom — Governo estabelecido por Lenin e os bolcheviques na Revolução de Outubro. Acrônimo de Conselho dos Comissariados do Povo.

Ulyanov, Vladimir Ilich — Nome de batismo de Lenin, antes de adotar codinomes revolucionários.

Wehrmacht — O Exército alemão.

Notas

1. Stalin como o conhecemos

1. N. Sukhanov, *Zapiski o russkoi revolyutsii*.
2. Ver principalmente B. Souvarine, *Staline: aperyu historiq du bolch*; L. Trotsky, *Stalin, An Appraisal of the Man and His Influence*; T. Dan, *Proiskhojednie bol'shevisma: k istorii demokraticheskikh i sotsialisticheskikh idei v Rossii posle osvobozdeniya krest'yan*.
3. Exceto por Lenin e Trotski. Ninguém foi mais condescendente com ele na década de 1920 do que Bukharin, que pagou o preço. Falta explicar por que outros líderes não reconheceram sua importância em potencial a tempo. A resposta que eles deram à época foi que não perceberam sua argúcia política. Tendo descartado Stalin como um funcionário de escritório ignorante, não previram sua habilidade para conspirar e manobrar. Não basta. Os rivais derrotados prefeririam sugerir que haviam sido enganados por um mestre na traição que não se parecia com eles e não tinha talento.
4. "Stalin (Djughashvili), Iosif Vissarionovich".
5. *Iosif Vissarionovich Stalin* (1ª ed.).
6. G. Gorodetsky, *The Grand Delusion*.
7. R. Conquest, *The Great Terror*. Conquest aponta a estranheza psicológica de Stalin, mas afirma que ele não era louco.
8. O livro *Stalin*, do trotskista Isaac Deutscher, depois da Segunda Guerra Mundial incorpora as ideias básicas da análise trotskista e menchevique anteriores à guerra, do início da carreira de Stalin. Porém, à diferença da biografia de Trotski, insiste que a ditadura pessoal provocou mudanças institucionais e educacionais

que mais tarde poderiam ser favoráveis aos verdadeiros objetivos comunistas. Em uma vinheta biográfica, E. H. Carr deu uma interpretação semelhante e ressaltou, mais que Deutscher, o papel de Stalin na modernização geral da Rússia: *Socialism in One Country, 1924-1926*, vol. 1, p. 174-86. Até Trotski, porém, apontou que Stalin conduzira mudanças que iam além de seu controle permanente.

9. R. W. Davies, *Soviet History in the Yeltsin Era*.
10. R. Medvedev, *Let History Judge*.
11. D. Volkogonov, *Stalin: triumf i tragediya*.
12. E. Radzinsky, *Stalin*.
13. J. A. Getty, *Origins of the Great Purges*.
14. S. Sebag Montefiore, *Stalin: At the Court of the Red Tsar*, M. Kun, *Stalin: An Unknown Portrait*.
15. A. Ulam, *Stalin*; R. McNeal, *Stalin. Man and Leader*; R. Hingley, *Stalin*; R. Tucker, *Stalin*.
16. R. McNeal, *Stalin. Man and Leader*; R. Tucker, *Stalin*, p. 133-7.
17. R. Slusser, *Stalin in October: The Man Who Missed the Revolution*.
18. R. Medvedev, *Let History Judge*.
19. R. Conquest, *The Great Terror*; R. Medvedev, *Let History Judge*.
20. J. A. Getty, *The Origins of the Great Purges*.
21. O. V. Khlevnyuk, *1937-i*.

2. A família Djughashvili

1. *Iosif Vissarionovich Stalin* (1ª ed.), p. 5. Para evitar cortes e mudanças fiz a transliteração do sobrenome georgiano de Stalin para Djughashvili embora, estritamente falando, ele deveria ser Djugashvili quando tomado da biografia oficial em russo.
2. Ver notas de reunião de 23 de dezembro de 1946 feitas por um participante, V. D. Mochalov: *Slovo tovarishchu Stalinu*, p. 469-73. Devo a Arfon Rees a observação sobre o desagrado bolchevique por relatos biográficos.
3. RGASPI, f. 558, op. 4, d. 61, p. i.
4. Agradeço a Stephen Jones por compartilhar suas ideias comigo.
5. J. Davrichewy, *Ah! Ce qu'on rigolait bien*, p. 90. Ver também A. Ostrovskii, *Kto stoyal za spinoi Stalina?*, p. 90.

6. R. Medvedev, *Sem'ya tirana*, p. 5.
7. Ibid., p. 4.
8. J. Davrichewy, *Ah! Ce qu'on rigolait bien*, p. 27.
9. Ibid.
10. S. Beria, *Beria, My Father*, p. 21.
11. J. Davrichewy, *Ah! Ce qu'on rigolait bien*, p. 27-8. Outra pessoa apontada como pai de Stalin era Djulabovi: ibid. R. Brackman afirmou recentemente que Stalin era filho bastardo de um sacerdote chamado Egnatashvili: *The Secret File of Joseph Stalin*, p. 4; mas as fontes primárias referem-se a Egnatashvili como o taberneiro local.
12. A. Mgeladze, *Stalin, kakim ya ego znal*, p. 242-3.
13. J. Davrichewy, *Ah! Ce qu'on rigolait bien*, p. 27-9.
14. R. e J. Medvedev, *Neizvestnyi Stalin*, p. 265.
15. Agradeço a Stephen Jones por discutir isso comigo.
16. *Sochineniya*, vol. 13, p. 113.
17. S. Allilueva, *Tol'Jw odin god*, p. 313.
18. Ibid.
19. G. K. Jukov, *Vospominaniya i razmyshleniya*, vol. 3, p. 215.
20. A. Ostrovskii, *Kto stoyal za spinoi Stalina*, p. 95.
21. Ibid.
22. Memórias de G. I. Elisabedashvili em *Stalin: v vospominaniyakh i dokumentov epokhi*, p. 12.
23. GF IML, fond 8, op. 2, ch. 1, d. 24, p. 191, citado em A. Ostrovskii, *Kto stoyal za spinoi Stalina*, p. 97.
24. Ibid.; e J. Davrichewy, *Ah! Ce qu'on rigolait bien*, p. 38.

3. A educação de um sacerdote

1. É o que diz A. Ostrovskii, *Kto stoyal za spinoi Stalina*, p. 97.
2. Ibid., p. 100-1.
3. V. Kaminskii e I. Vereshchagin, *Detstvo iyunost' vojdya*, p. 28, 43-4; ver A. Ostrovskii, *Kto stoyal za spinoi Stalina?*, p. 100-1.
4. F. Ye. Makharadze e G. V. Khachapuridze, *Ocherki po istorii rabochego i krest'yanslwgo dvijeniya v Gruzii*, p. 143-4. Essa parte do livro foi escrita apenas por Makharadze.

5. Ibid., p. 144.
6. RGASPI, f. 71, op.10, d. 275. Ver M. Kun, *Stalin: An Unknown Portrait*, p. 18.
7. Há um relato implícito das dificuldade materiais de Beso em *Sochineniya*, vol. 1, p. 318.
8. Incidentes de patinação e luta também foram mencionados. Ver A. Ostrovskii, *Kto stoyal za spinoi Stalina*, p. 95. Mas o *faeton* é a história mais provável.
9. A. Ostrovskii sugere que o acidente pode ter sido anterior à escolarização de Stalin: ibid., p. 99.
10. J. Iremaschwili, *Stalin und die Tragödie Georgiens*, p. 5.
11. J. Davrichewy, *Ah! Ce qu'on rigolait bien*, p. 71-3.
12. Ver p. 596 deste livro.
13. J. Davrichewy, *Ah! Ce qu'on rigolait bien*, p. 39.
14. Ibid., p. 82.
15. Ibid., p. 43-4.
16. Ibid., p. 61.
17. J. Iremaschwili, *Stalin und die Tragödie Georgiens*, p. 18.
18. V. Kaminskii e I. Vereshchagin, *Detsvo i yunost' vojdya*, p. 48.
19. J. Davrichewy, *Ah! Ce qu'on rigolait bien*, p. 59.
20. Ibid.
21. Ibid.
22. RGASPI, fond 558, op. 4, d. 61, p. 1.
23. A. Chelidze, "Neopublikovannye materialy iz biografil tovarishcha Stalina", p. 19.
24. Não digo que a supervisão aritmética fosse imparcial. Pelo contrário, ele manipulou deliberadamente dados sobre a produção de grãos nos anos de 1920.
25. RGASPI, fond 558, op. 4, d. 61, p. 1.

4. Poeta e rebelde

1. Na velhice, Stalin contou sobre a época de Tbilisi a K. Charkviani. A referência provém das memórias de Charkviani amavelmente cedidas por Simon Sebag Montefiore: p. 2a. Ver também *Stalin: v vospcnninaniyakh sovremennikov i dokumenwv epokhi*, p. 18.

2. *Iswricheskie mesta Tbilisi. Putevoditel' po mestam, svyazannym s jizn'yu i deyatel'nost'yu I. V. Stalina*, p. 30-1.
3. Agradeço a Peter Strickland pela informação sobre a arquitetura europeia do século XIX.
4. Ver M. Agursky, "Stalin's Ecclesiastical Background", p. 3-4.
5. Ibid., p. 6.
6. O russo original era *sobachii yazyk*, literalmente traduzível como "linguagem de cachorro". Mas nenhuma tradução era ofensiva aos georgianos.
7. T. Darlington, *Education in Russia*, p. 286.
8. Ibid., p. 287.
9. N. Jordania, *Moya jizn'*, p. 8.
10. T. Darlington, *Education in Russia*, p. 288.
11. RGASPI, f. 558, op. 4, d. 17, p. 1.
12. T. Darlington, *Education in Russia*, p. 286.
13. J. Iremaschwili, *Stalin und die Tragödie Georgiens*, p. 16-17.
14. J. Davrichewy, *Ah! Ce qu'on rigolait bien*, p. 113.
15. N. Jordania, *Moya jizn'*, p. 11.
16. Ibid., p. 12.
17. G. Uratadze, *Vospominaniya gruzinskogo sotsial-demokrata*, p. 58-9.
18. N. Jordania, *Moya jizn'*, p. 25, 27. Jordania havia recusado o convite de Ilya Chavchavadze para editar o *Iveria*; ele queria total autonomia política.
19. Ibid., p. 29-30.
20. *Istoricheskie mesta Tbilisi*, p. 25.
21. *Iveria*, nº 23 (1895).
22. N. Jordania, *Moya jizn'*, p. 31.
23. *deda ena* (ed. Y. Gogebashvili: edição de 1912).
24. I. Stalin, *Stikhi*, p. 3. Várias biografias de Stalin supõem erradamente que a dedicatória era para Giorgi Eristava, poeta exilado nas províncias polonesas do Império Russo em 1832.
25. M. Kun cita arquivos que indicam que o conteúdo do poema de Eristavi era considerado "revolucionário" por um colega seminarista: ver *Stalin: An Unknown Portrait*, p. 77.
26. Uma versão mais plausível é que os seminaristas tomavam livros emprestados por uma taxa normal e se revezavam copiando-os à mão: memórias

de M. Chiaureli em conversa com Stalin em A. Fadeer (ed.), *Vstrechi s tovarishchem Stalinym*, p. 156-7.
27. *Stalin: v vospominaniyakh sovrenunnikov i dokumentov epokhi*, p. 24.
28. J. Iremaschwili, *Stalin und die Tragödie Georgiens*, p. 20.
29. "I. V. Stalin o 'Kratkom kurse po istorii VKP (b)'. Stenogramma vystupleniya no soveshchanii propagandistov Moskvy i Leningrada", *Istoricheskii arkhiv*, nº 5 (1994), p. 12.
30. Ver os resultados em RGASPI, f. 558, op. 4, dd. 48, 665.
31. Y. Gogebashvili, *deda ena* (1912). O Museu-Casa estatal de I. V. Stalin em Gori conserva a edição de 1916 no Hall I.
32. Registros de alunos do Seminário de Tiflis em 1898-9: RGASPI, f. 558, op. 4, d. 53, p. 1.
33. Relato de Stalin de 1931, reproduzido em *Istoricheskie mesm Tbilisi*, p. 29.

5. Militante marxista

1. *Iosif Vissarionovich Stalin: biografiya*, p. 10. Deve ser verdade, pois dificilmente essa ocupação dava crédito a Stalin.
2. Hall I, GDMS.
3. Ver fita magnética e várias gravações no Hall II, GDMS.
4. *Istoricheskie mesta Tbilisi. Putwoditel' po mestam, svyazannym s jizn'yu i deyatel'nost'yu I. V. Stalina*, p. 30-1.
5. Ibid., p. 32.
6. *Lado Ketskhoveli: Sbornik dokumentov i materialov*, p. 174-5.
7. J. Iremaschwili, *Stalin und die Tragödie Georgiens*, p. 24.
8. A. Gio, *Jizn' podpol'nika*, p. 25 (escrevendo sobre o grupo liderado pelo conhecido de Stalin, Silva Djibladze).
9. Ibid., p. 54.
10. J. Davrichewy, *Ah! Ce qu'on rigolait bien*, p. 111.
11. N. Jordania, *Moya jizn'*, p. 29-30.
12. J. Iremaschwili, *Stalin und die Tragödie Georgiens*, p. 25.
13. Ibid.
14. G. Uratadze, *Vospominaniya gruzinskogo sotsial-demokrata*, p. 66-7.
15. Ver E. Smith, *The Young Stalin*, p. 78.

16. Ver p. 98-101 deste livro.
17. Ver a história inédita do marxismo georgiano por Stephen Jones, capítulo 4. Um resumo das ideias de N. Jordania estão em seu 'Natsional'nyi vopros', *Bor'ba*, nº 2 (1914), p. 26-31.
18. O relato de Stalin de uma reunião no Kremlin em 28 de dezembro de 1945, gravado por V. D. Mochalov: *Slovo tovarishchu Stalinu*, p. 461.
19. A. Yenukidze, 'Istoriya organizatsiya i raboty nelegal'nykh tipografii R.S.D.R.P. (bol'shevikov) na Kavkaze u vremya ot 1900 po 1906 g.' em *Tekhnika bol'shevistskogo podpol'ya*, p. 20.
20. L. B. Krasin, 'Bol'shevistskaya partiinaya tekhnika' em ibid., p. 10.
21. G. Uratadze, *Vospominaniya gruzinskogo sotsial-demokrata*, p. 193; A. S. Yenukidze, "Istoriya organizatsii i raboty nelegal'nykh tipografii R.S.R.P. (bol'shevikov) na Kavkaze", p. 20-5; N. Jordania, *Moya jizn'*, p. 35.
22. S. T. Arkhomed, *Rabochee dvijenie i sotsial-demokratiya na Kavkaze*, p. 81-4.
23. G. Uratadze, *Vospominaniya gruzinskogo sostial-demokrata*, p. 66-7.
24. S. T. Arkhomed, *Rabochee dvijenie i sotsial-demokratiya na Kavkaze*, p. 81-4.
25. *Stalin i Khasim (1901-1902 gg.)*. A importância desse relato foi apontada por M. Kun, *Stalin: An Unknown Portrait*, p. 49-50. Agradeço a George Hewitt pelos conselhos sobre a nomenclatura abecásia e a provável nacionalidade do camponês.
26. I. V. Stalin, *Sochineniya*, vol. 1, p. 11-31.
27. Ver o relato de Stalin da reunião no Kremlin em 28 de dezembro de 1945 gravada por V. D. Mochalov: *Slovo tovarishchu Stalinu*, p. 461.
28. Ibid., p. 462.
29. A. Yenukidze, "Istoriya organizatsiya iraboty nelegal'nykh tipografii", p. 28.
30. Ibid.
31. N. Jordania, *Moya jizn'*, p. 30.
32. I. V. Stalin, *Sochineniya*, vol. 1, p. 7, 9.
33. S. Kavtaradze, *tsareulis purtsebli*, vol. 1, p. 17-20. Agradeço a Zakro Megeleshvili pela tradução dessas importantes memórias.
34. G. Uratadze, *Vospominaniya gruzinskogo sotsial-demokrata*, p. 70.
35. S. Alliluev, *Proidlnnyi put'*, p. 9.
36. G. Uratadze, *Vospominaniya gruzinskogo sotsial-demokrata*, p. 68.
37. Ibid., p. 66.
38. Ibid., p. 65.

39. Ibid.
40. Ibid., p. 66.
41. S. Kavtaradze, *tsareulis purnebli*, vol. 1, p. 17.
42. Ibid., p. 18.
43. Ibid., p. 20; relato de Stalin de uma reunião confidencial de funcionários da propaganda em 28 de dezembro de 1945; ver as notas de V. D. Mochalov em *Slovo tovarishchu Stalinu*, p. 463.
44. I. V. Stalin, *Sochineniya*, vol. 1, p. x: comentários do grupo editorial anônimo do Instituto Marx-Engels-Lenin.
45. S. Kavtaradze, *Tsareulis purtsebli*, vol. 1, p. 17-20.
46. Ibid., p. 1, 8.
47. Ibid.

6. O partido e o Cáucaso

1. S. Kavtaradze, *tsareulis pumebli*, vol. 1, p. 24.
2. *Revolyutsya 1905 goda, Zakavkaz'i*, p. 70-1.
3. Ibid., p. 89.
4. S. Vereshchak, 'Stalin v tyur'me', parte 2, Dni, 24/1/1928.
5. *Perepiska V. I. Lenina i rukovodimykh im uchrezhdenii RSDRP s mestnymi partiinymi organizatsiyami, 1905-1907*, vol. 2, parte 1, p. 294.
6. *Pravda*, 24/4/1920. É tema de especulação se essa foi realmente a reação inicial de Stalin a Lenin, pois ao descrevê-lo positivamente estava implicitamente recomendando-se junto com Lenin ante a audiência de abril de 1920. Porém, não é uma reação improvável.
7. B. Gorev, "Za kulisami pervoi revolyutsii", p. 16-17, I. V. Stalin, *Pravda*, 24/4/1920.
8. Nota editorial de R. Markova, *Chetvërtyi (ob"edinitel'nyi) s"ezd RSDRP* (ed. 1949), p. 34.
9. M. Stugart na coluna de resposta aos leitores, *Dagens Nyheter*, 22/3/2004.
10. *Chetvërtyi s"ezd*, p. 116.
11. Ibid., p. 224.
12. Ibid., p. 311.
13. Ibid., p. 78-9, 81, 86.

14. Ibid., p. 78-9, 224.
15. J. Davrichewy, *Ah! Ce qu'on rigolait bien*, p. 228.
16. V. Alliluev, *Khronika odnoi sem'i*, p. 108.
17. Ver M. Kun, *Stalin: An Unknown Portrait*, p. 342-3.
18. Ver p. 120-3 deste livro.
19. Ver p. 101-3 deste livro.
20. W. J. Fishman, *East End 1888*, p. 131-72.
21. Ye. Yemel'yanov em *Stalin. K shestidesyatiyu so dnya rozhdeniya*, p. 197.
22. Ver K. Weller, *"Don't Be a Soldier!"*, p. 85.
23. *Daily Express*, 5/1/1950.
24. *Pyatyi (londonskii) s"ezd RSDRP*, p. 121.
25. N. Jordania, *Moya jizn'*, p. 5.

7. Em fuga

1. R. G. Suny, "A Journeyman for the Revolution", p. 373-4.
2. *Diskussionnyi Listok. Prilojenie k Tsentral'nomu Organu "Sotsial-demokrat"* (Paris), 24/5 e 7/6/1910, p. 26-7. Ele provavelmente publicou isso antes de ser preso. Há uma réplica de Noe Jordania no mesmo número, p. 28-30.
3. Ibid., p. 26-8.
4. *Krasnyi arkhiv*, nº 2 (1941), p. 14 e 17-18.
5. A. Allilueva, *Vospominaniya*, p. 109.
6. *Pyatyi (londonskii) s"ezd RSDRP*, p. 87.
7. J. Iremaschwili, *Stalin und die Tragödie Georgiens*, p. 40.
8. Ibid., p. 39.
9. Ibid. David Machavariani, amigo de escola de Joseph Djughashvili, corroborou — após a Segunda Guerra Mundial — os efeitos profundos causados pela morte da esposa: J. Davrichevi, *Ah! Ce qu'on rigolait bien*, p. 35.
10. Ver capítulo 1 deste livro.
11. J. Iremaschwili, *Stalin und die Tragödie Georgiens*, p. 39.
12. Kavtaradze, *tsareulis purtsebli*, vol. 1, p. 99.
13. I. V. Stalin, *Sochineniya*, vol. 1, p. 314-15.
14. RGASPI, f. 71, op. 10, d. 275. Ver M. Kun, *Stalin: An Unknown Portrait*, p. 18.
15. S. Talakvadze, *K istorii Kommunisticheskoi partii* Gruzii, p. 118.

16. R. Brackman, *The Secret File*, p. 133-5, 186-93, 281-9.
17. G. Uratadze, *Vospominaniya gruzinskogo sotsial-demokrata*, p. 67.
18. A. Gio, *Jizn' podpol'nika*, p. 67.
19. Ibid., p. 69.
20. Ibid., p. 70.
21. Ibid., p. 70, 72.
22. Ibid., p. 73.
23. J. Davrichevi, *Ah! Ce qu'on rigolait bien*, p. 174, 199. Stalin admitiu a Kandide Charkviani que o seu grupo realizava "exes": p. 14 das suas memórias inéditas.
24. Davrichevi, *Ah! Ce qu"on rigolait bien*, p. 175-6 e 188-9.
25. I. V. Stalin, *Sochineniya*, vol. 13, p. 222: entrevista com Emile Ludwig.
26. Ver p. 58-60 deste livro.
27. RGASPI, f. 332, op. 1, ed.kh. 53. Essa fonte foi discutida por M. Kun em *Stalin: An Unknown Portrait*, p. 77-9.
28. Ver B. Nikolaevskii, "K istorii 'Bol'shevistskogo Tsentra'", vol. 1, p. 68: Nikolaevskii Papers, St Antony's College Library, Oxford.
29. R. Arsenidze, *Novyi jumal*, nº 72 (1963), p. 232; Yu. Martov, *Vperëd*, nº 51, 31/3/1918; *Pravda*, 1/4/1918.
30. Ver as memórias de Semën Vereshchak, "Stalin v tyur'me".
31. K. S. [I. V. Stalin], "Pis'mo s Kavkaza", *Diskussionnyi listok. Prilojenie k Tsentral'nomu Organu "Sotsial-demokrat"*, nº 2, 24/5 e 7/6/1910, p. 26-7.
32. An [N. Jordania], "Po povodu, Pis'ma s Kavkaza", ibid., p. 28.
33. I. V. Stalin, *Sochineniya*, vol. 2, p. 50-1.
34. O significado dessa mudança linguística foi observado primeiro por A. Rieber, "Stalin, Man of the Borderlands", p. 1676.
35. S. Vereshchak, "Stalin v tyur'me".
36. Ibid.
37. Ibid.
38. Ibid.
39. Ibid.
40. Ver M. Kun, *Stalin: An Unknown Portrait*, p. 98.
41. Ibid., p. 115-17.
42. Ver o relato das entrevistas feitas por L. Vasil'eva, *Deti Kremlva*, p. 168-9, 176.

8. No centro do partido

1. Ver p. 87-92 deste livro.
2. N. Jordania, *Moya jizn'*, p. 53.
3. G. Uratadze, *Vospominaniya gruzinskogo sotsial-demokrata*, p. 234.
4. *Vserossiiskaya Konferentsiya Ros. Sots.-Dem. Rab. Partii 1912 goda*: ver a introdução de R. C. Elwood, p. xx-xxi.
5. Ver M. Kun, *Stalin: An Unknown Portrait*, p. 130.
6. V. I. Lenin, *Polnoe sobranie sochinenii*, vol. 48, p. 53.
7. Molotov. *Poluderjavnyi vlastelin*, p. 197.
8. *deda ena* (ed. Y. Gogebashvili, 1912). O poema era "Manhã".
9. I. V. Stalin, *Sochineniya*, vol. z, p. 219.
10. Ele deixou de expor seu lado romântico ao abandonar o Seminário Teológico de Tíflis: ver p. 63-5 deste livro.
11. Certamente a melhor obra sobre a transmutação da *persona* política e pessoal é a de A. Rieber: "Stalin, Man of the Borderlands", que ressalta as qualidades artificiais da sua autorrepresentação a partir de 1900, e não só de 1912. Creio, porém, que a partir de 1912, em vez de se tornar russo, ele adotou uma *persona* binacional que podia pôr ênfase no aspecto russo ou no georgiano.
12. V. I. Lenin, *Polnoe sobranie sochinenii*, vol. 48, p. 162. Sobre o folheto, ver p. 124-30 deste livro.
13. S. Vereshchak, "Stalin v tyur'me".
14. A. S. Allilueva, *Vospominaniya*, p. 115.
15. S. Vereshchak, "Stalin v tyur'me".
16. Stalin contou a história a A. E. Golovanov pouco antes da Conferência de Teerã de 1943. Golovanov a contou a Felix Chuev: ver *Molotov. Poluderjavnyi vlasrelin*, p. 202.
17. A. S. Allilueva, *Vospominaniya*, p. 113.
18. Ibid., p. 115.
19. Ibid., p. 116.
20. V. I. Lenin, *Polnoe sobranie sochinenii*, vol. 22, p. 207-9. O artigo era inédito.
21. *Bol'shevistskoe rukovodstvo. Perepiska, 1912-1927*, p. 16.
22. Ibid.
23. Ibid.

24. *Zastol'nye rechi Stalina*, p. 301. Ele contou uma história semelhante a Kandide Charkviani: ver suas memórias inéditas, p. 25.
25. N. Lenin, "Zametki publitsista", p. 9.
26. RGASPI, f. 558, op. 4, d. 647, p. 432.
27. Ver p. 509 deste livro.
28. RGASPI, f. 558, op. 4, d. 647, p. 432-3.
29. Ibid., p. 433.
30. Ibid.
31. O conteúdo do folheto é discutido abaixo, p. 96-100.
32. F. Samoilov, "O Leoine i Staline": RGASPI, f. 558, op. 4, d. 659, p. 1.
33. *Prosveshchenie*, n° 3-5 (1913).
34. I. V. Stalin, *Sochineniya*, vol. 1, p. 368-72: "Polozhenie v sotsial-demokraticheskoi fraktsii", *Pravda*, 26/2/1913.

9. Koba e o bolchevismo

1. Bogdanov desenvolveu ideias que, se tivessem sido mais difundidas, teriam feito pensar na década de 1960, que ficou conhecida como pós-modernista. Ele insistiu em que a cultura não era apenas reflexo das relações econômicas de produção, e estipulou que os *insights* coletivos, que refletem os interesses de determinados grupos sociais, moldam e condicionam o que pode ser pensado na sociedade. Ele não tinha todas as respostas, mas, na virada do século, sua obra foi desconsiderada no exterior e suprimida em casa, e o descaso com suas ideias atrasou o descarte filosófico da moda do pós-modernismo.
2. Ver p. 416-8 deste livro.
3. J. Davrichewy, *Ah! Ce qu'on rigolait bien*, p. 212.
4. *Slovo tovarishchu Stalinu*, p. 462: notas de V. D. Mochalov em reunião com Stalin em 28/12/1945.
5. Até Davrishevi admitiu: *Ah! Ce qu'on rigolait bien*, p. 212.
6. Ver p. 352 deste livro.
7. Ver 88-9 deste livro.
8. Ver p. 89 deste livro.
9. S. Shaumyan, *Izbrannye proizvedeniya*, vol. 1, p. 267.

10. I. M. Dubinskii-Mukhadze, *Shaumyan*, p. 156.
11. F. D. Kretov, *Bor'ba V. I. Lenina za sokhranenie i ukrtplen RSDRP v gody stolypinskoi reaktsii*, p. 141.
12. I. M. Dubinskii-Mukhadze, *Shaumyan*, p. 156.
13. "Sotsial-demokratiya inatsional'nyi vopros" em I. V. Stalin, *Sochineniya*, vol. 1, p. 295.
14. Ibid.
15. Ver p. 78-9 deste livro. Agradeço a Stephen Jones por ajudar a formular esse parágrafo. Ver também o capítulo 8 da sua história inédita do marxismo georgiano antes da Revolução de Outubro.
16. "Sotsial-demokratiya i natsional'nyi vopros", *Prosveshchenie*, n° 5 (1913), p. 27.
17. I. V. Stalin, *Sochineniya*, vol. 1, p. 296.
18. Ver p. 60 deste livro.
19. I. V. Stalin, *Sochineniya*, vol. 1, p. 307.
20. Ibid., p. 313.
21. *Prosveshchenie*, n° 5 (1914), p. 27.
22. Ibid.
23. Ibid., p. 32-6.
24. An [N. Jordania], "Natsional'nyi vopros", *Bor'ba* (S. Petersburgo), n° 2, 18/3/1914, p. 31.
25. Ibid., p. 26.
26. "Sotsial-demokratiya i natsional'nyi vopros", *Sochineniya*, vol. 1, p. 340.
27. Ibid., p. 340-1.
28. Ibid.
29. "K natsional'nomu voprosu: evreiskaya burzhuznaya i bundovskaya kul'turno-natsional'naya avtonomiya", *Prosveshchenie*, n° 6 (junho de 1913), p. 69-76.
30. Molotov. *Poluderzhavnyi vlastelin*, p. 258.
31. Ver R. Service, *Lenin: A Biography*, p. 16-18.

10. Osip da Sibéria

1. B. I. Ivanov, *Vospominaniya rabochego bol'shmka*, p. 21.
2. N. L. Meshcheryakov, *Kak my zhili v ssylke*, p. 63.
3. A. V. Baikalov, "Turukhanskii "bunt" politicheskikh ssyl'nykh", p. 56; *Atlas aziatskoi Rossii*, mapa 56.
4. *Atlas aziatskoi Rossii*, mapas 48-51, 54-5.
5. *Atlas aziatskoi Rossii*, mapa 58a; S. Spandar'yan (Timofei), *Stat'i, pis'ma, dokumenty, 1882-1916*, p. xxxviii (nota editorial).
6. A. V. Baikalov, "Turukhanskii 'bunt' politicheskikh ssyl'nykh", p. 51-2.
7. Ver G. Kennan, *Siberia and the Exile System*, vol. 1, p. 329, vol. 2, p. 43.
8. *Bol'shevistskoe rukovodstvo. Perepiska, 1912-1927*, p. 18.
9. N. L. Meshcheryakov, *Kak my zhili v ssylke*, p. 75.
10. A. V. Baikalov, "Turukhanskii "bunt" politicheskikh ssyl'nykh", p. 53, 57.
11. A. V. Baikalov, "Turukhanskii "bunt" politicheskikh ssyl'nykh", p. 53.
12. Relatório de 27/4/1914 em "K 20-letiyu smerti Ya. M. Sverdlova", *Krasnyi arkhiv*, nº 1 (1939), p. 83-4.
13. *Bol'shevistskoe rukovodstvo. Perepiska, 1912-1927*, p. 19.
14. Ibid.
15. Ver A. Ostrovskii, *Kto stoyal za spinoi Stalina?*, p. 400-1.
16. *Bol'shevistskoe rukovodstvo. Perepiska, 1912-1927*, p. 19.
17. Ya. M. Sverdlov, *Izbrannye proizvedeniya*, vol. 1, p. 266.
18. Isso ficou implicitamente claro em S. Spandar'yan (Timofei), *Stat'i, pis'ma, dokumenty*, p. xxxviii (nota editorial). Até onde sei, nenhuma biografia de Stalin afirma que a carta de Sverdlov continha um mal-entendido ou que ele não vivia junto ao rio Kureika, ao norte do Círculo Ártico.
19. Yu. Trifonov, *Otblesk kostra* (Moscou, 1966), p. 47-8 em R. Medvedev, *Let History Judge*, p. 5-6.
20. Ya. M. Sverdlov, *Izbrannye proizvedeniya*, vol. 1, p. 268-9.
21. Ibid., p. 268.
22. Ibid., p. 276-7.
23. Ibid., p. 289.
24. *Izvesriya*, 8/12/2000; 'I. V. Stalin dal slovo zhenit'sya', *Istochnik*, nº 4 (2002), p. 74. Ver A. Ostrovskii, *Kto stoyal za spinoi Stalina?*, p. 407.
25. Ya. M. Sverdlov, *Izbrannye proizvedeniya*, vol. 1, p. 289.

26. *Bol'shevistskoe rukovodstvo. Perepiska, 1912-1927*, p. 18.
27. Ibid.
28. RGASPI, f. 558, op. 4, d. 647, p. 434.
29. Ibid., f. 558, op. 1, d. 4235, p. 1 e d. 4337, p. 1.
30. *Bol'shevistskoe rukovodstvo. Perepiska, 1912-1927*, p. 20.
31. B. I. Ivanov, *Vospominaniya rabochego bol'shevika*, p. 120-1.
32. A. S. Allilueva, *Vospominaniya*, p. 167.
33. Molotov. *Poluderzhavnyi vlastelin*, p. 298.
34. A. S. Allilueva, *Vospominaniya*, p. 168.
35. F. S. Alliluev, "V purgu" (memórias inéditas): RGASPI, f. 558, op. 4, d. 663, p. 115. O relato de Alliluev se baseia no que ouviu de Stalin.
36. Ibid., p. 120, 122.
37. A. S. Allilueva, *Vospominaniya*, p. 189.
38. F. S. Alliluev, "V purgu" (memórias inéditas): RGASPI, f. 558, op. 4, d. 663, p. 123.
39. *Zastol'nye rechi Stalina. Dokumenty i materialy*, p. 82-3.
40. Ibid., p. 83.
41. F. S. Alliluev, "V purgu" (memórias inéditas): RGASPI, f.558, op. 4, d. 663, p. 112.
42. *Bol'shevistskoe rukovodstvo. Perepiska, 1912-1927*, p. 21.

11. Regresso a Petrogrado

1. A. S. Allilueva., *Vospominaniya*, p. 166; V. Shveitser, *Stalin v turukhanskoi ssylke*, p. 40-7.
2. B. I. Ivanov, *Vospominaniya rabochego bol'shevika*, p. 160.
3. A. S. Allilueva, *Vospominaniya*, p. 165.
4. B. I. Ivanov, *Vospominaniya rabochego bol'shevika*, p. 160.
5. Ibid.
6. A. V. Baikaloff, *I Knew Stalin*, p. 28-9.
7. Ibid., p. 29.
8. Ibid.
9. Ibid., p. vii.
10. Ibid., p. 28.

11. Ver p. 111 e 420 deste livro.
12. Ver p. 419 deste livro.
13. A. Allilueva, *Vospominaniya*, p. 165: essas memórias foram escritas quase três décadas depois. Anna o viu mais tarde, em 12 de março de 1917.
14. F. Alliluev, "Ot Moskvy do Tsaritsyna. (Vstrechi s t. Stalinym)": RGASPI, f. 558, op. 4, d. 663, p. 14.
15. A. Allilueva, *Vospominaniya*, p. 165.
16. Ibid.
17. "Protokoly i rezolyutsii Byuro TsK RSDRP(b) (mart 1917 g.)", *VIKPSS*, n° 3 (1962), p. 143.
18. Ibid.
19. Ibid.
20. RGASPI, f. 558, op. 1, d. 55, p. 1-2.
21. A. Allilueva, *Vospominaniya*, p. 166.
22. Ibid., p. 168-70.
23. "Protokoly i rezolyutsii Byuro TsK RSDRP(b) (mart 1917 g.)", *VIKPSS*, n° 3 (1962), p. 146, 148.
24. A. G. Shlyapnikov, *Semnadaatyi god*, vol. 2, p. 180; Molotov. *Poluderzhavnyi vlastitelin*, p. 214.
25. "O voine", *Pravda*, 16/3/1917.
26. "Na puti k ministerskim portfelyam", *Pravda*, 17/3/1917.
27. "Ob usloviyakh pobedy russkoi revolyutsii", *Pravda*, 18/3/1917.
28. "Ob otmene natsional'nykh ogranicheniyakh", *Pravda*, 25/3/1917.
29. Ibid. Ver também "Protiv federalizma", *Pravda*, 28/3/1917.
30. "Protokoly Vserossiiskogo (martovskogo) soveshchaniya partiinykh rabotnikov, 27 marta-2 aprelya 1917 g.", *VIKPSS*, n° 5 (1962), p. 111-12.
31. Ibid., p. 112.
32. Ibid., n° 6, p. 137.
33. Ibid., p. 140.
34. F. F. Raskol'nikov, "Priezd tov. Lenina v Rossiyu", *Proletarskaya revolyutsiya*, n° 1(1923), p. 221.
35. Ver os comentários de R. Slusser, *Stalin in October*, p. 49-50.

12. O ano de 1917

1. Para uma análise rudimentar desse fenômeno pouco pesquisado, ver R. Service, *The Bolshevik Party in Revolution*, 47.
2. Ver p. 89 deste livro.
3. "Zemlyu — krest'yanam", *Pravda*, 14/4/1917.
4. See, por exemplo, "O voine", *Pravda*, 16/3/1917.
5. Sobre o distanciamento (temporário) de Lenin dessa terminologia, ver R. Service, *Lenin: A Political Life*, vol. 2, p. 223-8.
6. Ibid.
7. R. Service, *The Bolshevik Party in Revolution*, p. 46, 53-4.
8. Ver R. Service, *Lenin: A Political Life*, vol. 2, p. 223-8.
9. *Sed'maya (aprel'skaya) vserossiiskaya konferentsiya RSDRP (bol'shevikov)*, p. 227.
10. Ibid., p. 225.
11. Ibid., p. 228.
12. S. Pestkovskii, "Vospominaniya o rabote v Narkomnatse (1917-1919 gg.)", p. 126.
13. Ibid., p. 124.
14. Ver o relato de I. Getzler sobre o significado da frase de Sukhanov em *Nikolai Sukhanov*, p. 82-5.
15. Ver p. 153 deste livro.
16. A. S. Allilueva, *Vospominaniya*, p. 183-5.
17. Rascunho das memórias de A. S. Allilueva: RGASPI, f. 4, op. 2, d. 45, p. 6.
18. *Molotov. Poluderzhavnyi vlastelin*, p. 216.
19. Ibid., p. 216-7.
20. Ibid., p. 297.
21. A. S. Allilueva, *Vospominaniya*, p. 184-5.
22. Ibid., p. 169-70.
23. Ibid., p. 175.
24. Ibid., p. 185-6.
25. Ibid., p. 187.
26. Ibid., p. 186.
27. Ibid., p. 190.
28. Ibid., p. 191.

29. F. S. Alliluev, "Ot Moskvy do Tsarîtsyna. Vstrechi s t. Stalinym" (transcrição inédita): RGASPI, f. 558, op. 4, d. 663, p. 15.
30. Ibid.
31. *Shestoi s"ezd RSDRP(b)*, p. 250.
32. Ver p. 291 deste livro.
33. *Protokoly Tsentral'nogo Komiteta RSDRP(b). Avgust 1917-fevral' 1918*, p. 32.
34. Ibid., p. 39.
35. Ibid., p. 46.
36. Ibid., p. 49.
37. Ibid., p. 52-3.
38. V. I. Lenin, *Polnoe sobranie sochinenii*, vol. 34. p. 239-41.
39. Ibid., p. 246.
40. *Protokoly Tsentral'nogo Komiteta RSDRP(b). Avgust 1917-fevral' 1918*, p. 55.

13. Outubro

1. *Protokoly Tsentral'nogo Komiretr;i*, p. 84-6.
2. Ver R. Service, *Lenin: A Political Life*, vol. 2, p. 252-4.
3. Ver sua declaração em 11/10/1917: *Protokoly Tsentral'nogo Komiteta*, p. 87-92.
4. *Rabochii put'*, n° 32, 10/10/1917.
5. Ibid.
6. *Protokoly Tsentral'nogo Komiteta*, p. 99.
7. Ibid., p. 101.
8. Ibid.
9. *Novaya zhizn'*,18/10/1917.
10. *Protokoly Tsentral'nogo Komiteta*, p. 113.
11. Ibid., p. 114.
12. Ibid., p. 115.
13. Ibid., p. 107.
14. Ibid.
15. Ibid., p. 118.
16. Ibid., p. 101.
17. I. V. Stalin, *Sochineniya*, vol. 3, p. 389.

18. Ibid., p. 390.
19. L. D. Trotski, *Stalin. An Appraisal of the Man and His Influence*, p. 225-6
20. R. M. Slusser, *Stalin in October*, p. 239.
21. *Protokoly Tsentral'nogo Komiteta*, p. 120.
22. M. P. Zhakov, 'Pis'mo M. Zhakova', p. 88-93.
23. Ibid.
24. A. S. Allilueva, *Vospominaniya*, p. 61.
25. Ver R. Service, *Lenin: A Political Life*, p. 262.
26. Não me convence a tentativa de R. Slusser de rebaixar o papel de Stalin em outubro de 1917 em *Stalin in October*, caps. 6-7. Mas quero registrar um elogio à pesquisa empírica do livro.
27. F. S. Alliluev, "Vstrechi s t. Stalinym" (transcrição inédita, n. d.): RGASPI, f. 558, op. 4, d. 668, p. 39.
28. L. D. Trotski, *Stalin. An Appraisal of the Man and His Influence*, p. 352.
29. *Protokoly Tsentral'nogo Komiteta*, p. 13, declaração assinada em conjunto em 3/11/1917.
30. GDMS, Hall 2.

14. Comissário do povo

1. F. S. Alliluev, "Vstrecha" (transcrição inédita, s.d.): RGASPI, f. 558, op. 4. d. 668, p. 30.
2. Ver p. 418-419 deste livro. As memórias de Fëdor Alliluev permaneceram inéditas, talvez porque Stalin preferisse alegar obscuridade por conta própria a deixar que outros o fizessem por ele.
3. S. Pestkovskii, "Vospominaniya o rabote v Narkomnatse (1917-1919 gg.)", p. 129-30.
4. Ibid.
5. Ibid., p. 127.
6. Ver o relato inédito de F. S. Alliluev: "V Moskve. (Vrtrechi s t. Stalinym)", RGASPI, f. 558, op. 4, d. 663, p. 18.
7. A. Allilueva, *Vospominaniya*, p. 187.
8. RGASPI, f. 558, op. 1, d. 5397, p. 2.
9. Reunião do colegiado, item 8, 21/3/1918: GARF, f. 1318, op. 1, d. t, p. 11.

10. GARF, f. 1318, op. 1, d. 1, p. 3/1a: Colegiado do Comissariado do Povo para Assuntos das Nacionalidades, 15 de fevereiro (2 de março) de 1918.
11. Ver discussão sem data do colegiado em reunião sem data: GARF, f. 1318, op. 1, d. 1, p. 52-5.
12. Reunião do colegiado, item 5, 8/3/1919: GARF, f. 1318, op. 1, d. 2, p. 94-5.
13. *Tretii Vserossiiskii S"ezd Sovetov Rabochikh, Soldatskikh i Krestyanskikh Deputatov*, p. 73.
14. Ibid., p. 74, 78-9.
15. Comissão para elaborar a Constituição da URSS: GARF, f. 6980, op. 1, d. 3, p. 12 (5/4/1918).
16. Ibid. (10/4/1918).
17. Ibid., p. 22 (12/4/1918).
18. *Pravda*, 1/4 /1918.
19. Ver p. 102-3 deste livro.
20. RGASPI, f. 558, 2, d. 42. Sobre isso, ver M. Kun, *Stalin: An Unknown Portrait*, p. 82-3.
21. "M. I. Ulyanova ob otnoshenii V. I. Ul'yanova I I. V. Stalina", *ITsKKPSS*, nº 12 (1989), p. 197.
22. Ver p. 129-31 deste livro.
23. Comissão para elaborar a Constituição da URSS: GARF, f. 6980, op. 1, d. 6, p. 38 (19/4/1918). A frase em russo era *avtonomnaya oblastnaya respublika*.
24. Ibid., p. 10.
25. Ibid., p. 11.
26. Ibid., p. 1
27. *Protokoly Tsentral"nogo Komiteta*, p. 150.
28. *Bol'shevistskoe rukovodstvo. Perepiska, 1912-1927*, p. 36.
29. *Protokoly Tsentral'nogo Komiteta*, p. 173.
30. Ibid., p. 171.
31. Ibid., p. 172.
32. Ver p. 171 deste livro.
33. *Protokoly Tsentral'nogo Komiteta*, p. 178 (19/1/1918).
34. Ibid., p. 200.
35. Ibid., p. 202.
36. Ibid., p. 212.
37. GARF, f. R-130, op. 2, d. 1(3), item 4 (3/4/1918).

15. Ao front!

1. F. S. Alliluev, "V puti. (Vstrechi s t. Stalinym)", RGASPI, f. 558, op. 4, d. 663, p. 18.
2. I. V. Stalin, *Sochineniya*, vol. 4, p. 116.
3. Ver A. Zimin, *U istokov stalinizma, 1918-1923*, p. 134.
4. I. V. Stalin, *Sochineniya*, vol. 4, p. 120-1.
5. F. S. Alliluev, "V Tsaritsyne. (Vstrechi s t. Stalinym)", RGASPI, f. 558, op. 4. d. 663, p. 20-2.
6. F. S. Alliluev, "Obed u Minina": RGASPI, f. 558, op. 4, d. 668, p. 57.
7. I. V. Stalin, *Sochineniya*, vol. 4, p. 118.
8. Se Stalin tivesse repetido o comportamento arriscado após a viagem a Abganerovo-Zutovo teria havido fanfarras a respeito nas memórias escritas durante a sua supremacia.
9. F. S. Alliluev, "T. Stalin na bronepoezde': RGASPI, f. 558, op. 4, d. 668, p. 90.
10. RGASPI, f. 558, op. 1, d. 258, p. 1.
11. F. S. Alliluev, "Vstrechi s Stalinym": RGASPI, f. 558, op. 4, d. 668, p. 39.
12. Ibid., p. 38.
13. Ibid., p. 35.
14. S. Allilueva, *Dvadtsat' pisem k drugu*, p. 90.
15. Molotov. *Poluderzhavnyi vlastelin*, p. 297.
16. A. Allilueva, *Vospominaniya*, p. 170.
17. Ver p. 340-2 deste livro.
18. Ver a foto dela com a irmã Anna e o cunhado Stanisław Redens: RGASPI, f. 558, op. 2, d. 193.
19. Sobre o casamento, ver p. 275-6 deste livro.
20. *K. E. Voroshilov na Tsaritsynskom fronte. Sbornik dokumentov*, p. 64.
21. *Bol'shevistskoe rukovodstvo. Perepiska, 1912-1927*, p. 52.
22. Ver relatório de V. P. Antonov-Ovseenko a Lenin: ibid., p. 60.
23. *Pravda*, 20/9/1963.
24. J. Davrichewy, *Ah! Ce qu'on rigolait bien*, p. 221.
25. *ITsKKPSS*, nº 11 (1989), p. 163.
26. Ibid., p. 169.
27. R. Service, *Lenin: A Political Life*, vol. 3, p. 79-81.
28. K. Voroshilov, *Stalin i Krasnaya Armiya*, p. 104.

29. *ITsKKPSS*, n° 11 (1989), p. 157.
30. Ibid., p. 38.
31. *Bol'shevistskoe rukovodstvo. Perepiska, 1912-1927*, p. 51.
32. *ITsKKPSS*, n° 6 (1989), p. 146 e n° 12 (1989), p. 169-70; G. Leggett, *The Cheka*, p. 162-3.
33. Cópia de Stalin de N. Lenin, *Gosudarstvo i revolyutsiya* (Petrogrado, 1919), orelha: RGASPI, f. 558, op. 3, d. 156.
34. Ibid., p. 28.
35. Ibid., orelha.
36. *The Trotsky Papers, 1917-1922*, vol. 1.
37. V. Alliluev, *Khronika odnoi sem'i: Alliluevy. Stalin*, p. 9.
38. Ver p. 217-8 deste livro.
39. RGASPI, f. 558, op. 1, d. 627, p. 1.
40. Ibid.
41. S. V. Lipitskii, 'Stalin v grazhdanskoi voine', p. 98.
42. Ver R. Service, *The Bolshevik Party in Revolution*, p. 101-2, 123-5

16. O corredor polonês

1. V. I. Lenin, *Polnoe sobranie sochinenii*, vol. 50, p. 186.
2. Ibid., p. 285-6. Ver também os comentários de Béla Kun citados dos arquivos em V. M. Kholodkovskii, "V. I. Lenin i mezhdunarodnye otnosheniya novogo tipa", p. 88.
3. Ver o discurso de Lenin na IX Conferência do partido, RGASPI, f. 44, op. 1, d. 5, p. 11-18, 20-1, 27-8; e o seu memorando citado em *Izvestiya*, 27/4/1992.
4. RGASPI, f. 17, op. 3, d. 15, item 3 e d. 103, item 8.
5. ITsKKPSS, n° 2 (1990), p. 158.
6. V. I. Lenin, *Polnoe sobranie sochinenii*, vol. 51, p. 240.
7. ITsKKPSS, n° 1 (1991), p. 119-22.
8. RGASPI, f. 17, op. 3, d. 96, item 2.
9. Ibid., f. 558, op. 1, d. 4200, p. 1.
10. R. Service, *Lenin: A Political Life*, vol. 3, p. 120.
11. I. V. Stalin, *Sochineniya*, vol. 41 p. 332-3.
12. *Bol'shevistskoe rukovodstvo. Perepiska, 1912-1927*, p. 149-50: telegramas a Lenin e Trotski.

13. Ver R. Service, *Lenin: A Biography*, p. 406-8.
14. *Bol'shevistskoe rukovodstvo. Perepiska, 1912-1927*, p. 110.
15. K. E. Voroshilov, *Stalin i Vooruzhënnye Sily SSSR*, p. 23.
16. *Istoriya SSSR*, vol. 3, livro 2, p. 364.
17. RGASPI, f. 558, d. 1470, p. 1.
18. V. I. Lenin, *Polnoe sobranie sochinenii*, vol. 51, p. 237-8.
19. *Bol'shevistskoe rukovodstvo. Perepiska, 1912-1927*, p. 142.
20. Ibid., p. 143.
21. Ibid., p. 147, 150.
22. Ibid., p. 150.
23. Ibid., p. 150-1.
24. Ibid., p. 151-2.
25. Discurso de Stalin sobre a questão nacional no XII Congresso do partido, 25/4/1923: *ITsKKPSS*, nº 4 (1991), p. 171.
26. Ibid.
27. Ver N. Davies, *White Eagle, Red Star*, p. 200.
28. Ver a avaliação de Norman Davies (compartilhada com Piłsudski) em Ibid., p. 208-10.
29. S. M. Budënny, *Proidiinnyi put'*, vol. 2, p. 304.
30. Ver N. Davies, *White Eagle, Red Star*, p. 213-14.
31. S. M. Budënny, *Proidiinnyi put'*, vol. 2, p. 310-11.
32. Ibid., p. 303.
33. Ver N. Davies, *White Eagle, Red Star*, p. 218-19.
34. RGASPI, f. 11, op. 3, d. 103, item 1a.
35. Ibid., item 5.
36. Ver p. 210-1 deste livro.
37. Assim ele foi ao Politburo em 25 e 26 de agosto, 6, 14, e 15/9/1920: RGASPI, f. 17, op. 3, d. 104-9.
38. Ibid., d. 106, item 19.
39. Ibid., item 10.
40. Ibid., d. 107, item z; d. 108, item i.
41. Ibid., d. 108, item 9.
42. Ibid., f. 44, op. 1, d. 5, p. 33, 35-36.
43. *Devyataya Konferentsiya RKP(b)*, p. 26.
44. Ibid., p. 79.

45. C. Zetkin, *Erinnerungen an Lenin* (Viena, 1929), p. 20-1; I. V. Stalin, *Sochineniya*, vol. 4. p. 323-4, 333.
46. *Devyataya Konferentsiya RKP(b)*, p. 82.
47. É essencialmente o que Trotski fez no X Congresso do partido ao final da "discussão sobre sindicatos" e o que Lenin tentou evitar no IX Congresso do Partido.
48. Ver p. 141 deste livro.
49. Discurso de aniversário para Lenin: *Pravda*, 24/4/1920.
50. Ver R. C. Tucker, *Stalin as Revolutionary*, p. 122-30.

17. Com Lenin

1. A. Mikoyan, *Mysli i vospominaniya o Lenine*, p. 139.
2. Ver R. Service, *Lenin: A Political Life*, vol. 3, p. 181, 207.
3. RGASPI, f. 558, op. 1, d. 5193, p. 2.
4. Ibid. Stalin escreveu em papel de carta do Rabkrin, talvez para dizer que tinha muito o que fazer: ibid., p. 1.
5. Minutas do Politburo, 24/11/1921: ibid., f. 17, op. 3, d. 234, item 10.
6. RGASPI, f. 46, op. 1, d. 3, p. 18.
7. Ibid.
8. Ibid., f. 5, op. 2, d. 8, p. 24.
9. Ver R. Service, *The Bolshevik Party in Revolution*, caps. 5-7.
10. Molotov. *Poluderzhavnyi vlastelin*, p. 261.
11. *Odinnadtsatyi s"ezd RKP(b)*, p. 84-5; RGASPI, f. 17, op. 2, d. 78, item 1-i-b, p. 1.
12. Molotov. *Poluderzhavnyi vlastelin*, p. 240: essa foi a lembrança de Molotov na velhice.
13. Ver a discussão na plenária do Comitê Central, 3/4/1922: RGASPI, f. 17, op. 2, d. 78, item 1(i/b).
14. A. Mikoyan, *Tak bylo*, p. 369.
15. Ver p. 89, 162, 205-7 deste livro.
16. *Bol'shevistskoe rukovodstvo. Perepiska, 1912-1927*, p. 214.
17. Ibid., p. 227.
18. N. A. Uglanov, "Vospominaniya", *Vospominaniya o Vladimire R'iche Lenine*, vol. 7, p. 72.

19. Ver R. Service, *Lenin: A Biography*, p. 248, 293-4.
20. RGASPI, f. 16, op. 3s, d. 20, p. 61.
21. "Vospominaniya M. I. Ul'yanovoi": ibid., p. 11-12.
22. Relatório do chefe da guarda especial de Lenin: ibid., op. 2S, d. 39, p. 26, 45, 55, 61, 76, 89.
23. Ibid., f. 17, op. 2, d. 25993.
24. Ibid.
25. *ITsKKPSS*, nº4 (1991), p. 188. Lenin quis que Kamenev, Zinoviev e Tomski fossem só "candidatos a membros".
26. Minutas do Politburo, 10/11/1921: RGASPI, f. 17, op. 3, d. 228, item 2.
27. Ver p. 218-9 deste livro.
28. *ITsKKPSS*, nº 9 (1989), p. 195, 197-8.
29. Ibid., p. 195, 197.
30. Ibid., p. 198-9.
31. Ibid., p. 200.
32. V. I. Lenin, *Polnoe sobranie sochinenii*, vol. 45, p. 211.
33. Ibid., p. 211-12.
34. RGASPI, f. 64, op. 2, d. 7, p. 133.
35. *ITsKKPSS*, nº 9 (1989), p. 209.
36. Para a afirmação de que em 1922-3 Lenin e Stalin concordavam nas questões primárias, ver R. Service, *Lenin: A Political Life*, vol. 3, p. 298-303.

18. Nação e revolução

1. Ver p. 89, 162, 205-7 deste livro.
2. S. Pestkovskii, "Vospominaniya o rabote v Narkomnatse (1917-1919 gg.)", p. 128.
3. Ibid.
4. E. Olla-Reza, *Azarbaidzhan i Arran*, p. 28-31. Agradeço a Ali Granmayeh por suas sugestões a respeito.
5. GARF, f. R-130, op. 2, d. 2(5): sessões do Sovnarkom de 7, 21 e 30/12/1918.
6. *ITsKKPSS*, nº 9 (1989), p. 199.
7. RGASPI, f. 17, op. 3, d. 15, item 3: sessão conjunta do Politburo e do Orgburo, 19/7/1919.

8. *Vos'moi s"ezd RKP(b)*, p. 425.
9. RGASPI, f. 17, op. 2, d. 48, p. 1; ver também ibid., p. 3-4.
10. Ver G. P. Lezhava, *Mezhdu Gruziei i Rossiei*, p. 69.
11. Às vezes, as resoluções definitivas sobre questões territoriais tinham de esperar que Stalin levasse o assunto ao Politburo: ver, por exemplo, RGASPI, f. 17, op. 3, d. 58, item 28.
12. ITsKKPSS, n° 2 (1990), 164 e n° 7 (1990), p. 163.
13. RGASPI, f. 17, op. 112, d. 93, p. 30.
14. Ibid., p. 33.
15. Citado por R. Kh. Gutov, *Sovmestnaya bor'ba narodov Tereka za Sovetskuyu vlast'*, p. 469.
16. Ver p. 206-7 deste livro.
17. RGASPI, f.17, op. 112, d. 43, p. 33.
18. *Desyatyi s"ezd RKP(b)*, p. 184.
19. Ibid., p. 184-5.
20. Ver p. 276 deste livro.
21. *Desyatyi s"ezd RKP(b)*, p. 201-6 (V. P. Zatonski) e p. 206-9 (A. I. Mikoyan).
22. Ibid., p. 213.
23. Ver J. Baberowski, *Der Feind ist uberall*, p. 163.
24. Sobre a apendicite de Stalin, ver p. 276-7 deste livro.
25. Ver G. P. Lezhava, *Mezhdu Gruziei i Rossiei*, p. 92.
26. Ver S. Lakoba, *Ocherki politicheskoi istorii Abkhazii*, p. 83-4.
27. Ibid., p. 813.
28. I. V. Stalin, *Sochinmiya*, vol. 5, p. 94.
29. Ibid., p. 95.
30. S. Kavtaradze, *tsareulis purtsebli*, vol. 1, p. 56. D. M. Lang descreve a ocasião como muito mais tumultuada, mas omite a fonte: ver *A Modern History of Georgia*, p. 239. Ver também S. V. Kharmandaryan, *Lenin i stanovlenie zakavkazskoi federatsii*, p. 104, que cita os arquivos pessoais de G. A. Galoyan.
31. S. V. Kharmandaryan, *Lenin i stanovlenie zakavkazskoi federatsii*, p. 85.
32. *Tainy natsional'noi politiki RKP(b)*, especialmente a p. 100.
33. Ver R. Service, *Lenin: A Political Life*, vol. 3, p. 291-3.

19. O testamento

1. *Bol'shevistskoe rukovodstvo. Perepiska, 1912-1927*, p. 268: 13/11/1922.
2. V. I. Lenin, *Polnoe sobranie sochinenii*, vol. 45, p. 343-8.
3. Molotov. *Poluderzhavnyi vlastelin*, p. 195.
4. V. I. Lenin, *Polnoe sobranie sochinenii*, vol. 45, p. 345.
5. Ibid., p. 344-5.
6. Ibid., p. 344.
7. V. P. Danilov, "Stalinizm i sovetskoe obshchestvo", p. 170.
8. V. I. Lenin, *Polnoe sobranie sochinenii*, vol. 45, p. 346.
9. *ITsKKPSS*, nº 4 (1991), p. 188.
10. Agradeço a Francesco Benvenuti, com quem discuti isso por muitos anos, por sua insistência em me esclarecer a interpretação.
11. V. I. Lenin, *Polnoe sobranie sochinenii*, vol. 45, p. 356.
12. *Pravda*, 25/1/1923.
13. Ele disse isso a Kaganovich em 1922: *Tak govoril Kaganovich*, p. 191.
14. Molotov. *Poluderzhavnyi vlastelin*, p. 283.
15. *Dvenadtsatyi s"ezd RKP(b)*, p. 164-6.
16. Ibid., p. 821.
17. *ITsKKPSS*, nº4 (1991), p. 179-91.
18. Ver R. V. Daniels, *The Conscience of the Revolution*, p. 208.
19. *Sochineniya*, vol. 6, p. 14.
20. RGASPI, f. 16, op. 28, d. 39, p. 16-124.

20. As oportunidades de luta

1. Ver carta de Dzierżyński citada por S. Lakoba, *Ocherki politicheskoi istorii Abkhazii*, p. 103.
2. *Pravda*, 30/1/1924.
3. Ver N. Tumarkin, *Lenin Lives!*, p. 153.
4. RGASPI, f. 76, op. 3, d. 287, p. 7, 19.
5. Ver *Lubyanka. Stalin I VChK-GPU-nOGPU-NKVD. Yanvar' 1922-dekabr' 1936*, p. 11-12.
6. Ver p. 228 deste livro.

7. RGASPI, f. 12, op. 2, d. 41, p. 2.
8. Ibid., p. 3.
9. Ibid., p. 17, 27, 38.
10. Ibid., f. 558, op. 1, d. 3112, p. 1.
11. Ibid., f. 17, op. 1, d. 471: carta de A. I. Ulyanova a Stalin, 28/12/1932.
12. *Ob osnovakh leninizma* em I. V. Stalin, *Sochineniya*, vol. 6, p. 71.
13. Ibid., p. 135-7.
14. V. I. Lenin, *Polnoe sobranie sochinenii*, vol. 45, p. 593-4.
15. *Rodina*, nº 7 (1994), p. 72.
16. B. Bazhanov, *Bazhanov and the Damnation of Stalin*, p. 34-5.
17. Ver p. 48 deste livro.
18. A exceção era Kaganovich, que sempre empregou o "você" formal (ry) em conversas e cartas, e até nelas se dirigia a ele como "camarada Stalin": ver *Stalin i Kaganovich. Perepiska, 1931-1936 gg., passim*.
19. Ver O. Khlevnyuk, *Stalin i Ordzhonikidze*, p. 28, 34-41; R. Service, *The Bolshevik Party in Revolution*, p. 106-8.
20. *Stalin i Kaganovich. Perepiska, 1931-1936 gg.*, p. 109.
21. *Bol'shevistskoe rukovodstvo. Perepiska, 1912-1927*, p. 256.
22. Ibid., p. 263.
23. *Tak govoril Kaganovich*, p. 35.
24. Ver R. Service, *The Bolshevik Party in Revolution*, p. 196.
25. L. Trotsky, *Stalin; An Appraisal of the Man and His Influence*, p. 22. Adaptei a tradução.
26. W. H. Roobol, *Tsereteli: A Democrat in the Russian Revolution*, p. 13.
27. Ver R. Service, *The Bolshevik Party in Revolution*, p. 196.
28. RGASPI, f. 558, op. 3, d. 93: exemplar pessoal de Stalin de E. Kviring, *Lenin, Zagovorshchestvo, Oktyabr'* (Kharkov, 1924).
29. B. Bazhanov, *Bazhanov and the Damnation of Stalin*, p. 39-40.
30. Ibid., p. 37.
31. Ibid., p. 57.
32. I. V. Stalin, *Sochineniya*, vol. 6, p. 257-8, e vol. 9, p. 77, 79. Ver E. H. Carr, *Socialism in One Country*, vol. 2, caps. 11, 16.
33. Ver R. V. Daniels, *Conscience of the Revolution*, p. 254.

21. Josef e Nadya

1. Essa atitude perdurou. Stalin a expressou em um discurso improvisado para Georgi Dimitrov e outros em novembro de 1937, no auge do Grande Terror. Ver resumo de R. C. Tucker em *Stalin in Power*, p. 483.
2. Recordação de Trotski do que Kamenev lhe contou de uma conversa que teve com Stalin e Dzierżyński em meados de 1923. *Trotsky's Diary in Exile, 1935*, p. 64.
3. S. Allilueva, *Dvadtsat' pisem k drugu*, p. 90; V. Alliluev, *Khronika odnoi sem'i: Alliluevy. Stalin*, p. 9.
4. RGASPI, f. 134, op. 3, d. 36, p. 15. Comentário no diário de Kollontai, em 1920. Há suspeita quanto à autenticidade de partes dessa fonte. Certas entradas para alguns anos parecem ter sido modificadas à luz dos acontecimentos políticos posteriores.
5. A. S. Allilueva, *Vospominaniya*, p. 186. Ver p. 226 deste livro.
6. RGASPI, f. 589, op. 3, d. 15904, l. 14.
7. Ibid., f. 2, op. 1, d. 14228. Ver também a conversa direta entre Ordjonikidze e Nadejda Allilueva, 4/12/1920: ibid., d. 6404.
8. Ibid., f. 589, op. 3, d. 15904, l. 12.
9. Anotação de Sergei Alliluev em 1919: ibid., f. 4, op. 2, d. 46, p. 1.
10. Ver o telegrama dele em 7/11/1919: ibid., f. 558, op. 1, d. 910, p. 1.
11. F. Alliluev, "Vstrechi s t. Stalinym": ibid., op. 4, d. 663, p. 39.
12. Ibid.
13. Ibid., p. 40.
14. S. Kavtaradze, *tsareulis purtsebli*, vol. 1, p. 55.
15. Episódio contado a Felix Chuev por Yevgeni, filho de Yakov Djughashvili: ver *Molotov. Poluderzhavnyi vlastelin*, p. 245.
16. G. Uratadze, *Vospominaniya gruzinskogo sotsial-demokrata*, p. 209.
17. Testemunho de A. F. Sergeev a F. Chuev: *Molotov. Poluderzhavnyi vlastelin*, p. 359.
18. V. Semichastnyi, *Bespokoinoe serdtse*, p. 39.
19. Carta a M. I. Kalinin: RGASPI, f. 78, op. 1, d. 46, p. 2.
20. Carta de 30/11/1918: ibid., f. 86, op. 1, d. 84.
21. GARF, f. 3316s/g, op. 64, d. 258, p. 5, 7.
22. V. Alliluev, *Khronika odnoi sem'i: Alliluevy. Stalin*, p. 131.

23. S. Allilueva, *Dvadtsat' pisem k drugu*.
24. RGASPI, f. 589, op. 3, d. 15904, p. 12, 15.
25. Ibid., p. 16, 19.
26. Ver p. 228 deste livro.
27. RGASPI, f. 5, op. 1, d. 456: 18/10/1922.
28. Ibid., f. 558, op. 3, d. 4: B. Andreev, *Zavoevanie Prirody*.
29. *Iosif Stalin v ob"yatiyakh sem'i*, p. 7.
30. Ver os caps. 6-7 deste livro. Ver também S. Allilueva, *Dvadtsat' pisem k drugu*, p. 24-5.
31. Claro que, na realidade, a *datcha* não era de Stalin, mas do Estado.
32. S. Allilueva, *Dvadtsat' pisem k drugu*, p. 26-9; "Bosco d'inverno a Zubalov", *Slavia* (1997).
33. Ver exemplo em *Pis'maI. V. Stalina V. M. Molotovu*, p. 23.
34. A. Mikoyan, *Tak bylo*, p. 351.
35. Ibid., p. 351-20; A. Mikoyan, "Izvospominaniya A. I. Mikoyana", *Sovershenno sekretno*, nº 10 (1999), p. 25. Há dúvidas quanto à data do conselho; ver A. Kirilina, *Neizvestnyi Kirov*, p. 305.
36. Carta de Stalin, 30/7/1922: A. Kirilina, *Neizvestnyi Kirov*, p. 305.
37. *Pis'maI. V. Stalina V. M. Molotovu*, p. 70, 156.
38. I. A. Valedinskii, 'Vospominaniya o vstrechakh s t. I. V. Stalinym', p. 68.
39. S. Allilueva, *Dvadtsat' pisem k drugu*, p. 19.
40. I. A. Valedinskii, "Vospominaniya o vstrechakh s t. I. V. Stalinym", p. 69.
41. *Iosif Stalin v ob"yatiyakh sem'i*, p. 22 ff.
42. Ibid., p. 22-3.
43. Ibid., p. 19.
44. B. Bazhanov, *Bazhanov and the Damnation of Stalin*, p. 36.
45. RGASPI, f. 44, op. i, d. 1, p. 417.
46. Ibid., p. 418.
47. *Iosif Stalin v ob"yatiyakh sem'i*, p. 23.
48. Ibid., p. 31, 35 para cartas de 1929 e 1931.
49. *Molotov. Poluderzhavnyi vlastelin*, p. 365. O incidente deve ter ocorrido em 1928.

22. Um faccionário contra as facções

1. *Chetyrnadtsatyi s"ezd Vsesoyuznoi Kommunisticheskoi Partii (b)*, p. 427-31, 503.
2. Ibid., p. 508.
3. Ibid., p. 274-5.
4. Ibid., p. 455.
5. Ibid., p. 52. Esse total inclui membros em estágio probatório.
6. RGASPI, f. 44, op. 1, d. 5, p. 37-8.
7. *Iosif Stalin v ob"yatiyakh sem'i*, p. 30-1.
8. Ver as memórias de Ye. P. Frolov em R. Medvedev, *Let History Judge*, p. 224-5.
9. Ver p. 291 deste livro.
10. Ver R. Service, "Joseph Stalin: The Making of a Stalinist", p. 22-3.
11. Ver G. Gill, *The Origins of the Stalinist Political System*, p. 125-34.
12. *Bol'shevistskoe rukovodstvo. Perepiska, 1912-1927*, p. 90.
13. *Pis'ma I. V. Stalina V. M. Molotovu*, p. 71.
14. Ibid., p. 72-3.
15. Ibid., p. 74.
16. Ibid., p. 69.
17. *Bol'shevistskoe rukovodstvo. Perepiska, 1912-1927*, p. 90.
18. Ibid., p. 105.
19. *Stalin v vospominaniyakh sovremennikov i dokumentov epokhi*, p. 146.
20. *Pis'ma I. V. Stalina V. M. Molotovu*, p. 102.
21. Ibid., p. 103-4, 106-7, 116-17.
22. Ibid., p. 107.
23. I. V. Stalin, *Sochineniya*, vol. 10, p. 193.

23. O fim da NEP

1. Ver J. Baberowski, *Der Feind ist überall*, p. 561.
2. RGASPI, f. 17, op. 3, d. 667, p. 10-12.
3. Ver J. Hughes, *Stalin, Siberia and the Crisis of the NEP*, p. 129.
4. Ibid., p. 138.
5. Ver A. Nove, *An Economic History of the USSR*, p. 137-8, 140-1.

6. Ver J. Harris, *The Great Urals*, p. 69.
7. Ver J. Baberowski, *Der Feind ist überall*, p. 564.
8. Ver J. Baberowski, *Der Rote Terror*, p. 196-7.
9. Relatório organizativo do Comitê Central: *Pyatnadtsatyi s"ezd Vesoyuznoi Kommunisticheski Partii-(b)*, p. 100-3. Esse número inclui membros em estágio probatório.
10. *Pis'ma I. V. Stalina V. M. Molotovu*, p. 35.
11. I. V. Stalin, *Sochineniya*, vol. 9, p. 136-8. A importância desses chamados à industrialização acelerada foi apontada por R. Tucker, *Stalin as Revolutionary*, p. 398-9.
12. I. V. Stalin, *Sochineniya*, vol. 11, p. 1-9.
13. *Pravda*, 15/2/1928.
14. Ver E. H. Carr e R. W. Davies, *Foundations af a Planned Economy, 1926-1929*, vol. 1, parte 1, p. 55.
15. *Sovmkoe rukovodstvo. Perepiska, 1928-1941*, p. 73.
16. Andrei Sokolov, "Before Stalinism: The Defense Industry of Soviet Russia in the 1920s", p. 12-1.
17. O resumo de Kamenev da conversa com N. I. Bukharin e G. Sokolnikov em *Razgovory s Bukharinym*, p. 32.
18. Ver A. Nove, *An Economic History of the USSR*, p. 145.
19. R. W. Davies, *The Socialist Offensive*, p. 41-51.
20. Agradeço a Mark Harrison por me falar da crise final da NEP.
21. *Razgovory s Bukharinym*, p. 30: resumo de Kamenev da conversa com G. Sokolnikov.
22. Ibid., p. 35: apêndice ao resumo da conversa de L. B. Kamenev, N. I. Bukharin e G. Sokolnikov.
23. Ibid., p. 32-3: resumo de Kamenev da conversa com G. Sokolnikov.
24. Ibid., p. 30-1.
25. *Pravda*, 28/9/1928. Ver também S. F. Cohen, *Bukharin and the Bolshevik Revolution*, p. 295-6.
26. *Razgovory s Bukharinym*, p. 35: resumo da conversa de L. B. Kamenev, N. I. Bukharin e G. Sokolnikov.
27. Ibid.
28. *Razgovory s Bukharinym*, p. 35: apêndice ao resumo da conversa de L. B. Kamenev, N. I. Bukharin e G. Sokolnikov.
29. Ver p. 187 deste livro.

24. A economia do terror

1. Ver S. G. Wheatcroft e R. W. Davies, "Agriculture", p. 120-1.
2. Ver M. Lewin, *Russian Peasants and Soviet Power*, p. 344-77.
3. *Pravda*, 7/11/1929.
4. Ver M. Lewin, *Russian Peasants and Soviet Power*, p. 465-77.
5. *Pravda*, 29/11/1929.
6. Ver A. Luukkanen, *The Religious Policy of the Stalinist State*, p. 57.
7. *Lubyanka. Stalin i VChK-GPU-OGPU-NKVD. Yanvar' 1922-dekabr' 1936*, p. 269-72.
8. Ver Lewin, *Russian Peasants and Soviet Power*, p. 482-509.
9. Ver G. A. Krasil'nikov, "Rozhdenie Gulaga: diskussii v verkhnikh eshelonakh vlasti", *Istoricheskii arkhiv*, nº 4 (1989), p. 143.
10. *Akademicheskoe delo 1929-1931 gg.*, vol. 1, *Delo po obvineniyu akademika S. F. Platunova*, p. xlviii.
11. *Pis'ma I. V. Stalina V. M. Molotovu*, p. 224.
12. Ver I. Getzler, *Nikolai Sukhanov*, p. 143-87.
13. B. Nahaylo e V. Swoboda, *The Soviet Disunion: A History of the National Problem in the USSR*.
14. D. Pospielovsky, *The Russian Orthodox Church under the Soviet Regime*, vol. 1, p. 175. Ver também D. Peris, *Storming the Heavens: the Soviet League of the Militant Atheists*; A. Luukkanen, *The Religious Policy of the Stalinist State*.
15. K. Bailes, *Technology and Society under Lenin and Stalin: Origins of the Soviet Technical Intelligentsia, 1917-1941*; N. Lampert, *The Technical Intelligentsia and the Soviet State: A Study of Soviet Managers and Technicians, 1928-1935*.
16. Ver T. H. Rigby, *Communist Party Membership*, p. 52.
17. Ver R. Service, *A History of Twentieth-Century Russia*, p. 185-6.
18. *Pravda*, 5/2/1931.
19. Citado dos arquivos centrais do partido por N. N. Maslov, "Ob utverzhdenii ideologii stalinizma", p. 60.
20. Ibid.
21. Ibid., p. 61.
22. Ibid.
23. R. W. Davies, *The Socialist Offensive*, p. 252-68.
24. *Pravda*, 2/3/1930.

25. Ver A. Nove, *An Economic History of the USSR*, p. 171.
26. Ibid.
27. Ibid., p. 174.
28. *Pis'ma I. V. Stalina V. M. Molotovu*, p. 194: mensagem posterior a 6 de agosto de 1930.
29. Ibid., p. 204.
30. *Stalin i Kaganovich. Perepiska. 1931-1936 gg.*, p. 51.
31. *Pravda*, 5/2/1931.
32. Ibid.
33. Ibid.
34. *Zastol'nye rechi Stalina. Dokumenty i materialy*, p. 45.
35. *Pravda*, 5/2/1931.
36. Ver J. Harris, *The Great Urals*, p. 70-1.
37. Ver R. W. Davies, *Crisis and Progress in the Soviet Economy, 1931-1933*, p. 302-16.

25. Ascensão à supremacia

1. Sobre a data verdadeira, ver p. 35 deste livro.
2. A exceção no Politburo era Bukharin.
3. Ver W. Taubman, *Khrushchev: The Man and His Era*, p. 63.
4. *Tak govoril Kaganovich*, p. 59-60.
5. *Molotov. Poluderzhavnyi vlastelin*, p. 262.
6. Presidir o Politburo, o Orgburo ou o Secretariado não era o mesmo que ser *o* presidente; quando, em 1928, as minutas registraram Kaganovich como presidente do Orgburo, houve protestos furiosos, e Molotov teve de concordar em dar um jeito: RGASPI, f. 81, op. 3, d. 255, p. 98. Ver p. 423 deste livro sobre a possibilidade de que Stalin conhecesse o precedente do imperador romano Augusto.
7. Ver E. A. Rees, "Stalin as Leader, 1924-1937. From Oligarch to Dictator", p. 27. Ver também R. W. Davies, M. Ilic e O. Khlevnyuk. "The Politburo and Economic Decision-Making", p. 110.
8. *Pis'ma I. V. Stalina V. M. Molotovu*, p. 222-3.
9. *Sovetskoe rukovodstvo. Perepiska, 1928-1941*, p. 144-5.

10. *Lubyanka. Stalin i VChK-GPU-OGPU-NKVD*, p. 191.
11. Ibid., p. 237.
12. Ver O. Khlevnyuk. *Stalin i Ordzhonikidze*, p. 19-31.
13. *Pis'ma I. V. Stalina V. M. Molotovu*, p. 217.
14. Ibid., p. 231-2.
15. Ibid., p. 232.
16. Ibid., p. 231-2.
17. Citado em B. S. Ilizarov, *Tainaya zhizn' Stalina*, p. 93.
18. RGASPI, f. 78, op. 2, d. 38, p. 38.
19. *Stalin i Kaganovich. Perepiska*, p. 187.
20. *Pis'ma I. V. Stalina V. M. Molotvvu*, p. 166.
21. Ibid., p. 167.
22. Ver T. H. Rigby, "Was Stalin a Disloyal Patron?".
23. A. Kriegel e S. Courtois, *Eugen Fried*, p. 121, 125.
24. *Stalin i Kaganovich*, p. 665: telegrama de 6/9/1936.
25. *Sovetskoe rukovodstvo. Perepiska, 1928-1941*, p. 33.
26. *Pis'ma I. V. Stalina V. M. Molotovu*, p. 107.
27. *Lubyanka. Stalin i VChK-GPU-OGPU-NKVD*, p. 180.
28. L. Trotskii, *Moya zhizn'*.
29. *Pis'ma I. V. Stalina V. M. Molotovu, 1925-1936 gg.*, p. 231.
30. *ITsKKPSS*, nº 11 (1990), p. 63-74.
31. *Reabilitatsiya: politicheskie protsessy 30-50-kh godov*, p. 334-443. Ver também *The Road to Terror* (ed. O. V. Naumov e J. A. Getty) p. 52-4.
32. S. Allilueva, *Dvadtsat' pisem k drugu*, p. 54-5.
33. *L'Armata Rossa e la collettiviazione delle campagne nell' URSS (1928-1933)*, p. 164, 302, 356.

26. A morte de Nadya

1. R. Bullard, *Inside Stalin's Russia*, p. 142.
2. Ibid., p. 208.
3. *Lubyanka. Stalin i VChK-GPU-OGPU-NKVD*, p. 286.
4. S. Allilueva, *Dvadtsat' pisem k drugu*, p. 99-100.
5. Informado por R. Richardson de uma entrevista com Svetlana Allilueva, *The Long Shadow*, p. 125.

6. *Sovetskoe rukovodstvo. Perepiska, 1928-1941*, p. 77
7. RGASPI, f. 17, op. 113, d. 869, p. 61.
8. *Iosif Stalin v ob"yatiyakh sem'i*, p. 29.
9. Ibid., p. 30.
10. RGASPI, f. 17, op. 113, d. 869.
11. Entrevista com Kira Allilueva, 14/12/1998. Ver também L. Vasil'eva, *Kremlëvskie zhëny*, p. 259.
12. *Iosif Stalin v ob"yatiyakh sem'i*, p. 31, 33.
13. Ver S. Sebag Montefiore, *Stalin: The Court of the Red Tsar*, p. 50.
14. GARF, f. 3316/ya, op. 2, d. 2016, p. 3.
15. RGASPI, f. 85, op. 28, d. 63, p. 1-3.
16. *Molotov. Poluderzhavnyi vlastelin*, p. 307-8.
17. Ibid., p. 307.
18. Ibid., p. 308.
19. S. Allilueva, *Dvadtsat' pisem k drugu*, p. 31.
20. GARF, f. 7523sg, op. 149a, d. 2, p. 7.
21. GARF, f. 7523sg, op. 149a, d. 2, p. 10-11, 13.
22. GARF, f. 81, op. 3, d. 77, p. 48.
23. RGASPI, f. 3, op. 1, d. 3230.
24. R. Bullard, *Inside Stalin's Russia*, p. 153.
25. GARF, f. 3316/ya, op. 2, d. 2016, p. 2.
26. *Lubyanka. Stalin i VChK-GPU-OGPU-NKVD*, p. 601, 667-9.
27. *Molotov. Poluderzhavnyi vlastelin*, p. 308.
28. "Dnevnik M. A. Svanidze" em *Iosif Stalin v ob"yatiyakh sem'i*, p. 177.
29. A. Mgeladze, *Stalin, kakim ya ego znal*, p. 117.
30. A. Rybin, "Ryadom so Stalinym", *Sotsiologicheskie issledovaniya*, nº 3 (1988), p. 87.
31. A. Mikoyan, *Tak bylo*, p. 356.
32. *Tak govoril Kaganovich*, p. 35.
33. A Mikoyan, *Tak bylo*, p. 353.
34. RGASPI, f. 3, op. 1, d. 3231.
35. Ibid.
36. S. Allilueva, *Dvadtsat' pisem k drugu*, p. 19, 21.
37. Ver S. Lakoba, *Ocherki politicheskoi istorii Abkhazii*, p. 120.
38. Ibid., p. 118.

39. Ibid., p. 132-3.
40. Ibid., p. 116-17.
41. Ibid., p. 115.

27. O feiticeiro da modernidade

1. Ver, por exemplo, o discurso na conferência de "estudantes proletários", *Pravda*, 16/4/1925.
2. *Semnadtsatyi s"ezd Vsesoyuznoi Kommunisticheskoi Partii (b)*, p. 28.
3. Ibid., p. 24.
4. Citado por A. Luukkanen, *The Religious Policy of the Stalinist State*, p. 140.
5. Ver J. Barber, *Soviet Historians in Crisis, 1928-1932*.
6. M. Gor'kii, L. Averbakh e S. Firin, *Belomorsko-baltiiskii kanal imeni I. V. Stalina*.
7. Ver R. Medvedev, *Problems in the Literary Biography of Mikhail Sholokhov*.
8. Troca de cartas entre Stalin e Sholokhov em 1933, *Voprosy istorii*, nº 3 (1994), p. 9-22.
9. Ver p. 388-9 deste livro.
10. Ver, acima, p. 333.
11. GDMS, o Hall III contém as anotações originais.
12. Agradeço a Zakro Megreshvili pelas informações sobre a reação de seu padrasto Shalva Nutsubidze ao trabalho editorial de Stalin.
13. S. Allilueva, *Tol'ko odin god*, p. 337.
14. *Krasnaya zvezda*, 5/1/1995.
15. *Istoriya sovetskoi politicheskoi tsenzury. Dokumenty i kommentarii*, p. 484.
16. Ver p. 512 deste livro.
17. Ver a tradução em R. C. Tucker, *Stalin in Power*, p. 205-6.
18. A. Akhmatova, *Sochineniya*, vol. 2, p. 167-8.
19. Ver p. 420 deste livro.
20. Ver R. Service, *A History of Twentieth-Century Russia*, cap. 12.
21. Ver Ibid. e C. Kelly, *Refining Russia*, p. 285-309.

28. Temores na vitória

1. Ver os relatórios do OGPU em *Tragediya sovetskoi derevni*, vol. 3, p. 318-54.
2. Ver R. W. Davies, *Crisis and Progress in the Soviet Economy, 1931-1933*, p. 188-91; J. J. Rossman, "The Teikovo Cotton Workers' Strike of April 1932", p. 50-66. Para um panorama, ver R. Conquest, *Harvest of Sorrow: Soviet Collectivisation and the Terror-Famine*.
3. Ver R. W. Davies e S. G. Wheatcroft, *The Years of Hunger*.
4. *Stalin i Kaganovich: Perepiska*. p. 132 ff.
5. Ver A. Nove, *An Economic History of the U.S.S.R.*, p. 224-5, 227.
6. I. V. Stalin, *Sochineniya*, vol. 13, p. 186. Ver o relato em R. W. Davies, M. Ilic e O. Khlevnyuk, "The Politburo and Economic Policy-Making", p. 114.
7. *Stalin i Kaganovich: Perepiska*, p. 260.
8. Ibid., p. 235.
9. Ver R. W. Davies, M. Ilic e O. Khlevnyuk. "The Politburo and Economic Policy-Making", p. 110.
10. Carta de 18 de junho de 1932: *Stalin i Kaganovich. Perepiska.*, p. 179.
11. Ibid., p. 282, 290.
12. Ibid., p. 274.
13. Ibid., p. 359.
14. Ibid., p. 479.
15. Ver R. Conquest, *Harvest of Sorrow*; R. W. Davies, *Crisis and Progress in the Soviet Economy*; e R. W. Davies e S. G. Wheatcroft, *The Years of Hunger*.
16. Ibid., p. 241.
17. Ver E. A. Rees, "Republican and Regional Leaders at the XVII Party Congress in 1934", especialmente p. 85-6.
18. Ver R. Conquest, *The Great Terror. A Reassessment*, p. 31-46.
19. *Semnadtsatyi s"ezd Vsesoyuznoi Kommunisticheskoi Partii (b)*, p. 262.
20. F. Benvenuti, "Kirov nella Politica Sovietica", p. 283, 303-7, 315-59.
21. *Lubyanka. Stalin i VChK-GPU-nOGPU-NKVD*, p. 569.
22. Ver R. Conquest, *The Great Terror: A Reassessment*, p. 39-52.
23. *Lubyanka. Stalin i VChK-GPU-OGPU-NKVD*, p. 650.
24. Ver R. W. Davies, *Soviet History in the Yeltsin Era*, p. 155.
25. *Lubyanka. Stalin i VChK-GPU-OGPU-NKVD*, p. 388.
26. Ver O. V. Khlevnyuk. *1937-i*, p. 49.

27. Ver F. Benvenuti e S. Pons, *Il sistema di potere dello Stalinismo*, p. 105.
28. *ITsKKPSS*, n° 9 (1989), p. 39.
29. *Reabilitatsiya: politicheskie protsessy 30-50-kh godov*, especialmente p. 176-9.
30. Ver F. Benvenuti, *Fuoro sui sabotatori! Stachanovismo e organizzazione industriale in Urn, 1934-1938*, cap. 3 ff.
31. *Lubyanka. Stalin i VChK-GPU-OGPU-NKVD*, p. 749: informe de A. Vyshinski a Stalin e Molotov, 16 de fevereiro de 1936.
32. Ver A. Nove, *An Economic History of the USSR*, p. 226.
33. Ibid., p. 227.
34. Ver R. Moorsteen e R. P. Powell, *The Soviet Capital Stock, 1928-1962*.
35. Ver A. Ponsi, *Partito unico e democrazia in URSS. La Costituzione del '36*, p. 20 ff.
36. Ver dados sobre grupos religiosos de A. Luukkanen, *The Religious Policy of the Stalinist State*, p. 7.
37. Ver O. V. Khlevnyuk. *1937-i*, p. 53.
38. Ver S. Fitzpatrick, *Stalin's Peasants*, p. 289-96.
39. *Le repressioni degli anni trenta nell'Armata Rossa*, p. 156.
40. *Lubyanka. Stalin i VChK-GPU-OGPU-NKVD*, p. 753.
41. Ver B. Starkov, *Dela i lyudi stalinskogo vremeni*, p. 39.
42. *Lubyanka. Stalin i VChK-GPU-OGPU-NKVD*, p. 767.

29. O governo das nações

1. Calculado a partir dos dados do censo de 1926 em V. Kozlov, *The Peoples of the Soviet Union*, p. 69.
2. S. Allilueva, *Dvadtsat' pisem k drugu*, p. 29.
3. *Zastol'nye rechi Stalina. Dokumenty i materialy*, p. 158.
4. Ver p. 354 deste livro.
5. *Tak govoril Kaganovich*, p. 48.
6. *Iosif Vissarionovich Stalin* (1938), p. 5.
7. K. Simonov, *Glazami cheloveka moego pokoleniya*, p. 37.
8. Ver S. Fitzpatrick, *Stalin's Peasants*, p. 289-96.
9. Ver F. Bettanin, *La fabbrica del mito*, p. 89.
10. G. Dimitrov, *Diario. Gli anni di Mosca (1934-1945)*, p. 81.

11. Ver S. Crisp, "Soviet Language Planning, 1917-1953", p. 27-9.
12. Ver S. Kuleshov e V. Strada, *Il fascismo russo*, p. 229-38.
13. Ver T. Martin, *The Affirmative Action Empire*, p. 206-7. Ver também H. Kuromiya, "The Donbass", p. 157-8.
14. Ver T. Martin, *The Affirmative Action Empire*, p. 302-3.
15. Ver p. 326-7 deste livro.
16. *Tak govoril Kaganovich*, p. 48.
17. Ver p. 254-5 deste livro.
18. Ver G. Hewitt, "Language Planning in Georgia", p. 137-9.
19. Ver os arquivos reproduzidos em *Abkhaziya: dokumenty svidel'stvuyut. 1937-1953*.
20. GDMS; no Hall III há uma cópia da sugestão de Stalin para a antologia de Nutsubidze.
21. Ver p. 124-31 deste livro.
22. Ver R. Service, *A History of Twentieth-Century Russia*, p. 206-7, 318.
23. Ibid.
24. *Zastol'nye rechi Stalina. Dokumenty i materialy*, p. 151 (primeira variante das anotações de R. P. Khmelnitski).
25. Ver D. Lieven, *Nicholas II*, p. 163.
26. 'Dnevnik M. A. Svanidze' em *Iosif Stalin v ob"yatiyakh sem'i*, p. 174-5.
27. *Zastol'nye rechi Stalina*, p. 55.
28. Ibid., p. 123.
29. G. Dimitrov, *Diario. Gli anni di Mosca (1934-1945)*, p. 81.
30. "Pravil'naya politika pravitel'stva reshaet uspekh armii. Kto dostoin byt' marshalom?", *Istochnik*, nº 3: registro do discurso de Stalin.
31. "Dnevnik M. A. Svanidze" em *Iosif Stalin v ob"yatiyakh sem'i*, p. 176.
32. Para outra interpretação ver D. Brandenberger, *Stalinist Mass Culture and the Formation of Modern Russian National Identity, 1931-1956*.
33. *Istochnik*, nº 1 (2002), p. 105.
34. Ver a análise de D. V. Kolesov, *I. V. Stalin: Pravo na zhizn'*, p. 37-8. Agradeço a Ronald Hingley por nossa discussão sobre as idiossincrasias oratórias de Stalin.

30. Mente de terror

1. *Stalin i Kaganovich. Perepiska*, p. 425; ver também *Lubyanka. Stalin i VChKGPU-OGPU-NKVD*, p. 565.
2. Ver *Stalin i Kaganovich; Pis'ma I. V. Stalina V. M. Molotovu.*
3. Era também a atitude de Molotov, ao menos na Segunda Guerra Mundial; ver V. Berezhkov, *Kak ya stal perevodchikom Stalina*, p. 226. Evito usar outra vez essa fonte nos capítulos seguintes e agradeço a Hugh Lunghi, um dos intérpretes de Churchill, por apontar os diversos aspectos não confiáveis das memórias de Berezhkov, inclusive o título.
4. L. Trotsky, *Stalin: An Appraisal of the Man and His Influence.*
5. Ver, por exemplo, S. Alliluev, *Proidennyi put;* A. S. Allilueva, *Vospominaniya;* S. Allilueva, *Dvadtsat' pisem k drugu* e *Tol'ko odin god.*
6. Ver principalmente seu discurso em recepção para G. Dimitrov em 8 de novembro de 1937: abaixo, p. 333.
7. N. K. Baibakov, *ot Stalina go Yel'tsina*, p. 48.
8. Claro que é implausível a ideia de que Stalin fosse mesmo tão impassível na década de 1920.
9. Ver p. 24-9 deste livro.
10. R. Medvedev, *Let History Judge*, p. 15.
11. Ibid., p. 13.
12. *ITsKKPSS*, nº 11 (1989), p. 169.
13. *Zastol'nye rechi Stalina*, p. 157: este comentário foi uma interjeição em outra interjeição, de Voroshilov, em discurso no 20º aniversário da Revolução de Outubro.
14. *Sovetskoe rukovodstvo. Perepiska, 1928-1941*, p. 334.
15. L. Trotskii, *Terrorizm i kommunizm.*
16. M. Jansen, *A Show Trial Under Lenin.*
17. Em russo, as palavras foram: *Molodets, kak on zdorovo eto sdelal!* A testemunha foi Anastas Mikoyan: ver *Tak bylo*, p. 534. V. Berezhkov, um dos intérpretes de Stalin, recordou as palavras de Mikoyan de um modo um pouco diferente: *Kak ya stal perevodchikom Stalina*, p. 14.
18. *Zastol'nye rechi Stalina*, p. 148.
19. Ver T. Dragadze, *Rural Families in Soviet Georgia*, p. 43-4.
20. Ver RGASPI, f. 558, op. 3, d. 37: este era o livro *Drevnyaya Evropa i Vostok* (Moscou-Petrogrado, 1923).

21. *Stalin i Kaganovich. Perepiska*, p. 273.
22. *Iosif Stalin v ob"yatiyakh sem'i*, p. 17.
23. Ver p. 658-9 deste livro.
24. RGASPI, f. 558, op. 3, d. 167: ver, por exemplo, p. 43, 47.
25. Ibid., p. 57.
26. Ibid., p. 248.
27. Ver p. 659-60 deste livro.
28. N. Ryzhkov, *Perestroika: istoriya predatel'stv*, p. 354-5. Ver também E. A. Rees, *Political Thought from Machiavelli to Stalin: Revolutionary Machiavellism*.
29. *Zastol'nye rechi Stalina*, p. 180.

31. O grande terrorista

1. O termo, cunhado em 1968 pelo historiador Robert Conquest no livro de mesmo nome, é hoje de uso comum na Rússia e no resto do mundo.
2. "Stenogrammy ochnykh stavok v TsK VKP(b). Dekabr' 1936 goda", *Voprosy istorii*, nº 3 (2002), p. 4.
3. Ibid., p. 5.
4. Ver principalmente J. A. Getty, *The Origins of the Great Purges*.
5. Ver R. Conquest, *The Great Terror: A Reassessment*, p. 3-22, 53-70.
6. *Molotov. Poluderzhavnyi vlastelin*, p. 464; *Tak govoril Kaganovich*, p. 35.
7. O. Khlevnyuk, "The Objectives of the Great Terror, 1937-1938" em J. Cooper *et al.*, *Soviet History, 1917-1953*; O. Khlevnyuk, "The Reasons for the 'Great Terror': The Foreign-Political Aspect" em S. Pons; e A. Romano, *Russia in the Age of Wars, 1914-1945*.
8. *Stalin i Kaganovich. Perepiska*, p. 682-3. Embora Stalin se referisse à OGPU, depois de ser submetida ao NKVD em 1934 ela passou a se chamar GUGB.
9. Ver R. Conquest, *The Great Terror: A Reassessment*, p. 135-73.
10. I. V. Stalin, *Sochineniya*, vol. 14, p. 189-91.
11. "Materialy fevral'skogo-martovskogo plenuma TsK VKP(b) 1937 goda", *Voprosy istorii*, nº 10 (1994), p. 13-27; nº 2 (1995), p. 22-6; e nº 3 (1995), p. 3-15.
12. Citado em O. Khlevnyuk, 1937-i, p. 77.
13. Ver M. Jansen e N. Petrov, *Stalin's Loyal Executioner*, p. 76-7.

14. B. Starkov, *Dela i lyudi stalinskogo vremeni*, p. 47.
15. Ibid., p. 48-9.
16. *Trud*, 4/6/1992.
17. Ibid.
18. N. Okhotin e A. Roginskii, 'Iz istorii "nemetskoi operatsii" NKVD1937-1938 gg.', p. 46.
19. *Izvestiya*, 10/6/1992.
20. *Tak govoril Kaganovich*, p. 46.
21. *Khrushchev Remembers: The Glasnost Tapes*, p. 38.
22. *Sovetskoe rukovodstvo. Perepiska, 1928-1941*, p. 364-97.
23. RGASPI, f. 73, op. 2, d. 19, p. 101.
24. Ver R. Conquest, *The Great Terror: A Reassessment*, p. 245.
25. Ver S. S. Montefiore, *Stalin: The Court of the Red Tsar*, p. 185-6.

32. O culto da impessoalidade

1. I. Tovstukha, "Stalin (Dzhughashvili), Iosif Vissarionovich", p. 698-700.
2. *Pravda*, 21/12/1929.
3. Ver p. 617-8 deste livro.
4. "Stalin o 'Kratkom kurse po istorii VKP(b)'. Stenogramma vystupleniya no soveshchanii propagandistov Moskvy iLeningrada...", *Istoricheskii arkhiv*, nº 5 (1994), p. 10.
5. *Stalin. K shestidesyatiyu so dnya rozhdeniya*, p. 193-4.
6. *Pravda*, 1/1/1931. Ver também o relato em J. Brooks, *Thank You, Comrade Stalin!*, p. 80-1.
7. *Pravda*, 1/1/1931.
8. Ibid., 29/6/1936.
9. *Zastol'nye rechi Stalina*, p. 175. Isso estava em um discurso feito em uma recepção no Kremlin para deputados recém-eleitos para o Soviete Supremo, em 20 de janeiro de 1938.
10. A. Fadeev (ed.), *Vstrechi s tovarishchem Stalinym*, p. 40, 98, 112, 133, 160, 178, 195.
11. *Zastol'nye rechi Stalina*, p. 123.
12. *Stalin i Kaganovich. Perepiska*, p. 526.

13. I. A. Valedinskii, "Vospominaniya o vstrechakh o t. I. V. Staline", p. 72.
14. *Stalin i Khasim (1901-1902 gg.). Nekotorye epizody iz batumskogo podpol'ya.*
15. V. Shveitser, *Stalin v turukhanskoi ssylke. Vospominaniya podpol'shchika.*
16. H. Barbusse, *Staline: Un monde nouveau vu à travers d'un homme.*
17. Ver F. Bettanin, *La fabbrica del mito*, p. 157.
18. Para uma exceção a essa tendência, ver ibid., p. 174.
19. Não se pode descartar que a admiração por Lenin fosse genuína.
20. Ver p. 617-8 deste livro.
21. *Istoriya Vsesoyuznoi Kommunisticheskoi Partii (Bol'shevikov). Kratkii kurs.*
22. Ibid., p. 198-204.
23. Ver p. 343-4 deste livro.
24. *Pravda*, 7/10/1935.
25. V. Kaminskii e I. Vereshchagin, "Detstvo i yunost' vozhdya: dokumenty, zapisi, rasskazy", p. 22-100.
26. Ibid.
27. *Pis'ma ko vlasti*, p. 124 ff.
28. O. Volobuev e S. Kuleshov, *Ochishchenie*, p. 146.
29. Citado por N. N. Maslov, "Ob utverzhdenii ideologii stalinizma", p. 78.
30. V. Ivanov, "Krasnaya ploshchad", *Novyi mir*, n° 11 (1937), p. 259-60.
31. K. Chukovskii, *Dnevniki, 1930-1969*, p. 86. Devo essa referência a B. S. Ilizarov, "Stalin. Bolezn', smert' i 'bessmertie'", p. 294-5.
32. S. Fitzpatrick, *Stalin's Peasants*, p. 289-96.
33. *Obshchestvo i vlast'. 1930-e gody*, p. 25.
34. S. Davies discute as ambiguidades da evidência em *Popular Opinion in Stalin's Russia*, p. 155-82.

33. Indulto brutal

1. Iz vospominanii Sukhanova D. N., byvshego pomoshchnika Malenkova G. M.', Volkogonov Archive, reel n° 8, p. 5.
2. *Pisatel' i vozhd': perepiska M. A. Sholokhova s I. V. Stalinym*, p. 150. Sobre a queda de Yejov ver M. Jansen e N. Petrov, *Stalin's Loyal Executioner*, cap. 7.
3. Ibid., p. 160-1.
4. Ibid., p. 171-4.

5. Ibid., p. 164.
6. Diretriz citada por Oleg Khlevnyuk, "Party and NKVD: Power Relationships in the Years of the Great Terror" em B. McLoughlin e K. McDermott (eds.), *Stalin's Terror*, p. 31.
7. Ver p. 27 deste livro.
8. G. Dimitrov, *Diario. Gli anni di Mosca (1934-1945)*, p. 267.
9. *Vosemnadtsatyi s"ezd Vsesoyuznoi Kommunisticheskoi Partii (b)*, p. 29.
10. Ibid., p. 29-30.
11. Ver seus comentários na conferência sobre propaganda em 1º de outubro de 1938: "I. V. Stalin o 'Kratkom kurse po istorii VKP(b)'. Stenogramma vystupleniya no soveshchanii propagandistov Moskvy i Leningrada", *Istoricheskii arkhiv*, nº 5 (1994), p. 12-13.
12. *Vosemnadtsatyi s"ezd Vsesoyuznoi Kommunisticheskoi Partii (b)*, p. 515-17.
13. *Zastol'nye rechi Stalina*, p. 235.
14. Ver N. Petrov, "The GUlag as Instrument of the USSR's Punitive System" em E. Dundovich, F. Gori e E. Guercetti (eds.), *Reflections on the Gulag*, p. 22.
15. *Vosemnadtsatyi s"ezd Vsesoyuznoi Kommunisticheskoi Partii (b)*, p. 26.

34. O mundo à vista

1. A exceção foi a breve colaboração entre eles na organização bolchevique de roubos, antes da Primeira Guerra Mundial.
2. Ver D. Watson, "The Politburo and Foreign Policy in the 1930s", p. 149-50.
3. As discussões sobre política externa na década de 1930 só foram abertas à pesquisa acadêmica no final da década de 1980, quando os arquivos começaram a ser publicados mais frequentemente e até se tornaram diretamente acessíveis.
4. *O voprosakh leninizma* em I. V. Stalin, *Sochineniya*, vol. 8, p. 64.
5. Ver R. Service, *Lenin: A Political Life*, vol. 3, p. 136.
6. M. Buber-Neumann, *Von Potsdam nach Moskau*, p. 284.
7. Agradeço a Katya Andreyev pelos comentários sobre a política externa soviética no entreguerras.
8. *Dimitrov and Stalin, 1934-1943*, p. 13.
9. *Semnadtsatyi s"ezd Vsesoyuznoi kommunisticheskoi partii (b)*, p. 13-14.

10. *Dimitrov and Stalin, 1934-1943*, p. 18.
11. A. Kriegel e S. Courtois, *Eugen Fried*, p. 255-61.
12. J. Hochman, *The Soviet Union and the Failure of Collective Security, 1934-1938*, p. 43-51.
13. G. Dimitrov, *Diario. Gli anni di Mosca (1934-1945)*, p. 203.
14. Ibid., p. 46-7.
15. Nota 10 em *Dimitrov and Stalin, 1934-1943*, p. 50.
16. P. Togliatti, *Opere*, vol. 4, parte 1, p. 258-72.

35. Mais perto da guerra

1. Ver S. Alieva (ed.), *Tak eto bylo*, vol. 1, p. 44, 50, 86, 96.
2. Ver p. 206 e 245 deste livro.
3. Ver p. 317 deste livro.
4. *Dimitrov and Stalin, 1934-1943*, p. 28.
5. Ibid., p. 32, citando o diário de Dimitrov. Retraduzi a frase *na ruku*.
6. Notas editoriais de A. Dallin e F. I. Firsov, *Dimitrov and Stalin*, p. 34.
7. Notas editoriais de ibid., p. 108.
8. Ver H. P. Bix, *Hirohito and the Making of Modern Japan*, p. 351.
9. Ver J. Erickson, *The Soviet High Command*, p. 522.
10. Ver C. Andrew e V. Mitrokhin, *The Mitrokhin Archive*, p. 300.
11. Ver G. Gorodetsky, *Grand Delusion*, p. 57-8, 135-6, 180.
12. Ver p. 422-3 deste livro.

36. A ceia do diabo

1. "'Avtobiograficheskie zametki' V. N. Pavlova — perevodchika I. V. Stalina", p. 98.
2. Ibid., p. 99.
3. Ver R. Overy, *Russia's War*, p. 49.
4. V. N. Pavlov, "Predistoriya 1939 goda", *Svobodnaya mysl'*, nº 7 (1999), p. 109-10.
5. A. Mikoyan, *Tak bylo*, p. 392.
6. Ver p. 218 deste livro.

7. *Molotov. Poluderzhavnyi vlastelin*, p. 54.
8. Ver K. Sword (ed.), *The Soviet Takeover of the Polish Eastern Provinces, 1939-1941*.
9. Ver H. Shukman e A. Chubaryan (eds.), *Stalin and the Soviet-Finnish War, 1939-1940*, principalmente os comentários de Stalin sobre os êxitos e fracassos da campanha, p. 236-7.
10. *Khrushchev Remembers: The Glasnost Tapes*, p. 154.
11. *Molotov. Poluderzhavnyi vlastelin*, p. 19.
12. Ver H. P. von Strandmann, "Obostryayushchiesya paradoksy: Gitler, Stalin i germano-sovetskie ekonomicheskie svyazi. 1939-1941", p. 376.
13. Ver J. Erickson, *The Soviet High Command*, p. 566.
14. Ver G. Gorodetsky, *Grand Delusion*, p. 129-35.
15. Dimitrov em *Zastol'nye rechi Stalina*, p. 234.
16. *Molotov. Poluderzhavnyi vlastelin*, p. 40-1.
17. G. Dimitrov, *Diario. Gli anni di Mosca (1934-1945)*, p. 302.
18. N. Lyashchenko, "O vystuplenii I. V. Stalina v Kremle, 5 maya 1941", Volkogonov Papers, reel n° 8, p. 1.
19. G. Dimitrov, *Diario. Gli anni di Mosca (1934-1945)*, p. 310.
20. Esses comentários estão nas anotações de V. A. Malyshev: "Proidët desyatok let, i eti vstrechi ne vosstanovish' uzhe v pamyati", p. 117.
21. Ver D. Glantz, *Stumbling Colossus*, p. 97.
22. L. Samuelson, *Plans for Stalin's War Machine*, p. 199.
23. N. Lyashchenko, "O vystuplenii I. V. Stalina v Kremle, 5 maya 1941", Volkogonov Papers, reel 8, p. 3. O episódio foi contado a Lyashchenko pelo ministro da Defesa Semën Timoshenko.

37. Barbarossa

1. G. K. Zhukov, *Vospominaniya i razmyshleniya*, vol. 2, p. 8.
2. Ibid., p. 9.
3. Ver o relato arquivístico de G. Gorodetsky, *Grand Delusion*, p. 311.
4. G. K. Zhukov, *Vospominaniya i razmyshleniya*, vol. 2, p. 9.
5. Ibid., p. 9-10.
6. Ibid., p. 10.

7. Ibid., p. 12-3.
8. G. Dimitrov, *Diario. Gli anni di Mosca (1934-1945)*, p. 319.
9. Ver G. Gorodetsky, *Grand Delusion*, p. 275-8; D. Glantz, *Stumbling Colossus*, p. 242.
10. Ver G. Gorodetsky, *Grand Delusion*, p. 53-5.
11. G. K. Zhukov, *Vospominaniya i razmyshleniya*, vol. 2, p. 9.
12. *Molotov. Poluderzhavnyi vlastelin*, p. 60.
13. "Zhurnal poseshcheniya I. V. Stalina v ego Kremlëvskom kabinete" em Yu. Gor'kov, *Gosudarstvennyi Komitet Oborony postanovlyaet*, p. 223-4.
14. Ibid.
15. G. K. Zhukov, *Vospominaniya i razmyshleniya*, vol. 2, p. 73.
16. "Zhurnal poseshcheniya I. V. Stalina v ego Kremlëvskom kabinete", *loc. cit.*, p. 223-4.
12. A. Mikoyan. *Tak bylo*, p. 390.
13. Ibid., p. 391. Molotov registrou que Stalin naquele dia "não era ele mesmo", mas insistiu que estava bem: *Molotov. Poluderzhavnyi vlastelin*, p. 60.
14. A. Mikoyan. *Tak bylo*, p. 391-2.
15. *Pravda*, 1º/7/1941.
16. S. Beria, *Beria, My Father*, p. 71 apresenta o relato supostamente feito pelo pai. Nele, o secretário do Comitê do Partido em Moscou, Alexander Shcherbakov, e não Voznesenski, teria proposto que Molotov assumisse a liderança.
17. Yu. Gor'kov, *Gosudarstvennyi Komitet Oborony postanovlyaet*, p. 501.

38. A luta continua

1. G. K. Zhukov, *Vospominaniya i razmyshleniya*, vol. 2, p. 126-7.
2. R. Overy, *Russia's War*, p. 171.
3. Não há nada nas memórias de Molotov, Kaganovich, Kruschev e Jukov — homens que o conheceram muito bem durante a guerra — que contradiga isso.
4. G. K. Zhukov, *Vospominaniya i razmyshleniya*, vol. 2, p. 344.
5. Ibid., p. 346.
6. Ibid., p. 347.

7. Ibid., p. 348-9.
8. Ibid., p. 361.
9. Ibid. Essa afirmação, como tantas outras, foi censurada na edição de 1969 e só publicada em seu sucessor de 1995.
10. Ibid., p. 367.

39. Dormindo no divã

1. S. Beria, *Beria, My Father*, p. 154.
2. G. K. Zhukov, *Vospominaniya i razmyshleniya*, vol. 3, p. 215-16.
3. A. M. Vasilevski: entrevista em G. A. Kumanëv (ed.), *Ryadom so Stalinym*, p. 242.
4. S. Beria, *Beria, My Father*, p. 153-4; a história foi contada a Sergo pela mãe, que conversou com Yakov.
5. Ibid., p. 155.
6. Ibid., p. 155.
7. "Dnevnik M. A. Svanidze" em *Iosif Stalin v ob"yatiyakh sem'i*, p. 159.
8. Testemunho de Alexei Kapler: E. Biagi. *Svetlana*, p. 21.
9. Ibid., p. 27.
10. "Dnevnik M. A. Svanidze" em *Iosif Stalin v ob"yatiyakh sem'i*, p. 161.
11. Ibid., p. 158.
12. S. Allilueva, *Tol'ko odin god*, p. 320.
13. Ibid., p. 326.
14. Ibid., p. 129-130.
15. S. Beria, *Beria, My Father*, p. 150.
16. S. Allilueva, *Dvadtsat' pisem k drugu*, p. 163-6
17. Ibid., p. 166-7.
18. Ibid., p. 167-8.
19. Ibid., p. 169.
20. S. Beria, *Beria, My Father*, p. 152.
21. RGASPI, f. 558, op. 1, d. 5078.
22. V. Alliluev, *Khronika odnoi sem'i: Alliluevy. Stalin*, p. 97.
23. Ibid.
24. I. A. Valedinskii, "Vospominaniya o vstrechakh st. I. V. Stalinym", p. 69-70.

25. Ver p. 525-6 deste livro.
26. G. K. Zhukov, *Vospominaniya i razmyshleniya*, vol. 3, p. 109.
27. Ele não deixou que ninguém soubesse da sua debilidade física, à exceção de Churchill. Ao se preparar para encontrar o primeiro-ministro britânico, no outono de 1944, ele escreveu: "Os médicos não recomendam viagens longas. Durante certo tempo, terei de levar isso em consideração": *Perepiska predsedatelya Soveta Ministra SSSR s prezidentami SShA i prem'er-ministrami Velikobritanii vo wremya velikoi Otechestvennoi voiny*, vol. 1, p. 262. Porém, mesmo esse comentário não pode ser tomado ao pé da letra. Stalin faria qualquer coisa para fazer a montanha vir a Maomé; ele sempre tentou fazer Churchill e Roosevelt se deslocarem.
28. "Dnevnik M. A. Svanidze" em *Iosif Stalin v obnyatiyakh sem'i*, p. 158-60, 169, 174, 177.
27. Ibid., p. 168.
28. Ibid., p. 175.
29. L. Vasil'eva, *Deti Kremlya*, p. 261; V. Alliluev, *Khronika odnoi sem'i: Alliluevy. Stalin*, p. 128 (onde se menciona que os sogros nunca a perdoaram por voltar a se casar tão rapidamente após a morte de Pavel).
30. L. Vasil'eva, *Deti Kremlya*, p. 261.
31. L. M. Kaganovich, *Pamyatnye zapiski*, p. 33; *Tak govoril Kaganovich*, p. 49-50. A data da morte varia entre 1924 e 1926. Ver também S. Allilueva, *Tol'ko odin god*, p. 331.
32. L. Kaganovich, *Tak govoril Kaganovich*, p. 49. Sergo Beria, porém, afirmou que a amante de Stalin não era a irmã nem a filha de Kaganovich, mas a sobrinha: ver S. Beria, *Beria, My Father*, p. 166. Não há confirmação dessa informação.
33. *Molotov. Poluderzhavnyi vlastelin*, p. 181, 191.
34. "Dnevnik M. A. Svanidze" em *Iosif Stalin v ob"yatiyakh sem'i*, p. 170.
35. Kira Allilueva: entrevista, 14 de dezembro de 1998.
36. Ver as recordações de A. P. Alliluev contadas a R. Richardson, *The Long Shadow*, p. 142-3.
37. J. von Ribbentrop, *Zwischen London und Moskau. Erinnerungen und letzte Auchzeichnungen*, p. 25.
38. Testemunho de A. T. Sergeev a F. Chuev: *Molotov. Poluderzhavnyi vlastelin*, p. 359.

39. G. K. Zhukov, *Vospominaniya i razmyshleniya*, vol. 3, p. 108.
40. N. K. Baibakov, *Ot Stalina do Yel'tsina*, p. 80, 83.
41. Ver o relato de K. Charkviani resumido por Simon Sebag Montefiore, *Stalin: The Court of the Red Tsar*, p. 101.

40. À morte!

1. G. K. Zhukov, *Vospominaniya i razmyshleniya*, vol. 3, p. 14.
2. Ibid., p. 23.
3. Ibid., p. 32.
4. Ibid., p. 45.
5. Ibid., p. 46.
6. Ibid., p. 61.
7. Ibid., p. 59.
8. Ver W. Moskoff, *The Bread of Affliction*.
9. Cartão militar oficial, 6/1/1944.
10. V. Tsypin, *Istoriya Russkoi pravoslavnoi tserkvi, 1917-1990*, p. 95, 104, 106.
11. Ver D. Pospielovsky, *The Russian Orthodox Church under the Soviet Regime*, p. 111.
12. V. A. Alekseev, "Neozhidannyi dialog", *Agitator*, nº 6 (1989), p. 41-4.
13. V. A. Alekseev, *Illyuzii i dogma*, p. 336-7.
14. G. Dimitrov, *Diario. Gli anni di Mosca (1934-1945)*, p. 615, 617.
15. Ibid., p. 618.
16. Ver M. Mevius, *Agents of Moscow*, cap. 3.
17. J. Rossi, *Spravochnik po gulagu*, parte 1, p. 40.
18. Ver P. J. S. Duncan, *Russian Messianism*, p. 59.
19. "Proidët desyatok let, i eti vstrechi ne vosstanovish' uzhe v pamyati. Dnevnikovye zapisi V. A. Malysheva", p. 127-8. Ver também G. Dimitrov, *Diario. Gli anni di Mosca (1934-1945)*, p. 802.
20. Ver A. V. Fateev, *Obraz vraga v Sovetskoi propagande, 1945-1954 gg.*, p. 23. O artigo de Fadeev foi publicado em *Pod znamenem marksizma*, nº 11 (1943).
21. Ver C. Andreyev, *Vlasov and the Russian Liberation Movement. Soviet Realities and Émigré Theories*.

41. O comandante supremo

1. *Sochineniya*, vol. 14, p. 1.
2. Ver nota 4 deste capítulo.
3. *Sochineniya*, vol. 14, p. 5.
4. Carta de julho de 1941: *Zvezda*, n° 2 (2003), p. 191.
5. *Sochineniya*, vol. 14, p. 6.
6. Ibid., p. 33.
7. Ibid., p. 34.
8. Isso foi observado por J. Brooks, *Thank you, Comrade Stalin!*, p. 160.
9. Ver em general D. C. Watt, *How War Came*, p. 224-33.
10. *The Times*, 4/1/1943.
11. Ibid., 1/1/1940.
12. Ver cap. 32 deste livro.
13. N. K. Baibakov, *Ot Stalina do Yel'tsina*, p. 43-8.
14. Ibid., p. 64.
15. Ibid.
16. Testemunho de A. E. Golovanov em G. A. Kumanëv (ed.), *Ryadom so Stalinym*, p. 272-3.
17. G. K. Jukov, *Vospominaniya i razmushleniya*, vol. 3, p. 59.
18. Ibid., p. 113, 115.
19. K. Simonov, *Glazami cheloveka moego pokoleniya*, p. 11.
20. A. Mikoyan, *Tak bylo*, p. 463.
11. P. A. Sudoplatov e A. Sudoplatov, *Special Tasks*, p. 328.
22. G. K. Zhukov, *Vospominaniya i razmyshleniya*, vol. 2, p. 266.
23. Ibid., vol. 2., p. 244.
24. Ibid., p. 270.
25. Ibid., p. 134.
26. A. Mikoyan, *Tak Bylo*, p. 563.
27. G. A. Kumanëv, "Dve besedy s L. M. Kaganovichem", *Novaya i noveishaya istoriya*, n° 2 (1999), p. 107.

42. Os três grandes

1. *Perepiska predsedatelya Soveta Ministrov SSSR*, vol. 2, p. 98. Ver também W. S. Churchill, *The Second World War*, vol. 4, p. 594.
2. *Perepiska predsedatelya Soveta Ministrov SSSR*, vol. 2, p. 101.
3. S. Beria, *Beria, My Father*, p. 93.
4. Hoje a carruagem se encontra no museu-residência de I. V. Stalin em Gori.
5. W. S. Churchill, *The Second World War*, vol. 4, p. 447.
6. *Perepiska predsedatelya Soveta Ministrov SSSR*, vol. 2, p. 43.
7. W. S. Churchill, *The Second World War*, vol. 4, p. 443.
8. J. von Ribbentrop, *Zwischen London und Moskau*. p. 25.
9. I. P. McEwan, "Quo Vadis?", p. 113. Agradeço a Philippa McEwan por me fornecer essas memórias.
10. W. S. Churchill, *The Second World War*, vol. 5, p. 334-6
11. *Churchill and Stalin: Documents from the British Archives:* conversa entre Churchill e Stalin, 28 de novembro de 1943, doc. 46, p. 3.
12. Ibid., doc. 48, p. 2: reunião na embaixada soviética em Teerã, 1º de dezembro de 1943.
13. W. S. Churchill, *The Second World War*, vol. 5, p. 35.
14. *Churchill and Stalin: Documents from the British Archives*, doc. 47.
15. S. Beria, *Beria, My Father*, p. 93.
16. W. S. Churchill, *The Second World War*, vol, 6, p. 198. No manuscrito e no livro, Churchill escreveu "Roumania".
17. Ibid.
18. *Istochnik*, nº 4 (1995), p. 17.
19. N. Lebrecht, "Prokofiev was Stalin's Last Victim".
20. W. S. Churchill, *The Second World War*, vol. 6, p. 345. Às vezes abreviado "U. J.": Ibid., p. 199.
21. Ibid., *The Second World War*, vol. 4, p. 596.
22. Ibid., vol. 5, p. 330.
23. Ibid., p. 342.

43. As últimas campanhas

1. Ver R. Overy, *Russia's War*, p. 240-1.
2. J. Erickson, *The Road to Berlin*, p. 274-90; N. Davies, *Rising '44*, p. 209-11, 265-72.
3. G. K. Zhukov, *Vospominaniya i razmyshleniya*, vol. 3, p. 173-4. Os outros participantes — Stalin, Molotov e Beria — não deixaram memórias úteis sobre o tema.
4. W. S. Churchill, *The Second World War*, vol. 6, p. 117.
5. *Churchill and Stalin: Documents from the British Archives*, doc. 55, p. 1: telegrama de A. Eden para sir O. Sergeant, 12 de outubro de 1944. Deve-se acrescentar que Churchill disse isso tentando convencer Stalin a fazer concessões aos "poloneses no exílio em Londres".
6. M. Djilas, *Conversations with Stalin*, p. 87. Stalin fez comentários a uma delegação tcheca, em 28 de março de 1945, isentando de culpa os soldados do Exército Vermelho: "Proidët desyatok let, i eti vstrechi ne vosstanovish' uzhe v pamyati. Dnevnikovye zapisi V. A. Malysheva", p. 127.
7. Ver o texto em *Novaya i noveishaya istoriya*, nº 3 (2000), p. 181.
8. Ibid.
9. Ver J. Erickson, *The Road to Berlin*, p. 606-16.
10. Ver D. Holloway, *Stalin and the Bomb*, p. 125.
11. Ibid., p. 124.
12. Ibid., p. 126.
13. Ibid., p. 128.
14. Ibid., p. 128-9.

44. Vitória!

1. Esse relato está em A. Werth, *Russia at War, 1941-1945*, p. 969; J. Bardach e K. Gleeson, *Surviving Freedom*, p. 95.
2. S. Allilueva, *Dvadtsat' pisem k drugu*, p. 175.
3. N. S. Khrushchëv, "Memuary Nikity Sergeevicha Khrushchëva", *Voprosy istorii*, nº 7-8 (1991), p. 100.
4. I. V. Stalin, *Sochineniya*, vol. 16, p. 197.

5. Ibid., p. 198.
6. *Pravda*, 25/5/1945.
7. G. K. Zhukov, *Vospominaniya i razmyshleniya*, vol. 3, p. 308. A informação sobre Jukov provém de Vasili, filho de Stalin.
8. Ibid.
9. Ibid., p. 309.
10. *Pravda*, 27/6/1945.
11. S. G. Wheatcroft e R. W. Davies, "Population", p. 78.
12. Ye. Zubkova, *Obshchestvo i reformy, 1945-1964*, p. 43.
13. *Vostochnaya Evropa v dokumentakh rossiiskikh arkhivov, 1945-1953 gg.*, vol. 1, p. 132. A discussão em Moscou ocorreu em 9 de janeiro de 1945.
14. Ibid., p. 456-7. A reunião ocorreu em 22 de maio de 1946.
15. Ibid., p. 132.

45. O golpe

1. V. Alliluev, *Khronika odnoi sem'i: Alliluevy. Stalin*, p. 218. Ver Simon Sebag Montefiore, *Stalin: The Court of the Red Tsar*, p. 472. [*Stálin. A corte do tsar vermelho*, São Paulo: Cia. das Letras, 2006]; Y. Gorlizki e O. Khlevnyuk, *Cold Peace. Stalin and the Soviet Ruling Circle, 1945-1953*, p. 177.
2. *Politbyuro TsK VKP(b) i Sovet Ministrov SSSR, 1945-1953*, p. 398.
3. Recordações de A. S. Belyakov sobre o relato oral de A. A. Jdanov da reunião de líderes do partido: G. Arbatov, *Svidetel'stvo sovremennika*, p. 377.
4. Ver V. Zemskov, "Prinuditel'nye migratsii iz Pribaltiki", p. 13-14.
5. Ver E. Bacon, *The Gulag at War*, p. 93-4.
6. N. A. Antipenko, *Ryadom s G. K. Zhukovym i K. K. Rokossovskim*, p. 71.
7. F. Gori e S. Pons (eds.), *The Soviet Union and Europe in the Cold War, 1943-1953*, principalmente o relato de A. Filitov, p. 5-22.
8. *Molotov. Poluderzhavnyi vlastelin*, p. 148-9.
9. S. Allilueva, *Dvadtsat' pisem k drugu*, p. 176-7.
10. Ver A. Applebaum, *Gulag*, p. 424-5; Y. Gorlizki e O. Khlevnyuk, *Cold Peace. Stalin and the Soviet Ruling Circle, 1945-1953*, p. 127-9.
11. Porém, deve-se acrescentar que Stalin não repetiu o apanágio aos russos naquela ocasião; talvez temesse encorajar o nacionalismo russo: *Pravda*, 7/9/1947.

12. Para exemplos, ver *Resheniya partii i pravitel'stva po khozyaistvennym voprosam*, vol. 3, p. 350 ff.
13. Ver A. Pyzhikov, *Khrushchëvskii "ottepel"*, p. 19.
14. Ver A. Nove, *Economic History of the USSR*, p. 308.
15. Ver W. Taubman, *Khrushchëv: The Man and His Era*, p. 201.
16. N. S. Khrushchëv, "Memuary Nikity Sergeevicha Khrushchëva", *Voprosy istorii*, nº 11 (1991), p. 38.
17. Ver R. Service, *Lenin: A Biography*, p. 88-9. Agradeço a Mark Harrison pelo comentário sobre a suposição de Stalin a respeito do campesinato.
18. Ver o livro inédito sobre a juventude soviética no pós-guerra de J. Fuerst.
19. A exceção era Nikolai Voznesenski: ver, abaixo, p. 535.
20. Ver p. 345-6 deste livro.
21. Ver p. 596 deste livro.
22. Ver G. Bordyugov, "Ukradënnaya pobeda"; Ye. Zubkova, "Obshchestvennaya atmosfera posle voiny (1945-1946)", p. 12; D. Filtzer, *Soviet Workers and Late Stanilinism*, p. 1-5.

46. O início da Guerra Fria

1. Ver M. P. Leffler, *A Preponderance of Power*, p. 56-9.
2. Ver Ibid., p. 19, 115.
3. Ibid., p. 148.
4. *Vostochnaya Evropa v dokumentakh rossiiskikh arkhivov, 1944-1953 gg.*, vol. 1, p. 673.
5. Citado por R. Pikhoya, *Sovetskii Soyuz; iswriya vlasti, 1945-1991*, p. 26.
6. *Vostochnaya Evropa v dokumentakh rossiiskikh arkhivov, 1944-1953 gg.*, vol. 1, p. 673.
7. Ibid., p. 673-5.
8. *The Cominform: Minutes of the Three Conferences*, p. 270 fl.
9. M. G. Pervukhin, "Kak byla reshena atomnaya problema v nashei strane", p. 133.
10. Ibid.
11. Ver p. 123 deste livro.
12. Ver D. Holloway, *Stalin and the Bomb*, p. 211.

13. Ver V. Zubok e C. Pleshakov, *Inside the Kremlin's Cold War*, p. 58-9.
14. Citado em Ibid., p. 59.
15. *Molotov. Poluderzhavnyi vlastelin*, p. 118.

47. O Leste Europeu subjugado

1. *Vostochnaya Evropa v dokumentakh rossiiskikh arkhivov, 1944-1953 gg.*, vol. 1, p. 118-33.
2. Ibid., p. 303.
3. Ibid., p. 443.
4. Ver a carta de G. Dimitrov a Molotov sobre a composição da liderança comunista polonesa, 18 de janeiro de 1944: *SSSR — Pol'sha. Mekhanizmy podchineniya. 1944-1949. Sbornik dokumentov*, p. 21-2. Sobre a atitude dos comunistas judeus, ver o testemunho de Jakub Berman em T. Toranska, *Oni; Stalin's Polish Puppets*, p. 321.
5. Ver M. Mazower, *Dark Continent*, p. 12-25.
6. *The Cominform: Minutes of the Three Conferences*, p. 82.
7. Ibid., p. 226, 244.
8. Ibid., p. 240.
9. Ibid., p. 296, 302.
10. Ver S. Pons, "The Twilight of the Cominform", em ibid., p. 483-4.
11. Ibid., p. 496-7.
12. Ibid., p. 610-19.
13. Ver L. Gibianskii, comentário editorial em ibid., p. 654.
14. Ver p. 645-9 deste livro.
15. Ver p. 655-7 deste livro.

48. O regime stalinista

1. S. Allilueva, *Dvadtsat' pisem k drugu*, p. 177. Nessas memórias, Svetlana escamoteia o fato de que eles ocupavam *datchas* separadas.
2. Visita do autor em 11 de setembro de 2002. Agradeço a Liana Khvarchelia e Manana Gurgulia por tentar me facilitar o acesso à *datcha*.
3. Citado em D. Volkogonov, *Triumf i tragediya: politicheskii portret I. V. Stalina*, vol. 1, parte 1, p. 41.

4. Memórias inéditas de Kandide Charkviani, p. 55.
5. A. Mgeladze, *Stalin, kakim ya ego znal*, p. 65; Molotov. *Poluderzhavnyi vlastelin*, p. 65, 181.
6. Entrevista com L. F. Ilichëv: "Stalin i 'Pravda': rabochii kontakt".
7. Ver Y. Gorlicki e O. Khlevnyuk, *Cold Peace*, p. 19-29.
8. Ver p. 645-9 deste livro.
9. *Politbyuro TsK VKP(b) i Sovet Ministrov SSSR, 1945-1953*, p. 313.
10. Ibid., p. 326-7.
11. Ibid., p. 200.
12. *Politbyuro TsK VKP(b) i Sovet Ministrov SSSR, 1945-1953*, p. 198.
13. Ibid., p. 224.
14. T. Toranska, *Oni: Stalin"s Polish Puppets*, p. 235.
15. A. Mgeladze, *Stalin, kakim ya ego znal*, p. 113.
16. V. Semichastnyi, *Bespokoinoe serdtse*, p. 41. Aparentemente, Kruschev tentou manter um estilo mais convencional: ibid., p. 46.
17. A. A. Gromyko, *Pamyatnoe*, vol. 2, p. 326.
18. Testemunho de Yakub Berman: T. Toranska, *Oni; Stalin"s Polish Puppets*, p. 337.
19. K. Simonov, *Glazami cheloveka moego pokoleniya*, p. 139.
20. Ibid.
21. P. A. Sudoplatov e A. Sudoplatov, *Special Tasks*, p. 328.
22. *Politbyuro TsK VKP(b) i Sovet Ministrov SSSR*, p. 28-9.
23. Ibid., p. 30-2, 51.
24. Ibid., p. 29.
25. Ibid., p. 421-31. Ver Y. Gorlizki, "Stalin's Cabinet: The Politburo and Decision-Making in the Post-War Years".
26. *Neizvestnyi Zhukov*, p. 476-7.
27. Ver p. 609-10 deste livro.

49. Políticas e expurgos

1. O. V. Khlevnyuk, "Stalin i Molotov. Edinolichnaya diktatura i predposylki 'oligarkhizatsiya'", p. 281.
2. Ibid., p. 283-4.

NOTAS

3. Ibid., p. 26.
4. "Dve besedy I. V. Stalina s General'nym Sekretarēm Ob"edinēnnykh Natsii Tryugve Li", *Novaya i noveishaya istoriya*, nº 3 (2001), p. 111-12.
5. *Politbyuro TsK VKP(b) i Sovet Ministrov SSSR, 1945-1953*, p. 32-3.
6. Ibid., p. 205-6.
7. Molotov. *Poluderzhavnyi vlastelin*, p. 377.
8. A. Mikoyan, *Tak bylo*, p. 466.
9. Ibid., p. 496-8.
10. Ibid., p. 535.
11. Ver Y. Gorlizki, "Party Revivalism and the Death of Stalin".
12. Testemunho de A. M. Vasilevski: G. A. Kumanëv (ed.), *Ryadom so Stalinym*, p. 237-40.
13. A. Mikoyan, *Tak bylo*, p. 559.
14. O fator "russo" no Caso de Leningrado é diminuído no recente relato extraordinário de Y. Gorlizki e O. Khlevnyuk, *Cold Peace*, p. 79-95. Porém, ainda me impressionam os documentos e memórias que apontam a importância desse fator.
15. *Politbyuro TsK VKP(b) i Sovet Ministrov SSSR, 1945-1953*, p. 66-7, 246.
16. A. Mikoyan, *Tak bylo*, p. 559.
17. Ver p. 586-8 deste livro.
18. A. Mikoyan, *Tak bylo*, p. 565.
19. Agradeço a Geoffrey Hosking por nossas longas discussões sobre esse assunto.

50. O culto ao imperador

1. *Slovo tovarishchu Stalinu*, p. 466.
2. Ibid., p. 470-2.
3. Ibid., p. 471.
4. Discurso de G. M. Malenkov, *Cominform: Minutes of the Three Conferences*, p. 82.
5. *Istoriya Sovetskoi politicheskoi tsenzury*, p. 507. Em 1946 ainda restavam dezesseis repúblicas: a República Soviética Carelo-Finlandesa foi abolida em 1956.

6. Ibid.
7. Devo essa ideia a Rosamund Bartlett.
8. N. Voznesenskii, *Voennaya ekonomika SSSR v period otechestvennoi voine*, passim; *Iosif Vissarionovich Stalin. Kratkaya biografiya* (2ª ed.); *Istoriya Vsesoyuznoi Kommunisticheskoi Partii (Bol'shevikov). Kratkii kurs* (2ª ed.).
9. I. Ehrenburg, *Post-War Years: 1945-1954*, p. 160.
10. *Iosif Vissarionovich Stalin. Kratkaya biografiya* (2ª ed.), *passim*.
11. I. V. Stalin, *Sochineniya*, vol. 1, p. xiii.
12. Ver J. Brooks, *Thank You, Comrade Stalin!*, p. 195-232.
13. *Kniga o vkusnoi i zdorovoi pishche*.
14. *Iosif Vissarionovich Stalin. Kratkaya biografiya* (2ª ed.), p. 1-161.
15. Ibid., p. 172, 208.
16. Ibid., p. 228.
17. S. Alliluev, *Proidennyi put'*; A. S. Allilueva, *Vospominaniya*.
18. RGASPI, f. 668, op. 1, d. 15, p. 67.
19. Ver trechos do texto original das memórias de Anna em RGASPI, f. 4, op. 2, d. 45.
20. S. Alliluev, *Proidënnyi put'*, p. 109.
21. A. S. Allilueva, *Vospominaniya*, p. 165, 167-8, 191.
22. RGASPI, f. 668, op. 1, d. 15, p. 67.
23. Ibid., p. 69.
24. J. Bardach e K. Gleeson, *Surviving Freedom*, p. 117.
25. Na verdade, ele completou 70 anos em 1948: ver p. 35 deste livro.
26. *Churchill and Stalin: Documents from the British Archives*, doc. 70, p. 4: conversa entre Churchill e Stalin em Potsdam, 17 de julho de 1945.
27. *Vostochnaya Evropa v dokumentakh rossiiskikh arkhivov, 1945-1953 gg.*, vol. 1, p. 407.
28. Ibid., p. 443.
29. Ibid., p. 582.

51. Ligações perigosas

1. Ver p. 573 e 645 deste livro.
2. Ver o relato de A. M. Ledovskii em I. V. Kovalër, "Dvenadtsat" sovetov I. V. Stalina rukovodstvu kompartii Kitaya', p. 130.

3. Ibid., p. 134-9.
4. "Posetiteli kremlëvskogo kabineta Stalina", p. 49-50.
5. G. Dimitrov, *The Diary of Georgi Dimitrov, 1933-1949*, p. 443. O diário de Dimitrov concorda no essencial com as memórias de Djilas, ao menos quanto aos comunistas chineses, em *Conversations with Stalin*, p. 141.
6. Ver D. Holloway, *Stalin and the Bomb*, p. 277.
7. A. A. Gromyko, *Pamyatnoe*, vol. 2, p. 249-50.
8. Ver D. Holloway, *Stalin and the Bomb*, p. 280-1.
9. Citado por V. Zubok e C. Pleshakov, *Inside the Kremlin's Cold War*, p. 66-7.
10. Ibid., p. 67-8.
11. Ibid., p. 68-9.
12. Ibid., p. 69.
13. V. Zubok e C. Pleshakov apresentam o relatório de inteligência em que Stalin baseou sua decisão: ibid., p. 63.
14. Ver D. Holloway, *Stalin and the Bomb*, p. 283.
15. V. Semichastnyi, *Bespokoinoe serdtse*, p. 58
16. Ver Holloway, *Stalin and the Bomb*, p. 285.
17. Ibid.

52. *Vojd* e intelectual

1. S. Beria, *Beria, My Father*, p. 143.
2. Ibid.
3. A. Mgeladze, *Stalin, kakim ya ego znal*, p. 271.
4. Ver D. Joravsky, *The Lysenko Affair*, cap. 3.
5. S. Beria, *Beria, My Father*, p. 143.
6. A. Malenkov, *O moëm ottse Georgii Malenkove*, p. 24.
7. *Pravda*: 10/2/1946 (discurso para eleitores do distrito eleitoral de Stalin); 13/4/1948 (discurso durante recepção a uma delegação oficial finlandesa); 15/10/1952 (discurso no XIX Congresso do Partido).
8. I. V. Stalin, *Sochineniya*, vol. 16, p. 114-57.
9. A. Mgeladze, *Stalin, kakim ya ego znal*, p. 224-5.
10. V. Brodskii e V. Kalinnikova, "Otkrytie sostoyalos", *Nauka i zhizn'*, nº 1 (1988)

11. Konstantin Simonov, editor-chefe da *Literaturnaya gazeta*, escreveu suas impressões no seu diário com autocensura; em 1979, acrescentou detalhes e um comentário sobre a reunião: *Glazami cheloveka moego pokoleniya*, p. 113-16.
12. Ibid., p. 111.
13. Ibid.
14. Não significa que não tivesse preferido que a ordem soviética fosse mais amena: ver p. 612-6 deste livro.
15. *Vosemnadtsatyi s"ezd Vsesoyuznoi Kommunisticheskoi Partii* (b), p. 36.
16. Ibid.
17. Molotov. *Poluderzhavnyi vlastelin*, p. 346, 348, 351-3.
18. Ibid., p. 353.
19. Ibid., p. 19.
20. RGASPI, f. 558, op. 3, d. 165: V. V. Piotrovskii, *Po sledam drevnikh kul'tur*, p. 77.
21. Ibid., p. 8.
22. Ver as memórias de Roy Medvedev em Zh. e R. Medvedev, *Neizvestnyi Stalin*, p. 259-60.
23. I. V. Stalin, *Marksizm i voprosy yazykoznaniya*, em *Sochineniya*, vol. 16, p. 119.
24. Ibid., p. 123, 133.
25. Ibid., p. 145.
26. S. Beria, *Beria, My Father*, p. 237.
27. I. V. Stalin, *Marksizm i voprosy yazykoznaniya* em *Sochineniya*, vol. 16, p. 159.
28. Ibid., p. 143.
29. Ibid., p. 169.
30. Molotov. *Poluderzhavnyi vlastelin*, p. 301.
31. K. Simonov, *Glazami cheloveka moego pokoleniya*.
32. *Ekonomickie problemy sotsializma v SSSR* em I. V. Stalin, *Sochineniya*, vol. 16, p. 188-304.
33. Ibid., p. 197.
34. Ibid., p. 226.
35. Ibid.
36. Ibid., p. 224.

37. Ibid., p. 256.
38. Ibid., p. 231.
39. Ibid., p. 235-6.
40. Ver p. 86 deste livro.
41. Ver p. 189-92 deste livro.
42. Ver p. 270 deste livro.
43. Ver p. 498-500 deste livro.
44. Ver p. 453 deste livro.
45. Ver B. Pinkus, *The Soviet Government and the Jews, 1948-1967*, p. 151-64. Agradeço a John Klier por me ajudar a elaborar esse parágrafo.
46. Ver L. Rucker, *Staline, Israël et les Juifs*, p. 238.
47. *Tak govoril Kaganovich*, p. 211. S. Beria, *Beria, My Father*, p. 211: aparentemente, Lavrenti Beria tampouco pensava que Stalin fosse antissemita.
48. *Tak govoril Kaganovich*, p. 175.

53. O déspota doente

1. Ver p. 276-7 e 500-1 deste livro.
2. P. Moshentseva. *Tainy kremlëvskoi bol'nitsy*, p. 6-7.
3. Y. Rapoport, *The Doctors' Plot*, p. 218.
4. *Politbyuro TsK VKP(b) i Sovet Ministrov SSSR, 1945-1953*, p. 398: a temporada no sul durou de 10 de agosto a 22 de dezembro de 1951.
5. Ver as memórias inéditas de K. Charkviani, p. 35.
6. Observações após uma visita em 11 de setembro de 2002.
7. Havia um alojamento para os guardas adjacente aos cômodos de Stalin.
8. Visita do autor: 11 de setembro de 2002.
9. S. Beria, *Beria, My Father*, p. 140; S. Allilueva, *Dvadtsat' pisem k drugu*, p. 191.
10. S. Beria, *Beria, My Father*, p. 140.
11. Ibid.
12. *Tak govoril Kaganovich*, p. 52.
13. A. Mikoyan, *Tak bylo*, p. 527.
14. Ver S. Wheatcroft, "From Team-Stalin to Degenerate Tyranny", p. 92.
15. L. M. Kaganovich, *Pamyatnye zapiski*, p. 498.

16. Ver O. Khlevnyuk, "Stalin i organy gosudarstvennoi bezopasnosti v poslevoennyi period", p. 544.
17. A. Mgeladze, *Stalin, kakim ya ego znal*, p. 71-2.
18. Ibid., p. 72-3.
19. Ibid., p. 83-4.
20. Ibid.
21. Ibid., p. 92.
22. A. Mikoyan, *Tak bylo*, p. 529; memórias de K. Charkviani, *op. cit.*, p. 21.
23. S. Beria, *Beria, My Father*, p. 134.
24. Ibid., p. 141.
25. Ibid., p. 142.
26. Ibid., p. 240.
27. *Politbyuro TsK VKP(b) i Sovet Ministrov SSSR, 1945-1953*, p. 349-51.
28. A. Mgeladze, *Stalin, kakim ya ego znal*, p. 91.
29. S. Beria, *Beria, My Father*, p. 237.
30. J. Bardach e K. Gleeson, *Surviving Freedom*, p. 87, 235.
31. J. Rubenstein e V. P. Naumov (eds.), *Stalin's Secret Pogrom*.
32. Ver G. V. Kostyrchenko, *Tainaya politika Stalina. Vlast' i antisemitizm*, p. 671-84.
33. Ver G. V. Kostyrchenko, *Tainaya politika Stalina. Vlast' i antisemitizm*, p. 671-84.
34. L. M. Kaganovich, *Pamyatnye zapiski*, p. 498.
35. A. Mikoyan. *Tak bylo*, p. 570.
36. K. Simonov, *Glazami cheloveka moego pokolmiya*, p. 209.
37. Ibid., p. 210: baseei-me nos comentários de Simonov. Não há registros estenográficos: ver A. Mikoyan, *Tak bylo*, p. 575.
38. K. Simonov, *Glazami cheloveka moego pokolmiya*, p. 210.
39. Ibid., p. 209.
40. A. Mikoyan, *Tak bylo*, p. 574-5.
41. M. G. Pervukhin, "Korotko o perezhitom", p. 144.
42. *Politbyuro TsK VKP(b) i Sovet Ministrov SSSR, 1945-1953*, p. 89.
43. Ibid., p. 89-90.
44. Ibid., p. 432-5.
45. Ibid., p. 434.
46. A. Mikoyan. *Tak bylo*, p. 579.
47. T. H. Rigby, "Was Stalin a Disloyal Patron?".

54. Morte e embalsamamento

1. Sigo as memórias de Svetlana Allilueva. W. Taubman sugere que foi a festa de Ano-Novo (posterior), mas acho que isso se baseia em uma referência muito vaga às memórias de Kruschev.
2. S. Allilueva, *Dvadtsat' pisem k drugu*, p. 21.
3. J. Davrichewy, *Ah! Ce qu'on rigolait bien*, p. 71. Ver p. 48 deste livro.
4. N. Khrushchev, *Khrushchev Remembers*, p. 256.
5. *Politbyuro TsK VKP(b) i Sovet Ministrov SSSR*, p. 395-6.
6. *Pravda*, 13/1/1953.
7. N. S. Khrushchev, "Memuary Nikity Sergeevicha Khrushcheva", *Voprosy istorii*, nº 2/3, p. 90-1.
8. Ibid.
9. Ver o testemunho de Lozgachëv a E. Radzinski, *Stalin*, p. 552-3.
10. P. I. Yegorov, "Poslednyaya noch' Stalina", *Argumenty i fakty*, nº 10 (março de 2003), p. 10. No dia 1º de março Yegorov estava de guarda na *datcha* de Stalin, na posição número 6.
11. Ibid.
12. É uma sugestão plausível em E. Radzinski, *Stalin*, p. 553-4.
13. Ver o testemunho de Lozgachëv a E. Radzinski, ibid.
14. J. Brent e V. P. Naumov, *Stalin's Doctors' Plot*, p. 316-17.
15. S. Allilueva, *Dvadtsat' pisem k drugu*, p. 5.
16. J. Brent e V. P. Naumov, *Stalin's Doctors' Plot*, p. 318.
17. Ibid.
18. Y. Rappaport, *The Doctors' Plot*, p. 151.
19. A. Mgeladze, *Stalin, kakim ya ego znal*, p. 234-5.
20. J. Brent e V. P. Naumov, *Stalin's Doctors' Plot*, p. 319.
21. S. Allilueva, *Dvadtsat' pisem k drugu*, p. 7.
22. "Poslednyaya 'otstavka' Stalina", p. 110. A. Mgeladze, porém, sugeriu — erradamente — que Stalin já estaria morto: *Stalin, kakim ya ego znal*, p. 235.
23. "Poslednyaya 'otstavka' Stalina", p. 110.
24. S. Beria, *Beria, My Father*, p. 238.
25. J. Brent e V. P. Naumov, *Stalin's Doctors' Plot*, p. 314.
26. I. Zbarsky e S. Hutchinson, *Lenin's Embalmers*, p. 164.
27. Ibid., p. 165.

28. P. I. Yegorov, "Poslednyaya noch' Stalina", *Argumenty i fakty*, nº 10 (março de 2003), p. 11.
29. V. Semichastnyi, *Bespokoinoe serdtse*, p. 77.
30. Esse relato se encontra no relatório de sir A. Gascoigne, 16/3/1953: *Churchill and Stalin: Documents from the British Archives*, Apêndice, p. 1-2.
31. S. Beria, *Beria, My Father*, p. 250.

55. Depois de Stalin

1. Ver p. 667 deste livro.
2. Ver Zh. e R. Medvedev, *Neizvestnyi Stalin*, cap. 3.
3. Robert McNeal assumiu essa tarefa não oficialmente e publicou os volumes 14-16 por meio do Hoover Institution, em 1967.
4. Citado por Zh. e R. Medvedev, *Neizvestnyi Stalin*, p. 82-3.
5. K. Simonov, *Glazami cheloveka moego pokoleniya*, p. 241-2.
6. Ver R. Conquest, *Power and Policy in the USSR*, p. 211-27.
7. R. Service, "The Road to the Twentieth Party Congress".
8. V. Semichastnyi, *Bespokoinoe serdtse*, p. 82.
9. Ver N. Barsukov, "Kak sozdavalsya 'zakrytyi doklad' Khrushcheva", p. 11.
10. *Istoriya Kommunisticheskoi Partii Sovetskogo Soyuza*.
11. A minuta do Politburo é citada em V. Bukovskii, *Moskovskii protsess*, p. 88.
12. *Rossiiskaya gazeta*, 6/11/1999.
13. Ver R. Service, *Russia: Experiment with a People*, p. 211-13.
14. Ibid., p. 110.
15. V. Topolyansky, "The Cheynes-Stokes Draught", p. 29.
16. Ver o argumento em R. Service, "Architectural Problems of Reform in the Soviet Union: From Design to Collapse", p. 9-17.
17. Ibid., p. 11-6.

Bibliografia seleta

Esta bibliografia se restringe às obras citadas nas Notas.

Arquivos, museus e obras inéditas

The British Library

K. Charkviani, memórias inéditas

Gosudarstvennyi Arkhiv Rossiiskoi Federatsii [GARF]: fundo 81, fundo 1318, fundo 3316, fundo 6980, fundo 7523, fundo R-130

Gosudarstvennyi Dom-Muzei I.V. Stalina (Gori) [GDMS]

S. Kavtaradze, *tsareulis purnebli*, vols. 1-2 (Tbilisi, 1969)

Rossiiskii Gosudarstvennyi Arkhiv Sotsial'no-Politicheskoi Istorii [RGASPI]:

fundo 2	fundo 16	fundo 71	fundo 82
fundo 3	fundo 17	fundo 73	fundo 85
fundo 4	fundo 44	fundo 74	fundo 332
fundo 5	fundo 46	fundo 76	fundo 558 (Stalin)
fundo 12	fundo 64	fundo 81	fundo 668

Documentos Volkogonov (Oxford)

Jornais e periódicos

Agitator   American Historical Review

Argumenty i fakty
Bol'shevik
Bor'ba
Byulleten' oppozitsii
Cahiers du Monde Russe et Sovietique
Christian Science Monitor
Dagens Nyheter
Europe-Asia Studies
Glasgow Academy Herald
Istochnik
Istoricheskii arkhiv
Izvestiya
Izvestiya Tsentral'nogo Komiteta KPSS
Journal of Communist Studies
Journal of Economic History
Kommunist
Komsomol'skaya pravda
Krasnaya zvtzda
Krasnyi arkhiv
Literatumaya gazeta
Molodaya gvardiya
Nauka i zhizn'
Novaya i noveishaya istoriya
Novaya zhizn'
Novyi zhurnal
Otechestvennye arkhivy
Pod znamenem marksizma
Pravda
Proletarskaya revolyutsiya
Prosveshchenie
Rabochi put'
Rodina
Rossiiskaya gazeta
Russian Review Slavia
Slavic Review
Sotsialisticheskii vestnik
Sovershenno sekretno
Svobodnaya mysl'
Voenno-istoricheskii zhurnal
Voprosy istorii
Voprosy istorii KPSS
Vpmd
Soviet Studies
Trud
Zvezda (Moscou)

Coleções de documentos

Akademicheskoe delo 1929-1931 gg., vol. 2, *Delo po obvineniyu akademika S. F. Platonova* (S. Petersburgo, 1993).

S. Alleva (ed.), *Tak eto bylo: natsional'nye repressii v SSSR*, vols. 1-3 (Moscou, 1993).

Atlas aziatskoi Rossii. Izdanie pereselencheskogo upravleniya glavnogo upravleniya umleustroistva i zemledeliya (S. Petersburgo, 1914).

L'Armata Rossa e la collettivizzazione delle campagne nell' URSS (1928-1933) (eds. Romano e N. Tarchova: Nápoles, 1996).

Bol'shevistskoe rukovodstvo. Perepiska, 1912-1927 (eds. A. V. Kvashonkin, 0. V. Khlevnyuk, L. P. Kosheleva e L. A. Rogovaya: Moscou, 2996).

'Bosco d'invemo a Zubalov', *Slavia* (1997).

Chetvertyi (ob"edinitd'nyi) s"ezd RSDRP (Moscou, 1949).
Chetvertyi (ob"edinitel'nyi) s"ezd RSDRP. Protokoly. Aprel'-mai 1906 goda (Moscou, 1959).
Chetyrnadtsatyi s"ezd Vsesoyuznoi Kommunisticheskoi Partii (b). 15-31/3/1925 goda. Stenograficheskii otchet (Moscou, 1926).
Churchill and Stalin. Documents from the British Archives (eds. FCO Historians C. Baxter e M. A. L. Longden: Londres, 2002).
The Cominform. Minutes of the Three Conferences, 1947/1948/1949 (eds. G. Procacci, G. Adibekov, A. Di Biagio, L. Gibianskii, F. Gori e S. Pons: Milão, 1994).
Dagli Archivi di Mosca. L'URSS, ii Cominform e ii PCI (1943-1951) (eds. F. Gori e S. Pons: Roma, 1998).
Devyataya konferentsiya RKP(b). Sentyabr' 1920 goda. Protokoly (Moscou, 1972).
Desyatyi s"ezd RKP(b). Mart 1921 g. Stenograficheskii otchet (Moscou, 1961).
Dimitrov and Stalin, 1934-1943. Letters from the Soviet Archives (eds. A. Dallin e F. I. Firsov: Yale, 2000).
Dve besedy I. V. Stalina s General'nym Sekretarem Ob"edinennykh Natsii Tryugve Li', *Novaya i noveishaya istariya*, nº 3 (2001).
Dvenadtsatyi s"ezd RKP(b). 17-25 aprelya 1923 goda: stenograficheskii otchët (Moscou, 1968).
Iosif Stalin v ob"yatiyakh sem'i. Iz lichnogo arkhiva (eds. Yu. G. Murin e V. N. Denisov: Moscou, 1993).
Istoricheskie mesta Tbilisi. Putevoditel' po mestam, svyazannym s zhizn'yu i deyatel'nosfyu I. V. Stalina (ed. Georgian Filial of the Institute of Marx Engels--Lenin: ed. revisada; Tbilisi, 1944).
Istoriya sovmkoi politicheskoi tsenzury. Dokumenty i kommentarii (ed. M. Goryaeva: Moscou, 1997).
V. Kaminskii e I. Vereshchagin, 'Detstvo iyunost' vozhdya. Dokumenty, zapiski, rasskazy', *Molodaya gvardiya*, nº 12 (1939).
I. V. Kovalëv, 'Dvenadtsat' sovetov I. V. Stalina rukovodstvu kompartii Kitaya' (ed. A. M. Ledovskii), *Novaya inoveishaya istariya*, nº 1 (2004).
Lado Ketskhoveli. Sbomik dokumentov i materialov (Tbilisi, 1969).
V. I. Lenin, *Polnoe sobranie sochinenii* (5ª ed.: Moscou, 1958-65).
Lubyanka. Stalin i VChK-GPU-OGPU-NKVD. Yanvar' 1922 — dekabr' 1936 (eds. V. N. Khaustov, V. P. Naumov e N. S. Plotnikova: Moscou, 2003).
'Materialy fevral'skogo-martovskogo plenuma TsK VKP(b) 1937 goda', *Vopro.iy istarii*, nº 10 (1994), nº 2 (1995) e nº 3 (1995).

Neizvestnyi Zhukov. Lavry i temii polkovodtsa Dokumenty. Mneniya. Razmyshle niya (ed. V. G. Krasnov: Moscou, 2000).
Obshchestvo i vlast'. 1930-e gody. Povestvovanie v dokumentakh (eds. A. K. Sokolov, S. V. Zhuravlëv, L. P. Kosheleva, L. A. Rogovaya e V. B. Tel'pukhovskii: Moscou, 1998).
Odinnadtsatyi s"ezd RKP(b). Mart-aprel' 1922 g. Stenograficheskii otchët (Moscou, 1961).
Perepiska V. I. Lenina i rukovodimykh im uchrezhdenii RSDRP s mestnymi partiinymi organizatsiyami. 1905-1907, vol. 2, parte 1 (Moscou, 1982).
Perepiska predsedatelya Soveta Ministrov SSSR s prezidentami SShA i prem'er ministrami Velikobritanii vo vremya velikoi Otechestvennoi voiny, 1941-1945 gg., vols. 1-2 (eds. A. A. Gromyko, V. M. Khvostov, I. N. Zemskov, G. A. Belov, Ye. M. Zhukov, S. M. Maiorov, A. A. Novosel'skii, B. F. Podtserob, M. A. Sivolobov, P. N. Tret'yakov e M. A. Kharlamov: Moscou, 1957).
Pisatel' i vozhd': perepiska M. A. Sholokhova s I. V. Stalinym 1931-1950 gody (Moscou, 1997).
Pis'ma vo vlast', 1917-1927 (eds. A. Ya. Livshin e I. B. Orlov: Moscou, 1998).
Pis'ma I. V. Stalina V. M. Molotovu, 1925-1936 gg. Sbornik dokumentov (eds. L. Kosheleva, V. Lel'chuk, V. Nawnov, O. Naumov, L. Rogovaya e O. Khlevnyuk: Moscou, 1995).
Politbyuro RKP(b)-VKP(b). Povestki dnya zasedanii, vols. 1-3 (eds. G. M. Adibe kov, K. M. Anderson e L. A. Rogovaya: Moscou, 2000-1).
Politbyuro TsK VKP(b) i otnosheniya SSSR s zapadnymi sosednimi gosudarstvami (konets 1920-1930-kh gg.) (eds. O. N. Ken e A. I. Rupasov: S. Petersburgo, 2000).
Politbyuro TsK VKP(b) i Sovet Ministrov SSSR, 1945-1953 (eds. O. V. Khlevnyuk, Y. Gorlizki, L. P. Kosheleva. A. I. Minyuk, M. Yu. Prozumenshchikov, L. A. Rogovaya e S. V. Somonova: Moscou, 2002).
'Posetiteli kremlëvskogo kabineta Stalina' (eds. A. V. Korotkov, A. D. Chemev e A. A. Chemobaev), *Istoricheskii arkhiv*, n° 5/6 (1997).
'Poslednyaya "otstavkan" Stalina' (ed. A. S. Chemyaev), *Istochnik*, n° 1 (1994).
'Pravil'naya politika pravitel'stva reshaet uspekh armii. Kto dostoin byt' mar shalom?', *Istochnik*, n° 3 (2002).
'Proidet desyatok let, i eti vstrechi ne vosstanovish' uzhe v pamyati. Dnevni ko zapisi V. A. Malysheva', *Istochnik*, n° 5 (1997).
'Protokoly i rezolyutsii Byuro TsK RSDRP(b) (mart 1917 g.)', *VIKPSS*, n° 3 (1962).
Protokoly Tsentral'nogo Komitteta RSDRP(b). Avgust 1917 -fevral' 1918 (Moscou, 1958).

'Protokoly Vserossiiskogo (martovskogo) soveshchaniya partiinykh rabotnikov, 27 marta — 2 aprelya 1917 g.', *VIKPSS*, n° 6 (1962).
Pyatyi (Londresskii) s"ezd RSDRP. Protokoly. Aprel'-mai 1907 goda (Moscou, 1963).
Pyatnadtsatyi s"ezd Vsesoyuznoi Kommunisticheskoi Partii-(b). Steno graficheskii otchet (Moscou-Leningrado, 1928).
'Rasstrel po raznaryadke, iii Kak eto delali bol'sheviki', *Trud* (4/6/1992).
Razgovory s Bukharinym (ed. Yu. G. Fel'shtinskii: Moscou, 1993).
Reabilitatsiya: politicheskie protsessy 30-50-kh godov (ed. A. N. Yakovlev: Moscou, 1991).
Le repressioni degli anni trenta nell'Armata Rossa (eds. A. Cristiani e V. M. Michaleva: Nápoles, 1996).
Resheniya partii i pravitel'stva po khozyaistvennym voprosam vol. 3 (Moscou, 1968).
Revolyutsiya 1905 goda v Zakavkaz'e. (Khronika sobytii, dokumenty i materialy). Po marerialam Muzeya Revolyutsii Gruzii (Istpartotdel TsK KP(b) Gruzii: Tiflis, 1926).
The Road to Terror: Stalin and the Self-Destruction of the Bolsheviks, 1932-1939 (ed. e introdução de O. V. Naumov e J. A. Getty: Londres, 1999).
Sed'maya (aprel'skaya) vserossiiskaya konferentsiya RSDRP (bol'shevikov). Petrogradskaya konferentsiya obshchegorodskaya konferentsiya RSDRP (bol'shevikov). Aprel' 1917 goda (Moscou, 1958).
Semnadtsatyi s"nezd Vsesoyuznoi Kommunisticheskoi Partii (b), 26 yanvarya — 10 fevralya 1934. Stenograficheskii otchët (Moscou, 1934).
S. Shaumyan. *Izbrannye proizvedeniya*, vols. 1-2 (Moscou, 1957).
Shestoi s"ezd RSDRP(b). Avgust 1917 goda. Protokoly (Moscou, 1958).
Skrytaya pravda voiny. 1941 god (eds. P. N. Knyshevskii et al.: Moscou, 1992).
Slovo tovarishchu Stalinu (ed. R. Kosolapov: 2ª ed., Moscou, 2002).
Sovetskoe rukovodstvo. Perepiska, 1928-1941 (eds. A. V. Kvashonkin, L. P. Kosheleva, L. A. Rogovaya e O. V. Khlevnyuk: Moscou, 1999).
S. Spandar'yan (Timofei), *Stat'i, pis'ma, dokumenty, 1882-1916* (Yerevan, 1940).
SSSR — Pol'sha. Mekhanizmy podchineniya. 1944-1949 gg. Sbomik dokumentov (eds. G. Bordyugov, G. Matveev, A. Kosevskii e A. Pachkovskii: Moscou, 1995).
Stalin i Kaganovich. Perepiska. 1931-1936 gg. (eds. O. V. Khlevnyuk, R. W. Davies, E. A. Rees, L. A. Rogovaya: Moscou, 2001).
Stalin v vospominaniyakh sovremennikov i dokumentov epokhi (eds. L. Anninskii et al.: Moscou, 2002).

I. Stalin, *Stikhi* (Moscou, 1997).

'I. V. Stalin dal slovo zhenit'sya', *Istochnik*, n° 4 (2002).

I. V. Stalin, *Marksizm i natsional'nyi vopros* in *Marksizm i natsional'no-kolon ial'nyi vopros. Sbornik statti i rechei* (Moscou, 1937).

'I. V. Stalin o "Kratkom kurse po istorii VKP(h)". Stenogramma vystupleniya na soveshchanii propagandistov Moskvy i Leningrada', *Istoricheskii arkhiv*, n° 5 (1994).

I. V. Stalin, *Sochineniya* vols. 1-13 (Moscou, 1952-4).

I. V. Stalin, *Sochineniya* vols. 1 (xiv)-3 (xvi) (ed. R. MacNeal: Stanford, 1967).

Stalinskoe Politbyuro v 30-e gody: Sbornik dokumentov (eds. O. V. Khlevnyuk, A. V. Kvashonkin, L. P. Kosheleva e L. A. Rogovaya: Moscou, 1995).

'Stenogrammy ochnykh stavok v TsK VKP(h). Dekabr' 1936 goda', *Voprosy istorii*, n° 3 e 4 (2002).

Ya. M. Sverdlov, *Izbrannye proizvedeniya* vols. 1-2 (Moscou, 1957).

Tainy natsional'noi politiki RKP(b). Chetvërtoe soveshchanie TsK RKP s otvetstvennymi rabotnikami natsional'nykh respublik i oblastti v g. Moskve, 9-12 iyunya 1923 g. Stenograficheskii otchët (Moscou, 1992).

P. Togliatti, *Opere*, vols. 1-6, (Roma, 1967-84).

Tragediya sovetskoi derevni: kollektivizatsiya i raskulachivanie, dokumenty imater ialy v 5 tomakh, 1927-1939 (eds. V. P. Danilov, R. Manning e L. Viola: Moscou, 1999-).

Tretii s"ezd RSDRP. Protokoly. Aprel' - mai 1905 goda (Moscou, 1959).

Tretii Vserossiiskii S"ezd Sovetov Rabochikh. Soklatskikh i Krest'yanskikh Deputatov (Petersburg [sic], 1918).

The Trotsky Papers (ed. Meijer), vols. 1-2 (Haia, 1964-71).

K. Voroshilov, *Stalin i Krasnaya Armiya* (Moscou, 1937).

K. E. Voroshilov *na Tsaritsynskom fronte. Sbornik dokumentov* (Stalingrado, 1941).

Vosemnadtsatyi s"ezd Vsesoyuznoi Kommunisticheskoi Partii (b). 10-21 marta 1939 goda. Stenograficheskii otchët (Moscou, 1939).

Vos'moi s"ezd RKP(b). Mart 1919. Protokoly (Moscou, 1959).

Vostochnaya Evropa v dokumentakh rossiiskikh arkhivov, 1945-1953 gg., vols. 1-2 (eds. T. V. Volokitina, T. M. Islamov, A. F. Noskova, L. A. Rogovaya: Moscou, 1997).

Vserossiiskaya Konferentsiya Rossiiskoi Sostial-Demokraticheskoi Rabochei Partii 1912 goda (ed. R. C. Elwood: Londres, 1982).

Vtoroi s"ezd RSDRP. Protokoly. Iyul'-avgust 1903 goda (Moscou, 1959).

Zastol'nye rechi Stalina. Dokumenty i materialy (ed. introdução e comentários de V. A. Nevezhin: Moscou, 2003).
'Zhurnal poseshcheniya I. V. Stalina v ego Kremlevskoi kabinete', *Istochnik*, nº 2-4 (1996).

Obras contemporâneas

A. Akhmatova, *Sochineniya v dvukh tomakh* (Moscou, 1990).
An (N. Zhordaniya), 'Natsional'nyi vopros', *Bor'ba* (S. Petersburgo), nº 2, 18/3/1914.
B. Andreev, *Zavoevanie Prirody. Fizika na sluzhbe chelovechestva* (Moscou, 1927).
S. T. Arkhomed. *Rabochee dvizhenie i sotsial-demokratiya na Kavkaze* (Moscou Petrogrado, 1923).
A. V. Baikalov, 'Turukhanskii "bunt" politicheskikh ssyl'nykh', *Sibirskii arkhiv*, nº 2 (Praga, 1929).
A. V. Baikalov, *I Knew Stalin* (Londres, 1940).
H. Barbusse, *Staline. Un monde nouveau vu a travers d'un homme* (Paris, 1935).
L. Beria, *K voprosu ob istorii bol'shevistskikh organizatsiyakh v Zakavkaz'e* (Moscou, 1935).
M. Buber-Neumann, *Von Pondam nach Moskau. Stationen eines Imveges* (Stuttgart 1957).
K. Chukovskii, *Dnevniki, 1930-1969* (Moscou, 1995).
F. Dan, *Proiskhozhdenie bol'shevizma: k istorii demokratic: heskikh i sotsialistic: heskikh idei v Rossii posle osvobozhdeniya krest'yan* (Nova York, 1946).
deda ena (ed. Y. Gogebashvili: Tiflis, 1912).
deda ena (ed. Y. Gogebashvili: Tiflis, 1916).
Drevnyaya Evropa i Vostok (Moscou-Petrogrado, 1923).
M. Gor'kii, L. Averbakh e S. Firin (eds.), *Belomorsko-baltiiskii kanal imeni I. V. Stalina* (Moscou, 1934).
Iosif Vissarionovich Stalin. Kratkaya biografiya (Moscou, 1938).
Iosif Vissarionovich Stalin. Kratkaya biografiya (eds. G. F. Alexandrov, M. R. Galaktionov, V. S. Krushkov, M. B. Mitin, V. D. Mochalov e P. N. Pospelov: ed. corrigida e ampliada; Moscou, 1946).
Istoriya Vsesoyuznoi Kommunisticheskoi Partii (Bol'shevikov). Kratkii kurs (Moscou, 1938).
Istoriya Vsesoyuznoi Kommunisticheskoi Partii (Bol'shevikov). Kratkii kun (2ª ed.: Moscou, 1946).

G. Kennan, *Siberia and the Exile System* (Londres, 1891).
Kniga o vkusnoi i zdorovoi pishche (eds. O. P. Molchanova, D. I. Lobanov, M. O. Lifshits e N. P. Tsyplenkov: ed. ampliada; Moscou, 1952).
E. Kviring, *Lenin, Zagovorshchestvo, Oktyabr'* (Cracóvia, 1924).
N. Lenin, 'Zametki publitsista', *Diskussionnyi listok. Prilozhenie k Tsentral'nomu Organu 'Sotsial-demokrat'* (Paris), nº 2, 24/5-7/6/1910.
F. Ye. Makharadze e G. V. Khachapuridze, *Ocherki po istorii rabochego i krest'yanskogo dvizheniya v Gruzii* (Moscou, 1932).
V. V. Piotrovskii, *Po sledam drevnikh kul'tur* (Moscou, 1951).
B. Souvarine, *Staline: aperçu historique du bolchevisme* (Paris, 1935).
K. S. (I. V. Stalin), 'Pis'mo s Kavkva', *Diskussionnyi listok. Prilozhenie k Tsentral'nomu Organu 'Sotsial-demokrat'*, nº 2, 24/5-7/6/1910.
K. Stalin, 'K natsional'nomu voprosu: evreiskaya burzhuaznaya i bundovskaya kul'tumo-natsional'naya avtonomiya', *Prosveshchenie*, nº 6 (junho de 1913).
Stalin. K shestidesyatiyu so dnya rozhdeniya. Sbomik statei 'Pravdy' (Moscou, 1939).
N. Sukhanov, *Zapiski o russkoi revolyutsii*, vols. 1-7 (Berlim, 1922-3).
S. Talakvadze, *K istorii Kommunisticheskoi partii Gruzii* (Tiflis, 1925).
I. Tovstukha. 'Stalin (Dzhugashvili), Iosif Vissarionovich', *Deyateli Soyuza Sovetskikh Sotsialisticheskikh Respublik i Oktyabr'skoi Revolyutsii (Avtobio grafii i biografii)*, em *Entsiklopedicheskii slovar' Granat* (Moscou e Leningrado, 1927), p. 107-12.
L. Trotskii, *Moya zhizn'. Opyt avtobiografii*, vols. 1-2 (Berlim, 1930).
L. D. Trotskii, *Terrorizm i kommunizm* (Petersburg [sic], 1920).
L. Trotsky, *My Life* (Londres, 1975).
L. Trotsky, *Stalin: An Appraisal of the Man and His Influence* (Londres, 1947).
L. Trotsky, *The Real Situation in Russia* (Nova York, 1928).
N. Voznesenskii, *Voennaya ekonomika SSSR v period otechestvennoi voine* (Moscou, 1948).

Memórias e diários

S. Alliluev, *Proidlnnyi put'* (Moscou, 1946).
V. Alliluev, *Khronika odnoi sem'i: Alliluevy. Stalin* (Moscou, 2002).
A. S. Allilueva. *Vospominaniya* (Moscou, 1946) S. Allilueva. *Dvadtsat' pisem k drugu* (Londres, 1967).
S. Allilueva. *Tol'ko odin god* (Nova York. 1969).

BIBLIOGRAFIA SELETA

N. A. Antipenko, *Ryadom s G. K. Zhukovym i K. K. Rokossovskim* (Moscou, 2001).

G. Arbatov, *Svidetel'stvo sovremennika. Zatyanuvsheesya vyzdorovlenie (1953-1985 gg.)* (Moscou, 1991).

R. Arsenidze, 'Iz vospominanii o Staline', *Novyi zhurnal*, n° 72 (junho de 1963) "Avtobiografi.cheskie zametki" V. N. Pavlova — perevodchika I. V. Stalina', *Novaya i noveishaya istoriya*, n° 4 (2000).

N. K. Baibakov, *Ot Stalina do Yel'tsina* (Moscou, 1998).

J. Bardach e K. Gleeson, *Surviving Freedom. After the Gulag* (Berkeley, 2003).

B. Bazhanov, *Bazhanov and the Damnation of Stalin* (Atenas, 1990).

B. Bazhanov, *Vospominaniya byvshego sekretarya Stalina* (S. Petersburgo, 1990).

V. Berezhkov, *Kak ya stal perevodchikom Stalina* (Moscou, 1993).

S. Beria, *Beria, My Father. Inside Stalin's Kremlin* (Londres, 2001).

S. M. Budënnyi, *Proidimnyi put'*, vol. 2 (Moscou, 1965).

V. Bukovskii, *Moskovskii protsess* (Moscou, 1996).

R. Bullard, *Inside Stalin's Russia. The Diaries of Reader Bullard, 1930-1934* (Charlbury, 2000).

W. S. Churchill, *The Second World War*, vols. 1-6 (Londres, 1950-5).

J. Davrichewy, *Ah! Ce qu'on rigolait bien avec mon copain Staline* (Paris, 1979).

M. Djilas, *Conversations With Stalin* (Londres, 1962).

G. Dimitrov, *Diario. Gli anni di Mosca (1934-1945)* (ed. S. Pons: Turim, 2002).

G. Dimitrov, *The Diary of Georgi Dimitrov, 1933-1949* (ed. I. Banac: Londres, 2003).

I. Ehrenburg, *Post-War Years: 1945-1954* (Cleveland, 1957).

A. Fadeev (ed.), *Vstrechi s tovarishchem Stalinym* (Moscou, 1939).

A. Gio, *Zhizn' podpol'nika* (Leningrado, 1925).

B. Gorev, 'Za kulisami pervoi revolyutsii', *Istoriko-revolyutsionnyi byulleten'*, n° 1 (1922).

A. A. Gromyko, *Pamyatnoe*, vols 1-2 (Moscou, 1988).

L. F. llichëv (entrevistado por V. Boldin): 'Stalin i a Pravda": rabochii kontakt', *Pravda*, 11/3/2002.

B. I. Ivanov, *Vospominaniya rabochego bol'shevika* (Moscou, 1972).

V. Ivanov, 'Krasnaya ploshchad", *Novyi mir*, n° 11 (1937).

J. Iremaschwili, *Stalin und die Tragiidie Georgiens* (Berlim, 1932).

L. M. Kaganovich, *Pamyatnye zapiski* (Moscou, 1996).

N. Khrushchev, *Khrushchev Remembers* (Londres, 1971).

N. S. Khrushchev, *Khrushchev Remembers. The Glasnost Tapes* (Londres, 1990).

N. S. Khrushchev, 'Memuary Nikity Sergeevicha Khrushchm', *Voprosy istorii*, n° 1-12 (1991).

L. B. Krasin, 'Bol'shevistskaya partiinaya tekhnika' em *Tekhnika bol'shevistskogo podpol'ya. Sbornik statei i vospominanii* (2ª ed. Corrigida e ampliada: Moscou, 1925).

G. A. Kurnanëv, 'Dve besedy s L. M. Kaganovichem', *Novaya i noveishaya istoriya*, nº 2 (1999).

G. A. Kumanëv (ed.), *Ryadom so Stalinym* (Moscou, 1999).

A. Kuusinen, *Before and After Stalin* (Londres, 1974).

A. Malenkov, *O moem ottse Georgii Malenkove* (Moscou, 1992).

V. A. Malyshev: 'Proidët desyatok let, ieti vstrechi ne vosstanovish' uzhe v pamyati', *Istochnilc*, nº 5 (1997).

I. P. McEwan, 'Quo Vadis?', *Glasgaw Academy Chronicle*, março de 1945.

N. L. Meshcheryakov, *Kak my zhili v ssylke* (Leningrado, 1929).

A. Mgeladze, *Stalin, kakim ya ego znal. Stranitsy nedavntgo proshlogo* (2001).

A. Mikoyan, 'Iz vospominaniya A. I. Mikoyana', *Sovershenno sekretno*, nº 10 (1999).

A. Mikoyan, *Mysli i vospominaniya o Lenine* (Moscou, 1970).

A. Mikoyan, *Tak bylo. Razmyshleniya o minuvshem* (Moscou, 1999).

Molotov. Poluderzhavnyi vlastelin (ed. F. Chuev: Moscou, 1999).

P. Moshentseva, *Tainy kremlëvskoi bol'nitsy* (Moscou, 1998).

V. N. Pavlov, 'Predistoriya 1939 goda', *Svobodnaya mysl'*, nº 7 (1999).

S. Pestkovskii, 'Vospominaniya o rabote v Narkomnatse (1917-1919 gg.)', *Prole tarskaya revolyutsiya*, nº 6 (1930).

M. G. Pervukhin, 'Kak byla resbena atomnaya problema v nasbei strane', *Novaya i noveishaya istoriya*, nº 5 (2001).

M. G. Pervukhin, 'Korotko o perezhitom', *Novaya i noveishaya istoriya*, nº 5 (2003).

Y. Rapoport, *The Doctors'Plot. Stalin's Last Crime* (Londres, 1991).

F. F. Raskol'nikov, 'Priezd tov. Lenina v Rossiyu', *Proletarskaya revolyutsiya*, nº 1 (1923).

J. von Ribbentrop, *Zwischen Londres und Moskau: Erinnerungen und letzte Auf teichnungen* (Leoni am Starnberger See, 1954).

N. Ryzhkov, *Perestroika: istoriya predatel'stv* (Moscou, 1992).

A. Rybin, 'Ryadom so Stalinym', *Sotsiologicheskie issledovaniya*, nº 3 (1988).

V. Semichastnyi, *Bespokoinoe serdtse* (Moscou, 2002).

A. G. Shlyapnikov, *Semnadtsatyi god*, vol. 2 (Moscou-Petrogrado, 1923).

V. Shveitser, *Stalin v turukhanskoi ssylke. Vospominaniya podpol'shchika* (Moscou, 1940).

K. Simonov, *Glazami cheloveka moego pokoleniya* (Moscou, 1990).

Stalin i Khasim (1901-1902 gg.). Nekotorye epizody iz batumskogo podpol'ya (ed. N. Lakoba: Sukhumi, 1934).
Stalin: v vospominaniyakh sovmnennikov i dokumentov epokhi (eds. M. Lobanov: Moscou, 2002).
P. A. Sudoplatov e A. Sudoplatov, *Special Tasks. The Memoirs of an Unwanted Witness — A Soviet Spymaster* (Londres, 1994).
K. T. Sverdlova, *Yakov Mikhailovich Sverdlov* (Moscou, 1957)
Tak govoril Kaganovich. Ispoved' stalinskogo apostola (ed. F. Chuev: Moscou, 1992).
Tekhnika bol'shevistskogo podpol'ya. Sbornik statei i vospominanii (2ª ed. corrigida e ampliada: Moscou, 1925).
T. Toranska, *Oni. Stalin's Polish Puppets* (Londres, 1987).
Trotsky's Diary in Exile, 1935 (Nova York, 1963).
N. A. Uglanov, 'Vospominaniya' em *Vospominaniya o Vladimire Il'iche Lenine*, vol. 7.
'M. I. Ul'yanova ob otnoshenii V. I. Lenina i V. I. Stalina', *ITsKPSS*, nº 12 (1989).
G. Uratadze, *Vospominaniya gruzinskogo sotsial-demokrata* (Stanford, 1968).
I.A. Valedinskii, 'Vospominaniya o vstrechakh s t. I. V. Stalinym', *Istochnik*, nº 2 (1994).
S. Vereshchak, 'Stalin v tyur'me. (Vospominaniya politicheskogo zaldyuchënnogo)', partes 1-2, *Dni*, 22 e 24/1/1928.
G. Volkov entrevista, 'Stenografistka Il'icha', *Sovetskaya kul'tura*, 21/1/1989.
K. Vorosbilov, *Rasskazy o zhizni. Vospominaniya*, vol. 1 (Moscou, 1968).
K. E. Voroshilov, *Stalin i Voonuhlnnye Sily SSSR* (Moscou, 1951).
Vospominaniya o Vladimire ll'iche Lenine, vols. 1-8 (Moscou, 1989-91).
A. Werth, *Russia At War, 1941-1945* (Londres, 1964).
P. I. Yegorov, 'Poslednyaya noch' Stalina', *Argumenty i fakty*, nº 10, março de 2003.
A. Yenukidze, 'Istoriya organizatsiya iraboty nelegal'nykh tipografii R.S.D.R.P. (bol'shevikov) na Kavkaze za vremya ot 1900 po 1906 g.' em *Tekhnika bol'shevistskogo podpol'ya. Sbornik statei i vospominanii* (2ª ed. corrigida e ampliada: Moscou, 1925).
I. Zbarsky e S. Hutchinson, *Lenin's Embalmers* (Londres, 1998).
C. Zetkin, *Erinnerungen an Lenin* (Viena, 1929).
M. P. Zhakov, 'Pis'mo M. Zhakova', *Proletarskaya revolyutsiya*, nº 10 (1922).
N. Zhordaniya, *Moya zhizn'* (Stanford, 1968).
G. K. Zhukov, *Vospominaniya i razmyshleniya*, vols. 1-3 (Moscou, 1995).

Obras secundárias

M. Agursky, 'Stalin's Ecclesiastical Background', *Survey*, nº 4 (1984).

V. A. Alekseev, *Illyuzii i dogma* (Moscou, 1991).

V. A. Alekseev, 'Neozhidannyi dialog', *Agitator*, nº 6 (1989).

R. C. Allen, *Farm to Factory, A Reinterpretation of the Soviet Industrial Revolution* (Oxford, 2003).

R. C. Allen, 'The Standard of Living in the Soviet Union, 1928-1940', *Journal of Economic History*, nº 4 (1998).

C. Andrew e J. Eikner, 'Stalin and Foreign Intelligence' em H. Shukman (ed.), *Redefining Stalinism* (Londres, 2003).

C. Andrew e V. Mitrokhin, *The Mitrokhin Archive. The KGB in Europe and the West* (Londres, 1999).

C. Andreyev, *Vlasov and the Russian Liberation Movement. Soviet Realities and Émigré Theories* (Cambridge, 1987).

J. Baberowski. *Der Feind ist überall. Stalinismus im Kaukasus* (Munique, 2003).

J. Baberowski. *Der Rote Terror. Die Geschichte des Stalinismus* (Munique, 2004).

E. Bacon, *The Gulag at War. Stalin's Forced Labour System in the Light of the Archives* (Londres, 1994).

J. Barber, *Soviet Historians in Crisis, 1928-1932* (Londres, 1981).

J. Barber e M. Harrison (eds.), *The Soviet Defence-Industry Complex from Stalin to Khrushchev* (Londres, 2000).

K. Bailes, *Technology and Society under Lenin and Stalin. Origins of the Soviet Technical Intelligentsia, 1921-1941* (Princeton, 1978).

N. Barsukov, 'Kale sozdavalsya "zakrytyi doklad" Khrushchëva', *Literaturnaya gazeta*, 21/2/1996.

F. Benvenuti, *Fuoco sui sabotatori! Stachanovismo e organizzazione industriale in Urss, 1934-1938* (Roma, 1988).

F. Benvenuti, 'Kirov nella Politica Sovietica', *Annali dell'Istituto Italiano per gli Studi Storici* (Nápoles, 1979).

F. Benvenuti e S. Pons, *Il Sistema di Potere dello Stalinismo. Partito e Stato in URSS, 2933-1953* (Milão, 1988).

F. Bettanin, *La Fabbrica del Mito. Storia e Politica nell' URSS Staliniana* (Nápoles, 1996).

E. Biagi, *Svetlana: the Inside Story* (Londres, 1967).

H. P. Bix, *Hirohito and the Making of Modern Japan* (Londres, 2000).

W. H. Bos, 'Joseph Stalin's Psoriasis: Its Treatment and the Consequences', Psoriasis Research Institute paper, Palo Alto, abril de 1997.

G. Bordyugov, 'Ukradennaya pobeda', *Komsomol'skaya pravda*, 5/5/1990.

J. Brent e V. P. Naumov, *Stalin's Doctors' Plot. The Anatomy of a Conspiracy, 1948-1953* (Londres, 2003).

R. Brackman, *The Secret File of Joseph Stalin. A Hidden Life* (Londres, 2001).

D. Brandenberger, *Stalinist Mass Culture and the Formation of Modern Russian National Identity, 1931-1956* (Cambridge, 2002).

C. Brandt, *Stalin's Failure in China, 1924-1927* (Cambridge, 1958).

V. Brodskii e V. Kalinnikova, 'Otkrytie sostoyalos'', *Nauka i zhizn'*, nº 1 (1988).

J. Brooks, *Thank You, Comrade Stalin! Soviet Public Culture from Revolution to Cold War* (Princeton, 2000).

E. H. Carr, *Socialism in One Country*, vols. 1-3 (Londres, 1958-64).

E. H. Carr e R. W. Davies, *Foundations of a Planned Economy, 1926-1929*, vol. 1 (Londres, 1970).

J. Channon (ed.), *Politics, Society and Stalinism in the USSR* (Londres, 1998).

A. O. Chubaryan e G. Gorodetsky, *Voina i politika, 1939-1941* (Moscou, 1999).

S. F. Cohen, *Bukharin and the Russian Revolution. A Political Biography, 1888-1938* (Londres, 1974).

R. Conquest, *Power and Policy in the USSR* (Londres, 1962).

R. Conquest, *The Great Terror. Stalin's Purge of the Thirties* (Londres, 1973).

R. Conquest, *Harvest of Sorrow: Soviet Collectivisation and the Terror-Famine* (Oxford, 1986).

R. Conquest, *Inside Stalin's Secret Police: NKVD Politics, 1936-39* (Londres, 1986).

R. Conquest, *Stalin and the Kirov Murder* (Londres, 1989).

R. Conquest, *The Great Terror. A Reassessment* (Londres, 1990).

R. Conquest, *Stalin: Breaker of Nations* (Londres, 1993).

J. Cooper, M. Ferrie e E. A. Rees (eds.), *Soviet History, 1917-1953 — Essays in Honour of R. W. Davies* (Londres, 1995).

S. Courtois (ed.), *Une si longue nuit. L'apogée des regimes totalitaires en Europe, 1935-1953* (Paris, 2003).

S. Crisp, 'Soviet Language Planning, 1917-1953' em M. Kirkwood (ed.), *Language Planning in the Soviet Union* (Londres, 1989).

R. V. Daniels, *The Conscience of the Revolution* (Cambridge, 1969).

A. A. Danilov, 'Izmenenie vysshikh organov v SSSR v 1945-1952 gg.' em G. Sh. Sagatelyan, B. S. Ilizarov e O. V. Khlevnyuk (eds.), *Stalin, Stalinizm. Sovetskoe Obshchestvo. Sbornik statei* (Moscou, 2000).

V. P. Danilov, 'Stalinizm isovetskoe obshchestvo', *Voprosy istorii*, n° 2 (2004).
T. Darlington, *Education in Russia* (Londres, 1909): vol. 23 de *Board of Education Special Reports on Educational Subjects*.
N. Davies, *Rising '44. 'The Battle for Warsaw'* (Londres, 2003).
N. Davies, *White Eagle, Red Star: The Polish-Soviet War, 1919-1920* (Londres, 1972).
R. W. Davies, *The Socialist Offensive. The Collectivisation of Soviet Agriculture, 1929-1930* (Londres, 1980).
R. W. Davies, *The Soviet Economy in Turmoil, 1929-1930* (Londres, 1989).
R. W. Davies, *Crisis and Progress in the Soviet Economy, 1931-1933* (Londres, 1996).
R. W. Davies, *Soviet History in the Yeltsin Era* (Londres, 1997).
R. W. Davies, M. Hanison e S. G. Wheatcroft, *The Economic Transformation of the Soviet Union, 1913-1945* (Cambridge, 1994).
R. W. Davies, M. Ilic e O. Khlevnyuk, 'The Politburo and Economic Policy Making' em E. A. Rees (ed.), *The Nature of Stalin's Dictatorship. The Politburo, 1924-1953* (Londres, 2004).
R. W. Davies e S. G. Wheatcroft, *The Years of Hunger: Soviet Agriculture, 1931-1933* (Londres, 2003).
R. W. Davies, *Popular Opinion in Stalin's Russia. Terror, Propaganda and Dissent, 1934-1941* (Cambridge, 1997).
I. Deutscher, *Stalin: A Political Biography* (ed. revisada, Hannondsworth, 1966) [*Stalin: Uma biografia política*. Rio de Janeiro: Ed. Civilização Brasileira, 1970].
T. Dragadze, *Rural Families in Soviet Georgia: A Case Study in Ratcha Province* (Londres, 1988).
I. M. Dubinskii-Mukhadze, *Shaumyan* (Moscou, 1965).
E. Dundovich, F. Gori e E. Guercetti (eds.), *Reflections on the Gulag, with a Documentary Appendix on the Italian Victims of Repression in the USSR* (Milão, 2003).
P. J. S. Duncan, *Russian Messianism. Third Rome, Revolution, Communism and After* (Londres, 2000).
J. E. Duskin, *Stalinist Reconstruction and the Confirmation of a New Elite, 1945-1953* (Londres, 2001).
J. Erickson, *The Soviet High Command. A Military-Political History, 1918-1941* (Londres, 1962).
J. Erickson, *The Road to Stalingrad* (Londres, 1975).
J. Erickson, *The Road to Berlin* (Londres, 1983).
A. V. Fateev, *Obraz vraga v sovetskoi propagande, 1945-1954 gg.* (Moscou, 1999).

D. Filtzer, *Soviet Workers and Late Stalinism. Labour and the Restoration of the Stalinist System after World War II* (Cambridge, 2002).

D. Filtzer, *Soviet Workers and Stalinist Industrialization: The Formation of Modern Soviet Production Relations, 1928-1941* (Londres, 1986).

W. J. Fishman, *East End 1888. A Year in a London Borough Among the Labouring Poor* (Londres, 1988).

S. Fitzpatrick (ed.), *Stalinism: New Directions* (Londres, 2000).

S. Fitzpatrick, *Stalin's Peasants. Resistance and Survival in the Russian Village after Collectivisation* (Oxford, 1994).

A. Getty, *Origins of the Great Purges: the Soviet Communist Party Reconsidered, 1933-1938* (Cambridge, 1985).

I. Getzler, *Nikolai Sukhanov. Chronicler of the Russian Revolution* (Londres, 2002).

G. Gill, *The Origins of the Stalinist Political System* (Oxford, 1990).

D. Glantz, *Stumbling Colossus. The Red Army on the Eve of World War* (Kansas, 1998).

F. Gori e S. Pons (eds.), *The Soviet Union and Europe in the Cold War, 1943-1953* (Londres, 1996).

G. Gorodetsky, 'Geopolitical Factors in Stalin's Strategy and Politics in the Wake of the Outbreak of World War II' em S. Pons e A. Romano (eds.), *Russia in the Age of Wars, 1914-1945* (Milão, 1998).

G. Gorodetsky, *Grand Delusion. Stalin and the German Invasion of Russia* (Londres, 1999).

Yu. Gor'kov, *Gosudarstvennyi Komitet Oborony postanovlyaet (1941-1945). Tsifry, dokumenty* (Moscou, 2002).

Y. Gorlizki, 'Party Revivalism and the Death of Stalin', *Slavic Review*, n° 1 (1995).

Y. Gorlizki, 'Stalin's Cabinet: The Politburo and Decision-Making in the Post war Years', *Europe-Asia Studies*, n° 2 (2001).

Y. Gorlizki e O. Khlevnyuk, *Cold Peace. Stalin and the Soviet Ruling Circle, 1945-1953* (Oxford, 2003).

A. Graziosi, *The Great Peasant War: Bolsheviks and Peasants, 1918-1933* (Cambridge, Mass., 1997).

P. R. Gregory, *Behind the Façade of Stalin's Command Economy. Evidence from the Soviet State and Party Archives* (Stanford, 2001).

R. Kh. Gutov, *Sovmestnaya bor'ba narodov Tereka za Sovetskuyu vlast'* (Nalchik, 1975).

J. Harris, *The Great Urals. Regionalism and the Evolution of the Soviet System* (Nova York, 1999).

M. Harrison, *Accounting for War: Soviet Production, Employment and the Defence Burden, 1940-1945* (Cambridge, 1996).

J. Haslam, *The Soviet Union and the Struggle for Collective Security in Europe, 1933-1939* (Londres, 1984).

G. Hewitt, 'Language Planning in Georgia' em M. Kirkwood (ed.), *Language Planning in the Soviet Union* (Londres, 1989).

J. Hochman, *The Soviet Union and the Failure of Collective Security, 1934-1938* (Londres, 1984).

D. Holloway, *Stalin and the Bomb: The Soviet Union and Atomic Energy, 1943-1956* (Londres, 1994).

G. Hosking, *Russia and the Russians: A History from Rus to the Russian Federation* (Londres, 2001).

G. Hosking, *Russia: People and Empire, 1552-1917* (Londres, 1997).

G. Hosking e R. Service (eds.), *Russian Nationalism, Past and Present* (Londres, 1998).

G. Hosking e R. Service (eds.), *Reinterpreting Russia* (Londres, 1999).

J. Hughes, *Stalin, Siberia and the Crisis of the NEP* (Cambridge, 1991).

The ICD-10 Classification of Mental and Behavioural Disorders. Clinical Descriptions and Diagnostic Guidelines (Genebra, 1992).

B. S. Ilizarov, 'Stalin. Bolezn', smert' i "bessmertie"' em G. Sh. Sagatelyan, B. S. Ilizarov e O. V. Khlevnyuk (eds.), *Stalin, Stalinizm i Sovetskoe Obshchestvo: sbornik statei. K 70-letiyu V. S. Lel'chuka* (Moscou, 2000).

B. S. Ilizarov, *Tainaya zhizn' Stalina. Po material am ego bibliotelci iarkhiva. K istoriografii stalinizma* (Moscou, 2002).

Istoriya Kommunisticheskoi Partii Sovetskogo Soyuza (Moscou, 1959).

Istoriya SSSR, vol. 3, livro 2 (Moscou, 1968).

M. Jansen, *A Shaw Trial Under Lenin: the Trial of the Socialist-Revolutionaries; Moscou, 1922* (Haia, 1982).

M. Jansen e N. Petrov, *Stalin's Loyal 'Executioner: People's Commissar Nikolai Ezhov, 2895-1940* (Stanford, 2002).

D. Joravsky, *The Lysenko Affair* (Cambridge, 1970).

V. A. Kharlamov et al. (eds.), *Leninskaya vneshnyaya politika Sovetskoi strany* (Moscou, 1969).

S. V. Kharmandaryan, *Lenin i stanovlenie zakavkazskoi federatsii* (Yerevan, 1969).

C. Kelly, *Refining Russia. Advice Literature, Polite Culture and Gender from Catherine to Yeltsin* (Oxford, 2001).

O. Khlevnyuk, 'The Objectives of the Great Terror, 1937-1938' em J. Cooper et al., *Soviet History, 1917-1953*.

O. V. Khlevnyuk, *Politbyuro: mekhanizmy politicheskoi vlasti v 1930-e gody* (Moscou, 1996).

O. Khlevnyuk, 'The Reasons for the "Great Terrorn: The Foreign-Political Aspect' em S. Pons e A. Romano (eds.), *Russia in the Age of Wars, 1914-1945* (Milão, 2000).

O. Khlevnyuk, 'Stalin iorgany gosudarstvennoi bezopasnosti v poslevoennyi period', *Cahiers du Monde Russe et Sovietique*, nº 2/4 (2001).

O. V. Khlevnyuk, *Stalin i Ordzhonikidze. Konflikty v Politbyuro v 30-e gody* (Moscou, 1993).

O. V. Khlevnyuk, 'Stalin i Molotov. Edinolichnaya diktatura i predposylki "oligarkhizatsiya' em G. Sh. Sagatelyan, B. S. Ilizarov e O. V. Khlevnyuk (eds.), *Stalin, Stalinizm i Sovetlkoe Obshchestvo. Sbornik statlli* (Moscou, 2000).

O. V. Khlevnyuk, *1937-i: Stalin, NKVD i sovetskoe obshchestvo* (Moscou, 1992).

V. M. Kholodkovskii, 'V. I. Lenin i mezhdunarodnye otnosheniya novogo tipa' em V. A. Kharlamov et al. (eds.), *Leninskaya vneshnyaya politika Soveakoi strany* (Moscou, 1969).

A. Kirilina, *Neizvestnyi Kirov* (S. Petersburgo, 2001).

M. Kirkwood (ed.), *Language Planning in the Soviet Union* (Londres, 1989).

J. Klier e S. Lambroza. *Pogroms: Anti-Jewish Violenu in Modern Russian History* (Cambridge, 1992).

D. V. Kolesov, *I. V. Stalin. Pravo na zhizn'* (Moscou, 2000).

G. V. Kostyrchenko, *Tainaya politika Stalina. Vlast' i antisemitizm* (Moscou, 2003).

V. Kozlov, *The Peoples of the Soviet Union* (Londres, 1988).

G. A. Krasil'nikov, 'Rozhdenie gulaga: diskussii v verkhnikh eshelonakh vlasti', *Istoricheskii arkhiv*, nº 4 (1989).

F. D. Kretov, *Bor'ba V. I. Lenina za sokhranenie i ukreplenie RSDRP v gody stolypinskoi reaktsii* (Moscou, 1969).

A. Kriegel e S. Courtois, *Eugen Fried. Le grand secret du PCF* (Paris, 1997).

S. Kuleshov e V. Strada, *Il fascismo russo* (Veneza, 1998).

V. A. Kumanev e I. S. Kulikova, *Protivostoyanie: Krupskaya-Stalin* (Moscou, 1994).

M. Kun, *Stalin: An Unknown Portrait* (Budapeste, 2003).

H. Kuromiya. 'The Donbass' em E. A. Rees (ed.), *Central-Local Relations in the Soviet State, 1928-1941* (Londres, 2002).

S. Lakoba, *Ocherki politic koi istorii Abkhazii* (Sukhumi, 1990).

S. Lakoba, *Otvet istorikam iz Tbilisi* (Sukhumi, 2001).

N. Lampert, *The Technical Intelligentsia and the Soviet State. A Study of Soviet Managers and Technicians, 1928-1935* (Londres, 1979).

D. M. Lang, *A Modern History of Georgia* (Londres, 1962).

N. Lebrecht, 'Prokofiev was Stalin's Last Victim', *Evening Standard*, 4/6/2003.

M. P. Leffler, *A Preponderance of Power. National Security, the Truman Administration and the Cold War* (Stanford, 1992).

G. Leggett, *The Cheka. Lenin's Political Police. The All-Russian Extraordinary Commission for Combating Counter-Revolution and Sabotage, December 1917 to February 1922* (Oxford, 1981).

Ye. S. Levina, *Vavilov, Lysenko, Timofeev-Resovskii. Biologiya v SSSR: Istoriya i istoriografiya* (Moscou, 1995).

M. Lewin, *Russian Peasants and Soviet Power. A Study of Collectivisation* (Londres, 1968).

G. P. Lezhava, *Mezhdu Gruziei i Rossiei. Istorischeskie komi i sovremennye faktory abkhazo-gruzinskogo konflikta (XIX-XX w.)* (Moscou, 1997).

D. Lieven, *Nicholas II. Emperor of All the Russias* (Londres, 1993).

S. V. Lipitskii, 'Stalin v grazhdanskoi voine' em A. N. Mertsalov (ed.), *Istoriya i stalinizm* (Moscou, 1991).

A. Luukkanen, *The Religious Policy of the Stalinist State. A Case Study: the Central Standing Commission on Religious Questions, 2929-1938* (Helsinque, 1997).

R. Marsh, *Images of Dictatorship: Portraits of Stalin in Literature* (Londres, 1989).

T. Martin, *The Affirmative Action Empire. Nations and Nationalism in the Soviet Unirm, 1923-1939* (Londres, 2001).

I. Marykhuba, *Yefrem Eshba (vydayushchiisya gosudarstvennyi deyatel')* (Sukhumi, 1997).

N. N. Maslov, 'Ob utverzhdenii ideologii stalinizma' em A. N. Mertsalov (ed.), *Istoriya i stalinizm* (Moscou, 1991).

B. Mcloughlin e K. McDermott (eds.), *Stalin's Terror. High Politics and Mass Repression in the Soviet Union* (Londres, 2003).

M. Mazower, *Dark Continent. Europe's Twentieth Century* (Londres, 1998).

R. McNeal, *Stalin. Man and Ruler* (Londres, 1985).

R. Medvedev, *Let History Judge. The Origins and Consequences of Stalinism* (Londres, 1971).

R. Medvedev, *Problems in the Literary Biography of Mikhail Sholokhov* (Cambridge, 1977).

R. Medvedev, *Sem'ya tirana. Mat' i syn. Smert' Nadezhdy Alliluevoi* (Nizhni Novgorod, 1993).
Zh. e R. Medvedev, *Neizvestnyi Stalin* (Moscou, 2001).
C. Merridale, *Moscow Politics and the Rise of Stalin. The Communist Party in the Capital, 1925-1932* (Moscou, 1990).
C. Merridale, *Night of Stone: Death and Memory in Russia* (Londres, 2000).
A. N. Mertsalov (ed.), *Istoriya i stalinizm* (Moscou, 1991).
V. Moroz, 'Verkhovnyi sud', *Krasnaya zvuda*, 23/12/2003.
W. Moskoff, *The Bread of Affliction. The Food Supply in the USSR during World War II* (Cambridge, 1990).
B. Nahaylo e V. Swoboda, *The Soviet Disunion: A History of the Nationalities Problem in the USSR* (Londres, 1990).
N. Naimark, *The Russians in Germany: A History of the Soviet lime of Occupation, 1945-1949* (Londres, 1995).
A. Nove, *An Economic History of the USSR* (Londres, 1969).
N. Okhotin e A. Roginskii, 'Iz istorii "nemetskoi operatsii" NKVD 1937-1938 gg.' em *Repressii protiv rossiiskikh: nakazannyi narod* (Moscou, 1999).
E. Olla-Reza, *Azarbaidzhan* [sic] *i Arran* (Yerevan, 1993).
A. Ostrovskii, *Kto stoyal za spinoi Stalina?* (S. Petersburgo, 2002).
R. Overy, *Russia's War* (Londres, 1997).
M. Parrish, *The Lesser Terror: Soviet State Suurity, 1939-1953* (Westport, 1996).
D. Peris, *Storming the Heavens: the Soviet League of the Militant Atheists* (Nova York, 1998).
M. Perrie, *The Cult of Ivan the Terrible in Stalin's Russia* (Londres, 2001).
N. Petrov, 'The Gulag as Instrument of the USSR's Punitive System' em E. Dundovich, F. Gori e E. Guercetti (eds.), *Reflections on the Gulag, with a Documentary Appendix on the Italian Victims of Repression in the USSR* (Milão, 2003).
R. Pikhoya, *Sovetskii Soyuz: istoriya vlasti, 1945-1991* (Novosibirsk, 2000).
B. Pinkus, *The Soviet Government and the Jews, 1948-1967: A Documentary Study* (Cambridge, 1984).
R. Pipes, *The Formation of the Soviet Union. Communism and Nationalism, 1917-1923* (2ª ed. revisada: Cambridge, Mass., 1964).
S. Pons, *Stalin and the Inevitable War, 1936-1941* (Londres, 2002).
S. Pons, 'The Twilight of the Cominform' em *The Cominform. Minutes of the Three Conferences, 1947/1948/1949* (eds. G. Procacci, G. Adibekov, A. Di Biagio, L. Gibianskii, F. Gori e S. Pons: Milão, 1994).

S. Pons e A. Romano (eds.), *Russia in the Age ef Wars, 1914-1945* (Milão, 1998).
A. Ponsi, *Partito unico e democrazia in URSS. La Costituzione del '36* (Roma, 1977).
D. Pospielowky, *The Russian Church under the Soviet Regime*, vols. 1-2 (Nova York, 1984).
P. Preston, *Franco: A Biography* (Londres, 1993).
A. Pyzhikov, *Khrushchevskii 'ottepel"* (Moscou, 2002).
E. Radzinsky, *Stalin: The First In-Depth Biography Based on Explosive New Documents from Russia's Secret Archives* (Londres, 1996).
D. Rayfield, *Stalin and His Hangmen: An Authoritative Portrait of a Tyrant and Those Who Served Him* (Londres, 2004).
E. A. Rees (ed.), *Central-Local Relations in the Soviet State, 1928-1941* (Londres, 2002).
E. A. Rees (ed.), *The Nature of Stalin's Dictatorship. The Politburo, 1924-1953* (Londres, 2004).
E. A. Rees, *Political Thought from Machiavelli to Stalin: Revolutionary Machiavellism* (Basingstoke, 2004).
E. A. Rees, 'Stalin as Leader, 1924-1937: From Oligarch to Dictator' em E. A. Rees (ed.), *The Nature of Stalin's Dictatorship. The Politburo, 1924-1953* (Londres, 2004).
E. A. Rees, *State Control in Soviet Russia: The Rise and Fall of the Workers' and Peasants' Inspectorate, 1920-1934* (Londres, 1987).
J. Rossi, *Spravochnik po gulagu*, vols. 1-2 (2ª ed.: Moscou, 1992).
R. Richardson, *The Long Shadow. Inside Stalin's Family* (Londres 1993).
A. Rieber, 'Stalin, Man of the Borderlands', *American Historical Review*, nº 5 (2001).
T. H. Rigby, *Communist Party Membership in the USSR. 1917-1967* (Princeton, 1968).
T. H. Rigby, 'Was Stalin a Disloyal Patron?', *Soviet Studies*, nº 3 (1986).
G. Roberts, *The Soviet Union and the Origins of the Second World War: Russo- -German Relations and the Road to War, 1933-1941* (Londres, 1995).
W. H. Roobol, *Tseretili, A Democrat in the Russian Revolution: A Political Biography* (Haia, 1976).
J. J. Rossman, 'The Teikovo Cotton Workers' Strike of April 1932: Class, Gender and Identity Politics in Stalin's Russia', *Russian Review*, janeiro de 1997.
J. Rubenstein e V. P. Naumov (eds.), *Stalin's Secret Pogrom: the Postwar Inquisition of the Jewish Anti-Fascist Committee* (New Haven, 2001).
L. Rucker, *Staline, Israel et les Juifs* (Paris, 2001).
G. Sh. Sagatelyan, B. S. Ilizarov e O. V. Khlevnyuk (eds.), *Stalin, Stalinizm i Sovetskoe Obshchestvo: sbornik statei. K 70-letiyu V. S. Lel'chuka* (Moscou, 2000).

BIBLIOGRAFIA SELETA

L. Samuelson, *Plans for Stalin's War Machine. Tukhachevskii and Military Economic Planning, 1925-1941* (Londres, 2001).

S. Sebag Montefiore, *Stalin: The Court of the Red Tsar* (Londres, 2003) [*Stalin: A corte do tzar vermelho*. São Paulo: Companhia das Letras, 2007].

R. Service, 'Architectural Problems of Reform in the Soviet Union: From Design to Collapse', *Totalitarian Movements and Political Religions*, nº 2 (2001).

R. Service, *The Bolshevik Party in Revolution: A Study in Organisational Change* (Londres, 1979).

R. Service, 'Destalinisation in the USSR before Khrushchev's Secret Speech' em *Il XX Congresso del PCUS* (ed. F. Gori: Milão, 1988).

R. Service, 'Gorbachev's Reforms: The Future in the Past', *Journal of Communist Studies*, nº 3 (1997).

R. Service, *A History of Modern Russia, From Nicholas II To Vladimir Putin* (Londres, 2003).

R. Service, *A History of Twentieth-Century Russia* (Londres, 1997).

R. Service, 'Joseph Stalin: The Making of a Stalinist' em J. Channon (ed.), *Politics, Society and Stalinism in the USSR* (Londres, 1998).

R. Service, *Lenin: A Biography* (Londres, 2000) [*Lenin: A biografia definitiva*. Rio de Janeiro: Difel, 2007].

R. Service, *Lenin: A Political Life*, vols. 1-3 (Londres, 1985-95).

R. Service, 'The Road to the Twentieth Party Congress', *Soviet Studies*, nº 2 (1981).

R. Service, *Russia: Experiment with a Peop'lefrom 1991 to the Present* (Londres, 2002).

R. Service (ed.), *Society and Politics in the Russian Revolution* (Londres, 1992).

R. Service, 'Stalinism and the Soviet State Order' em H. Shukman (ed.), *Redefining Stalinism* (Londres, 2003).

E. Sherstyanoi, 'Germaniya inemtsy v pis'makh krasnoanneitsev vesnoi 1945 g.', *Novaya i noveishaya istoriya*, nº 2 (2002).

H. Shukman (ed.), *Redefining Stalinism* (Londres, 2003).

H. Shukman (ed.), *Stalin's Generals* (Nova York, 1993).

H. Shukman e A. Chubaryan (eds.), *Stalin and the Soviet-Finnish War, 1939-1940* (Londres, 2002).

R. Slusser, *Stalin in October. The Man Who Missed the Revolution* (Baltimore, 1987).

E. Smith, *The Young Stalin: The Early Years of an Elusive Revolutionary* (Londres, 1968).

J. Smith, *The Bolsheviks and the National Question, 1917-1923* (Londres, 1999).

A. Sokolov, 'Before Stalinism: the Defense Industry of Soviet Russia in the 1920s', PERSA Working Paper (University of Warwick), nº 31 (abril de 2004).
B. Starkov, *Dela i lyudi stalinslwgo vremeni* (S. Petersburgo, 1995).
H. P. von Strandmann, 'Obostryayushchiesya paradoksy: Gitler, Stalin i germano--sovetskie ekonomicheskie svyazi. 1939-1941' em A. O. Chubaryan e G. Gorodetsky, *Voina i politika, 1939-1941* (Moscou, 1999).
M. Stugart (coluna dos leitores), *Dagens Nyheter*, 22/3/2004.
R. G. Suny, *The Baku Commune, 1917-1918: Class and Nationality in the Russian Revolution* (Princeton, 1972).
R. G. Suny, 'A Journeyman for the Revolution: Stalin and the Labour Movement in Baku, June 1907-May 1908', *Soviet Studies*, nº 3 (1972).
R. G. Suny, *The Making of the Georgian Nation* (Londres, 1989).
K. Sword (ed.), *The Soviet Takeover of the Polish Eastern Provinces, 1939-1941* (Londres, 1991).
Tak eto bylo: natsional'nye repressii v SSSR, 2919-1952 gody, vols. 1-3 (ed. S. Alleva: Moscou 1993).
W. Taubman, *Khrushchev. The Man and His Era* (Londres, 2003).
N. S. Timasheff, *The Great Retreat* (Londres, 1946).
V. Topolyansky, 'The Cheynes-Stokes Draught', *New Times*, abril de 2003.
V. Tsypin, *Istoriya Russkoi pravoslavnoi tserkvi, 1917-1990* (Moscou, 1994).
R. C. Tucker, *Stalin in Power. The Revolution from Above, 1928-1941* (Londres, 1990).
R. C. Tucker, *Stalin as Revolutionary, 1879-1929: A Study in History and Personality* (Londres, 1974).
N. Tumarkin, *Lenin Lives! The Lenin Cult in Soviet Russia*, (Londres, 1997).
L. Vasil'eva, *Deti Kremlya* (Moscou, 2001).
L. Vasil'eva, *Kremlmkie zhmy* (Moscou, 1994).
L. Viola, *Peasant Rebels under Stalin: Collectivisation and the Culture of Peasant Resistance* (Oxford, 1996).
D. Volkogonov, *Sem' vozhdei. Galereya vozhdei*, vol. 1 (Moscou, 1995).
D. Volkogonov, *Triumf i tragediya. Politicheskii portret I. V. Stalina* (Moscou, 1989).
O. Volobuev e S. Kuleshov, *Ochishchenie. Istoriya i perestroika. Publitsistiches kie zametki* (Moscou, 1989).
D. Watson, *Molotov and Soviet Government. Sovnarkom, 1930-1941* (Londres, 1941).
D. Watson, 'The Politburo and Foreign Policy in the 1930s' em E. A. Rees (ed.), *The Nature of Stalin's Dictatorship. The Politburo, 1924-1953* (Moscou, 2004).

D. C. Watt, *How War Came: The Immediare Origins of the Second World War, 1938-1939* (Londres, 1989).

K. Weller, *'Don't Be A Soldier!': The Radical Anti-War Movement in North Londres, 1914-1918* (Londres, 1985).

S. G. Wheatcroft, 'From Team-Stalin to Degenerate Tyranny' em E. A. Rees (ed.), *The Nature of Stalin's Dictatorship. The Politburo, 2924-1953* (Londres, 2004).

S. G. Wheatcroft e R. W. Davies, 'Agriculture' em R. W. Davies, M. Harrison e S. G. Wheatcroft, *The Economic Transformation of the Soviet Union, 1913-1945* (Cambridge, 1994).

S. G. Wheatcroft e R. W. Davies, 'Population' em R. W. Davies, M. Harrison, S. G. Wheatcroft, *The Economic Transformation of the Soviet Union, 1913-1945* (Cambridge, 1994).

V. Zemskov, 'Prinuditel'nye migratsii iz Pribaltiki v 1940-1950 gg.', *Otechestven nye arkhivy*, nº 1 (1993).

A. Zimin, *U istolwv stalinizma, 1918-1923* (Paris, 1984).

Ye. Zubkova, 'Obshchestvennaya atmosfera posle voiny (1945-1946)', *Svobodnaya mysl'*, nº 6 (1992).

Ye. Zubkova, *Obshchestvo i reformy, 1945-1964* (Moscou, 1993).

V. Zubok e C. Pleshakov, *Inside the Kremlin's Cold War: From Stalin to Khrushchev* (Cambridge, Mass., 1996).

Índice

A

Abalrumov, Viktor, 603
Abashidze (inspetor do seminário), 56, 64
Abecásia, 245-246
Abecásia, 245-246, 340, 347-348, 384
Academia Industrial, Moscou, 283-284, 342, 344
Achinsk, 145-146, 148-150
Adelkhanov, Emile, 39, 45, 98
adquire, 581, 630
agricultura: política de Lenin para, 74-75, 89, 162, 165, 273, 287, 364; política de Stalin para, 291-293, 306-309, 320-322; aumento da produção no Segundo Plano Quinquenal, 374; na guerra, 487; *ver também* camponeses
Akhmatova, Anna, 358, 360, 498, 509, 569
Albânia, 584, 586, 589
alemães (étnicos): assassinados no Grande Terror, 410
Alemanha: política soviética no pós--guerra, 124-125; na Primeira Guerra Mundial, 138; permite que Lenin regresse à Rússia, 156; ultimato de paz à Rússia, 196-198; Lenin planeja intervir na, 214, 217, 219, 223; Lenin prefere entender-se com, 231-232, 458; cooperação militar com a União Soviética, 231-232, 469; influência de Kautski na, 233; desenvolvimento econômico, 304;
Alexandra, imperatriz de Nicolau II, 148
Alexandre I, tsar, 485
Alexandrov, Alexander, 509
Alexeev, general Mikhail, 202-203
Alexei, tsarevich, 148
alfabetização e aritmética: aumento, 318, 339
Alikhanov, general, 207
Alliluev, família: Stalin e Sverdlov se hospedam depois de escapar, 115; e o exílio de Stalin na Sibéria; 132; Lenin e Stalin se mudam com, 167-168; e casamento de Stalin com Nadya, 205; sobre vingatividade de Stalin, 336; relações com Stalin depois da morte de Nadya, 347

Alliluev, Fëdor (Fedya; irmão de Nadya), 152, 183, 186, 200, 276-277, 279, 624

Alliluev, Pavel (irmão de Nadya), 152, 341, 502; morte, 624

Alliluev, Sergei (pai de Nadya): Stalin conhece em São Petersburgo, 95; preso, 99; e o exílio de Stalin na Sibéria, 139-140; e volta de Stalin do exílio, 150-151; hospeda-se em Zubalovo, 346; e prisão de Redens, 500: morte, 623; memórias de Stalin, 623

Alliluev, Vladimir (sobrinho de Stalin), 279

Allilueva, Anna (irmã de Nadya): detida em Lubyanka, 28; atraída por Stalin, 152, 167; e a disposição de Stalin para a revolução, 181; casa-se com Redens, 210; e pertences de Nadya após o suicídio, 344-345; conta a Svetlana sobre o suicídio da mãe, 498; marido é preso, 500; memórias de Stalin, 623; presa e condenada, 623-624

Allilueva, Kira (filha de Alexander e Yevgenia), 342, 503-504

Allilueva, Nadejda (segunda mulher de Stalin; Nadya): problemas mentais, 31, 205, 279, 283, 241; e o exílio de Stalin na Siberia, 138-139; Stalin conhece ao voltar do exílio, 152; atraída por Stalin, 167; e estadia de Stalin na sua casa, 169; trabalha como secretária de Stalin, 187; acompanha em missão para obtenção de grãos, 200; casa-se com Stalin, 205, 275; aparência e caráter, 205; ambições profissionais, 276, 279; relações matrimoniais, 276, 279, 283-286, 340-343; filhos e vida doméstica, 277-278, 280-281, 284, 497; excluída do partido, 280; temperamento, 45-53; trabalha para Lenin, 280; flerte e romances de Stalin, 283-284; estuda na Academia Industrial, 283-285, 341; visita de Bukharin, 336; problemas de saúde, 341-342; viagem à Alemanha para tratamento, 341; suicídio e funeral, 343-344, 398, 403, 422, 624; cartas de Stalin, 393-394; afazeres domésticos, 623

Allilueva, Olga (mãe de Nadya): e exílio de Stalin na Sibéria, 139-140; Stalin visita ao voltar do exílio, 152; cuida de Stalin no esconderijo, 167-168; e vida familiar de Nadya, 277; depressão e morte, 624

Allilueva, Svetlana (filha de Stalin): e criação do pai, 40; nascimento, 284; e suicídio da mãe, 345, 498; anda de metrô, 388; escreve suas memórias, 387-388; relações com o pai, 497-498, 503, 549, 595, 624; criação, 497; romances, 498-499, 647; casamento com Morozov, 500, 595; congratula Stalin pela vitória sobre a Alemanha, 549; *datcha*, 595, 651; casamento com Yuri Jdanov, 595; na festa de 73 anos de Stalin, 661; derrame e morte de Stalin, 664, 666; muda nome após morte de Stalin, 674

Allilueva, Yevgenia (esposa de Pavel), 341, 502-503, 624

Andreev, Andrei, 343, 411, 435
antissemitismo, 515, 585, 592-593, 647, 656-657; *ver também* judeus
Antonov, general Alexei, 507
Arcos (empresa comercial), 296
Armas nucleares *ver* bomba atômica
Armênia: subjugada, 215; como república soviética, 235, 239, 245; disputa fronteiriça, 240
ateísmo, 305
Attlee, Clement: substitui Churchill como primeiro-ministro, 546, 583; Stalin não se impressiona com, 551; política de coexistência, 573, 583; não interferência no Leste Europeu, 584; criticado na USSR, 628; protesta por potenciais armas nucleares dos EUA na Coreia, 636
Auschwitz, 543
Áustria: Alemanha anexa, 455; ocupação no pós-guerra, 584
Axelrod, Pavel, 74, 88-89, 91
Azerbaijão: subjugado, 215; como república soviética, 235-236, 240, 244; disputas fronteiriças, 240; apaziguamento bolchevique do, 246; líderes deportados (1926), 305

B

Bábel, Isaac, 360
bacia do Don: tomada pelos alemães, 490
Bacon, Arthur, 92
Badaev, Alexander 118, 139
Bagashvili, Spartak, 655
Baibakov, Nikolai, 505, 522
Baikalov, Anatoli, 146-147
Bajanov, Boris, 271
Bakinski rabochi (jornal), 105
Baku: marxismo em, 25-28; ódios étnicos em, 83; Stalin em, 94, 104; rivalidade mencheviques-bolcheviques em, 103
Barbusse, Henri, 420
Barrio, Diego, 448
basquires, 223, 235, 241
Batalha de Kursk (1943), 506-508
Batumi, 72-74, 76
Bauer, Otto, 117, 125
Bauman, Nikolai, 335
Beaverbrook, William Maxwell Aitken, primeiro barão, 528
Bedny, Demyan, 354, 379
Beneš, Eduard, 587, 589
Berdzenishvili, V., 66
Beria, Lavrenti: crueldade, 332, 429; visita Stalin no mar Negro, 348-349; publica artigo sobre bolcheviques no Transcáucaso, 419; carreira, 59-61; chefia o NKVD, 427-429; associação com Stalin, 435; informa sobre sucesso econômico do gulag, 435; e o Pacto Nazi-soviético (1939), 464; ações na Polônia, 466; na invasão alemã da URSS, 474; na direção da guerra, 478-480; medidas repressivas durante a guerra, 483; e as mulheres, 498, 502; arma confusão na Stavka, 541; chefia programa de pesquisa atômica soviético, 567, 581, 603; sobre efeito contraproducente da repressão, 568; Stalin entretém, 597, 662; status e poder, 607; investiga morte de Jdanov, 609-610; favorável às reformas do

pós-guerra, 613; recusa-se a usar gravata, 652; Stalin se volta contra, 655-665; Stalin suspeita de conspiração, 657; no XIX Congresso do Partido, 657-659; teme denúncia de Stalin, 659; executado, 663, 674; e derrame de Stalin, 663; na morte de Stalin, 666; posição após a morte de Stalin, 667, 673-674; suspeito de assassinar Stalin, 668, eulogia no funeral de Stalin, 670; reformas após morte de Stalin, 672; recolhe fitas gravadas das instruções de Stalin às agências de segurança, 674; preso (1953), 674

Beria, Nina, 499-500, 655, 670

Beria, Sergo: sobre a mãe de Stalin, 38; relações com Svetlana, 498-499, 595; sobre a conferência de Teerã, 533; aprende a voar, 667

Berlim: Stalin visita, 102; conquista de, 543-544; zonas de ocupação, 579; bloqueio e ponte aérea (1948-9), 579-580

Berman, Jakub, 593, 599

Berzins, R., 221

Bielorrússia: e autonomização, 236; estabelecida como Estado soviético, 239; nacionalidade, 243-244, 387; Alemanha invade, 481; resistência ao governo soviético em, 556, 565

Bierut, Bolesław, 585, 588, 593, 626

Birobidjan, 656

Blum, Léon, 453

Bobrovski, Vladimir, 123

Bogdanov, Alexander, 67, 88, 109, 120, 123; *Curso breve de ciência econômica*, 68

bolcheviques: formados por cisão do partido, 78; na Geórgia, 82-86; compromisso de Stalin com, 82, 85, 88-89, 121-124, 174, 209; diferenças com mencheviques, 87-89, 92, 104, 130, 154, 161-162; financiamento por meios criminosos, 101-103; idealizam a revolução, 104; obtém assentos na Quarta Duma, 115, 116; ameaça ao governo imperial, 132; se opõem a participar na Primeira Guerra Mundial, 138; conflito com governo provisório, 151, 161, 179-182; e a questão nacional, 153, 164-165, 189-190; discutem a tomada revolucionária do poder em abril de 1917, 155; doutrina revolucionária, 156-157, 164; tentativa de suspender demonstração de protesto (julho de 1917), 167; na Conferência do Estado Democrático (1917), 172-173; controlam sovietes de Petrogrado e Moscou, 171-172, 174; política não formulada, 187; compromisso com o centralismo, 189, 194; emprego do terror, 194-195, 405; atacados por exércitos cossacos, 202; oposição interna, 227; teme a contrarrevolução, 263; faccionalismo e ineficiência, 290; impopularidade, 289; número de membros, 291, 305; e economia dirigida pelo Estado, 312; e "revolução cultural", 353; e repressão política, 396; e crise do capitalismo, 444;

Boletim da Oposição (Trotski), 334, 370, 456

bomba atômica: EUA desenvolvem e usam, 545-546; USSR planeja criar, 553, 564, 566-567, 572, 573; URSS
borotbistas, 338
Brdzola (jornal marxista): 71-73
Brdzola Proletária (revista), 71, 73-74
Brejnev, Leonid, 676, 678
Brigadas Internacionais (Espanha), 454
Brooke, general Alan (mais tarde visconde Alan Brooke), 537
Brusilov, general Alexei, 145, 148
bruxaria, 363
Bryukhanov, N. P., 331
Bubnov, Andrei, 420
Budënny, Semën, 221, 268, 282, 376, 478, 522, 524
Bukharin, Nikolai: caráter, 24; pensador, 120; status e fama, 186; rejeita violência gratuita, 195; na Guerra Civil, 202; e o controle da Cheka, 209; considera formar governo sem Lenin, 224; tenta conciliar crise sindical, 226; problemas de saúde, 229; Lenin pede veneno a, 233; e a questão nacional, 249; no testamento de Lenin, 250; Zinoviev conhece, 257; indicado para o Orgburo, 258; no funeral de Lenin, 263; ataca Stalin, 270, 370; política camponesa, 273, 287, 306-307, 308-309; promovido ao Politburo, 322; apoia Stalin contra Zinoviev e Kamenev, 272, 287-289; apoia a NEP, 287, 293, 309, 315; escreve sobre o leninismo, 181; hostil a Trotski, 294; Stalin reclama de 294-295; derrota a Oposição Unida, 296, 298; reformas econômicas, 302-303; relação com Stalin, 307; e política exterior de Stalin 310-311; e eliminação do mercado na economia, 312; Stalin acusa de Desvio de Direita, 315, 319; expulso do Politburo, 315; na oposição, 269; Stalin considera uma ameaça, 328, 330-331; expulso do Comitê Executivo do Comintern, 332; pede para se reconciliar com Stalin, 336; e a cultura, 354; espera voltar ao poder, 370; contribui para nova Constituição (1935-6), 374; espera mudanças na liderança, 377; campanha contra, 404-405, 408, 414, 416; julgado e condenado, 414, 436, 488; e revolução socialista mundial, 439; sobre Hitler como uma ameaça, 445; rogo final a Stalin, 675; "Notas de um economista", 309-310
Bulgakov, Mikhail: declínio e morte, 360; *Os dias dos Turbin*, 356; *O mestre e Margarida*, 358.
Bulganin, marechal Nikolai: e as mulheres, 502; membro do Politburo, 608; barba, 652; Stalin suspeita de conspiração, 657; no Presidium, 659; teme o desfavor de Stalin, 659; Stalin entretém, 662; e derrame de Stalin, 664
Bulgária: exigências soviéticas à, 469; no Bloco do Leste, 584; monarquia deposta, 586; domínio comunista em, 589
Bund judaico, 75-76, 78, 125, 129-130

C

cadetes *ver* Partido Constitucional Democrático

camponeses: política de Lenin para, 74-75, 89, 162, 265, 273, 287; revolta na Rússia Imperial, 79-80; e as reformas de Stolypin, 95; exigências ao Governo Provisório, 163; na Guerra Civil, 207, 214; e a entrega forçada de grãos, 227, 308, 315; estoque de grãos, 259, 301-302, 308; política conciliatória de Bukharin para, 272-273, 287; e a NEP, 287, 289; política de Stalin para, 301-302, 306-309, 320-321; incorporados à força de trabalho industrial, 314; em cargos administrativos, 318; revoltas e resistência, 320, 364, 370; ódio do sistema agrícola soviético, 338; comércio, 364; punidos, 365; famintos, 366-367; ódio de Stalin, 380, 387, 425, 559; desertam na guerra, 483; comércio na guerra, 509; *ver também* coletivização; *kulaks*

campos de concentração, 316-317; *ver também gulag*

campos de trabalho, 317, 338, 435; *ver também gulag*

caso da Academia de Ciências, 319

Caso de Leningrado (1948), 610-613, 660

Catarina II (a Grande): imperatriz da Rússia, 388

Cáucaso: problemas étnicos e nacionais em, 241-246; escassez de grãos no, 302; fome, 325, 364

Cazaquistão: fome no, 325, 364; suposto genocídio no, 382-384; reformas agrícolas no, 674

"Centenas Negras", 263

Centralistas Democráticos, 226, 304

Centro Trotskista Antissoviético, 376, 407

Charkviani, Kote, 42

Chavchavadze, Ilya, 60-61, 63

Chayanov, Alexander, 317

Cheka (Comissão Extraordinária de Toda a Rússia para o Combate da Contrarrevolução, da Especulação e da Sabotagem): formação, 194-195; controle da; 209

Chernov, Viktor, 70, 167

Chervenkov, Valko, 589

Chiang Kai-shek, 296-297, 454, 545, 547, 581, 630-631

Chiaureli, Mikhail, 621

Chicherin, Georgi, 341, 440

Chichinadze, Zakaria, 60, 62

Chikobava, Arnold, 643

China: relações soviéticas com, 296-297; Japão invade, 454; e entrada soviética na guerra contra o Japão, 545-546; comunistas tomam o poder na, 581, 628-629; tratado com a URSS (1945), 582; dependência econômica da URSS, 629; rival da URSS, 630-631; intervenção na Guerra da Coreia, 632-636; guerra em potencial com os EUA, 633; rixa com Kruschev, 676; reputação póstuma de Stalin na, 679

Chkheidze, Nikolai, 139, 156

Chkhenkeli, Akaki, 59

Chukovski, Komei, 424-425

Churchill, (sir) Winston: adverte Stalin sobre invasão alemã da URSS, 476; condena atrocidades nazistas, 488; Stalin entretém, 504-505; encontra Stalin em Teerã, 511; faz transmissão radiofônica, 519; opinião sobre Stalin, 521; oferece assistência à URSS durante a guerra, 528-529; viagens durante a guerra, 529; relação com Stalin, 530-533, 535-537; "acordo de porcentagens" com Stalin em Moscou (1944), 533-534; e acordos da Europa no pós-guerra, 535-536; na Conferência de Yalta, 535-537; e inação soviética no Levante de Varsóvia, 542; e possível captura de Berlim, 544; na Conferência de Potsdam, 546; perde eleição de 1945 e o cargo, 546; consideração de Stalin por, 551, 559; Stalin acusa de ser ressentido, 559; discurso da "cortina de ferro" em Fulton, 575, 590; compromissos com Stalin, 583; discursos reproduzidos em Moscou, 598, 607; envia condolências na morte de Stalin, 670

ciência: controlada por Stalin, 360-361

cinema: interesse de Stalin no, 358, 638

coletivização: mortes camponesas com, 23, 403; Stalin introduz, 301, 307, 309, 315-316, 319, 321-322, 570; e fornecimento de tratores, 308; disseminação da, 313; porcentagem de domicílios na, 321; dos cossacos, 355; resistência à, 364; dos cazaques e ucranianos, 382-384; pós-guerra no Leste Europeu, 590

Comando Supremo *ver* Stavka

comboios no Ártico, 530

Comecon (Conselho para a Assistência Econômica Mútua): criado, 590

Cominform (Escritório de Informações): I Conferência (1947), 578-579, 587-588; hostilidade à, 580; II Conferência (1948), 589

Comintern (Internacional Comunista): criado, 214; e proposta de insurreição alemã, 232, 444; na Ásia, 246; expansão, 290; e a China, 296-297; VI Congresso (julho de 1928), 310; e política de Stalin para a Europa, 310-311, 440, 443-444; Stalin domina, 332-331; Dimitrov nomeado chefe do Comitê Executivo, 440, 453; campanha contra "direitismo", 444; e a ameaça alemã, 446; Stalin critica centralização, 446-447; e a Guerra Civil Espanhola, 448-449; expurgado, 453; e Partido Comunista chinês, 454-455; debilidade, 460-461, 470; dissolvido, 471, 511-512, 515, 584-585

Comissão Central de Controle: organização e composição, 255; Stalin controla, 329

Comissariado do Povo para a Educação, 228, 354

Comissariado do Povo para Assuntos das Nacionalidades: Stalin chefia, 183, 186-191, 199, 212, 230; escritórios e organização, 186-187; seção judaica, 193; e estrutura da União Soviética, 238

Comissariado do Povo para Relações Exteriores, 440, 457, 458-459, 464

Comitê Central: Stalin eleito para, 166, 174; expandido, 173; Zinoviev tenta voltar ao, 172; e exigências revolucionárias de Lenin, 173, 175-176, 179, 182; reuniões anteriores à Revolução de Outubro, 181; relutância em negociar a paz por separado na Primeira Guerra Mundial, 196-199; Lenin tenta controlar, 228-229; desacordos no, 231; reorganização e composição, 256, 258-259; reuniões conjuntas com a Comissão Central de Controle, 329; plenária sanciona ataque a Bukharin, 404, 408; Departamento Internacional, 584; e sucessão de Stalin, 667

Comitê Estatal de Defesa: proposto, 479; poderes, 482; Stalin no, 506, 516

Comitê Judeu Antifascista, 656

comunismo de guerra, 228, 309

comunismo: debilidade fora da URSS, 460-461; como movimento mundial, 470-471, 513; difusão no pós--guerra, 573; nos países do Leste Europeu, 584-586

Conferência de Potsdam (1945), 546-547, 578, 583

Conferência de Praga (1912), 162

Conferência de Tampere (Finlândia, 1905), 86, 112

Conferência de Teerã (1943), 501, 511, 526, 529, 531-534, 583

Conferência de Yalta (1945), 501, 526, 529, 531, 535, 537, 546, 576, 583

Conferência do Estado Democrático (1917), 172-173

Conferências: VII do Partido (1917), 164-165; IX do Partido (1920), 223-224, 264, 292; XIII do Partido (1924), 260, 272

Congresso de Escritores, I (1934), 354

Congresso dos Povos do Terek (1920), 242

Congresso dos Sovietes: II (1917), 179, 180, 182, 184; III (1918), 191

Congresso Nacional indiano, 401

Congressos: VI do Partido (1917), 170; VIII do Partido (1919), 225; X do Partido (1921), 227-228, 242-243; XI do Partido (1922), 230; XII do Partido (1923), 255; XIII do Partido (1924), 266; XIV do Partido (1925), 287-288, 305; XV do Partido (1927), 298; XVI do Partido (1930), 420; XVII do Partido (1934), 351-352, 368-371, 422, 424-425; XVIII do Partido (1939), 420, 436, 444, 641; XIX do Partido (1952), 625, 644, 657; XX do Partido (1956), 675; XXII do Partido (1961), 676

Conquest, Robert, 31-32

Conselho de Ministros (antigo Sovnarkom), 601, 604

Conselho dos Comissários do Povo *ver* Sovnarkom

Conselho Revolucionário-Militar, 211-212, 222

cossacos: na Guerra Civil, 202, 207; hostilidade de Stalin aos, 207, 242; no Cáucaso, 241-242, 452; coletivização, 355

Cracóvia, 114-117

Crimeia: em Guerra com a Alemanha, 490

"crise das tesouras", 259, 303-304

cultura: atitude e interesse de Stalin por, 352-362

"curadoria", 601
Curzon, George Nathaniel, marquês de, 216, 218, 183
Curzon, Linha, 216, 533

D

Darien (Dalni), 642
Dashnaks, 338
datcha de Blijnyaya, 479, 500, 505, 570, 596-597, 652, 660, 661-662, 666, 673
Davitashvili, M., 54, 66
Davrishevi, Damian, 38, 39, 48, 101
Davrishevi, Joseph, 39, 48-49, 52, 54, 58, 101-102, 121, 189
Davydov (agente da polícia georgiana), 101-102
Deborin, Abram, 319-320
democracias populares: no Leste Europeu, 591-592
Denikin, general Anton, 214, 222
Departamento de Agitação e Propaganda (Comitê Central), 228
Departamento de Agitprop (Secretariado), 271, 354
Desvio de Direita, 315, 319, 329, 416, 445
Deutscher, Isaac, 24
Dimitrov, Georgi: adula Stalin, 389; Stalin nomeia chefe do Comitê Executivo do Comintern, 440, 453; e a ameaça nazista, 445-446; e a política externa de Stalin, 446-447, 512; e o tratamento dos partidos comunistas estrangeiros, 453, 470, 584; e a abolição do Comintern, 511, 584; como primeiro-ministro da Bulgária, 589; e subestimação da China por Stalin, 630-631

Diomidis, Alexandros, 635
Diretório Russo do Comitê Central: diferenças no, 151-153; Stalin admitido no, 151-154; dá as boas-vindas à volta de Lenin, 156
distrito de Turukhansk, Sibéria, 132-135, 140, 145, 267
Djibladze, Silva, 59, 102
Djilas, Milovan, 544
Djughashvili, Besarion (Vissarion, pai de Stalin): e nascimento e infância de Stalin, 34-36; violência, 38-41; e escolarização de Stalin, 45; morte, 47, 98; atitude de Stalin com, 47, 97
Djughashvili, Ketevan (Geladze quando solteira; mãe de Stalin; "Keke"): e o nascimento de Stalin, 34-35; matrimônio, 37, 40; caráter e suposta prodigalidade, 39; e criação e educação de Stalin, 41-43, 45-47; trabalha como costureira, 48; ligação de Stalin com, 53; separação de Stalin de, 97; recusa-se a se mudar para Moscou, 277; Stalin visita, 277; mencionada no *Pravda*, 422
Djughashvili, Ketevan (Svanidze quando solteira; primeira esposa de Stalin): Stalin corteja e desposa, 89-90; nascimento do filho, 90; morte, 96, 403
Djughashvili, Yakob (filho de Stalin e Ketevan): nascimento, 90; criado pelos parentes maternos quando a mãe morre, 278; Stalin se separa de, 118; Stalin visita na juventude, 278; vida doméstica com Stalin e Nadya, 280-281; tentativa de suicídio, 340, 345; prisioneiro de guerra, 496; fuzilado pelos alemães, 595-596

Djugheli, Severian, 59
Dolgoruki, príncipe Yuri, 569
Dostoievski, Fiodor, 357
Dubrovinski, Innokenti, 136
Duclos, Jacques, 589
dukhobors (seita religiosa), 36
Duma (Estatal): proposta, 86; contingente socialista na, 95; mencheviques exploram, 103-104; IV, 115-117, 148; dispersada (fevereiro de 1917), 148
Dzeradze, Mikhail, 500, 596
Dzierżyński, Felix: Stalin ataca pela questão nacional, 165; emprega métodos de terrorismo de Estado, 195, 199; coautor de relatório com Stalin sobre instituições do partido e estatais, 210; no testamento de Lenin, 252; e declínio da saúde de Lenin, 260-261; no funeral de Lenin, 263; como chefe da GPU, 263; e ameaça de partidos rivais, 263; relação com Stalin, 274; e a vingatividade de Stalin, 275

E

Eastman, Max, 326
Eden, Anthony, 533, 534
Édito de Emancipação (1861), 74
Egnatashvili, Yakob, 38-39
Ehrenburg, Ilya, 619
Eisenhower, general Dwight D., 539, 543, 603
Eisenstein, Sergei, 358
Eismont, Nikolai, 335, 337, 370

El-Registan, Garold, 509
Empréstimo e Arrendamento, 489, 513, 530, 574
Engels, Friedrich, 120, 460, 648
Enukidze, Abel, 74, 278, 343-344, 380, 413, 502
Eristavi, conde Raphael, 62
Escritório Caucasiano, 246
Eshba, Yefrem, 246-247
Eslováquia: reparações à URSS, 484, 512
Espanha: eurocomunismo na, 679
especialistas: hostilidade de Stalin aos, 203, 293, 301, 318; julgados, 307-308; e o movimento stakhanovista, 372-373; Ordjonikidze protege, 373
Estados Bálticos: resistem ao expansionismo soviético, 215-216, 230; URSS ocupa, 466-469, 488; e avanço soviético, 540; resistência armada nos, 556, 565, 615; dissidentes enviados ao *gulag*, 571; *ver também* Estônia; Letônia; Lituânia
Estados Unidos da América: desenvolvimento econômico, 304; política externa, 441; reconhecimento diplomático da URSS, 445; Stalin estimula relações comerciais com, 445; fornecimento à URSS na guerra, 489, 513, 530; relações com aliados na guerra, 528-529; desenvolve a bomba atômica, 545; poder e influência no pós-guerra, 555, 574, 582-583; Stalin suspeita de hostilidade no pós-guerra, 558-559; Stalin busca empréstimo de, 566; política de contenção com a URSS, 575; e a Guerra Fria, 582; hostilidade soviética aos, 628; e a

Guerra da Coreia, 632-636; visão de Stalin sobre a economia política nos, 646; relações com a URSS pós--Stalin, 674
Estocolmo: visita de Stalin (1905), 87-88
Estônia: agitação revolucionária na, 187; resiste ao expansionismo soviético, 215; como república soviética, 240, 405; reclama a independência, 244; Stalin exige e ocupa, 466-469; alemães conquistam, 482; reanexada pela URSS, 514, 564-565, 591; objetivos de Stalin no pós-guerra para, 541; resistência armada na, 556, 565; deportações da, 564; *ver também* Estados Bálticos
Etiópia, 455
Europa: negociação de acordo no pós--guerra, 533-534, 537, 546, 555; leste controlado pelos soviéticos, 550, 553, 564, 576-579, 584-588, 591-594; Plano Marshall para, 576-580; política econômica no leste, 590; independência nacional no leste, 590-591; efeito das denúncias de Kruschev contra Stalin no leste, 672
Exército Vermelho: início, 198; na Guerra Civil, 207-208; derrota em Perm, 210; Lenin propõe para ações na Europa, 214; triunfa na Guerra Civil, 214; e a estratégia europeia de Lenin, 217; em guerra com a Polônia (1920), 218-221, 223-224; exerce controle sobre regiões periféricas, 239; conquista a Geórgia (1921), 244; poderes, 305; e o desenvolvimento econômico, 307; ameaça de julgamento de comandantes, 318; reprime revolta camponesa, 320; ódio da coletivização, 337; campanha contra a religião, 353; colaboração com o Exército alemão, 445; reforçado do Extremo Oriente, 445, 455; e a ameaça nazista, 447; e a Guerra Civil Espanhola, 448; enfrenta os japoneses, 455; Stalin dirige-se ao (1941), 471; recupera-se do primeiro ataque alemão, 480; prisioneiros de guerra, 482, 496, 515-516, 565; alistamento na guerra, 482; política de terra arrasada, 484, 554; estratégia contra os alemães, 486, 492-493, 506-507; baixas em Stalingrado, 494; vitória em Kursk, 508; avanço ao oeste contra os alemães, 508; apelo na Europa do centro-leste, 514; o os aliados ocidentais, 536; ofensiva final, 539-540; inatividade no Levante de Varsóvia, 541; comportamento descontrolado no avanço pela Europa, 543; experiência da civilização europeia, 556-557; ocupação do Leste Europeu, 585, 591, renomeado Exército Soviético, 603; Stalin vê como uma ameaça, 603-604
Exército Voluntário (russos brancos), 202

F

fábrica de sapatos de Adelkhanov, Tbilisi, 45-46
Fadeev, Alexander, 361, 515, 619; *A jovem guarda*, 619
família Djughashvili, 31

família Pereprygin, 137, 146
família Zubalov, 102
fascismo, 457
Federação Transcaucasiana, 235-236, 237, 240, 245, 249
Finlândia: hostil à Rússia, 165; autogoverno proposto para, 167; separa-se da Rússia (1918), 188-189; como invasora em potencial da URSS, 239, 291; guerra soviética com (1939-40), 466-467, 470
fomes, 322, 325, 364-365, 367, 570
Fotieva, Lidia, 252-253
França: Politburo considera uma ameaça, 239; atitude com relação à URSS, 290-291, 304; Stalin ronda, 447; neutralidade na Guerra Civil Espanhola, 448; relações com a URSS antes da guerra, 464; alemães derrotam (1940), 469, 476; Stalin preocupado com, 635
Francisco Ferdinando, arquiduque da Áustria, 138
Franco, general Francisco, 406, 448-449, 450, 574
Frente Unida, 454
frentes populares, 446-448, 464
Fried, Eugen, 333

G

Galperin, Lev, 74
Gandhi, Mohandas Karamchand (Mahatma), 401
Gegechkori, Yevgeni, 655
Gêngis Khan, 679
Geórgia: sob o controle russo, 35-36: vida social, 36-37; tradições e cultura, 49-50, 384; marxismo na, 59-60, 63, 67-71, 74-75, 79; agitação na, 59-60, 94; camponeses na, 74-75, 85; nacionalismo na, 79, 82, 102, 113, 124-125, 255; diferenças bolchevique-menchevique na, 82-85, 103, 247; preocupação de Stalin com, 108, 113; em "O marxismo e a questão nacional", de Stalin, 124-125; e a união federal, 189; como república soviética, 235, 239, 244; disputas fronteiriças, 240; conquistada pelo Exército Vermelho (1921), 244; problemas étnicos na, 245; e a Abecásia, 246-247, 384; Stalin revisita (1921), 245; insurreição (1924), 304; e sentimentos nacionais de Stalin na década de 1930, 384-385; repressão na, 385; disputas sangrentas e vinganças na, 398, 402; vinhos, 654; reputação de Stalin na, 679
Germogen (reitor do Seminário Teológico de Tíflis), 56, 57, 60, 63
Getty, J. Arch, 27, 32
Gheorghiu-Dej, Gheorghe, 626
Gio, Artëm, 99
Glavlit, 618
Glurjidze, Grigol, 500
Goebbels, Josef, 423, 520
Gogebashvili, Yakob, 61, 63, 112
Golovanov, general, A. E., 522-523
Gomułka, Władysław, 589, 592, 593
Gorbachev, Mikhail, 26, 677-678
Gorbatov, Boru, 639
Gori, Georgia, 34-37, 39-40, 42, 268
Górki, Maksim, 113, 169, 354-355
Gosplan (Comitê Estatal de Planejamento): criação, 302, 312; controla

a economia, 308, 314; sob pressão de Stalin, 372; sucesso, 444

Gottwald, Klement, 577, 587, 589

Governo Provisório (russo): formação (1917), 149; oposição do diretório russo ao, 151; Lenin exige derrubada do, 153, 163-164, 182; governo e reformas, 161-163, 173; e conduta na Primeira Guerra Mundial, 162; rompimento, 167; impopularidade, 174, 176; conflito com os bolcheviques, 179-181

GPU (antiga Cheka): na sucessão para Lenin, 251-252; dependência dos bolcheviques da, 263-264; *ver também* NKVD

Grã-Bretanha: chamada à negociação na guerra soviética com a Polônia em 1920, 216; Politburo vê como ameaça, 239; corta relações com a URSS (1927), 296, 304; neutralidade na Guerra Civil Espanhola, 448; distância da URSS antes da guerra, 463-464; e a ameaça de invasão alemã (1940), 468, 476-477; enfrenta a Alemanha, 485; opinião de Stalin no pós-guerra, 551, 557-559; abandona tratado com o Sovnarkom (1921), 573; declínio no pós-guerra, 574-575; relutância em lutar com a URSS, 578

Grande Terror: e o despotismo de Stalin, 23, 26, 29, 33, 377, 397, 431, 434-435, 613, 683; questionamento da responsabilidade de Stalin no, 28, 429; e suposto trabalho de Stalin para a Okhrana, 98-99; anunciado na Guerra Civil, 213; participação de Kruschev no, 332; impacto nos intelectuais, 358-259; e valores bolcheviques, 396-397; sancionado e praticado, 404-415; termina, 427, 436; Kruschev denuncia, 455; efeitos, 488

grãos: escassez pós-Revolução, 200-203; e obtenção, 227, 301-304, 306-307, 314, 315, 316, 322, 364; e acumulação pelos camponeses, 259, 301-302, 308; e a política econômica de Stalin, 301; preços, 303, 308; exportações, 322, 365; cotas, 365-366

Grécia: inquietação no pós-guerra na, 574, 635; comunismo na, 588

Grek, Mitka, 106

Gromyko, Andrei, 677

Groza, Petru, 587

Guchkov, Alexander, 95, 148

Guerra Civil (1918-19), 202-203, 210, 212, 220-222, 394-395

Guerra Civil Espanhola, 406, 448-451, 453, 456

Guerra da Coreia (1950-53), 614, 631-637, 674-675

Guerra Fria: início, 575-576, 582; se intensifica, 587; provoca problemas orçamentários, 612

Guerra Russo-Japonesa (1904-5), 80, 81

gulag: ampliado, 313, 325, 404; trotskistas enviados para, 372; russos étnicos evitam, 381-382; condições no, 415; efeitos econômicos do, 568; intransigência no, 571; produção mineral, 604; prisioneiros de guerra no, 610

Gumilëv, Lev, 509

Gumilëv, Nikolai, 509

H

Harbin: Grande Terror em, 410
Harriman, Averell, 521, 528, 548
Hervieu, madame (costureira de Tbilisi), 90
Herzen, Alexander: *Filosofia geral da alma*, 68
Hingley, Ronald, 28
Hirohito, imperador do Japão, 547
Hiroshima, 547-548
Hitler, Adolf: política para os judeus, 105; torna-se chanceler, 373; Stalin admira sua brutalidade, 397; repressões, 412; culto de, 423, 520; chegada ao poder, 444-445; intervém na Guerra Civil Espanhola, 448; como ameaça, 456; oposição comunista a, 457; Stalin considera ter feito acordo com, 459-460; e pacto de não agressão com a URSS (1939), 462-465; opinião de Stalin sobre, 465, 551; concede os Estados Bálticos a Stalin, 466; Stalin apazigua, 469; agressividade, 472; planos de atacar a URSS, 472-473; invade a URSS, 474-475; êxitos iniciais da Alemanha na URSS, 481-482, 484; despreza os eslavos, 483, 487-488; política de ocupação na URSS, 487-488; e o isolamento alemão da URSS, 489; ordena ofensiva contra Stalingrado, 489-495; e a derrota em Stalingrado, 494; e prisão de Yakov, filho de Stalin, 496; interfere na condução da campanha russa, 506; rivalidade de Stalin com, 517; e o avanço soviético, 539; conserva o apoio do Exército, 542; suicídio, 545, 551; restos removidos para Moscou, 551; Stalin comparado com, 628; reputação póstuma, 679; *Mein Kampf*, 445; *ver também* Alemanha
Hoxha, Enver, 589
Hungria: e o pan-eslavismo, 514; a URSS exige reparação da, 555, 585; maioria anticomunista na, 587; interferência soviética na, 589

I

Ibárruri, Dolores ("La Pasionaria"), 626, 670
Ignatev, Sergei, 663
Igreja Autocéfala Ucraniana, 511
Igreja ortodoxa russa: atacada, 289, 318; mantém certa autonomia, 431; restrições relaxadas na guerra, 510-512, 515; posição no pós-guerra, 568-569
Ilhas Curilas, 535, 545-546, 576, 642
Ilichev, Leonid, 597
Ilovaiski, D. I., 58
Império Russo: a questão nacional no, 127-129; na Primeira Guerra Mundial, 138, 145, 217; revoltas populares no, 148; e o sentido da nacionalidade, 380, 386; *ver também* Governo Provisório
industrialização: Stalin introduz ritmo forçado da, 302, 305-308, 310, 319, 322-325, 329, 338-339, 372; e a força de trabalho, 313; avançada, 314; e descontentamento operário, 364, 366-367; metas de crescimento

reduzidas, 365; e aumento da produção, 374
inesquecível ano de 1919, O (filme), 621
Inspetoria dos Operários e Camponeses (Rabkrin): Stalin chefia, 212, 230, 252
Instituto de Professores Vermelhos, 319
Instituto Smolny, Petrogrado, 177-178, 180, 186
invasão da Normandia (1944), 539
Ioffe, Adolf, 271
Irã: suprimentos de Guerra para URSS passam por, 530; forças soviéticas no, 566, 576
Irakli II, governante da Geórgia, 35
Iremashvili, Joseph, 48, 49, 54, 63, 68, 96-97
irmãs Schmidt: legado ao Partido Operário Social-Democrata Russo, 109
Iskra (revista), 74, 76, 78
Israel: Stalin briga com, 592
Istomina, Valentina, 567, 596
Itália: na Guerra Civil Espanhola, 448-450; assina Pacto Anti-Comintern, 455; preocupação de Stalin com, 635-636; eurocomunismo na, 679
Iugoslávia: atrasa a invasão da URSS por Hitler, 472-473, 476; liberta-se sozinha da Alemanha, 555; comunismo na, 566, 586; interesse de Stalin pela, 584; na I Conferência do Cominform, 587; causa problemas para Stalin, 588; e a hostilidade soviética, 589-590; rompe com a URSS, 613; reaproxima-se da URSS, 672, 674
Ivan IV (O Terrível), tsar: opinião de Stalin sobre, 30-31, 390, 397-398, 479; e a nacionalidade russa, 380

Ivan, o Terrível (filme), 358
Ivanovo, 364
Iveria (jornal), 60

J

Japão: Guerra com a Rússia (1904-5), 80, 81; como ameaça à URSS, 304, 443-444, 445-446, 459; política dos EUA para, 441; ocupa a Manchúria, 443, 454; invade a China, 455, 459; assina Pacto Anti-Comintern, 455; guerra com a URSS (1939-40), 466, 470; na Segunda Guerra Mundial, 490, 530, 545-548; Stalin promete entrar em guerra contra, 535-536, 545, 553; ultimato dos Aliados de Potsdam, 547; rendição após ataques de bombas, 548; hegemonia dos EUA no pós-guerra no, 575; e a Guerra da Coreia, 631
Jdanov, Andrei: e a obtenção de grãos, 302; e a identidade nacional, 380-381; no Grande Terror, 411; e o recrutamento de funcionários, 433; origem de classe, 434, 503; associação com Stalin, 435; na região do Báltico, 468; bebida, 502; acompanha o canto de Stalin ao piano, 503; na Conferência de Szklarska Poręba na fundação do Cominform, 578-579, 514; sobre os "dois campos", 580, 587; na campanha contra Tito, 588; na II Conferência do Cominform, 589; defende o fortalecimento do poder do partido, 604; status e

autoridade, 607-608; morte, 609, 656; elogia os iugoslavos, 611
Jdanov, Yuri: casa-se com Svetlana, 595
Jemchujina, Polina (esposa de Molotov) *ver* Molotova, Polina
Jirinovski, Vladimir, 680
Jiruli, Giorgi, 60
Jizn natsionalnostei (jornal), 190
Jordania, Noe, 59-60, 68, 70-71, 74-75, 78, 83, 84, 85, 92, 103, 117, 125, 126, 129
judeus: no partido menchevique, 104; atitude de Stalin ante, 104-105, 130-131, 193, 515, 592, 646-648; e a questão da nacionalidade, 129-130; reprimidos e perseguidos, 457, 656-657; em partidos comunistas estrangeiros, 585; política de hostilidade no pós-guerra ante, 592-593; *ver também* antissemitismo
Jukov, marechal Georgi: comandante no Extremo Oriente, 455; planeja guerra contra a Alemanha, 473; e a invasão alemã, 474-475; não recebe dados da inteligência sobre a Alemanha, 476-477; sobre a recuperação de Stalin após a invasão alemã, 477; na Stavka, 478; na defesa de Moscou, 481, 485, 524-525; estratégia, 486, 507; nomeado vice-comandante supremo, 492; e a defesa de Stalingrado, 491-494; planeja contraofensiva, 492-493; recebe a Ordem de Suvorov, 495; sobre o fumo de Stalin, 505; enfrenta Stalin, 541; Stalin desconfia de, 524; sobre a aprendizagem de questões militares por Stalin, 527;
ofensiva final, 539, 543; e pausa do Exército Vermelho no Levante de Varsóvia, 540-541; e a captura de Berlim, 543, 544-545; jura desfilar Hitler numa jaula, 551; lidera a parada da vitória de 1945, 552; Stalin suspeita e relega, 603, 610
julgamentos-espetáculos, 301, 317, 375, 396, 414; no Leste Europeu no pós-guerra, 594

K

Kaganovich, Lazar: apoia Stalin no Orgburo, 268, 270; como primeiro-secretário do Partido Comunista da Ucrânia, 268; deporta poloneses, 305; compartilha ideias de Stalin, 313; no Politburo, 327; Stalin manda raspar a barba, 327; Stalin devolve poder a, 328; confidente de Stalin, 330, 333; e o crescimento do poder es-tatal, 335; aprova a viagem de Nadya Allilueva ao estrangeiro, 341; fala no funeral de Nadya, 344; sobre o efeito do suicídio de Nadya em Stalin, 346, 346; pede diminuição do ritmo industrial, 365; pede diminuição nas cotas de grãos ucranianas, 366; assegura a reeleição de Stalin no XVII Congresso do Partido, 368; ordena a demolição da catedral de Moscou, 379; e o passeio da família de Stalin no metrô, 388; e a opinião de Stalin sobre Nakhaev, 393-394; escreve suas memórias, 394; compartilha as atitudes de classe de Stalin, 396; e a crença de Stalin na ação, 398-399; sobre o medo de Stalin da "quinta-coluna", 406; e a indicação de Yejov para o NKVD, 407; Stalin acusa, 410; participa do Grande Terror, 412; Stalin pede para evitar a publicação de artigos, 419; associação com Stalin, 434-435; e supostas relações da irmã com Stalin, 503; responsável pelo transporte na guerra, 527; imita Stalin, 599; condição judaica, 647-648, 657; e desejo de Stalin de se aposentar, 653; e sucessão de Stalin, 657-658; e a morte de Stalin, 667-668; aprova reformas após a morte de Stalin, 672

Kaganovich, Maya, 503

Kaganovich, Moisei, 435

Kaganovich, Rosa, 503

Kalashnikov (da Academia Industrial), 344

Kaledin, general Alexei, 187

Kalinin, Mikhail: e a volta de Stalin ao trabalho após cirurgia de apêndice, 277; e a política agrária, 309; como chefe de Estado, 423; e a inquietação popular, 425; e o governo de Stalin, 434; esposa detida e encarcerada, 435, 598; queda por bailarinas, 502

Kalinina, Yelena, 435, 598

Kamenev, Lev: caráter, 24; lidera grupo marxista em Tbilisi, 67; internacionalismo, 113; Stalin encontra na Cracóvia, 116; Lenin exige punição de, 124; no exílio, 140; julgado (1915), 140; e a recusa do grão-duque Mikhail de tirar a coroa, 149-150; apoia o Governo Provisório, 149-150; rejeitado como membro do Diretório Russo, 151; volta a Petrogrado, 150; indicado para a junta editorial do *Pravda*, 152; programa combativo, 153-154; Lenin ataca, 156; e a Primeira Guerra Mundial, 162; segue a estratégia de Lenin, 164; Lenin apoia na eleição do Comitê Central, 166; detido pelo Governo Provisório, 167, 170; no Comitê Central, 172-173, 181; opõe-se à política revolucionária de Lenin, 176-179, 180; status e fama, 186; condição judaica, 193, 249, 270, 379-380, 381, 648; opõe-se à violência gratuita, 195; apoio à paz por separado na Primeira Guerra Mundial, 196; na Guerra Civil, 202; e o controle da Cheka, 209; e as revoluções no estrangeiro, 214; problemas cardíacos, 229; e a indicação de Stalin como secretário-geral do partido, 230; e a disputa entre Stalin e Lenin sobre a autonomização, 236; opõe-se à incorporação das repúblicas soviéticas, 240; no testamento de Lenin, 250; Krupskaya escreve-lhe sobre a ofensa de Stalin, 253; protege e se alia com Stalin, 255-257, 260, 266-268; autoridade no Politburo, 258-259; tarefas administrativas, 258-259; no funeral de Lenin, 263; não divulga as acusações do testamento de Lenin contra Stalin, 266; derrota a

Oposição de Esquerda, 271; referência equivocada ao *nepman*, 272; Stalin volta-se contra, 272; política econômica, 273; ambições de liderança, 275; opõe-se a Stalin e Bukharin, 287-288, 297; escreve sobre o leninismo, 292; excluído do Comitê Central, 298; e a política camponês de Bukharin, 309; como ameaça contínua, 328; evidência de deslealdade a Stalin, 336; levado em custódia ao NKVD e condenado, 370; confissão e execução, 375-376, 404, 488; menosprezado por Voroshilov, 396; e os casos de amor de Svetlana, 497-499
Kamenev, Sergei, 216, 219-221
Kameneva, Olga, 146-147
Kaminski, G. M., 408
Kaminski, V., 422
"Kamo" *ver* Ter-Petrosyan, Semën
Kanner, Grigori, 272
Kapanadze, Peter, 48, 54, 500, 596
Kapler, Alexei, 498-499, 595, 647
Karamzin, Nikolai, 642
Karpov, B., 622
Karpov, G., 511
Katyn, bosque: massacre (1940), 541
Kautski, Karl, 117, 233; *As forças motrizes e as perspectivas da revolução russa*, 91
Kavtaradze, Sergei, 79, 82-83
Kazbegi, Alexander: *O parricida*, 50-51, 101, 384
Kemal Pasha (Ataturk), 246
Kennan, George, 548, 575
Kerenski, Alexander: no Governo Provisório, 149; conduta na Primeira Guerra Mundial, 167; como primeiro-ministro, 171-172; convoca Conferência Democrática, 172-173; Lenin exige sua derrubada, 173; e a ameaça bolchevique, 178, 179; derrotado na ação contra Petrogrado, 184
Ketskhoveli, Lado, 67, 71, 73-74, 79
Ketskhoveli, Vano, 42, 54, 66
Ketskhoveli, Vladimir, 59
Kharkov, 490
Khazan, Tamara (esposa de Andrei Andreev), 598
Khazanova, Tamara, 283, 342, 345
Khlevnyuk, Olëg, 32
Kholodnaya Rechka, 595-596, 651-652
Khrennikov, Tikhon, 361
Khrustalëv, Ivan, 662, 666-668
Kiev: cai nas mãos dos alemães, 486
Kim Il-sung, 630-637
Kirov, Sergei: apoia Stalin sobre o status das repúblicas, 235-236: no Diretório Caucasiano, 245: alia-se com Stalin, 268; e coleta de grãos, 301; amizade com Stalin, 346, 349; sondado para suceder Stalin, 367-368; assassinado, 369, 375, 403; e a identidade nacional, 380-381
Kishkin, Nikolai, 179-180
Kislovodsk, episódio de, 266, 288
Kleiner, I. N., 618
Klimov, M. (guarda-costas de Svetlana), 498-499
Knorin, V. G., 420
Knunyants, Bogdan, 74
Kobulov, Bogdan, 524
Kolchak, almirante Alexander, 202, 210
Kolkhoz, estatuto (1935), 366-367

kolkhozes (fazendas coletivas), 315-317, 645; mercados, 364
Kollontai, Alexandra, 167, 170, 228, 276
Komsomol: militância, 307; apoio a Stalin, 339
Kondratev, Nikolai, 317, 330
Konev, general Ivan, 524, 543, 544
Konigsberg, 533, 543
Konovalov, Alexander, 180
Korchagina, Alexandra, 342, 345
Kornev (conhecido de Stalin), 100
Kornilov, general Lavr, 171-172, 176-177, 202-203
Korshunova, Fekla, 391
Kosior, Stanislav, 302
Kovalëv, Ivan, 524, 600, 629
Krasin, Lev, 234
Krasnov, general P. N., 202-203
Krasnoyarsk, 146
Krasnoyarsk, Comitê Regional do Partido, 410
Kravchenko (guarda de prisão), 146
Krestinski, Nikolai, 227, 271, 414
Kronstadt, 167; motim naval (1921), 228, 393, 396, 443
Kruglov, Sergei, 603
Krupskaya, Nadejda (esposa de Lenin): convida Stalin para jantar, 116; briga com Stalin, 228, 261; e a doença de Lenin, 232, 254; Stalin agride, 253, 673; opõe-se ao embalsamamento e à exposição de Lenin, 262; biógrafa de Lenin, 264; e o testamento de Lenin, 266; relação com Nadya Allilueva, 276; pede a Nadya Allilueva que intervenha no caso georgiano, 280; apoia Zinoviev e Kamenev, 287, 294; e a cultura, 354

Kruschev, Nikita: denuncia Stalin, 26-27, 201, 421-422, 675; sobre a modéstia inicial de Stalin, 327; no Grande Terror, 332; Stalin acusa de ser polonês, 410-411; sobre o "culto à personalidade", 421-422; associação com Stalin, 435; farreando com mulheres, 502; admoestado por congratular Stalin pela vitória sobre a Alemanha, 549-550, 557; sobre o efeito contraproducente da repressão, 568; quer reforma agrícola, 568, 613; e a fome na Ucrânia (1947), 570; Stalin zomba de sua corpulência, 652; no XIX Congresso do Partido, 658; teme o desfavor de Stalin, 659; na festa do 73º aniversário de Stalin, 661; assiste a um filme com Stalin, 662; e a sucessão de Stalin, 663, 665-668; reformas com a morte de Stalin, 672, 674; alcança o poder, 674-675; perde o poder (1964), 676; reputação, 678
Kshesinskaya, Matilda, 150
Kuban, área do rio (norte do Cáucaso), 383
Kuibyshev, 485
Kuibyshev, Valeryan, 230, 234
kulaks: Stalin persegue, 192, 301, 304-305, 306-307, 313, 316, 338, 353, 365, 372, 402, 412; Bukharin apoia, 272-273; buscam oportunidades comerciais, 289; taxados, 302; florescem, 304; excluídos das fazendas coletivas, 316; reprimidos na Ucrânia, 382; *ver também* camponeses
Kulikov, Yevgeni, 405, 413
Kun, Miklós, 28

Kuntsevo, 347
Kuomintang, 454, 455, 460, 545
Kurchatov, Igor, 580, 581
Kureika (aldeia), distrito de Turukhansk, 136-138, 141-142, 146-147, 150
Kushner, professor, 344
Kutaisi, prisão de, 76-77
Kutuzov, Mikhail, 380
Kuzakova, Maria, 107
Kuznetsov, Alexei, 603, 607, 610-611
Kuznetsov, almirante N. G., 478
Kvali (jornal de Tbilisi), 60-61, 68, 71

L

Lagidze, Mitrofan, 639
Lakoba, Nestor, 246-247, 262, 347-349, 384, 419, 428
Landau, Lev, 360
Largiashvili (seminarista), 59
Largo Caballero, Francisco, 449
Lashevich, Mikhail, 113-114, 257
Lazurkina, Dora, 676
lei básica (1905), 86, 95
Lenin em outubro (filme), 358
Lenin, Vladimir: funda a URSS, 23; primeiras impressões de Stalin sobre, 24; atitude de Stalin com, 28-29, 68, 108, 116-117, 157, 187, 225, 400, 621; política agrícola, 74-75, 89, 162, 164, 273, 287, 364; e fundação do *Iskra*, 74; Stalin conhece na Finlândia, 86, 122; na conferência de Estocolmo (1905), 88; na conferência de Londres (1907), 91; propõe um trato aos mencheviques georgianos, 92; aceita financiamento criminoso, 102-103; rompe com os mencheviques, 109; forma novo Comitê Central, 110-111; coopta Stalin para o Comitê Central, 110; elogia Stalin, 113, 117; Stalin encontra na Cracóvia, 115-116; convoca conferência em Praga, 109; como pensador, 120; desacordos de Stalin com, 122-123, 140, 162, 219-220, 248, 326; e a questão nacional, 129, 153, 164-165, 188-190, 238, 240-241, 244, 248, 252, 378; ataca os judeus, 130, 193; opõe-se à participação da Rússia na Primeira Guerra Mundial, 138, 164; carta de Stalin no exílio, 143; exige derrubada do Governo Provisório, 155-156, 161-162, 164, 181; volta à Rússia, 156; política revolucionária, 156-157, 163, 173, 175-179; esconde-se após mandado de prisão, 167, 170-171, 173, 175, 180; consideração por Trotski, 179; esboça decretos sobre terra e paz, 181; forma o Sovnarkom, 183, 186; rejeita coalizão de partidos socialistas, 184; política externa, 195, 214-220, 223-224, 231-232, 292, 440, 447, 458; forma a Cheka, 194; e a paz por separado com potências centrais, 196, 198; e o terror de Estado, 199, 252, 396; na Guerra Civil, 202, 207-208; e a autoridade de Stalin na região do Volga, 204; e o controle da Cheka, 209; Stalin cede a, 211; prestígio, 212; e a guerra com a Polônia (1920), 217, 223-224, 264; vai à IX Conferência do Partido, 223, 264; e a condenação dos sin-

dicatos por Trotski, 226; introduz a Nova Política Econômica, 227-228, 234, 364; buscar controlar o aparato central do partido, 228-229; aprova a indicação de Stalin como secretário-geral do partido, 230; problemas de saúde, 230, 232-234, 254, 260-261; tarefas administrativas, 231; tentativa de assassinato de, 232; opinião sobre relação com Stalin, 232, 236-237, 250-251, 260; renova aliança com Trotski, 234; favorece uma estrutura federal, 235-236; testamento ("Carta ao Congresso"), 250-253, 254-255, 260, 266, 294, 297, 326; e agressão de Stalin a Krupskaya, 253-254, 673; morte e funeral, 262-263, 668, 673; culto póstumo, 263-266; Stalin escreve sobre, 265-266, 291-292; Nadya Allilueva trabalha para, 280; fala no X Congresso do Partido, 333; e a personalidade de Stalin, 349-350; sobre a competitividade capitalista, 352; e Mayakovski. 356; crença em interferência externa, 362; e a promoção dos profissionais competentes, 395-396; admoesta Stalin por sua violência, 395; sobre a ação decisiva, 398-399; comparado com Stalin, 416-417, 681-682; culto, 416, 676; em História do partido comunista... stalinista, 420-421; e a revolução mundial, 460; proposta de evacuar seu cadáver durante a guerra, 485; opinião sobre hostilidade estrangeira, 558; sobre o fim do capitalismo, 646, influência ideológica sobre Stalin, 648; Stalin o invoca no discurso no XIX Congresso do Partido, 658; política de Estado comunista, 683; *Teses de abril*, 156, 162; "Melhor menos, mas melhores", 252; "Marxismo e Insurreição", 173; *Materialismo e empiriocriticismo*, 123, 320, 399, 581; *O Estado e a revolução*, 194, 209, 591, 618, 641; *O que fazer?*, 121

Leningrado *ver* S. Petersburgo

letões: assassinados no Grande Terror, 410

Letônia: resiste ao expansionismo soviético, 215; como república soviética, 240, 468; nacionalidade na, 244; reclama independência, 244; conflito alemão-soviético sobre a, 463; Stalin exige e ocupa, 466-469; alemães conquistam, 482; reanexada pela URSS, 514, 564-565, 591; objetivos de Stalin no pós-guerra na, 541; resistência armada na, 556, 565; deportação da, 565; *ver também* Estados Bálticos

Levitan, Isaak, 517, 549

Líbia: como protetorado soviético, 566

Lie, Trygve, 607

Liga das Nações: exclui a URSS, 441; URSS pede admissão, 447; ineficácia contra o Japão, 455

Liga dos Ateus Militantes, 318, 353

Língua materna (antologia georgiana), 112

língua russa: celebrada, 381; visão de Stalin sobre, 642-643

linguística: interesse de Stalin pela, 642-643

Lituânia: resiste ao expansionismo soviético, 215; recupera Vilnius, 216; estabelecida como república soviética, 239-240, 468; reclama a independência, 244; e o expansionismo alemão, 465-466; Stalin exige e ocupa, 466-468; alemães conquistam, 482; reanexada pela URSS, 514, 564-565, 590-591; objetivos de Stalin no pós-guerra na, 541; resistência armada na, 556, 565; deportações da, 565; ver também Estados Bálticos

Litvinov, Maxim, 440, 445-446, 447, 458, 512, 565, 584

Livanova, V., 618

livro das comidas deliciosas e saudáveis, O, 622

Lominadze, Vissarion, 334-335, 337, 370

Londres: Stalin vai à conferência do partido de 1907 em, 91-92

Longjumeau, perto de Paris, 109-110

Low, (sir) David, 520

Lozgachëv, Pavel, 662-663

Ludwig, Emile, 40-41

Lunacharski, Anatoli, 166, 183, 186, 354

Luxemburgo, Rosa, 452

Lvov, príncipe Georgi, 149, 161

Lysenko, Timofei, 361, 638

M

MacArthur, general Douglas, 575, 632, 635

Mach, Ernst, 120

Machavariani, David, 48-49

Maclean, Donald, 636

Magnitogorsk, 314, 325

Maiakovski, Vladimir, 356

Maiski, Ivan, 512. 565

Makharadze, Pilipe, 59, 70, 165, 236, 248

Malenkov, Georgi: opõe-se ao Grande Terror, 411, 427, origem de classe, 434; associa-se a Stalin, 435; e o Pacto Nazi-soviético (1939), 464; e a condução da guerra, 479-480; responsabilidades na guerra, 527; sobre o efeito contraproducente da repressão, 568; estimula a indústria ligeira, 568, 613; na Conferência do Cominform, 587-588; visita Stalin, 597; e reformas administrativas, 604, 613; status e compromissos, 607-608; recobra o favor, 609; no Caso de Leningrado, 610-611; e o 73º aniversário de Stalin, 625; estuda economia política, 644; Stalin zomba de sua corpulência, 652; faz relatório político do Comitê Central no XIX Congresso do Partido, 657; Stalin suspeita de conspiração, 657-658; chefia Comissão Permanente de Relações Exteriores, 659; teme o desfavor de Stalin, 659; Stalin entretém, 662; e o derrame de Stalin, 663; e a sucessão de Stalin, 665-667; no funeral de Stalin, 670; reformas após morte de Stalin, 672, 674; rivalidade com Kruschev, 675

Malinovski, Roman, 110, 115, 135, 136, 138, 139

Malkina, Yekaterina, 518

Manchúria (Manchukuo): Japão ocupa,

443, 454; Stalin ordena invasão de, 547-548; domínio soviético de, 582
Mandelstam, Osip, 358, 360
Manifesto de Outubro (1905), 86
Manstein, general Erich von, 493-494, 506, 507
Manuilski, Dmitri, 332
Mao Tsé-tung, 454, 551, 58-582, 626, 628-636, 676
Maquiavel, Nicolau, O príncipe, 32, 400
mar Branco-canal Báltico, 314, 325
Marchlewski, Julian, 216
Markizova, Gelya, 417
Marr, Nikolai, 642-643
Marshall, general George: Plano Marshall, 576-580, 582, 587, 588
Martov, Yuli: no racha do Partido Social Democrático Russo, 78, na conferência de Estocolmo de 1905, 88; na conferência de Londres de 1907, 91; exilado em Turukhansk, 134; Stalin acusa de calúnia, 192-193
Marx, Karl: Bogdanov sobre, 120; sobre a competitividade capitalista, 352; sobre a revolução mundial, 460; sobre o fim do capitalismo, 646, influência sobre Stalin, 648
marxismo-leninismo: compromisso de Stalin com, 30, 351, 385-386, 417, 648; na Geórgia, 60-63, 68-71, 74-75, 79; apelo aos intelectuais, 69; antevê guerra de classes, 121-122; e a questão nacional, 127, 130, 248-249, na Finlândia, 188-189; propagado, 351-352; e a política externa, 443; reafirmado na guerra, 513; e a ditadura do proletariado, 591; promovido, 612, 618-619

Masaryk, Jan, 577-578
Maslov, Petr, 88, 89
Matsesta, 282
McNeal, Robert, 28
Mdivani, Budu, 236, 248-249, 255, 278
médicos: expurgados, 655; Complô dos Médicos, 657, 665
Medvedev, Roy, 27, 31-32
Meir, Golda, 598, 647
Mekhlis, Lev, 271-272, 357, 474
mencheviques: ridicularizam Stalin, 24, 32; formados por racha no partido, 78; na Geórgia, 82-86, 103-104, 247; diferenças com os bolcheviques, 87-88, 92, 103-104, 130, 153-154, 161-162; Lenin rompe com, 108-109; excluídos do Comitê Central, 111; e a questão nacional, 127-130; apoiam o Governo Provisório, 153, 176; Kamenev e Stalin atacam, 155; membros passam para os bolcheviques, 161-162; e a Conferência Estatal Democrática, 172-173; controla sovietes, 173; deixam o II Congresso dos Sovietes, 182; bolcheviques teme rivalidade dos, 263; como oposição em potencial a Stalin, 337-338
Mendeleev, Dmitri, 380
Menjinski, Vladimir, 317, 329, 376
Mercader, Ramón, 197, 456
Merjanov, Miron, 347, 651
Merkulov, V. N., 478
metrô de Moscou: Stalin viaja com a família, 388-390
Meyer, Ernst, 332
Meyerkhold, Vsevolod, 360
MGB (Ministério de Segurança do Estado), 603-604, 659; *ver também* NKVD

Mgeladze, Akaki, 641, 654
Michels, Roberto, 602
Mikhail, grão-duque, 149
Mikhalkov, Sergei, 509
Mikhoels, Solomon, 656
Mikolajczyk, Stanislaw, 586
Mikoyan, Anastas: *datcha*, 281; avaliado por Stalin, 295; e obtenção de grãos, 302, 322, 599; no Politburo, 327; relação com Stalin, 346, 435, 599; origem armênia, 380, 647; escreve memórias, 394; e a admiração de Stalin por Hitler, 397; e o Pacto Nazi-soviético (1939), 464; na condução da guerra, 478-480; sobre como Stalin tratava Molotov, 524; sobre a timidez de Stalin na guerra, 526; responsável pelos alimentos na guerra, 527; telefones grampeados, 600; status e poder, 607; hostilidade de Stalin a, 608; e a hostilidade de Stalin a Voznesenski, 611; propõe lista de sucessores de Stalin, 653; removido e ostracizado, 657, 667
Mikoyan, Ashken (esposa de Anastas), 346
Milyukov, Pavel, 163-164
Milyutin, Vladimir, 179, 180, 183, 184
mingrélios, 69, 126, 128, 655
Minin, Sergei, 203-204, 269
Mnatobi (jornal), 91
Mogren (comissário de polícia sueco), 87
Molochnikov, Nikolai, 502
Molotov, Vyacheslav: esnoba Stalin ao voltar do exílio, 151; expulso do diretório russo, 152; Stalin se muda com, 168; posição no Secretariado do partido, 229; briga com Trotski, 229-230; Lenin propõe promover, 234; omitido do testamento de Lenin, 250; no funeral de Lenin, 263; apoia Stalin no Orgburo, 268; e a experiência de Stalin com mendigo, 285; recreação, 286; e a opinião de Stalin sobre Krupskaya, 294; Stalin queixa-se de Bukharin com, 295; e a política de industrialização de Stalin, 305-306; compartilha suposições de Stalin, 313; e exigência de exportação de grãos de Stalin, 322; no Politburo, 327; Stalin transfere poder para, 328; e a desconfiança de Stalin dos colegas, 330; como confidente de Stalin, 330; Stalin reclama de Rykov, 331-332; e o crescimento do poder do Estado, 335; aprova viagem de Nadya Allilueva ao exterior, 341; tenta entender Stalin, 349; propõe diminuição do ritmo industrial, 365; acompanha a família de Stalin no metrô, 388; correspondência de Stalin com, 394; escreve memórias, 394; compartilha atitudes de classe de Stalin, 396; sobre medo de Stalin de uma "quinta-coluna", 406; e indicação de Yejov para o NKVD, 406; discute com Pyatnitski, 408-409; participa do Grande Terror, 412; Stalin pede que evite publicação de artigos, 419; e declínio de Yejov, 429; origem de classe, 434; desacordos com Stalin, 435, 460; esposa detida, 435, 598; no Comissariado do Povo para Relações Exteriores, 458, 460, 512;

assina pacto de não agressão com Alemanha em 1939, 462-463; e opinião de Stalin sobre Hitler, 465; e os Estados Bálticos, 466-468; sobre preparativos de guerra de Stalin, 470; tenta postergar guerra com Alemanha, 471; na invasão alemã da URSS, 474-475, 517; reação de Stalin à invasão alemã, 477; na Stavka durante a guerra, 478; apoia condução da guerra por Stalin, 479-480; habilidades musicais, 503; vida social com Stalin, 503; tratamento recebido de Stalin, 524; responsabilidade por tanques na guerra, 527; em Berlim (1940), 529; entretém Churchill em Moscou, 532; e a fronteira teuto-polonesa, 532-533; exige prosseguimento da ofensiva, 541; e influência mundial soviética no pós-guerra, 566; negocia papel soviético na ONU, 575; pronto a acatar Plano Marshall, 582; na campanha anti-Tito, 588; e exploração do Leste Europeu, 590; canta com Stalin, 596; lealdade a Stalin, 598; Stalin humilha, 599; autocontrole, 599; telefones grampeados, 600; removido e ostracizado, 607, 657-658; e a desaparição do Estado, 641; rejeita o socialismo em um só país, 641; e a sucessão de Stalin, 643, 666-667; consumo de vinho, 654; posição após morte a de Stalin, 667; eulogia no funeral de Stalin, 670; aprova reformas após morte de Stalin, 672

Molotova, Polina (Jemchujina), 342-343, 598, 656

Monastyrskoe, distrito de Turukhansk, 133-136, 146

Montgomery, general Bernard Law (depois 1º visconde), 539, 603

Morozov, Grigori: casamento com Svetlana, 500, 595

Morris, William, 91

Moscou: governo soviético se transfere de Petrogrado, 187; defesa na guerra de, 481-482, 485, 489, 491-492, 506, 524-525; desfile da vitória (1945), 552

Moshentseva, dra. P., 650

Murakhovski, A. A., 64

Muranov, Matvei, 150-151

Murmansk, 530

musavatistas, 338

Mussolini, Benito, 448, 457, 551, 566

MVD (Ministério do Interior), 484, 600, 603-604, 669

N

Nagasaki, 547-548

Nagy, Ferenc, 626

Nakhaev, general A. S., 393

Nalchik, 282

Napoleão I (Bonaparte), imperador dos franceses, 206

Narym: Stalin exilado em, 112. 113-114

Nazaretyan, Amakyan, 269

nazismo: atitude de Stalin ante surgimento do, 444-445; *ver também* Alemanha; Hitler, Adolf

Nenni, Pietro, 670

Neumann, Franz, 444

Nicolau II, tsar: Guerra com o Japão, 80; emite Manifesto de Outubro (1905),

85-86; e a composição da Duma, 95; na Primeira Guerra Mundial, 138, 145, 148; desfaz a Duma (fevereiro de 1917), 148; abdica, 149; comportamento, 387-388; coroação, 669
Nietzsche, Friedrich, 400
Nikolaev, Leonid, 369, 371
NKVD (Comissariado do Povo para Assuntos Internos): expandido, 313; OGPU incorporado em, 369; prisões, 371, 404-405, 413, 415; expurgos em Leningrado, 373; e a Constituição (1936), 375; Yejov chefia, 376-377, 406; e trabalho forçado, 409; no Grande Terror, 414-415; informa sobre a opinião pública, 425; Beria substitui Yejov, 427-428; liquida os trotskistas espanhóis, 449; expurgo entre os exilados do Partido Comunista polonês, 453; e as atividades dos comunistas estrangeiros, 457; operações na Polônia, 466; nos Estados Bálticos, 468, 488; política de terra arrasada, 484; em Leningrado na guerra, 508-509; repressão na guerra, 516; atividades e registros no pós-guerra, 554; *ver também* GPU; MGB; OGPU
Nogin, Viktor, 183-184
Nomonhan, 455
norte da África: sucesso alemão no, 490
Nova Política Econômica (NEP): implantada (1921), 227-228, 234, 310; reservas de Trotski quanto à, 259; e o socialismo de Stalin, 272, 293; apoio de Bukharin a, 287, 293, 309-310, 315; Stalin destrói, 298, 301-304, 307, 310, 312, 319, 326, 406; conquistas, 304
Novaya jizn (jornal), 178
Novaya Uda, província de Irkutsk, 76, 78
Nutsubidze, Shalva, 356-357, 384

O

Ogarëv, Yakov, 340
OGPU (antes GPU): repressões, 290, 296, 307; poder, 304, 313; e o Caso Shakhty, 308-309; e a desculaquização, 316-317; interroga oficiais do Exército, 330; e o funeral de Nadya Allilueva, 344; incorporado ao NKVD, 369, 406; *ver também* NKVD
Okhrana: Stalin suspeito de ser agente da, 69, 98-100; investiga demonstrações em Batumi, 72-73; ineficácia contra a revolta política, 81; prende Stalin, 94-95; infiltra partidos revolucionários, 96; informada do Comitê Central bolchevique, 110; monitora Stalin, 118; o exílio de Stalin em Turukhansk, 135; age contra os bolcheviques, 138
Okulov, Alexei, 208, 211
Onufrieva, Pelageya, 107
Operação Bagration, 539
Operação Barbarossa: surpreende Stalin, 23, 474-475; planejada, 463-464; sucessos, 481-482
Operação Círculo, 494
Operação Overlord, 539
Operação Saturno, 494

Operação Urano, 492-493
Oposição de Esquerda: apoia Trotski, 270-271, 273; critica a política econômica, 304; Stalin derrota, 329
Oposição de Leningrado, 288, 304, 371
Oposição Operária, 226, 295, 304
Oposição Unida, 294-298, 303-304, 321, 404
Ordjonikidze, Sergo: Lenin recruta para o Comitê Central, 109-111; e o expansio-nismo soviético, 215; apoia Stalin quanto ao status das repúblicas, 235-236; no Diretório Caucasiano, 245-246; no testamento de Stalin, 252; alia-se a Stalin, 268-269; e a deferência de Stalin com a mãe, 277-278; encarrega-se da Comissão Central de Controle, 297, 329; deslealdade a Stalin, 309; no Politburo, 327; e temores de Stalin de uma conspiração, 330; confidente de Stalin, 330, 346; carta de Nadya Allilueva, 342; apoia expansão industrial, 365; origem georgiana, 380; opõe-se às ideias estratégicas de Stalin, 403; não crê na campanha contra Pyatakov, 407; suicídio, 407; e a adulação popular de Stalin, 424
Organização das Nações Unidas, 536, 575
Organização do Tratado do Atlântico Norte (OTAN), 580
organização Hümmet (Azerbaijão), 240
Orgburo: composição, 258-259, 267-268: muda cargos, 271; papel, 328
Orwell, George: *Homenagem à Catalunha*, 451

Osinski, Nikolai, 187

P

Pacto Anti-Comintern (1936), 455, 580
pan-eslavismo, 514
Partido Comunista chinês, 311, 454, 460, 476, 581
Partido Comunista espanhol, 449-450
Partido Comunista francês, 333, 453, 460, 579
Partido Comunista italiano, 449, 579, 587-588
Partido Comunista na, 310, 444, 460; possível guerra com a URSS, 373; e repressão nazista, 412; encontra colaboradores soviéticos depois da invasão, 429; quebra econômica na, 444; política de Stalin no pré--guerra para, 444-446, 448-449, 459; como ameaça, 446, 469-473 intervém na Guerra Civil Espanhola, 448-451; anexa a Áustria e a Tchecoslováquia, 455; assina Pacto Anti-Comintern, 455; expansionismo, 459; pacto de não agressão com a URSS (1939), 462-466, 684; invade e conquista a Polônia, 466; avanço no Ocidente (1940), 468, 476; invade a URSS (Operação Barbarossa), 474-476; conquista e avança pela URSS, 478-479, 481-484; atrocidades na guerra, 487-488, 519, 543; avanço bloqueado, 489; vence no norte da África, 490; baixas em Stalingrado, 494-495; recua diante do Exército Vermelho, 508; antipatia pelo pan-eslavismo,

514; tratamento dos Aliados no pós--guerra, 528-529, 532-533; URSS exige reparações da, 535, 555, 579, 585; avanço dos Aliados contra, 539-540; derrota e rendição (1945), 544-545, 549; política de desnazificação no pós-guerra, 551; zonas de ocupação zones, 578-579; República Democrática (Alemanha do Leste) criada, 580; República Federativa (Alemanha Ocidental) criada, 580; Stalin propõe governo unificado na, 579; *ver também* Hitler, Adolf

Partido Comunista Polonês: Stalin persegue exilados, 452-453

Partido Constitucional Democrático (cadetes): organização e doutrinas, 69-70; no Governo Provisório, 149, 157: deixa o Governo Provisório, 167; Stalin ataca, 176, 194; suspende atividade política, 337-338

Partido Industrial (fictício), 317

Partido Operário Social-Democrata Russo: na Geórgia, 69-72; campanhas no *Iskra*, 74, 75-78; e considerações étnicas, 75-76; II Congresso do Partido (Bruxelas e Londres, 1903), 76-79; e insatisfação popular (1905), 81-82; III Congresso do Partido (Londres, 1905), 81-82; IV Congresso do Partido (Estocolmo, 1905), 87-88; V Congresso do Partido (Londres, 1907), 90, 77; diferenças entre bolcheviques e mencheviques no, 92-93; líderes voltam à Suíça, 95; número de membros, 96; mencheviques excluídos, 109; formado novo Comitê Central, 110

Partido Trabalhista Camponês (fictício), 317
Pasternak, Boris, 359-360
Patolichev, N. S., 607
Patolichev, Nikolai, 278
Pauker, Ana, 592-593, 594
Paulus, marechal de campo Friedrich von, 491-494
Pavlov, Dmitri, 481, 524
Pavlov, Ivan, 380
Pedro I (O Grande), tsar, 380, 392, 641
Perm: desastre militar em, 210, 214
Pervukhin, Mikhail, 581, 657
Pestkowski, Stanislaw, 187, 190, 238-239
Petkov, Nikola, 589
Petrogrado *ver* S. Petersburgo
Petrov (fotógrafo), 327
Petrovski, G. I., 139
Philby, Kim, 636
Pilsudski, Josef, 216, 220, 305, 459
Piotrovski, V. V.: *Na trilha das antigas culturas*, 642
Planos Quinquenais: Primeiro, 308, 312-313, 325, 336, 337, 353, 364, 396, 402, 425, 458; Segundo, 364, 369, 372-373
Plataforma dos 46, 259-260
Platonov, Andrei, 358
Platonov, Sergei, 317, 360
Plekhanov, Georgi: influência, 67, 69-70, 74; na conferência de Estocolmo (1905), 88; Stalin critica, 89; na conferência de Londres (1907), 91; como pensador, 120
Pokrovski, Mikhail, 380
Poletaev, Nikolai, 167
Politburo: e a Guerra Civil, 222-223; e a questão nacional, 241; composição

e unidade no, 259; Kamenev chefia após morte de Lenin, 268; facções e disputas internas, 287, 303-304; e política agrícola agressiva de Stalin, 307; e escassez de grãos, 309; aprova eliminação dos *kulaks*, 316; poder e status, 327; número de membros, 328; o idealismo marxista, 352; e eliminação dos opositores, 371-372; na Constituição de 1936, 374; tratamento dos cazaques e ucranianos, 382-383; sanciona expurgo de elementos antissoviéticos, 409; expurgos de Stalin, 434-435; reformas, 436; e política externa de Stalin, 440, 442, 446, 457, 461, 614; sobre ascensão de Hitler ao poder, 445, e o Pacto Nazi-soviético (1939), 464; Stalin manipula membros, 600-602, 606; e a sucessão de Stalin, 653

poloneses (étnicos): mortos no Grande Terror, 410

Polônia: Stalin encontra Lenin na, 116-117; independência aceita, 188; guerra soviética com (1920), 216-224, 442; como invasora em potencial, 239, 290-291, 304; Stalin domina, 466; Stalin pressiona (1939), 459; Hitler planeja conquista da, 462-463, 466; derrotada pela Alemanha (1939), 466; ocupação parcial e regime soviético na, 466-468; hostilidade histórica à URSS, 514; acordo no pós-guerra, 532-534, 534-537, 546; avanço soviético sobre, 540, 543-544; objetivos de Stalin no pós-guerra, 541; eleições na, 585, 588-589; Governo Provisório, 586; rejeita execução de Gomulka, 592-593; demonstrações antissoviéticas na, 675-676

Popkov, Pëtr, 610

Popov, Nikolai, 420

Port Arthur, 545, 582, 642

Poskrëbyshev, Alexander, 306, 478, 505, 596, 603, 608, 652-653, 655, 662

Pospelov, P. N., 420

Postyshev, Pëtr, 302

POUM (Partido Operário de Unificação Marxista), 449-450, 453

Pravda (jornal): fundado, 111; Stalin escreve para, 115, 209; Molotov e Shlyapnikov editam, 151; e a questão nacional, 153; Stalin indicado para conselho editorial, 152, 166; Stalin desiste de editar, 184; sobre a morte de Nadya Allilueva, 344, 422; e o pacto de não agressão com a Alemanha (1939), 462; informa sobre a guerra, 484; escritos cultuando Stalin, 519, 526, 536, 624; avilta líderes ocidentais, 628; sobre o Complô dos Médicos, 662; limita elogios póstumos a Stalin, 673; prepara editorial laudatório a Stalin, 676

Prêmio Stalin, 361

Preobrajenski, Yevgeni: insta à ampla revolução europeia, 171; simpatiza com Trotski, 227, 270-271; opõe-se à indicação de Stalin para secretário-geral, 230; critica a política econômica, 259-260; escritos, 291; alia-se a Stalin, 329

Presidium (partido bolchevique): criação do diretório interno, 659; e o

derrame de Stalin, 663-664; e a sucessão de Stalin, 665
Primeira Guerra Mundial (1914-18): irrompe, 138; participação russa na, 138, 145, 148, 178; condução da, 162-163, 167; visão de Stalin da, 162
Prokofiev, Sergei, 670
Proletari (revista), 123
proletariado, ditadura do, 122-123, 162, 181, 209, 591
Prosveshchenie (revista), 118-119
província de Tambov, 227
Prússia: domínio soviético sobre, 566
Przewalski, Nikolai, 39
Pugachëv, revolta de (1773-5), 81
Pushkin, Alexander, 46, 380, 643-644
Pyatakov, Georgi, 165, 250, 329, 405, 407, 594
Pyatnitski, Osip, 332, 409

Q

Quarta Internacional, 460
quebra de Wall Street (1929), 318, 339, 444, 458
questão nacional: Stalin sobre, 79, 82, 101-102, 113, 124-129, 153, 164-165, 191, 194, 238-239, 242-243, 248-249, 255, 379, 384-386; e Comissariado de Stalin, 183, 188-191; política partidária sobre, 209-210, 235, 241, 305, 378; e repúblicas autônomas, 241

R

Rabochi put (jornal), 176-179
Radek, Karl: e a guerra com a Polônia, 217; julgado, 407

Radzinski, Edvard, 27
Rajk, László, 592-594
Rakovski, Christian, 271, 414
Ramishvili, Isidore, 59, 98, 193, 247
Ramzin, Leonid, 317
Rapallo, Tratado de (1922), 231-232, 290, 341, 445, 458
Rappaport, Yakov, 665
Rasputin, Grigori, 148
Redens, Stanisław, 210, 329, 500. 504
região do Volga: coletivização na, 315-316
Reisner, M. A., 194
religião: perseguida, 301, 305, 317, 338, 353
Renner, Karl, 124
República de Weimar, 443
República Socialista Federativa Soviética da Rússia (RSFSR): Constituição, 191, 212; na federação soviética, 235-236, 240, 245; sem partido comunista próprio, 386; e as ambições de Leningrado, 612
República Tártara-Basquir, 241
repúblicas autônomas: criadas, 238-239
Revolução de Outubro (1917): e a motivação dos proletários, 26; efeito sobre a ordem mundial, 573
Reznikov (informante), 334
Rhee, Syngman, 633
Ribbentrop, Joachim von, 462-463, 504, 532, 634
Riga, 244
Robespierre, Maximilien, 206
Rodionov, Mikhail, 610-611
Rodzaevski, Konstantin, 382
Rodzianko, Mikhail, 149
Röhm, Ernst, 397

Rokossovski, marechal Konstantin, 493-494, 507, 539, 542-543
Romênia: invasora em potencial da URSS, 291, 304; Stalin sonda, 447; exigências soviéticas à, 469; tropas na URSS, 492; e o pan-eslavismo, 514; URSS exige reparações da, 555, 585; regime comunista na, 586-587; monarquia destronada, 586
Roosevelt, Franklin D.: condena atrocidades nazistas, 488; Stalin entretém, 504; encontra Stalin em Teerã, 511; fala na mídia, 519; coopera com Stalin, 528; Churchill encontra, 529; concorda em suprir URSS na guerra, 531; relação com Stalin, 530-531, 536-537, 551, 559; e acordo europeu no pós-guerra, 532-535; na Conferência de Yalta, 535; quer Organização das Nações Unidas, 535-536; morte, 537, 549; e possível captura de Berlim, 544; compromissos com Stalin, 583
Rozanov, Vladimir, 276-277, 344
Rudzutak, Yan, 263
Rukhimovich, Moisei, 269
Rússia (pós-1991): condições, 680-681; ver também União Soviética
russos (étnicos): engrandecidos, 380-382, 384-387, 569; Stalin honra no fim da guerra, 550
Rustaveli, Shota, 50, 59; *Cavaleiro em pele de pantera*, 384, 638
Rybin, A. I., 664
Rykov, Alexei: e a Conferência Estatal Democrática, 172-173; membro do So-vnarkom, 183; Lenin propõe promover, 234; ataca Stalin, 270; Stalin apresenta demissão a, 295; apoia a política agrária de Bukharin, 309; Stalin propõe demitir, 328; Stalin avilta, 331-332; admoestado, 335; julgado, 414
Ryutin, Maremyan, 335, 368, 370

S

S. Petersburgo (às vezes Petrogrado; Leningrado): massacre (1905), 81; Stalin opera em, 118; renomeada Petrogrado, 138; insubordinação industrial em (fevereiro de 1917), 148, 155; soviete, 149, 153, 161, 163, 173, 174, 179; entre as revoluções de fevereiro e outubro, 161; demonstração de protesto (julho de 1917), 167, 170; na Revolução de Outubro, 182; renomeada Leningrado, 264; expurgos do NKVD em, 373; alemães ameaçam e sitiam, 481-483, 489, 491-492, 506, 611; suposta conspiração, 609; patriotismo local em, 611
Sakhalin, 379
Samoilov, F., 118
Schulenburg, conde Friedrich Werner von der, 475
Sebag-Montefiore, Simon, 28
"segundo front", 528, 530, 539-540
Serebryakov, Leonid, 227, 270-271, 407
Sergeev, Artëm (filho adotivo de Stalin), 278
Sergei, Patriarca em exercício, 510-511
Shakhty, mina de carvão, bacia do Don, 307-308, 317

Shamil (rebelde islâmico), 35, 50-51, 569
Shaumyan, Stepan, 94, 99, 207
Shepilov, D. T., 659
Shevchenko, Taras, 387
Shlyapnikov, Alexander, 151, 152, 183, 200, 227, 295
Shneidorovich, dr. M. G., 419
Sholokhov, Mikhail, 355, 358, 428
Shostakovich, Dmitri, 358, 361, 509, 569
Shreider, A., 192
Shumyatski, Boris, 358
Shvernik, Nikolai, 302
Sibéria: fornecimento de grãos da, 301-302; *ver também* Distrito de Turukhansk
Simonov, Konstantin, 639-640
Sindicato de Escritores, 361
sindicatos: Trotski ataca, 226, 243
Siqueiros, David Alfaro, 456
Skobelev, 167
Skrypnik, Mykola, 353
Slánsky, Rudolf, 593-594
Smilga, Ivan, 133, 180
Smirnov, A. P., 284, 286
Smirnov, Ivan, 86, 290
Smyrba, Hashim, 73
Snesarev, Andrei, 201, 203-204, 208
Sochi, 282, 341, 347-348
social-federalistas, 70
"socialismo em um só país", 171, 293, 311, 439, 441, 640-641
socialismo: como ideal marxista, 351-352
socialistas revolucionários: ridicularizam Stalin, 24, 32; pouco apelo no Cáucaso, 70; líderes voltam à Suíça, 95; opõem-se a Kerenski, 172; e a Conferência Estatal Democrática, 173; apoiam o Governo Provisório, 176; deixam o II Congresso dos Sovietes, 182; como rivais em potencial, 263, 337-338; presos e condenados, 396
Socialistas-Revolucionários de Esquerda, 184, 191, 194, 196
Sokolnikov, Grigori, 172, 178, 234, 287, 330, 407
Solomin, V. G., 596
Solvychegodsk, 94-95, 106-107
Sorge, Richard, 476
Sotsial-Demokrat (jornal), 115
Souvarine, Boris, 24
Soviete de Deputados Operários e Soldados (Petrogrado), 154
sovietes (conselhos): formação, 81, 85, 161; como fonte de poder, 171
sovkhozes (fazendas coletivas), 316
Sovnarkom (Conselho de Comissários do Povo): composição, 183, 187; papel de Stalin no, 183-184, 186, 423; e a questão nacional, 188-191, 238; e o controle da economia pelo Gosplan, 308; renomeado Conselho de Ministros, 601; *ver também* Conselho de Ministros
Spandaryan, Suren, 67, 121, 143
Stakhanov, Alexei, 372
stakhanovistas, 372-373
STALIN, JOSEPH
CARACTERÍSTICAS: reputação e imagem, 23-33; leituras, 30, 63, 68, 117, 139, 354, 638, 642; estado mental, 31, 238-239, 401-402; cultiva atitudes conciliatórias, 31; vingatividade, 49, 105-106; rebeldia no seminário, 60-61, 64; isolamento, 76-77,

98, 135, 340, 403, 433, 467, 501, 616; discursa, 84, 166, 293, 323, 389, 391, 519, 639, 658; valentia física, 106; apreço por crianças, 117-118, 417-418; como pensador e teórico, 120-124, 169-170, 209-210, 265, 293, 417, 644-645; necessidade de dominar, 144; modos grosseiros, 146-147, 279; brincadeiras e imitação, 147, 503-504; suspeita de conspirações e complôs, 208, 334-335, 362-363, 393-394, 401-402, 414, 443, 658; ressentimento e desvalorização, 224; impaciência nas reuniões do Sovnarkom, 238-239; desafia rivais em reuniões do partido, 258-259; práticas conspiratórias, 271-272; qualidades de liderança, 272, 294; flertes, 283, 343, 504; dá dinheiro a mendigo, 285; sem interesses fora da política, 285-286; identidade nacional, 378-379, 384-386; comportamento como governante, 389-392; processos mentais e valores morais, 393-395, 399-403; natureza multifacetada, 439; fumo, 501, 505, 621, 623, 574; austeridade pessoal, 504; rivalidade com Hitler, 517; distância do público na guerra, 520; atitude com colegas e subordinados, 522-525; distância da situação do pós-guerra, 572; rotina diária, 599-600, 652; interesses intelectuais, 638-639, 642-644, 649; orgulho dos feitos soviéticos, 641-642, 643-644; imprevisibilidade na velhice, 659-660, 663

VIDA PESSOAL: data de nascimento, 35; biografia oficial (1938), 34-35, 420; batismo, 37-38; suposta origem ilícita, 39-40; infância e criação, 40-44; varíola na infância, 41; escolaridade, 42-43, 45-47, 53; trabalha na fábrica de sapatos de Tbilisi, 45-46; atitude ante o pai, 47, 98; prejudicado em acidente com carruagem, 47-48; juventude em Gori, 47-48; adota o nome Koba, 50-51, 166; testemunha enforcamentos em Gori, 51-52; frequenta o Seminário Teológico de Tiflis, 53, 54, 63; aprende russo, 53; canto, 53, 54, 58, 146, 503, 596; conhecimento do grego clássico, 58; primeiros poemas em georgiano, 61-63, 112, 356; deixa o Seminário Teológico de Tiflis, 64-65; abandona a fé religiosa, 65; trabalha no Observatório Físico em Tbilisi, 66; vestimenta, 67, 150, 168, 205, 495, 505; em fuga em Tbilisi, 69; em Batumi, 72-74; feito prisioneiro, 73, 76-77; jornalismo e escritos, 73-74, 90-91, 105, 111-112, 115, 119; exílio na Sibéria, 76-77, 99, 132-144; aparência, 77, 150, 621-623, 625, 651; corte e matrimônio com Ketevan, 89-90; nascimento de filhos, 90, 277; e morte de Ketevan, 96-97, 403; visita Berlim, 102; atitude com relação aos judeus, 104-105, 130-131, 193, 592-593, 646-648; começa a escrever em russo, 105; aprende esperanto, 105; conquistas sexuais e filhos ilegítimos, 106-107, 137, 169; muda-se para Vologda, 107; adota o pseudônimo Stalin,

112; foge para S. Petersburgo, 114-115; em Viena, 116; pesca, 141; rejeitado pelo serviço militar, 146; volta para Petrogrado (1917), 150; esconde-se com os Alliluev em Petrogrado, 168-169; raspa a barba e o bigode de Lenin, 168; edita *Rabochi put*, 176-179; matrimônio com Nadejda Allilueva, 205, 275; apendicite, 229, 276-277; problemas e tratamentos de saúde, 245, 276-277, 278, 282-283, 563, 601, 650-651; revisita a Geórgia (1921), 245-248; agride Krupskaya, 253-254, 673; Krupskaya modera atitude, 264; criticado por seu russo ruim, 270; relações conjugais, 276, 278-279, 283-286, 340-343; adota Artëm Sergeev, 278; dieta, 278, 654; casas e vida familiar, 280-283; férias, 282, 297, 341, 347-348, 651-654; caça, 282, 349; melhora conhecimentos linguísticos e estuda a filosofia marxista, 293; impopularidade, 337-339, 559; preocupação com segurança pessoal, 340; suicídio e funeral de Nadya, 343-346, 398, 403; constrói nova *datcha* em Kuntsevo, 347; recreação, 349; valores e reformas culturais, 351, 353-363; ideais socialistas, 351; e filmes, 358, 638; acompanha Svetlana no metrô, 387-388; evita contato com o povo, 387; escrita, 388; biografias de, 420-422, 617-618, 619-623; fica em Moscou durante a guerra, 485; relações com filhos e filha, 497, 549; envia dinheiro a antigos amigos georgianos, 500; saúde ruim na guerra, 501; bebida, 501-504, 532, 597; vida social com amigos homens, 503-505, 596-597; e as mulheres, 502-504; joga bilhar, 503-504; adulação no Ocidente, 521-522, 536; uso de apelidos, 525-526; relação com Churchill e Roosevelt, 530-532; troca com Alan Brooke, 537; e a morte de Roosevelt, 537-538; opinião pública no pós-guerra sobre, 558-560; publicação de obras reunidas, 617-618, 620; morte, 621, 666-669; persegue membros da família, 623-624; comemoração do 70º aniversário, 625-626; menosprezo do Ocidente por, 628; sobre linguística, 642-644; desconfiança de médicos ocidentais, 650, 656; declínio da saúde, 652; anfitrião na velhice, 653-654, 662; festa de 73º aniversário, 661; sofre um derrame, 663-666; documento da autópsia perdido 668; embalsamado, 668; funeral, 669-670; coleção de livros dispersa após a morte, 673; reenterrado abaixo do muro do Kremlin, 676

VIDA POLÍTICA: Kruschev denuncia, 26, 201, 421-422, 675; opera no sistema soviético, 30; oposição a, 32; abraça o marxismo em Tbilisi, 66-68; suspeito de ser agente da Okhrana, 69, 99-101; atividades revolucionárias na Geórgia, 72-73, 76, 82, 86, 100; circula o "Credo" ao voltar a Tbilisi, 78-79; e a questão nacional, 79, 82, 101-102, 113, 124-130, 153,

164-166, 209, 235, 238-239, 242-243, 248-249, 255, 379, 383-387; compromisso com o bolchevismo, 82, 85, 88, 121, 173-174, 209; assiste ao IV Congresso do Partido (Estocolmo, 1905), 87; em Londres para o V Congresso do Partido (1907), 91-92; predomínio do bolchevismo georgiano, 91, 103; detido e encarcerado em Baku, 94-95; acusado de organizar roubos à mão armada, 100-101, 102-103, 192; Lenin coopta para o Comitê Central, 110, 139; preso (1912) e enviado ao distrito de Narym, 112, 113; emite proclamação (Dia do Trabalho, 1912), 112; Lenin elogia, 113, 117; encontra Lenin na Polônia, 115-117; preso novamente (1913), 118-119; questiona as políticas de Lenin, 122-123, 140, 162, 219-220, 248; apoio inicial ao Governo Provisório, 149-150, 152; não entra para Diretório Russo ao voltar do exílio, 151; admitido no Diretório Russo, 152; atitude com relação aos mencheviques, 153; segue a liderança de Lenin, 157, 163-164, 188, 211, 225, 400, 681; atitude ante a Primeira Guerra Mundial, 152; eleito para o Comitê Central na conferência de abril de 1917, 166, 174; no VI Congresso do Partido (1917), 170; trabalha para o partido em Petrogrado, 169; política de "socialismo em um só país", 171, 293, 311, 439, 441, 641; apoia política revolucionária de Lenin, 175-176; no comitê executivo do soviete de Petrogrado, 177; hostil a Trotski, 177, 193, 196-197, 206-207, 222, 224, 251, 255, 260, 270, 272; e as ações de Kerenski contra os bolcheviques, 179; papel e posição no Comitê Central, 180-183; atividades na Revolução de Outubro, 182-183; reputação e aceitação melhoram, 183; obtém o favor de Lenin, 183-184; comissário do povo para Assuntos das Nacionalidades, 183, 186-191, 199, 212, 238; ajuda a esboçar a Constituição da RSFSR, 191, 212; defende e pratica a violência e a ditadura de Estado, 194, 199, 207-210, 252, 377, 394-395, 402-103, 429, 682-683; e atividades revolucionárias no estrangeiro, 195-197, 214-215; demanda poder militar total na região do Volga, 195-196, 201, 203, 207-208; apoia a paz por separado na Primeira Guerra Mundial, 196-198; designado para obter grãos (1918), 200-203; na Guerra Civil, 202-203, 210-213, 221-222, 238; compromissos e atividades oficiais, 212; e a guerra com a Polônia, 216-219, 220-225; ameaça renunciar, 218, 229, 295; criticado na IX Conferência do Partido, 225; apoia Lenin na disputa com Trotski sobre sindicatos, 226-227; Lenin pede-lhe que garanta controle sobre aparato do partido, 228-229; indicado secretário-geral do partido, 231; política externa, 231-232, 310-311, 439-448, 457-458, 464, 641-642; apoia a NEP, 231; opinião e relação de Lenin com,

232-233, 236-237, 250-251, 260; disputas com Lenin moribundo, 234; favorece o domínio da RSFSR sobre as repúblicas, 235-236, 240; e o reconhecimento das Repúblicas Bálticas, 240; e o acordo nacional e étnico caucasiano, 241-246; e a formação das repúblicas autônomas, 241; no testamento de Lenin, 250-252, 254-255, 260, 294, 326; Kamenev e Zinoviev protegem e apoiam, 255-258, 260, 266; apresenta relatório no XII Congresso do Partido, 256; Zinoviev age contra, 257-258, 287-289; no XIII Conferência do Partido, 260-261; organiza e discursa no funeral de Lenin, 263; estimula culto de Lenin, 265; escapa da leitura do testamento de Lenin no XIII Congresso do Partido, 266; apresenta relatório no XIII Congresso do Partido, 267; pede para ser liberado de cargos, 267; cria uma claque, 268-269; derrota a Oposição de esquerda, 271, 273; no Politburo disputa com Zinoviev e Kamenev, 287; esboça programa e objetivos, 291-292; derrota a Oposição Unida, 294-298; e a NEP, 293; abandona a NEP, 301-303, 310, 312, 319, 326, 406; política agrícola agressiva, 301-302, 306-307, 320-321; e a coletivização, 301, 307, 309, 315, 319, 321-322, 570; industrialização forçada, 301-304, 305-306, 308, 310, 319, 322-324, 328, 338-339, 372; organiza o julgamento de engenheiros e especialistas de

Shakhty, 308-309; adapta-se à mudança, 312-313; mudanças políticas radicais, 313, 314, 319; reprime grupos antissoviéticos, 317, 429-430; proclama patriotismo, 319; despotismo no governo, 326-337, 430-436, 564, 613-616, 681; título de secretário-geral, 327; desconfia de grupos faccionais, 329-330, 334 336; exige pena capital para adversários, 350; objetivos e ideais, 352-353; e a insatisfação industrial, 365; domina a política econômica, 365; quase expulso do XVII Congresso do Partido, 368; e o assassinato de Kirov, 369-370; elimina os oposito res, 371-376; supervisiona a nova Constituição (1935-6), 374-375; ódio dos camponeses de, 380, 387, 425; e o patriotismo soviético, 380 381; compromissos e promoções de funcionários, 395, 418, 426, 431-432; ameaça aniquilar inimigos do Estado, 398; comenta *Materialismo e empiriocriticismo*, 399; instiga e supervisiona o Grande Terror, 405-406; culto e imagem pública, 416-426, 519-521, 617-627; domínio, 423; renomeado secretário do Comitê Central do partido, 423; tenta erradicar a compadrio político, 430; e a Alemanha do pré-guerra, 444; intervém na Guerra Civil Espanhola, 449-450; deportações e execuções étnicas, 452; e as atividades dos partidos comunistas estrangeiros, 453-454; busca aproximar-se da Alemanha nazista 456: e a guerra no Extremo Oriente, 455; e o assassinato de Trotski, 457: recebe relatórios de fontes estrangeiras, 457; e pacto de não agressão com Alemanha (1939), 462-465; anexa as Repúblicas Bálticas, 466-469; e a Guerra de Inverno na Finlândia, 467; e os êxitos militares alemães no Ocidente, 469; e a ameaça alemã, 471-473; surpreso com a invasão alemã, 474-475; recupera o controle após invasão alemã, 476-477; como comandante supremo na guerra com a Alemanha, 478; recua nos primeiros dias da guerra, 478-479; estratégia na guerra, 468, 490; e as atrocidades alemãs, 487-488; impede o recuo em Stalingrado, 490-491, 464; coopera com comandantes na guerra, 492; e a vitória de Stalingrado, 495; propõe grande ofensiva depois de Stalingrado, 506-507; e a condução da guerra após Kursk, 508; relaxamento das regras culturais na guerra, 509; concessões à Igreja na guerra, 510-511; dissolve o Comintern, 511; mudanças políticas na guerra, 512-516; estimula a eslavofilia, 514; fala à nação após início da guerra, 517-518; evita a frente de batalha durante a guerra, 526-527; consultas com os aliados ocidentais, 528; comparece a conferências com Churchill e Roosevelt, 529-530, 531-537; exige que Aliados abram segunda frente, 530; e acordos europeus no pós-guerra, 532-536; e o Levante de Varsóvia, 541-542; e a captura de Berlim, 544-545; justifica as brutalidades do Exército Vermelho, 544; na Conferência de Potsdam, 546; sabe da bomba atômica dos EUA, 547; anuncia a vitória sobre a Alemanha, 549-550; comemorações da vitória (1945), 549-553; opinião sobre líderes mundiais, 551; consciência das insatisfações no pós-guerra, 557; resiste a reformas no pós-guerra 563, 567-572, 612-613; política exterior no pós-guerra, 565-566, 577-583, 587-588; política de coexistência, 573; conserva os territórios do Leste Europeu, 577-578; e a política de Truman, 578; e o desenvolvimento da bomba-A soviética, 580-581; atitude ante a China e Mao, 581-582, 630-631; controle dos países do Leste Europeu, 584-586, 592-594; campanha contra Tito, 588; e as "democracias populares" no Leste Europeu, 590-591; manipula e humilha colegas, 597-598; alcance dos serviços de inteligência e informação, 600; indica "curadores", 601; controle político no pós-guerra, 604-605; visão retrospectiva da guerra, 620; e a Guerra da Coreia, 631-637; preocupação com a Itália e a França, 635-636; exclui influências externas, 639-640; motivação ideológica, 648; a questão da sucessão, 652-653, 665-667, expurgos de judeus, 656-657; reorganiza a estrutura partidária no XIX Congresso, 657-659;

reputação póstuma, 673-674, 676-677; avaliação das conquistas, 681-686
OBRAS: "Anarquismo ou socialismo", 120-121; "Atordoados com o sucesso", 321; *Os problemas econômicos do socialismo na URSS*, 644; *Fundamentos do leninismo*, 265, 417, 673; *História do partido comunista da URSS (bolcheviques): breve curso*, 361, 362, 420, 618; "O marxismo e a questão nacional" (antes "A questão nacional e a social-democracia"), 119, 124-125, 127, 385; "Marxismo e problemas de linguística", 639; *Questões do leninismo* (ou *Em torno dos problemas do leninismo*), 291, 293, 442
Stalin, Vasili (filho de Stalin): nascimento, 277; criação, 280-281; sobre a origem georgiana do pai, 378; acompanha a irmã Svetlana no metrô, 388; serve na guerra, 496, 595; relação com o pai, 497, 624; comportamento, 595; cai em desgraça com a morte do pai, 674
Stalin, Yakob (filho de Stalin com Ketevan) *ver* Djughashvili, Yakob
Stalingrado: Batalha de, 490-495, 506; *ver também* Tsaritsyn
Starostin, Mikhail, 662
Stavka (Comando Supremo durante a guerra): formação, 478-479, 480; estratégia, 485-486, 488-489, 507; reuniões, 516; desacordos no, 541
Sten, Jan, 293
Stepanov, general, 522-523
Stolypin, P., 95

Stroev, tenente Pëtr, 90
Struve, Pëtr, 70
Sukhanov, Nikolai, 24
Sukhova, Tatiana, 106
Sultan-Galiev, Mirza Said, 190-191
Surin, Semën, 113
Suvorov, Alexande 380
Suvorov, S. A., 89
Svanidze, Alexander (irmão de Ketevan), 89-90, 278, 345-346, 500, 502, 504, 624
Svanidze, Alexandra, 624
Svanidze, Ketevan *ver* Djughashvili, Ketevan
Svanidze, Maria, 278, 283, 387, 500, 502, 624
Sverdlov, Yakov: com Stalin em Narym, 114; tentativa de fuga, 114; no exílio com Stalin no distrito de Turukhansk, 134-137; chefia o secretariado do Comitê Central, 166; trabalho partidário em Petrogrado, 170; apoia a política revolucionária de Lenin, 175, 177; e a questão nacional, 191-192; apoia a paz por separado na Primeira Guerra Mundial, 196, 226; prestígio, 212; e as revoluções no estrangeiro, 214; morte, 229; Nadya Allilueva pede melhor acomodação a, 279
Syrtsov, Sergei, 301, 334-335, 337
Szklarska Poręba, Polônia, 578-579, 587

T

Taiwan, 631
Tarle, Yevgeni, 317, 360, 514
tártaros, 241-242

Tbilisi: localização e status, 36, 54-55; trabalho do pai de Stalin em, 39, 45-46; Stalin trabalha em, 45-46; Stalin frequenta seminário em, 53, 54-59, 63-64; composição racial e cultural, 55; Stalin deixa o seminário, 64-65; Stalin trabalha no Observatório Físico, 66; Stalin fala em reuniões (1921), 247

Tchecoslováquia: Stalin sonda, 447, 459; Alemanha anexa, 455; hostilidade à URSS, 514; e o Plano Marshall, 577; debilidade comunista na, 585; tradição democrática, 586; comunistas conseguem dominar, 586, 589, 592

Ter-Petrosyan, Semën ("Kamo"), 90, 101-103, 279

terror *ver* Grande Terror

Thorez, Maurice, 333, 453, 636, 670

Tiflis *ver* Tbilisi

Tikhonov, Alexander, 677

Til, Katerina, 497

Timashuk, dra. Lidia, 609, 656

Time (revista): traz Stalin como Homem do Ano, 25, 521

Timoshenko, Semën: indicado para chefiar o Comissariado do Povo para a Defesa, 467; planeja ofensiva preventiva contra a Alemanha, 472; e a invasão alemã da URSS, 474-475; não recebe dados de inteligência sobre a Alemanha, 476-477; chefia a Stavka (Comando Supremo), 478; defende Moscou, 481; considera recuar de Kiev, 486

Tito, Josip Broz, 555, 584, 588-590, 611, 636, 673

Titvinidze, M., 596

Togliatti, Palmiro, 332-333, 449, 450, 551, 589, 626, 636, 670

Tolmachev, Vladimir, 335, 337

Tolstoi, Alexei, 354-355

Tolstoi, conde Leon: *Hadji Murat*, 50

Tomski, Mikhail, 229, 263, 270, 309, 335, 488

Tovstukha, Ivan, 416; esboço biográfico de Stalin, 24

trabalhos forçados, 317, 415; *ver também gulag*; campos de trabalho

Tratado Anglo-Soviético (março de 1921), 231, 290

Tratado de Brest-Litovsk, (1918), 198, 214, 224, 442, 462, 484

Tratado de Versalhes (1919), 231-232, 441, 443-444, 446

tratores: oferta de, 308, 314-315

Tretyakov, A. F., 667

Tribunal Revolucionário de Moscou, 192-193

Trieste, 589

Trotski, Lev: ridiculariza Stalin, 24, 28; lidera o soviete de S. Petersburgo (1905), 84, 177; como pensador, 120, 292; critica Stalin, 153, 394; orador, 166; preso, 167, 170; volta para o Comitê Central, 172, 174; política revolucionária, 174, 178-179; hostil a Stalin, 178, 193, 196, 205-206, 221, 225, 251, 255, 260, 270, 272, 294; avilta Stalin por ser marginal, 180; omitido das tarefas do Comitê Central, 180; papel militar na Revolução de Outubro, 182; forma o Sovnarkom, 183, 186; opõe-se à coalizão com outros partidos socialistas,

184; como comissário do povo para Relações Exteriores, 183; atitude de Lenin ante, 185; controla os fundos, 186-187; Lenin lhe faz sombra 188; e a guerra revolucionária fora da Rússia, 195-196; e a paz por separado na Primeira Guerra Mundial, 196; assassinado, 197, 456-457; como comissário do povo para Assuntos Militares, 198, 202; defende o terrorismo de Estado, 199, 209, 394, 396; e as atividades de Stalin em Tsaritsyn, 206-207; crê em conspirações, 208; Lenin apoia como chefe do Exército Vermelho, 208; indiferente ao partido, 209; aparições públicas, 212; e a guerra com a Polônia, 217, 220, 222-224; na Guerra Civil, 222; ataca os sindicatos, 226, 243; perde o favor de Lenin, 227; reprime o motim de Kronstadt, 228; discute com Molotov, 229-230; tarefas administrativas, 230; e o declínio da saúde de Lenin, 234; renova aliança com Lenin, 234-235; e a política de Stalin sobre a questão nacional, 249; no testamento de Lenin, 250-251; franqueza com Lenin, 250; no XII Congresso do Partido, 256; impopularidade no partido, 256; indicado para o Orgburo, 258-259; opõe-se à NEP, 259; sobre a "crise das tesouras", 259; não assiste ao funeral de Lenin, 262; atacado na XII Conferência do Partido, 266-267, 272; condição judaica, 270, 376, 381, 646-647; líder rival de Stalin, 270-271, 326; exige crescimento industrial, 273; derrotado, 289; escritos, 291-293, 417; e o socialismo em outros países, 293; Stalin e Bukharin contra ele, 294-295; na Oposição Unida, 296-297; excluído do Comitê Central, 298; e a reforma econômica, 303, 333; zomba da política internacional de Stalin, 311; e a disputa entre Stalin e Lenin (1922-3), 326; como ameaça contínua, 328, 333-334, 370; Stalin avilta, 331; exílio e deportação, 334, 336, 370; e a cultura, 354; injuriado, 370; apoiadores detidos, 370; acusado de ações antissoviéticas, 375-376; escreve memórias, 394-395; promoção com base na competência, 396; Voroshilov desdenha, 396; e a revolução socialista mundial, 439; acusa Stalin de trair a Revolução de Outubro, 443; Stalin persegue, 457; e a Quarta Internacional, 460; *Arte e revolução*, 354; *As lições de outubro*, 272; "O novo rumo", 260

Truman, Harry S.: sucede a Roosevelt, 538; na Conferência de Potsdam, 546; e o uso de armas nucleares, 545-548; e a derrota do Japão, 547; não impressiona Stalin, 551; aceita a coexistência, 573; desconfia das intenções soviéticas, 574; política para a URSS, 578, 582-583; e a Guerra Fria, 582; não interferência no Leste Europeu, 584; aviltado na URSS, 628; e a Guerra da Coreia, 631, 635, 636; envia Coca-Cola a Stalin, 639; envia condolências quando Stalin morre, 670

Tsaritsyn (depois Stalingrado; e logo Volgogrado): Stalin busca grãos e faz guerra contra, 201, 203-204, 208; renomeada Volgogrado, 676; *ver também* Stalingrado, Batalha de

Tsereteli, Giorgi, 60, 63, 71

Tsereteli, Irakli, 167

Tskhakaya, Mikha, 59, 70, 75, 78. 79, 82, 90

Tsushima, Batalha de (1905), 545

Tucker, Robert, 28, 31

Tukhachevski, Mikhail: em guerra com a Polônia, 216, 220-221; Stalin suspeita de conspiração, 330; prisão e execução, 389, 408, 436

Tupolev, Andrei, 360

Turquia: invasora em potencial da URSS, 239, 245, 291; apoia libertação nacional nas colônias, 242-243; Stalin faz demandas territoriais sobre, 576

U

Ucrânia: hostil à Rússia, 165; autogoverno proposto para, 167, 189; autoridade regional (Rada), 187; alemães ocupam, 203; Piłsudski invade, 216; Wrangel ameaça, 230-231; e a autonomização, 236; estabelecida como Estado soviético, 239; tratado com a RSFSR, 240; nacionalidade, 243-244, 305; escassez e cotas de grãos, 302, 322, 365-366, 383, 495; poloneses deportados da, 305; fome, 325, 364, 367, 498; suposto genocídio na, 382-384; fronteiras fechadas, 383; planos de integração de Stalin para, 383-384; alemães invadem, 483; alemães saqueiam, 487-488, 508; ofensiva soviética fracassada na (1942), 490; resiste ao domínio soviético, 556, 565, 615; condições no pós-guerra, 567; dissidentes enviados ao *gulag*, 571

Uglanov, Nikolai, 272, 309

Ulam, Adam, 28

Ulrikh, Vasili, 414

Ulyanova, Maria (irmã de Lenin), 232, 254

União de Todos os Povos para Lutar pela Regeneração da Rússia, 317

União Soviética: isolamento, 215; estrutura federal, 235-236, 240; título adotado (União das Repúblicas Socialistas Soviéticas), 236, 248; e a ameaça de intervenção externa, 239, 290-291, 304; e as repúblicas autônomas, 240; desenvolvimento econômico, 301-305, 325, 444; papel, 328; modernidade na, 352; direitos cidadãos na, 374-375; constituições: (1924), 248; (1936), 374-375, 641; e a nacionalidade, 378-380, 385-387, 436; compadrio político e grupos clientelistas, 431-432; excluída da Liga das Nações, 441; política externa, 441-446, 457; produção bélica, 445; EUA reconhece,

445; pacto de não agressão com a Alemanha nazista (1939), 462-466, 684; Guerra de Inverno com a Finlândia, 466-467; Hitler planeja atacar, 472-473; alemães invadem (Operação Barba rossa), 474; Alemanha conquista e avança pela, 478-479, 481-484; política de terra arrasada na guerra, 484; organização e produção econômica na guerra, 487; apoio dos aliados ocidentais à, 489; refugiados de guerra na, 490; hino nacional, 509-510, 678; ênfase no patriotismo, 513-515; suprimentos dos aliados ocidentais, 530; vitória sobre a Alemanha, 549; poder no pós-guerra, 552, 576, 583, 628-629; perdas humanas e materiais na guerra, 553-554; regime e repressões no pós-guerra, 556, 564; desvalorização e regeneração econômica, 569-570; revolta estudantil na, 571, 614-615; relações com aliados ocidentais no pós--guerra, 573-574; e início da Guerra Fria, 575-576; e política ocidental de contenção, 575; fabrica armas nucleares, 580-581; corrupção e má administração na, 615; hostilidade ao Ocidente, 628; exclusão de influências estrangeiras, 639; reformas após a morte de Stalin, 672-675; colapso (1991), 678; totalitarismo na, 684-685; *ver também* Rússia (após 1991)

Universidade Sverdlov: palestras de Stalin na, 265

Uratadze, Grigol, 72, 76, 77, 109
USSR *ver* União Soviética
Ustinov, marechal D. F., 677

V

Valedinski, dr. Ivan, 282-283
Varga, Jeno, 551, 577
Varsóvia: na Guerra de 1920, 220-222; insurgência (1944), 540-542
Vasilevski, general Alexander, 492-494, 507, 539, 547
Vatutin, general Nikolai, 493
Vavilov, Nikolai, 360-361
Vereshchagin, I., 422
Vereshchak, Semën, 106, 113
Viena: Stalin em, 117
Vinogradov, dr. Vladimir, 501, 563, 650-651, 653
Vipper, R., 398
Vladimir, arcebispo, exarco da Geórgia, 56
Vlasik, Nikolai, 348, 474, 497, 499, 596, 604, 652, 655, 662
Vlasov, general Andrei, 516
Volga! Volga! (filme), 638
Volkogonov, Dmitri, 27
Volodicheva, Maria, 188, 252-253
Vologda, 94-95
Vorontsov-Dashkov, I. I., 83
Voroshilov, Kliment: comparece ao Congresso do Partido de 1905 (Estocolmo), 87; apoia Stalin na região do Volga, 204, 208; Bukharin conhece, 257; alia-se a Stalin, 268; e a política agrícola, 309; propõe que Stalin chefie o Sovnarkom, 328; como confidente de Stalin, 330; ru-

mores de que matou Stalin, 337;
anfitrião, 378, 381, 386; despreza
opositores, 396; discute com Pyatnitski, 409; participa do Grande
Terror, 412; e o declínio de Yejov,
429; associação com Stalin, 435; e
a guerra finlandesa, 467; na invasão
alemã da URSS, 474; na Stavka na
guerra, 478; e a condução da guerra,
479, 482; canta com Stalin, 503, 596;
e a morte de Stalin, 667
Vostorgov, arcipreste Ioann, 56
Voznesenski, Nikolai: e a condução da
guerra, 479-480; enfrenta Stalin,
523, 600, 610; responsabilidades na
guerra, 527; promovido ao Politburo, 608; fuzilado, 610
Vyshinski, Andrei, 332, 414, 435

W

Weber, Max, 602
Witte, conde Sergei, 86
Wrangel, general Pëtr, 214, 216-217, 219-223

X

Xenofontov, F., 265

Y

Yagoda, Genrikh, 307, 309, 329, 376, 406, 408, 414
Yakir, Marshal Iona, 410
Yakubov, Kamil, 203

Yaroslavski, Yemelyan, 417, 420
Yefimov, Boris, 357
Yegorov, marechal Alexander, 220-221
Yegorova, Natalya, 292, 343
Yejov, Nikolai: ferocidade, 332, 397; chefia o NKVD, 376, 406; e o ataque a
Bukharin, 404-405; testemunha a
existência de organizações antiestatais, 407-408; no Grande Terror,
409; Stalin pede que evite publicação de artigos, 419; removido do
NKVD, 428; excessos sexuais, 429,
502; prisão e execução, 429; suspeita da comunidade polonesa exilada,
453; expurga membros espanhóis
do Comintern, 453
Yeltsin, Boris: abre arquivos, 26; denuncia Stalin, 678
Yeremenko, general Andrei, 493
Yermolov, general, 207
Yevdokimov, E. G., 257
Yevdokimov, professor (dentista), 656

Z

Zakharov, Filip, 137
Zalutski, Pëtr, 168
Zamenhoff, Ludwig, 105
Zasulich, Vera, 74
Zbarski, Boris, 668
Zelenski, I. A., 272
Zhou Enlai, 454, 629, 670
Zinoviev, Grigori: caráter, 24; controla a imprensa de Leningrado, 100;
no Comitê Central, 110, 181; internacionalismo, 113; Lenin exige
punição de, 124; apoia Stalin na
questão nacional, 165; orador, 166;

escondido, 170; pede para voltar ao trabalho, 172; opõe-se à política revolucionária de Lenin, 176; status e fama, 186; condição judaica, 193, 249, 270, 379-380, 381, 646-647; apoia paz por separado na Primeira Guerra Mundial, 196; na Guerra Civil, 202; e as revoluções além-mar, 214-215; apoia Lenin na briga sobre os sindicatos, 227; problemas de saúde, 229; tarefas administrativas, 230-231; estimula o levante armado alemão, 232; no testamento de Lenin, 250; protege Stalin e alia-se a, 255-257, 266; e o nacionalismo georgiano, 255; objeta à ambição de Stalin, 256-258; nomeado para o Orgburo, 258; no funeral de Lenin, 263; não apresenta acusações do testamento contra Stalin, 266; derrota a Oposição de Esquerda, 271; Stalin se volta contra ele, 272-273; política econômica, 273; como sucessor em potencial de Lenin, 275; opõe-se a Stalin e Bukharin, 287-289, 294-296, 297; escreve sobre o leninismo, 292; demitido do Politburo, 295; excluído do Comitê Central, 298; e a política agrícola de Bukharin, 309; como ameaça permanente, 328; evidência de deslealdade a Stalin, 336; preso e condenado, 370-371; sobre como Stalin explorou o assassinato de Kirov, 369; confissão, 371; execução, 403; Voroshilov despreza, 396

Zola, Émile: *Germinal*, 638
Zubalovo (*datcha*), 281-282, 341, 346-347
Zvezda (jornal), 111
Zyuganov, Gennadi, 680

Este livro foi composto na tipografia Minion Pro,
em corpo 11/15, e impresso em
papel off-white no Sistema Cameron da
Divisão Gráfica da Distribuidora Record.